제3판

조력 전문가들을 위한 실용적 지침

# 상담 수퍼비전


Gerald Corey · Robert Haynes · Patrice Moulton · Michelle Muratori 공저

김창대 · 김형수 · 유성경 · 이상민 · 최한나 공역


CLINICAL SUPERVISION
in the Helping Professions A PRACTICAL GUIDE


박영story

*효과적인 수퍼비전 방법에 대해*
*우리에게 많은 가르침을 준*
*수퍼바이지와 학생들에게 바칩니다.*

# 차례

# 저자 서문

수퍼비전 영역은 조력 전문직 영역 중에서 빠르게 두각을 나타내고 있는 전문 영역이다. 과거에는 수퍼바이저들이 본인이 수퍼비전을 받았던 다소 제한된 경험에 기초해 수퍼비전 방법을 익히곤 했다. 최근까지도 수퍼비전 활동에 대한 전문적인 기준이 거의 제시되지 못하였으며 수퍼비전을 독립 과목으로 세분화하는 경우도 드물었다. 요즈음은 조력 전문직 분야의 대학원 전공 내에 수퍼비전 과목을 포함하는 추세이다. 만일 수퍼비전과 관련된 독립된 교육과정이 없을 경우는 수퍼비전과 관련된 주제들은 몇 가지 다른 교육과정에 통합되어 다루어진다. 고등 교육 인증 위원회, 예를 들어 CACREP은 실습 및 인턴십에서 입문 수준의 전문 직무를 감독하기 위한 특정 요구사항을 제시한다. 이들은 수퍼바이저의 자격 요건도 명시하고 있다. 게다가, 주 면허 및 인증 위원회는 점점 더 면허 및 인증 과정의 일환으로 수퍼비전에 대한 공식적인 교육을 요구하고 있다. 수퍼바이저로 활동하기 위해서는 이제 수퍼비전에 관한 교과 과정을 이수하거나 직무 연수 워크숍을 수강하고, 기술 및 기법뿐만 아니라 수퍼비전 과정 및 절차에 대한 능력을 입증해야 하는 것이 필수적이다.

이 책은 수퍼바이저가 되는 데 필요한 실제적인 지침을 제공한다. 우리는 재미있고, 실제적이며, 개인적이면서도 의욕을 불러일으키는 책을 집필하려고 했다. 우리는 유능한 수퍼바이저가 되기 위해 필요한 주제들을 다루되, 다양한 장면에서 다른 사람에게 수퍼비전을 제공하는 데 필요한 도구와 기술을 습득하게 하는 것에 강조점을 두었다. 우리는 수퍼비전 방법을 익히는 최선의 방법 가운데 하나는 학생들이 수퍼비전을 받으면서 경험했던 것을 성찰해 보도록 하는 것이라고 믿는다.

이 책에 제공된 정보와 지침들은 수퍼비전 관련 문헌과 수퍼비전에 대해 축적된 우리의 경험을 바탕으로 한 것이다. 이 책을 통해 우리는 윤리적 주제, 전문가 규정, 그리고 관련 문헌들에 대해 논의하였다. 그러나 우리는 이러한 주제에 대해서 우리의 입장을 제시하면서 다양한 사례에 대해 어떻게 접근할지에 관한 논평도 제공하였다. 저자들은 수퍼바이저가 된다는 것에 관한 각자의 관점을 상세하게 기술했다(1장 참고). 여러 가지 주제에 관한 논의를 더 풍부하게 하기 위해 모든 장의 마지막에 '개인적 관점'을 추가로 제시했다. 우리는 이론과 개인적 신념, 태도, 그리고 수퍼비전에 관한 경험 간의 균형을 맞추려고 노력했다. 이 책의 특징 중 하나인 현장의 목소리는 수퍼비전에서 등장하는 중요한 주제에 대한 다른 수퍼바이저들의 경험을 간략하게 제시했다. 다양한 관점에서 제시된 총 49개의 경험담은 임상적 수퍼비전과 관련된 다양한 주제에 대해 다채로운 관점을 제공할 것이다.

우리는 독자가 책에서 제공하는 내용을 수퍼비전에 대한 유일한 접근 방법이라고 받아들이지 않기를 바란다. 대신 우리는 성찰적인 수퍼비전 활동과 아울러, 학생들이 이 책에서 학습한 내용에 자신의 생각과 경험을 통합시키기를 바란다. 무엇보다도 우리는 학생들에게 자신들이 전문가로 발달하는 각각의 단계에서 받았던 수퍼비전 경험을 반복해서 반추해 보기 바란다. 학생들이 이론적 기초와 수퍼비전 방법을 공고히 하고 동시에 수퍼바이지와 수퍼바이저로서 경험했던 것으로부터 학습한 내용을 이해하는 것이 중요하다.

이 책은 실제 적용을 위한 요령, 사례, 예시 양식, 상호 간 질문, 그리고 소집단으로 실시 가능한 활동들 같은 실제적인 측면에 강조점을 두고 있다. 이 책은 대학원의 여러 석·박사 과정에서 주교재나 혹은 부교재로 활용하도록 구상되었다.

이 책(3판)은 상담교육학, 상담심리학, 임상심리학, 결혼 및 가족 치료, 휴먼 서비스, 사회복지학, 학교 상담, 정신건강 상담, 재활 상담, 중독 상담, 정신 간호를 비롯한 다양한 정신건강 전문 분야에서 수련할 때 활용할 수 있다. 이 책은 위의 전문 영역에서 이루어지는 상담 실습, 현장 실무, 인턴 교육뿐만 아니라 학부 상급 학년의 보건 혹은 사회 사업 프로그램 재학생을 위해서도 좋은 교재가 될 수 있다. 그리고 이 책은 활동 중인 수퍼바이저나 예비 전문가들을 위해서도 좋은 자료가 될 수 있다.

## 이 책을 최대한 활용하는 방법

이 책은 전통적인 수퍼비전 교재와는 다르다. 이 책은 독자가 수퍼비전 실무에 대한 자신의 관점을 형성하는 데 도움을 주는 상호 작용 도구이다. 이 책의 전반에 걸쳐 삽입된 많은 질문과 연습문제들은 당신이 적극적인 학습자가 되도록 자극하기 위한 것이다. 각 장의 핵심 질문에 대해 생각하고, 각 장 끝에 제시된 활동을 수행하는 데 시간을 투자하면 학습이 더 의미 있고 자신의 것으로 소화할 수 있을 것이다. 수퍼비전은 이론과 연구에 대해 읽는 것만으로는 완전히 습득할 수 있는 주제가 아니다. 수퍼비전은 이론적 자료를 자신의 수퍼비전 경험과 통합함으로써 가장 잘 배울 수 있다.

## 이 교재의 개관

각 장에서는 효과적인 수퍼비전에 필수적인 수퍼바이저의 특정 측면이나 차원에 초점을 맞춘다. 각 장에서 기대할 수 있는 내용은 다음과 같다:

- 1장은 수퍼비전의 정의와 수퍼비전의 목표 및 목적을 논의하며 기본 개념을 다룬다. 각 저자는 개인적인 관점을 제시하고, 자신의 수퍼비전에 대한 견해를 형성해 준 경험을 설명한다.
- 2장은 교사, 코치, 행정가, 힘을 북돋는 사람 등의 다양한 역할을 수퍼바이저가 어떻게 수행할 수 있는지에 중점을 둔다. 또한 수퍼바이저와 현장 실습 경험에서 수퍼바이지가 최대한의 이익을 얻는 방법도 다룬다.
- 3장은 수퍼비전 관계의 중요성을 강조하며, 수퍼바이저와 수퍼바이지 간의 관계를 촉진하거나 방해할 수 있는 요소, 문제, 특성을 다룬다. 관계 내 갈등 및 기타 어려운 상황에 대해서도 설명한다.
- 4장은 여러 최신 수퍼비전 모델을 설명한다. 치료적 접근과 함께 발달적, 통합적 접근 등 임상 감독을 위한 모델을 다룬다.
- 5장은 수퍼비전에서 사용하는 실질적인 방법을 제시하며, 다양한 방법을 통합 수퍼비전 모델에서 어떻게 구현할 수 있는지 설명한다.
- 6장은 수퍼바이저로서 다문화 역량을 개발하는 것과 다양한 내담자를 대상으로 역량을 높이는 방법의 중요성을 다룬다. 수퍼바이저는 사회적 옹호를 모델로 제시하고, 수퍼바이지가 이를 실무에 적용하도록 장려할 책임이 있다.
- 7장은 윤리적 문제와 다중 관계를 중점적으로 다룬다. 윤리적 수퍼비전 실무와 수퍼바이지에게 윤리적 실무를 가르치는 데 필요한 사항을 논의하며, 장애 및 무능함과 윤리적 위반 인식에 관한 중요한 문제도 설명한다.
- 8장은 법적 및 위험 요소 관리 문제에 관한 내용이다. 요즈음의 소송 환경을 고려할 때, 수퍼바이저는 당면할 수 있는 법적 문제에 대한 기본적인 이해가 필요하다. 이 장에서는 수퍼바이저와 관련된 위험 관리 전략의 목록을 제시한다.
- 9장은 수퍼바이저가 위기 상황에서 수퍼바이지를 어떻게 지도해야 하는지에 대해 다룬다. 수퍼바이지는 내담자의 위기를 능숙하게 처리하도록 준비시키는 방법과 위기 후 수퍼바이지를 지원하는 수퍼바이저의 역할에 대해 설명한다.

- 10장은 평가에 대해 다룬다. 평가는 상담 및 심리치료와 수퍼비전을 구분하는 중요한 요소로, 평가과정은 수퍼바이저와 수퍼바이지 모두에게 많은 불안을 유발한다. 평가과정을 이해하면 수퍼바이저가 명확한 계획을 가지고 평가 작업을 진행할 수 있으며, 그 결과 불안이 줄어든다.
- 11장은 효과적인 수퍼바이저의 모습을 제시하며, 독자가 자신만의 수퍼비전 스타일을 개발해 나가는 과정을 격려한다.

각 장의 끝에 제시된 '추천 활동'은 독자의 전문적 발전을 돕기 위해 설계되었다. 이 활동은 읽은 내용을 성찰하고 깊이 생각하는 데 도움을 줄 것이다. 학생과 수퍼바이지에게는 수퍼비전 회기에서 더 깊은 논의를 이끌어 내는 방법이 될 수 있고, 수퍼바이저에게는 수퍼바이지와 토론할 주제를 제공할 수 있다. 이 활동은 개인 작업이나 그룹 토론을 위해 조정될 수 있다.

## 이 책 3판에서 새로운 점

이 책 3판은 상담 수퍼비전에 대한 최신 연구, 개념, 실무를 반영하여 검토 및 보완되었다. 다음은 장별로 추가, 보완, 확장 및 수정된 내용을 요약한 목록이다.

### 전반적 변경 사항

- 현장의 목소리: 45명의 저자가 각 장의 주요 주제에 대한 그들의 관점을 공유했다. 이 저자들은 다양한 직업적 경험을 가진 임상가들의 폭넓은 단면을 대표하며, 그들 중 다수는 각자의 전문 분야에서 선도적인 전문가로 평가받고 있다.
- 모든 인용문이 검토되고 보완되어 최신 문헌과 연구를 반영했다.
- 최근 미국의 재난, 위기, 사회적 변화는 사회적 환경을 변화시켜 내담자, 수퍼바이지, 수퍼바이저의 실무에 영향을 미쳤다. 이번 판에서는 조력 전문가들의 역할 변화가 반영되었다.
- 수퍼비전과 관련된 규정과 법규가 최신의 것으로 보완되었다.
- 최근 몇 년간 수퍼비전(그리고 상담 전반)에서 테크놀로지의 역할이 확대되었으며, 코로나19 팬데믹은 온라인 수퍼비전 방법이 광범위해질 것을 요구하고 있다. 비대면 상담과 수퍼비전에 대한 장단점과 주의할 점은 책 전반에 걸쳐 논의되었다.

1장: 수퍼비전 입문

- 저자들의 개인적 관점을 보완하여 현재의 전문적 활동을 반영했다.
- 수퍼바이저의 주요 목표가 정의되고 논의되었다.
- 행정 감독과 임상 감독 간의 차이에 대한 설명이 증가했다.

2장: 수퍼바이저의 역할과 책임

- 새로운 수퍼바이저 역할로 역할 모델, 위기 관리자, 기술 자문가 등이 추가되었다. 이 역할들의 개념이 정리되고 자세히 논의되었다.
- 한 저자는 수퍼바이저가 종종 멘토 역할을 수행하는 방법의 본질을 제시했다.
- 수퍼바이저의 역할과 책임에 대한 윤리적 및 전문적 기준이 최신 내용으로 보완되었다.
- 수퍼비전 계약이 완전히 개정되어 부록 2A에 포함되었다.

3장: 수퍼비전 관계

- 기능적인 수퍼비전 관계가 수퍼바이지의 자기 개방을 촉진하는 데 필수적이라는 최근 연구가 추가되었다.
- 수퍼바이저가 수퍼바이지의 역전이를 관리하는 데 도움이 되는 새로운 정보가 제공되었다.
- 다문화적 다양성 역량이 수퍼비전에서 윤리적 필수 사항으로 제시되었다.
- 새로운 현장의 목소리에서는 수퍼바이저가 수퍼바이지와의 병렬 과정(parallel process)을 관리하는 방법에 대한 제안을 제공했다.
- "윤리적 판단 중지(ethical bracketing)"에 대한 최신 논의가 제공되며, 이는 수퍼바이지가 내담자와의 가치 갈등을 인식하는 수단으로 설명되었다.
- 새로운 현장의 목소리에서는 대부분의 초보 수퍼바이지가 경험하는 의심과 두려움에 대해 기술했다.

4장: 수퍼비전 모델

- 2세대 수퍼비전 모델과 신경 정보 기반 수퍼비전(neuro-informed constructs in supervision) 개념에 대한 논의가 추가되었다.
- 새로운 현장의 목소리에서는 신경 정보 기반 수퍼비전에 관해 설명했다.

- 심리치료 기반 수퍼비전 모델이 개정되었다.
- 공통 요소 차별화 모델에 관한 설명이 별도의 절에서 제공되었다.
- 저자 중 한 명이 개발한 팀 기반 감독 모델에 대한 포괄적인 설명이 제공되며, 이는 수퍼바이지의 학습을 풍부하게 하는 실질적인 접근법을 제공했다.

5장: 수퍼비전 방법

- 개인 수퍼비전, 3자 수퍼비전, 그룹 수퍼비전에 관한 새로운 내용이 추가되고 확장된 논의가 제공되었다.
- 8명의 저자가 현장의 목소리에서 수퍼비전 방법의 다양한 측면에 대한 전문 지식을 공유했다.
- 동료 수퍼비전 그룹에 대한 개정된 논의는 이 접근법의 가치를 강조했다.
- 수퍼비전에서의 공동 치료(cotherapy) 방법과 기술 사용에 대한 새로운 논의가 포함되었다.
- 저자들은 온라인 수퍼비전을 위한 상담사 훈련, 온라인 수퍼비전의 윤리적 고려사항, 온라인 수퍼비전 교육에 대해 다루었다.
- 의사소통 기술 개발에 대해 새로운 절에서 설명했다.
- 수퍼비전과 훈련을 위한 의도적인 실습(deliberate practice)에 대한 논의가 추가되었다.

6장: 다문화적으로 역량 있는 수퍼바이저 되기

- 9명의 저자가 현장의 목소리에서 그들의 전문 지식을 공유했다.
- 다문화 및 사회 정의 상담 역량에 관한 설명이 제시되었다.
- 수퍼비전에서 다양한 정체성과 교차성(intersectionality)을 수용하는 방법에 관한 새로운 절이 추가되었다.
- 여러 새로운 현장의 목소리에서는 다문화적 기술을 갖춘 수퍼바이저가 되는 데 필요한 내용을 설명하며, 다문화 감독 실천에 실패할 경우의 영향에 관해서는 새로운 절을 추가하여 강조했다.
- 다문화 상담 및 수퍼비전을 역량 있게 실천하는 것에 대한 주목이 증가했다는 점이 추가되었다.
- 다문화 수퍼비전에 관한 윤리 규정과 기준이 개정되었다.

- 상담 수퍼비전에서 발의 행동(broaching behavior) 개념이 설명되며, 한 저자는 상담사 및 수퍼비전 훈련에서 효과적인 접근법에 대한 자신의 관점을 공유했다.
- 다문화 및 사회 정의 역량이 수퍼비전 실무에 대한 지침으로 제공되었다.
- 사회적 옹호(social advocacy)에 관한 시범 개념을 설명했으며, 한 상담 수퍼바이저는 수퍼비전에서 사회 정의 및 옹호 접근법에 대한 생각을 공유했다.
- 강점 기반 수퍼비전(affirmative supervision)을 실천하는 방법이 정의되고 설명되었다.
- 상담 교육 프로그램에서 외국인 교육생 수퍼비전에 대한 설명과 장애가 있는 내담자를 돕는 교육생 수퍼비전에 관한 내용을 각각의 절에서 설명했다.
- 영성(spirituality)을 다문화 수퍼비전의 한 측면으로 다루는 내용이 개정되고 확장됐으며, 저자들은 수퍼비전 관계에서 영성과 종교를 다루는 방법에 대한 의견을 공유했다.
- 포용성을 창출하기 위해 기술을 효과적으로 사용하는 방법에 대해 논의했다.

7장: 수퍼비전에서 윤리적 문제와 다중 관계

- 윤리 규정이 다중 역할과 관계를 이해하는 데 어떻게 틀을 제공하는지에 대한 논의가 새롭게 보완되었다.
- 문제 있는 수퍼바이지의 행동 특성, 수퍼바이지의 역량 모니터링, 수퍼바이지의 전문 역량 문제를 다루는 절이 대폭 개정되었다.
- 윤리 규정과 수퍼바이저의 윤리적 책임에 대한, 개정되고 확장된 논의에서는 수퍼바이지의 무능함, 그리고 훈련 프로그램에서 학생을 퇴학시키는 이유를 다루었다.
- 한 상담 교육자가 상담 수퍼바이지의 교정 과정에서 발생하는 다양한 문제에 대해 논의했다.
- 수퍼비전 과정에서 다중 역할과 관계를 관리하는 방법에 대한 절이 개정되고 확장되었다.
- 한 상담 교육자는 수퍼비전에서 경계(boundaries)를 관리하는 것에 대한 의견을 공유했다.
- 소셜 미디어에서의 경계선 관리에 관한 새로운 절에서는 임상 수퍼비전에서의 윤리적 영향을 탐색하며, 한 저자는 테크놀로지를 사용해 내담자와 경계를 설정하는 방법을 설명했다.
- 수퍼비전 관계에서의 성적 친밀감에 대한 논의가 새롭게 수정 보완되었다.

8장: 수퍼비전에서의 법적 및 위험 요소 관리 문제

- 세 명의 상담 교육자와 변호사가 이 장을 검토하고, 법적 및 위험 요소 관리의 다양한 측면에 대해 현장의 목소리에서 논의했다.
- 법적 책임을 제한하기 위해 수퍼비전 계약을 설계하는 것을 포함한 위험 요소 관리 전략이 제시되었다.
- 학교 상담 인턴과 작업할 때 수퍼바이저가 직면하는 독특한 도전에 대해 새로운 절을 추가하여 설명했다.
- 법적 문제와 관련된 윤리적 기준이 수정되고 새롭게 보완되었다.
- 한 저자는 아동 양육권 사건을 수퍼비전하는 데 있어서의 복잡성과 함정에 대해 설명했다.
- 한 저자는 법적 문제와 면허 신청 시 문제를 피하기 위해 수퍼바이지가 취할 조치에 대해 조언을 제공했다.
- 징계 수퍼비전(disciplinary supervision)에 대한 새로운 논의가 추가되었다.
- 미성년자를 상담할 때의 윤리적 기준과 법적 관점을 강조하는 새로운 절이 추가되었다.
- 학교 상담에서의 훈련생 수퍼비전에 대한 내용이 확대되었다.

9장: 수퍼비전에서 위기 관리

- 위기 상황에서의 수퍼비전 관리에 대한 수정된 윤리 규정과 기준을 설명했다.
- 위기 대응을 담당하는 상담사의 높은 스트레스와 탈진에 대한 최근 연구 결과가 제시되었다.
- 수퍼바이지가 위기 상황에서 복잡한 상황을 관리하도록 돕는 수퍼바이저의 역할이 확장되었으며, 비상 대비에 관한 정보가 추가되었다.
- 위기 기반 임상 수퍼비전의 CARE 모델에 대해 설명한 새로운 절은 수퍼비전에 실질적인 관점을 제공할 것이다.
- 한 저자가 코로나19와 같은 팬데믹에 대처하는 데 따른 도전에 대해 자신의 생각을 공유했다.
- 대형 재난 트라우마 상담 지침에 대한 절이 추가되었으며, 심리적 응급 처치에 대한 절도 새롭게 포함되었다.

- 자살 및 자살 시도에 대한 새로운 정보가 추가로 제공되었다.
- 현장의 목소리에서 5명의 저자는 위기관리의 다양한 측면을 다루었다.
- 조력 전문가가 자신을 돌볼 필요성, 수퍼바이저 및 수퍼바이지를 위한 자기 관리의 필요성이 증가됨을 논의했다.

10장: 수퍼비전에서의 평가

- 증거 기반 수퍼비전 기술의 중요성에 대해 더 많이 강조되었다.
- 수퍼비전에서의 평가와 관련된 수정된 윤리 규정과 기준을 제시했다.
- 진입 제한 기능과 평가에 대한 새로운 절이 추가되었으며, 한 저자가 수퍼비전에서의 진입 제한 기능 경험을 공유했다.
- 한 저자가 평가적 측면과 효과적인 수퍼비전을 촉진하는 안전한 환경을 조성하는 것 사이의 균형을 탐구했다.
- 다양성과 평가에 대한 새로운 절이 추가되었다.
- 수퍼바이지가 기술을 개발할 수 있는 방법인 팀 피드백을 설명하는 새로운 절이 추가되었다.

11장: 효과적인 수퍼바이저 되기

- 현장의 목소리에서 4명의 새로운 저자가 효과적인 수퍼바이저에 대한 의견을 추가했다.
- 효과적인 수퍼비전에서 수퍼비전 관계가 중심이 되는 것을 더 많이 강조했다.
- 효과적인 수퍼바이저의 특성에 대한 논의가 수정되고 확대되었다.

각자의 관점을 공유하고, 실제 수퍼바이저 및 상담 교육자들로부터 직접 듣는 것은 상담 수퍼비전의 실제적인 면을 생동감 있게 만들어 준다. 이 책이 여러분이 자신의 목소리를 찾고, 수퍼바이저로서 자신의 스타일을 추구하도록 영감을 주기를 바란다. 현장의 목소리에서 다양한 전문 배경과 경험 수준을 가진 수퍼바이저들이 직면했던 도전과 수퍼비전의 기쁨을 솔직하게 설명한다. 이번 제3판의 45명의 현장의 목소리 저자들은 대부분 새롭게 참여한 이들로, 우리의 논의에 풍부한 다양성을 더한다. 이 교재가 여러분을 사적이면서도 학문적인 방식으로 관여시키고, 여러분의 성찰을 촉진하는 질문을 제기할 수 있다면, 우리의 목적은 달성된 것이다.

# 감사의 글

현장의 목소리에 자신의 전문 지식을 공유해 주신 45명의 저자들에게 감사의 말씀을 전합니다. 여러분들은 실용적인 조언을 추가하고 독자들에게 성찰의 아이디어를 제공해 주셨습니다. 또한, 이 책의 내부 디자인과 표지 작업을 창의적으로 해주신 Bonny Gaston께 감사드립니다. 이 프로젝트에 대한 헌신과 지원을 아끼지 않으신 미국 상담학회의 Carolyn Baker 부제작자님께도 깊은 감사의 말씀을 전합니다. Carolyn은 전체 원고를 검토하고 피드백을 제공해 주셨으며, 이 피드백은 최종 원고에 반영되었습니다. 이 책의 세 번째 판을 작업하는 동안 Carolyn과 Kay Mikel 원고 편집자의 재능에 매우 감사드리며, 이들과 함께 작업하는 것이 즐거웠습니다.

# 저자 소개

GERALD COREY 박사(EdD, ABPP)는 풀러턴 캘리포니아 주립대학교의 사회복지 및 상담 명예 교수이다. 남캘리포니아 대학교에서 상담학 박사 학위를 받았다. 1992년에는 국립 루이스 대학교에서 명예 인도학 박사 학위를 받았다. 미국 전문심리학회 상담심리학 디플로마, 캘리포니아주 심리학자, 국가 공인 상담사 자격을 보유하고 있다. 미국 심리학회(APA)(17분과, 상담심리학, 49분과, 집단심리치료)의 펠로우, 미국 상담학회(ACA) 펠로우, 미국 집단상담 전문가 협회(ASGW) 펠로우이다. 또한 미국 집단심리 치료사 협회(AGPA), 상담사 교육 및 수퍼비전 협회(ACES), 서부 상담사 교육 및 수퍼비전 협회(WACES)의 회원 자격을 보유하고 있다. 2011년에는 미국 정신건강 상담사 협회(AMHCA)로부터 평생 공로상을, 2001년에는 미국 집단상담 전문가 협회(ASGW)로부터 저명한 경력상을, 1991년에는 풀러턴 캘리포니아 주립대학교로부터 올해의 우수 교수상을 수상했다. 현재 출간 중인 16권의 상담학 교과서의 저자 또는 공저자이며, 70편 이상의 학술지 논문과 수많은 저서를 집필했다. 그의 저서인 『상담 및 심리치료의 이론과 실제(Theory and Practice of Counseling and Psychotherapy)』는 아랍어, 인도네시아어, 포르투갈어, 터키어, 한국어, 중국어로 번역되었다. 『집단상담의 이론과 실제(Theory and Practice of Group Counseling)』는 한국어, 중국어, 스페인어, 러시아어로 번역되었다. 『조력 전문직에서의 쟁점과 윤리(Issues and Ethics in the Helping Professions)』는 한국어, 일본어, 중국어로 번역되었다. 그는 동료들과 함께 미국, 독일, 아일랜드, 벨기에, 스코틀랜드, 멕시코, 캐나다, 중국, 한국에서 워크숍을 진행했으며, 특히 집단상담 교육에 중점을 두고 워크숍을 진행했다.

다음 7권의 책은 미국 상담학회에서 출판했다:

- *Clinical Supervision in the Helping Professions: A Practical Guide*, Third Edition (2021, with Robert Haynes, Patrice Moulton, and Michelle Muratori)
- *Personal Reflections on Counseling* (2020)

- *The Art of Integrative Counseling*, Fourth Edition (2019)
- *Counselor Self-Care* (2018, with Michelle Muratori, Jude T. Austin, and Julius A. Austin II)
- *ACA Ethical Standards Casebook*, Seventh Edition (2015, with Barbara Herlihy)
- *Boundary Issues in Counseling: Multiple Roles and Relationships*, Third Edition (2015, with Barbara Herlihy)
- *Creating Your Professional Path: Lessons from My Journey* (2010)

Gerald Corey가 동료들과 함께 센게이지 러닝 출판사에서 출간한 저서들은 다음과 같다:

- *Theory and Practice of Counseling and Psychotherapy*, Enhanced Tenth Edition (2021)
- *Becoming a Helper*, Seventh Edition (2021, with Marianne Schneider Corey)
- *Issues and Ethics in the Helping Professions*, Tenth Edition (2019, with Marianne Schneider Corey and Cindy Corey)
- *Groups: Process and Practice*, Tenth Edition (2018, with Marianne Schneider Corey and Cindy Corey)
- *I Never Knew I Had a Choice*, Eleventh Edition (2018, with Marianne Schneider Corey and Michelle Muratori)
- *Theory and Practice of Group Counseling*, Ninth Edition (and Student Manual) (2016)
- *Group Techniques*, Fourth Edition (2015, with Marianne Schneider Corey, Patrick Callanan, and J. Michael Russell)
- *Case Approach to Counseling and Psychotherapy*, Eighth Edition (2013)

Gerald Corey와 그의 동료들은 상담 실습의 다양한 측면을 다룬 여러 교육용 DVD 프로그램을 제작했으며, 이 프로그램은 모두 Cengage Learning을 통해 제공된다. (1) 『다양한 접근에서 내담자 그웬을 상담하기(Counseling Gwen From Various Perspectives)』(2021)와 함께 제공되는 비디오, (2) 『집단상담의 이론과 실제(Theory and Practice of Group Counseling)』(2019)와 함께 제공되는 비디오, (3) 『현장에서의 상담 윤리(Ethics in Action)』(2015), (4) 『집단상담의 진행과 도전: DVD 및 워크북(Groups in Action: Evolution and Challenges DVD and Workbook)』(2014)(Marianne Schneider Corey, Robert Haynes와 공저), (5) 『상담 및 심리치료의 이론과 실제: 스탠의 사례와 해

설(Theory and Practice of Counseling and Psychotherapy: The Case of Stan and Lecturettes)』(2013)과 함께 제공되는 비디오 등이다.

ROBERT HAYNES 박사(PhD)는 임상 심리학자이자 작가이며 Borderline Production의 심리학 비디오 프로그램 제작자이다. 풀러 심리학 대학원에서 임상 심리학 박사 학위를 받았으며 미국 상담학회와 상담사 교육 및 수퍼비전 협회의 회원이다. 그는 개인 상담뿐만 아니라 컨설팅, 워크숍 진행, 다양한 주제에 대한 저술 활동을 통해 전문 심리학 분야에서 활발히 활동하고 있다. 또한 캘리포니아대학교 산타바바라 캠퍼스, 캘리포니아 폴리테크닉 주립대학교 샌루이스 오비스포 캠퍼스, 캘리포니아 주립대학교 새크라멘토 캠퍼스에서 심리학, 범죄학, 팀 빌딩 및 관리 과정을 가르쳤다. 또한 미국 심리학회 인증위원회의 현장 방문 팀 위원장을 역임하기도 했다. 캘리포니아 아타스카데로 주립병원에서 공인 임상 심리학 인턴십 프로그램의 교육 책임자로 27년간 근무한 후 은퇴했다.

Bob은 35년 동안 다양한 학술 및 임상 환경에서 행정 및 임상 감독관으로 근무했다. 또한 임상 감독, 범죄학, 재난 정신 건강, 심리치료 방법, 팀 빌딩, 갈등 해결, 스트레스 관리 및 번아웃, 자살 평가 및 개입, 심리치료의 이론적 접근에 대한 상담과 교육을 제공했다.

Bob의 저서에는 다음과 같은 것들이 있다:

- *Clinical Supervision in the Helping Professions: A Practical Guide*, Third Edition (2021, with Gerald Corey, Patrice Moulton, and Michelle Muratori)
- *Coping Skills for a Stressful World: A Workbook for Counselors and Clients*. (2020, with Michelle Muratori). American Counseling Association
- *Managing Crisis: Personally and Professionally*. (2021, Chapter 14 with Marianne Schneider Corey and Gerald Corey). *Becoming a Helper*, Eighth Edition. Cengage Learning
- *Take Control of Life's Crises Today! A Practical Guide*. (2014). Aventine Press

Bob은 Mariane Schneider Corey, Gerald Corey와 함께 다음과 같은 여러 심리학 교육 동영상을 제작했다: 『Groups in Action: Evolution and Challenges DVD and Workbook』(2014); 『Ethics in Action』(2015); and 『The Art of Integrative Counseling』(2001).

PATRICE MOULTON 박사(PhD)는 노스웨스턴 주립대학교에서 임상심리학 석사 과정의 심리학 전임 교수로 재직 중이다. 루이지애나주 내치토치에 스포츠 행정학 대학원 교수인 남편 Michael Moulton과 함께 살고 있다. 아들인 브라이스는 툴레인 대학교에서 2학년을 마치고 있다. 그녀는 30년 넘게 교육자, 관리자, 실무자, 수퍼바이저, 컨설턴트로 일해 왔다.

Patrice는 중독 상담, 수퍼비전, 온라인 교육, 위기 상담 등의 주제에 관한 여러 자조 및 고등 교육 교재와 저널 논문의 저자이기도 하다. 최근 출판물로는 다음과 같은 것들이 있다:

- *Clinical Supervision in the Helping Professions: A Practical Guide*, Third Edition (2021, with Gerald Corey, Robert Haynes, and Michelle Muratori)
- *Helping Others*. (2019). Ekta Publishing.
- The Status of Mental Health in Nepal. *ICMS Journal*, 1, 12-15. (2018).
- Unspoken, Unanswered, Unaddressed: Issues of Young Women in Nepal. *ICMS Journal, 1*, 1-4. (2018, with B. Gurung).
- Distress. *Kathmandu Post*. (2018).
- How Are We Doing? Making Service-Learning Assessment Simple. *Journal of Service Learning in Higher Education*, 2, 37-46. (2013, with Michael Moulton).
- *This Is Not a Fire Drill: Crisis Intervention and Prevention on College Campuses*. (2011, with R. A. Myer and R. K. James). John Wiley & Sons.
- How to Tackle an Excessive Force Complaint. *National Journal of Criminal Justice*, 7(1), 13-18. (2011, with J. Logan, R. Myer, and R. James).
- Conflict Negotiation: Is Control the Goal? *NSU National Journal of Criminal Justice*, 5(6), 15-16. (2010, with R. Myer and D. James).
- *Triage Assessment System Training Manual: Higher Education*. (2007, with R. A. Myer, N. D. Rice, R. K. James, P. Cogdal, and S. Allen). CIP-Solutions, Inc.

Patrice는 공인 전문 상담사, 공인 약물 남용 상담사, 미국 결혼 및 가족상담 협회(AAMFT)의 임상 회원, 공인 심리학자이다. 미국 상담학회와 미국 결혼 및 가족상담 협회의 회원이다. 그녀는 미국에서 대학원 수준의 수퍼바이저로 활동하며 대학원생들의 실습 및 인턴 경험을 감독하고 있다. 또한 풀브라이트 협회에서 활동하며 국제 방문 교수진으로 활발히 활동하고 있다. 2017년에는 네팔 풀브라이트 전문가로 파견되어 네팔에서 고등교육 협력과 인권 옹호 활동을 이어 가고 있다. 그녀는 노예로 팔릴 위험이 높은 네팔 소녀들에게 교육 기회를 제공하는 Empower Nepali Girls Organization의 이사로 활동하고 있다. Patrice는 여행, 모험, 트레킹(2019년에는 에베레스트 베이스캠프 등반), 옹호, 자원봉사, 지역 사회 참여를 좋아한다.

MICHELLE MURATORI 박사(PhD)는 메릴랜드 볼티모어에 위치한 존스 홉킨스 대학의 영재 청소년 센터의 수석 상담사로 재직 중이다. 이곳에서 그녀는 탁월한 재능 연구 프로그램에 참여하는 뛰어난 중학생 및 고등학생과 그 가족을 대상으로 상담 활동을 수행하고 있다. Michelle은 일리노이주 에번스턴에 위치한 노스웨스턴 대학에서 상담심리학 석사를 취득한 후, 아이오아 대학에서 상담교육 박사 학위를 받았다. 재학 중 그녀는 영재교육 분야에서 연구 및 임상 관심을 발전시켰다. 대학 조기 입학생의 학업적, 사회적, 정서적 적응에 관한 그녀의 대학원 연구는 아이오와주 영재 협회, 국립 영재아동 협회, 멘사 교육 및 연구 재단, 국제 멘사로부터 인정을 받았다. 아이오와 대학교 재학 중에는 하워드 R. 존스 업적상, 앨버트 후드 유망학자상, '교육 분야 국가 1위(FINE)' 장학상을 수상하였다.

2005년부터 Michelle은 존스 홉킨스 사범대학 석사과정 상담전공의 부교수로 활동하고 있다. 그는 다양한 과목을 가르쳐 왔으나, 특히 집단상담에 깊은 열정을 가지고 있으며, 학생들에게 집단 촉진의 기술을 훈련하는 데 큰 보람을 느낀다. 2014년에는 존스 홉킨스 대학 동문회에서 탁월한 교육자상을 수상하며 교육자로서의 탁월함을 인정받았다. 그녀는 상담 및 영재교육 분야의 전국 학회에서 정기적으로 발표 활동을 하며, 미국 상담학회, 상담사 교육 및 수퍼비전 협회, 미국 집단상담 전문가 협회, 매릴랜드 상담사 협회, 국립 영재아동 협회의 회원으로 활동하고 있다. 전문 활동 외에도 Michelle은 글쓰기, 콘서트 관람, 가족 및 친구들과의 시간을 즐긴다.

Michelle은 학술 논문 및 저서 챕터 외에도 다음과 같은 출판물을 단독 또는 공동으로 저술하였다:

- *Clinical Supervision in the Helping Professions: A Practical Guide*, Third Edition (2021, with Gerald Corey, Robert Haynes, and Patrice Moulton)

- *Coping Skills for a Stressful World: A Workbook for Counselors and Clients*. (2020, with Robert Haynes). American Counseling Association.
- *Counselor Self-Care*. (2018, with Gerald Corey, Jude T. Austin, and Julius A. Austin II). American Counseling Association.
- *I Never Knew I Had a Choice: Explorations in Personal Growth*, Eleventh Edition. (2018, with Gerald Corey and Marianne Schneider Corey). Cengage Learning.
- *Entrance to College: A Guide to Success*. (2007). Prufrock Press.

# 현장의 목소리 집필진

우리는 특히 시간과 경험을 아낌없이 나누어 준 학생들과 실무 감독자들에게 깊이 감사드립니다. 그들의 생각과 경험은 책의 모든 장에 포함된 현장의 목소리에서 직접 확인하실 수 있습니다.

**Rachel Alvarez, MS**는 노스웨스턴 주립대학(루이지애나)의 임상 심리학 대학원생이다.

**Jude T. Austin II, PhD, LPC, LMFT-Associate, NCC, CCMHC**는 메리 하딘-베일러 대학의 전문 상담 프로그램에서 조교수이자 임상 실무 담당자이다. 최근 공동 저서로는 『상담교육 과정을 잘 버티고 성장하기(Surviving and Thriving in Your Counseling Program)』가 있다.

**Julius A. Austin, PhD, LPC**는 털레인 대학에서 임상 치료사이자 물질 남용 및 회복 사무소의 프로그램 담당자이다. 최근 공동 저서로는 『상담교육 과정을 잘 버티고 성장하기(Surviving and Thriving in Your Counseling Program)』가 있다.

**Elie Axelroth, PsyD**는 캘리포니아 폴리테크닉 주립대학(산 루이 오비스포)의 상담 서비스 센터 원장으로 퇴직했다.

**Jeffrey E. Barnett, PsyD, ABPP**는 로욜라 대학(매릴랜드)의 심리학 교수이다. 그는 면허를 가진 심리학자로, 임상 심리학 및 아동·청소년 심리학 분야 자격 위원회의 인증을 받았다.

**Burt Bertram, EdD**는 플로리다주 올랜도에서 사설 상담을 하고 있으며, 플로리다주 윈터파크에 위치한 롤린스 대학의 강사이다. 그는 『상담사와 법(The Counselor and the Law)』의 공동 저자이다.

**Jamie Bludworth, PhD**는 면허를 가진 심리학자이자 아리조나 주립대학의 상담 및 상담 심리학과에서 석사 과정 훈련 프로그램, 상담 훈련 센터의 책임자이자 임상 조교수이다. 그의 전문 분야는 위기 개입, 임상 감독, 임상 관리이다.

**Erik Braun, PhD, NCC**은 노스웨스턴 주립 대학(루이지애나)의 상담학과 조교수이자 같은 대학 정신 건강 클리닉의 정신 건강 상담사이다.

**Leah Brew, PhD, CCMHC, NCC, LPCC**는 캘리포니아 주립대학(풀러튼)의 상담학과 교수이자 학과장이다.

**Craig S. Cashwell, PhD**는 윌리엄 메리 대학의 학교 심리학 및 상담 교육학과 교수이다. 그는 『영성과 종교를 상담에 통합하기: 효율적인 실무를 위한 지침(Integrating Spirituality and Religion Into Counseling: A Guide to Competent Practice)』의 공동 편집자이다.

**Theodore J. Chapin, PhD**는 뉴로 세라피 연구소(센트럴 일리노이)의 소장이다. 그는 『상담 수퍼비전에 신경상담 통합하기: 성공을 위한 전략(Integrating Neurocounseling in Clinical Supervision: Strategies for Success)』의 공동 저자이다.

**Amanda Connell, MS**은 캘리포니아 주립대학(풀러튼)을 졸업했으며, 현재 해당 대학의 Human Services 학과에서 시간 강사로 재직 중이다. 또한, 그녀는 지역 정신 건강 기관에서 결혼 및 가족 치료사와 전문 임상 상담사로 활동하고 있다.

**Marianne Schneider Corey, MA, MFT, NCC**는 채프먼 대학에서 결혼, 가족 및 아동 상담 석사 학위를 받았다. 그녀는 Cengage Learning에서 다섯 권의 책을 공동 저술했으며, 그중 하나는 『조력 전문직에서의 쟁점과 윤리(Issues and Ethics in the Helping Professions)』(10th edition)이다.

**Wendy Logan Cuellar, MAEd, LCMHCS**는 엔카 인터미디어트 스쿨에서 학교 상담사로 일하고 있으며, 르노아르 라이네 대학에서는 시간 강사로 재직 중이다. 또한, 그녀는 웨스턴 캘리포니아 대학과 이스트 테네시 주립대학의 대학원생들에게 임상 감독을 제공하는 면허를 가진 수련 감독자이다.

**Norma L. Day-Vines, PhD**는 존스 홉킨스 교육 대학의 교수이자 Faculty Development의 부학장이다.

**Perry C. Francis, EdD, NCC, ACS, LPC**는 이스턴 미시간 대학의 교수이자 상담 훈련 클리닉 담당자로 활동하고 있으며, ACA 윤리위원회에서 오랫동안 위원으로 일하고 있다.

**Janee Both Gragg, PhD, LMFT, LPCC, CDAC**는 레드랜즈 대학의 상담학 부교수로 재직 중이다.

**Matt Gragg, MS, LMFT, LPCC**는 레드랜즈 대학 상담 센터에서 센터장으로 활동 중이다.

**Barbara Herlihy, PhD, LPC-S, NCC**는 텍사스 대학(산 안토니오)에서 상담학과 교수이자 박사 과정 프로그램의 책임자이다. 그녀는 『상담에서 윤리, 법, 전문직에 대한 쟁점(Ethical,

Legal, and Professional Issues in Counseling)』(6th edition), 『미국 상담학회 윤리 지침 사례집: 상담에서의 경계 문제(ACA Ethical Standards Casebook; Boundary Issues in Counseling)』의 공동 저자이다.

**Mary Hermann, JD, PhD**은 버지니아 코먼웰스 대학에서 상담 및 특수교육 학과의 부교수이다.

**Alicia M. Homrich, PhD, LPY, LMFT**는 롤린스 대학 상담 대학원 프로그램의 명예 교수로 재직 중이다. 그녀는 『정신건강 전문직에서 진입 제한 기능(Gatekeeping in the Mental Health Professions)』의 공동 편집자이다.

**Abigail Hunter, MS**는 노스웨스턴 주립대학(루이지애나)에서 임상 심리학 대학원생으로 재학 중이며, 현재 박사 과정 중에 있다.

**Marty Jencius, PhD**는 켄트스테이트 대학에서 상담 교육 및 수퍼비전 학과 부교수로 재직 중이다. 그는 서던 캘리포니아 대학에서 상담 교육 박사 학위를 받았다.

**W. Brad Johnson, PhD**은 임상 심리학자로서, 미국 해군사관학교에서 리더십, 윤리 및 법 학과의 교수이며, 존스 홉킨스 대학의 교육대학원에서 부교수로 활동하고 있다.

**Kellie Kirksey, PhD**는 통합적 심리치료가로 활동하고 있으며, 오하이오 주립대학에서 상담 교육 및 심리학 박사 학위를 취득했다.

**Staci Maddox, MS**는 노스웨스턴 주립대학의 대학원생이다.

**Manpreet Mann, MSW**은 네바다 대학의 레노 사회복지대학을 졸업했다.

**Gretchen McLain, MA, CSC**은 공인 학교 상담사이자 텍사스 대학(샌 앤토니오)의 상담 프로그램 박사 과정 학생이다. 그녀는 11년 동안 학교 상담사로 일했으며, 9년 동안 공립학교 교사로도 근무한 경험이 있다.

**Rick Myer, PhD**는 텍사스 대학(엘 파소)에서 교육심리 및 특수 서비스 학과의 학과장이며, 멤피스 대학에서 상담 심리학 박사 학위를 받았다.

**Benjamin Noah, PhD, NCC, LPC**는 카펠라 대학 내의 상담 및 인간 서비스 대학의 시간 강사이다.

**Mary M. Read, PhD, LMFT**는 캘리포니아 주립대학(풀러튼) 상담학과의 임상 훈련 책임자이다.

**Theodore P. Remley Jr., JD, PhD, LPC, NCC**는 상담 교육자이자 변호사로 활동하고 있다. 그는 홀리 크로스 대학(루이지애나, 뉴올리언스)에서 상담학 교수로 재직 중이다. 또한 『상담에서 윤리, 법, 전문직에 대한 쟁점(Ethical, Legal, and Professional Issues in Counseling)』(6th edition)

의 공동 저자이다. 매년 2월 또는 3월에 뉴올리언스에서 Law and Ethics in Counseling Conference의 운영을 담당하고 있다.

**Tony Rousmaniere, PsyD**는 워싱턴 대학에서 임상 교수로 재직 중이며, 시애틀에서 사설 상담을 하고 있다. 그는 『심리치료 전문가를 위한 체계적 연습(Deliberate Practice for Psychotherapists)』, 『탁월함을 이루는 순환과정(The Cycle of Excellence)』, 『심리치료의 내면 역량 다지기(Master the Inner Skills of Psychotherapy)』의 저자이며, 『상담 수퍼비전을 향상시키기 위한 신기술 활용(Using Technology to Enhance Clinical Supervision)』의 공동 편집자이다.

**Valerie Russell, PhD**은 캘리포니아 주 가석방 청문 위원회에서 법의학 심리학자로 활동하고 있으며, 사설 상담 센터에서 대학원생들과도 작업하고 있다.

**Lori A. Russell-Chapin, PhD**은 브래들리 대학에서 상담 교육 교수이자 일리노이주 피오리아 지역에 있는 협동적 뇌 연구 센터의 공동 책임자이다. 그녀는 『상담 수퍼비전에서 신경상담의 통합: 성공을 위한 전략(Integrating Neurocounseling in Clinical Supervision: Strategies for Success)』의 공동 저자이다.

**Janna Scarborough, PhD**는 이스트 테네시 주립대학에서 상담학 교수이자 클레머 대학의 (임시) 학장이다. 그녀는 버지니아 대학에서 상담 교육 박사 학위를 받았다.

**David Shepard, PhD**는 캘리포니아 주립대학(풀러튼)에서 상담학과 교수로 활동하며, 초급 및 고급 실습 과정에서 학생들을 가르치고 있다. 또한 로스앤젤레스에서 사설 상담실을 운영하고 있다. 그는 서던 캘리포니아 대학에서 상담 심리학 박사 학위를 받았다.

**Mark A. Stebnicki, PhD, LCMHC, DCMHS, CRC, CMCC**는 이스트 캐롤라이나 대학의 중독 및 재활학과 명예 교수이다. 그의 많은 저서 중 하나는 『공감 피로: 전문 상담사의 마음, 몸, 영혼을 치유하기(Empathy Fatigue: Healing the Mind, Body, and Spirit of Professional Counselors)』이다.

**Naomi Tapia, MS**는 캘리포니아 주립대학(풀러튼)의 상담 프로그램의 대학원생이다.

**Logan Turner, BS**는 노스웨스턴 주립대학(루이지애나)의 임상 심리학 석사 1학년 학생이다.

**Judy Van Der Wende, PhD**는 남캘리포니아 지역에서 사설 상담을 하는 면허를 가진 심리학자이다. 그녀는 퍼시픽 대학원 대학교(팔로알토, 캘리포니아)에서 박사 학위를 받았으며, 메릴랜드주 볼티모어의 정신질환 연구, 교육 및 임상 센터에서 박사 후 연구 과정을 수료했다.

**Michelle E. Wade, EdD, LCPC, LPC, NCC**는 뉴올리인즈 대학에서 조교수로 재직 중이며, 그녀의 주요 연구 분야는 상담에서 테크놀로지의 사용이다.

**Anne Marie "Nancy" Wheeler, JD**는 위험 관리 전략에 관한 워크숍을 제공하는 변호사이며, 『상담사와 법(The Counselor and the Law)』의 공동 저자이다.

**Robert Wubbolding, EdD**은 제비어 대학(오하이오주 신시내티)의 상담학 명예 교수이며, 그 지역에 소재한 현실 치료 센터의 책임자이다. 그는 선택 이론/현실 치료에 관한 많은 저널 기사와 책을 썼으며, 최근 저서로는 『현실치료와 자기평가: 내담자 변화의 열쇠(Reality Therapy and Self-Evaluation: The Key to Client Change)』가 있다.

**J. Scott Young, PhD, NCC, LPC**은 노스캐롤라이나(그린보로)에서 상담 및 교육 개발학과 교수로 재직 중이다. 그는 『영성과 종교를 상담에 통합하기: 유능한 실천을 위한 가이드(Integrating Spirituality and Religion Into Counseling: A Guide to Competent Practice)』의 공동 편집자이다.

# 역자 서문

이번에 번역한 『상담 수퍼비전: 조력 전문가들을 위한 실용적 지침』은 상담을 전공하는 국내 대학원생들에게 친숙한 Corey 박사의 『Clinical Supervision in the Helping Professions: A Practical Guide』의 제3판을 번역한 것이다. 원본의 1판은 2002년, 2판은 2010년에 출판되었고, 한국에서는 2011년에 원본의 초판이 번역된 적이 있다. 이후 초판 번역본이 소진된 이후, 많은 학생과 교수자의 요구가 있었음에도 불구하고 원본의 2판과 3판의 번역본이 출판되지 못하고 있었다. 그러던 중에 이번에 박영스토리에서 3판을 번역하게 되어 매우 기쁘다.

상담에서 수퍼비전은 아래와 같은 몇 가지 이유로 외국뿐만 아니라 국내 상담 분야에서 점점 중요해지고 있다. 첫째, 국내에서 전문적인 상담 서비스에 대한 요구나 그 분야 종사자의 규모는 급격히 증가해 왔다. 제공되는 서비스의 규모가 증가할수록 서비스의 질적 수준에 대한 관리의 필요성 또한 증가했다. 둘째, 상담 서비스에 대한 요구가 증가하면서 평이하고 시간을 많이 들일 수 있는 내담자가 아니라, 자살, 각종 폭력(성폭력, 가정 폭력, 아동 폭력), 코로나와 같은 팬데믹 사태, 그리고 이것들로 인한 트라우마 등 위급한 상황에서 신속하고 정확한 상담 서비스가 필요한 내담자가 증가했다. 셋째, 국내에서도 외국인 노동자, 다문화 가정, 북한 이탈 주민, 성 소수자뿐만 아니라 SNS의 발전과 같은 새로운 문화적 맥락, 그리고 벌써 전문 상담 서비스 분야에서 피할 수 없는 인공지능의 발전이라는 기술적 발전은 상담 서비스 제공자에게 새로운 도전이 되고 있다. 그리고 이러한 여러 가지 도전은 상담 서비스를 제공하는 전문가 집단이 서비스 제공자의 전문성, 책무성, 윤리성에 대해 이전보다 훨씬 더 깨어 있기를 요구한다.

상담 수퍼비전은 이러한 요구에 대해 응답하는 가장 현명하고 중요한 방법이다. 상담 수퍼바이저는 상담 전문가 집단에 진입하기 이전에 학생 및 수련생에 대한 교육, 진입하려는 사람에 대한 진입 제한 기능(gatekeeping), 진입한 초보 전문가에 대한 안내, 보호 및 그들의 성장 촉진, 그리고 실제 상담 과정에 대한 면밀한 감독 등의 다양한 방법으로 전문 상담사 집단의 전문성, 책무성, 윤리성을 확보하려고 한다. 이 책은 상남 수퍼비전을 수행할 때 염두에 두어야 할 공통적 주제(예: 수퍼바이저의 역할과 책임, 수퍼비전 관계, 수퍼비전 모형 등)뿐만 아니라, 위에서 살펴본 도전을 극복하기 위해 상담 수퍼바이저가 계속 고민해야 할 실무적 주제(예: 다문화, 법적 요소, 위기관리, 평가, 테크놀로지 등)를 매우 실용적인 지침 수준에서 다루고 있다. 특히 45명의 실무자들이 자신의 경험을 나눈 현장의 목소리는 책의 내용을 더 생생하게 이해할 수 있게끔 해 주었다.

이 책을 번역한 역자들은 이 책이 수퍼비전을 제공하는 수퍼바이저에게 좋은 지침서가 될 것이라 믿는다. 그뿐만 아니라 수퍼비전을 받는 수련생에게는 이 책이 자신들이 기대할 수 있는 수퍼비전이 어떤 형태이며 지금 받고 있는 수퍼비전이 충분한지, 수퍼비전에서 자신이 해야 할 역할과 기능은 무엇인지, 효과적인 수퍼비전을 위해서 수퍼바이저와 어떻게 협력하면 좋은지를 알려 주는 책이라 생각한다.

그동안 많은 요구가 있었지만 여러 가지 사정으로 오랫동안 번역되지 못했던 책의 번역을 의뢰한 후, 언젠가 번역이 완성될 것이라는 믿음으로 오래 기다려 주신 박영스토리 노현 대표님, 그리고 다섯 역자의 개성이 드러난 번역 방식, 용어, 편집 방식 등을 통일하고 개선하여 좋은 번역서가 나오게끔 도와주신 김용순 과장님께 감사의 말씀을 전한다. 그리고 마지막이지만 가장 중요한 분들, 좋은 책의 번역에 동참하신 김형수, 유성경, 이상민, 최한나 교수님께 감사드린다.

역자 대표 김창대

chapter

# 01

# 수퍼비전 입문

chapter 01

# 수퍼비전 입문

## 핵심 질문

1 당신은 "수퍼비전"이라는 용어를 들으면 무엇을 떠올리게 되는가?

2 당신의 성격이나 학습 스타일을 생각해 보라. 유능한 수퍼바이저가 되는 과정에서 당신에게 어떤 학습 전략이 도움되는가?

3 당신은 수퍼바이저가 되는 것에 대해 어떤 염려나 두려움이 있는가? 수퍼바이저가 되는 것에 대해 어떤 기대를 가지고 있는가?

4 수퍼비전의 가장 중요한 목적은 무엇인가?

5 수퍼바이저의 가장 중요한 책임은 무엇이라고 생각하는가? 수퍼바이저는 내담자의 복지를 보호할 책임을 어느 정도 지는가?

6 당신은 수퍼바이저에게 얼마나 다양한 역할이 기대된다고 생각하는가? 수퍼바이저는 수퍼바이지의 자율적인 학습과 자기개발을 돕는 역할에는 얼마나 역점을 두어야 하는가?

7 수퍼바이저는 전문직 입문 과정의 진입 제한 문지기(gatekeeper)인가? 진입 제한 문지기로서 어떤 역할을 수행해야 하는가?

8 당신이 새로운 역할을 배우고 그 역할을 수행하면서 힘이 났던 때를 생각해 보라. 당신은 수퍼바이지의 힘을 북돋으려고 할 때 자신의 경험을 활용하기 위해 어떤 단계나 행동을 취할 것 같은가?

9 당신은 유능한 수퍼바이저의 가장 중요한 특성이나 소양은 무엇이라고 생각하는가?

10 상담 수퍼비전에서 당신이 깊이 다루고 싶은 중요한 주제는 무엇인가?

수퍼비전은 처음부터 조력 전문식의 일부였으나, 타 분야와 독자적인 기술과 방법을 지닌 분야로 부각되기 시작한 것은 최근이다. 수퍼비전은 훈련 중인 상담사들의 임상적, 전문적 기술 개발을 돕기 위해 사실상 모든 조력 전문직에서 사용된다. 모든 학생은 훈련 과정에서 수퍼비전을 받게 될 것이고, 이들의 대부분은 자신의 경력 발달상 어느 시점에서는 수퍼바이저가 될 것이다. 대부분의 초보 수퍼바이저들은 수퍼비전의 수행과 수퍼비전에 따른 책임에 대해 불안해하며, 수퍼바이지들은 대체로 수퍼비전과 평가받는 것을 불안해한다. 우리의 목표는 여러분이 유능하고 윤리적이며 효과적인 수퍼바이저가 되기 위해 필요한 지식과 기술을 제공하는 것이다. 또한 이 교재가 여러분이 수퍼바이저 역할을 담당하는 것에 대한 불안을 줄일 수 있기를 바란다. 여러분이 조력 전문 분야에 처음 입문한 학생이든 경험 많은 수퍼바이저든 아니면, 그 둘 사이의 어느 지점에 위치하고 있든, 수퍼바이지 또는 수퍼바이저로서 여러분은 수퍼비전에 항상 관여하고 있을 것이다.

수퍼비전 분야가 발전함에 따라 수퍼비전 실무에 관련된 주제들 역시 진화되어 왔다. 우리는 이 교재의 2판이 출간된 이후 상담 수퍼비전 영역에서 나타난 중요한 발전을 추적했으며, 다음과 같은 주제들이 강조되기 시작했음을 발견했다.

- 수퍼바이저와 수퍼바이지 양자 모두의 유능감
- 수퍼비전에서 법적, 윤리적 문제
- 책무성 및 기록
- 테크놀로지와 온라인 자료 및 비대면 방법들
- 위기 상황 수퍼비전
- 수퍼비전에서 다문화 및 사회 정의 문제
- 수퍼비전에서 영성 및 종교 문제 다루기

이러한 흐름과 발전 양상은 앞으로 서술할 여러 장에서 심층적으로 다루어질 것이다.

이 장에서 우리는 수퍼비전을 정의하는 것으로부터 시작해서 수퍼비전의 발전 과정과 상담 수퍼비전의 현재 위치에 대해 논의해 갈 것이다. 수퍼비전의 목적과 수퍼바이지의 목표에 대해서도 언급할 것이다. 우리는 수퍼바이저가 되는 과정에서 우리가 겪었던 개인적인 경험과 고충에 대해 여러분과 나누면서 수퍼바이저가 되는 과정의 개인적인 측면에 대해 여러분들에게 통찰을 제공하고자 한다.

## 수퍼비전의 정의

수퍼비전은 고유한 능력(지식과 기술), 이론, 방법, 평가, 법적 및 윤리적 의무와 책임 등이 필요한 전문 영역이 되었다. 많은 상담사들은 수퍼비전 경험에 대해 잘 준비되어 있지 않으며, 수퍼비전을 유능하면서도 윤리적이고 적법하게 수행하는 일은 쉽지 않다. 우리의 목표는 어려운 수퍼비전 상황을 감당하는 데 필요한 기술을 가진 유능하고 윤리적이며 효과적인 수퍼바이저가 되게끔 실용적이면서 완벽하게 안내하는 것이다.

수퍼비전은 수퍼바이저와 수퍼바이지, 그리고 그들이 서비스를 제공하는 내담자 간의 독특한 전문적 관계이다. Bernard와 Goodyear(2019, pp. 72-73)는 이 관계를 "삼자 체계(triadic system)"라는 용어로 가장 광범위하게 정의했다. 수퍼바이지가 점점 유능해지면 그가 전문적 기술을 수행할 때, 수퍼바이저로부터 방향 제시를 받을 필요가 점차 줄어든다. 유능한 수퍼비전은 수퍼바이지에게 전문적으로 발전할 수 있는 기회를 주는 것과 내담자의 복지를 보호하는 것 사이에 적절한 조화를 유지해 나갈 것을 필요로 한다. 수퍼바이저는 수퍼바이지가 치료적 실무의 예술과 기술을 배울 수 있도록 조력하면서 내담자들에게 제공되는 돌봄의 질을 감독해야 한다. 수퍼비전의 주요 목적은 수퍼바이지가 독립적인 전문가가 되는 데 필요한 경험을 습득할 수 있는 맥락을 만들어 주는 것이다. 수퍼바이저와 수퍼바이지의 관계는 대부분 동등하지 않다. 오히려 평가라는 요소를 토대로 하는 위계적 관계이다. 수퍼비전을 정의함에 있어서 "관계"와 "평가"를 한 문장 안에 두는 것이 다소 상충되어 보일 수 있지만 이 두 가지 모두 중요한 요소이다. 수퍼바이저는 수퍼바이지를 모니터하고 평가하는 기능을 하지만, 수퍼바이지와 생산적인 관계도 형성해야 한다.

어떤 사람들은 수퍼비전을 예술이라고 부르는데, 성공적인 수퍼비전은 정말로 예술적이다. 그러나 또한 성공적인 수퍼비전은 구체적인 기대, 역할, 책임, 기술을 공식적으로 배열해 놓은 것이기도 하다. 가장 넓은 의미에서 수퍼비전은 가르치기, 자문, 평가를 포함하며 수퍼비전 관계는 시간이 갈수록 확대된다(Bernard & Goodyear, 2019, pp. 9-12). 수퍼비전의 또 다른 기능은 상담, 조언, 코칭, 멘토링 등도 포함한다.

수퍼비전은 일반적으로 상담(clinical) 수퍼비전과 행정(administrative) 수퍼비전이라는 두 개의 범주로 구분한다. **상담 수퍼비전**은 내담자에게 서비스를 제공하는 수퍼바이지의 수행에 초점을 맞춘다. 우리는 상담적 수퍼비전이 "전문성 발달을 위해 요구되는 특정한 지식과 기술이 무엇인지 알고 있으며, 그 지식과 기술에 훈련을 거쳐 숙련된 경험 있는 전문가가 상담 과정을 지속적으로 관찰하고 평가하는 과정"이라고 정의하는 것이 가장 좋다고 본다. 또한 수퍼비전은 여러 가지 외적인 힘들, 예컨대 관리하는 기관, 자격증 수여, 상담 장면에 의해서도 정의될 수 있다는 점을 유의해야 한다. 예를 들면, 수련 프로그램에 속한 학생들을 수퍼비전할 때와 정신건강 증진 기관에서 자격증을 준비하는 전문가를 수퍼비전할 때는 다른 역할과 책임을 져야 한다. 수퍼비전 실무, 역할, 책임 등은 수퍼비전이 이루어지는 장면과 그 외 요건들에 따라 달라진다.

한편, **행정 수퍼비전**은 수퍼바이지가 기관의 근무자로서 지니는 역할 및 책임과 관련된 문제들 - 인사 문제, 시간 관리, 기록 관리 등 - 에 초점을 맞춘다. 이것은 상사가 부하에게 직접 내리는 지시도 포함한다. 행정 수퍼비전의 목적은 고용된 상담사가 자신의 업무를 유능하게 수행하고 있는지를 관찰하는 것이다. 행정 수퍼비전을 하는 수퍼바이저는 대체로 그들의 수퍼바이지에 대해 직접적인 통제권과 권위를 가지고 있다(Remley & Herlihy, 2020).

이 교재에서 논의되는 원칙과 방법 중 많은 것들은 상담 수퍼비전과 행정 수퍼비전 모두에 적용된다. 수퍼비전을 받는 상담사들이 상담적 역할과 행정적 역할을 모두 하는 그 누군가로부터 수퍼비전을 받는 상황은 드물지 않으며, 그러한 상황은 몇 가지 공통적인 어려움에 당면하기도 한다.

## 수퍼비전의 발전 과정

조력 전문직 가운데 하나의 전문 분야로서 상담 수퍼비전은 지난 30년 동안 많은 변화를 겪어 오고 있다. 상담 수퍼비전은 심리치료 실무에서부터 발전되었다. 그래서 오랫동안 상담 수퍼비전은 당신이 어느 정도의 임상 경험이 있고 좋은 상담 기술을 가지고 있으면 수퍼비전을 할 수 있는 자격을 가진다는 믿음을 가지고 있었다. 상담 수퍼비전에 대해 최소한의 지침만 제공했고, 수련생에게 필요한 수퍼비전 시간만 강조했다. 많은 수퍼비전 관계는 비교적 비형식적이었으며, 수련생이 생산적인 상담사가 되게끔 하기 위해 "좋은" 상담 기술이면 충분하다고 여겨졌다. 이 말은 수퍼비전의 수련이 형식화되기 이전에는 효과적인 수퍼비전이 없었다거나 수퍼비전에서 효과적인 상담 기술의 중요성을 과소평가하는 것도 아니다. 그러나 오늘날 수퍼바이저의 역할은 과거의 비형식적인 멘토링이나 치료적 관계와 유사한 점이 많지 않다.

요즘처럼 어려운 시기에 상담사들은 수퍼바이지를 돕기 위해 잘 준비될 필요가 있다.

우리는 극심해진 불화, 소외된 사람들에 대한 혐오와 차별, 계층 차별주의뿐만 아니라 환경 변화나 코로나-19와 같은 공공 보건의 위기에 대한 두려움의 시대에 살고 있다. 무차별 총격 같은 인적 재해 역시 증가 추세이다. 상담을 찾는 내담자들은 극심한 스트레스와 불안을 호소하며, 상담사, 수퍼바이저 및 수퍼바이지들 역시 현재 발생하고 있는 갑작스러운 변화에 영향을 받고 있다. 수퍼바이저들은 이러한 변화가 자신이나 수퍼바이지, 그들의 가족, 그리고 그들의 상담에 어떤 영향을 미치고 있는지 점검해야 한다.

과거에는 유능성 주제나 공식적인 문서 작성 절차 같은 것은 거의 유의하지 않았으며, 대부분의 수퍼바이저들은 수퍼비전에 대한 공식적인 훈련도 받지 않았다. 그러나, 최근 들어서야 수퍼비전은 대학원 과정, 박사 후 과정, 전문가 발달 워크숍 등에서 전문화된 훈련 영역으로 자리 잡았다. 수퍼비전을 이처럼 강조하게 된 것은 책무성이 강조되는 상황에서 좀 더 전문적이고 책무성 있는 방식으로 수퍼비전을 수행하고, 다양한 관리 기관의 규칙을 준수할 필요성이 증가했기 때문이다.

지난 40여 년 동안 조력 분야의 여러 관리 기관은 수퍼비전 실무를 위한 구체적인 규정들을 개발하였다. 미국 결혼 및 가족상담 협회(American Association for Marriage Family Therapy: AAMFT)는 최초로 수퍼바이저 훈련을 위한 규준을 개발하였고, 1983년에 공인된 수퍼바이저 자격을 확립하였다. 미국 상담학회(American Association for Counseling: ACA)는 1989년에 상담사 교육 및 수퍼비전 협회(Association for Counselor Education and Supervision: ACES, 1987, 1990)의 상담 수퍼바이저를 위한 기준을 채택하였다. 이후 상담사 교육 및 수퍼비전 협회는 2011년에 **모범적 상담 수퍼비전**을 발간했다. 전국 사회복지사 협회(National Association for Clinical Social Workers: NASW)에서는 1994년에 『임상 사회복지 수퍼비전을 위한 지침(Guidelines for Clinical Social Work Supervision)』을 뒤이어 출간하였다. 그리고 1999년에 전국 공인상담사 위원회(National Board for Certified Counselors: NBCC)는 『윤리적 수퍼비전 실무를 위한 기준(Standards for the Ethical Practice of Supervision)』을 발간하였다. 이후 미국 심리학회(American Psychological Association: APA)는 2015년 『보건 서비스 심리학에서의 상담 수퍼비전 지침』을 출간했다.

오늘날 수퍼바이저는 각 수퍼바이지들, 그들이 상담하고 있는 내담자들과 전문적인 관계를 유지할 책임이 있다. 한 가지 주의할 점은 특정 문제에 대해 상담하기 위해 수퍼바이저를 개인적으로 찾는 경우이다. 이 경우 수퍼바이저는 수퍼바이지가 상담하는 모든 내담자에 대한 책임은 면제된다. 이 상황에서는 자문보다는 수퍼비전을 하는 내담자와 사례에 대해서만 책임을 공유한다는 것에 대해 사전에 합의할 수 있다.

책무성은 좀 더 공식적인 절차가 필요한데, 이러한 절차는 수퍼비전에서 사용할 모델, 수퍼비전의 목표, 측정과 평가 방법 등을 명시한 전문적인 명세서 및 계약서 등으로 구성된다. 오늘날 예술의 상태(state-of-the-art)에 있는 수퍼비전은 수퍼바이저에게 다음과 같은 다양한 기술과 절차적 지식을 요구한다.

- 수퍼비전에 관한 공식화된 훈련
- 공식적 계약과 동의에 대한 지식
- 긍정적인 수퍼비전 관계를 맺고, 유지할 수 있는 능력
- 수퍼바이지와 이들이 돌보고 있는 내담자들을 평가할 수 있는 능력
- 수퍼바이지들의 업무를 직접 관찰할 수 있는 다양한 방법
- 실무 절차와 정책
- 적절한 기록 관리 방식에 관한 지식
- 구체적인 피드백 및 평가에 관한 계획
- 적절한 위험 관리 활동
- 관련된 윤리 강령 및 표준에 대한 지식
- 법적 주제와 문제, 그리고 주별 면허의 요구 사항 및 절차에 대한 철저한 지식

수퍼비전 실무를 수행하기 위해 필요한 지식에는 역할, 책임, 관계 역동, 상담 기술, 교수 기술, 법적/윤리적 의사결정 기술, 테크놀로지 활용 기술, 다문화적 유능성과 평가적 기술들이 포함되지만 이러한 지식에만 한정되는 것은 아니다.

## 수퍼비전의 목적

많은 저자들은 수퍼비전의 목적을 다루었고 상당한 동의가 이루어져 있다. 전문가들이 따르는 몇몇 표준 규범은 수퍼비전의 목적을 직접 언급하지 않고 있지만, 관련된 논의로부터 수퍼비전 목적을 추론할 수 있다. 예를 들면, **모범적 상담 수퍼비전**(ACES, 2011)은 수퍼비전의 과제를 기술한 아래의 글상자 1.1에 잘 나타나있다.

**글상자 1.1 모범적 수퍼비전**

**상담사 교육 및 수퍼비전 협회(ACES)(2011)**

모범적 상담 수퍼비전

1. 수퍼바이저는 수퍼비전 내의 작업 동맹을 증진하기 위해 수퍼비전 과정에 대한 논의를 촉진한다.
2. 수퍼바이저는 수퍼비전 과정에 대한 수퍼바이지의 불안을 줄이기 위해 협력적이고 평등한 수퍼비전 작업 동맹을 형성하기 시작한다.
3. 수퍼바이저는 자신의 역할이 교사, 상담사, 자문가, 멘토, 평가자 등을 포괄함을 설명한다.
4. 수퍼바이저는 수퍼비전 형태(예: 개인, 3인, 동료, 집단 수퍼비전 등)에 관련된 구조, 과정, 내용을 설명한다.
5. 수퍼바이저와 수퍼바이지는 수퍼바이지가 이전 수퍼비전에서 겪었던 경험뿐만 아니라 선호하는 수퍼비전 스타일 및 개입 방법 등을 함께 논의한다.
6. 수퍼바이저는 다문화적 요소, 그리고 그 요소가 상담 및 수퍼비전 관계에 어떻게 영향을 미칠지에 관한 주제를 제시하며, 그러한 다문화적 고려 사항이 수퍼비전에서 중요한 부분으로 다루어질 것임을 알린다.

## 수퍼비전 목표에 관한 우리의 관점

우리의 관점에 의하면 수퍼비전의 목표는 4개의 측면으로 구성된다: (1) 수퍼바이지의 성장과 발달 촉진, (2) 내담자 복지의 보호, (3) 수퍼바이지의 수행을 모니터하여 전문 영역의 진입 제한 문지기 역할 수행, (4) 수퍼바이지의 자기-수퍼비전 능력 강화 및 독립적 전문가로서 수퍼비전 목표를 수행하게끔 격려.

### 수퍼바이지의 성장과 발달 촉진

많은 수퍼바이저들은 수퍼바이지들이 내담자를 효과적으로 상담할 수 있도록 가르치는 것을 수퍼비전의 주된 목적으로 본다. 이것은 수퍼바이저가 수퍼바이지의 현재 그리고 미래 내담자들의 복지를 보장해야 하기 때문에 수퍼비전의 핵심적인 기능이다. 그러나 사례와 상황에 대해 단지 구체적으로 가르치는 것만으로는 충분치 않다. 수퍼바이지들은 수퍼비전을 통해 이후 혼자서 수행하게 될 실무에서도 잘 적용될 수 있는 주제들에 대해 학습할 것이 요구된다. 수퍼비전의 이러한 목표를 좀 더 확장하여 정의하면, 수퍼바이지가 유능한 임상가이면서 전문가로 성장하고 발달하도록 돕는 것이라고 할 수 있다. 수퍼바이지의 발달을 촉진하는 것이 명확한 수퍼비전의 주요 목적이다. 그러나 내담자 복지에 초점을 두는 것과 균형을 맞추어야 한다.

### 내담자 복지의 보호

수퍼비전의 핵심적인 기능은 수퍼바이지의 내담자 복지를 보호하는 것이다. 자격증이 없는 상담사/심리치료사들을 수퍼비전하는 경우 대부분의 미국 주(州)에서는 서비스 수혜자의 복지에 대한 보호 의무를 지도록 요구하고 있다. 수퍼바이저의 주된 기능은 현재 그리고 미래의 내담자들이 전문적이고 유능한 서비스를 받게 하고, 그러한 서비스를 제공받지 못하는 경우 필요한 개입을 하기 위해 필요한 모든 일을 하는 것이다. 수퍼바이지가 내담자 복지를 잘 보호하려면 수퍼바이저가 그러한 내담자와 상담 목표에 관해 충분한 지식을 반드시 가지고 있어야 한다.

### 수퍼바이지의 수행에 대한 모니터와 진입 제한 기능

수퍼바이저의 또 다른 기능은 전문 영역의 진입 제한 문지기(gatekeeper)가 되는 것이다(Baldwin, 2018). 효과적인 상담에 필요한 개인적 소양과 기술이 부족한 정신건강 전문가 때문에 발생할 수 있는 피해에 대한 자각이 높아짐을 고려할 때, 수퍼바이저와 실습 교수자가 전문 영역의 진입 제한 문지기 역할을 반드시 하게끔 하는 것은 합리적이다. 진입 제한 기능(gatekeeping)이란 주어진 영역, 사회복지, 결혼 및 가족 상담, 심리학, 상담 등에서 수퍼바이지가 자격증을 받기에 필요한 능력을 지니고 있는지를 평가하는 것이다. 진입 제한 기능은 대학원 프로그램에서 학생을 훈련하고 수퍼비전할 때 매우 중요하다는 사실은 말할 것도 없이 분명하다. 수퍼바이저의 진입 제한 기능은 수퍼비전 장면의 특성, 그리고 수퍼바이지의 교육/훈련 수준에 따라 다양하게 수행된다. 면허나 전문가 자격 규정에는 수퍼바이저가 수퍼바이지의 임상적 작업을 감독할 때 준수해야 할 기준의 틀이 제시되고 있다. 수퍼비전은 전문 영역 내에서 수퍼바이지의 실무 수행 능력을 평가하는 데 중요한 역할을 담당하고 있다. 평가와 진입 제한 기능 역할에 대해서는 10장에서 좀 더 상세히 논의하겠다.

### 수퍼바이지의 자기-수퍼비전 능력 강화

수퍼바이지의 또 다른 기능은 수퍼바이지의 자기-수퍼비전 능력을 강화하는 것이다(Bernard & Goodyesr, 2019, pp. 234-236). 수퍼바이지를 가르치고, 내담자 복지를 보호하며, 전문 영역의 진입 제한 기능을 하는 것뿐만 아니라 수퍼바이지가 자신의 상담 기술, 자각 수준, 그리고 자원을 개발하게끔 돕는 것이 중요한 목표이다. 이러한 목표는 수퍼바이지들에게 문제 해결 및 의사결정 기술을 학습하고 자기 평가를 해 볼 기회를 제공함으로써 성취할 수 있다. 이런 활동은 수퍼바이지로 하여금 자신의 실무적 결정을 신뢰하는 법을 학습하도록 도와준다. 개인적, 전문적 발달은 확실히 수퍼바이지의 능력을 강화하고 힘을 북돋움으로써 얻을 수 있는 결과물이다. 수퍼바이지들이 개인적, 전문적으로 힘을 얻게 된다면, 그리고 그들이 유능한 실무자가 된다면 그들은 내담자 복지를 최우선으로 하고, 내담자에게 해를 끼치지 않을 것이라고 우리는 확신한다. 유능한 전문가는 자기 자신의 성취를 감독할 수 있으며, 자기 능력의 한계를 자각하고, 개인적 이슈들이 전문가로서의 실무에 어떤 영향을 주고 있는지를 확인할 수 있을 뿐만 아니라, 자기-수퍼비전을 위해 필요한 자문 및 추가 수퍼비전을 언제 그리고 어떻게 받아야 하는지를 알 것이다.

위에서 언급한 목표들이 모두 똑같이 중요하지만, 주어진 상황과 시간에 따라 좀 더 우선시 되어야 할 목표가 있다. 만약 수퍼바이지를 가르치는 것과 내담자 복지를 보호하는 것 간에 갈등이 생겼을 경우, 전문가 윤리 규정에 따르면 내담자 복지를 가장 중요하게 다루어야 한다. 예를 들어, 내담자가 자살 사고를 표현했다고 수퍼바이지가 보고하는 경우, 수퍼비전의 목적은 수퍼바이지를 가르치려는 것으로부터 급히 방향을 바꾸어 내담자의 복지를 보호해야 하는 긴급한 필요에 초점을 두어야 한다. 가르치는 것을 포기하는 것이 아니라 위기가 해결될 때까지 잠정적으로 보류해 두는 것이다. 일단 내담자의 필요가 충족되었다면, 그 이후에는 자살에 대한 평가 방법과 개입에 관한 교육이 반드시 이루어져야 한다. 수퍼비전의 목표들은 위계적으로 이루어지기보다 동시에 이루어지는 것으로 보는 것이 좋다. 효과적인 수퍼비전을 하기 위해서 수퍼바이저가 수퍼비전의 목적을 명확히 이해하고, 이를 수퍼바이지와 의사소통할 수 있어야 한다.

## 수퍼바이지와 함께 목표 설정하기

일단 위에서 기술한 수퍼비전 과정 전체에 관한 네 가지 목표 외에, 수퍼바이저와 수퍼바이지는 구체적인 목표를 설정하기 위해 협력한다. 수퍼비전을 통해 도달해야 할 필수적인 목표와 기대하는 성과에 관해 서로 협력하여 설계하고 동의하는 일은 수퍼비전 관계에서 가장 중요하게 여겨진다. 이점에 관해 상담사 교육 및 수퍼비전 협회(2011)의 **모범적 상담 수퍼비전**은 다음과 같이 설명하고 있다.

> b. 가능한 한 수퍼바이저와 수퍼바이지는 수퍼비전의 구체적인 목표를 함께 설정한다.
> vii. 수퍼바이저와 수퍼바이지는 수퍼비전을 진행하면서 필요할 때는 수퍼비전에서 맺은 계약과 수퍼바이지의 목표를 조정한다.
> viii. 수퍼바이저는 수퍼바이지가 학교 프로그램, 실무 현장, 박사 후 실습 기관 등 특정 장면 내에서 현실적이고 측정 가능하며 도달할 수 있는 목표를 설정하게끔 돕는다.

## 유능한 상담사와 수퍼바이저 되기

유능한 수퍼바이저가 되는 일은 계속되는 여정으로서 마치 유능한 상담사가 되는 과정과 유사하다. 이 두 가지는 수업, 평생교육, 자문 등을 필요로 한다. 유능한 상담사이면서 수퍼바이저가 되려고 할 때 필수적인 것들은 다음과 같다.

- 상담 이론, 기법, 실무에 대해 지식 갖추기
- 진단과 개입 방법에 대해 폭넓게 이해하기
- 개인 능력의 한계를 알고 자문과 수퍼비전을 구하는 방법과 시기 알기
- 공감, 수용, 존중, 진정성 같은 기본적 조력 기술을 가지고 있음을 실무에서 보여 주기
- 개인의 이슈가 어떻게 상담 실무에 영향을 주고, 이러한 이슈들이 내담자들에게 어떠한 영향을 주는지 자각하기
- 어떤 내담자가 상담하기에 다소 쉽고, 어떤 내담자가 더 어려운지를 알고, 그 이유가 무엇인지 탐구하기
- 내담자들의 저항, 마지못한 태도, 양가적 태도를 알아차리고 그것에 대해 어떻게 작업할지를 알기

- 관련된 전문가 윤리와 상담 실제 및 수퍼비전 관련 법들을 알고 적용하기
- 임상적, 윤리적 이슈에 대해 건전하게 판단하고 분명한 의사결정 모형을 가지기
- 다문화적 주제가 상담 과정에 어떤 영향을 미치는지, 그리고 내담자와 동료들 간의 문화적 차이점에 대해 어떻게 작업해야 하는지 알기
- 실무 경험이 점차 증가함에 따라 자신감을 획득하고 유능성을 나타내는 증거를 보이기
- 상담사 또는 수퍼바이저의 역할을 발달시키고 점검하기
- 실수할 위험이 있더라도 상담 기술을 다양화하고, 이것에 대해 수퍼비전에서 기꺼이 이야기하기
- 자기 자신의 수퍼비전 스타일을 창조하기 위해 노력하기
- 자기-평가 활동을 개발하기

수퍼비전의 목표에 대해 명료하게 이해하고 수퍼비전을 하면서 이것을 논의 주제로 제시하는 것은 수퍼바이저들에게 반드시 필요하다. 상담사가 되는 것과 수퍼바이저가 되는 것 사이에는 공통점이 많지만, 유능한 수퍼바이저가 되는 것은 특별한 지식과 기술이 추가로 필요하다. 수퍼바이저는 수퍼비전 방법에 관한 최신 경향에 해박해야 하며, 수퍼비전과 관련된 최근 법적, 윤리적 문제에 대해서도 잘 알고 그들이 수퍼비전하는 특별한 영역(예를 들면, 트라우마를 겪은 내담자와의 상담)에 관한 지식을 가지고 있어야 할 뿐만 아니라 수퍼비전 방법을 배우는 동안에는 수퍼비전에 대한 수퍼비전도 받을 필요가 있다.

## 수퍼비전에 대한 관점들

우리 자신을 독자 여러분에게 소개하는 한 가지 방법으로 수퍼비전과 관련된 우리들의 배경과 경험에 대해 나누고 싶다. 우리는 각자 일했던 장면, 수퍼비전에 대한 철학, 수퍼바이지와 수퍼바이저로서 겪었던 경험, 그리고 우리가 그러한 경험으로부터 배웠던 것 등을 설명할 것이다. 우리 경험에 대해서 읽으면서 여러분은 수퍼비전 과정을 기술하는 우리의 관점을 이해할 수 있게 될 것이다. 책 전체를 통해서 우리는 특정한 주제에 대한 우리의 의견, 생각, 그리고 경험을 자주 이야기할 것이다. 그리고 우리는 여러분이 자신의 경험과 학습 내용에 대해서도 같은 방식으로 검토하기를 바란다.

## Jerry Corey의 개인적 관점

### 수퍼비전 장면

1970년대 초부터 나는 집단 촉진자들을 위한 집단 수퍼비전을 대학 교육과정의 하나로 제공하고 있다. 수퍼바이저로서 내가 해온 대부분의 전문적인 경력은 집단으로 이루어지는 수퍼비전이다. 나는 집단 촉진자가 되고 싶은 수련생들을 가르치고 수퍼비전하는 데 가장 좋은 방법은 집단 맥락에서 수퍼비전을 제공하는 것이라 생각한다. 수련생들과의 작업 외에도 나는 동료들과 함께 여러 기관이나 다양한 전문 워크숍을 통해 상당히 많은 집단 수퍼비전을 해왔다. 이러한 수퍼비전의 목적은 수련생들이 훈련 과정이나 수퍼비전 집단의 일원이 되어봄으로써 집단이 작동하는 방법에 관한 지식을 익히고 집단 지도력을 세련되게 다듬을 수 있도록 돕는 것이다.

### 수퍼비전에 대한 철학

수퍼비전에 대해 현재 내가 취하고 있는 관점과 철학은 인본주의와 체계적 관점 양쪽으로부터 영향을 받았다. 수퍼바이저로서 나의 역할은 자기를 발견하는 과정의 인도자가 되는 것이라고 생각한다. 상담의 경우와 마찬가지로, 나는 수퍼비전에서도 수퍼바이지의 협력적 관계를 맺는 것의 가치를 믿고 있다. 내담자들은 상담이 어떻게 진행되는지에 대해 상담사로부터 교육받을 때, 그리고 상담을 위한 자신의 목표를 협력적으로 설정할 때 가장 많은 것을 얻을 수 있다. 나는 수퍼바이저가 수퍼바이지에게 무엇을 잘못했는지 그리고 다음에는 무엇을 노력해야 하는지를 지적하면서 수퍼비전을 주도해 나가는 방식은 선호하지 않는다. 힘을 북돋우는 것(empowerment)은 상담 목표 중의 하나이고, 수퍼바이지도 개인적으로나 전문적으로 성장하기 위해서는 힘이 북돋아지고 격려받고 있음을 여러 통로로 느낄 수 있어야 한다.

나는 집단 수퍼비전을 할 때, 일반적으로 수퍼바이지인 보조 진행자에게 그들의 개입이 집단에서 어떤 효과가 있었는지를 묻는다. 수퍼바이지들이 자신의 작업을 관찰한 전문가의 이야기를 듣기만 하는 것과는 반대로, 수퍼바이지 자신의 생각, 반응, 직관, 그리고 지각을 이야기함으로써 자기 발견을 통한 학습의 장이 준비된다. 이는 수퍼바이저의 전문성을 축소하고자 하는 것이 아니다. 오히려 나의 목적은 수퍼바이지들이 훈련 집단에서 자신들이 무엇을 하고 있는지를 모니터링하고, 스스로 질문을 제기하고, 그 가운데 일부 질문들에 대해서 답을 발견하도록 하는 일련의 학습 과정에서 이들을 지도하려는 것이다.

### 수퍼바이저로서 겪는 고충들

나는 폐쇄적이고 방어적이며 자기 성찰을 하지 않으려는 전문가나 수련생을 수퍼비전하는 것이 가장 어렵다. 집단 상담사로서 초심자들이 느끼는 불안과 그로 인해 집단에서 치유적인 반응을 하기 어려운 점에 대해서 나는 충분히 인정할 수 있다. 나는 집단 수퍼비전에서 자신의 두려움, 자기에 대한 의구심, 불안정성을 기꺼이 인정하는 학생들에 대해서는 기꺼이 도와줄 의향이 있으며, 이러한 맥락에서 중요한 학습의 기회가 많이 열리게 됨을 잘 알고 있다. 그러나 비판적이고 새로운 학습 경험에 대해 폐쇄적인 수련생들은 나에게 좀 어렵다. 내가 "어렵다"고 느끼는 수련생 중에는 남들에게 조언이나 질문하는 것으로만 상호작용을 하는 사람들도 포함된다.

집단에서 수퍼바이지와 작업할 때, 나는 수퍼바이지들이 집단 밖의 삶과 관련된 일에 대해 매우 사적인 것까지 자기 개방을 하도록 기대하지는 않는다. 훈련 및 수퍼비전 집단은 치료 집단이 아니기 때문이다. 그러나 수퍼비전과 훈련 집단에서 지금-여기에서 보이는 반응에 대해 말하고 수퍼비전 과정에 충분히 참여하기 어렵게 하는 요소에 대해 탐색할 것을 기대한다. 집단 훈련 상황에서 수퍼바이지들은 효과적으로 상담하기에 방해가 되는 개인적인 문제나 특성을 알아차리도록 요구된다. 수퍼비전 집단에 참여하는 과정에서 많은 반응들이 분명하게 나타나고 있는데, 수퍼비전 집단에 적극적으로 참여하지 않는 수퍼바이지의 경우 나는 솔직히 어려움을 느낀다. 예를 들면, 수퍼바이지들은 종종 유능하다고 느끼지 못하고, 자신의 무능함을 다른 사람이 알 것 같은 두려움을 느낄 뿐만 아니라 뒤로 물러나고 싶을 수도 있다. 최소한 나는 이런 것들을 드러내고 집단 수퍼비전 맥락에서 이에 대해 탐색할 수 있기를 바란다.

어떤 수퍼바이지는 나와의 관계에서 전이를 경험했으며 이 전이는 집단 훈련 중에 효과적으로 탐색될 수 있었다. 한편 때때로 내게도 역전이 반응이 일어나며 이 반응에 대해서도 수퍼바이지와 논의할 수 있다. 나는 내가 느낄 수 있는 모든 역전이를 어떻게 탐색할 것인지 항상 민감하게 유념할 필요가 있다. 그러나 한편 내가 특정 상황에서 나 자신을 개방할 수 있다면 그것은 매우 가치 있는 모델이 될 수 있다는 점도 알고 있다. 전이와 역전이 반응을 탐색할 수 있다는 점은 집단 수퍼비전이 가지는 중요한 강점이다. 나의 의도는 수련생에게 도움이 되는 방식으로 그들에게 정직한 피드백을 주려는 것이다. 이를 위해 지금-여기의 수퍼비전 맥락에서 어떤 일이 발생하고 있는지에 대해 말하는 것은 필수적이다.

다행스럽게도, 집단 리더십 실습 과목에서 내가 수퍼비전을 제공했던 많은 학생은 함께 일하기가 매우 즐겁고 배움에 열정적이었으며, 집단 촉진자로서 자신의 역할에 의해 어떻게 자신들이 영향을 받는지를 개방적으로 탐색하고, 기꺼이 취약성을 드러내는 사람들이었다. 그들은 자신들의 취약성을 결점으로 여기지 않았다. 나는 집단 수퍼비전 시간에 자신들이 지닌 잠재적인 방해물들을 기꺼이 다룸으로써 이러한 학생들이 집단 촉진 기술을 가장 잘 습득할 수 있다는 것을 알게 되었다.

### 수퍼비전에 대하여 배운 점들

집단 상담 수업에서 수련생들과 50년 넘게 집단 수퍼비전을 해 오면서, 나는 가장 좋은 수퍼비전은 교육으로 형성된 직관력을 발달시키도록 수퍼바이지를 격려하는 것이라고 확신하게 되었다. 종종 나와 동료들은 우리가 훈련하고 수퍼비전하는 집단 상담사들이 풍부한 통찰력과 민감한 직관력을 가지고 있으나 이들이 너무 자주 자신의 지식, 직관, 그리고 느낌을 신뢰하지 못하는 것을 발견한다. 수퍼바이저로서 나의 목적은 수련생들이 집단 촉진자로서 자기 자신의 역할을 수행함에 있어, 더 많은 자신감을 가지고 자신의 임상적 직관력을 따를 수 있도록 격려하는 것이다.

집단 상담 수련생들과 집단 수퍼비전을 하는 과정에서 점점 더 명확해지는 몇 가지 교훈은 다음과 같다.

- 집단 상담 수련생이 되기 위해서는 사전에 학문적으로나 개인적으로 준비되어야 한다.
- 수퍼바이지들이 집단 상담 장면에서 부딪치는 모든 상황에 대해 정답을 가지고 있을 필요는 없다.
- 수퍼바이지들이 실수에 대해 걱정할 필요는 없다. 어떤 상담 상황에서도 창의적으로 개입할 수 있는 다양한 방식들이 있다. 그리고 어떤 문제를 다룰 때 가장 좋은 한 가지 방법만이 있다고 전제하는 것은 우리의 개입을 제한할 뿐이다. 우리는 실수라고 여겨지는 것을 성찰함으로써 배울 수 있고 실수를 되돌아보는 것은 곧 새로운 배움의 기회가 됨을 깨달을 수 있다.
- 수퍼바이지들은 지지와 도전적인 분위기에서 가장 잘 배운다.
- 수련생들이 집단을 촉진하는 방법을 가장 잘 배울 수 있는 길은 집단원이 직접 되어서 어떤 경험이 자신에게 개인적으로 가장 도움이 되었는지를 성찰해 보는 것이다.

- 집단 수퍼비전에서 수퍼비전 구성원들이 서로에게 교사와 수퍼바이저로서 역할을 하는 것은 바람직하다. 지혜의 원천이 수퍼바이저에게만 있는 것은 아니다.
- 가르치고, 지도, 감독할 수 있는 가장 좋은 방법의 하나는 모범을 보이는 것이다. 집단 수퍼비전 맥락에서 수퍼바이저가 어떻게 행동하느냐가 단순히 어떻게 행동하라고 말해주는 것보다 더 강력한 영향력을 발휘할 수 있다.
- 어떤 상황에 대한 내 생각을 말하기 전에 수련생들에게 그들의 의견을 나누도록 격려하는 것이 더욱 생산적인 경우가 종종 있다. 좀 더 자주 어떻게 하면 더 효과적으로 기능할 수 있었을까를 수련생 스스로 탐색하게 하면 그들은 자기 자신의 통찰과 제안을 생각해 낼 수 있다.

## Bob Haynes의 개인적 관점

### 수퍼비전 장면

나의 임상 수퍼비전 경험은 캘리포니아주 아타스카데로 주립병원(Atascadero State Hospital)의 임상 심리학 인턴십 프로그램의 책임자로 27년간 근무하면서 축적되었다. 최고 수준의 보안을 유지하면서 법적 문제를 다루었던 이 병원은 성폭행자와 정신병이 있는 범죄자들에게 보호와 치료를 제공했다. 나는 인턴, 박사 후 과정생, 자격증 받기 전의 심리학자, 그리고 심리학자, 사회복지사, 정신건강의학과 의사, 결혼 및 가족상담사 등으로 구성된 인턴의 수퍼바이저들에게 개인 또는 집단 수퍼비전을 제공했다. 내가 10년 이상을 시간제로 일했던 사설 상담 장면에서 함께 집단상담을 했던 동료들과 함께 동료 수퍼비전에도 참여하였다.

수퍼바이저나 수퍼바이지와 함께 일했던 경험에서 2가지 이슈가 부각되었다. 첫째, 거의 모든 수퍼바이저는 처음에 자신이 수퍼바이저가 되기에 제대로 준비되지 않았다고 느꼈으며, 수퍼비전의 목적이나 본질에 대해 불분명하게 이해하고 있었다. 대부분의 수퍼바이저가 자신감을 가지고 수퍼바이저로서의 역할에 대해 명확해지기까지는 어느 정도 시간이 걸렸다. 학교에서 이루어지는 공식적인 수퍼비전 훈련은 이들의 발전을 촉진시켰다. 그러나 수퍼비전의 실제 경험 또한 매우 중요한 요소였다. 둘째, 거의 모든 수퍼바이지는 자신들의 수행에 대해 불안해했고, 평가에 대해 신경을 많이 쓰고 있었다. 이들은 수퍼비전 시간에 무엇을 말하고, 무엇을 해야 하는지 결정하는 데 시간과 에너지를 많이 소모했다.

종종 수퍼바이저를 기쁘게 하는 것이 수퍼비전을 받는 경험으로부터 배우는 경험만큼 중요한 일로 여기는 것 같았다.

### 수퍼비전에 대한 철학

나는 수퍼비전에 대해서는 오로지 나의 수퍼바이저들로부터만 배웠다. 내가 학부와 대학원에서 심리학을 공부하던 1960년대와 1970년에는 수퍼비전이 정식 과목으로 개설되지 않았다. 수퍼비전이 그 자체로 독립된 영역이고, 특별한 기술이 포함되는 영역이라는 인식이 없었다. 그 당시 수퍼비전은 심리치료의 하위 기술로 여겨졌다. 만약 치료 기술에 숙달되면 다른 사람을 수퍼비전할 준비가 되었다고 여겼다. 나의 경력이 축적되는 과정에서 나는 공식적인 수퍼비전 훈련에 참여할 수 있었는데, 이는 내게 큰 행운이었다.

나는 수퍼비전을 지식, 임상적 기술, 윤리, 법적인 문제, 전문적 이슈들, 그리고 개인적인 판단과 성숙 등에 있어서 수퍼바이지가 학습하고 성장하도록 돕는 과정이라고 본다. 나는 개인적으로, 수퍼비전에서 가장 중요한 목표는 수퍼바이지의 발달과 힘을 북돋우는 것이라고 생각한다. 이러한 목적을 추구하는 과정에서 내담자의 복지를 보호하고, 전문 분야의 진입 제한 문지기 역할을 하는 것도 똑같이 중요하다. 내가 가장 희망하는 것은 수퍼바이지들이 수퍼바이저인 나에게 의존하는 데서 벗어나 스스로 자기 자신을 수퍼비전할 만큼 힘이 생기며, 임상 상황에서 문제를 효과적으로 해결할 수 있고, 언제 어떻게 다른 사람으로부터 도움, 자문, 그리고 수퍼비전을 받아야 하는지를 알게 되는 것이다.

수퍼비전은 협력적 과정이며, 투명하고 정직하며 상호 존중하는 건강한 관계에서 가장 효과적이다. 나는 수퍼바이지를 수퍼비전 목적, 방법, 평가 절차에 참여하게 함으로써 협력적인 관계를 키워 나가는 것이 수퍼바이저의 역할이라고 생각한다. 신뢰, 정직, 상호 존중을 발달시키는 데는 시간이 소요되며, 수퍼바이저는 이에 대한 모델과 격려자가 될 수 있다. 나는 수퍼바이지가 필요로 할 때 만날 수 있고, 내가 관찰한 것과 생각한 것을 솔직하게 알려 주며, 수퍼바이지의 신념과 훈련에 대한 욕구를 존중하는 것은 건강한 수퍼비전 관계의 발전과 병행된다고 생각한다.

나는 수퍼비전에서 발달 모델을 취하는데, 이는 수퍼바이지를 발달의 연속선상에 있다고 보며 수퍼바이지의 현재 수준에서 수퍼비전을 시작한다. 또한 수퍼비전이 이루어지는 맥락을 고려해야 한다. 여기에는 수퍼비전 목적, 치료와 수퍼비전에 대한 나 자신의 모델, 수퍼바이지의 발달 수준, 수퍼비전이 이루어지는 장면, 그리고 윤리 및 법적 규정이 포함된다.

### 수퍼바이저로서 겪는 고충들

나는 수퍼바이저의 역할에 대체로 편안함을 느낀다. 그러나 그들의 상담 수행이 영향받을 정도로 기능이 심각하게 손상된 수퍼바이지들을 수퍼비전 할 때는 아직도 어려움을 느낀다. 나는 효율적인 조력 전문가가 되는데 필요한 성격 특성과는 반대되는 특성을 지닌 수퍼바이지들을 만난 적이 있다. 나는 수퍼비전과 상담 사이의 균형, 그리고 수퍼바이지를 돕는 일과 내담자, 나의 직업, 그리고 나 자신을 보호하는 일 사이에서 적절한 균형을 유지하려고 노력한다. 최근 들어서는 수퍼바이지들이 훨씬 위협적으로 변해 여러 가지 이유로 수퍼바이저에게 대항하는 법적 행동을 취하는 경향이 있다. 사회적으로 점점 법적 소송을 쉽게 하는 사회가 되어 가고 있으며, 수퍼비전에 있어서도 예외는 아닌 것 같다. 수퍼비전은 점점 자격위원회로 접수되는 민원이나 법적 책임 문제에 있어서 중요한 요소가 되고 있다. 수퍼바이저로서 나의 행동은 수퍼바이지의 입장에서 자신을 보호하기 위한 법적 조치라는 위협 때문에 도전을 받게 되었다. 나는 직접적인 경험을 통해 수퍼바이저와 훈련 프로그램의 법적인 책임과 의무에 대해 알게 되었다. 이러한 경험 때문에 나는 수퍼비전의 목적, 수퍼바이저와 수퍼바이지 간의 법적, 윤리적인 책임을 보다 명확히 규정하게 되었으며, 특히 문제 상황을 처리하는 경우 자세하고 정확한 기록의 중요성을 인식하게 되었다.

수퍼비전에 잘 반응하지 않는 수퍼바이지들이 나에게는 또 다른 어려움이었다. 나 자신의 경험으로부터 깨닫게 된 점은 유능한 전문가가 되기 위해서는 피드백에 대해 개방적이며, 자신의 성격 및 전문적 측면에서의 한계와 장점에 대해 자각하고 있어야 한다는 것이다. 자신이 한 일을 성찰하기 싫어하고 성장이나 발전을 꺼리는 초심자를 만나는 것은 나에게 곤혹스러운 일이다.

수행 불안과 수퍼비전에 반응을 하지 않는 것은 구분이 되어야 한다. 종종 초심 상담사들은 자신감이 부족하다고 느끼는 수행 불안 때문에 수퍼바이저를 기쁘게 하려고 한다. 이러한 사람들은 두려움과 불안 때문에 수퍼비전에 대해 반응이 없을 수 있다. 그러나 시간이 흐르고 지지적인 수퍼바이저를 만나면서 이런 사람들도 점차 마음을 열기 시작한다. 나는 훈련을 막 시작한 첫해에 인턴들이 스텝들에게 몹시 좋은 인상을 주고 싶은 나머지, 그 인턴들이 개선점을 포함한 피드백을 받았을 때 방어적 태도를 취하는 경우를 많이 보아 왔다. 대부분의 초보 상담사들이 부정적인 피드백을 받는 것을 힘들어한다는 점을 수퍼바이저가 말해 주면서 이러한 인턴들을 지지하고 격려해 주는 것이 매우 효과적이다. 수퍼바이지들에게 그들이 개인적으로, 전문적으로 성장하기 위해 훈련 기관에 있다는 사실과 수퍼바이저들은 초심 상담사들이 모든 것을 알고 있기를 기대하지 않는다는 사실을 상기시켜 주는 것도 도움이 된다.

경험이 많은 상담사들은 초심자에 비해 그들의 견해, 신념, 그리고 상담 방법이 고정되어 있기 때문에 동료들에 대한 수퍼비전이 더 어려울 수 있다. 그들은 종종 특정 주제에 대해서 나보다 더 많이 알고 있는데, 나는 그것이 나의 배움에 위협적일 수도, 또는 기회일 수도 있다고 여긴다. 이런 상황에서 나는 수퍼바이저이기 때문에 모든 것을 알고 있다는 기대를 수퍼바이지로부터 받지 않고 있다는 점과 수퍼바이지들이 어떤 주제에 대해서는 당연히 나보다 더 전문적일 수 있다는 점을 나 자신에게 상기시켜야 한다. 경험 있는 상담사들은 보장된 것 이상의 자유를 누리면서 내담자들에게 해를 끼칠 가능성이 있다. 이러한 상황에서 나는 유능한 상담사의 지표는 피드백과 배움에 대한 개방성임을 강조하고, 이점을 격려하고 모범을 보이는 것에 수퍼비전의 노력을 집중한다. 나는 다양한 임상적인 주제들에 대해 우리가 무엇을 함께 배울 수 있는지 검토하는 협력적인 노력에 수퍼바이지를 참여시키려고 노력한다.

나는 성별이나 인종이 중요한 차이점으로 부각되는 수퍼바이지를 수퍼비전할 때 특히 유의한다. 나는 내가 그들의 세계를 잘 이해하고 있는지, 그들의 삶에 관해 충분히 알고 있는지를 되돌아본다. 예를 들어, 대부분 남성으로 구성되고, 범죄 문제를 다루는 직장에서 일하는 여성이 겪는 고유한 경험과 염려들을 알고 있다. 나는 그들의 경험과 염려를 알고 있지만, 그 상황이 정말 그들에게 어떠할지 확신을 가질 정도로 알지는 못한다. 나는 내 생각을 수퍼바이지들과 나누고 그들의 경험과 효과적인 수퍼비전을 제공하기 위해 내가 알아야 할 것에 대해 그들이 말하게끔 격려한다.

### 수퍼비전에 대하여 배운 점들

- 각각의 모든 상황과 수퍼바이지는 나에게 뜻밖의 전개와 전환을 경험하게 하며 동시에 새로운 학습 기회를 제공한다.
- 수퍼바이저로서 나의 자격과 전문적 지위를 보호하는 활동들을 하는 것은 중요하고 필수적이다.
- 문서화된 수퍼비전 계약은 수퍼바이지와 협력해서 수퍼비전 초기에 작성하는 것이 가장 좋다.

- 각 수퍼비전 회기를 문서로 기록하는 것은 필수적이다.
- 수퍼바이지를 지지, 격려, 그리고 존중하는 것은 중요하지만, 수퍼바이지가 잘 배울 수 있도록 기꺼이 도전하는 것도 중요하다.
- 수퍼바이지와 건전한 유머 감각을 유지하는 것은 중요하다. 그러나 수퍼바이지에게 빈정거리는 것은 어느 경우에도 도움이 되지 않는다.
- 수퍼비전에서 지켜져야 할 기본 규칙을 수퍼바이지와 협력하여 수립하고, 수퍼비전 관계에서 생긴 갈등을 해결하기 위해 그 규칙들을 적용한다.
- 수퍼바이지와 분명하고 일관성 있는 경계를 유지하는 것은 필수적이다.

최근 나는 모든 수퍼바이지가 위기 상황에 대응하는 방법에 대한 훈련이 필요하다는 점을 그 어느 때보다 분명하게 인식하게 되었다. 위기는 이전보다 더 자주 그리고 더 대규모로 발생하고 있으며 상담이나 조력 전문 분야에서 일하는 모든 사람은 위기에 빠진 개인이나 공동체를 돕는데 동원될 수 있다.

## Patrice Moulton의 개인적 관점

### 수퍼비전 장면

나는 현재 노스웨스턴 주립대학 임상 심리학과의 주임교수로 재직 중이다. 나의 업무는 대학원 수준의 임상 심리학 프로그램에서 가르치고 수퍼비전과 연구를 하는 것이다. 나는 프로그램 자체에 대한 감독, 교수진에 대한 수퍼비전, 그리고 실습과 인턴 과정에 있는 대학원생들에 대한 직접적인 수퍼비전을 책임지고 있다. 나는 심리학 분야에서 풀브라이트 전문가로 봉사하고 있으며 영광스럽게도 전 세계의 정신건강 전문가 양성 프로그램의 발전을 돕기 위해 방문교수로서 협력적인 관계로 일하고 있다.

### 수퍼비전에 대한 철학

나는 수퍼비전을 발달을 지향하는 '협력적 과정'으로 본다. 나는 수퍼비전에서 TEAM 모형을 개발하여 적용하고 있는데, 이 모형은 4장에 기술되어 있다. 나는 상호존중을 믿으며 이것은 치료적 과정에 접근하면서 수퍼바이지가 획득하는 지식과 삶의 경험에 대한 존중을 포함한다. 수퍼비전은 긍정적이고 안전한 전문적 관계를 유지한 상태에서, 기회와 도전을 균형 있게 제공해야 한다. 수퍼비전이 기회와 도전의 균형을 이루기 위해서는 수퍼비전 과정에 대한 적절한 한계와 정보 공유가 바탕이 되어야 한다. 나는 나의 기대와 책임의 범위를 포함한 수퍼비전 과정에 대해 수퍼바이지와 솔직하게 얘기할 때 신뢰가 형성될 수 있다고 믿는다. 솔직하면서 윤리적 태도로 의사소통하는 것은 수퍼바이지가 안전감을 느끼는데 중요한 요소가 된다.

나는 위기 개입이나 관리 책임이 수퍼비전의 구성 요소라고 여기지만, 이러한 수퍼비전이 근본적인 모델이라고 생각하지는 않는다. 나는 진정한 수퍼비전은 단순한 문제 해결이나, 규정된 서비스 제공 시간을 유지하거나(상담사가 직접적 서비스에 소요하는 시간), 문서를 작성하는 것 이상이라고 생각한다. 즉 수퍼비전은 경험과 수퍼비전 관계를 통해서 얻어지는 개인적, 전문적 발달을 수반하는 과정이다. 나는 모델링을 통해서 조언을 하며, 다양한 시각으로 사례를 볼 수 있도록 수퍼바이지에게 힘을 북돋아 준다. 수퍼바이지들이 하는 상담의 방향을 알려 줄 사례 개념화를 하는 과정에서 다양한 측면(이론, 인종, 문화, 사회경제적 지위, 성적 지향성 등)을 고려하여 내담자와 호소 문제에 관해 가르치는 것은 나에게 정말 흥미로운 도전이며 학습의 기회이다.

수퍼비전은 개인적이고 전문적 측면에서 지속적인 모니터링을 요구한다. 나는 개인 상담이 수퍼비전의 적절한 구성 요소라고 생각하지 않는다. 그러나, 상담사로서 기능할 수 있는지 여부를 알기 위해 사적인 부분을 탐색하는 것은 필수적이다. 수퍼비전에서 수퍼바이지의 배경과 개인적 반응에 대해서 논의하고, 이러한 수퍼바이지의 반응이 실제 상담에서 어떤 영향을 미치는지 통찰을 얻게 하는 것은 중요하다. 수퍼비전에서 드러나는 이슈들은 전문성을 증진하기 위한 강점으로 활용될 수 있다. 이런 것을 찾아서 드러내지 않는다면, 수퍼바이지의 이러한 개인적 이슈는 내담자와 효율적으로 상담하는 것을 방해할 것이다.

현장에서의 경험을 대체할 수 있는 것은 없다. 그러나, 수퍼비전을 하는 경험만으로는 양질의 수퍼비전을 제공하기에 충분치 않다. 즉 유능한 수퍼비전을 제공하기 위해서는 특정한 기술과 지식이 요구된다. 개인적이고 전문적인 성실성은 긍정적인 수퍼비전 관계를 유지하는 데 우선적으로 중요하다. 그리고 유머 감각은 적절히 사용될 때 수퍼비전에서 좋은 자산이 된다.

나는 가르치는 일과 사고의 틀이 형성되어 가는 과정을 수퍼바이지와 함께 관찰하는 초기 단계를 중요하게 여긴다. 나는 수퍼바이지가 나의 관점에 대해서 기꺼이 질문할 때 고맙게 생각한다. 수퍼바이지가 수퍼바이저에게 답이나 지시를 원하는 것이 아니라, 대안을 논의하고, 특정 내담자에 대한 방안을 논의하기 위해 수퍼비전을 찾을 때 의미가 있다고 생각한다.

### 수퍼바이저로서 겪는 고충들

나는 여전히 양질의 수퍼비전을 하기 위해서 요구되는 시간 양이나 상세한 수퍼비전 계획 때문에 어려움을 겪는다. 요즘에는 수퍼비전과 관련된 책임에 대해 더 많은 시간을 할애하고 있다는 점을 인정하지 않을 수 없다. 수퍼비전은 엄청난 시간과 많은 자원이 필요하다. 일주일에 한 시간 정도의 노력으로 한 사람의 수퍼바이지를 수퍼비전한다고 보는 것은 잘못된 것이다. 수퍼바이지와 이들이 상담하는 내담자 모두에 대해 책임을 유지하려면 훨씬 많은 시간적 노력이 필요하다. 수퍼비전에서 내가 가장 좋아하는 부분은 가르치는 일과 멘토링을 통해서 구축되는 관계이다. 나는 어려운 피드백과 한 사람의 진실을 맞닥뜨리는 순간, 그리고 도전하기를 좋아한다. 이러한 것들이 수련생을 역량 있는 동료로 인도할 수 있다면 말이다. 수퍼비전에서 가장 싫어하는 부분은 계약서, 치료 기록, 피드백 기록지를 포함한 문서들의 내용을 갱신하고 유지하는 것이다. 그러나 나는 이러한 요소들의 가치를 인정하며, 이러한 과정이 배제된 수퍼비전은 생각할 수 없다.

### 수퍼비전에 대하여 배운 점들

- 수퍼바이지와 함께 전문성 발달 단계를 공유하면서, 수퍼비전 관계와 변화 과정에 대해서 가치를 두기
- 수퍼바이지의 다양한 의견을 경청하기
- 모든 것에 대해서 해답을 가질 수는 없다는 점에 대해 기꺼이 나누기
- 수퍼바이지가 높은 기대치를 설정하도록 도전하고, 그 기대치에 도달할 수 있도록 지원하기
- 수퍼바이지에게 증거에 기반한 기본 기술을 연습하도록 요구하기
- 진단을 내리기 전에 다양한 시각으로 사례 개념화를 하는 것에 대한 필요성을 인정하기
- 수퍼비전 문제와 관련하여 다른 전문가들과의 자문 관계를 인정하고 도움 구하기
- 때때로 어렵지만, 나 자신, 수퍼바이지, 그리고 내담자를 보호하기 위해서 필요한 구조를 제공하기
- 적절한 위기 상황을 제공하고, 실수를 예상하며(실수는 학습 과정의 일부임), 실수를 기회

로 향한 창으로 활용하기
- 기술에 대한 자신감과 유능감을 갖추도록 실습, 역할 연습, 공동 지도 등을 통해 모범을 보임으로써 수퍼바이지에게 학습 기회를 제공하기
- 높은 기대치를 설정하고 작은 성공의 순간을 축하할 것을 기억하기

### Michelle Muratori의 개인적 관점

#### 수퍼비전 장면

나는 2005년부터 메릴랜드주 존스 홉킨스 대학교의 상담학 석사 프로그램에서 교수로 재직했다. 내가 가르친 대부분 과정에는 집중적인 "실험실" 구성 요소가 포함되어 있으며, 학생들(모두 석사 수준)은 상담 또는 그룹 촉진 기술/기법을 연습한다. 모든 과정은 예외 없이 체험 학습, 개인적 성장, 그리고 전문성 개발에 중점을 두었다.

다른 저자와는 달리 나는 아이오와 대학교 박사 과정에서 정식 수퍼비전 교육을 받았다. 그곳에서 운 좋게도 수퍼비전의 통합된 발달적 모델(integrated developmental model: IDM)의 개발자 중 한 명인 Ursula Delworth가 사망하기 직전에 그가 가르쳤던 강의를 수강할 수 있었다. 나는 또한 교육의 일환으로 아이오와 석사 과정 학생들에게 제공했던 수퍼비전에 관해 교수진(그 역시 발달적 관점이었음)에게 지도 감독을 받음으로써 수퍼비전 실습을 마쳤다.

#### 수퍼비전에 대한 철학

나는 수퍼비전을 발달 과정으로 본다. 나의 관점은 의심할 것 없이 내가 받았던 발달적 관점에서 이루어진 수퍼비전 훈련에 의해 형성되었지만, 다른 경험들도 나의 관점을 형성하는 데 기여했다. 대학원에 입학하기 훨씬 전부터 나는 과정을 중시하고 결과에 지나치게 집착하지 않을 때, 학습 경험이 더 의미가 있다는 점을 깨달았다. 결과도 중요하지만 (상담사가 되는 과정에서 특정 역량을 가지는 것은 매우 중요하다), 수련생이 과정과 실수로부터 배우도록 장려한다면 역량을 달성할 가능성이 훨씬 더 높아질 것이라 생각한다. 진부한 말처럼 들릴지 모르지만 나는 "과정을 믿는다." 과정은 상담 수련생의 성장뿐만 아니라 상담사로서 나 자신의 전문적 성장을 위해서도 중요하다.

체험적인 수업에서 학생들을 수퍼비전할 때 나의 목표 중 하나는 수련생들이 대인 관계 위험을 감수하고 새로운 행동을 실험하며, 가혹한 평가에 대한 두려움 없이 다양한 기법을 시도할 수 있는, 안전하고 신뢰할 수 있는 환경을 조성하는 것이다. 나는 내담자와 상담

을 시작하기 전에 이루어지는 교육 프로그램 초기에 학생들과 함께 작업하는데, 이때 필수적으로 윤리, 상담 이론, 그룹 작업 및 기타 핵심 과목 영역에서 탄탄한 기초를 다진다. 하지만 독자들도 잘 알다시피 내용적 지식만으로는 유능한 상담사가 되기 위한 준비로 불충분하다. 개인 상담 경험이 거의 없거나 전혀 없는 경우 또는 어떤 형태의 개인적 성장에도 참여하지 않은 학생의 경우, 이 기간에 그들이 감당해야 하는 학습의 부담은 꽤 크다. 나는 매 학기 말에 학생들이 교과 내용의 부담에 대해서는 놀라지 않았지만, 이렇게 깊은 자기 성찰을 요구할 줄은 몰랐다는 말을 학생들로부터 여러 번 들었다. 수퍼비전을 받은 많은 학생들은 상담이 이렇게 복잡한 과정이라는 사실에 놀라워했다.

훈련 중에 다양한 유형의 어려움(교육, 정서, 대인 관계 등)에 직면하는 상담 수련생은 때때로 압도됨을 느낄 수 있다. 하지만 오늘날의 수련생과 미래의 전문 상담사는 내담자들이 분열, 부족주의, 증오, 기후 변화의 파국적 영향과 코로나-19와 같은 심각한 공중 보건 위기, 소셜 미디어와 기술의 부산물로 나타나는 문제(사이버 괴롭힘, 허위 정보 캠페인에 대한 취약성, 사이버 보안 위협 등) 등으로 점점 더 스트레스가 가중되는 세상을 헤쳐 나가도록 도와야 하는 추가적인 부담을 안고 있다. 사회의 불안한 추세가 계속됨에 따라 수련생들은 상담 사례에서 우울증, 불안, 트라우마 등의 비율이 증가할 것을 예상할 수 있으며, 상담 분야에 진출하여 조력자 역할을 준비할 때 자신의 회복 탄력성을 강화하는 데 지원이 필요할 수 있다. 수퍼바이저와 상담 교육자는 대학원생이 이러한 도전에 대비할 수 있도록 준비시키는 데 중요한 역할을 할 수 있다.

나는 상담 실습을 가르치는 교수진과 수퍼바이저가 전문직의 진입 제한 문지기가 되어야 함과 동시에 수련생들이 자신의 직관을 따르고 적절한 위험을 감수하며 임상적 판단력을 개발하게끔 돕는 일 사이에서 균형을 맞추어야 한다고 믿는다. 현실적으로 위험을 감수하지 않고는 성장이 일어나지 않으며, 위험을 감수하면 실수가 발생할 확률이 높다. 수퍼비전에서는 이러한 실수와 그 실수로부터 배울 수 있는 점에 관해 이야기하는 것이 유용하다.

수련생 시절 좋지 않은 수퍼바이저 경험도 몇 번 있었지만, 대부분 훌륭한 수퍼비전을 받은 것은 행운이었다고 생각한다. 돌이켜 보면 나의 수퍼바이저들이 제공한 가장 강력한 학습 도구 중 하나는 바로 효과적인 모델링이었다. 지금 나는 자주 가르치는 체험형 그룹 코스에서 학생들을 감독하는 위치에 있기 때문에 이 점을 항상 염두에 두고 있다. 예를 들어, 완벽주의 성향이 있는 학생에게는 내담자를 위해 완벽한 존재가 아니라 자각하는 인간으로서의 모델을 제시해야 하며, 스스로 자신의 단점에 대해 지나치게 비판적인 모습을 보이면 신뢰도가 떨어질 수 있다는 점을 상기시킨다. 나는 수련생들에게 당연히 불완전한 사람이 되려고 애쓸 필요는 없지만, 실수가 발생한다면 실수를 바로잡고 그로부터 배우는 것이 중요하다고 강조해서 가르친다. 내가 가르치는 수업에서 나는 학생들에게 내면에서 일어나는 과정을 보여 주기 위해 큰 소리로 말하면서 처리하는 경향이 있다. 실수할 때는 오히려 그것을 수련생을 가르칠 기회로 활용한다. 많은 수련생은 내담자의 어려운 문제를 처리하지 못할 것이라는 자기 의심과 두려움으로 고통받는다. 어려운 문제를 처리하지 못한다는 자괴감과 두려움에 시달리는 경우가 많은데, 이럴 때 그들을 그 자리에서 빠져나오게 하려고 유머를 활용하기도 한다.

### 수퍼바이저로서 겪는 고충들

나는 각 수련생이 고유한 개인이기 때문에 각자의 독특한 발달 과정을 거칠 것이라고 가정한다. 앞서 언급했듯이 나는 수련생의 모든 행동이 상담사로서의 진로를 망칠 것이라는 막연한 위협 없이 기술을 개발할 시간과 공간을 수련생에게 제공해야 한다고 믿는다. 가장 하고 싶지 않은 일은 수련생들의 성취 불안을 악화시키는 것이다. 어떤 학생들은 다른 학생들보다 늦게 꽃을 피우기도 한다. 따라서 학생의 발달 곡선이 다른 학생들과 다를 수도 있고 학생의 초기 수행 불안이 역량을 발휘할 수 있는 능력을 가리기도 하기 때문에 특정 학생을 상담에 부적합하다고 섣불리 판단하는 것은 안타까운 일이다. 내가 가장 어려워하는 문제는 특정 학생이 훈련 프로그램에 계속 머무르지 못할 정도로 역량에 발전이 없는지 판단하는 것이다. 비록 나는 현재 그러한 결정을 내릴 수 있는 위치에 있지는 않지만, 실습 수행 양식에 작성하는 피드백과 성적은 학과장이 내리는 결정에 영향을 미친다는 점을 잘 알고 있다.

### 수퍼비전에 대하여 배운 점들

나는 다양한 자원과 경험을 통해 수퍼비전에 대해 많은 것을 배웠다. 내가 박사 과정에서 경험한 수퍼비전 교육은 큰 도움이 되었고, 여러 임상 환경에서 수퍼바이저로 일한 경험으로 많은 귀중한 통찰력을 얻을 수 있었다. 또한 동료들과 했던 비공식적인 대화와 대학원생들과의 상호 작용을 통해서도 많은 것을 배웠다. 내가 여러분과 공유하고 싶은 몇 가지 교훈은 다음과 같다.

- 나는 수퍼비전의 과정을 신뢰하는 법을 배웠고, 내가 모른다는 사실에 대해 훨씬 더 편안해질 수 있었다.
- 나는 수퍼비전과 상담을 병렬 과정으로 보는 것이 도움된다는 것을 알게 되었다. 앞서 언급했듯이 그 두 가지는 확실히 같은 프로세스는 아니다. 그러나 비슷한 점을 알면 경험이 더 풍부해진다,
- 처음 수련생들과 함께 일하기 시작할 때 가졌던 순진한 생각과는 달리, 일부 수련생들은 선천적으로 공감 능력이 부족하며, 모두가 예리한 통찰력과 본능을 가지고 있지는 않다는 것을 알게 되었다.
- 수련생이 기대에 미치지 못하거나 충분히 열심히 일하지 않을 때 내가 져야 하는 책임에는 한계가 있다는 것을 배웠다.
- 미안해하지 않고 건설적인 피드백을 제공하는 법을 배웠으며, 내가 더 편안해졌을 때 수련생이 더 안심할 수 있다는 것도 느낄 수 있었다.
- 나는 여러 가지 수퍼비전 형식을 경험해 보았는데, 그들 모두 잘 작동함을 알게 되었다. 이를 통해 작업을 수행하는 데는 여러 가지 방법이 있으며 다양한 방법을 사용하면 학습 효과가 증가한다는 믿음이 더욱 확고해졌다.

우리는 각자 다른 경험을 통해 수퍼비전에 대해 배웠고, 수퍼비전에 대해 일부 과정을 이수한 Michelle을 제외하고는 수퍼바이저로서 처음 시작할 때 우리는 시행착오를 통해 배웠다는 점에서 공통된 주제를 가지고 있었다. 이 책에서 소개하는 이론, 문헌, 개인적인 경험을 통해 여러분이 수퍼비전에 대해 배우기에 도움이 되기를 바란다.

## 요약

수퍼바이저로서, 수퍼비전 과정의 목표에 대해서 명확히 이해하고, 수퍼바이지와 수퍼비전 과정 목표에 대해서 의사소통하는 것이 필수적이다. 수퍼비전의 주요 목표에는 수퍼바이지의 학습, 내담자의 복지 증진, 전문 분야의 진입 제한 문지기 역할, 수퍼바이지에게 힘을 북돋아 주는 것 등이 포함된다. 수퍼비전 목표와 주요 목적에 대한 자각이 수퍼바이저 역할에 어떻게 영향을 미치는지 이해하는 것은 중요하다. 또한 수퍼바이지가 성취할 세부적인 목표들에 대해 명확한 그림을 가지게 하는 것도 필요하다.

수퍼바이저는 다음과 같은 네 가지 목표를 명확히 이해하고 이를 수퍼바이지에게 전달하는 것이 중요하다. 수퍼비전의 네 가지 주요 목표는 (1) 수퍼바이지의 성장과 발달의 촉진, (2) 내담자의 복지를 보호, (3) 수퍼바이지의 성과를 모니터링하고 진입 제한 문지기 역할 수행, (4) 수퍼바이저가 독립적인 전문가로서 스스로 수퍼비전하고 수행할 수 있도록 권한을 부여하는 것 등이다. 이러한 목표를 수행하려면 수퍼비전을 통해 수퍼바이지가 달성하기를 바라는 구체적인 목표를 명확히 파악해야 한다.

## 학습 활동

1. 각 저자에 대한 당신의 생각과 경험을 글로 쓰거나 소집단으로 나눠서 논의해 보시오. 각 저자가 말한 것 중에서 눈에 띄는 것은 무엇인가? 저자들의 공통점과 차이점은 무엇인가? 공감이 가는 구체적인 아이디어가 있는가?
2. 이전에 배웠던 당신의 수퍼바이저 가운데 한 사람을 선택하라. 그 사람과 만나서 저자들이 언급한 것과 같은 질문을 해 보라. (a) 어떤 장면에서 수퍼바이저로 일해 왔는가? (b) 수퍼비전에 대해 어떤 철학을 가지고 있는가? (c) 수퍼바이저로서 겪었던 고충은 무엇이었는가? (d) 수퍼비전에 대해 배운 것은 무엇인가? (e) 수퍼비전에서 가장 좋아하는 부분은 무엇인가? 소그룹에 속한 동료들과 함께 이 인터뷰에서 얻은 결과를 요약해 보자.
3. 1점부터 10점 척도(1점 = 필요한 것이 거의 또는 전혀 없음, 10점 = 모든 것이 필요함)에서, 수퍼비전에 대한 지식과 기술에 대해 어떻게 평가하는가? 효과적인 수퍼바이저가 되기 위해 무엇을 배워야 한다고 생각하는지, 그리고 이를 위해 어떻게 하겠는지에 대해 소그룹에서 이야기를 나눠 보자.
4. 이 책을 다 읽었을 때(또는 이 강좌의 수강을 완료했을 때) 당신이 배우고 성취했다고 말하고 싶은 것은 무엇인가? 이 교재(또는 강좌)가 그 성취를 이루는데 어떻게 도움이 될 것 같은가? 무엇을 배우고 싶고 이 교재를 통해 가장 큰 혜택을 얻을 수 있을 것 같은지 소그룹에서 이야기해 보자. 어떤 종류의 수업 활동이 여러분의 학습 경험을 촉진할 수 있을 것 같은가?
5. 수퍼바이저를 구할 때 당신이라면 그들에게서 찾고 싶은 자질은 무엇이며, 피하고 싶은 자질은 어떤 것인가?
6. 수퍼바이저로서의 역할을 증진하는 데 도움이 된다고 생각하는 당신의 개인적인 특성은 무엇인가? 또한 수퍼바이저의 역할을 방해하거나 또는 앞으로 해결해야 할 개인적 특성은 무엇이라고 생각하는가?

chapter

# 02

# 수퍼바이저의 역할과 책임

chapter 02

# 수퍼바이저의 역할과 책임

## 핵심 질문

1 수퍼바이저의 가장 중요한 역할은 무엇인가? 이외에 수퍼바이저의 다른 역할은 무엇인가?
2 당신의 수퍼바이저에 관해서 생각해 보자. 그들은 어떤 역할을 하였는가? 수퍼바이저가 되는 것과 관련하여 이전 수퍼비전 경험으로부터 무엇을 배웠는가?
3 개인적 위기에 처해 있는 수퍼바이지를 어떻게 다룰 것인가? 수퍼바이지에게 치료를 제공할 것인가? 수퍼바이지에게 개인적 상담을 제공해 주는 것이 적절한 경우가 있는가? 왜 그런가? 아니라면 그 이유는 무엇인가?
4 수퍼바이지의 상담 작업에 대해 평가하고 모니터링하는 수퍼바이저의 역할에 대해 얼마나 중요하게 여기는가?
5 수퍼바이지는 수퍼비전을 받기 위해 어떤 준비를 해야 하는가?
6 당신의 수퍼바이지는 어떻게 현장 경험이나 인턴십 경험을 통해서 최대의 이득을 얻을 수 있을 것인가?

수퍼비전은 수많은 역할과 책임을 수반하는 복잡한 과정이다. **역할**(roles)은 수퍼바이저와 수퍼바이지 간의 기능적 관계를 의미한다. **책임**(responsibilites)은 수퍼바이저의 임상적, 윤리적, 법적 의무를 포함한다. 이 장에서는 수퍼바이저의 역할과 책임에 관해서 논의할 것이며, 이러한 과정을 명료화하기 위해서 여러 가지 사례를 제시할 것이다. 수퍼비전의 중요한 부분 중의 하나는 수퍼바이지가 수퍼비전과 인턴 과정, 현장 경험 혹은 임상 실제를 통해서 최대 이득을 얻을 수 있도록 도와야 한다는 점이다. 이 장에서 우리는 또한 수퍼비전 과정에서 수퍼바이지들이 자신의 목표를 성취하기 위해서 어떻게 적극적인 역할을 할 수 있을지에 대해서도 논의할 것이다. 이 장 끝부분에 나오는 학습 활동들은 이 장에서의 주요 학습 내용에 초점을 맞출 수 있도록 도와줄 것이다.

## 수퍼바이저의 역할

전문성 발달을 도모하는 상담 수퍼바이저의 역할은 상담사의 역할과는 다르다. 수퍼바이저는 교수, 상담사, 그리고 자문가의 역할은 하지만, 상담사의 역할과는 구별된다(Bernard & Goodyear, 1998). 대부분의 임상적 활동의 경우, 상담사는 한 번에 하나 또는 두 가지 기능을 수행하는 데 반해, 수퍼바이저는 동시에 여러 가지 기능을 수행한다. 수퍼비전 한 회기 동안, 수퍼바이저는 상담적 접근을 가르치고, 문화적 다양성을 가진 내담자에게 어떻게 개입할 것인지 자문하고, 수퍼비전 회기를 문서화하기 위해 기록하며, 수퍼바이지들이 상담사로서 어떠한 성장을 하고 있는지에 대한 피드백도 제공한다.

수퍼비전 역할은 여러 역할들로 이루어진다. 이러한 역할은 수퍼비전이 어디에 초점을 두냐에 따라서 변화한다. 유능한 수퍼바이저는 주어진 상황에서 어떤 역할이 적절한지 알고 있다. 즉 왜 이런 역할을 하는지, 수퍼바이저가 수퍼바이지와 함께 무엇을 성취해야 되는지에 관해서 명확한 그림을 가지고 있다. 수퍼바이저의 역할은 수퍼바이지, 주어진 상황, 내담자의 필요에 따라서 다양하다. 사례 2.1과 2.2는 수퍼바이저의 역할들이 주어진 상황과 수퍼바이지에 따라서 어떻게 다른지를 보여 준다. 적절한 수퍼비전이 제공되도록 하기 위해서 각각의 수퍼비전 환경을 평가하는 것이 중요하다.

**사례 2.1** 라이언

라이언은 자격증이 있는 전문 상담사이며, 자격증은 아직 취득하지 못했지만 박사 학위를 가지고 있는 미야를 수퍼비전하고 있다. 사설 상담소 환경에서 이들은 중증의 정신 질환자나 그들의 가족을 우선적으로 치료하고 있다. 라이언은 미야의 역량에 대해 확신을 갖고 있으며 필요할 때 수퍼비전을 제공하고 있다.

**사례 2.2** 토니

토니는 자격증이 있는 전문 상담사이다. 그는 지역 대학의 상담센터에서 학사수준의 상담 수련생들에게 수퍼비전을 하고 있다. 학생들은 대인 관계의 어려움, 학업 수행에 대한 불안, 우울 같은 개인적 이슈로 인해서 상담센터를 찾게 된다. 수퍼바이저로서 토니는 수년 동안의 경력을 가진 전문가로 은퇴를 앞두고 있으며 수퍼바이지의 지식과 기술을 신장할 수 있는 실제 수련 기회를 제공해야 한다.

라이언과 토니의 사례를 살펴보며, 다음과 같은 질문을 해 보자: 이러한 상황에서 가장 적합한 수퍼바이저의 역할은 무엇일까? 그리고, 나 자신에게 가장 편안한 수퍼바이저 역할은 무엇일까?

숙련된 수퍼바이저는 다양한 상황에서 필요한 수퍼바이저의 역할을 파악하고, 내담자의 요구와 기관 정책을 고려하여 수련생을 적극적으로 지원한다. 또한, 수퍼바이저는 수련생의 교육 수준이나 경험에 따라서도 상황을 파악하여 수련생의 역량을 함께 발전시키는 데 기여한다.

Bernard와 Goodyear(2019)는 여러 저자들의 연구를 종합하여 수퍼바이저의 다양한 역할을 정리했다. 수퍼바이저의 주요 역할로는 교사, 상담사, 컨설턴트가 있으며, 평가자나 관리자와 같은 역할은 상대적으로 적게 언급되었다. 또한, 수퍼바이저가 상담 역할을 수행하는 것은 전형적인 수퍼바이저의 임무는 아니다. 그러나 수퍼바이저는 수련생의 개인적인 문제가 상담 작업에 영향을 미칠 때 이에 대해 적절히 대응할 필요가 있다.

다양한 수퍼바이저의 역할을 살펴보면, 각 상황에 따라 적합한 역할이 다를 수 있음을 알 수 있다. 이는 수퍼바이저와 수퍼바이지, 그리고 해당 환경과 회기의 상황에 맞춰 결정되는 것이다. 따라서 수퍼바이저의 전문적이고 윤리적인 기준을 고려하여 상황을 판단해야 한다(글상자 2.1 참고).

**글상자 2.1 수퍼바이저의 역할과 책임에 관한 윤리적이고 전문적인 기준들**

**미국 상담학회(ACA)(2014)**

미국 상담학회 윤리 강령

상담 수퍼바이저의 주요 의무 중 하나는 수퍼바이지가 제공하는 서비스를 모니터링하는 것이다. 상담 수퍼바이저는 내담자의 복지와 수퍼바이지의 업무 수행 및 전문성 발전을 모니터링한다. 이러한 의무를 이행하기 위해 수퍼바이저는 수퍼바이지와 정기적으로 만나 수퍼바이지의 작업을 검토하고 다양한 다문화적인 내담자를 서비스할 수 있도록 도와준다. 수퍼바이지는 미국 상담학회 **윤리 규정**을 이해하고 준수할 책임이 있다(F.1.a.).

**상담사 교육 및 수퍼비전 협회(ACES)(2011)**

모범적 상담 수퍼비전

1.a. 수퍼비전 시작: 수퍼바이저는 사전 동의 원칙을 준수한다.

2.a. 목표 설정: 수퍼바이지와 함께 가능한 한 구체적인 수퍼비전 목표를 개발한다.

3.a. 피드백 제공: 수퍼바이저는 정기적이고 지속적인 피드백을 제공한다.

4.a. 수퍼비전 실시: 수퍼바이저는 수퍼비전 회기의 빈도와 방식을 설정할 때 적절한 전문 기준을 준수한다 (예: 인증, 자격증, 면허 규정).

5.a. 수퍼비전 관계: 수퍼바이저는 수퍼비전의 효과성과 수퍼바이지의 성장 및 발전에 중요한 수퍼비전 관계가 필요함을 인식한다.

6.a. 다양성 및 옹호 사항 고려 사항: 수퍼바이저는 모든 수퍼비전이 다문화 수퍼비전이라는 것을 인식하고 수퍼비전 방법에 다문화적 고려 사항을 통합한다.

7.a. 윤리적 고려 사항: 수퍼바이저는 수퍼바이저와 수퍼바이지가 미국 상담학회, 상담사 교육 및 수퍼비전 협회 및 기타 미국 상담학회 부서, 관련 자격 취득 기관 및 윤리적 행동 모델이 지지하는 윤리적 코드 및 지침을 준수할 것으로 예상됨을 수퍼바이지에게 전달한다.

8.a. 문서화: 수퍼바이저는 자신의 책임을 명확히 문서화하고 이를 관리한다.

9.a. 평가: 수퍼바이지는 평가가 수퍼비전에 있어 근본적인 요소임을 이해하고 자신의 평가에 대한 책임을 수용한다.

10.a. 수퍼비전 형식: 수퍼바이저는 수퍼비전의 빈도 및 수퍼비전 단체의 규정을 준수하고 수퍼바이지의 필요를 충족시키며 현장에 적절한 수퍼비전 형식을 사용한다.

11.a. 수퍼바이저: 수퍼바이저는 수퍼비전을 제공하는 데 유능성을 갖는다.

12.a. 수퍼바이저 준비: 수퍼바이저는 수퍼비전에 대한 교육 및 수퍼바이저 교육을 받는다.

**미국 심리학회(APA)(2015)**

건강 서비스 심리학에서의 임상 수퍼비전 지침

수퍼비전 지침의 가정

- 공식적 교육 및 훈련을 필요로 하는 독립적인 전문 역량임.
- 내담자/환자의 보호 및 공중의 안전을 우선시함.
- 수퍼바이지의 역량 향상 및 전문성 개발에 중점을 둠.
- 수퍼비전하려는 역량의 기초적인 및 기능적인 역량 영역에서 수퍼바이저 역량이 필요함.
- 현재 수퍼비전과 관련된 근거 기반 및 수퍼비전 역량을 바탕으로 함.
- 존중과 협력적인 수퍼비전 관계에서 발생하며, 설립되고 유지되며 필요에 따라 복원됨.
- 수퍼바이저와 수퍼바이지의 책임을 포함함.
- 전문적 및 개인적 요소, 가치, 태도, 신념 및 인간관계 편향을 포함함.
- 윤리적 및 법적 기준을 준수함.

- 발달 및 강점 중심 접근 방식을 사용함.
- 수퍼바이저와 수퍼바이지의 성찰적 실천과 자기 평가를 필요로 함.
- 수퍼바이저와 수퍼바이지 간 쌍방향 피드백을 포함함.
- 수퍼바이지의 예상되는 역량 획득을 평가함.
- 직업을 위한 관문 기능을 수행함.
- 상담, 개인 심리치료 및 멘토링과 구분됨(p. 5).

문헌에 기술된 역할에 의거해, 우리는 "힘을 북돋워주는 사람(empowerer)"의 역할을 추가하였다. 이러한 역할은 장기적으로 볼 때, 수퍼비전의 목표와 목적에 핵심적인 요소가 될 것으로 생각한다. 이러한 개념은 여러 문헌에 그 내용이 내포되어 있기는 하지만 우리는 명시적으로 이러한 역할을 드러내는 것이 중요하다고 생각한다. 다음은 조력 전문직에서의 수퍼바이저의 역할에 대해 우리가 제시하는 목록이다.

- 교사/코치
- 멘토
- 자문가
- 상담사
- 공명판
- 조언자
- 관리자
- 롤 모델
- 기술 자문가
- 평가자
- 기록자 또는 문서 작성자
- 옹호자
- 힘을 북돋워주는 사람

자, 이제 이러한 수퍼바이저의 역할에 대해서 자세하게 살펴보자.

### 교사/코치

수퍼바이저는 수퍼바이지에게 평가, 진단, 상담 접근법들, 윤리, 법적 이슈들과 수퍼비전에서 야기되는 다른 많은 주제들에 대해서 가르친다. 가르치는 것은 읽기 숙제를 부여하거나, 특정 주제에 대한 연구 문헌을 제시하거나, 워크숍에 참여하도록 제안하거나, 관련된 수많은 주제에 관해서 수퍼바이지와 논의하는 것이 포함된다. 가르치는 것은 경험적으로 이루어질 수 있으며 종종 기술을 시연하는 것을 포함한다. 수퍼바이저의 교사 역할 중 중요한 부분은 수퍼바이지에게 수퍼비전이 어떻게 이루어지고, 수퍼비전 경험을 어떻게 하면 최대로 활용할 수 있을지에 관해서 정보를 제공해 주는 것이다. 예를 들면, 수퍼바이저는 수퍼바이지에게 실제 상담 현장에서 어떻게 하면 적극적인 역할을 할 수 있을지에 관한 문서화된 가이드라인을 제공할 수 있다.

수퍼바이저가 **코치** 역할을 할 때, 그들은 여러 가지 방법으로 기능한다. 코칭은 지도, 시연, 모델링, 지침, 그리고 긍정적 및 부정적 피드백의 조합으로 이루어진다. 필요한 코칭 수준은 종종 수퍼바이지가 가지고 있는 지식과 기술 수준과 일치해야 한다. 수퍼바이지의 지식과 기술 수준이 높을수록 필요한 코칭 수준을 낮추는 것이 필요하다.

### 멘토

수퍼바이저는 수퍼바이지에게 신뢰할 수 있는 안내자이다. 멘토로서 수퍼바이지에게 방향을 제시하고 안내하는 역할을 하며, 임상가로서 그들의 현재 역량과 목표를 평가할 수 있도록 돕는다. Johnson와 Ridley(2018)는 멘토의 특성을 요약하여, 그들이 일반적으로 친절하고 건강하며 유능하고 공감, 동정, 이해, 겸손 및 진실성을 나타낸다고 언급했다. 그들은 종종 보다 깊은 수준의 의사소통을 위해 자신을 활용하며, 자신이 그동안 획득한 전문 분야에서의 경력과 경험을 활용하여 멘토의 지혜와 관대함이 없었더라면 성공하지 못했을 방법을 찾도록 그들을 돕는다. 멘토는 개인 및 전문적 성장 기회를 공유하고 때로는 수퍼바이지가 전문가 네트워크에 합류하도록 하는데, 그 결과 수퍼바이지는 정체성 변화를 겪게 된다. 멘토링의 예는 수퍼바이지를 전문적 동료에게 소개하여 수퍼바이지의 전문가 네트워크를 강화하거나, 자격 있는 수퍼바이저에게 발표를 도와 달라고 요청하여 전문적 개발 기회를 제공하거나, 수퍼바이지에게 논문의 공동 저자가 될 수 있는 기회를 제공하거나, 수퍼바이지의 성공을 지속적으로 살피면서 인정과 축하를 제공하는 등의 행동을 포함한다. 우리의 동료 중 한 명인 브래드 존슨은 멘토링에 관한 여러 책을 썼으며, 이 현장의 목소리는 종종 수퍼바이저가 중요한 멘토로 기능하는 방식을 보여 준다.

### 현장의 목소리

#### 멘토로서의 수퍼바이저

*W. Brad Johnson, PhD*

멘토링 관계는 역동적이고 상호적이며 개인적인 관계로, 전문가 중에 더 경험이 풍부한 사람(멘토)이 경험이 적은 사람(멘티)에게 안내자, 롤 모델, 교사, 후원자로 행동한다. 가장 이상적인 시나리오에서는 우리의 수퍼비전 관계 중 일부가 멘토십의 특성을 갖게 되는 것이다. 사실, 거의 모든 지정된 교육 관계(예: 아카데믹 어드바이저, 교사, 연구 후원자 또는 임상 수퍼바이저)는 발달 관계 연속에서 발전하여 멘토십의 요소를 구현하게 된다.

공식적 수퍼비전 관계가 멘토십 방향으로 성장함에 따라 세 가지 과정이 동시에 펼쳐진다. 첫째, 상호 신뢰감이 형성된다. 수퍼바이저는 차분하고 일관되며 긍정적이며 분명하게 내담자와 수퍼바이지의 최선의 이익을 우선시 하는 수퍼바이저에게 신뢰를 갖기 시작한다. 반면, 수퍼바이저는 수퍼비전에 반응적이고 방어적이지 않으며 수퍼비전 관계를 활용하여 개인적으로나 전문적으로 성장하기를 열망하는 수퍼바이지에 대한 신뢰를 갖기 시작한다. 둘째, 어떤 교육 과정에서도 처음에는 불가피하게 존재하는 구조, 위계질서, 공식적인 형식이 천천히 더 유동적이고 상호적이며 동료적으로 변화하게 된다. 비록 수퍼바이저는 전문가로서의 책임과 다소 관계 안에서의 권력을 간과하지는 않지만, 신뢰가 형성됨에 따라 상호 동료 관계가 현실화된다. 멘티들을 대상으로 이루어진 연구는 이렇게 발달된 동료십이 전문가 커뮤니티에 환영받는 느낌을 준다는 것을 보여 준다. 수퍼바이저의 신뢰와 우정은 초보자들이 존경받는 롤 모델에 의해 서서히 한 명의 주니어 동료가 되는 과정을 만들어 준다.

수퍼비전에서 멘토링 연결이 발전하는 것으로 보여 주는 세 번째 과정적 지표는 수퍼바이저의 측면에서 수퍼바이저의 사회적 지원 및 보다 광범위한 진로 지도가 증가하는 것이다. 수십 년간 이루어진 우수한 멘토링 관계에 대한 연구는 멘토링 기능의 두 가지 넓은 범주를 보여 준다. **멘토링의 심리사회적 기능**으로는 인정, 격려, 개인적 조언 및 우정을 포함한다. **멘토링의 경력 기능**에는 직접 가르침, 코칭, 도전, 네트워킹 및 다음 교육 기회나 고용에 대한 지원이 포함된다. 이러한 기능은 종종 수퍼비전 관계에서 멘토링 관계가 더 진행됨에 따라 빈도와 강도가 증가한다.

많은 학사 및 대학원생들은 지도 교수나 다른 교수와의 멘토링 경험이 없으므로 수퍼바이저와 수퍼바이지 사이에서 멘토링 관계가 성장하는 것은 종종 수퍼바이저와 수련생 모두에게 기쁘고 긍정적인 경험이 될 수 있다. 수련생이 학교에서 멘토가 있다 해도 현장에서 여러 멘토로 이루어진 네트워크를 가진 수련생은 종종 개인적으로나 전문적으로 성공하기에 더 잘 준비를 갖추게 된다.

모든 수퍼비전 경험이 영구적인 멘토링으로 진화할 것으로 예상되지는 않지만, 수퍼바이저가 특히 충분히 성숙하고 더 나은 상호성과 동료성을 가진 수련생들에게 점차적으로 다양한 멘토링 기능 - 경력 측면과 심리적 측면 - 을 제공할 수 있도록 개방적인 자세를 취할 것을 권한다. 적절한 경계를 확실하게 하고, 정직하고 정확한 능력 평가를 제공하며, 내담자와 수련생의 최선의 이익을 균형 있게 유지하는 것은 항상 수퍼바이저의 책임이지만, 당신이 조력 전문가로서의 직업에서 가장 보람 있고 지속적인 멘토 경험 중 일부는 공식적인 수퍼비전 관계에서 시작될 것이다.

멘토링에 대해 자세히 알아보려면 『멘토링의 요소(The Elements of Mentoring)』를 참조한다 (Johnson & Ridley, 2018).

## 자문가

수퍼바이저는 수퍼바이지가 문제를 해결하거나 또는 내담자에게 가장 적절한 치료 접근법을 결정하는 것과 같은 의사결정을 돕기 위해 자문한다. 이때 다뤄지는 이슈들은 임상적이거나 행정적인 성격을 띨 수 있다. 자문가는 자문을 받는 사람들에게 즉각적인 해결책을 위한 지원을 하거나 향후 발생할 수 있는 유사한 문제에 대한 해결책을 제공한다. 수퍼바이저가 수퍼바이지에게 비상 상황에서는 반드시 자문을 요청하도록 요구하는 것은 드문 일이 아니다. 자문 과정은 개인, 집단, 조직 또는 커뮤니티 수준에서 더 효과적으로 작업할 수 있도록 돕는 것을 목표로 한다.

## 상담사

수퍼비전 상황에서 수퍼바이저가 수퍼바이지에게 상담사 역할을 하는 것이 적절한가에 관해 많은 논의가 있었다. Corey와 Corey, 그리고 Corey(2019)는 수퍼비전 과정의 주요 초점이 수퍼바이지의 **개인적** 문제보다는 **전문성** 발달에 초점을 둔다는 점에 대해 문헌에서 기본적으로 합의하고 있는 것으로 보인다고 말한다. 또한 그들은 수퍼바이저가 수퍼바이지의 개인적 문제를 윤리적으로 어느 정도까지 다룰 수 있는지에 관해서 명확한 합의가 부족하다고 말한다.

우리는 수퍼비전이 상담과 같은 성격을 가질 수는 있지만 상담은 아니라는 점을 명심할 필요가 있다. 수퍼바이저가 수퍼바이지의 상담사가 된다는 것은 이해 충돌을 야기할 수 있지만, 수퍼바이저가 상담사 역할을 하는 것이 필요할 때도 있다. 이러한 관계에 대한 경계가 정의되고 필요시 적절한 의뢰가 분명히 이루어질 수 있도록 해야 한다. 수퍼바이저는 수퍼바이지의 상담 실제와 관련된 개인적 강점과 약점을 다루거나, 역전이를 탐색하거나, 스트레스와 소진 문제에 대처하도록 수퍼바이지를 도울 수 있다. 대부분의 경우, 수퍼바이저의 상담사 역할은 이따금씩 간단하게 이뤄진다. 수퍼바이지가 심리치료의 필요성을 강하게 느낀다면, 다른 상담사에게 의뢰되어야 한다. 수퍼바이저는 상담에 방해가 되는 수퍼바이지의 개인적 이슈에 관해서는 수퍼바이지가 직면하거나, 극복하도록 격려해야 한다. 수퍼비전은 상담과는 확연히 구별되는 과정이기는 하지만 수퍼비전 과정은 상담적일 수 있고 성장을 만들어 내는 과정이다. 수퍼바이지는 수퍼비전 회기를 통해 자기 자신의 심리적 역동에 대한 중요한 통찰을 얻을 수 있다.

### 공명판

수퍼바이저의 주요 역할 중의 하나는 수퍼바이지에게 공명판(sounding board)을 제공하는 것이다. 수퍼비전은 수퍼바이지가 수퍼바이저와 생각을 나누고, 피드백을 받으며, 객관적인 조망을 얻는 안전한 공간이어야 한다. 상담에서 자주 그렇듯이, 수퍼비전에서 임상적 이슈에 관해서 입 밖으로 이야기하도록 하는 것은 수퍼바이지가 그들의 사고 과정을 명료화하도록 하며, 현재 이슈에 관해서 바람직한 의사결정을 하도록 도와준다. 수퍼비전은 또한 수퍼바이지가 상담 장면이나, 수련 과정에서 느끼는 분노, 희망, 좌절에 관해서 논의하기에 적절한 장소이다.

### 조언자

수퍼비전에서 우선적인 접근 방식은 수퍼바이지가 직접 의사결정을 하도록 힘을 북돋는 것이다. 그러나 규정상 때로 수퍼바이저가 조언을 해야 할 때가 있다. 즉 자살이나 위급한 상황에서, 경고해야 할 의무가 있을 때, 법정 출석을 해야 할 경우, 위기관리와 개입, 소수 민족의 사람과 상담할 때, 수퍼바이저의 직접적 개입이 필요할 수 있다. 이러한 경우, 이들 문제를 다룰 시간적 여유가 없을 수도 있으며 (수퍼바이지의 학습을 위해서는 언젠가는 이 문제를 다뤄야 할 필요가 있지만) 내담자와 다른 사람들의 안전을 위해 즉각적인 조치가 제공될 필요가 있을 수 있다.

### 관리자

관리자의 기능은 수퍼비전 관계에서 필수적인 부분으로 이는 자격위원회나 전문가 협회 등의 기관 방침과 절차에 참가하는 것을 의미한다. 관리자 역할에서 수퍼바이저는 수퍼바이지의 내담자에 대한 책임뿐만 아니라 그들이 일하는 환경에서 수퍼바이지 팀에 대한 책임도 진다. 수퍼비전에서의 관리자 역할은 법적, 윤리적 문제들을 다루고, 내담자에 대한 기록, 상담료 청구 관리, 수퍼바이지가 관료 체제에 대처할 수 있도록 도와주며, 자격 규정을 잘 준수하도록 돕고, 수퍼바이지가 폭력이나 물질 남용이 의심되어서 보고할 때, 필요한 법적인 요구 사항들을 검토하게 하는 것 등이 포함된다.

### 롤 모델

수퍼바이지들은 수퍼바이저에게 지식, 안정감, 지도, 그리고 기술을 기대한다. 우리는 그들이 얼마나 잘하고 싶어 하고, 우리의 승인을 바라며, 우리의 리더십을 따르고자 하는지 과소평가하기 쉽다. 멘토링과 수퍼비전에는 중요한 책임이 따른다. 우리가 수퍼바이저로서 **하는** 행동이 우리가 하는 말만큼 중요하다. 수퍼바이지들은 긴장, 갈등 또는 부적절한 상황에서 수퍼바이저의 반응, 사용하는 말, 그리고 가르치는 기술을 어떻게 사용하는지를 열심히 지켜보고 있다. 그들은 우리가 동정심, 친절함, 참을성, 그리고 포용성을 모델로 보여 주는 것을 필요로 한다. 우리의 대응은 그들이 우리를 개인적으로 얼마나 신뢰하고 존경하며, 우리가 하는 역할에 대해 어떻게 생각하는지를 결정한다. 상담 수퍼바이저로서, 우리가 지도 회기에서 어떻게 행동하는지는 우리의 수퍼바이지들이 전문가로서 어떻게 기능하는지에 상당한 영향을 미칠 것이다. 우리가 전문적인 태도, 진입 제한 기능, 적절한 경계, 그리고 갈등 관리를 어떻게 보여 주며, 우리가 좌절, 취약성, 그리고 단호함을 어떻게 다루는지는 그들의 발전에 있어서 중요하다. 우리가 다른 교수진, 수퍼바이지들, 그리고 내담자에 대해 이야기하는 방식은 전문가가 된다는 것의 의미를 보여 준다. 우리의 역할은 우리가 가르치는 기술들을 사용하여 어떻게 상호 작용하는지를 수퍼바이지들에게 보여 주는 것이다. 그들이 우리를 가까이에서 관찰하고 있다는 점과 우리가 모델링을 하는 것이 종종 그들이 학습하는 것이라는 점을 명심해야 한다.

### 위기 관리자

오늘날의 환경에서 위기 관리자의 역할은 필수가 되었다. 역사적으로, 심각한 위기 사건들이 우리의 실무에서 가끔 발생했지만, 이제는 매일 매일의 일상에서 맞닥뜨리는 일부가 되었다. Abassary와 Goodrich(2014)는 전문 상담사들이 내담자의 이야기를 들으면서 다양한 위기, 재앙 및 외상 기반 상황에 직면한다고 지적했다. 학술 문헌은 이러한 이야기에 대해 조력 전문가들이 스트레스, 불안 및 외상과 같은 다양한 반응을 보인다는 것을 보여준다. 수퍼바이저는 수퍼바이지들이 이러한 강렬하고 종종 복잡한 상황을 해결하는 데 도움을 줄 수 있도록 준비되어야 한다. 수퍼바이지들의 스트레스와 간접 외상을 주의 깊게 지켜보는 것뿐만 아니라, 위기 관리자로서 활동하는 수퍼바이저는 수퍼바이지가 만나는 내담자의 필요를 고려해야 한다.

우리는 수퍼바이저로서 갖게 되는 간접 책임을 인식해야 한다. 우리는 우리의 수퍼바이지들의 작업에 대한 책임이 있다. 이는 그들의 훈련, 기술, 윤리, 그리고 위기관리 기술(특히 심각성 평가)에 대한 우리의 평가가 요구된다는 것을 의미한다. 위기관리 계획을 개발하고 명확하게 의사소통하는 것이 필수적이다. 이 계획은 위기 상황에서 수퍼바이지가 도움을 받을 수 있는 명확한 단계를 제공해야 한다. 연락처 정보, 대안 계획, 그리고 긴급 자원은 쉽게 이용할 수 있어야 한다. 긍정적인 수퍼비전 관계와 우려 사항 통보에 대한 명확한 기대치는 위기 사건에 조기 개입 기회를 높인다.

### 기술 컨설턴트

테크놀로지 기반 수퍼비전를 활용하려고 한다면 테크놀로지 활용 역량과 관련된 주제는 수퍼바이지와 수퍼바이저 모두를 대상으로 고려되어야 한다. 우리 중 많은 사람들이 어느 정도의 테크놀로지와 관련된 불안을 가지고 있을 수 있지만, 우리는 이러한 새로운 도구가 우리의 수퍼바이지들에게 향상된 경험과 학습을 제공할 때를 알고 사용할 책임이 있다. 수퍼바이지들은 테크놀로지를 사용하는 과정에서 기술적인 문제가 발생할 때 우리에게 지침을 구하고 안내와 도움을 요청할 것이다. 그들이 혼자서 문제를 해결하도록 하는 것은 적절하지 않다. 우리가 정보 기술 전문가가 되어야 하는 것은 아니지만, 그들이 교육에 필요한 기술 장비를 사용하는 방법을 알고 있는지 확인하기 위해 수퍼바이지들과 상의해야 한다.

### 평가자

수퍼바이지를 평가하는 것은 수퍼비전의 주요 영역이다. 수퍼바이저는 정기적으로 체계적인 피드백과 평가를 제공해야 한다(ACA, 2014; ACES, 2011; APA, 2015; NASW, 2017). 수퍼바이저는 자격위원회, 전문가 협회, 대학, 대학원 프로그램, 고용주로부터 수퍼바이지의 수행과 개인적 특성에 관한 정보 제공을 요청받는다. 수퍼바이지가 교정기관이나 법집행기관 같은 신원 보장이 요구되는 직장에 지원할 때, 수퍼바이저는 수퍼바이지의 특성과 전문적 활동에 관해서 확인해 주어야 한다.

평가자의 역할에서, 수퍼바이저들은 일반적으로 자신들의 전문 분야에 대한 진입 제한 문지기로서 역할을 한다. Falender(2018)는 "수퍼바이저들은 평가자 및 진입 제한 문지기 역할 때문에 전문가 선별 과정의 선두에 서 있다. 수퍼바이저들은 지속적인 평가, 모니터링, 평가 및 피드백을 진행하며, 이에 덧붙여 수퍼바이지들이 자신의 역량 발전을 인식하고 계획적으로 보다 큰 역량을 축적하고 있는지 확인하도록 해야 한다"라고 주장한다(p. 1244). 수퍼비전에서 발생하는 많은 윤리적 및 법적 딜레마는 진입 제한 기능으로 인한 것이다(Homrich & Henderson, 2018 참조). Falender와 Shafranske(2017)는 수퍼바이저들이 자신의 지도 능력을 정확하게 평가할 수 있어야 한다고 언급하며, 이는 수퍼바이지들의 기술 발전을 안내하는 것 외에도, 수퍼바이지들이 특정 서비스를 제공하기 위해 충분한 능력을 갖추고 있는지 정확하게 평가할 수 있어야 함을 의미한다. 수퍼바이저들은 수퍼바이지들의 현재 내담자 및 미래 내담자에 대한 책임이 있으며, 각 수퍼바이지의 행동을 모니터링하고 평가하는 책임이 있다.

학교 프로그램에서, 교수진은 자신들이 담당한 수련생이 담당한 진척 상황을 알아야 한다. 수퍼바이지들이 수퍼비전에서 공유하는 개인 정보는 일반적으로 비밀이 유지되지만, 수퍼바이저들은 다른 교수진들과 어떤 정보가 공유되고 어떤 것이 공유되지 않을지에 대해 알 권리가 있다. 수퍼바이저들이 수퍼바이지에 관한 비밀 유지 문제를 적절하게 다루는 것은 수퍼바이지에게 전문적인 행동을 모델링하는 가장 좋은 방법 중 하나이다. 수퍼비전에서의 평가 및 진입 제한 기능의 역할에 대한 더 자세한 정보는 10장을 참조한다.

### 기록자 또는 문서 작성자

수퍼바이저의 또 다른 역할은 수퍼비전 회기를 기록하는 것이다. 이러한 역할은 수퍼바이지와 수퍼바이저를 보호하는 기능을 한다. 수퍼바이저는 수퍼바이지가 수퍼비전 시간에 어떤 문제를 가지고 오는지 기록해 두어야 한다. 수퍼바이저는 수퍼바이지가 수퍼비전에 무엇을 가지고 오는지에 대해 지속적으로 추적하는 것이 좋다. 전문적인 수퍼비전이 되기 위해서는 수퍼비전 매회기 마다 논의된 주요 주제를 포함한 내용을 기록하고, 보관한다. 그리고 이러한 기록의 비밀 보장 또한 유지되어야 한다.

### 옹호자

사회 정의와 옹호는 모든 상담사에게 점점 더 중요한 관심사이다(Lee, 2018; Lee et al., 2018; Lee & Zalkalne, 2019). 이상적으로는 모든 상담사가 개인 및 지역 사회 수준에서 변화를 촉진하기 위해 헌신할 것이다. 그러나 그들이 모두 같은 관심 분야와 전문성을 가지고 있지는 않다. 주류 사회에 의해 억압되는 소수자 내담자들은 흔히 주류 사회에 의해 억압되기 때문에 상담사들은 더 나아가서 그들을 대신하여 말하고 그들에게 자신들을 위한 옹호자가 되는 기술을 가르쳐 줌으로써 내담자들의 복지를 향상시킬 수 있다. 수퍼바이저의 한 가지 역할은 수퍼바이지들에게 어떻게 자신들의 내담자를 위해 목소리를 내야 하는지에 대해 생각할 수 있도록 돕는 것이다. 6장에서 옹호에 대해 더 자세히 논의해 보자.

#### 힘을 북돋워 주는 자

수퍼바이저의 여러 가지 역할을 가장 잘 통합해 주는 것이 바로 수퍼바이지에게 힘을 북돋워 주는 사람으로서의 역할이다. 수퍼바이저는 시간이 지남에 따라 천천히 수퍼바이지에게 수퍼비전의 과제와 권한을 이양함으로써 수퍼바이지의 힘을 북돋워 준다. 수퍼바이지가 셀프 수퍼비전를 할 수 있게 됨에 따라 수퍼비전과 자문의 초점은 수퍼바이지의 성장을 촉진하도록 조정된다. 우리의 목표는 수퍼바이지가 수퍼비전 과정을 통해 배운 기술과 능력을 사용하여 자신의 임상 업무를 스스로 충분히 돌아볼 수 있도록 돕는 것이다. 우리는 임파워먼트는 하나의 과정이지 일회성 이벤트가 아니라고 본다.

수퍼바이저들은 많은 역할들을 수행하며, 종종 이러한 역할들을 동시에 수행하게 된다. 선택된 역할은 수퍼비전 맥락의 목적에 적합해야 한다. 전문가 윤리 기준이 허용하는 범위 내에서 수행하는 한, 수퍼바이저는 수퍼바이지와 작업함에 있어 어느 정도의 유연성을 가지면서도 동시에 내담자에게 최선의 이익이 되도록 해야 한다. 자기 점검(self-monitoring)은 수퍼비전 방식을 개발하는 데 있어 필수적이다(Falender & Shafranske, 2017). 이제 수퍼바이저들이 수행하는 역할에 대한 이해를 갖게 되었으므로 사례 연구 2.3을 읽어보고 빅터가 제니퍼에게 제공한 조언에 동의하는지 확인해 보자.

**사례 2.3 제니퍼**

제니퍼는 최근에 부부 및 가족 상담사 자격증을 취득했다. 그녀는 지역 사회 정신건강센터에서 중증의 행동 문제를 가진 아이들을 상담한다. 제니퍼는 대학원에서 한 학기 수퍼비전 과정을 이수했다. 그녀는 두 명의 상담 전공 학생들에게 수퍼비전을 해 주어야 하는 상황이라서 새로운 수퍼바이저 역할에 긴장을 하고 있다. 그녀의 선배인 빅터는 여러 해 동안 상담 현장에서 일했으며, 많은 학생들에게 수퍼비전을 해 준 경험이 있다. 빅터는 제니퍼에게 긴장을 풀도록 격려하고, 수퍼비전에 대해서 너무 신경을 쓰지 말라고 얘기했다. 그는 수퍼바이저로서 잘 경청하고, 나머지는 수퍼바이지에게 맡겨 두라고 조언을 하였다. 빅터에 의하면, 좋은 상담사는 좋은 수퍼바이저가 된다는 것이다.

빅터의 접근 방식은 무엇이 문제가 되는가? 비록 빅터의 의도가 제니퍼가 안정감을 느끼고 자신의 직관을 믿을 수 있도록 돕는 것이라 할지라도, 그의 조언은 제니퍼가 수퍼바이저로서의 발전 초기에 더 구체적인 제안이 필요할 수 있다는 점을 고려하지 않고 있다. 게다가, 빅터의 수퍼바이저로서의 역할과 지도의 목적에 대한 인식은 과거 몇 년 동안은 수용 가능했을지도 모르지만, 오늘날에는 그렇지 않다. 수퍼비전은 동일한 관계와 문제 해결 기술을 사용한다는 점에서 상담과 유사하지만, 수퍼비전의 주요 목표는 수퍼바이지를 가르치고 모니터링하고 평가하면서 내담자를 보호하는 것이다. 제니퍼는 아마 빅터를 컨설턴트로서 신뢰할 수 있겠지만, 자신의 역할을 정의하는 데 도움을 줄 수 있는 수퍼바이저로서 여기지는 않을 것이다. 우리가 제니퍼에게 하는 조언은 먼저 자신의 우려를 직접 빅터와 이야기해보는 것이다. 그런 다음, 수퍼바이저로서의 역할과 책임을 결정하기 위해서 기관과 관련 전문가 기준들을 살펴보는 것이 좋겠다. 제니퍼가 자신의 지도 필요를 명확하게 할 수 있는 다른 지도자를 찾는 것도 고려해 볼 만하다.

## 상담 및 행정 수퍼바이저의 책임

**상담 수퍼바이저**의 교육, 훈련, 멘토링 및 모니터링 역할은 수련생이 유능성을 개발하고 유지하도록 보장하는 것이다. 캠벨(2006)에 따르면, “행정 수퍼바이저와 상담 수퍼바이저는 서로 다른 목적, 다른 임무 및 다른 규칙 체계를 가진 두 가지 별도 모델하에서 기능한다”(p. 4). 비즈니스 관리 모델의 관점에서 볼 때, **행정 수퍼바이저**는 조직의 원활한 운영을 유지하는 데 중점을 두며 생산성, 업무량 관리 및 책임에 관심이 있다. Tromski-Klingshirn과 Davis(2007)의 수련에 따르면, 동일한 수퍼바이저로부터 임상 및 행정 수퍼비전을 모두 받은 수련생들은 전반적으로 자신의 수퍼바이저에 대한 만족도를 표시하였으며 이중 역할을 문제로 여기지 않았다.

이러한 기능들은 서로 충돌하지 않으며 동일한 수퍼바이저가 윤리적으로도 유능하게 이를 수행할 수 있다. 수퍼비전의 궁극적인 목표는 현재와 미래의 내담자가 수퍼바이지로부터 가장 탁월한 서비스를 받을 수 있도록 하는 것이다.

수퍼비전의 법적 및 윤리적 책임 범위는 매우 광범위하다. 일반적으로, 수퍼바이저는 수퍼바이지의 모든 전문적 활동과 자신의 수퍼바이저로서의 행동에 대해 법적, 윤리적으로 책임을 진다. 실제로, 이는 수퍼바이저가 수퍼바이지의 모든 상담 활동과 사례에 대해 알고 있어야 하며 필요할 때 수퍼비전을 제공할 수 있어야 한다는 것을 의미한다(ACA, 2014). 법적 책임과 관련해서는 제8장에서 자세히 논의될 것이다. 수퍼바이저는 일반적으로 자신의 일상적인 업무량 내에서 수퍼바이지에게 현실적이고 적절한 방식으로 수퍼비전을 제공할 수 있다.

수퍼바이저의 주요 책임 사항은 다음 페이지에 요약되어 있으며, 대부분의 책임 사항은 후속 장에서 자세히 논의될 것이다.

### 1. 수퍼바이저가 수퍼바이지의 행동에 대해 법적으로나 윤리적으로 궁극적인 책임을 진다는 점을 인식하라.

상담 수퍼바이저는 내담자에게 제공되는 서비스에 대한 책임을 공유한다(ACA, 2014; Herlihy & Corey, 2015b). 수퍼바이저의 법적 책임은 법원에서 결정되어 왔으며, 무능하거나 부적절한 수퍼비전으로 인한 직접적인 책임과 수퍼바이지의 부주의한 행동과 관련된 대리 책임을 포함한다.

법적 및 윤리적 측면에서, 수련생들은 내담자에 대한 최종 책임을지지 않는다. 대신, 그들의 수퍼바이저가 결정을 내리고 책임을 져야 한다. Bernard 및 Goodyear(2019, P. 274-276)는 수퍼바이저가 직접 및 대리 책임을 진다는 것을 명시하고 있다. **직접 책임**(direct liability)은 수퍼바이저의 행동이 해를 불러일으킬 때 발생하는데, 예를 들어, 수련생에게 그들의 역량을 초과하는 작업을 부여하는 경우가 이에 해당된다. **대리 책임**(vicarious liability)은 수퍼바이저의 책임을 의미한다. 수퍼바이지는 법적으로 수퍼바이저의 확장으로 간주되기 때문에 수퍼바이지가 한 행동에 대한 책임은 수퍼바이저에게 있다. 수퍼바이지의 행동에 대한 책임은 수퍼바이저와 수퍼바이지의 전문적인 관계에 근거한다. (이 주제는 법적 및 위기 관리 이슈를 다루는 8장에서 자세히 다루어질 것이다.) 사례 2.4에서 수퍼바이지가 수퍼바이저를 어려운 상황에 처하게 했다. 당신은 자신도 모르게 수퍼바이지가 한 일에 대해 아에샤가 책임을 져야 한다고 생각하는가?

**사례 2.4** 아에샤

아에샤는 면허가 있는 명망 있는 상담사로, 면허를 받지 않은 상담 보조원을 수퍼비전하고 있었는데, 상담 보조원은 아에샤가 모르게 다른 사무실에서 상당비를 받고 내담자에게 상담 서비스를 제공하기 시작했다. 그리고 이러한 상담 서비스는 면허 있는 전문가에게 수퍼비전을 받지 않은 채 진행되었다. 적절한 수퍼비전과 면허 없이 상담(두 번째 사무실에서)을 수행하여 자격관리 위원회에 투고가 제기되었다.

법률 자문의 지원을 받아 아에샤는 위와 같은 사건에 대해 자신이 알고 있는 바와 이 사건에 대한 자초지종을 설명하는 내용의 서면을 위원회에 제출했다. 위원회는 면허가 있는 상담사에게만 관할권이 있기 때문에 이 경우 수련생이 아닌 아에샤가 처벌을 받았다. 위원회는 수퍼바이저로서 수퍼바이지의 모든 상담 보조의 전문 활동에 대한 책임이 있으며, 수퍼바이저의 허가를 받지 않은 수련생의 무단 실무에 대해 처벌받았다. 그녀는 면허 취득자로서 1년간 보호 관찰을 받았으며, 그 기간 동안 수퍼바이지를 수퍼비전하지 못하도록 제한되었으며, 이 기간 동안 수퍼비전 교육 과정을 수강해야 했다. 이러한 요건들을 성공적으로 완료한 후에는 위원회에 의해 그녀의 면허가 완전히 복원될 것이다.

- 당신은 수퍼바이저가 수퍼바이지의 모든 전문적 활동에 대한 책임을 져야 할 만한 이유가 있다고 생각하는가?
- 수퍼바이저의 법적 책임을 고려할 때, 이는 수퍼바이저로서의 역할을 선택하는 데 어떻게 영향을 미치는가?

### 2. 수퍼바이지가 상담하는 모든 사례 또는 내담자에 대한 지식을 갖추라.

수퍼비전은 수퍼바이지가 전문적으로 수행하는 모든 활동을 포괄하는 방대하고 포괄적인 책임이다. 수퍼바이저는 수퍼바이지의 모든 전문적 행동을 모니터링하는 책임이 있다. 문제가 발생할 때, 면허 위원회는 수퍼바이저가 수퍼바이지에게 제공한 지도와 지시의 정도를 이해하기 위해 수퍼바이저에게 찾아간다.

윤리적 및 법적 책임을 이행하기 위해 수퍼바이저는 수퍼바이지의 진행 상황을 확인하고 각각의 수퍼바이지의 사례에 익숙해져야 한다. 수퍼바이저가 모든 사례의 모든 세부 사항을 알지 못할 수 있지만, 적어도 사례가 어떻게 진행되고 있는지는 알아야 한다. 수퍼바이저는 수퍼바이지가 작업하는 모든 내담자와 최소한 간단히 만나볼 것을 고려해야 한다. 많은 수퍼바이저들이 시간과 사례 부담 때문에 이것이 현실적이지 않다고 생각하지만, 법적으로는 여전히 수퍼바이저에게 책임을 묻는다. 이에 대한 대안으로는 모든 내담자의 비디오 녹화를 시청함으로써 수퍼바이저가 해당 내담자와 직접적인 경험을 얻을 수 있다. 이러한 상황에서 법적 책임을 최소화하기 위한 리스크 관리 전략을 분명하게 하기 위해서라면 이러한 과제는 그다지 어려운 일이 아닐 수 있다. 예를 들어, 위기를 최소화하는 한 가지 방법은 수퍼바이지가 우려되는 고위험 내담자에 대해서는 수퍼바이저와 논의할 책임이 있다는 점을 수퍼비전 계약에 명확히 작성하는 것이다. 위기 관리 전략의 상세 목록은 8장에서 제시된다.

### 3. 수퍼바이지의 성과에 대한 피드백과 평가를 제공하라.

수퍼바이저는 정기적으로 수퍼바이지에게 피드백과 평가를 제공해야 한다(ACA, 2014; ACES, 2011; APA, 2017; NASW, 2017; NBCC, 2016). 수퍼바이저는 수퍼바이지의 현재 수퍼비전 목표에 대한 진행 상황뿐만 아니라 자신의 장점과 약점을 어떻게 파악하고, 상담 작업과 관련하여 어떻게 진행되고 있는지, 그리고 부족한 점을 보완하기 위한 기대치를 알려 주어야 한다. 이러한 평가 기능은 수퍼바이지의 자기인식과 기술 개발을 촉진한다. 수퍼바이저로부터의 피드백은 비구조화된 구두 토론에서부터 구조화되고 표준화된 과정까지 다양하다. 우리의 경험상, 표준화된 양식을 사용하고 체계적인 시간을 예약하여 피드백을 제공하는 것이 프로세스를 객관화하고 수퍼바이지에게 건설적인 피드백의 구조를 제공하는 데 도움이 된다. 비구조화된 구두 피드백에 의존하는 것은 주관적이며, 주로 특정 문제에 대한 반응으로만 발생할 수 있다. 피드백에 대한 포괄적인 논의를 위해 10장이 전부 할애되어 있다.

### 4. 수퍼바이지의 행동과 의사 결정에 관해서 모니터링하라.

수퍼바이저가 수퍼바이지의 행동에 궁극적으로 책임을 져야 하기 때문에 수퍼바이지의 행동과 의사결정에 관해서 모니터링 하는 것은 수퍼비전의 핵심적인 부분이다. 미국 상담학회 **윤리 규정**(ACA, 2014)은 내담자 복지에 관해서 모니터링하는 것은 임상 수퍼바이저의 최대 책임이라고 주장한다. 즉 수퍼바이지의 진단과 처지 결정에 관해서 모니터링하고, 평가하는 것은 필수적이다. 수퍼바이지가 수퍼비전 시간에 보고하는 것을 주의 깊게 살펴보고 그들이 어떻게 의사결정 하는지, 피드백을 활용하는 데 얼마나 수용적인지, 그리고 임상적 능력의 한계에 대해서 어떻게 자각하는지 모니터링해야 한다. 수퍼바이지의 수행과 의사결정을 모니터링 하는 가장 좋은 방법은 치료 장면을 직접 관찰하거나, 녹음 또는 녹화하여 수퍼비전 시간에 가져오도록 하는 것이다. 수퍼바이지의 자기 보고보다는 이러한 직접적 관찰이 더 신뢰도가 높다. 수퍼바이저의 모니터링 과정을 통해서, 수퍼바이지는 그들의 수행과 의사 결정 과정을 수정하는 데 있어서, 도움을 받을 수 있다. 중재는 주어진 상황과 수퍼바이지의 행동으로 인해 내담자가 처할 수 있는 위험 정도에 따라서 달라질 수 있다.

### 5. 수퍼비전 회기를 문서화하라.

기록 관리는 소송이 빈번한 이 시대에 조력 전문직의 모든 수련 영역에서 점차 그 중요성이 더해가고 있다(Bernard & Goodyear, 2019, p. 157). 수퍼비전 회기를 문서화하는 것은 다양한 목적에 활용되며, 그 모든 목적은 다 중요하다. 주의 깊은 문서 작성은 수퍼바이지의 내담자 및 문제를 추적하고, 면허 기관, 전문 협회 및 잠재적인 고용주의 문서화 요구를 충족시키며, 위기 관리 전략으로 작용한다. 윤리적, 법적 및 임상적인 측면에서, 수퍼바이저는 적절한 기록 유지에 중요한 책임이 있다. 임상적으로, 기록 보관은 수퍼바이저가 수퍼비전 관계의 과정을 검토하고 후속 회기에서 주제를 상기시키는 데 사용할 수 있는 히스토리를 제공한다. **윤리적**으로, 기록은 수퍼바이저가 수퍼바이지에게 품질 높은 서비스를 제공하는 데 도움이 된다. **법적**으로, 주 또는 연방 법률이 기록 유지를 요구할 수 있으며, 수퍼비전 과정의 정확하고 상세한 문서화는 잠재적인 과실 소송에 대한 훌륭한 방어 수단을 제공한다. **위기 관리**적인 측면에서, 기록 보관은 상담사와 수퍼바이저 모두에게 표준적 전문 실무 기준으로 간주될 수 있다(Wheeler & Bertram, 2019).

회기 진행 보고서 작성은 시간이 많이 들지 않으면서도 간단하고 직접적인 과정일 수 있다. 기록의 복잡성, 길이 및 내용은 특정 회기에서 발생하는 사항에 따라 달라지며, 대부분의 회기는 간결하게 문서화될 수 있다. 이러한 일반적인 조언은 수퍼비전 과정과 관련된 문서화에도 잘 적용된다. 수퍼바이지에게 제공한 구체적인 설명 사항이나 지시 사항을 문서화하는 것이 중요하다(Wheeler & Bertram, 2019).

### 6. 자신의 전문 영역 내에서만 수퍼비전을 하며 필요하다면, 추가적인 수퍼비전과 자문을 위해서 수퍼바이지를 다른 수퍼바이저에게 의뢰하라.

수퍼바이저는 자신이 수퍼비전 하는 전문 영역에서 심도 깊은 지식을 지니고 있어야 한다(ACES, 2011). 수퍼바이저는 자신의 전문 영역이 아닌 주제가 대두되었을 때는 어떤 수퍼비전이 적절할지 결정해야 한다. 즉 관련된 주제에 대해서 참고 문헌을 읽거나, 전문 영역의 다른 수퍼바이저에게 자문을 구하거나, 수퍼바이지를 다른 수퍼바이저에게 의뢰하거나, 수퍼바이저와 수퍼바이지가 협력해서 문제를 풀어 나가는 방법들이 있다.

제기되는 주제가 전문 영역이 뚜렷할 때는 역량을 결정하는 것이 어렵지 않다. 예를 들면, 내담자의 기질적 뇌기능장애에 관련된 주제의 경우, 수퍼바이저가 이러한 영역에서 훈련이나 경험이 없을 때는 이 영역의 전문가에게 자문을 구하는 것이 현명할 것이다. 이러한 경우, 해당 전문가는 수퍼바이저와 수퍼바이지를 함께 만날 수 있으며 둘 다에게 관련 지식의 폭을 넓힐 수 있도록 자문해 줄 수 있다. 그러나, 수퍼바이저가 어떤 주제에 대해서 지식은 있으나 경험이 별로 없을 경우, 자문을 구할 것인지에 관한 결정이 어려울 수 있다. 어느 정도의 지식과 경험이 있어야 수퍼비전을 할 수 있는가? 이때에는 임상가나 수퍼바이저 자신의 판단이 중요한데, 대체로 결정은 '표준적 전문 실무 기준(standard of care)' 즉, 비슷하게 훈련받은 다른 상담사에게 요구되는 경험과 지식의 정도에 기초하여 이루어진다. 여기서 질문할 것은 “나와 유사한 자격이나 수련을 한 다른 사람들이라면 이러한 서비스 제공을 위해 필요한 지식과 경험을 갖고 있을까?”이다. 확실하지 않을 경우, 수퍼바이저는 이러한 특정 상담 실무적 상황에 대해 수퍼비전할 수 있을지 동료에게 자문을 구해야 한다.

### 7. 수퍼바이지에게 적법한 절차에 대한 정보를 제공하라.

**적법 절차**(due process)란 법적인 용어로, 권리가 박탈되기 전에 “통지(notice)” 또는 “발언 기회(hearing)”를 제공해야 한다는 의미이다(CACREP, 2016). 수퍼비전에서의 적법 절차란 수퍼바이지에게 수행에 대한 명확한 기대를 제공하고, 적절하지 못한 행동이나 훈련 활동을 다루는 과정에 관해서 전체적으로 안내하며, 수행이 미진할 때 그에 대해 수퍼바이지가 자기 입장을 얘기할 수 있는 권리를 설명해 주는 것 등이 포함된다. 이러한 절차는 학교 장면과 학교 밖 장면 간에 그리고 공공 기관과 개인 기관 간에 매우 큰 차이가 있다. 환경이 어떠하냐에 상관없이, 공통점은 수퍼바이지가 수행에 대한 명확한 기대수준과 성공의 기준에 대해서 알고, 수행 기준에 도달하지 못했을 경우 어떤 과정이 진행될지 알권리가 있다는 것이다.

수퍼바이지는 정기적으로 수퍼비전을 받고, 피드백이 어떤 과정으로 주어지는지, 문제 상황을 어떻게 고칠 수 있는지, 잘못한 경우 어떤 조치가 취해지는지, 탄원 절차는 어떻게 되는지 등에 관해서 알권리가 있다. 수퍼바이저는 이러한 정보를 수퍼바이지에게 제공할 책임이 있으며, 이러한 책임과 과정은 수퍼비전 상황과 맥락에 따라서 크게 달라진다.

적법 절차에 대한 정보 전달은 수퍼바이저와 수퍼바이지가 서면 계약서에 이러한 정보에 대해서 명시해 두고, 서로 검토하였음을 확증하는 서명을 하는 방식이 가장 좋다. 이러한 절차는 문제 상황이 발생하기 전에 일찌감치 수퍼비전 관계를 맺는 첫 시점에서 이루어지는 것이 가장 좋고 정기적으로 검토되어야 한다.

### 8. 수퍼바이저와 수퍼바이지가 작성한 서면 계약서에 수퍼비전의 범위와 기대에 관한 내용을 포함하라.

간단하고, 명확하며, 포괄적인 수퍼비전 계약서는 수퍼비전 관계의 여러 측면을 명확히 해주며, 문제 해결을 위한 틀을 제공해 준다. 이 장의 마지막에 있는 별첨 2A는 수퍼비전 계약서의 예로, 수퍼바이지의 권리와 기대가 포함되어 있다. 서면 계약서는 수퍼바이저와 수퍼바이지의 성공적인 수퍼비전 경험을 위한 틀을 제공하는 청사진과 같다. 서면 계약서는 수퍼바이저, 수퍼바이지, 상담 기관, 그리고 가장 중요하게는 내담자를 보호해 주는 역할을 한다. 수퍼바이저는 수퍼비전 과정에서의 사전 동의뿐만 아니라, 수퍼바이지가 상담 관계를 시작하기 전에 내담자와의 사전 동의를 수행하도록 하는 것에 대해 책임이 있다. 이 사전 동의는 수퍼비전 목적 및 수퍼비전 회기 중 민감한 정보의 전달을 다루어야 하며, 특히 수퍼바이지가 그룹 수퍼비전에 참여하는 경우에 그러한 내용을 반영해야 한다.

Thomas(2007)는 명확한 사전 동의 자료를 구두 및 서면으로 수퍼바이지에게 제공하는 것이 표준 실천 방법으로 간주된다고 주장한다. 사전 동의의 목표는 수퍼비전 경험의 질을 향상하는 것이다. 수퍼비전 관계의 시작부터 수퍼바이지의 권리를 논의하는 것이 좋다. 이렇게 하면 수퍼바이지가 기대를 표현하고 결정을 내리며 수퍼비전 과정에 적극적으로 참여할 수 있다. 수퍼바이지가 자신의 수퍼비전에서 무엇을 기대할 수 있고 성공을 위해 무엇을 해야 하는지 알게 되면, 수퍼바이지와 수퍼바이저 모두에게 이익이 된다. 오해가 최소화되고 양쪽 모두가 자신의 역할에서 만족을 느낄 가능성이 높아진다. Thomas는 수퍼비전 계약에 다음과 같은 주제를 포함하는 것이 좋다고 제안한다: 수퍼바이저의 배경, 수퍼비전 방법, 수퍼바이저의 책임과 요구 사항, 수퍼바이지의 책임, 비밀 보호 및 개인 정보 보호 방법, 수퍼비전 문서화, 위험 요소 및 이점, 직무 성과 평가, 불만 절차 및 적법 절차, 전문성 개발 목표, 그리고 계약의 기간 및 종료. 계약에 대한 자세한 내용은 8장과 이 장 끝의 부록에서 확인할 수 있다.

### 9. 상담 수행에 영향을 미치는 수퍼바이지의 개인적 발달에 관해서 모니터링하라.

자기 관리 실천 방법을 개발하는 것은 주로 수퍼바이지의 책임으로 여겨지지만, 이는 상담 교육자 및 수퍼바이저의 의무로 인식되어야 한다. Stebnicki(2008)에 따르면, 임상 수퍼바이저는 수퍼바이지의 개인 성장과 자기 관리 요구 사항에 대해 대처할 책임이 있다. 수퍼비전은 수퍼바이지의 내담자와의 작업에 영향을 미치는 개인적인 문제를 다루어야 하므로, 수퍼비전 회기 중에 수퍼바이지의 생각과 감정을 검토하는 것이 적절하다. 수퍼바이저가 수퍼바이지의 상담 수행에 영향을 미치는 문제를 주의 깊게 관찰하고 필요한 조치를 권장하는 것이 중요하다. 손상된 전문가에 대한 개입 방법 및 절차도 설정되어야 한다. 이러한 주제는 7장에서 자세히 다룰 것이다.

## 10. 효과적인 문제 해결 기술을 모델링하고, 수퍼바이지가 문제 해결 능력을 발전시키도록 도와라.

수퍼바이저의 주요 역할과 책임은 문제 해결 능력을 직접 모델링하고 수퍼바이지가 스스로 문제 해결 능력을 개발하는 데 도움을 주는 것이다. Bernard와 Goodyear(2019)는 수퍼바이저의 주요 책임은 "가르치고자 하는 것을 모델링하는 것"이라고 명확하게 언급했다(p. 280). 수퍼비전에서의 이루어야 하는 성취는 수퍼바이지가 자신 및 내담자의 문제 해결을 위해 스스로의 문제 해결 체계를 만드는 데 도움을 주는 것이다.

수퍼바이저는 수퍼바이지에게 책임감을 느끼고 쉽게 그들을 대신하여 기본적인 것들을 처리하게 될 수 있다. 수퍼바이저로서 당신이 얼마나 많이 안내하고, 상기시키고, 답변을 하는지에 대해 가늠해 보는 것이 중요하다. 과정 초기에는 이러한 언급과 행동이 더 많이 있겠지만, 이러한 행동들은 수퍼바이지가 스스로의 책임을 더 많이 맡게 되면서 점진적으로 줄어들어야 한다. 이러한 점진적 독립성이 책임과 행동에서 나타나지 않으면, 이는 의존성을 야기할 수 있으며, 이는 수퍼바이저, 수퍼바이지, 또는 수퍼바이지의 내담자에게 건강하지 않은 역동이다.

## 11. 수퍼바이지의 윤리적 지식과 행동을 향상시켜라.

수퍼바이저의 또 다른 주요 책임은 수퍼바이지가 유능한 윤리적 전문가가 되어, 윤리적 기준을 가지고 서비스를 제공할 수 있도록 돕는 것이다. 주요 전문가 기준과 규정에서 모두 이에 대해 명시적 또는 암시적으로 지지하고 있다(APA, 2017을 참고하라). 임상 수퍼비전의 윤리적 기준의 주요 목적은 수퍼바이저를 위한 행동 지침을 제공하고, 수퍼바이지가 피해를 받고 방치되지 않도록 보호하며, 내담자 관리의 질을 보장하기 위한 것이다(Bernard & Goodyear, 2019). 수퍼바이저는 수퍼바이지가 윤리 기준을 이해하고 내담자와의 작업에서 이러한 기준을 어떻게 적용해야 하는지에 대해 돕는다.

수퍼바이지의 윤리적 지식과 행동의 발달을 도모하기 위해서, 상담에 있어서 윤리적 책임에 관해서 가르치거나, 자문해 주거나, 모델링과 피드백을 제공한다. 적절한 윤리적 행동을 모델링하는 것은 수퍼바이지의 전문가로서의 발달을 향상시키기 위해 활용될 수 있다.

### 12. 수퍼바이지가 그들의 내담자의 개인적, 문화적 차이를 이해하고, 이러한 차이를 효율적으로 다룰 수 있는 지식과 기술을 향상시켜라.

수퍼바이저는 수퍼바이지가 그들의 내담자의 개인적, 문화적 유사점과 차이점을 이해하도록 도울 때 모델과 교사 역할을 한다. 내담자의 문화적 유사점과 차이점들이 상담 과정에서 어떻게 영향을 미치며, 어떻게 이에 대해 효율적으로 대처할 수 있느냐 하는 문제에 대해 수퍼바이지가 초점을 둘 수 있도록 돕기 위해 모든 사례의 논의 과정에서 이 주제를 다룰 수 있다. 수퍼바이저가 수퍼바이지에게 전달할 수 있는 주된 메시지는 내담자로부터 그들의 문화에 대해 배우고, 이것이 상담 관계에 어떻게 영향을 미치는가를 학습하는 것이 필요하다는 점에 대한 것이다. 수퍼바이저는 다문화, 다양성 및 권력 문제를 수퍼비전 관계 초기에 소개하여, 이러한 주제가 수퍼바이지의 상담 관계에 미치는 중요성을 보여준다(ACES, 2011). 미국 상담학회 **윤리 규정**(ACA, 2014)은 "수퍼바이저는 수퍼비전 관계에서의 다문화주의/다양성의 역할을 인식하고 다룬다"라고 명시하고 있다(F.2.b.). 수퍼비전에서의 다문화적 이슈는 6장에서 더 자세하게 논의될 것이다.

### 13. 수퍼바이지에게 의료 보호 체계에서의 잠재적인 주요 윤리적 이슈에 관해서 교육하라.

많은 수퍼바이지들은 결국 어떤 형태든 여러 윤리적 이슈를 포함하는 의료 보호 맥락 내에서 일하게 된다. 수퍼바이지들은 각각의 독특한 작업 환경에 해당되는 윤리적 이슈들을 이해해야 한다. 문헌고찰에 의하면, 의료 보호 체계에서 가장 흔히 드러나는 윤리적 딜레마는 5가지 영역-사전 동의, 비밀 보장, 내담자 유기(abandonment), 서비스 적정성 심사(Utilization; review), 역량-에서 발생한다(Acuff et al., 1999; Cooper & Gottlieb, 2000; Davis & Meier, 2001; Younggren, 2000).

#### 사전 동의(informed consent)

수퍼바이지는 내담자에게 동의를 구하는 일이 하나의 과정임을 알아야 한다. 수퍼바이지가 의료 보호 체계에서 일하기를 원한다면, 내담자에게 완전하고, 정확한 정보를 전달해야 한다. 수퍼바이지들은 내담자들이 의료 보호 체계가 그들의 치료에 어떻게 영향을 주는지를 정확히 알고 있을 것이라고 가정해서는 안된다. 내담자들은 다른 치료 방법이 단지 비용 절약 목적으로 거부될 수 있다는 사실에 대해 알권리가 있다. 그들은 단기 치료에 대해 치료자가 능숙한지, 외부인이 어떤 종류의 치료가 제공되고 몇 회 회기를 허용할지를 평가할 것이라는 점, 참여하는 치료 계획에 어떤 제한점이 있는지, 그리고 누가 치료의 종료 시기를 결정하는지에 대해 알권리가 있다.

**비밀 보장**(confidentiality)

비밀 보장은 내담자의 자기 노출을 보호하기 위해서 상담사에게 부가되는 윤리적, 법적 의무이며, 의료 보호 맥락에서 철저하게 보장받아야 된다. 비밀 보장에는 한계가 있으므로, 상담사는 전문적 관계를 시작할 때부터, 내담자에게 의료 보호 방침하에서 비밀 보장의 한계에 대해 알릴 의무가 있다.

**내담자 유기**(abandonment)

다양한 전문 기관에서 정신건강 전문가들이 내담자를 유기하지 않는다는 윤리적 규정을 가지고 있지만, 의료 보호 체제 내에서 내담자는 상담이 갑자기 종결될 경우, 버림받는 느낌을 받을 수 있다. 의료 보호 프로그램하에서 때로, 종결은 내담자와 상담사 간의 협력적 과정이 되지 못한 채, 의료 보호 제공자에 의해 일방적으로 결정되기도 한다. 그러한 이유로, 상담사는 각 내담자의 보험 보상 한도를 결정하고 그에 맞는 현실적인 상담 계획을 수립해야 한다.

**서비스 적정성 심사**(utilization review)

의료 보호 체계는 모든 치료를 모니터링한다. 서비스 적정성 심사는 치료의 필요성, 치료적 개입의 적절성, 치료의 효율성을 평가하기 위해서 사전에 정의된 준거를 활용하는 것을 의미한다. 내담자의 필요를 최우선적으로 고려하지만, 의료 보호는 비용을 최소화하는 방법에 초점을 둔다.

**역량**(competence)

많은 의료 회사들은 간단한 치료나 집단 치료를 할 것을 요구한다. 의료 보호 체계에서 일하는 임상가들은 다양한 고객군과 문제를 가진 내담자들에게 다양한 단기 상담을 유연하고 전체적인 방식으로 제공하기 위해 특별한 지식, 기술 및 능력이 필요하다. 상담 계획은 신속하게 수립되어야 하고 목표는 범위가 제한되어야 하며 결과 달성에 중점이 두어져야 한다.

### 14. 자기 돌봄의 중요성을 인식하고 수퍼바이지가 자기 돌봄 전략을 개발하도록 돕는다.

수퍼바이저는 스트레스의 징후를 알아차리고 자신을 잘 돌봐야 한다. 수퍼바이저가 자기 돌봄(self-care) 습관을 실천하지 않는다면, 우리가 논의한 대부분의 책임을 수행하기 어려울 것이다. 수퍼바이저가 스트레스를 효과적으로 대처한다면, 개인적으로나 전문적으로 모두 긍정적인 영향을 줄 수 있다. 상담사의 일은 신체적, 정신적, 감정적, 직업적, 영적으로 소진될 수 있는 스트레스 수준을 증가시킬 수 있다(Stebnicki, 2008).

상담사는 고통과 슬픔으로 가득 찬 이야기를 수십 시간 동안 들어야 한다. 그들은 손실과 절망, 억압과 무력감, 절망 등의 주제를 중심으로 한 이야기를 듣게 된다. 이러한 스트레스로부터 상담사와 수퍼바이지 자신을 보호하기 위해 자기 돌봄을 실천하지 않으면 특히 문제가 될 수 있다. 수퍼바이저가 이를 대처하지 않으면 수퍼바이지도 이러한 스트레스의 영향을 특히 취약하게 받을 수 있으며, 이는 전문적인 능력을 저하시킬 수 있다.

전문적인 스트레스 요인 외에도, 상담사는 개인적인 삶에서 압력과 스트레스에 노출된다. 상담사들도 사랑하는 사람들의 사망, 가족 구성원 및 기타 사람들과의 대인 갈등, 이혼 및 양육권 싸움, 재정 문제, 신체적 및 정신적 건강 문제, 여러 형태의 차별, 건강한 업무-생활 균형을 찾는 데 어려움을 겪을 수 있다. 상담사들은 지역, 국가 및 국제적 사건에 대한 스트레스 주제에 대한 계속적인 뉴스를 피할 수 없다. 스마트폰에 연결되어 있어 지역적으로나 전국적으로 그리고 세계적으로 발생하는 위기에 대해 실시간으로 알게 된다. 상담사들은 이러한 사건들에 대한 자신의 반응을 처리하는 데 많은 시간을 보낼 뿐 아니라, 주중에는 자신의 내담자가 동일한 사건에 대한 그들의 반응을 처리하는 데도 많은 시간을 보내면서 상당한 노력이 요구될 수 있다. 수련생과 상담사들이 자기 돌봄 실천에 참여하지 않는다면 전문적인 의무를 수행하지 못할 수 있다(Corey, Muratori, et al., 2018). 관리되지 않는 스트레스는 소진으로 이어지며 마침내는 장애의 주요 원인이 된다. 수퍼바이지들은 자신의 스트레스가 내담자와의 작업에 어떻게 영향을 미치는지를 논의할 기회를 가져야 하며, 그들은 활력을 유지하는 방법을 탐색해야 한다. 상담사의 작업에 스트레스가 어떻게 영향을 미치는지에 대한 자세한 내용은 Stebnicki(2008)를 참고하고, 정신건강 전문가들을 위한 자기-돌봄을 위한 추천 자료는 Norcross와 VandernBos(2018), Corey, Miratori, Austi, 그리고 Austin(2018), Corey(2020)의 연구를 참고하기 바란다. 개인적인 시각에서, Michelle Muratori는 자신의 대학원생들과 함께 자기 관리 실천을 어떻게 다루었는지 보여 준다.

### Michelle Muratori의 개인적 관점

이전에 나는 석사 수준의 학생들을 위한 기초 상담 과목을 가르치고, 각 학생에게 학기 동안 시행할 자기 관리 프로젝트를 설계하도록 했다. 그들에게 실천가로서 활기를 유지하고 소진을 예방하기 위해서는 자기 관리가 필수라고 설명했다. 자기 관리가 그들의 일상생활에 통합되어야 하며, 지금 시작하는 것이 가장 좋다고 강조했다. 나는 그들에게 자기 관리 목표와 그것을 달성하기 위한 계획을 고안해 오도록 요청했다. 그들은 개인적인 목표를 설정하고 목표의 달성을 모니터링하는 데 도움을 받았으며, 이 프로젝트는 수행 목표 설정에 대한 경험을 제공했다.

이 과제에 대한 학생들의 반응은 다양했다. 몇몇 학생들은 이 과제가 극도로 어렵다고 생각했다. 이 프로젝트는 그들의 삶을 향상시키고 스트레스를 줄이기 위한 것이었지만, 자기 관리라는 개념이 너무 낯설어서 처음에는 그들의 스트레스 수준을 높였다. 또 다른 경우에는 학생들이 이 과제에 열정을 가지고 다가왔다. 한 학생이 등산을 하고 싶었는데 이 프로젝트를 통해 목표를 달성하고 싶다고 했다. 나는 그의 목표를 과정 내에서 달성 가능하도록 수정하는 데 도움을 주었다. 그는 체력을 강화하기 위해 체력 훈련을 하게 되었다. 다른 학생들은 요리를 배우거나 집을 정리하는 것, 재정을 관리하는 것과 같은 실용적인 기술을 배우는 것을 선택했으며, 일부는 뜻하지 않은 취미, 예를 들어 뜨개질을 하거나 힙합 댄스를 시도하기도 했다. 학생들은 목표에 대한 진행 상황을 기록하고, 성공뿐만 아니라 실패와 고민에 대해서도 적었다. 수업이 끝날 때에는 학생들이 자신의 프로젝트를 수업과 공유하고, 그중 많은 학생들이 그것이 가장 충족스럽고 의미 있는 과제였다고 보고했다. 나는 그들에게 수업이 끝난 후에도 자기 관리 프로젝트를 계속하고 새로운 것을 고안하도록 하는 것의 중요성을 상기시켰다.

수퍼바이지를 지지하고 가르치는데서 부터 평가하고 모니터링하기까지 수퍼바이저의 역할은 다양하다고 할 수 있다. 수퍼바이저는 다양한 역할과 그 역할을 수행하게 되는 상황, 그리고 어떻게 하면 주어진 역할하에서 수퍼바이지, 세팅, 내담자, 그리고 수퍼바이저에게 최선의 서비스를 제공할 수 있을지에 대해서 잘 알고 있어야 한다. 그러한 역할을 수행하기 위해서는 수퍼바이저로서의 책임과 함께 상당한 지식, 융통성, 그리고 판단력이 필요하다.

## 수퍼비전을 효과적으로 활용하기 위한 방법 가르치기

초보 수련생들은 자신이 무엇이 필요한지, 무엇을 요청해야 하는지에 대한 충분한 기초를 갖추지 못했을 수 있다. 수퍼바이저의 중요한 역할은 수퍼바이지가 수퍼비전 과정에서 최대의 혜택을 누릴 수 있도록 지도하는 것이다. 불행히도, 어떤 수퍼바이저는 수퍼비전이 어떻게 이루어질 것이고, 수퍼바이지가 무엇을 기대할 수 있고, 그들의 역할이 무엇인지에 관해서 간략히 언급하는 데 그친다. 이러한 경우, 수퍼바이지는 질문을 하거나, 수퍼바이저에게 그들이 무엇을 필요로 하는지 표현하는 등의 적극적인 역할에 보다 책임을 져야 한다.

수퍼비전 첫 회기에는 수퍼바이저로서 역할, 수퍼비전의 회기 초점, 내담자의 사례 관리, 수퍼바이지의 개인적 이슈, 내담자와의 관계, 수퍼비전에서의 수퍼바이지의 책임에 관해서 논의하게 될 것이다. 수퍼바이저는 질문을 통해 수퍼바이지가 수퍼비전 동안 무엇을 성취하고 싶은지 말하도록 격려할 수 있다.

수퍼바이지들은 수퍼비전이 어떻게 이루어지는지 알고 싶어할 것이다. 수퍼바이저와 수퍼바이지 각자의 책임은 무엇인가? 어떤 수퍼비전 모델과 방법이 사용되는가? 수퍼비전에서 개인적 및 전문적인 문제를 모두 다루는가, 아니면 수퍼바이저가 회기를 주도하는가? 수퍼비전 관계 자체에 대해 논의할 기회가 있는가? 이 수퍼비전에서 성공하기 위해 수퍼바이지가 해야 할 일은 무엇인가? 평가는 어떻게 이루어지며 언제 이루어지는가?

수퍼바이지는 수퍼비전에서 최대의 혜택을 누릴 책임이 있다. 다음은 수퍼바이지가 수퍼비전에서 최대의 이득을 얻을 수 있도록 도와줄 몇 가지 제안이다:

- 수퍼비전의 일반적인 목표를 안다.
- 다양한 수퍼바이저들이 다양한 수퍼비전 방식으로 수퍼비전 목표를 달성함을 인정한다.
- 수퍼비전 과정에서 불안이 일어날 수 있음을 예상한다.
- 수퍼바이저와 수퍼비전 내용에 관해서 계약을 명확히 한다.
- 평가가 언제, 어떻게 이루어지는지 질문한다.

- 수퍼비전 동안 가능한 솔직하며 개방적인 태도로 노력하고, 필요로 하는 것을 수퍼바이저에게 표현한다.
- 수퍼바이저를 만나기 전에, 준비하는 시간을 가진다. 준비하는 방식은 사례를 요약해서 가져가거나, 수퍼바이저와 나누고 싶은 질문을 미리 작성한다.
- 자신에게 의미가 있는 방식으로 수퍼비전에 참여한다. 즉 수퍼바이저와 자기 자신에게 기꺼이 어려운 질문을 할 수 있어야 한다.
- 수퍼바이저의 스타일 틀 안에서 최선을 다한다.

수퍼바이지가 수퍼비전을 효율적으로 활용하도록 가르치는 최선의 방법 중의 하나는 수퍼바이저가 수퍼바이지에게 그들의 권리와 책임을 명확히 기록해서 주는 것이다. 수퍼비전을 마치고 나면 수퍼바이지들이 그들의 수퍼비전 경험을 평가하도록 요청할 것도 좋은 실천 방법이다. 이 방법은 나중에 평가하도록 요청받을 경험의 특정 차원을 살펴볼 기회를 제공함으로써 수퍼바이지들이 수퍼비전에서 무엇을 기대할 수 있을지에 대해 주의를 집중하도록 도울 수 있다.

## 수퍼바이지가 현장 경험에서 적극적인 역할을 취하도록 조력하기

현장 경험이나 인턴십 장면에서 학생들을 수퍼비전 하는 수퍼바이저들은 수퍼바이지와 현장 및 인턴 경험을 최대한 활용할 수 있는 기회를 증가시킬 수 있는 활동 전략을 함께 논의하기를 권한다. 학생들은 자신의 현장에서 최대한의 이점을 얻기 위해 다음과 같은 전략을 배우는 것이 좋으며, 수퍼바이저들은 이러한 논의를 이끌 수 있다. 이러한 팁 중 많은 것들이 『조력자 되기(Becoming a Helper)』(Corey & Corey, 2021, 10장)의 자료에서 각색되었다.

- **여러 내담자 집단을 만날 수 있는 다양한 환경을 찾으라.** 성인들과의 작업 경력을 쌓고자 할 경우, 우선 부적응한 청소년을 대상으로 한 인턴 과정을 고려해 보라. 다양한 내담자들과 작업해 봄으로써, 경험의 깊이를 더하고 새로운 관심 영역도 생길 수 있다. 한 가지 특수 영역이나 특정 내담자 군에만 국한하다 보면, 다양한 학습의 기회를 놓칠 수 있으며 직업을 구하는 데 있어서 한계를 느낄 수 있다. 즉 자기 자신의 한계를 넓히고, 재능이 있는 영역을 발견하라. 배치된 현장 경험을 통해서, 자기 자신이 무엇을 원하고, 원하지 않는지를 알게 될 것이다.

- **당신과는 다른 내담자도 도울 수 있다는 점을 인식하라.** 어떤 수퍼바이지는 자신과 똑같은 경험을 한 사람만 도울 수 있다고 믿는다. 이를테면, 젊은 남자 상담사의 경우, 남편을 사별하여 인생의 의미를 잃어버린 중년 여성을 잘 상담할 수 있을지 걱정할 수 있다. 인종이 다른 내담자를 상담할 수 있을지 의심하는 여성 수퍼바이지도 있을 수 있고, 외상 경험이 없는 수퍼바이지의 경우, 삶에서 큰 고통을 겪은 내담자를 과연 공감할 수 있을지 의구심을 지닐 수도 있다. 여러모로 자신과 다른 내담자를 상담할 때, 자신의 생활 경험을 자원으로 삼는 것은 가치가 있다. 비록, 자신의 문제와 같지 않다 하더라도, 내담자의 외로움이나 거절에 대한 두려움과 같은 보편적 경험은 확인할 수 있기 때문이다. 즉 내담자와 똑같은 문제를 가지기 보다는 내담자의 세계를 이해하는 것이 중요하다.
- **기관이 당신에게 맞추기를 기대하기보다는 당신이 기관에 적응하라.** 상담 기관의 스텝과 상담 기관을 찾아오는 내담자로부터 배우려는 개방적 태도를 취하라. 상담 기관에서 동료들과 의논하고 열심히 참여함으로써 많은 것을 배울 수 있다. 기관의 방침이나 프로그램이 운영되는 방식, 인력 관리에 대해 질문한다. 어느 시점에는 당신이 프로그램의 관리 측면에 관여하게 될 수도 있다.
- **다양한 내담자 집단에 상담 기법과 중재를 적용할 때 융통성을 발휘하라.** 내담자들에게 하나의 특정 이론을 고집하려는 실수를 저질러서는 안된다. 내담자의 행동을 이해하는 데 이론을 활용하는 것이 좋다. 수퍼비전 시간에, 중재의 이론적 배경에 대해서 나누고, 개입의 목표와 원리를 명확하게 하라.
- **지역 사회의 자원과 지지 체계를 활용할 수 있는 방법을 배우라.** 지역 사회 내에서 연결망을 구축함으로써 지원 체계를 조성할 수 있다. 즉 이러한 지역사회 지지 체계는 다른 전문가와 의논하거나, 동료 학생들에게 지역 사회와 어떻게 연계하는지 묻거나, 실제로 연계망을 개발함으로써 구축될 수 있다. 이러한 연계 활동은 고용 기회의 범위를 확대시킬 수 있다.
- **자신의 훈련 한계를 인식하고, 자신의 능력 범위 안에서만 상담을 하라.** 수퍼비전을 받을 수 있는 상황에서 일하도록 하라. 교육 수준에 상관없이, 항상 더 배울 것이 있기 마련이다. 과도한 확신과 자기 의심 사이에서 적절한 균형을 유지하는 법을 배우는 것이 필요하다.

- **자신이 상담한 것에 대한 느낌이나 관찰한 것을 지속적으로 기록하라.** 일지는 내담자와 함께 어떤 작업을 했는지 뿐만 아니라, 자기 자신에게 초점을 유지할 수 있도록 하는 훌륭한 방법이다. 내담자의 문제에 대해서만 초점을 맞추기보다는 다양한 내담자들과의 관계를 통해서 자기 자신이 어떤 영향을 받는지, 그리고, 상담을 하면서 배운 것이 무엇인지에 관해서 기록하는 것이 필요하다.
- **학교에서 배운 것을 상담 실제에 적용할 수 있는 방법을 모색하라.** 이전에 이론적으로 학습한 내용은 상담 실제에 적용될 때 산지식이 된다. 현장에서 다른 사람들과 협력적으로 일하며 당신의 재능, 관심 및 아이디어를 그들과 조화시키는 방법을 찾으라.
- **자신의 기대 수준을 조정할 준비를 하라.** 당신을 잘 알기도 전에 기관 직원들이 당신에게 내담자를 배정할 거라고 기대하지 말아라. 즉 처음에는 상담사 역할을 관찰하면서 현장 일을 시작하게 될 것이다. 시간이 지나면 집단 상담을 참관하거나, 보조 리더의 역할을 하게 될 것이다. 시간이 더 지남에 따라 당신은 더 많은 책임을 갖게 될 것이다.
- **지금 배치된 장소를 나의 직장처럼 여기고 일하라.** 자신이 마치 상담 기관에 고용된 것처럼 일하는 것이 좋다. 자기 주도적으로 생각하고 행동하라. 당신의 아이디어를 제안하고 도움을 제공할 수 있는 기회를 찾아라. 무급 인턴십은 종종 유급으로 전환된다. 적어도 추천서를 받기 위해 그곳 수퍼바이저를 다시 찾게 될 수 있으므로 좋은 인상을 남겨라.
- **타인의 부정적 태도로 인해서 당신의 이상주의(idealism)가 훼손되도록 하지 말라.** 다른 사람들의 부정적인 태도에 의해 이상주의가 훼손되도록 허용하지 말라. 수퍼바이저, 동료들이 부정적인 태도를 가진 환경에 있다면, "좋은 게 좋은 거지"라는 식으로 순응할 필요가 없다는 것을 인식할 필요가 있다. 때로는 좌절감이 느껴질 때, 자신의 실망에 대해 이야기할 수 있는 안전한 장소를 찾기 바란다. 할 수 없는 일에 집중하는 대신 할 수 있는 일에 집중하는 것이 중요하다. 실습 세미나는 당신의 우려를 논의할 수 있는 이상적인 장소가 될 수 있다.
- **배움의 길은 끝이 없다는 것을 인식하라.** 상담사로서의 경력을 시작하기 전에 일정 수준의 능력을 개발해야 하지만, 그 이후로도 학습이 절대로 끝나지 않음을 인식하고 있어야 한다. 새로운 정보를 습득하고 새로운 기술을 개발하는 데 열려 있어라. 현장 실

습이나 인턴십 과정 중에는 대개 실무 훈련과 수퍼비전을 받게 된다. 동료와 수퍼바이저로부터 학습하고 그 학습을 내담자와의 작업에 적용하라.

- **상담사는 직업이 가져올 수 있는 정서적, 신체적 영향에 관해서 자각하라.** 내담자와 관여됨에 따라 당신의 미해결 과제가 수면 위로 떠오를지도 모른다. 다양한 문제를 가진 사람들과 함께 일하려면 당신에게 나타날 수 있는 개인적 문제를 다룰 준비가 되어야 한다. 당신이 어쩌면 수행과 관련된 불안이 있을지도 모른다는 점을 인식하라. 학생 또는 인턴으로서, 당신은 배우기 위해 여기에 있으며 모든 것을 알고 있어야 할 것으로 기대되지 않는다. "모르겠는데요"라고 말할 것을 두려워하지 말아라. 지도를 받기 위해 당신의 수퍼바이저와 이야기하고, 그래도 불안 수준이 변화하지 않는다면 상담을 받아라.
- **내담자와 상담을 시작하면서 나타날 수 있는 개인적 이슈를 탐색하기 위해서 개인 상담을 받을 필요가 있을 수 있음을 고려하라.** 상담을 받았던 경험은 개인적 성장의 근원이 될 뿐만 아니라 실제 자신이 상담사 역할을 하는 데도 도움이 된다. 수퍼비전을 받으면서, 수퍼비전 시간에는 다뤄질 수 없는 미해결된 개인적 이슈나 역전이 부분에 대해서 알게 될 수 있다. 이때 개인 상담은 수퍼비전의 훌륭한 보완책이 될 수 있다. 내담자가 됨으로써 당신은 자기-회의, 완벽지향성, 내담자로 인해서 촉발된 감정들, 수퍼바이지로서 느끼는 불안 혹은 다른 개인적 이슈들을 탐색할 수 있다.

상담 실습 경험을 최대화하기 위한 여러 가지 방법들이 있다. 현장의 소리에 아리조나 주의 자격증 있는 상담 심리학자인 제이미 블러드워스가 자신의 수련 경험을 돌아보며 현장에서 수퍼비전 경험을 최대한 활용하는 방법에 대한 자신의 생각을 나누었다. 제이미 블러드워스의 설명은 수퍼비전 회기 준비에서 적극적인 역할을 하는 것의 중요성을 강조한다.

### 현장의 목소리

#### 수퍼비전에서 적극적인 역할하기

Jamie Bludworth, PhD

비록 첫 번째 수퍼비전에서 겪었던 어려움들로부터 많은 것을 배울 수 있었으나, 보다 효과적으로 수퍼비전을 활용할 수 있도록 수업을 통해서 준비될 수 있었을 것이라고 생각한다. 나는 수업시간에 수퍼비전에 관해서 공부할 때, 수퍼비전은 마치 경험 많은 상담사가 내담자와 씨름 중인 수퍼바이지에게 해답과 안내를 제공하는 신비한 과정처럼 여겼다. 수퍼비전에 관해서는 일반적이고, 간단하게만 설명되었다.

나는 수퍼바이저가 맡게 되는 다양한 역할에 대해서 이해하지 못하였다. 수퍼바이지는 수퍼바이저로서 맡게 되는 다양한 역할에 대해서 인식하고 있어야 한다고 생각한다. 나의 수퍼바이저는 교사, 자문가, 상담사, 그리고 지지자로서 나와 상호 작용하는가? 수퍼바이저의 이러한 역할이 내가 내담자를 상담할 때 어느 정도 영향을 미치는가? 수퍼바이지가 수퍼바이저의 다양한 역할에 대해서 알아야만 수퍼바이저와 수퍼바이지가 협력적으로 작업할 수 있고, 결과적으로 효율적인 수퍼비전이 될 수 있다.

수퍼비전을 엉성하게 개념적으로만 이해하고 있기보다는, 직접 수퍼비전 첫 시간에 수퍼바이저가 자신의 역할에 대해서 어떻게 생각하는지를 묻는 것이 보다 유익하다는 것을 알게 되었다. 어떤 것에 초점을 두게 될 것인가? 우리는 임상적 관점에서 내담자의 이슈를 우선적으로 검토할 것인가? 또는 상담 과정이 나에게 개인적으로, 전문적으로 어떤 영향을 주는지 탐색할 것인가? 수퍼바이저는 특정 이론적 관점을 선호하는가? 수련 과정 동안 수퍼비전에서 내가 얻고 싶은 것에 대해서 수퍼비전 첫 시간뿐만 아니라 매 회기마다 계속해서 정의하는 것이 기본적으로 중요하다고 생각한다. 매 수퍼비전 시간마다 미리 준비하고, 의문이 드는 부분에 대해서 실례를 준비하고, 이러한 예와 관련된 명확한 질문을 만들어오는 것이 중요하다. 수퍼바이저가 어떤 제안이나 답변을 했을 때, 그러한 제안을 하는 이론적 설명을 요구하는 것이 유익하다는 것을 알게 되었다.

수퍼비전에 대한 준비를 하면서, 수퍼바이저와 수퍼바이지가 무엇을 해야 되는지 이해하게 된다. 수퍼비전에 관해서 준비하는 것은 수퍼비전 과정에 의미 있게 참여하도록 한다. 때때로 수퍼비전 준비를 하면서, 수퍼바이저와 수퍼바이지에게 어려운 질문을 하게 될 수도 있다.

## 요약

수퍼바이저의 역할은 교사/코치, 조언자, 멘토, 관리자, 컨설턴트, 롤 모델, 평가자, 위기 관리자, 기술 컨설턴트, 상담사, 기록과 문서 작성자, 공명판, 옹호자, 그리고 힘을 북돋우는 자이다. 이러한 역할은 특정한 맥락과 임상 환경에 따라 다양하며, 수퍼바이저는 수퍼바이지가 성장하고 학습하도록 도울 뿐만 아니라 내담자와 전문 분야의 진입 제한 문지기 역할을 함께 수행한다. 수퍼바이저는 일반적으로 수퍼바이지와 여러 가지 역할을 수행하며, 이러한 역할과 경계를 스스로 모니터링하는 것이 중요하다.

수퍼바이저는 그들의 수퍼바이지의 행동에 관해서 법적, 윤리적으로 책임을 져야 한다. 그리고, 수퍼바이저는 수퍼비전하고 있는 동안에, 수퍼바이지가 상담하고 있는 모든 사례에 대해서 잘 알고 있어야 한다. 수퍼비전을 문서로 남기는 것은 중요하다. 수퍼바이저는 자신의 전문 지식 범위 내에서 활동해야 하며, 수퍼바이지에게 적시에 피드백을 제공하고, 수퍼바이지의 행동과 결정을 모니터링한다. 또한 적법 절차와 권리에 관해 가르쳐야 하며, 그들의 상담 역량과 관련된 개인적 발달을 이끌어야 하고, 문제 해결 능력, 윤리적 행동, 다문화 능력을 모델링하고 가르쳐야 한다. 수퍼비전 계약서에 이러한 정보를 제공함으로써, 수퍼바이지가 수퍼비전 과정에 대한 현실적인 기대를 갖게 할 수 있다.

이 장에서 우리는 수퍼비전의 목표를 수립하고 이러한 목표를 성취하기 위해서, 수퍼바이저가 수퍼바이지에게 수퍼비전 과정에 관한 적절한 정보를 주는 것이 중요함을 강조했다. 수퍼비전에서 수퍼바이지와 사전 동의를 맺는 것은 상담사와 내담자 사이에서와 마찬가지로 중요하다. 수퍼바이저가 수퍼바이지에게 적극적으로 참여할 수 있도록 구체적으로 가르쳐 준다면, 수퍼바이지는 수퍼비전을 통해서 더 많은 유익을 얻을 수 있을 것이다.

## 학습 활동

**01. 다음은 3가지 종류의 수퍼비전에 관해서 기술되어 있다. 다음의 각 사례를 읽고, 질문에 답해 보시오.**

- 각각의 사례에서 강조되는 역할은 무엇인가?
- 수퍼바이저의 이러한 역할과 책임을 수행하는 데 있어서, 법적, 윤리적 결과는 무엇인가?
- 각각의 수퍼비전 스타일에 당신은 어떻게 반응하게 될 것인가? 당신에게 잘 맞는 스타일은 어느 스타일인가?
- 각 사례에서 수퍼비전 관계의 핵심 요소는 무엇인가? 수퍼비전 관계가 어떻게 수퍼비전에 도움을 주는가? 또는 어떻게 방해가 되는가?

### 사례 A

슈나이더 박사는 자격을 갖춘 임상 사회복지사로, 수퍼바이저로서 자신의 역할은 수퍼바이지에게 많은 모니터링을 제공하고, 방향을 제시하는 것이라고 믿고 있다. 그녀는 수퍼바이지들이 임상적으로 독립적인 책임을 져서는 안되며, 언제나 직접적인 수퍼비전을 받아야 된다고 생각한다. 그녀는 많은 시간과 에너지를 수퍼바이지에게 쏟았으며, 수퍼바이지들이 수퍼바이저가 이끄는 집단이나 팀 모임, 사례 회의를 관찰하도록 하였다. 그녀의 수퍼바이지들은 수퍼바이저의 수행을 관찰함으로써, 도움을 얻을 수 있었지만, 수퍼바이지 자신만의 임상적 유능성은 개발하지 못하였다. 슈나이더 박사의 수퍼비전은 수퍼비전을 시작할 당시에 비해 임상적 역량 면에서 더 유능해졌다는 느낌을 주지 못하고 있다.

### 사례 B

리는 일주일에 한 번씩 수퍼바이지를 만나며, 수퍼비전 관계에 대한 명확하게 정의된 목표가 있다. 그녀는 수퍼바이지에게 필요할 때 언제든지 연락하라고 자신의 핸드폰 전화번호를 알려 준다. 그녀는 정기적으로 수퍼바이지에게 피드백을 주며, 직접적으로 도움을 제공한다. 리는 유능한 상담사이다. 그녀는 수퍼바이지가 그들의 내담자와 어떻게 작업할지 말해 주며, 이러한 조언을 통해서, 수퍼바이지들은 아주 많은 도움을 받는다고 한다. 어떤 수퍼바이지들은 리가 좀 더 따뜻하고, 개인적인 관심을 보였으면 좋았을 것이라고 생각하지만, 대부분의 수퍼바이지들은 그녀의 수퍼비전을 통해서 많은 것을 얻었다고 보고한다.

### 사례 C

아담스는 수퍼바이지를 후배 동료처럼 여기며, 그들이 보다 독립적으로 기능할 수 있어야 한다고 믿는다. 결국, 수퍼바이지들은 이듬해에는 독립적으로 기능할 것이다. 아담스는 "죽기 아니면 살기" 식의 방법으로 학습을 했다. 수련생인 자신에게 이 방법이 효과적이었기 때문에 아담스는 이 방법을 신뢰한다. 수퍼비전 방식은 수련생이 직접 부딪쳐 보도록 허용하고 도움이 필요할 때만 수퍼바이저인 자신에게 자문을 구하도록 하는 것이다. 아담스에게 수퍼비전 받은 수련생들은 그를 매우 좋아하지만, 좀 더 구조적이고, 지시적인 수퍼비전을 원한다고 보고한다.

## 02. 다음의 질문들에 대해 생각해 보고, 소집단으로 함께 나누시오.

- 어떤 수퍼비전 역할이 가장 편하게 느껴지는가?
- 가장 꺼려지는 역할은 무엇인가?
- 어떤 역할이 가장 도전적일까? 그리고 어떤 측면에서 그렇게 생각하는가?
- 선호하는 다른 수퍼비전 스타일이 있는가? 있다면 그 스타일이 무엇인지, 왜 선호하는지 설명하시오.

# 부록 2A

## 수퍼비전 계약서

이 계약서는 교수진이 임상 및 행정적 역할을 동시에 수행하는 실습을 위한 것이다. 만약 수퍼바이저가 상담사의 자격증 취득을 위한 수퍼비전을 제공하며, 상담사가 근무하는 기관에 별도의 행정적 수퍼바이저가 존재하는 경우, 본 계약의 내용은 수퍼바이저가 근무지에서 수퍼바이지의 직접적인 상사가 되는 경우와는 다르게 구성되어야 한다.

나는 수퍼바이저로서, **(성명 기입)** ________________ 께 이 계약을 제안하며,

귀하 **(성명 기입)** ________________ 는 수퍼바이지로서 본 계약의 조건에 동의하는지 여부를 결정할 수 있습니다. 본 계약 내용을 충분히 이해하고 동의하는 경우 서명하시기 바랍니다.

**수퍼바이저의 전문적 공개**(Professional Disclosure): 자신의 전문 자격, 면허, 인증 등을 포함하되 이에 국한되지 않는 정보도 포함합니다.

________________________________________________

________________________________________________

### 수퍼바이저의 수퍼비전 모델

**예시**: 저는 발달적 수퍼비전 모델(developmental model of supervision)을 따릅니다. 초기에는 비교적 강도 높은 수퍼비전을 제공하며, 여기에는 상담 회기의 직접 관찰, 자주 부여되는 과제와 역할 연기, 보다 많은 지도 등이 포함됩니다. 이후, 귀하의 기술, 지식 및 역량이 향상됨에 따라 점진적으로 더 많은 책임을 부여하고, 수퍼비전의 강도는 낮아질 것입니다. 그러나 이는 귀하가 독립적으로 일하게 된다는 의미는 아닙니다. 우리는 항상 100%의 책임을 공유할 것이며, 다만 귀하가 전문적으로 성장함에 따라 더 많은 판단력과 자신감을 가지고 기술과 의사결정을 수행하도록 장려할 것입니다.

수퍼바이저로서 나의 약속:

- 대학 실습 요구 사항의 일환으로, 귀하가 제공하는 서비스와 관련하여 최소 주 1시간의 개별 수퍼비전을 제공합니다.
- 응급 상황 발생 시 필요한 조치를 명확하게 제시한 행동 계획을 제공합니다.
- 미국 심리학회(APA)의 **심리학자의 윤리 원칙 및 행동 강령**(2017)을 준수하며, 귀하가 윤리적 원칙과 기준을 인식하고 적용할 수 있도록 지원하겠습니다. 또한, 수퍼비전 관계 참여 여부에 영향을 미칠 수 있는 요소가 있다면 이를 공개하겠습니다.
- 수퍼비전 회기 동안, 저는 두 가지 주요 영역(귀하의 전문가로서의 개인적 성장과 상담 기술의 발전)에 집중할 것입니다. 이를 위해 다음과 같은 기술을 개발하도록 돕겠습니다: 이론의 이해 및 적용, 사례 개념화, 위기관리, 문화적 민감성 증진, 실증적으로 검증된 상담 기법의 선택 및 적용, 어려움을 겪을 수 있는 과정, 특정 유형의 내담자 또는 기술의 확인
- 귀하의 기술 수준을 초과하는 사례나 제가 충분한 역량을 갖추지 못한 사례는 담당하지 않도록 하겠습니다. 이를 위해 각 내담자의 접수 면접(intake session)을 관찰한 후, 귀하와 함께 사례를 논의하여 귀하의 기술 수준과 제 전문 분야에 적합한지 결정하겠습니다.
- 주간 비공식 피드백 외에도, 학기 중 두 차례에 걸쳐 귀하의 수행을 평가하고 서면으로 공식 피드백을 제공하겠습니다. 평가 영역에는 귀하의 전문가로서의 성장, 상담 기술, 그리고 수퍼비전 및 실습 동료들과의 상호 작용 등이 포함됩니다. 학기 중간과 학기 말 평가가 진행되며, 평가 결과를 귀하와 함께 검토한 후, 평가를 수령했음을 확인하는 서명을 요청할 것입니다.
- 평가 기준을 미리 숙지할 수 있도록, 귀하는 평가 양식의 사본을 받게 됩니다. 또한, 원본 평가서는 귀하의 학생 기록에 보관되며, 귀하의 교육에 참여하는 대학원 교수진과 논의될 것입니다. 이는 임상 심리학 교육 프로그램에서 일반적으로 이루어지는 절차입니다.

또한, 저로부터 부정적인 평가를 받을 경우, 이는 프로그램 유지(retention) 또는 퇴출(dismissal)의 전부 또는 일부 근거가 될 수 있습니다. 만약 이러한 상황이 발생하면, 평가의

사유에 따라 학기 말까지 개선 기회를 부여받거나, 실습을 재수강해야 하거나, 프로그램에서 퇴출될 수도 있습니다. 귀하가 평가 결과에 동의하지 않는 경우, 학생 핸드북에 있는 학생 심사 및 유지 정책(Student Review & Retention Policy)에 명시된 이의 제기 절차를 따를 수 있습니다.

수퍼바이지(실습생)로서 귀하에게 기대하는 사항:

- 미국 심리학회(APA)의 **심리학자의 윤리 원칙 및 행동 강령**(2017)을 숙지하고 준수해야 합니다.
- 실습 기관의 정책과 절차를 준수해야 합니다.
- 내담자의 기밀 유지(confidentiality)를 최우선으로 해야 합니다. 내담자 관련 정보와 문서는 항상 대학원 임상실/실험실 내에서 보관해야 하며, 법적 내담자 파일은 보안이 확보된 지정된 공간 외부로 반출해서는 안 됩니다. 내담자 문서 작업을 할 때는 대학원 실험실 내 보안 서버에 연결된 컴퓨터와 프린터만 사용해야 합니다. USB 드라이브에 저장된 영상 자료는 외부로 반출할 수 없으며, USB는 보안 암호화되어야 합니다. 내담자 정보는 반드시 해당 드라이브에서만 관리되어야 합니다.
- 각 수퍼비전 회기에 시간을 엄수하여 참석하고 철저히 준비해야 합니다. 준비의 의미는 사례 파일을 제공하고, 완성된 상담 회기 보고서(progress notes) 및 양식을 검토용으로 제출하는 것(가능하면 수퍼비전 회기 전)입니다. 또한, 수퍼바이저의 서명이 필요한 서류 및 해당 주의 상담 회기 영상 자료를 제출해야 합니다. 아울러, 상담 회기 영상에서 특히 우려되는 부분을 표시하여 논의할 준비가 되어 있어야 합니다.
- 각 내담자와 상담을 시작할 때, 먼저 사전 동의서(informed consent form)를 제공하고, 내용을 소리 내어 읽고, 모든 구성 요소를 명확히 설명해야 합니다. 특히, 기밀 유지의 한계(limits of confidentiality)를 강조해야 합니다. 이 과정에서 귀하가 수련생(student-in-training) 신분이며, 저의 수퍼비전을 받고 있음을 반드시 알리고, 수퍼바이저인 제가 종종 편광 거울(one-way mirror) 또는 영상 자료를 통해 세션을 관찰할 것이라는 점을 설명해야 합니다. 또한, 동료 대학원생 및 교수진이 또래 관찰 및 그룹 수퍼비전의 일환으로 귀하의 상담을 관찰할 가능성이 있음을 안내해야 합니다. 내담자에게 제 이름과 대학 내 전화번호를 제공해야 합니다. 이 초기 회기의 영상 자료를 제출해야 하며, 귀하

의 회기 보고서(progress notes)에 다음 내용이 반드시 포함되어야 합니다: 내담자에게 사전 동의서, 기밀 유지의 한계, 수련생 신분에 대해 설명한 내용, 내담자가 이를 이해했다는 반응 및 확인

- 귀하는 내담자와 건강한 경계(boundaries)를 유지해야 합니다. 내담자와의 성적 접촉은 **절대 금지**됩니다. 그러나, 내담자와 상담사 간에 성적 끌림(sexual attraction)을 경험하는 것은 드문 일이 아닙니다. 따라서, 만약 귀하와 내담자 간에 이러한 감정이 발생할 경우, 반드시 저에게 알려야 합니다. 이를 통해 상황을 적절히 논의하고, 필요할 경우 최선의 대응 방안을 마련할 것입니다.
- 귀하와 저는 내담자의 복지에 대해 100% 공동 책임을 집니다. 따라서, 내담자와 관련된 모든 문제를 **즉시** 보고해야 합니다. 여기에는 다음과 같은 사례가 포함되나 이에 국한되지 않습니다: 아동, 노인, 또는 보호 의존자의 학대(suspected abuse) 의심; 가정 폭력(domestic violence); 자신 또는 타인에 대한 위해(danger to self or others) 보고; 비전통적 치료법(nontraditional treatment methods) 사용

| ______________________ | ______________ |
|---|---|
| **수퍼바이지 서명** | **날짜** |
| ______________________ | ______________ |
| **수퍼바이저 서명** | **날짜** |

출처: 노스웨스턴 대학 심리학과의 신시타 린지와 패트리스 몰튼이 제작(2020)한 양식에서 수정 발췌. 게재 허락 받음.

chapter

# 03

# 수퍼비전 관계

chapter 03

# 수퍼비전 관계

### 핵심 질문

1 수퍼바이지로서, 어떤 종류의 관계를 수퍼바이저와 맺고 싶은가? 수퍼바이저로서, 어떻게 신뢰와 존중이 기반이 되는 관계를 발전시킬 것인가?

2 친밀한 대인 관계와 효과적인 수퍼비전 사이에는 어떤 연결점이 있는가?

3 수퍼바이지로서, 수퍼비전 회기에서 우려를 표현하는 데 주저했던 경험이 있다면 어떤 것이었는가? 수퍼바이저로서 그 경험에서 무엇을 배울 수 있고, 수퍼바이지들이 주저하지 않고 개방적으로 표현할 수 있도록 돕기 위해 그 배움을 어떻게 적용할 수 있을까?

4 수퍼바이저와 심각한 갈등을 겪은 적이 있는가? 어떤 조치를 취했으며, 수퍼바이저는 어떻게 반응했는가? 수퍼바이저로서 수퍼바이지와의 갈등을 어떻게 해결하고 싶은가?

5 수퍼바이지가 내담자와의 작업에서 실패했다고 판단할 수 있는 상황은 어떤 상황인가? 수퍼바이지가 상담에서 실패를 경험했다면, 수퍼비전에서 이를 어떻게 도울 수 있을 것인가?

다른 사람들과 진정성 있고 의미 있는 방식으로 연결되는 것은 효과적인 상담의 핵심이며, 수퍼비전 관계는 수퍼바이지들이 내담자와 맺는 관계의 모델 역할을 할 수 있다. 수퍼바이저가 수행하는 특정 역할과 기능에 관계없이, 수퍼바이저와 수퍼바이지 간에 형성되는 관계는 수퍼바이지의 성공에 중요한 요소이다.

본 장에서는 수퍼비전 관계의 여러 측면을 살펴볼 것이다. 상담 수퍼비전에 관한 문헌 전반에 걸쳐 수퍼비전 관계의 중요성이 강조되고 있다(Norcross & Wampold, 2019). 수퍼비전 관계의 효과성은 수퍼바이지의 성장과 발전에 중요한 요소이다(Borders et al., 2014). 수퍼비전에서 개인적 및 대인적 문제에는 수퍼비전 관계에서의 권력과 권위, 가치관의 역할, 신뢰 문제, 그리고 둘 사이의 갈등이 포함된다(ACES, 2011). 또한, 수퍼바이저가 수퍼바이지가 직면하는 다양한 도전 과제에 효과적으로 대처할 수 있도록 돕는 방법, 예를 들어, 의심과 두려움을 다루고, 언제 내담자에게 자기를 개방하는 것이 적절한 시점인지 결정하며, 개인적 필요를 인식하고, 역전이를 관리하며, 다양한 내담자의 가치 체계를 이해하는 방법 등을 탐구할 것이다. 수퍼바이저들이 직면한 도전 과제들 역시 검토할 것이다. 여기에는 수퍼바이지가 자신의 불안을 다루도록 돕고, 수퍼바이지가 내담자와 작업에서 실패를 경험했을 때 그 의미를 이해할 수 있도록 돕는 것이 포함된다.

다양한 연구들이 내담자-상담사 관계의 질이 상담 성과를 결정하는 데 있어 크고 일관된 기여를 한다는 것을 보여 주고 있다. 상담 관계의 질은 특정 상담 방법보다 상담 성과에 더 큰 영향을 미친다(Norcross & Lambert, 2019; Norcross & Wampold, 2019). 이와 마찬가지로, 수퍼비전 과정의 성공적인 성과를 위해서도 수퍼비전 관계의 질은 핵심 요소이다.

## 수퍼비전에서 나타나는 개인적 및 대인적 문제들

많은 선행 연구들은 수퍼비전 관계와 수퍼비전 과정을 분석하였다. 실질적인 지식과 경험적 자료에 기반하여, Holloway(1999)는 수퍼비전 관계의 세 가지 필수 요소를 다음과 같이 제시하였다. (a) 관계의 대인적 구조, 여기에는 힘과 관여의 차원이 포함됨. (b) 관계의 단계들, 그리고 (c) 수퍼비전의 과업과 기능에 대한 기대를 설정하는 수퍼비전 계약.

Holloway(1995)는 수퍼비전 관계를 맥락적 관점에서 바라보고, 수퍼비전 과업을 세 가지 구체적인 단계로 나누었다. 관계의 **초기 단계**에서는 관계의 성격을 명확히 하고, 수퍼비전에서 협력적이고 효과적으로 일할 수 있는 방법을 개발하며, 수퍼비전 계약을 설계하고, 지지적인 교육 개입을 선택하고, 역량을 개발하고, 상담 계획을 설계한다. **성숙한 단계**에서는 관계의 개별적 성격을 강화하고, 사회적 유대감을 촉진하는 데 중점을 둔다. 수퍼바이저와 수퍼바이지의 역할이 덜 구분 되면서, 수퍼바이지들은 사례 개념화 기술을 개발하고, 자신감을 높이며, 전문적 수행과 관련된 개인적 문제를 탐구하려는 의지를 갖게 된다. **종결 단계**에서는 보다 협력적 작업 구조가 나타난다. 이 단계에서는 수퍼바이지들이 이론과 실제의 연결을 더욱 깊이 이해하게 되며, 수퍼바이저의 지도가 덜 필요하게 된다. 이 단계는 종합 평가 과정 시기로 여기에는 종결의 의미, 그와 관련된 감정 및 생각을 논의하는 것이 포함되며, 향후 전문성 개발 및 목표에 대해 논의하는 시간도 할당된다.

이 절에서는 수퍼비전 관계의 요소와 그것이 수퍼비전 과정의 결과에 미치는 중요성에 대해 다루게 된다.

### 수퍼바이저–수퍼바이지 관계

수퍼비전 과정에서 가장 중요한 요소 중 하나는 수퍼바이저의 인간적 특성과 수퍼바이지와 좋은 유대를 유지하고 발전시키는 능력이다. 수퍼바이저-수퍼바이지 관계의 질이 핵심이며, 기술과 방법은 부차적이다. 수퍼바이저가 사용하는 방법과 기술은 수퍼바이지와 효과적이고 협력적인 작업 관계가 형성된 경우 더 도움이 될 가능성이 크다. Norcross와 Popple(2017)은 "수퍼비전은 관계 내에서, 관계에 의해, 그리고 관계를 통해 이루어진다; 지도와 방법은 여정을 촉진할 수 있지만, 궁극적으로 성공은 수퍼비전 동맹에 크게 의존한다"라고 하였다(p. 48). 상담과 수퍼비전에서 최상의 결과를 얻으려면, 실무자들은 증거 기반의 관계와 증거 기반의 상담을 동시에 구현해야 한다(Norcross & Wampold, 2019). 관계를 포함하지 않고 증거 기반의 상담을 구현하려는 노력은 불완전한 것이고, 잘못되어질 수 있다(Norcross & Lambert, 2019). 수퍼바이저-수퍼바이지 관계의 필수 요소에는 신뢰와 안전한 환경 구축, 자기 개방 장려, 전이 및 역전이의 식별, 다양성 문제의 검토, 적절한 경계 설정이 포함된다 (ACES, 2011).

### 신뢰

신뢰를 가장 잘 정의한다면, 특정한 예측 가능성을 가지고 다른 사람에게 의지할 수 있는 능력이다. 일상적인 관계에서는 신뢰가 발전하는 데 시간이 걸린다. 사람들은 상대방이 어떻게 행동하고 반응할지 신뢰할 수 있다는 것을 배워야 한다. 수퍼비전 관계에서 신뢰는 필수적이며, 수퍼바이저와 수퍼바이지가 서로에게 솔직해질 수 있어야 한다. 수퍼바이저는 수퍼바이지와 함께 신뢰할 수 있는 수퍼비전 관계를 구축하기 위해 무엇을 할 수 있을지 논의하는 것이 좋다. 수퍼바이저는 수퍼바이지가 수퍼비전 회기 동안 신뢰에 대한 불안감을 자유롭게 표현하도록 격려할 수 있어야 한다. 물론, 수퍼바이지가 신뢰에 대한 불안을 털어놓을 때 수퍼바이저가 어떻게 반응하는지는 이후 수퍼바이지가 그러한 논의를 얼마나 개방적으로 할 수 있을지에 크게 영향을 미칠 수 있다. 수퍼바이저가 평가적이거나 방어적인 태도를 보이면 수퍼바이지는 조심스러운 태도를 취하게 될 것이다.

## 자기 개방

자기 개방은 수퍼바이저와 수퍼바이지 모두가 수퍼비전 관계에서 발생할 수 있는 모든 문제를 개방적으로 논의할 수 있다는 의지를 나타낸다. 수퍼바이저가 개인적인 문제나 경험을 공유할 때는 수퍼바이지에게 해당 주제와 관련하여 유익한 정보를 제공할 수 있을 때만 이루어져야 한다. 수퍼비전 회기가 수퍼바이저의 개인적인 문제를 해결하거나 직무에 대한 불만을 토로하는 자리가 되어서는 안 된다. 수퍼바이저가 자기 개방을 할 때는 그 초점이 수퍼바이지에게 맞춰져야 한다(Hill et al., 2019). 일반적으로 수퍼바이지가 자신의 생각, 두려움, 희망, 기대를 솔직하게 털어놓을 수록 수퍼비전 회기는 더 가치 있는 시간이 된다. 이러한 개방성은 신뢰를 바탕으로 한다. Hutman과 Ellis (2019)는 "수퍼바이저는 수퍼바이지가 수퍼비전에서 정확하고 완전하게 정보를 얼마나 기꺼이 공개할 것인지에 의지하게 된다. 대부분의 수퍼비전 모델은 수퍼바이지가 자신, 내담자, 상담, 그리고 수퍼비전에 관한 정보를 기꺼이 공개한다는 가정을 암묵적으로 하고 있다" (p. 1)고 하였다. 그들은 이러한 것이 항상 가능한 것은 아니기에 수퍼바이지가 수퍼바이저에게 정보를 숨기는 이유를 더 잘 이해하기 위해 연구를 진행하였다. 연구 결과, 수퍼비전 작업 동맹이 수퍼바이지의 비공개 행동을 예측하는 주요 요소로 나타났는데, 그들은 "수퍼바이저가 수퍼비전에서 문화적 민감성을 보이지 않을 때, 수퍼바이지는 자신과 자신의 내담자를 보호하기 위해 정보를 숨기게 된다" (p. 6)고 밝혔다.

수퍼바이저의 자기 개방은 능숙하고, 신중하며 의도적이고 시기 적절하며 적절하게 이루어질 때 수퍼바이지에게 유익할 수 있다. 수퍼바이저의 적절하고 타이밍 맞는 자기 개방은 수퍼바이지의 자기 개방을 유도할 수 있으며, 특히 수퍼바이저가 상담사로서 자신의 어려움을 공유할 때 큰 도움이 될 수 있다. 수퍼비전 관계에서 가장 중요한 자기 개방 중 하나는 수퍼바이저가 자신과 수퍼바이지 간의 관계의 질에 대해 논의를 시작하는 것이다. 즉시성(immediacy)은 수퍼바이저-수퍼바이지 관계에서도 상담사-내담자 관계에서와 마찬가지로 중요한 요소이다. 즉시성이란 상담 및 수퍼비전 관계에서 일어나고 있는 일에 대해 이야기하는 것을 말한다. 수퍼바이저가 수퍼바이지에게 수퍼비전 경험에 대한 반응을 공개적으로 표현하기를 기대한다면, 솔직한 수퍼바이지 개방을 장려하는 안전한 분위기를 조성하고, 수퍼바이지에게 도움이 되는 자기 개방을 모델링할 수 있도록 하는 것이 중요하다. Hutman과 Ellis(2019)는 "지지적인 수퍼비전 동맹이란 수퍼바이저와 수퍼바이지들이

(a) 관계, (b) 수퍼비전에서 권력 차이, (c) 수퍼바이저와 수퍼비전에 대한 반응, (d) 수퍼바이저와 수퍼바이지, 그리고 내담자의 다양한 교차 정체성에 대해 개방적으로 논의할 수 있는 환경을 조성하는 것을 의미한다" (p. 6)고 하였다. 수퍼바이저가 이러한 문제들을 논의에 포함시키면 투명한 분위기가 조성되며, 이는 다양한 배경을 지닌 수퍼바이지들이 수퍼비전 회기에서 자신을 드러낼 가능성을 높일 수 있다. 따라서 관계 역학에 더 큰 관심을 기울이는 것이 수퍼비전 과정에서 중요하다.

Hill, Knox, 및 Pinto-Coelho(2019)는 상담 결과에 있어 상담사의 자기 개방이 미치는 영향을 이해하기 위해 경험적 연구들에 대한 질적 메타 분석을 수행하였다. 비록 그들의 연구가 심리 상담에 초점을 맞추고 있지만, 우리는 이 연구가 수퍼바이저와 수퍼바이지 모두에게 중요한 의미를 가진다고 생각한다. Hill과 연구진은 상담사 자기 개방에 대해 다음과 같은 실천적 권장 사항을 제시하였다. 이중 많은 부분이 수퍼비전 관계에서 자기 개방에도 적용될 수 있다.

- 상담사(수퍼바이저)의 자기 개방은 신중하고, 기술적으로 숙련되어야 한다.
- 개방은 내담자(수퍼바이지) 중심이어야 한다.
- 개방이 내담자 또는 수퍼바이지에게 미치는 영향을 평가하는 것이 중요하다.
- 자기 개방 시 치료적(수퍼비전) 관계의 질을 고려해야 한다.
- 개방은 신중하게 사용되어야 하며, 간결하게 하고 세부 사항은 최소화해야 한다.
- 개방은 내담자(수퍼바이지)의 경험과 연관된 것이어야 한다.
- 상담사와 내담자(수퍼바이저와 수퍼바이지) 간의 유사점에 초점을 맞춰야 한다.
- 개방 후에는 다시 초점을 내담자(수퍼바이지)에게 돌려야 한다.

다년간의 경험을 바탕으로 Hill과 연구진은 자기 개방과 즉시성(immediacy)이 초심 상담사들이 효과적으로 사용하기에는 가장 어려운 기술 중 하나라고 밝혔다. 그들에 따르면 초심 상담사들은 내담자에게 적절한 자기 개방의 경계 설정이나 즉각적인 관계 문제를 논의하는 적절한 시점을 결정하는 데 어려움을 겪는다. 그들은 수퍼바이지들이 내담자에게 자기 개방하는 것에 대해 우려하는 구체적인 상황을 수퍼비전에 가져옴으로써 이러한 기술을 배울 수 있다고 제안하였다. 역할 연기와 의도적인 연습(deliberate practice)은 이러한 개방 기술을 습득하고 연마하는 데 유용한 방법이다. 수퍼바이저의 피드백에 기반한 자기 개방과 즉시성 기술 연습은 수퍼바이지들에게 효과적인 개입 모델을 제공한다. Clevinger,

Albert, 및 Ralche(2019)는 이후 연구에서 수퍼바이저의 자기 개방이 수퍼바이지의 성장에 어떠한 미치는지에 대해 탐색할 것을 권장하였다. 그들은 수퍼바이저 자기 개방 훈련이 보다 손쉽게 이루어져야 하며 기존의 수퍼비전 훈련에 통합되어야 한다고 제안하였다.

여기서는 Michelle Muratori와 Patrice Moulton이 자기 개방을 사용하여 신뢰 관계를 구축하고 수퍼바이지가 경험하는 불안을 완화하는 데 대한 자신들의 견해와 경험을 공유하는 것을 소개한다.

### Michelle Muratori의 개인적 관점

저는 수련과정에서 제가 지녔던 몇 가지 우려를 공유함으로써 수퍼바이지들의 불안이 정상적이라는 것을 보여 주려고 노력합니다. 적절하다면, 제가 초보 상담사로서 저지른 실수, 그리고 그것을 어떻게 상담을 진전시키는 기회로 활용했는지에 대해서도 이야기합니다. 예를 들어, 저는 불안해하는 내담자가 한 주 동안 겪은 이상한 경험을 말했을 때 웃음을 참지 못했던 일화를 수퍼바이지들에게 이야기한 적이 있습니다. 이 경험을 통해 저는 수퍼바이지들에게 제가 내담자를 매우 좋아했고, 우리 사이에 좋은 라포와 신뢰가 형성되어 있었기 때문에 그 사건을 생산적으로 다룰 수 있었음을 설명하는 것이 중요하다고 느꼈습니다. 처음 상담을 시작하는 학생들은 종종 실수를 저지를 수 있다는 생각에 압도감을 느낍니다. 이들은 완벽한 존재가 아니라 실수를 통해 성장하고 배우는 인간이라는 이야기를 들을 때 위안을 느끼는 것 같습니다. 제가 수업이나 수퍼비전 중에, 어떤 말을 잘못 전달하거나 수업 중 발생한 일에 대해 강하게 반응한 경우에는 투명성과 적절한 자기 개방을 모델링의 기회로 삼고, 방어적인 태도는 피하려고 합니다. 이를 통해 저는 수퍼바이지들과 신뢰 관계를 구축할 수 있었습니다.

### Patrice Moulton의 개인적 관점

저는 수퍼바이지들에게 제가 상담을 처음 시작했을 때 경험을 자주 공유합니다. 상담사로 성장하는 과정에서 성공, 놀라움, 웃음, 그리고 물론 실패를 경험했던 일화들을 이야기합니다. 처음 수퍼비전을 받으며 50분 회기를 진행하는 동안 일방 거울과 “귀에 수신기를 착용하는(bug-in-the-ear)” 기술을 사용했던 기억이 납니다. 당시 저는 설렘과 긴장감에 사로잡혀 있었고, 속이 울렁거리며 이 모든 상황이 약간 비현실적으로 느껴졌습니다. 접수 회기를 시작한 지 15분 만에 저는 수퍼바이저의 목소리에 적응하게 되었고, 그가 필요할 때

곁에 있다는 사실이 위안이 되었습니다. 저는 이러한 초심 시절의 경험을 수퍼바이지들과 나눔으로써, 그들이 훈련을 받으며 처음 내담자를 만날 때 모든 질문에 대한 답을 알고 있을 필요는 없다는 것을 알려 주려고 합니다. 저는 오히려 그들이 자신들의 성과에 대해 불안감을 느끼지 않으면 더 염려된다고 알려 줍니다. 수퍼바이지들이 제가 그들과 그들의 성장을 진심으로 생각하고 있다는 것을 신뢰하고, 제가 제공하는 건설적인 피드백을 기꺼이 듣고 받아들이기를 바랍니다.

### 현장의 목소리

#### 수퍼바이지에 대한 존중을 담은 개입

*Staci Maddox, MS*

내가 상담 수련을 하는 동안 상담 실습에 어려움을 겪고 있다는 것이 나와 내 수퍼바이저에게 분명히 보였다. 수퍼바이저는 내 어려움에 대해 물었고, 나는 내담자가 나와 닮았다고 솔직히 말했다. 그렇지만 나는 그 문제를 해결하기 위해 스스로 노력해 왔다고도 수퍼바이저에게 말했다. 하지만 학기 중 스트레스가 점점 커지면서, 정신 상태를 안전하게 유지하기 위해 애쓰다 보니 내가 원하는 것보다 더 많은 에너지를 쓰고 있다는 것을 깨달았다.

나는 미국 남부의 작은 마을 출신으로, 정신 건강 문제의 중요성이 과소평가되거나 오히려 낙인 찍히기 쉬운 환경에서 자랐다. 그래서 나는 많은 것들이 불안했다. 누구에게 이야기할 수 있을까? 부모님의 보험을 사용하고 있는데, 그들이 이 사실을 승인하지 않으면 어떡하지? 심리학 석사 과정에 있는 사람이 정신적 도움을 필요로 하는 것이 이상하게 보이지 않을까? 만약 상담사를 찾는다면, 결국 내가 수업에서 배운 것과 같은 이야기만 듣게 되는 것은 아닐까? 그렇다면 굳이 그럴 필요가 있을까?

나는 수퍼바이저에게 내 상황에 대한 의견과 앞으로 나아갈 방법에 대한 조언을 요청했다. 수업이 시작되면서부터 수퍼바이저는 "빈 그릇으로 누군가를 도울 수는 없다"고 말했는데, 이 말이 내가 그녀에게 조언을 구하기로 한 큰 계기였다. 나는 모든 상담 대학원 학생들에게 그들의 정신 건강이 내담자의 정신 건강만큼이나 중요하다는 점을 강조하는 것이 중요하다고 생각한다. 이는 수퍼바이저가 수퍼바이지에게 보여야 하는 관심과 배려뿐만 아니라 전문적 책임감과도 연결된다.

수퍼바이저로서, 수퍼바이지는 자신의 내담자가 아니며 수퍼바이지들에 대해 권력을 가진 위치에 있다는 것을 기억하는 것이 중요하다. 아무리 좋은 의도를 가지고 있더라도, 수퍼바이저의 관심 어린 질문은 학생이 취약한 상태일 때 설교나 꾸짖음처럼 느껴질 수 있다. 다행히 나의 수퍼바이저는 대화를 나눌 때 내 마음을 편하게 해 주었다. 내가 나의 상황과 진단적 가정에 대해 설명했을 때, 그녀는 나에게 "정말 확신하나요?"라거나 "왜 그렇게 생각하죠?"라고 묻지 않았다. 대신, 그녀는 내가 자신에 대해 성찰하는 과정에서 DSM-5 기준을 고려했는지 간단히 물었고, 그 내용을 그녀와 편하게 논의할 수 있다고 나를 안심시켰다. 이를 통해 나는 그녀가 나의 정신 건강을 전문적 성과 만큼이나 중요하게 생각한다는 것을 확신하게 되었다. 내 취약한 상태에도 불구하고, 그녀는 나의 심리학적 경험과 교육을 인정하고 존중했으며, 나의 강점을 평가절하하지 않으면서 나에게 도움을 받도록 격려해 주었다.

### 전이와 역전이

**전이**는 정신 역동 용어로, 내담자가 과거 중요한 타인과의 반응에서 비롯된 긍정적, 부정적 감정과 환상을 상담사에게 무의식적으로 옮기는 것을 의미한다(Corey, 2019). 수퍼비전 관계에서도 수퍼바이지는 이러한 감정과 환상을 수퍼바이저에게 투사할 수 있다. 수퍼바이지가 수퍼바이저로부터 받는 지지와 자신의 불안감 때문에 수퍼바이저를 이상화하는 경우가 드물지 않다. 그러나 수퍼바이지가 해결되지 않은 권위 문제를 가지고 있을 경우, 이는 수퍼비전 관계에서 저항의 형태로 나타날 수 있다. 이럴 때 수퍼바이저의 역할은 이러한 전이 반응을 인식하고, 수퍼바이지가 자신의 능력과 문제 해결 능력을 발전시킬 수 있도록 돕는 것이다. 수퍼바이지의 전이 문제에 대해 강압적으로 접근하는 것은 바람직하지 않다.

신뢰할 수 있는 분위기와 수퍼바이저의 격려는 수퍼바이지가 수퍼비전 회기 중 개방적으로 자신의 반응을 논의하는 데 도움이 된다. 예를 들어, 수퍼바이지가 수퍼바이저에게 잘 보이고 싶어하는 마음 때문에 불안해할 수 있으며, 이로 인해 수퍼비전 회기에서 할 말을 조심스럽게 모니터링하고 속으로 연습할 수 있다. 이렇게 잘 보이고 싶어 하는 수퍼바이지의 긍정적인 평가 욕구를 수퍼바이저에게 털어놓을 수 있다면, 이는 수퍼바이저 앞에서 보다 진솔해질 수 있는 중요한 단계라고 할 수 있다.

**역전이**는 상담사가 내담자에게 느끼는 반응으로, 이러한 반응이 객관성을 해칠 수 있는 경우를 의미한다(Corey, 2019). 일부 정신건강 전문가들은 이 개념을 상담사의 해결되지 않은 개인적 문제에서 비롯된 반응으로 한정짓기도 한다(Hayes et al., 2019). 수퍼바이저에게서도 역전이가 발생할 수 있다. 해결되지 않은 개인적인 문제나 이미 해결된 문제라도 수퍼바이지와의 상호 작용에서 그것이 다시 촉발될 수 있기 때문이다. 따라서 수퍼바이저는 이러한 역전이 반응을 인식하고, 수퍼비전 관계에 어떤 영향을 미치는지 이해하는 것이 중요하다. 윤리적으로, 수퍼바이저는 자신의 역전이 반응을 인식하고, 자신의 수퍼비전이나 상담, 개인 상담을 통해 이를 다루어야 하며, 수퍼바이지에게 부정적인 영향을 미치지 않도록 보호할 책임이 있다. 역전이 반응에 대한 자기 인식을 통해, 유능한 수퍼바이저는 자신의 감정이 수퍼바이지와 상호 작용에 영향을 미치지 않도록 할 수 있다.

역전이 반응의 예로는 해결되지 않은 개인적 문제로 인한 죄책감이나 불안감, 수퍼바이지와 교착 상태로 인한 좌절감, 그리고 수퍼바이지에 대한 조급함 등이 있다. 또한 수퍼바이지를 도와주고 구원해 주고 싶은 강한 욕구나 수퍼바이지를 싫어하는 감정도 흔한 역전이 반응이다. 가장 중요한 것은 상담사와 수퍼바이저가 이러한 역전이를 관리하는 방법을 배우는 것이다. 이는 자신의 심리적 건강, 내담자와 수퍼바이지에 대한 반응, 수퍼비전에 대한 현재의 동기, 그리고 수퍼비전 활동이 자신의 삶에 미치는 영향을 깊이 들여다보려는 노력과 헌신을 필요로 한다(Hayes et al., 2019).

수퍼바이저가 이러한 역전이 반응을 논의할 필요가 있을 때, 먼저 수퍼바이지가 아닌 동료와 의논하는 것이 권장된다. 내담자가 상담사의 역전이에 대한 설명을 듣고 놀랄 수 있는 것처럼, 수퍼바이지도 수퍼바이저의 역전이에 대한 직접적인 논의에 부담을 느낄 수 있기 때문이다. 수퍼바이지는 유능한 상담사로 성장하는 과정에서 이미 많은 것을 다루어야 하므로, 수퍼바이저는 이와 같은 부담을 줄여 주어야 한다. 그러나 동료와 논의한 후에는 수퍼바이지와 일부 내용을 공유하고 탐색하는 것이 적절하고 유용할 수도 있다. 전이와 역전이 반응을 수퍼바이지에게 직접적으로 다룰지 여부를 결정하는 데 수퍼바이지의 발달 단계가 중요하게 고려되어야 한다.

### 다양성 문제

수퍼바이저와 수퍼바이지 사이의 차이점에 대한 논의는 수퍼비전 회기에 포함되어야 한다. 대부분의 윤리 규정은 수퍼바이저가 연령, 성별, 인종, 민족, 문화, 영적 가치, 성적 지향, 장애와 관련된 개인차에 대한 지식을 갖추도록 요구하고 있다. 또한, 수퍼바이저는 이러한 맥락적 요소들이 수퍼비전 관계에 어떻게 영향을 미치는지 이해해야 한다. 다문화 수퍼비전에 대한 연구자들은 수퍼바이저가 수퍼비전 관계 전반에 걸쳐 문화적 변수를 수퍼비전 대화에 도입할 책임이 있음을 강조하고 있다.

다문화 및 다양성 역량은 상담 수퍼비전에서 윤리적 필수 사항이다. 개인적 혹은 맥락적 차이는 전문적인 실무 전반에 걸쳐 다뤄져야 한다(Falender & Shafranske, 2017). 다양성 역량은 수퍼비전에서 필수적이고 기본적인 요소로, 관련 지식, 기술, 가치와 태도를 포함한다(APA, 2015). 수퍼바이저는 수퍼비전 계약에 문화적 및 사회 옹호 역량을 포함하고, 수퍼비전 과정 전반에 걸쳐 이러한 주제를 의도적으로 다루어야 한다. 모든 수퍼비전은 다문화 수퍼비전이라는 점을 인식하고, 다문화, 다양성 및 사회 옹호적 고려 사항을 수퍼비전 접근에 통합해야 한다(ACES, 2011).

수퍼바이저는 수퍼비전을 통해 수퍼바이지가 상담 관계에서 다양성이 차지하는 역할을 존중하도록 가르칠 수 있다. 이를 위해 수퍼비전 과정에서 인종, 민족, 사회 경제적 지위, 성적 지향, 종교, 영성, 성별, 연령 등을 논의하는 다문화적 경험을 제공해야 한다. 수퍼비전 관계에는 권력 역학이 내재되어 있기 때문에, 수퍼바이저가 다양성 문제에 대한 논의를 촉진하는 주체로서 역할을 수행하는 것이 중요하다. 수퍼바이저가 내담자들의 유사점만을 강조하고 인종적, 문화적 차이를 최소화할 경우가 종종 있다. 수퍼바이지가 내담자가 속한 문화적 맥락을 이해하지 못한다면, 내담자와 효과적으로 일할 수 없다. 수퍼바이저가 이러한 요소들을 적시에 다루지 않으면, 이는 수퍼바이지의 신뢰 수준을 약화시킬 수 있다.

수퍼바이저는 수퍼비전 관계에서 솔직함을 촉진하는 개방적인 분위기를 조성하기 위해 많은 노력을 기울일 수 있다. 수퍼바이저는 수퍼바이지와 차이점에 대해 호기심을 가지고 배우려는 자세를 보여야 한다. 이를 위해 수퍼바이저는 특정 다문화 역량을 갖추어야 한다. 수퍼비전 관계의 특정한 다양성 측면에 관계없이, 관계에 영향을 미치는 모든 요소는 논의의 주제가 되어야 한다. 다문화 및 사회 옹호 역량에 대한 내용은 6장에서 더 자세히 다루게 될 것이다.

### 적절한 경계 설정

수퍼비전 관계에서 동료애를 즐기고 수퍼바이지와 친밀해지며, 수퍼바이지가 전문적으로 성장함에 따라 회기 외에서도 관계를 확장하는 일은 드물지 않다. 관계를 확장하면서도 윤리적이고 전문적인 경계를 유지할 수 있는 범위는 어디까지일까? 수퍼바이저는 수퍼비전 관계의 경계를 확장할 때 그 영향에 대해 깊이 생각해야 한다. 수퍼바이저는 관계의 한계를 명확히 설정할 책임이 있으며, 경계가 흐려지거나 경계를 확장하는 것이 수퍼비전 업무에 부정적인 영향을 미친다고 판단되면 이에 대해 조치를 취해야 한다. 수퍼바이저는 수퍼비전 관계의 경계를 정의하고, 수퍼바이지에게 부정적인 영향을 미칠 가능성이 있는 다중 역할이나 관계를 피해야 할 책임이 있다(ACES, 2011).

경계를 넘거나 확장될 때, 그에 대한 합당한 이유가 있어야 한다. 그러나 **경계 넘기**와 **경계 위반** 사이에는 중요한 차이가 있으며, 후자는 법적 또는 윤리적 기준을 심각하게 위반하는 것이다. 경계를 넘어야 하는 경우, 수퍼바이지에게 거의 해를 끼치지 않아야 하며, 오히려 수퍼바이지나 수퍼비전 관계에 이익을 줄 가능성이 있어야 한다. 예를 들어, 낸시가 수퍼바이지인 쉘리를 PTSD 관련 학회에 초대하는 상황을 가정해 보자. 이 경우 쉘리는 학회에서 전문적인 활동 뿐만 아니라 수퍼바이저와 함께하는 사회적 활동에도 참여할 수 있을 것이다. 그들은 함께 저녁을 먹거나 리셉션에 참석할 수 있으며, 낸시는 쉘리를 비공식적인 자리에서 다른 전문가와 동료에게 소개할 수도 있다. 이러한 상황에서 경계를 확장하는 것은 쉘리의 전문적 정체성과 직업적 소속감을 증진하는 데 긍정적인 영향을 미칠 수 있을 것이다. 경계 관리에 관한 주제는 7장에서 더 자세히 다루게 될 것이다.

### 윤리적 실천

효과적이고 윤리적인 수퍼바이저는 지지적이고 비판적이지 않은 환경에서 수퍼바이지에게 건설적인 피드백을 제공한다. 그들은 피드백에 윤리적 논의를 포함하고, 상담 수퍼비전에 대해 잘 교육받고, 지식과 기술을 갖춘 전문가이다. 수퍼바이저는 자신의 역량에 해당하는 영역 안에서만 수퍼비전을 진행하며, 필요한 경우 수퍼비전의 일부를 위임하여 수퍼바이지가 최상의 수퍼비전을 받을 수 있도록 해야 한다.

### 권력과 권위

수퍼비전 관계는 본질적으로 권력 차이를 포함하고 있으며, 수퍼바이저는 이 관계에서 권위적인 인물로 자리한다. 수퍼바이저는 수퍼비전 관계에 내재된 권력 차이를 인식하고 이를 수퍼바이지와 논의하게 된다(ACES, 2011). 인간 중심적 및 페미니스트 수퍼비전 모델은 수퍼바이저가 권력 차이를 줄이고 협력적인 관계를 구축하려고 노력한다는 가정에 기반하지만, 여전히 권력의 차이는 존재한다. 수퍼바이저는 수퍼바이지의 업무를 지속적으로 평가하고, 그 평가 정보를 면허 기관, 잠재적 고용주, 그리고 기타 요청자에게 수퍼비전 관계가 종료된 이후에도 제공하게 된다. 수퍼바이지가 상대적으로 수퍼비전 관계에서 권력이 적기 때문에, 수퍼바이저는 평가의 구조, 수퍼비전의 기대치와 목표, 평가 기준, 그리고 수퍼비전에서의 비밀 유지 한계에 대해 명확하게 설명할 책임이 있다.

우리는 수퍼바이저의 역할에 내재된 권력과 권위를 윤리적이고 건설적인 방식으로 사용하는 것이 중요함을 강조하고자 한다. 항상 통제하고자 하는 강한 욕구가 있는 수퍼바이저와는 달리, 권력과 권위를 적절히 사용하는 수퍼바이저는 수퍼바이지가 필요한 위험을 감수하고 전문적인 자율성을 발전시키도록 도울 수 있다. 이러한 환경에서 수퍼바이지가 위협을 느끼지 않고 자신의 성장과 발전을 추구할 수 있다.

수퍼바이저들은 권력과 권위를 사용하는 방식에서 각기 다른 차이를 보인다. 탁월한 수퍼바이저는 자기 인식에 자부심을 느끼며, 동료 및 수퍼바이지의 피드백을 수용하고, 겸손한 태도를 보인다. 이들은 모든 상황에서 그리고 수퍼바이지로부터 배울 것이 항상 있다는 점을 인식한다. 이러한 수퍼바이저의 수퍼바이지는 문제 해결의 적극적인 구성원이 되며, 수퍼비전을 통해 자신감을 얻고 차분함을 유지하게 된다.

반면, 덜 효과적인 수퍼바이저는 경직되고 권위와 전문적 역할에 집착하며, 피드백에 대해 닫힌 태도를 보인다. 이들은 모든 답을 알고 있는 듯 행동하며, 수퍼비전을 자신의 지식을 드러내는 자리로 사용한다. 이러한 수퍼바이저들은 수퍼바이지에게 필요한 기술을 가르치기보다는 자신의 전문 지식을 강조하며, 다양한 문제를 다루는 방법을 수퍼바이지가 효과적으로 배울 수 있도록 돕지 못한다. 이는 종종 수퍼바이지와 수퍼바이저 간의 갈등의 씨앗이 된다.

### 병렬 과정

수퍼바이저와 수퍼바이지 간의 상호 작용은 수퍼바이지가 내담자와 어떻게 관계를 맺는지에 대한 통찰을 제공할 수 있다. 이러한 개념은 정신분석적 수퍼비전에서 유래된 '**병렬 과정**(parallel process)'이라는 아이디어에 뿌리를 두고 있다(Borders & Brown, 2005). 수퍼바이지와 내담자 간의 관계의 특정 측면이 수퍼비전 관계에서도 유사하게 나타날 수 있기 때문에, 수퍼바이저와 수퍼바이지는 수퍼비전에서 병렬 과정의 다양한 표현을 주의 깊게 살펴보고 탐구하는 것이 유용하다. 예를 들어, 평소에는 자신감 있고 확고한 훈련생이 도움이 필요한 아이 같은 내담자를 다루는 과정에서 자신감을 잃고 무력해지는 모습을 수퍼바이저가 관찰할 수 있다. 수퍼바이저가 이러한 관찰을 훈련생과 공유하면, 해당 내담자와 상담 과정에서 발생하는 역동에 대해 유익한 통찰을 수퍼바이지가 얻을 수 있다.

정신분석적 의미에서 병렬 과정이 항상 발생하는 것은 아니지만, 상담과 수퍼비전 간에는 여러 가지 병렬적 유사점이 쉽게 관찰된다. 수퍼바이지가 수퍼비전 관계와 수퍼바이지와 내담자 간의 관계에서 나타나는 역할과 과정의 유사점을 인식한다면, 이는 병렬 과정을 인지하고 있다는 의미이다. 예를 들어, 수퍼바이지가 상담 기술과 역량을 향상시키기 위해 자기 인식을 높여야 하는 것처럼, 내담자 역시 자신의 삶의 질을 향상시키고 문제를 해결하기 위해 자기 인식을 높여야 한다. 또한, 수퍼바이지들은 훈련 과정에서 때로는 감정적으로 강렬하다는 것을 깨닫게 되며, 내담자들도 상담 과정에서 감정적으로 강렬할 수 있음을 기억해야 한다.

유사점은 여기서 그치지 않는다. 수퍼바이지와 내담자 모두 성장하려면 대인 관계에서 위험을 감수해야 하고, 진전을 이루기 위해 많은 노력을 기울여야 한다. 내담자가 상담 목표를 달성하기 위해 변화를 원하는 동기가 있어야 하는 것처럼, 수퍼바이지도 역량을 습득하기 위해 배우려는 동기가 필요하다. 수퍼바이지들은 훈련 과정 전반에 걸쳐 수퍼바이저와 관계에서 강력한 개인적 및 전문적 경계를 발전시켜야 하며, 내담자들도 상담 과정에서 더 건강한 경계를 설정하는 것이 중요한 목표가 될 수 있다.

현장의 목소리에서 Jude Austin과 Julius Austin은 상담 과정과 수퍼비전 과정 사이의 유사한 역동성을 설명하며, 두 과정이 서로 어떻게 연관될 수 있는지에 대해 논의한다.

### 현장의 목소리

#### 수퍼비전의 나비 효과

*Jude T. Austin II PhD, Julius A. Austin PhD*

수퍼비전은 상담 과정의 핵심 요소이다. 내담자는 상담 전 과정 동안 상담사의 수퍼바이저를 만나지 않을 수 있다. 그럼에도 불구하고 수퍼바이저는 내담자와 그 가족의 삶에 영향을 미친다. 우리는 이 상호 작용을 수퍼비전과 내담자 결과 간의 나비 효과로 생각한다. 수퍼비전 중에 이루어지는 하나의 제안이나 사건이 내담자를 치유로 이끌거나 내담자의 상담 여정을 탈선시킬 수도 있다. 수퍼바이서로서 이 책임을 받아들이지 않는다면, 이는 수퍼바이지와 그들이 돕는 내담자들에게 해를 끼칠 수 있다.

수퍼비전과 내담자 상담 결과 간의 연결을 더 잘 이해하려면 상담 과정에 대한 이해가 필요하다. 많은 연구들은 상담사가 내담자와 강한 치료 동맹을 형성할 때 상담이 가장 효과적임을 지지한다. 상담사의 이론적 접근 방식에 관계없이, 상담과 내담자 간의 이러한 관계를 촉진할 수 있는 능력이 효과적인 상담사를 만드는 핵심 요소이다. 근거 기반 상담의 성과도 강한 치료적 관계에 의존하며, 상담사들은 내담자와 강한 치료 관계를 구축하는 훈련을 받는다. 이 훈련 과정에서 학생들은 상담 수퍼비전을 통해 효과적인 상담사로 성장하는 데 필요한 기술, 지식, 태도를 습득한다.

수퍼바이저는 수퍼바이지에게 의식적, 무의식적으로 영향을 미친다. 수퍼바이저는 수퍼바이지와 내담자의 안전과 성장을 보장하기 위해 의식적으로 노력한다. 동시에 수퍼바이저는 무의식적으로 수퍼바이지에게 다양한 방식으로 영향을 미친다. 상담 분야에는 "필요한 내담자를 만나게 된다"는 오래된 격언이 있다. 이는 일반적으로 훈련생이 성장에 필요한 경험을 얻게 된다는 의미이다. 우리는 이 격언을 확장하여 수퍼바이저도 성장에 필요한 수퍼바이지를 만나게 된다고 말하고 싶다. 수퍼바이지의 한계는 종종 내담자의 삶에 영향을 미치기 마련이다. 우리는 개인적으로도, 우리의 삶에서 겪는 어려움이 수퍼바이지의 임상 경험과 내담자의 상담 경험에 유사하게 나타난 사례를 여러 차례 경험했다. 우리가 수퍼바이지에게 조언했던 내용이 결국 우리 스스로에게도 필요한 조언임을 인지한 적이 있다. 이러한 병렬 과정을 인지하고 언급함으로써 수퍼바이지가 변화의 길을 찾을 수 있게 하고, 그에 따라 내담자도 변화의 길을 찾을 수 있게 된다.

수퍼비전에서의 나비 효과는 과정의 부정적인 요소가 아니다. 하지만 그 영향력을 인식하지 못하면, 수퍼비전 관계가 약화되고 내담자의 상담 진행에 부정적인 영향을 미칠 수 있다. 우리는 다음과 같은 과정들이 수퍼비전에서의 나비 효과를 관리하는 데 도움이 된다는 것을 발견했다:

- 수퍼비전과 상담 과정에 대한 수퍼바이저로서 우리의 권한을 인식하는 것
- 수퍼바이지에게 최상의 서비스를 제공하기 위해 수퍼비전 외부에서 우리의 지원 체계를 찾는 것
- 수퍼바이지와 함께 수퍼비전 관계를 정기적으로 논의하는 것

- 상담실 밖에서 활동적인 자기 돌봄 계획을 세우고 따르는 것
- 우리 자신의 삶을 돌보고 수퍼바이지와 내담자에게서 보이는 병렬 과정을 성찰하기 위해 개인 분석을 받는 것
- 내담자가 수퍼바이지와 겪는 경험이 수퍼비전 과정에서 수퍼바이지가 겪는 경험과 어떻게 연관되는지 공개적으로 논의하는 것

이러한 지침들을 따름으로써 우리는 수퍼비전의 특권과 책임을 관리할 준비를 할 수 있었다. 수퍼바이저는 수퍼바이지에게 영향을 미치며, 이는 곧 내담자에게도 영향을 미친다. 이 과정 안에서 수퍼바이저는 다른 사람들의 삶에 깊은 영향을 미칠 잠재력을 가지고 있다.

## 수퍼비전 관계에 영향을 미치는 개인적 변수

수퍼비전 관계를 강화하기 위해 다양성 문제를 탐구하는 것이 중요하다는 점을 설명했다. 여기에는 가치관, 태도, 신념, 나이, 성별, 민족성, 영성 등이 포함된다. 수퍼바이저는 수퍼비전 관계에 영향을 미칠 수 있는 다양한 개인적 변수를 인지하는 것이 중요하다. 사례 연구 3.1에서는 개인적인 가치가 미카엘라에게 제공되는 수퍼비전 과정에서 얽혀 있는 것을 보여 준다.

**사례 3.1 캐롤**

캐롤은 결혼 및 가족 상담 자격을 가진 상담사로, 결혼 및 가족 상담 교육을 받는 미카엘라를 수퍼비전하고 있다. 미카엘라는 캐롤과 수퍼비전 회기에서 두 살과 네 살 자녀가 통제 불능이라고 느끼는 부모의 사례에 대해 논의하고 있다. 상담 중인 부모는 가정에서 한계를 설정하거나 훈육을 제대로 하지 못하고 있다. 캐롤은 현재 아이들이 어린 나이에 특권 의식을 발달시키고 있으므로 부모가 단호한 훈육자가 되어야 한다고 미카엘라에게 강력하게 가르쳤다.

수퍼비전 회기 후 미카엘라는 부모와 상담 회기를 진행했다. 미카엘라는 부모가 자녀에 대한 통제력을 되찾아야 한다는 점을 강조하며, 부모가 명확한 한계를 설정하고 일관되게 이를 강화하는 방법, 그리고 자녀가 적절한 행동을 했을 때 보상을 제공하는 방법에 대해 함께 아이디어를 나누기 시작했다. 부모는 제공된 지침에 대해 감사하지만, 새로운 접근 방식이 효과가 있을지에 대해 의구심을 가지고 있었다. 미카엘라는 수퍼바이저로부터 받은 지침을 자신의 상담 스타일과 부모의 필요에 맞게 조정할 수 있었다는 점에 대해 만족했다.

우리의 가치관과 태도는 우리가 제공하는 수퍼비전에 영향을 미친다. 비록 우리가 객관적이라고 믿고 개인적인 가치를 수퍼바이지에게 강요하지 않을 것이라 생각할지라도, 우리의 가치는 미묘한 방식으로 영향을 미치는 것이다.

- 캐롤의 수퍼비전 제공 방법에 대해 어떻게 생각하는가?
- 만약 어떤 것을 강하게 믿는다면, 그 믿음을 수퍼바이지에게 알리는 것이 맞는 것일까?
- 당신이 미카엘라였다면 어떻게 반응할 것인가?
- 만약 캐롤의 입장에서 당신이 자신의 가치를 강요하고 있다는 것을 갑자기 깨달았다면, 이후 수퍼비전을 어떻게 진행하겠는가?

### 다양한 가치 시스템에 대한 존중

수련 중인 일부 상담사들의 문제가 되는 특징 중 하나는 자신의 가치를 내담자에게 강요하려는 경향이다. 수퍼바이지들이 직접적으로 가치를 강요하지 않더라도, 그들의 견해를 내담자가 받아들이도록 미묘한 방식으로 영향을 미칠 수 있다. 자신의 가치를 내담자에게 전달하지 않으려고 해도, 비언어적 행동과 몸짓이 내담자에게 어떻게 영향을 받고 있는지를 암시할 수 있다. 상담사의 승인을 얻어야 한다고 느끼는 내담자는 이러한 신호에 따라 자신이 상상하는 방식으로 행동할 수 있다. 예를 들어, 결혼 생활에 불만족스러운 남자가 상담사가 자신의 결혼 생활이 시간 낭비라고 생각하고 있을 거라고 믿게 된다면, 그는 상담사 생각에 대한 이러한 인식 때문에 이혼을 결심할 수도 있다. 비록 우리가 내담자에게 우리의 가치에 맞는 방식으로 행동하도록 적극적으로 강요하지는 않더라도, 우리가 전달하는 미묘한 메시지에 민감해야 한다. 이는 내담자의 행동에 강력한 영향을 미칠 수 있다. 예를 들어, 학교 상담사가 자주 교실 관리 문제를 일으키는 교사에 대해 자신의 반감을 미묘하게 드러낼 경우, 상담을 받으러 온 학생은 상담사가 교사와의 갈등에서 자신의 편을 들고 있다고 느낄 수 있다.

수퍼바이저는 모델링을 통해 수퍼바이지에게 가치가 상담 과정에서 어떻게 작용하는지를 모니터링하는 방법을 가르칠 수 있다. 수퍼바이저는 자신의 의미, 해석, 가치 및 신념을 수퍼바이지에게 강요하지 말아야 하며(ACES, 2011), 수퍼바이지는 자신의 가치가 내담자에게 객관성을 유지하는 데 방해가 되는지 솔직하게 평가해야 한다. 수퍼바이지는 수퍼비전 회기 동안 자신이 내담자와 객관적으로 작업하는 것을 방해하는 장벽을 탐색할 수 있다. 수퍼비전에서의 다양성은 6장에서 더 깊이 탐구하게 될 것이다.

## 수퍼비전 과정에서 가치 갈등 다루기

수퍼비전 과정에 영향을 미칠 수 있는 가치 중 일부는 종교, 낙태, 결혼, 이혼, 성적 지향, 부모 역할, 영성, 변화 과정, 자살, 그리고 생애 마감 결정에 대한 개인적 신념과 관련된 것들이다. 수퍼바이저에게 핵심은 자신의 가치와 태도가 수퍼비전 능력에 어떻게 영향을 미치는지 인식하고 있는 것이다. 수퍼바이저와 수퍼바이지가 유사한 가치와 신념을 가져야만 수퍼비전이 효과적인 것은 아니지만, 유사점과 차이점이 드러날 때 논의를 시작하는 것은 좋다. 이러한 가치 탐구를 모델링하는 것은 수퍼바이지가 자신들의 내담자와 같은 방식으로 문제를 다루는 방법을 배우는 데 도움이 된다.

수퍼바이저와 수퍼바이지 간의 가치 갈등은 어떻게 해결해야 할까? 어떤 수퍼바이저들은 발생할 수 있는 가치 차이에도 불구하고 모든 수퍼바이지와 작업할 수 있다고 생각한다. 반면, 다른 수퍼바이저들은 차이점이 드러나면 너무 성급히 수퍼비전을 중단하고 수퍼바이지를 다른 수퍼바이저에게 의뢰하는 경향이 있다. 대부분의 가치 차이는 수퍼비전 관계 내에서 효과적으로 다룰 수 있다. 수퍼바이저가 가치 충돌을 인식하고 있다면, 차이점을 공개적이고 솔직하게 논의할 수 있다. 상담 실무에서는 상담사들이 개인적인 가치가 상담 과정에 부당한 영향을 미치지 않도록 관리할 수 있는 능력을 개발해야 할 것이 기대된다. Kocet와 Herlihy(2014)는 이 과정을 **윤리적 판단 중지**(bracketing)라고 설명하며, 이를 "상담사와 세계관, 가치관, 신념 체계 및 결정이 크게 다른 내담자에게 윤리적이고 적절한 상담을 제공하기 위해 상담사의 개인적 가치를 의도적으로 곁에 미뤄 두는 것"이라고 정의한다(p. 182).

상담사의 개인적인 가치를 미뤄 두는 것은 그들이 자신의 가치를 포기하거나 변경해야 한다는 의미는 아니다. 상담사는 도움을 필요로 하는 사람들에게 윤리적 의무를 다하기 위해 내담자의 선택에 동의하거나 좋아해야 하는 것은 아니다. 단순히 내담자의 가치 체계와 불일치한다고 해서 다른 상담사에게 리퍼하는 것이 윤리적인 것도 아니다. 가치 갈등을 성공적으로 해결하는 것은 가능하다. 윤리적인 관점에서 볼 때, 상담사는 내담자가 제시하는 문제를 다룰 수 있는 필수적인 기술이 명확하게 부족할 때만 의뢰가 고려되어야 한다. 상담사가 내담자의 가치에 동의하지 않는다는 이유만으로 내담자를 의뢰하는 것은 비윤리적인 것이다. 상담 상황에서의 가치 갈등을 다루는 이 모델은 수퍼바이저와 수퍼바이지 간의 가치가 불일치할 때도 적용이 가능하다. 다시 말하면, 수퍼바이저가 가치 갈등을 다뤄 나감으로써 윤리적 행동의 모델이 될 수 있고, 수퍼바이저와 수퍼바이지가 모든 분야에서 동일한 가치를 가져야만 효과적으로 함께 작업할 수 있는 것은 아니라는 점을 깨닫게 할 수 있는 기회가 되기도 한다.

현장의 목소리에서 Perry Francis는 수퍼바이저가 수퍼바이지가 내담자와의 가치 차이를 관리하는 방법을 배우는 데 어떻게 도움을 줄 수 있는지에 대해 이야기한다. 그는 또한 수퍼바이지와의 가치 차이를 다루기 위해 자신이 어떤 노력을 기울이는지도 설명하고 있다.

### 현장의 목소리

#### 개인적 가치 관리

*Perry C. Francis, EdD*

상담 훈련생들에게 혼란을 일으키는 한 가지 영역은 내담자와의 가치 갈등과 내담자에게 상담을 제공할 유능성의 차이에 대한 것이다. 이러한 불확실성은 대개 수퍼바이지가 아직 전문적인 가치를 통합하지 못했거나, 역전이 문제로 어려움을 겪고 있거나, 이 가치 갈등 때문에 내담자에게 해를 끼칠까 걱정하고 있다는 것을 나타낸다. 이러한 경우, 나는 수퍼바이지가 유능성과 가치 갈등 속에서도 양질의 서비스를 제공할 수 있는 능력 차이를 이해할 수 있도록 한다. 나는 자주 "아담과 이브의 의사소통 문제를 상담할 수 있다면, 아담과 스티브의 의사소통 문제도 상담할 수 있다"고 말해 왔다. 이를 달성하기 위해, 수퍼바이지는 자신의 개인적 가치를 관리하는 법을 배워야 한다.

여기서 '개인적 가치를 **바꿔야** 한다'고 말하는 것은 아니다. 이 문제는 수퍼바이지들이 자주 제기하는 우려 중 하나이다—이 분야에서 계속 일하려면 내 가치를 바꾸거나 숨겨야 하나요? 나는 상담사가 회기에서 사용할 수 있는 가장 효과적인 도구는 내담자의 세계에 들어갈 때 진실성을 유지하면서도 개인적 가치를 관리할 수 있는 능력이라고 강조한다. 이것은 학습된 기술이며, 이는 나와 수퍼바이지가 함께 노력해야 하는 부분이다. 나는 수퍼바이지의 개인적 가치에 대한 대화, 2014년 미국 상담학회 **윤리 규정**의 서문에 제시된 직업의 가치와 기대, 그리고 이 가치들이 어떻게 겹치거나 다를 수 있는지를 논의하는 것부터 시작한다. 많은 경우, 직업의 가치와 수퍼바이지의 가치는 매우 비슷하며, 두 세트의 가치가 상담사와 개인으로서 수퍼바이지에게 어떤 영향을 미치는지를 탐구하는 것이 중요하다. 수퍼바이지가 개인적 가치를 목록화하고 그 의미와 그 가치가 수퍼바이지의 발달에 미치는 영향을 탐구하도록 돕는 것은 이 사람이 개인으로서 어떤 사람인지를 이해하는 데 도움이 되며, 이는 역전이, 개인적 경직성, 그리고 내담자를 개념화하는 능력에 영향을 미칠 수 있는 영역을 강조한다. 직업적 가치와 기대를 탐구하는 것은 상담사로서 수퍼바이지의 전문적 정체성을 강화한다.

다음으로, 수퍼바이지의 내담자 문제 개념화 능력을 확장하여 수퍼바이지의 가치를 직업적 가치 내에서 관리할 수 있도록 한다. 가치 갈등의 상황에서 수퍼바이지는 자신의 가치와 내담자의 가치 사이의 차이점만 보게 된다. 이럴 때, 수퍼바이지는 내담자의 문제에 대한 더 나은 통찰을 얻고 자신의 기술과 능력을 활용하여 도울 수 있는 기회를 놓치게 된다(즉, 능력). 내담자는 왜 도움을 구하는가? 내담자의 생각, 감정, 또는 행동이 내담자의 건강한 삶을 살고자 하는 욕구에 어떤 영향을 미치는가? 내담자가 더 나은 삶을 살 수 있도록 돕기 위해 내담자와 상담하여 어떤 상담 계획과 목표를 세울 수 있는가? 수퍼바이지가 내담자와의 차이점보다는 내담자가 당면한 문제에 집중하도록 돕는 것은 수퍼바이지가 내담자의 세계로 들어가 판단 없이 (혹은 덜 판단적으로) 내담자를 도움이 필요한 인간으로 바라볼 수 있게 한다.

나는 수퍼바이지와 대화 중에도 나 자신의 가치, 반응, 판단을 인식하고 관리해야 한다. 수퍼바이지가 가치를 곁으로 미뤄 두는 데 어려움을 겪거나 나와 다른 관점을 고수할 때, 나는 나 자신의 좌절감을 잘 조절할 수 있는가? 이는 내가 수퍼바이지들에게 자각하라고 요청하는 것처럼, 나 자신부터 무엇에 영향을 받는지를 자각하려고 한다. 이렇게 하는 것이 나 자신의 가치와 상반되는 가치와 관련된 내담자 및 수퍼바이지와 작업을 하는 데 핵심이 되는 지점이다. 나는 수퍼바이지가 묻고 있는 것이 무엇인지 듣기 위해 내 가치를 곁으로 미뤄 둬야 한다. 대다수의 경우, 그들이 묻는 것은 '자신의 내적 갈등 때문에 내담자에게 해를 끼치지 않고 그들의 이야기를 듣고 돕는 방법은 무엇인가?'하는 것이다. 그 답은 종종 우리 둘에게도 동일하다: 그 답은 신뢰할 수 있는 동료에게 상담을 구하고, 추가 교육을 받고, 수퍼비전을 받는 것이다.

## 효과적인 수퍼비전을 위한 팁

수퍼비전 관계가 이상적이지 않더라도 수퍼바이저와 수퍼바이지는 수퍼비전 목표를 달성하기 위해 더 많은 노력을 기울여야 할 수 있다. 성공적인 수퍼비전을 위한 몇 가지 실질적인 팁을 살펴보도록 하겠다.

### 수퍼바이지와 건강하고 생산적인 관계를 구축하는 방법

- 수퍼바이지를 존중으로 대하라; 자신이 알고 있는 것과 모르는 것에 대해 솔직하고 개방하라.
- 상호 신뢰와 협력의 정신을 발전시키기 위해 노력하라.
- 수퍼바이지가 말하는 것과 말하지 않는 것 모두를 경청하며, 그들의 두려움, 어려움, 희망에 귀를 기울이라.
- 수퍼비전 관계의 목적과 한계를 명확히 이해하라.
- 수퍼비전 회기 동안 충분히 현존하고, 방해받지 않는 '보호된 시간'으로 유지하며, 수퍼바이지를 위해 언제나 준비된 자세를 유지하라.
- 논의 중인 주제에 익숙하지 않다면 기꺼이 자문을 요청하라.
- 관계의 경계를 명확히 하라.

### 자신의 가치 강요 방지하기

- 수퍼비전에서 나타나는 전형적인 주제와 관련된 자신의 가치, 신념, 태도를 명확히 이해하라.
- 수퍼바이지와 그들의 가치와 신념을 논의하고, 자신의 가치관도 공유하라.
- 가치와 신념이 수퍼비전 관계와 수퍼바이지의 작업에 미치는 영향에 대해 열린 대화를 나누라.
- 결혼과 이혼, 문화적 다양성, 성적 지향, 종교 및 영성, 생애 말기 결정, 자녀 양육 등 수퍼바이지의 가치관에 대해 논의를 먼저 시작하고, 수퍼바이지와 수퍼비전 관계에 도움이 될 것이라고 생각되는 경우 자신의 의견을 공유하라.

## 수퍼비전 과정을 촉진하거나 방해하는 특성

수퍼바이저-수퍼바이지 관계와 관련된 다양한 특성은 수퍼비전 과정의 결과에 영향을 미칠 수 있다. Lowry(2001)는 성공적인 수퍼비전을 촉진하거나 방해하는 수퍼바이저와 수퍼바이지의 특성에 대한 연구를 수행하였다. 그는 현재 수퍼바이저로 활동 중이거나 과거에 수퍼비전 경험이 있는 심리학자들로부터 긍정적·부정적 수퍼비전 경험에 관한 정보를 수집하였다. 또한 Lowry는 수퍼바이저들에게 수퍼비전 과정에 도움이 되었거나 방해가 되었다고 생각되는 훈련생의 특성에 대해서도 질문하였다. 이후 이어지는 논의에서는 이러한 특성들을 요약하여 제시한다.

### 수퍼바이저의 특성

Lowry(2001)의 연구 참여자들은 긍정적인 수퍼비전 경험을 촉진하는 데 가장 중요한 수퍼바이저의 특성과 요소로 다음을 꼽았다 (중요도 순으로 제시함):

- 뛰어난 상담 기술/지식
- 수용적인 수퍼비전 분위기
- 훈련에 대한 열의/수퍼비전에 대한 헌신
- 수퍼바이지의 발달 수준에 맞춤화된 지도
- 건설적인 피드백 제공
- 공감 능력
- 유연하고 수퍼바이지에게 접근 가능한 태도
- 뛰어난 관계 형성 기술
- 풍부한 상담 경험

반대로, 수퍼비전 관계에 부정적인 영향을 미치는 수퍼바이저 특성과 요소로는 다음을 꼽았다 (중요도 순으로 제시함):

- 판단적이거나 지나치게 비판적인 태도
- 개인적 또는 이론적으로 경직된 태도
- 수퍼비전 과정에 대한 헌신 부족
- 수퍼바이지에게 가용하지 않은 것

- 제한된 임상 지식과 기술
- 비윤리적이거나 불분명한 경계 설정
- 지나치게 자신에게 집중된 태도

그 외 언급된 부정적 요소로는 수퍼바이저의 동정심 부족, 오만함, 유용한 피드백을 제공하는 능력 부족, 수퍼비전에 대한 준비 부족, 수퍼비전 경험 부족 등이 있었다.

이러한 팁과 특성을 바탕으로 수퍼바이저는 수퍼바이지와의 관계를 더 효과적이고 건설적으로 만들 수 있을 것이다. 이는 수퍼비전 목표를 달성하고, 수퍼바이지의 전문적 성장과 내담자에게 긍정적인 영향을 미치는 데 중요한 역할을 할 것이다.

### 수퍼바이지의 특성

Lowry(2001)는 수퍼비전에 있어 긍정적인 경험을 촉진하는 수퍼바이지의 특성이나 요인으로 다음의 항목들을 제시했다(중요도 순으로 제시함):

- 학습과 개선에 대한 열망
- 방어적이지 않고 피드백을 수용하는 태도
- 전반적인 개방성과 유연성
- 지식과 좋은 임상 기술 보유
- 지능
- 수퍼비전에 대한 책임감과 준비성
- 주도성과 위험 감수에 대한 의지

기타 효과적인 수퍼비전을 촉진하는 요인으로는 수퍼바이지의 뛰어난 대인 관계 및 의사소통 기술, 공감 능력, 자기 수용, 통찰력, 진정성, 질문 능력, 내담자에 대한 집중, 성숙함 등이 포함되었다.

성공적인 수퍼비전을 방해하는 특성으로는 개방성 부족, 평가에 대한 두려움, 개인적 경직성, 방어적 태도, 오만함과 다 아는 듯한 태도, 수퍼비전이나 임상 작업에 대한 동기나 관심 부족, 지능 부족, 정신 병리 및 미성숙함 등이 포함되었다. 또한, 지식과 기술 기반 부족, 대인 관계 기술 및 경계 설정의 미흡함, 준비 부족 또는 조직적이지 못함, 개인적 통찰 부족, 수동성 또는 의존성 등의 요인도 수퍼비전을 방해하는 요소로 평가되었다.

## 수퍼바이저와 수퍼바이지 간의 갈등

갈등은 모든 관계에서 자연스럽게 발생할 수 있다. 상담사 교육 및 수퍼비전 협회(2011)는 수퍼바이저가 수퍼비전 관계에서 갈등이 발생할 수 있음을 인지하고, 수퍼바이지가 이러한 갈등을 효과적으로 처리할 수 있도록 도와야 할 책임이 있다고 강조한다. 대부분의 경우, 갈등은 경청하고, 이해하며, 관계의 기본 규칙을 명확히 하려는 노력을 통해 해결될 수 있다. 갈등 상황에서 한쪽 또는 양쪽 모두 자신이 옳고 상대방이 틀렸다고 주장하며 상대방이 변화해야 한다고 생각할 때, 관계는 악화되기 마련이다. 그러나 갈등이 인지되고, 존중하는 방식으로 공개적으로 논의될 때, 수퍼바이저와 수퍼바이지는 많은 것을 배울 수 있다.

문제가 발생하기 전에 수퍼비전 관계 초기에 갈등 상황에 대처하는 방식을 정하는 것이 중요하다. 수퍼바이저는 수퍼비전 회기가 수퍼바이지가 관계와 관련된 어떤 우려나 질문이라도 표현할 수 있는 자리임을 설명할 수 있다. 이러한 분위기는 수퍼바이지가 불만을 더 쉽게 표현할 수 있도록 도와주며, 그 문제를 수퍼비전에서 개방적인 방식으로 다룰 수 있게 해 준다. 좋은 관계는 이러한 솔직한 논의가 가능한 기회를 제공한다.

대부분의 경우, 공식적인 불만 제기를 피할 수 있기를 기대할 수 있다. 다시 말해, 양측이 존중하고 건설적인 방식으로 갈등을 해결하려는 의지가 있다면, 수퍼비전 관계의 질은 상당히 개선될 수 있다. 사례 연구 3.2에서는 수퍼바이지가 수퍼바이저에 대한 불만을 솔직히 표현하는 상황을 다루고 있다.

**사례 3.2 레이첼**

알렌 박사는 대학 상담 센터에서 파트타임으로 일하고 있는 사회복지 석사 과정 인턴인 레이첼을 수퍼비전하고 있다. 알렌 박사는 사회복지 프로그램의 교수로서 레이첼이 수강 중인 임상 중재 세미나를 가르치고 있다. 오늘 수퍼비전 회기에서 레이첼은 자신이 상담 센터에서 일하는 것에 대한 수퍼비전 방향에 불만을 표현했다. 레이첼은 알렌 박사가 자신과 논의하거나 피드백을 주기보다 단순히 내담자와 어떻게 일해야 하는지 지시만 하는 것처럼 느껴진다고 했다. 레이첼에게 이것은 일방적인 것으로 느껴졌다. 레이첼은 토론과 협력을 통해 배우는 것이 가장 좋다고 생각한다. 알렌 박사는 경청하였으나, 레이첼의 불만을 "수퍼비전에 대한 저항"으로 보고, 그녀가 수퍼비전을 받아들이지 않는다고 판단했다. 알렌 박사는 레이첼과의 접근 방식을 변경하지 않기로 결정했다.

당신이 수퍼바이저라면 레이첼의 불만 표현을 어떻게 받아들이고 대응하겠는가? 레이첼에게 가장 하고 싶은 말은 무엇인가? 수퍼바이저로서 이 상황을 어떻게 해결해 나갈 수 있을까? 레이첼에게 학습 경험이 될 수 있는 방식으로 어떻게 이를 해결할 수 있을까?

레이첼은 자신의 수퍼바이저에게 비판적 피드백을 제공하기 위해 용기를 낸 것이다. 많은 수퍼바이지들은 수퍼바이저에게 도전하고 싶지 않아 하거나, 수퍼바이저가 평가와 추천을 통해 자신의 경력에 큰 영향을 미칠 수 있다는 것을 알기 때문에 갈등 상황에서 솔직히 말하지 못하는 경우가 많다. 이들은 수퍼비전 기간 동안 문제를 참으며 다른 곳으로 배치되기를 기다리는 경우도 종종 있다. 레이첼 또한 이러한 결정을 내려야 할지 고민했지만, 인턴십에서 최대한 많은 것을 배우고 싶어 했다. 그래서 그녀는 알렌 박사와 효과적으로 협력할 수 있는 또 다른 방법을 생각해 보려 하였다.

수퍼비전에서의 갈등은 흔한 일이지만, 수퍼비전 상호 작용에 대한 서로 다른 인식 때문에 해결이 어려울 수 있다. 그것은 각자의 인식이 잘못되었거나 왜곡되었을 수 있다는 것을 설득하기 어렵기 때문이다. 그러나 차이점을 해결하려고 노력하는 것은 수퍼바이저의 역할이다. 우선은 수퍼바이저와 수퍼바이지 사이의 명확한 행동 계획을 세우는 것이 중요하다. 이를 통해 수퍼비전 관계의 본질, 사용되는 수퍼비전 방법, 그리고 함께 일하는 방식에 대한 기본 규칙을 명확히 할 수 있다. 초기의 기본 규칙이 명확하다면, 차이점은 이를 검토하는 과정에서 해결될 수 있다.

다음에 할 과업은 수퍼바이저와 수퍼바이지가 어떻게 함께 더 만족스러운 관계를 구축할 수 있을지에 대해 묻는 것이다. 갈등 상황에서는 상대방에게 책임을 돌리는 경향이 있다. 우리의 접근 방식은 "관계가 원활하게 작동할 경우 각자의 모습은 어떨지를 묘사해 보도록 하고, 그 지점으로 옮겨 가기 위해서 필요한 것들은 무엇일지 찾아보도록 하는 것이다. 열린 대화는 수퍼바이저와 수퍼바이지가 수퍼비전에 대해 갖는 목표는 비슷하지만, 이를 달성하는 방법에 대한 관점이 다를 수 있음을 깨닫게 할 수 있다. 수퍼바이저와 수퍼바이지가 수퍼비전에 대한 희망과 기대, 그리고 그것에 도달할 수 있는 방법에 대해 공개적으로 논의한 적이 없을 수도 있다.

수퍼바이저는 수퍼바이지가 직면하는 다양한 어려움을 이해하고 공감함으로써 수퍼비전 관계를 강화할 수 있다. 수퍼바이저가 수퍼바이지의 경험을 인정하고, 수퍼바이지가 내담자와의 어려움을 탐구하도록 격려할 수 있다면, 수퍼비전의 이점을 최대화할 수 있다.

수퍼바이저의 개방성과 수퍼바이지의 우려에 대한 솔직한 논의는 수퍼비전 관계를 깊이 있게 만들 수 있다.

## 수퍼바이지 준비시키기: 도전 과제 대처하기

당신에게 이 질문을 해 보라. "수퍼바이지를 도전에 잘 대비시키려면 어떻게 해야 할까?" 이 섹션에서는 수퍼바이지가 직면할 수 있는 몇 가지 도전 과제들을 다루려고 한다; 의심과 두려움 다루기, 미해결된 개인적 문제 식별하기, 문제 해결자의 역할 피하기, 역전이 식별하기, 개인 성장에 대해 헌신하기 등이다. 또한, 수퍼바이지의 문제 있는 행동 패턴에 대해서도 설명하고자 한다. 이 섹션의 내용을 당신의 수퍼바이지 경험에 적용해 본다면, 수퍼바이지가 직면하는 문제들을 다루는 데 있어 그들을 더 잘 도울 수 있는 방법을 이해하게 될 것이다. 수퍼바이지에게 이 섹션을 읽도록 하고 이를 주제로 논의해 보는 것도 좋을 것이다.

당신이 처음으로 내담자를 만나고 수퍼바이저와 함께 일하기 시작했을 때 경험을 잠시 돌아보기 바란다. 당신이 처음 상담을 시작했을 때를 생각하면 가장 기억에 떠오르는 경험은 무엇인가? 이 경험에서 무엇을 배웠는가? 수퍼비전을 받는 것은 어떤 느낌이었는가? 수퍼바이지로서 어떤 자기 의심을 가졌었는가? 이러한 자기 의심이나 걱정을 어떻게 해결했는가? 이러한 경험이 수퍼바이지가 수퍼비전 회기에서 제기할 수 있는 우려를 이해하는 데 도움이 되었는가? 한 수퍼바이지는 소아 병동에서 일하며 겪었던 경험을 공유했다. 그녀는 수퍼바이저를 만나는 것이 너무 긴장되어 자신도 모르게 아이들 의자에 앉아 있곤 했다고 한다. 수퍼바이저는 유머를 사용해 이 상황을 수퍼바이지에게 인식시켜 주었고, 이를 통해 그들의 권력 차이에 대한 대화가 열리게 되었다고 한다.

### 의심과 두려움 다루기

이제 수퍼바이지에게로 주의를 돌려 다음의 리스트에 제시한 수퍼바이지가 자주 하는 내적 대화를 직접적으로 다루려고 한다. 그러나 기억할 것은 이 의심과 두려움은 여러 발달 단계의 수퍼바이저에게도 해당될 수 있다는 것이다. 수퍼바이지들은 종종 다음과 같은 말을 스스로에게 하곤 한다.

- "내담자의 결과에 대한 모든 책임은 나에게 있으며, 부정적인 결과는 내가 유능하지 않다는 것을 의미한다."
- "나는 모든 내담자를 성공적으로 도와야 하며, 모든 문제를 신속하게 해결할 수 있어야 한다."
- "나는 항상 이용 가능해야 한다."
- "내가 내담자를 도울 만큼 충분한 지식을 가지고 있지 않으면, 경험 부족으로 인해 상황을 악화시킬까 봐 두렵다."
- "나는 자주 내 성과를 다른 사람과 비교하고, 내가 그들만큼 뛰어나지 않다고 스스로에게 말한다."
- "때때로 내담자가 나를 좋아하지 않고, 화를 내며 직면할까 봐 걱정된다."
- "나는 다음에 무엇을 말하거나 해야 할 지를 너무 걱정해서 내담자에게 완전히 현존하는 것이 어렵다."
- "수퍼바이저가 방에 있을 때마다 긴장된다. 내가 유능하지 않다는 것을 그녀가 알아챌 것만 같다."
- "내가 비슷한 삶의 경험을 하지 않은 경우 내담자의 고통을 이해할 수 없을까 봐 걱정된다."
- "나는 항상 수퍼바이저를 만족시켜야 한다. 내가 하는 모든 일에 대해 수퍼바이저가 동의하고 인정해 주어야 한다."
- "나는 수퍼바이저에게 겁이 나고, 이것에 대해 그녀에게 말하는 것은 두렵다."

이러한 수퍼바이지 자기 대화의 대부분은 무능력감, 상담사로서 실패할 것이라는 두려움, 더 나아져야 한다는 지속적인 자기 의심과 관련이 있다. 상담사가 내담자에 대한 책임을 과도하게 짊어질 때, 이는 내담자가 스스로의 삶을 주도할 책임을 약화시킬 뿐만 아니라 상담사 자신에게는 스트레스를 유발한다.

수퍼바이지로서, 자신이 상담 실무에서 효과적인 역할을 하고 있는지에 대한 자기 의심이나 불안은 감추기보다는, 이러한 두려움이 어떻게 방해가 되고 있는지를 파악하려고 노력하는 것이 중요하다. 이 두려움을 수퍼비전 회기에 가져가 탐색해 보는 것이 필요하다. 많은 동료들이 같은 불안을 느끼고 있음을 알게 될 것이다. 자신의 불안을 언어로 표현하게 되면, 불안의 힘이 줄어든다. 자신의 성과나 타인의 평가에 대한 두려움을 입 밖에 내기 시작하면, 이러한 불안이 더 이상 많은 에너지를 빼앗아 가지 않게 된다.

많은 수퍼바이지들이 좋은 반응, 통찰, 직관을 속으로만 간직하는 경향이 있지만, 우리는 그러한 생각을 내적인 독백 대신 말로 표현하라고 권장한다. 내담자에게 모든 생각과 감정을 표현할 필요는 없지만, 수퍼비전 회기에서는 종종 마음속에 남아 있는 자기 대화를 말로 표현하는 것이 지혜로운 일이다. 수퍼비전 회기에서 내부의 리허설을 언어적 표현으로 바꾸기 위해 스스로에게 도전해 보기 바란다.

두려움을 인정하는 것은 그것을 건설적으로 다루기 위한 첫 번째 주요 단계이다. 용기란 성과 불안이 없는 것이 아니라, 이러한 두려움을 인식하고 도전하는 것이다. 자신의 불완전함을 인정하고, 실수에 대한 두려움 때문에 움츠러들지 않기 위해서는 정직함과 용기가 필요하다. 어느 정도의 성과 불안은 당연히 있을 수 있으며, 중요한 것은 이 불안을 어떻게 다루느냐 하는 것이다. 자신이 저지를 수 있는 실수를 인식하고, 실수를 저질렀을 때 스스로를 벌하지 않으며, 수퍼바이저와 솔직하게 대화하는 것이다. 만약 실수를 인정할 용기가 없다면, 새로운 시도를 할 용기 또한 없을 것이다. 내담자에게 이상적이지 않은 개입을 할 수 있다는 개방성이 없다면, 창의성의 범위가 심각하게 제한될 것이다. 문제는 실수를 하는 것이 아니라, 그 실수를 어떻게 다루느냐에 달려 있다. 당신이 하고 있는 일, 그리고 내가 "맞게" 하고 있는 것인가에 대해 지나치게 의식할 수 있다. 물론 당신의 수퍼바이저가 이러한 논의에 대해 열려 있는지를 평가해야 겠지만, 대부분의 경우 수련생 역할을 하면 된다는 것을 충분히 활용할 수 있다. 수퍼바이지의 역할에서는 모든 것을 알 필요가 없으므로, 배울 수 있는 자유를 허락하기 바란다. 비현실적인 완벽함의 이상에 맞추려는 굴레에서 벗어날 수 있다면, 성과 불안을 줄이는 데 중요한 발걸음을 내디딜 수 있을 것이다.

질 높은 수퍼비전 관계는 수퍼바이지 내면의 비판자에게 도전하고, 자신의 능력을 신뢰하며, 자기 표현을 위한 목소리를 찾는 데 기반이 된다. 수퍼바이지들은 종종 수퍼비전에서 자신의 내면 비판자를 식별하고 도전하는 것을 배워야 한다. 현장의 목소리에서는 상담 프로그램의 대학원생인 Naomi Tapia가 자신에 대한 의심에서 자신을 신뢰하는 단계로 발전해 나가는 과정을 설명하며, 이 과정에서 수퍼바이저와의 탄탄한 작업 동맹이 큰 역할을 했음을 보여 준다.

## 현장의 목소리

### 수퍼비전을 통해 자신을 신뢰하는 법 배우기

*Naomi Tapia, MS*

유능한 수퍼비전은 상담 경력의 초기 단계에서 매우 중요하다. 훌륭한 수퍼바이저는 상담사로서 어떤 사람이 되고 싶은지에 대한 기초를 다지는 데 중요한 역할을 할 수 있다. 나의 여정을 시작하기 전에, 나는 여러 가지 수퍼비전 스타일에 대해 많은 이야기를 들었다. 결혼과 가족 상담 수퍼바이지로 처음 시작할 때, 내가 수퍼바이저에게 무엇을 필요로 하는지 정확히 알지 못했다. 다만 내가 불안하고, 가면 증후군(imposter syndrom)에 심각하게 시달리는 새로운 인턴이라는 사실만 알았다.

처음에는 무엇이든 잘못할까 봐 두려웠다. 내 능력을 의심하며 계속해서 너무 많은 생각을 했다. 정말 상담사로서 자격이 있을까? 만약 내가 누군가에게 상처를 준다면 어쩌지? 내가 너무 많이 개입한다면 어쩌지? 혹은 충분히 하지 못한다면 어쩌지? 막히게 되면 어쩌지? 나의 직관을 의심하기 시작했고, 내가 선택한 진로를 다시 생각하게 되었다. 이 자리에 있을 자격이 없다는 생각이 들었고, 누구도 효과적으로 도울 수 없을 것 같았다. 결국 나는 누구인가? 내가 어떻게 사람들의 문제를 해결하는 데 도움이 될 수 있다는 걸까?

나는 무슨 말을 들을 필요가 있는지 몰랐지만, 내 수퍼바이저는 알고 있었다. 내가 자신을 의심하거나 내 능력에 확신이 서지 않을 때마다, 그는 내가 처음 이곳에 오게 된 이유를 상기시켜 주었다. 그는 직접적으로, 그리고 간접적으로 내 모든 우려를 해결해 주었다. 그는 단순히 내가 나 자신으로 있는 것이 나를 더 효과적인 상담사로 만들어 준다는 사실을 상기시켜 주었다. 내 삶의 경험과 어려운 순간에 사람들과 함께할 수 있는 능력이 내가 생각했던 것보다 훨씬 큰 도움이 되었다. 그의 강점 기반 접근법은 내 긍정적인 속성을 인정하게 하고, 계속 머릿속에서 재생되는 불안에서 벗어날 수 있게 도와주었다.

어느 날, 상담을 마치고 나는 매우 낙담했고, 내가 '잘못한' 모든 일에 대해 생각을 멈출 수 없었다. 내 내면의 비판자가 나를 괴롭히고 있었다. 다음 날, 나는 회기에 집중할 수 없었다. 하지 말아야 할 것들만 생각이 났고, 회기가 끝날 때마다 내가 말한 모든 것과 행동한 모든 것을 비판했다. 결국 수퍼바이저에게 낙담한 기분에 대해 이야기했을 때, 그는 내 걱정을 들어주고 내 감정을 처리할 수 있게 도와주었다. 그는 내가 "잘못한" 것에 대해 모든 불만을 털어놓을 수 있게 해 주었다. 나는 그가 나에게 '실수를 고치는' 방법을 알려 줄 것이라고 기대했다. 답을 얻고 싶었다. 하지만 그는 내 '실수'에 대해 별로 신경 쓰지 않았다. 대신, 그는 내게 방금 나눴던 이야기를 반복해 보라고 한 다음, 내가 잘한 것들을 찾아보라고 했다. 내가 강점을 언급할 때마다, 그는 그것이 내담자와의 치료적 관계를 어떻게 강화했는지에 대한 예를 들어 주었다. 그는 내가 가지고 있는 많은 자질들이 학교에서 배운 것이 아닌, 내 경험과 마음에서 온 것이라고 이야기했다. 그의 말은 내가 자신을 신뢰하는 데 큰 도움이 되었다. 이는 내가 몇 년 만에 느낀 가장 자랑스러운 순간이었다. 그는 나를 현실에 뿌리내리게 했고, 나를 이 길로 이끈 이유를 상기시켜 주었다.

이 대화 후의 회기들은 믿을 수 없을 정도로 달라졌다. 나는 마침내 자신과, 나의 직관, 그리고 내 마음과 연결되었다는 느낌을 받았다. 내담자들과 더욱 정확하게 공감할 수 있었고, 내 발걸음과 자신만의 목소리를 찾았으며, 이를 내담자들에게 정확하게 사용하는 방법을 배웠다. 수퍼바이저의 관점, 현존, 그리고 성격을 통해 나는 많은 것을 배울 수 있었다.

대부분의 전문가들은 어떤 상황에서든 자기 의심을 갖고, 자기 능력을 의심하는 순간을 경험한다. 특히 처음 상담을 시작할 때는 자기 의심을 갖기 마련이다. 자기 의심에 도전하는 법을 배우는 것은 자신감을 키우는 길이 될 수 있다. 수퍼바이저와 함께하는 현장 실습은 특정 지식을 습득하고, 배운 이론을 실제로 적용할 수 있는 기술을 개발하는 곳이다. 수퍼바이저의 역할 중 하나는 이러한 불안과 걱정을 해결하도록 돕는 것이다. 다음 '개인적 관점'에서는 Michelle Muratori와 Jerry Corey가 수퍼바이지로서 자신의 의심을 어떻게 다루었는지에 대해 이야기한다.

### Michelle Murator의 개인적 관점

자기 의심과 낮은 자신감은 인적 서비스(human service) 전공으로 학부 과정을 밟던 시절 나에게 큰 싸움거리였다. 나는 끊임없이 나의 말들을 점검하고, 내가 원하는 만큼 능숙하지 못하다는 이유로 자신을 비판했다. 이는 문제를 더욱 악화시켰다. 수련 초반, 나의 완벽주의 성향은 완전히 현재에 집중하는 능력을 방해했다. 다행히도, 완벽주의로 인해 느끼는 불편함이 너무 커서 나는 이를 적극적으로 해결해야 겠다고 마음먹게 되었다. 이 말이 강박적으로 들릴 수 있다는 것을 인정하지만, 나는 체험 중심 그룹 리더십 과정을 네 번이나 수강했다. (첫 번째, 두 번째, 세 번째 시도에서 실패한 것이 아니다. 오해 없길 바란다.) 이 수업의 실습 부분이 매우 좋았는데 나와 다른 학생들에게 자기 탐색 그룹을 한 학기 동안 진행하게 하고, 그에 대해 집단 수퍼비전에 참여할 기회를 제공했다. 그래서 나는 두려움과 열등감을 극복하기 위해 나를 가장 두렵게 하는 것을 억지로 해냈다. 연습하고, 연습하고, 또 연습했다. 그리고 네 학기 동안, 집단을 공동 진행하며 매주 집단 수퍼비전에 참여한 경험이 나를 더 자신감 있고 편안한 상담사로 변화시켰다. (이 경험은 지금 내가 가장 즐겨 가르치는 과목이기도 한 집단 작업에 대한 열정을 불러일으켰다.) 집단 수퍼비전을 통해 나는 자기 의심을 극복할 수 있었고, 내 기술과 전문적 발전을 현실적으로 평가하는 법을 배웠다. 어떤 사람들은 "연습이 완벽을 만든다"고 말하지만, 나는 "연습은 불완전함을 참을 수 있게 만든다"고 말하고 싶다. 나는 여전히 높은 기준을 가지고 있지만, 이제 완벽주의를 내려놓음으로써 더 효과적인 상담사이자 상담 교육자가 되었다. 나는 이제 '불완전주의자'가 되는 것을 매우 진지하게 받아들이고 있다! 경험이 쌓일수록, 나는 더 이상 완벽할 필요가 없다는 현실적 인식을 가지게 되었다.

### Jerry Corey의 개인적 관점

나의 수퍼비전 경험에서 가장 기억에 남는 것은 상담 수퍼바이지로서 얼마나 부적절한가 하는 느낌이었다. 나는 내담자가 말하는 것에 집중하고, 치료적으로 반응할 수 있는 능력에 대한 자신감이 부족했다. 당시를 회상해 보면, 내 수퍼바이저들은 나의 자기 의심과 내담자에게 집중하는 능력을 방해하는 미해결된 개인 문제들에 대해 시간이나 주의를 그다지 기울이지 않았다. 대부분의 수퍼비전 회기는 사례 중심이었고, 다양한 유형의 내담자 문제에 적용할 수 있는 개입 방법에 대한 논의로 이루어졌다.

박사 후 수련 과정에서, 나는 주로 대학생들과 개인 상담을 하고, 집단 상담을 공동 진행하며 시간을 보냈다. 나는 자주 길을 잃은 듯한 느낌을 받았고, 개인 상담 회기를 어떻게 진행해야 할지 잘 몰랐다. 내담자가 '빠르게 나아지지 않으면', 나는 그것이 내 상담 능력 부족을 보여 주는 증거라고 확신했다. 내가 초기의 개인 상담에서 했던 시도는 내담자의 느린 진전 그리고 내담자로부터 긍정적인 피드백을 받고자 하는 나의 욕구로 특징지어지는 것 같다. 나는 내 수퍼바이저들과 비교하며, 그들은 내담자와 어떻게 작업할지를 궁금해 했다.

나에게 가장 큰 도움이 되었던 경험은 수퍼바이저와 함께 집단 상담을 공동 진행했던 시간이었다. 상담을 마치고 우리는 촉진자로서 내가 진행한 개입과 집단이 내게 미친 개인적 영향에 대해 이야기했다.

실제로 수퍼바이저와 집단을 함께 진행하는 것은 나에게 고통스러웠다. 그가 많은 경험을 가진 전문가였기 때문에, 나는 항상 나 자신을 그와 비교하며, 내가 그다지 유능하지 않다는 확신에 사로잡혀 있었다. 그의 통찰력과 임상 기술은 나를 위축시켰고, 나의 불안감과 불충분함을 더욱 악화시켰다. 나는 이러한 초기 경험에서 완전히 무능한 느낌을 받았다. 나의 반응은 매우 기계적이고 연습된 것처럼 보였다. 자신만의 스타일을 창조하는 대신, 내 수퍼바이저가 어떻게 반응할지를 고민하고 그것을 모방하려 했다. 즉, 나는 나만의 독창성을 잃어버리고, 수퍼바이저처럼 되려 애쓰는 과정에서 방향을 잃었다.

이 경험에서 내가 배운 가장 중요한 점은 스스로를 솔직하게 들여다보려는 용기의 중요성이었다. 나는 내담자와 수퍼바이저 모두에게 인정받고 싶어 하는 과도한 욕구를 가지고 있다는 것을 깨달았다. 이 욕구는 종종 내담자와의 현재에 집중하는 능력과 수퍼바이저와의 회기에서 논의할 주제를 가져오는 능력을 방해했다. 나는 병렬 과정이 작동하고 있음을 깨달았고, 수용받고자 하는 욕구가 나의 표현 능력을 제한하고 있음을 알아차렸다. 수퍼바이지로서의 이러한 경험과 통찰은 내가 스스로를 탐색하지 않는다면 내담자들의 탐색 여정에서 같이하며 도울 수 없다는 것을 깨닫게 해 주었다.

전문성 발달 과정에서 '과정'이라고 불리는 데에는 그만한 이유가 있다. 마법의 지팡이를 휘두르는 것처럼 쉽게 훌륭한 임상가로 변신할 수 있기를 바라지만, 실제로는 유능한 상담사나 상담사로 성장하려면 시간, 용기, 그리고 연습이 필요하다. 수퍼비전 과정에서 자기 의심에 대한 불편함을 다루는 것은 전문적 성장의 원동력이 될 수 있으며, 자기 의심과 열등감으로 고군분투하는 내담자들에게 공감할 수 있는 능력을 깊게 해 준다.

승인 욕구가 강하고, 내담자에게 인정을 받기 위해 노력하면 치료적 목표가 손상될 수 있다. 우리는 자신의 욕구와 개인적 역동을 제대로 인식하지 못할 때, 자신의 미해결된 욕구를 일차적으로 만족시키기 위해 일에 몰두하게 되기 쉽다.

### 미해결된 개인 문제 인식하기

수퍼바이지들은 자신이 개인적 문제를 효과적으로 해결했다고 생각할 수 있지만, 종종 내담자가 겪는 문제를 통해 자신에게도 유사한 어려움이 있다는 것을 깨닫고 놀란다. 수퍼바이지들은 내담자에게서 자신을 발견할 수 있으며, 고통스러운 기억이 종종 떠오를 수 있다. 이러한 문제들은 자신의 개인 상담에서 다뤄야 한다. 이러한 갈등을 인식하지 못하면,

미해결된 개인 문제가 상담 과정을 방해할 수 있으며, 이는 내담자에게 해가 될 수 있다. 이는 상담을 시작하기 전에 모든 개인적 문제를 해결해야 한다는 것을 의미하지는 않는다. 다만, 자신의 편견, 부인하고 있는 영역, 그리고 삶에서 특히 다루기 어려운 문제들을 알아차리는 것이 중요하다. 예를 들어, 개인 생활에서 분노 문제로 어려움을 겪고 있다면, 이는 상담과 수퍼비전 관계에서 분노를 회피하는 모습으로 나타날 수 있다.

이 점을 예로 들자면, 당신이 삶에서 중요한 관계에서 심각한 어려움을 겪고 있다고 가정해 보자. 당신은 관계에 대해 중요한 결정을 내리기 위해 고민하고 있을 수 있다. 외로움에 대한 두려움과 독립하고 싶은 욕구 사이에서, 또는 친밀한 관계에 대한 두려움과 욕구 사이에서 갈등하고 있을 수 있다. 이러한 개인 문제는 당신의 효과적인 상담 능력에 어떤 영향을 미칠 수 있을까?

내담자와 함께 특정한 주제를 다루기 어려움을 느낄 때, 현재 자신의 미해결된 문제가 상담사로서 수행하고 있는 역할에 어떤 영향을 미치고 있는지를 고려해 보라. 핵심은 개인적인 질문을 가지고 분투하고 있는지의 **여부**가 아니라 **어떻게** 이러한 질문을 다루고 있는가 하는 것이다. 자신의 문제를 인식하고 해결하려고 노력하고 있는가, 아니면 그 문제의 존재를 부인하는 데 많은 에너지를 쏟고 있는가? 자신이 해결하지 못하고 있다는 것이 분명할 때 상담사에게 상담을 요청할 의향이 있는가, 아니면 스스로 해결할 수 있다고 스스로를 다독이고 있는가? 개인 생활과 전문적인 생활 사이의 일관성은 존재하는가? 요약하자면, 내담자에게 기대하는 것을 자신의 삶에서도 실천할 의향이 있는지 묻는 것이다. 이러한 걱정들을 수퍼비전 회기에서 이야기하는 것이 필요하다. 이는 상담을 받기 위한 목적이 아니라, 자신의 갈등이 내담자와의 진전에 어떤 영향을 미치는지를 명확히 파악하기 위해서이다.

### 역전이 인식 및 관리하기

이 장 앞부분에서 언급했듯이, 내담자와 어느 정도 동일시하는 것이 문제가 되는 것은 아니지만, 내담자와 과도하게 동일시함으로써 자신의 정체성을 잃어버리는 것은 문제가 될 수 있다. 넓은 의미에서 역전이는 과거나 현재의 투사로, 이는 내담자를 돕는 데 방해가 될 가능성을 포함한다. 수행 불안, 완벽주의적 노력, 또는 내담자의 문제를 해결하려는 욕구는 모두 역전이의 표현일 수 있다. 이러한 내담자에 대한 반응을 인식하게 되면, 수퍼비전 회기에서 혹은 신뢰할 수 있는 동료와 논의해야 한다.

효과적인 상담사는 자신의 삶의 경험과 개인적 반응을 내담자를 이해하고, 그들과 함께 일하는 방법으로 활용한다. 개인적 경험을 활용할 때, 명확한 경계를 설정하여 내담자의 세계에 지나치게 몰입하지 않도록 하는 것이 중요하다. 치료적 여정에서 내담자의 동반자로서, 내담자의 고통으로 인해 깊이 영향을 받을 수 있다. 고통스러운 기억이 떠오르면, 이는 자신의 삶의 경험과 공명하며, 미해결된 문제를 자극하고 오래된 상처를 건드릴 수 있다. 역전이 반응을 인식하지 못하고, 이를 관리하지 못하면, 이러한 역동은 삶에서 큰 고통과 스트레스를 초래할 수 있다. 훈련과 수퍼비전은 역전이를 식별하고 분석하며, 이를 자기 이해와 수퍼비전 및 상담 작업에서의 중요한 도구로 전략적으로 사용하는 과정으로 통합될 수 있다.

### 문제 해결자로서의 역할 피하기

수퍼바이지들은 종종 내담자가 문제를 파악하고 탐색할 시간을 갖기도 전에 문제를 빨리 해결하려는 경향이 있다. 내담자들이 스스로 문제의 본질을 파악하고 답을 찾도록 하는 데 얼마나 인내심이 있는지 스스로에게 물어보기 바란다. 문제 해결에 빠르게 뛰어들려는 경향이 있는가? 아니면 조언을 많이 주는 경향이 있는가? 고통을 줄이기 위해 즉각적인 답을 원하는 내담자들은 쉽게 조언을 요청할 수 있다. 그러나 조언을 줄 기회는 당신을 우월한 전지적 위치에 놓으며, 내담자를 위한 답을 가지고 있다고 스스로를 설득할 수 있다. 이러한 패턴의 또 다른 측면은 과도한 자기 개방으로, 특히 자신이 삶에서 특정 문제를 어떻게 해결했는지를 내담자에게 이야기하는 경우이다. 이렇게 하면 상담의 초점이 내담자의 어려움에서 당신의 상황으로 이동하게 된다. 내담자가 조언을 구할 때, 조언을 제공하는 것이 그 사람에게 도움이 될지, 방해가 될지에 대해 생각해 보는 것이 좋다. 내담자가 스스로 탐색하도록 격려하기 위해 어떤 방식으로 반응할 수 있을까?

### 개인 성장에 대한 헌신

사람으로서 당신이 아마도 내담자와 성공적으로 연결될 수 있는 가장 중요한 요소일 것이다. 당신이 상담사로서의 역할과 수퍼바이지로서의 역할에 방해가 될 수 있는 개인적인 특성을 재조직하려는 의도를 가지고 있다면, 당신은 무엇인가를 할 수 있는 준비가 잘 된 상태라고 할 수 있다. 당신의 삶의 경험, 태도, 그리고 관심은 효과적인 상담 관계를 구축하는 데 중요한 요소이다. 자기 탐색을 하고자 하는 의도가 없다면, 당신의 두려움, 저항,

그리고 개인적인 갈등이 내담자와 함께 있는 능력에 방해가 될 가능성이 높다. 정직한 자기 평가는 상담사, 수퍼바이지, 그리고 궁극적으로는 수퍼바이저로서의 역할에서 최대한 효과적으로 헌신하는 데 필수적이다.

현장의 목소리에서 Jamie Bludworth는 수퍼바이지으로서 수퍼비전에 처음 참여했을 때의 경험을 공유한다. 그의 경험에 공감할 수 있겠는가? 그의 이야기에서 배울 점이 있는가? 수퍼바이저에게 자신의 생각과 반응을 표현하고 싶었지만 주저했던 적이 있는가?

### 현장의 목소리

#### 수퍼비전에서 나 자신에 대해 충실하게 배우기

*Jamie Bludworth, PhD*

나는 첫 번째 수퍼비전 그룹에 큰 기대와 열정을 가지고 참여했었다. 우리 각자는 개인 성장 집단을 공동 진행하고 있었고, 주당 1.5시간씩 그룹 수퍼비전에 참여해야 했다. 나는 내담자들의 삶을 풍요롭게 하고, 저명한 수퍼바이저에게서 상담 실습의 세부 사항을 배울 것이라고 상상했다. 나는 진지한 자기 성찰과 따뜻한 탐구 과정을 통해 개인적으로나 전문적으로 성장할 것이라고 기대했다. 하지만, 나는 곧 실망하게 되었다.

집단 수퍼비전 미팅에서, 나는 동료들과 수퍼바이저가 집단 실습과 관련된 임상 문제를 논의하는 방식에 대해 동의하지 않는 점이 많다는 것을 발견했다. 그러나 내 의견을 표현하는 대신, 점점 더 침묵하게 되었다. 결국, 나는 수퍼비전에서 계속 침묵하는 것이 비생산적이라는 것을 깨달았다. 그러나 동시에, 수퍼비전에 대한 불만을 표현하는 것이 위험한 도전일 수 있다는 점도 인식했다.

물론, 나는 수퍼바이저의 임상적 판단을 매우 존중했다. 그러나 나는 수퍼비전 집단 분위기에 강한 이견이 있었다. 실망감이 분노로 변하기 시작했다. 수퍼비전에서 어떤 이득을 얻으려면 내 불만을 표현해야 했다. 결국 용기를 내어 내 수퍼비전 그룹에 의견을 표명했을 때, 동료들은 나에게 강한 반응을 보였다. 그러나 수퍼바이저는 나의 우려를 관대하게 받아들였다. 내 의견에 동의하는 사람은 없었지만, 수퍼바이저가 내 말을 기꺼이 들으려 한다는 점은 분명했다.

돌이켜 보면, 나는 첫 번째 수퍼비전 경험을 사용하는 데 많은 실수를 했다는 것을 지금은 알고 있다. 개인적 가치관을 드러내는 데 너무 오래 걸렸다. 나는 수퍼바이저에게 비밀리에 요구했던 진정성과 일치성을 스스로 보여 줄 수 있었을 것이다. 가장 강력한 반응을 숨김으로써, 나는 가장 불쾌했던 환경을 스스로 조성하는 데 일조했던 것이다. 게다가, 나는 수퍼비전 집단에서 발전되는 규범에 저항하면서 수퍼바이저가 제공하는 많은 귀중한 통찰과 제안을 놓쳤다.

이 첫 경험은 나에게 어려웠지만, 자신에 대해 많은 것을 배웠고, 더 효과적으로 수퍼비전을 활용해 지식과 기술 세트를 확장하고, 무엇보다 내담자들을 더 잘 돕는 방법을 배웠다. 수퍼비전 경험이 얼마나 만족스러울지는 나 자신에게 달려 있다는 것을 배웠다. 나는 과정에 대한 인식에 책임을 지는 법을 배웠다. 무엇보다도, 나는 수퍼비전에서 진정으로 나 자신에게 충실하고, 내 목소리를 진솔하고 존중하는 방식으로 내놓는 것의 가치를 깨달았다.

## 수퍼바이저가 경험하는 도전

수퍼바이저로부터 종종 듣는 말 중 하나는 수퍼바이지들이 자신의 임상적 성취와 다른 사람들을 돕는 능력에 대해 얼마나 불안하고 압도감을 느끼는지에 대한 이야기이다. 수퍼바이저는 이러한 불안감을 이해하고 이를 수용하며, 수퍼바이지들과 지지적이고 건설적인 방식으로 함께 일할 의지를 가져야 한다. 이 섹션에서는 수퍼바이지이 불안감과 내담자 실패(실제 또는 인식된 것)에 대한 반응을 처리하는 데 있어 수퍼바이저의 역할에 대해 다룬다.

### 수퍼바이지의 불안

많은 수퍼바이지들은 수퍼비전 경험과 자신의 성과에 대해 불안감을 느끼며, 수퍼바이저들의 평가에 대해 걱정한다. 수퍼바이지마다 불안의 정도는 다르지만, 대부분의 수퍼바이지들은 어느 정도 불안감을 경험한다. 이는 학부 과정 사회복지 프로그램에서든 박사 과정 임상 심리학 프로그램에서든 마찬가지이다. 대부분의 수퍼바이지들은 학교 프로그램에서는 잘해 왔지만, 실제로 자신의 지식을 실습에 적용할 때 불안감이 높아진다. 수퍼바이저로서 우리는 수퍼바이지의 불안감이 흔하며, 때로는 건강한 것일 수 있음을 인식하고, 수퍼바이지들이 불안을 효과적으로 관리할 수 있도록 돕기 위해 무엇을 할 수 있을지에 초점을 맞춰야 한다. 상담사 교육 및 수퍼비전 협회(2011)는 수퍼바이저가 수퍼비전에 해가 되는 불안을 줄이는 방법을 찾으면서도, 어떤 불안은 정상적이고 불가피하며, 수퍼바이지의 성장에 필수적임을 인식하도록 권장한다.

**사례 3.3** **알렉산더**

알렉산더는 심리학 학사 학위를 가지고 있으며, 석사 상담 심리학 프로그램을 시작했다. 그는 여름에 일한 것을 제외하고는 실무 경험을 쌓기 위한 휴식 시간 없이 학교 과정을 계속했다. 그는 참전 용사 병원에서 모어 박사의 수퍼비전하에 진행되는 실습 훈련을 시작했다. 알렉산더는 똑똑하고, 열정적이며, 배우고자 하는 동기가 있다. 하지만 그는 모든 것을 올바르게 수행해야 한다는 강한 불안감이 있으며, 수퍼바이저를 기쁘게 하고 싶어 한다는 것이 뚜렷했다. 모어 박사가 알렉산더의 상담 회기를 관찰했을 때, 내담자에게 호감을 받고자 하는 그의 욕구가 상담 과정에 방해가 되고 있음을 알 수 있었다. 그는 자주 내담자에게 회기가 어떻게 진행되고 있는지, 논의에서 어떤 점을 얻고 있는지, 그리고 그와 함께 일하는 것이 어떤지 물었다. 그는 회기를 마치면서 내담자가 자신이 상담을 잘했다고 생각하는지를 물으며 마무리했다.

알렉산더는 이민자 가정의 첫 세대 대학 졸업자로서 성공에 대한 압박감을 느끼고 있다. 그는 수퍼바이저에게 잘 보이고 싶어 하고, 일을 잘하고 싶어 했다. 모어 박사는 그의 열정과 동기를 꺾고 싶지 않지만, 알렉산더에게 정직하고 건설적인 피드백과 수퍼비전을 제공해야 한다는 사실을 알고 있다. 지지와 이해는 알렉산더 같은 수퍼바이지에게 필수적이다. 모어 박사는 다음과 같은 방식으로 알렉산더에게 접근했다. "당신은 내담자에게 잘 보이고 싶어 하는 마음이 있었던 것 같아요. 상담사로서 잘하고 싶다는 불안감은 대부분의 사람들이, 특히 처음 시작할 때 느끼는 감정입니다. 중요한 것은 '잘하고 싶다'는 불안감에 어떻게 대처하느냐 하는 것입니다. 이 불안감이 상담에 방해가 되지 않도록, 내담자의 요구와 목표를 파악하는 데 장애가 되지 않도록 하는 것이 중요합니다. 불안을 효과적으로 관리할 수 있는 방법을 함께 탐색해 볼 수 있으면 좋겠습니다."

만약 당신이 알렉산더를 수퍼비전하고 있다면, 그의 승인 욕구가 상담 관계에 미치는 영향에 대해 생각해 보게 하기 위해 어떻게 그를 지도하겠는가?

- 알렉산더가 직면한 도전 과제는 무엇이라고 생각하는가?
- 알렉산더가 수퍼비전 과정에서 어떻게 행동할 것이라고 예상하는가?
- 알렉산더의 발달을 지지하는 구체적인 수퍼비전 전략은 무엇이 있을까?

대부분의 초심 수퍼바이지들은 어느 정도 성과 불안을 느끼며, 시간이 지남에 따라 이러한 불안감은 줄어들 것이다. 당신이 수퍼바이지일 때 겪었던 어려움을 공유하면 수퍼바이지들이 편안함을 느끼는 데 큰 도움이 된다. 상담은 정확한 과학이 아니며, 실수를 통해 배우며 발전해 나간다는 것을 알려주기 바란다. 수퍼바이지들이 특정 과제와 기술에서 숙달감을 느낄 수 있는 활동에 참여하도록 해 보라. 수퍼바이지들은 당신의 수퍼비전을 통해 성장하고 배울 가능성을 가지고 있으며, 당신은 수퍼바이저와 멘토로서 그들에게 큰 도움을 줄 수 있는 위치에 있다. 유용한 개입 방법 중 하나는, 적절한 상황에서 수퍼바이지를 동료로 대우하고, 그들이 스스로 배우고 창의적으로 임상 실습을 할 수 있다는 자신감을 심어 주는 것이다.

### 수퍼바이지의 내담자 실패에 대한 반응

상담사가 직면하는 가장 어려운 상황 중 하나는 내담자가 상담에서 진전을 보지 못할 때이다. 이는 경험 많은 상담사에게도 어려운 일이며, 특히 자신의 일이 성공적이길 바라는 수퍼바이지와 자격증을 받기 전 상담사에게는 더욱 어렵다. 수퍼바이저의 역할은 수퍼바이지가 상담에서 긍정적인 결과를 이끌어 내기 위해 최선을 다할 수 있도록 돕고, 결과가 좋지 않을 때 이를 어떻게 받아들여야 할지 지도하는 것이다.

상담에서는 성공뿐만 아니라 실패를 경험할 기회도 많이 있다. 내담자들은 종종 성공의 이유를 상담사의 공로가 아닌 다른 요소로 돌리지만, 실패의 경우에는 상담사가 그 원인으로 지목될 수 있다. 이러한 비난은 내담자나 내담자의 배우자 또는 가족으로부터 올 수 있으며, 종종 상담사 스스로가 실패의 원인으로 자신을 탓하는 경우도 있다. 이는 특히 초심 상담사에게 혼란스러움을 줄 수 있다. 경험 많은 상담사들은 상담 실패의 요인을 평가하는 방법을 익히지만, 초심 상담사들은 종종 자신을 평가할 경험이나 자신감이 부족하여, 자신을 실패의 원인으로 간주하고 낙담하게 된다. 이는 다음의 로베르토의 사례에서도 볼 수 있다.

**사례 3.4** 로베르토

로베르토는 가족 서비스 센터에서 한 부부와 상담을 진행하고 있다. 이 부부는 서로 사랑하고 함께하고 싶어 하지만, 이야기를 나누기만 하면 곧바로 싸움을 시작한다. 로베르토는 이들과 의사소통 기술을 연습하고 있었고, 그들은 약간의 진전을 보이는 것 같았다. 그러나 다음 상담 예약 몇 시간 전, 로베르토는 아내로부터 전화 한 통을 받는다. 그들은 다시 싸웠고, 이혼을 결심했으며, 더 이상 상담 회기에 참석하고 싶지 않다는 내용이었다. 로베르토는 아내에게 질문했다. "어떻게 해서 이렇게 빨리 결정하게 되셨나요? 지금 이 상황에 대해 어떻게 느끼고 계시나요? 남편 분은 어떻게 하고 계시나요? 상담 회기를 취소하게 된 이유는 무엇인가요? 한 번 더 오셔서 이 결정을 논의해 보실 생각은 없으신가요?" 로베르토는 결혼의 신성함에 대한 강한 종교적 신념과 개인적 가치관을 가지고 있었으며, 이러한 믿음은 그가 부부 및 가족 상담을 시작하게 된 주요 이유였다. 그는 다음 수퍼비전 회기에 낙담하고 실망한 채 참석하여 이 사례와 부부 및 관계 문제에 대한 앞으로의 업무에 대해 고민하고 있다.

이 사례에 대한 로베르토의 생각, 감정, 고민에 대해 당신은 어떻게 응답하겠는가? 당신은 로베르토가 이 부부를 계속해서 상담하기 위한 추가적인 조치에 대해 결정하도록 도와주겠는기? 앞으로 이러한 상담 실패에 대처하는 방법을 로베르토에게 가르쳐 주기 위해 필요한 내용은 무엇이겠는가?

변화는 복잡한 과정임을 기억하는 것이 중요하다. 내담자에게 변화를 위한 도구가 제공되더라도, 그들은 이를 실행하지 않을 때가 많다. 비록 내담자들이 무언가를 변화시키기 위해 상담에 왔다고 하지만, 변화는 때때로 위험하거나 두렵게 느껴질 수 있다. 내담자들은 종종 특정 행동을 변화시키고 싶다고 말하지만, 그들의 행동은 여전히 그들이 변화할 준비가 되어 있지 않음을 나타낸다. 그들은 왜 변**해야 하는지**를 알고 있을 수도 있으며, 아마도 변화할 경우 삶이 더 나아질 것이라는 생각을 많이 해 보았을 것이다.

수퍼바이저로서의 역할은 수퍼바이지가 내담자의 성공과 실패에서 분리될 수 있도록 돕는 것이다. 사실, 이러한 분리감을 배우는 것은 매우 어려운 과정이다. 우리는 자신의 노력의 결실을 보고 싶어하기 때문이다. 이 분야에서 장기적으로 살아남기 위해서는 관심과 객관적인 분리 사이에서의 섬세하고 건강한 균형이 필요하다. 일부 조력 전문가들은 이러한 균형을 성공적으로 이루어 내지만, 그렇지 않은 이들도 있다. 수퍼바이저는 수퍼바이지에게 임상적 역량과 내담자 실패에 대해 자신이 하는 생각을 인지하도록 돕는 것이 중요하다. 이를 위해 인지적 재구조화 접근법을 사용하여 수퍼바이지가 자신의 역할과 내담자의 역할에 대한 현실적인 기대를 개발할 수 있도록 도울 수 있다.

## 요약

수퍼비전 관계의 질은 수퍼바이저가 선택하는 방법만큼이나 중요하다. 수퍼바이저와 수퍼비전 관계의 필수적인 요소로는 신뢰, 자기 개방, 전이와 역전이의 이해, 다양성 인식,

그리고 적절한 경계 설정이 포함된다. 수퍼비전 관계는 본질적으로 권력 차이가 내재되어 있지만, 협력적인 관계 스타일을 통해 이를 완화할 수 있다. 수퍼비전 관계와 수퍼바이지가 내담자와 맺는 관계 사이에서 유사한 과정이 나타날 수 있다. 수퍼바이저들은 수퍼비전 관계에 영향을 미칠 수 있는 자신의 개인적인 가치관과 신념, 그리고 수퍼바이지의 가치관과 신념에 대해 인지하는 것이 중요하다.

수퍼비전 관계는 불균형하기 때문에 갈등이 쉽게 발생할 수 있다. 그러나 갈등을 해결하는 과정은 수퍼비전 관계의 질을 향상시킬 수 있다. 수퍼바이지들은 임상 실습을 시작하면서 많은 도전에 직면한다. 수퍼바이저들은 수퍼바이지들이 자기 의심과 불안을 다루고, 내담자 실패에 대해 이야기할 수 있는 환경을 제공하는 데 도움을 줄 수 있다.

수퍼바이저가 수퍼바이지와의 협력적 관계를 구축하고 유지하는 데 투자하는 시간과 노력은 수퍼바이지의 학습의 질을 높이는 데 기여할 것이다. 이 관계는 치료적 지식과 기술을 습득하는 기초가 된다. 자신이 수퍼바이저들과 맺었던 관계에서 중요하게 여겼던 점을 성찰하는 것은 다른 사람을 수퍼비전 할 때 접근 방식을 설계하는 데 좋은 방법이 될 수 있을 것이다.

## 학습 활동

1. 소그룹 토론: 효과적인 수퍼비전을 위해 수퍼비전 관계에서 필수적이라고 생각하는 요소들에 대해 토론해 보라. 수퍼비전 경험을 통해 배운 점들을 공유하고, 수퍼바이지으로서의 경험이 수퍼바이저로서의 업무에 어떤 도움을 줄 수 있을지 논의해 보라. 각 그룹은 공통된 주제를 큰 그룹과 공유해 보라.
2. 자기 성찰: 자신의 수퍼비전 경험을 성찰해 보고, 처음 내담자를 만났을 때 가졌던 두려움과 우려에 대해 일지에 써 보라. 이러한 두려움이 내담자와의 작업에 어떤 영향을 미쳤는가? 두려움과 우려를 어떻게 다루었는가? 이러한 통찰을 수퍼바이저로서 성장하는 데 어떻게 활용할 수 있을 것인가?
3. 소그룹 전략 논의: 수퍼바이지가 내담자와의 상담 실패에 반응하는 방식에 대해 대응할 수 있는 몇 가지 전략을 소그룹에서 찾아보라. 당신 자신은 내담자와 작업에서 실패했을 때 이를 어떻게 바라보는가? 내담자의 실패에 대한 자신의 책임 정도를 어떻게 평가하는가? 그룹에서 수퍼바이지가 내담자와 작업 중 실제로 혹은 실수했다고 생각하는 부분을 다루기 위한 수퍼비전 전략을 탐색해 보라.
4. 수퍼바이저로서의 우려 논의: 자신이 수퍼바이저가 되는 것에 대해 지니고 있는 주요한 우려를 찾아보고 공유해 보라. 가장 큰 도전으로 다가오는 것은 무엇인가?
5. 역전이에 대한 논의: 수퍼바이지의 역전이를 가장 잘 다룰 수 있는 방법을 생각해 보라. 수퍼비전과 상담 사이에는 미묘한 경계가 있으며, 역전이 문제를 다루는 데는 수퍼바이지의 용기와 수퍼바이저의 지혜가 필요하다.
6. "미투(Me Too)" 운동의 영향 논의: 수퍼비전 관계에 대한 "미투(Me Too)" 운동의 영향에 대해 함께 토론을 진행해 보라.

chapter

# 04

# 수퍼비전 모델

chapter 04

# 수퍼비전 모델

## 핵심 질문

1 당신의 수퍼바이저들은 각각 어떤 수퍼비전 모델들을 사용했는가? 당신의 수퍼바이저들이 그들의 모델에 관해 당신과 논의했었다면, 어떻게 모델이 설명되었는가?

2 현재 당신이 수퍼비전에서 가장 관심을 가지고 있는 접근은 어떤 접근인가? 이러한 접근이 수퍼바이지에 대한 당신의 기대에 어떻게 영향을 미치는가?

3 수퍼비전에서 팀 기반 접근의 장점은 무엇인가?

4 당신 자신의 통합적 수퍼비전 모델을 위해 가장 통합시키고 싶은 이론적 측면들은 무엇인가?

5 구직 면접에서 당신의 수퍼비전 모델을 설명하라고 하면, 어떻게 말할 것인가?

6 왜 수퍼비전 모델을 갖는 것이 중요한가? 모델은 수퍼비전에 어떻게 영향을 미치는가?

7 신경 정보 지향적 수퍼비전 방식은 당신의 수퍼바이지들과 내담자들에게 어떠한 가치를 줄 수 있겠는가?

이 장에서 우리는 수퍼비전의 이론적 기초에 대해 초점을 두고자 한다. 수퍼바이저는 왜 정신 역학적 접근을 사용하고 전이와 역전이 탐색을 믿는지, 왜 수퍼바이저가 수련생의 발달 수준에 맞추어 수퍼비전을 제공하며, 초심 훈련 중에는 더 많은 구조를 제공하는지, 왜 동료들을 수퍼비전 과정에서 활용하는지 또는 왜 이론을 통합하고 다양한 접근법을 도출하는지 설명할 수 있어야 한다. 우리는 수퍼비전의 이론적 기초를 설명하기 위해 발달이론, 정신 치료 기반, 그리고 통합 모델들을 살펴볼 것이다. 또한 Moulton(2019b)이 개발한 새로운 팀 기반 프로세스 모델을 소개하고자 한다. 우리는 상담 수퍼비전에서 사용할 수 있는 다양한 모델들을 제공함으로써, 당신이 어떻게 가장 잘 작동하는 프레임워크를 개발할지 고려하도록 영감을 주기 바란다. 수퍼비전의 이론적 프레임워크에 대한 이 넓은 시각은 나중 장에서 적용될 주제를 논의하는 데 기초를 제공한다.

어떤 모델들은 이미 확립된 심리치료 모델에 근거를 두고 있는 반면, 다른 모델들은 수퍼비전 과정을 설명하기 위해 특별히 개발되었다. 이러한 모델들 중 대다수는 비교적 새로운 모델이며, 기존의 모델들을 확장시키거나 일부 요소들에 기반을 두어 개발되었다. 이러한 모델들은 수퍼비전과 적용 방식을 다루는 방식에서 다소 차이가 있기 때문에 모델들을 비교하고 대조하는 것은 어려운 일이다. 당신에게 비교를 위한 기반을 제공하기 위해서 우리는 다양한 모델들의 구성 요소와 관련된 우리의 관점을 제공하고자 한다.

수퍼바이저는 수퍼비전 방식이나 모델을 설명하고, 수퍼비전이 어떤 정책, 목표, 상담 및 훈련에 대한 이론적 방향성을 가지고 있는지 설명함으로써 수퍼바이지들이 수퍼비전에서 최대한의 이익을 얻을 수 있도록 도울 수 있다. 미국 정신건강 상담사 협회(AMHCA)의 **미국 정신건강 상담의 실천에 대한 표준**(American Mental Health Counselors Association [AMHCA], 2016)에는 수퍼바이저가 "현재의 수퍼비전 모델과 그것들이 수퍼비전 과정에 어떻게 적용되는지에 대한 실제적 지식을 이해하고 있어야 한다"고 명시되어 있다. 이 과정에서 당신을 돕기 위해 우리는 각 모델을 자세히 살펴보고 수퍼비전 실제에 적용하는 방법에 대해 논의하고자 한다.

## 수퍼비전 모델 이해

**모델**은 사물(상황)이 무엇인가와 그것이 어떻게 작용하는지에 대한 기술이다. 수퍼비전 모델은 수퍼비전이 무엇이며 어떻게 수퍼바이지의 학습과 전문적 발달이 일어나는가에 대한 이론적 기술이다. 어떤 모델은 학습과 발달을 하나의 과정으로 기술하기도 하고, 또 다른 모델은 학습과 발달을 초래하기 위해서 수퍼비전에서 무엇이 이루어져야 하는지에 관한 구체적 사항들을 기술하기도 한다. 완전한 모델은 학습이 어떻게 일어나는지와 함께 수퍼바이저와 수퍼바이지가 이러한 학습을 가져오기 위해 무엇을 해야 하는지도 포함한다. 효과적인 수퍼바이저는 명확히 기술된 수퍼비전 모델이 있다: 그들은 수퍼바이지와 어디로 가고 있는지, 그곳에 도달하기 위해 무엇을 해야 하는지를 안다.

초기의 수퍼비전 모델은 주로 심리치료 과정에 크게 의존했다. 이것은 상담을 수행하는 데 능숙한 상담사들이 수퍼비전도 능숙하게 할 것이라는 개념과 일관되었다. 수퍼비전에 관한 수많은 정보가 발전함에 따라 수퍼비전에 특화된 모델이 개발되었다. 이러한 모델들은 지금까지도 진화하고 있으며 향후 모습이 달라질 수 있다.

Bernard와 Goodyear(2019)는 수퍼비전 모델을 발달 모델, 심리치료 중심 모델, 과정 모델 및 2세대 모델의 네 개 그룹으로 분류했다. 2세대 모델은 지난 20년간 등장한 것으로, 두 개의 확립된 수퍼비전 모델을 통합하는 **통합 모델**(combined model); 다문화주의와 같은 특정 중요한 이슈에 초점을 맞추는 **대상 이슈 모델**(target issue model); 그리고 여러 수퍼비전 모델의 공통 특성에 초점을 맞추는 **공통 요인 모델**(common factor model)을 포함한다(p. 56). 우리는 당신이 자신만의 수퍼비전 모델을 개발하는 데 도움을 주고자 수퍼비전의 특성과 차이를 설명하고자 한다. 이를 위해 발달 모델, 심리치료 중심 모델 및 통합 모델의 수퍼비전 모델을 세 가지 그룹으로 분류하여 논의한다.

수퍼비전 모델은 수퍼비전 기술을 개발하기 위한 이론적인 지도 역할을 한다. 수퍼바이지를 어떻게 바라보는지, 수퍼비전의 임무는 무엇인지, 그리고 수퍼바이저의 역할은 무엇인지를 이해하는 것은 다양한 개입 전략 중 어떤 것을 선택할지 결정하는 데 도움이 된다. 당신의 수퍼비전의 이론적 모델을 정리하기 시작할 때, 당신의 모델이 상담 및 수퍼비전 경험을 쌓으면서 그리고 인생과 전문적 경험에서 얻는 지혜를 발전시키면서 진화할 것임을 기억하기 바란다.

## 발달 모델

발달 모델은 수퍼비전을 하나의 발달 과정으로 보며, 각각의 발달 단계에서 나타나는 특성과 기술을 정의하였다. 초심 상담사의 특징은 자신감 부족과 제한된 기초 기술로 나타난다. 좀 더 숙련된 수퍼바이지는 경험과 수퍼비전을 통해 자신감과 기술을 발달시키며 자부심을 가진 상담사로 발달한다. 발달 모델에서 수퍼비전 방식은 수퍼바이지가 전문적으로 발달하고 성장함에 따라 그의 자신감과 기술 수준에 적합하도록 조정된다. 심지어 동일한 수퍼바이지와도 다양한 스타일이 요구될 때 유연할 필요가 있다. 사례 4.1은 한 수퍼바이저가 기술면에서 서로 다른 수준인 두명의 수퍼바이지에게 반응하는 방식을 보여 준다.

**사례 4.1** **제스퍼와 산드라**

제스퍼과 산드라는 상담 석사 과정의 학생이며, 이들 모두 지역 정신건강 센터에서 인턴 수련을 시작했다. 제스퍼는 상담을 처음 접하는 학생인 반면, 산드라는 부부 상담과 가족 상담 과목을 많이 들었으며 수년 동안 지역 정신건강 센터에서 일해 왔다. 이들 모두 가족 치료 부서에 배정되었다.

라만 박사는 이들 학생들을 수퍼비전 하고 있으며 개별 수련생의 현재의 상담 역량에 대한 초기 평가를 실시하였다. 그는 산드라가 가족들과 일하는 데 있어 풍부한 지식을 갖고 있으며 숙련된 반면, 제스퍼은 이러한 집단을 대상으로 한 상담 경험이 없다는 점을 알게 되었다. 몇 주 동안 라만 박사는 산드라를 수퍼비전 할 때는 사례 자문 방식을 주로 사용하였다. 수퍼비전에서 이들은 다양한 접근에 대해 생각해 보고 이들 접근과 관련된 연구들을 논의하였다. 산드라는 피드백에 즉각적으로 반응하였으며, 자신의 학습에서 주도성을 갖고 있었다. 라만 박사는 다음과 같은 질문을 했다. "가족 치료에서 최신 방법에 관해 우리가 어떻게 함께 배울 수 있겠습니까?" 산드라와 라만 박사는 다양한 주제와 관련된 학술 논문을 읽고 수퍼비전 회기에서 이들이 학습한 것을 논의하였다.

제스퍼을 위한 수퍼비전에서는 라만 박사가 다른 접근을 취하였다. 그는 제스퍼가 불확실해 보이고 세부 사항에 집중하기 어려워하며 과제를 미루는 것을 알아차렸다. 또한 건설적 비판을 받을 때 쉽게 좌절하는 것을 알게 된다. 제스퍼는 자신이 ADD로 어려움이 있으며 수퍼비전 하에 상담하는 압박이 자신에게는 어렵다는 점을 이야기했다. 라만 박사는 제스퍼와 함께 추가 시간을 내어 접근 방식, 전략 및 내담자와의 상담 단계에 대한 정보를 리뷰했다. 그는 제스퍼에게 자신이 가족 치료 회기를 진행하는 것을 관찰하도록 하고 그가 사용하는 방식과 그러한 방식이 적절한 이유에 대해 논의했다. 시간이 지난 후 라만 박사는 제스퍼의 상담작업을 직접 관찰할 수 있게 그가 박사와 함께 회기를 진행하도록 했다. 수련 기간 동안 그는 직접 관찰과 녹화를 사용하고 제스퍼에게 더 많은 자율성을 주었다.

산드라와의 수퍼비전에서 라만 박사의 역할은 동료, 자문가로서의 역할이 더 많았지만 제스퍼와의 수퍼비전에서는 교사의 역할이 더 컸으며 모델링의 역할을 많이 했다. 라만 박사가 선택한 수퍼비전 접근은 수퍼바이지의 능력 수준에 근거하고 있다.

- 이러한 학생들 각각에게 적절한 수퍼비전 목표는 무엇인가?
- 산드라와 같은 학생과 함께 작업할 때 어떤 어려움이 있을 수 있는가?
- 제스퍼와 같은 전문성 발달 수준의 학생과 함께 작업하는 것의 보상은 무엇인가?
- 이중 어떤 학생이 당신에게 더 쉬우며, 그것이 당신의 수퍼비전 역할에 어떻게 영향을 미칠 수 있는가?

## 통합 발달 모델

가장 유용한 발달 모델 중 하나는 Stoltenberg와 그의 동료들에 의해 개발된 통합 발달 모델(Integrated Developmental Model: IDM)이다(McNeill & Stoltenberg, 2016; Stoltenberg et al., 1998; Stoltenberg & McNeill, 2010). 이 모델은 수퍼바이지의 세 가지 발달 수준과 각 발달 수준에 따른 수퍼바이저의 역할을 설명한다. "이 모델의 특징은 수퍼바이지가 연속적으로 발전하며, 이 연속의 다른 시점마다 특별히 필요한 것들이 있으며, 이러한 다양한 시점에서 서로 다른 개입이 필요하다는 것이다"(Westefeld, 2009, p. 300). Stoltenberg와 동료들(1998)은 인간 발달 단계와 유사하게, 수퍼바이지가 세 가지 수준을 명확히 구분되게 거치는 것은 아니라는 점을 강조했다. 즉, 수퍼바이지는 개인 상담에서는 높은 기술을 갖고 있을 수 있지만, 집단 상담을 이끌 때는 초보일 수 있다. 1단계 수퍼바이지는 입문 단계 상담사로서 일반적으로 자신감과 기술이 부족하다. 그들은 수퍼바이저로부터 더 많은 구조와 지시가 필요하다. 2단계 수퍼바이지는 보다 자신감이 있으며 자신의 능력과 의사 결정 과정에 의존하기 시작한다. 수퍼바이저는 때때로 지시를 제공할 수 있지만, 보다 과정 이슈에 집중하여 수퍼바이지의 개인적 반응과 문제가 어떻게 상담사로서의 기능에 영향을 미치는지를 탐색한다. 3단계에서는 수퍼바이지가 수퍼비전에 대한 대부분의 구조를 제공한다. 자신감 수준이 빠르게 성장하고, 수퍼비전은 더욱 비공식적이고 동료적인 상호 작용으로 이루어지며, 수퍼바이저는 컨설턴트로서 역할을 한다. Stoltenberg와 동료들은 발달 수준을 평가하기 위해 상담 실무의 여덟 가지 영역을 확인했다: 개입 기술 역량, 평가 기법, 대인적 평가, 내담자 개념화, 개인적 차이, 이론적 방향성, 치료 계획과 목표, 전문적 윤리. IDM은 잘 설계된 다목적 발달 모델로, 학교(Gallo, 2013), 정신 건강 클리닉에서 섭식장애 환자 치료(Boie & Lopez, 2011), 그리고 외국인 학생 상담과 같은 다양한 맥락과 설정에서 사용할 수 있다(Yee, 2018; Zhou et al., 2019). IDM 모델은 여기서 다 나열하지는 않았지만 다양한 장면에서 사용될 수 있다. 수퍼바이저는 수퍼바이지의 발달 단계를 이해하고 수퍼바이저의 기술과 접근법을 발달 단계에 맞게 맞추는 것이 중요하다. 다양한 수퍼비전 방법과 기법을 활용하여 수퍼바이지가 유능한 치료사로 발전하는 과정을 도울 수 있다. Michelle Muratori는 IDM이 수퍼바이지의 전문적 발달을 안내하는 유용한 작업 모형이라고 생각하며, IDM 모델이 자신의 수퍼바이저로서의 발달을 이해하는 데 도움이 되었다고 생각한다. 이 점을 다음에 나오는 개인적 관점에서 설명한다.

## Michelle Muratori의 개인적 관점

수퍼비전은 복잡한 작업이기 때문에 수퍼비전에서 무슨 일이 일어나고 있는지 이해하기 위한 이론적 관점을 갖는 것이 필수적이다. 몇 차례에 걸쳐서, 나는 초심 수퍼바이지들이 상담이 초기에 생각한 것보다 훨씬 복잡하다는 점에 놀랐다는 댓글을 보았다. 상담사로 발달하는 과정을 시작한 짧은 시간 동안, 수퍼바이지들은 상담사와 내담자 사이에 자연스러운 대화로만 보였던 것들이 실제로는 많은 기술, 지식, 자기 반성 및 연습이 필요하다는 것을 깨닫게 된다. 상담 분야에 끌리는 이유는 자신을 좋은 대화 상대 및 동정심 있게 들어주는 사람으로 생각하기 때문이다. 그러나 발달 초기의 중요한 시기에, 수퍼바이지들은 친구나 가족들과의 대화와는 달리 효과적인 내담자와의 대화가 이론적 관점에 근거하고 탄탄한 이성적 근거가 있어야 한다는 것을 깨닫게 된다. 배워야 할 것이 많다는 것을 깨닫는 것은 압도적이지만, 이것은 성장의 원동력이 될 수 있다. 수퍼바이지들은 이러한 발달 단계(1단계)를 불편하게 느낄 수도 있겠지만, 나는 이것을 흥미롭고 희망적으로 여긴다. 왜냐하면 강한 열망을 갖고 있는 사람들이 과정에 몰입하여 불편한 지점을 벗어나 자율성(2단계)을 향해 나아갈 것이기 때문이다.

나는 병렬 과정(parallel process)을 믿는다. 상담사가 발달 과정을 경험하는 것과 마찬가지로 수퍼바이저도 마찬가지이다. 수퍼바이저가 효과적인 상담 기술을 가지고 있다면 더 효율적으로 수퍼비전을 수행할 수 있겠지만, 이러한 상담 기술만으로 성공적인 수퍼바이저가 될 수는 없다. 나는 박사 과정 학생으로 수퍼비전 실습에 참여했을 때 3단계 상담사였을지라도, 수퍼바이저로서의 기술은 아직 발달되지 않았다. 나는 수퍼바이지의 능력을 평가해 본 적이 없었고, 전문직의 진입 제한 문지기가 되는 책임은 나를 불안하게 만들었다. IDM을 나 자신에게 적용해 보면서, 나는 내 자신에 대해 좀 더 인내심을 가질 수 있었으며, 이는 내 반응이 정상적이라고 생각하고 발달 수준에 따라 수퍼바이지들이 가질 수 있는 일부 우려와 문제를 예측하는 데 도움이 되었다.

IDM은 수퍼비전에서 발생하는 특정 역동을 이해하는 데도 도움이 된다. 초심 수퍼바이저는 모든 것을 "올바르게" 하고 모든 가능한 포인트를 수퍼바이지들과 함께 다뤄야 한다고 느낄 수 있다. 1단계 수퍼바이지가 이러한 경험이 부족한 (1단계) 수퍼바이저를 만나면, 수퍼바이지는 상담에 대한 지침을 구하고 상담 관련 지식을 적극적으로 습득하려고 노력하고 있으므로 효과적일 수 있다. 반면에, 수년간의 임상 경험을 갖고 있는 3단계 수퍼바이지는 이러한 1단계 수퍼바이저의 접근법에서 혜택을 받지 못할 수 있다. 기초를 완전히 익히고 더 많은 자율성을 원하는 2단계 수퍼바이지도 또한 이러한 1단계 수퍼바이저의 지시에 저항할 수 있다. 경험이 부족한 수퍼바이저는 수퍼바이지의 저항을 무례함으로 해석할 수 있지만, 자신감이 있는 경험 많은(3단계) 수퍼바이저는 수퍼바이지의 행동을 발달적 맥락에서 이해하고 개인적으로 받아들이지 않을 수 있다. 물론, 성격, 기질, 연령, 성별, 인종, 민족성, 성적 지향, 능력/장애, 그리고 억압과 사회적 불의 경험과 같은 요인의 영향을 고려해야 한다. 이러한 요소들을 추가하면, 수퍼비전은 기하급수적으로 더 복잡해진다.

### 전생애 모델

Skovholt와 Ronnestad(1992, 1995, 2012)가 제안한 전생애 모델(Life-Span Model)은 확장된 발달 모델로서 상담사의 발달 과정을 오랜 기간에 걸쳐 이루어지는 것으로 설명하고, 이를 대학원 시절에 국한하지 않는다. Purswell과 동료들(2019)은 “상담사의 정체성 발달을 전문 경력 전반에 걸쳐 이해하는 것은 상담 리더들이 학사 및 석사 이후의 상담사들의 정체성 발달을 의도적으로 촉진하며, 전문성을 갖고 일할 수 있게 하기 위해 특히 중요하다”고 지적한다(p. 129). 질적 및 양적 연구들이 시간이 지남에 따라 상담 수퍼바이지와 전문 상담사의 정체성에서 변화가 관찰된다는 것을 보여 준다(Purswell et al., 2019). Skovholt와 Ronnestad(1992)는 대학원생부터 경력이 많은 상담사까지 인터뷰하여 상담사 발달을 특징짓는 여덟 가지 주제인 역량, 전문 훈련으로의 전환, 전문가 모방, 조건부 자율성, 탐색, 통합, 개별화, 그리고 통합성을 도출했다.

그들의 아이디어가 발전하면서, Skovholt와 Ronnestad(1995)은 상담사 발달을 여섯 단계로 개념화했다. 이 단계들은 “훈련 전 단계 (일반/전통적 도움 제공자), 두 가지 학생 단계 (초심 학생, 고급 학생), 그리고 세 가지 졸업 후 단계 (초심 전문가, 숙련 전문가, 그리고 고위 전문가)”로 구성되어 있다(Purswell et al., 2019, p. 131). 이 모델은 수퍼바이저가 상담사들이 경험하는 발달 과정을 개념화하는 데 유용하며, 수퍼바이저는 수퍼바이지의 필요에 맞추어 수퍼비전 방법을 조정할 수 있다.

발달 모델에 대한 더 자세한 내용은 McNeill과 Stoltenberg(2016), Skovholt와 Ronnestad(1992), Stoltenberg와 McNeill(2010), 그리고 Stoltenberg, McNeill과 Delworth(1998)를 참조하기 바란다.

## 발달 수퍼비전에서 신경학적 개념

오늘날 빠르게 변화하는 세계에서 신경과학의 발전은 상담사들이 정신 건강 문제의 생리적 및 생물학적 기초의 중요성에 초점을 맞추도록 하고 있다. 동시에 불안, 스트레스, 우울증 및 기타 정신 건강 문제의 비율이 증가하고 있다. 전문가들은 오래전부터 마음과 몸의 연결에 대해 이야기해 왔으며, 이제 신경 과학이 정신 질환과 정신 건강의 신비를 밝히는 역할을 더 잘 이해하고 있다. Russell-Chapin과 Chapin(2016, 2020)은 신경 정보를 기반으로 한 상담과 수퍼비전을 촉진하는 데 앞장서고 있으며, 신경 상담 개념이 발달 수퍼비전 관점 내에서 어떻게 구현되어 이 과정을 향상시킬 수 있는지 설명한다(Russell-Chapin & Chapin, 2020). 현장의 목소리에서 그들은 신경학적 개념과 과정이 수퍼비전에서 어떻게 작동하고 수퍼바이지의 기술에 어떤 영향을 미치는지 설명하며, 여기에는 즉시성의 사용에서부터 정서적 자기 조절에 이르기까지 다양한 내용이 포함된다.

### 현장의 목소리

#### 신경 기반 임상 수퍼비전

*Lori A. Russell-Chapin, PhD, Theodore J. Chapin, PhD*

기능적 자기공명영상(fMRI) 연구에 따르면 상담이 뇌의 신경 가소성을 긍정적으로 변화시킨다는 것으로 알려져 있지만, 상담 수퍼비전의 신경적 이점을 입증하는 연구는 없다. 상담과 수퍼비전에서 병렬 과정이 있다는 점을 고려할 때, 수퍼비전에서도 동일한 긍정적인 신경 가소성이 발생하는 것은 당연하다. 따라서 수퍼바이저와 수퍼바이지는 신경 기반 지식을 갖추고, 신경 상담의 기본 개념과 수퍼비전에 대한 함의를 이해하는 것이 필요하다. 간단히 말해, 신경 상담(neurocounseling)은 행동의 생리적 기초에 기반한 통합 모델을 제공하여 뇌와 몸을 정서적 및 행동적 건강과 연결시킨다.

수퍼비전 과정의 모든 구성 요소와 각 수퍼비전 모델은 신경 과학의 중요한 보완 요소를 가지고 있으며, 이는 최적의 수퍼비전 기술과 모델을 의도적으로 선택하는 데 도움을 준다. 신경 해부학과 신경망의 기본을 이해하면 수퍼바이저와 수퍼바이지는 주요 뇌 기능을 활용하는 기술을 더 신중하게 선택할 수 있다. 예를 들어, 요약 기법이 내담자가 내적으로 성찰하고, 사회적 작업 기억을 활성화하며, 자신의 세상을 더 잘 이해하는 데 도움을 준다는 것을 알고 있다. 이를 통해 그들은 뇌의 기본 모드 네트워크(DMN)를 활성화한다. 마찬가지로, 수퍼바이저가 수퍼바이지에게 수퍼비전 질문에 대해 반성하거나 특정 기술 선택의 근거를 설명하거나, 단순히 상호 침묵의 순간을 가지도록 요청할 때도 DMN이 활성화되어 자신의 경험에 대한 더 깊은 이해를 제공한다. 신경 처리가 상담 수퍼비전에 어떻게 영향을 미치는지를 이해하면 수퍼비전의 질과 결과를 크게 향상시킬 수 있다.

두 번째 예는 즉시성의 사용과 관련이 있다. "지금 이 순간"에 집중하는 것은 여러 가지 가능한 신경망을 활성화할 수 있게 한다. 여기에는 실행 기능(계획, 조직화 또는 충동 제어)을 위한 전두엽 피질과 감정 및 기억 처리를 위한 변연계가 포함될 수 있다. 수퍼비전의 상호 과정을 통해 수퍼바이저와 수퍼바이지는 서로의 반응을 반성하고, 유사점을 주목하고, 차이점을 인정하며, 이러한 신경학적으로 풍부한 반응으로부터 이익을 얻을 수 있다.

많은 구체적인 예시가 있지만, 상담 수퍼비전에 적용되는 일반적이지만 중심적인 신경학적 개념은 생리적 및 정서적 자기 조절의 실천이다. 복식 호흡, 심박 변이도, 피부 온도 조절(기본 바이오피드백 기술)과 같은 기술은 수퍼바이지가 차분함을 유지하고 최적의 인지 효율성을 발휘하는 데 도움이 될 수 있다. 이는 수퍼바이지가 수퍼비전을 더 잘 활용하고, 수퍼바이지의 개인 생활에 이익을 주며, 동일한 기술을 내담자와의 작업에 적용할 수 있게 한다.

신경 상담 자기 조절 기술을 수퍼바이지와 내담자에게 가르칠 때, 숙련된 대화 치료와 수퍼비전은 더 효과적이 된다. 한 번 확립되면, 수퍼바이지는 개인적인 안전감을 더 잘 유지하고 수퍼비전 피드백에 더 잘 반응하고 받아들일 수 있게 된다. 학습 이론의 부정적 편견 개념에 따르면, 수퍼바이지는 위협을 느낄 때 방어적이 될 수 있다. 비판적이고 심지어 건설적인 피드백도 방어적인 반응을 유발하여 변연계가 통제권을 잡게 한다. 이러한 조건에서는 부정적인 피드백만 기억되고 긍정적인 피드백은 생존에 필요하지 않기 때문에 최소화되거나 잊혀질 것이다. 대인 관계 기술을 사용하여 라포를 구축하고, 신경학적으로 기반한 자기 조절을 가르쳐 안전한 수퍼비전 환경을 보장하며, 긍정적인 피드백을 두세 번 반복하는 수퍼바이저는 수퍼바이지의 학습을 향상시킬 것이다.

뇌와 몸의 연결을 이해하지 못하면 수퍼바이저는 덜 효과적일 것이다. 우리 모두를 움직이는 핵심 생리학을 보지 않고 어떻게 수퍼바이지와 내담자를 완전히 참여시킬 수 있을까? 신경 상담 기반 교육으로 수퍼바이지에게 권한을 부여하면, 이는 그들과 그들의 내담자에게 유익한 지식과 기술을 제공한다. 우리의 내담자와 수퍼바이지가 자기 조절을 향상시키기 시작하면, 그들은 일관되게 "내가 내 호흡과 피부 온도를 조절할 수 있다면, 내 인생의 문제도 확실히 조절할 수 있다"고 외친다. 이러한 내부 통제의 새로운 감각은 우리 학생들, 그들의 내담자, 그리고 우리의 직업의 미래에 큰 희망을 준다.

이 주제에 대한 더 심도 있는 논의를 위해서는 『상담 수퍼비전에서 신경상담의 통합: 성공을 위한 전략(Integrating Neurocounseling in Clinical Supervision: Strategies for Success)』(Russell-Chapin & Chapin, 2020)을 참조하기 바란다.

## 심리치료 기반 모델

심리치료 기반 모델은 심리치료를 위해 개발된 개념을 수퍼비전 환경에 적용하는 것을 목표로 한다. 당신의 이론적 지향에 따라, 이 모델들 중 하나 또는 그 이상이 당신의 스타일과 어우러질 수 있을 것이다.

### 정신 역동 모델

Norberg와 동료들(2016)은 "수퍼비전에서 '내담자 중심' 수퍼비전과 '상담사 중심' 수퍼비전 사이의 오랜 역사적 논란이 있었다"고 지적했다. 오늘날 이 학자들에 따르면, 수퍼비전 관계는 보다 평등해졌고, 수퍼바이저들은 과거에 했을지도 모르는 수퍼바이지를 병리화하는 것에서 벗어나고 있다. 이보다 현대적인 형태의 정신 역동 수퍼비전(관계 모델)은 수퍼비전 관계를 수퍼비전의 중심에 두고 있다.

강한 학습 또는 작업 동맹이 확립된 안전한 환경 내에서 수퍼비전의 주요 초점은 수퍼바이지의 자기 인식과 대인 관계 역동의 개발 및 상담에서 정신 역동적 접근을 사용하는 데 필요한 기술의 개발에 있다. 수퍼바이저는 이러한 문제들이 상담 과정에 영향을 미치는 한도 내에서 수퍼바이지의 개인 문제에 관심을 가진다.

이 모델은 수퍼바이지의 저항, 내담자에 대한 반응 방식 및 상담사에 대한 내담자의 반응(전이)과 같은 역동을 강조한다. 전이는 상담 과정에서 흔하기 때문에, 내담자의 상담사에 대한 반응의 의미를 이해하고 상담사가 자신의 전이에 대한 반응을 이해하는 것이 중요하다. 정신 분석 모델은 전이와 역전이의 의미를 이해하는 데 가장 풍부한 관점을 제공한다. 정신 역동적 접근에서는 전이와 역전이가 상담 과정의 중심으로 간주된다. 이 수퍼비전 모델에서는 내담자-상담사 반응이 상담 과정에 어떻게 영향을 미치는지를 이해하는 데 중점을 둔다.

3장에서 언급했듯이, 병렬 과정은 종종 정신 역동적 접근과 함께 논의된다(Borders & Brown, 2005). 이는 수퍼바이지가 상담사로서 내담자와의 행동이 반영된 수퍼바이저와의 상호 작용을 의미한다. 수퍼바이저의 임무는 이러한 병렬 관계를 탐구하여 수퍼바이지가 더 나은 상담사가 되는 방법을 배우도록 돕는 것이다. 예를 들어, 상담사가 내담자와의 종결에 어려움을 겪을 수 있다. 그녀의 상담 관계 종료에 대한 양면성은 내담자가 전문적인 관계의 종결에 대해 이야기하기를 꺼리는 저항으로 나타날 수 있다. 상담사는 자신의 삶에서의 손실과 관계 종료에 관한 미해결 개인 갈등이 있을 수 있으며, 이는 수퍼비전 관계를 마무리할 때 표면화될 수 있다. 병렬 과정은 상담이 상담사의 미해결 개인 문제로 인해 지체될 수 있는 방식을 이해하는 렌즈를 제공한다.

다음은 정신 역동적 지향을 가진 수퍼바이저들이 자주 묻는 질문과 반응이다:

- 우리 수퍼비전 작업과 당신이 내담자와 공유하는 관계 사이에 어떤 유사점이 있나요?
- 당신이 수퍼바이저로서 내 승인을 원한다는 것에 대해 이야기했습니다. 내담자가 당신을 승인하지 않을까봐 도전하기를 꺼리는 것은 아닌지요?
- 내담자의 저항이 어떤 목적을 가지고 있는지에 대해 잠시 생각해 보세요.
- 당신은 내담자에 대해 매우 강한 감정적 반응을 보이는 것 같네요. 이 감정을 당신의 삶에서 어디서 또 누구와 경험할 수 있을까요?

### 인간 중심 모델

인간 중심 접근법에서 수퍼비전은 수퍼바이지가 개인적 및 전문적 개발을 위한 막대한 자원을 가지고 있다고 가정한다. 수퍼바이저는 모든 가르침을 담당하는 전문가로 여겨지지 않으며, 수퍼바이지가 이 과정에서 능동적인 역할을 맡는다. 수퍼비전 과정에서 발생하는 학습은 수퍼바이저와 수퍼바이지 간의 협력적 노력의 결과이다. 수퍼바이저가 수퍼바이지에게 지시나 조언을 제공하기보다는, 수퍼바이지가 사례를 어떻게 진행할지 스스로 생각하도록 격려한다. 상담 결과가 상담 관계의 질에 크게 좌우되듯이, 수퍼비전의 결과도 수퍼비전 관계의 질에 달려 있다.

이 모델에서 수퍼바이저의 공감, 따뜻함, 진정성은 신뢰할 수 있는 관계를 촉진하여 수퍼바이지가 성장하고 발전할 수 있게 한다. 수퍼바이저는 성장할 수 있는 분위기를 제공하는 것이 중요하다. 수퍼바이지가 이해받는다고 느끼면, 더 적극적으로 수퍼비전 회기에 자신의 고민을 가져올 가능성이 높아진다.

인간 중심적 관점의 수퍼비전은 수퍼바이저의 평가 역할을 약화시키고, 수퍼바이저가 직업의 진입 제한 문지기로서의 역할을 수행하는 것에 대해 의문을 제기한다. 이는 수퍼바이저에게 평가와 진입 제한 기능의 역할이 포함되는 책임 때문에 잠재적인 윤리적 또는 법적 딜레마를 초래할 수 있다.

다음은 인간 중심적 수퍼바이저가 자주 사용하는 질문과 반응이다:

- 그 회기에서 내담자와 함께 있었던 경험에 대해 더 이야기해 주셨으면 좋겠어요.
- 내면의 방향을 더 신뢰하기 바랍니다.
- 어떻게 진행해야 할지 정말 모르겠다고 말씀하셨지만, 만약 알고 있다면 어떤 행동을 취할까요?
- 오늘 내담자와의 경험에서 무엇이 중요하다고 느꼈나요?
- 내담자와 함께하는 분위기에 대해 더 이야기해 주셨으면 좋겠어요.
- 내담자의 세계를 얼마나 이해한다고 느끼나요?
- 오늘 회기에서 우리가 무엇을 할지에 대한 기대는 무엇인가요?

인간중심적 접근법과 밀접하게 연관된 접근법은 동기 면담(MI)이다. Wahesh(2016)는 평가와 성과 불안 등 다양한 방식으로 나타날 수 있는 수퍼바이지 저항을 만날 때 수퍼비전에서 MI 기술을 사용하는 가치에 대해 언급했다. Wahesh에 따르면, “수퍼바이지는 특정 행동이나 수퍼바이저가 인식한 대처 전략을 변경하는 것에 대해 양가적이기 때문에 수퍼비전에서 저항할 수 있다. 이러한 변화에 대한 불안은 수퍼바이지 내면의 상태 유지와 변화 사이의 내부 투쟁을 나타낸다” (p. 49). 수퍼바이지의 저항을 변화에 대한 양가성으로 이해하면, 수퍼바이저는 수퍼바이지의 내적 갈등을 탐색하고 경청, 질문, 반영을 통해 변화 대화를 촉진할 수 있다. 이 과정에서 수퍼바이저는 변화가 가능하다는 희망을 수퍼바이지에게 심어주는 것이 중요하다.

MI 정신을 수용하는 인간중심 수퍼바이저는 다음과 같은 반응이나 질문을 사용하여 수퍼바이지에게 변화 대화를 유도할 수 있다:

- 지금까지 논의한 내용을 따르기 위해 어떤 변화를 할 수 있을까요?
- 함께 진행할 단계를 정리해 보고, 지난 수퍼비전 회기에서 설명한 목표를 달성하는 데

도움을 줄 방법을 정리해 봅시다.

• 불편한 점에 대해 이야기하는 것은 수퍼비전 과정에서 중요한 부분이며, 이러한 대화를 나누는 것을 기대하고 있습니다. 제가 어떻게 더 도울 수 있을까요?

### 인지 행동 모델

Cummings, Ballantyne, 그리고 Scallion(2015)은 임상 수퍼비전이 "반응적인 것이 아니라 선제적이고 신중한 노력이어야 한다"고 말한다. 이를 위해, 수퍼바이저는 이론, 사용 가능한 최고의 연구, 그리고 임상 경험에 의해 주도되는 수퍼비전 과정을 선택해야 한다(p. 158). 인지 행동 수퍼비전의 핵심 과제는 기법을 가르치고 이 접근법에 대한 오해를 바로잡는 것이다. 이러한 회기는 구조화되고, 집중적이며, 교육적이다. 수퍼바이저와 수퍼바이지 모두 회기의 구조와 내용에 책임이 있다. 수퍼비전에서는 수퍼바이지의 기술에 대한 인지적 그림이 그 또는 그녀의 상담사로서의 능력에 어떻게 영향을 미치는지에 초점을 맞춘다. 이를 통해 수퍼바이지는 이러한 인지 행동 방법을 내담자에게 적용하는 방법을 배우게 된다.

Liese와 Beck(1997)은 인지 치료 수퍼비전에서 일반적으로 발생하는 아홉 가지 단계를 제시했다. 이 단계들은 회기의 내용을 예시한다.

1. **체크인**: "어떻게 지내고 있나요?"라는 질문으로 분위기를 풀어 준다.
2. **의제 설정**: 수퍼바이저는 수퍼바이지가 수퍼비전 회기를 신중하게 준비하도록 가르치고, "오늘 무엇을 다루고 싶나요?"라고 묻는다.
3. **이전 수퍼비전 회기에서의 연결**: 이전 수퍼비전 회기의 작업을 "지난번에 무엇을 배웠나요?"라고 묻고 검토한다.
4. **이전에 수퍼비전 받은 치료 사례에 대한 문의**: 이전에 논의한 사례의 진행 상황이나 특정 어려움을 검토한다.
5. **이전 수퍼비전 회기 이후의 과제 검토**: 과제는 읽기, 사례에 대한 글쓰기, 내담자와 새로운 기법 시도 등이 될 수 있다.
6. **의제 항목의 우선순위 설정 및 논의**: 수퍼바이지의 상담 회기의 오디오 녹음을 검토하는 것이 주요 초점이다. 교육과 역할 연기가 일반적인 수퍼비전 방법이다.
7. **새로운 과제 부여**: 회기의 결과로, 수퍼바이지가 인지 행동 치료에 대한 지식과 기술을 개발하는 데 도움이 되는 새로운 과제가 주어진다.

8. **수퍼바이저의 요약**: 회기에서 다룬 내용을 반영하여 회기를 집중시키고 중요한 점을 강조한다.
9. **수퍼바이지로부터 피드백 받기**: 수퍼바이저는 회기 중간과 마지막에 "오늘 무엇을 배웠나요?" 같은 질문으로 피드백을 요청한다.

이 단계들은 내담자와의 인지 행동 치료(CBT) 회기에서 발생하는 단계와 밀접하게 병렬된다. 수퍼비전 과정에서 수퍼바이지는 수퍼비전의 내용뿐만 아니라 수퍼바이저가 인지 행동 회기를 수행하는 방식을 모방하여 배운다. James, Milne, 그리고 Morse(2008)는 수퍼비전을 수행할 때 세부 기술을 사용하는 것이 중요하다고 강조하며, CBT 수퍼바이저가 일반적으로 참여하는 14가지 활동을 설명한다. 이러한 활동에는 경청, 정보 수집, 지원, 관리, 피드백 제공, 요약, 이론 지식 확인, 도전, 교육, 체험 학습 사용, 자기 개방, 반대 의견 내기, 비디오 관찰 사용 등이 포함된다. Cummings, Ballantyne, 그리고 Scallion(2015)은 의제 설정, 수퍼바이지 문제 해결 장려, 과정 피드백 제공을 인지 행동 상담 수퍼비전에서 필수적인 과정으로 강조한다.

### 현실 치료/선택 이론 모델

현실 치료는 선택 이론에 기반을 두고 있으며, 선택 이론은 사람들이 자신의 욕구를 충족시키기 위해 삶을 통제하려고 노력한다고 가정한다. 인지 행동 모델처럼, 현실 치료는 활동적이고, 지시적이며, 구조화되고, 심리 교육적이다. 행동에 주로 초점을 맞추지만 태도, 통찰, 전이, 과거 탐색, 무의식적 동기와 같은 인지와 감정에 대한 논의도 포함한다. 현실 치료는 외부 상황이 아무리 불편하거나 위협적일지라도 내담자가 내면의 통제감을 갖도록 돕는 데 중점을 둔다. 내담자는 더 효과적인 선택을 함으로써 현실의 요구에 대처하는 법을 배운다. 사람들은 자신의 욕구, 필요, 인식을 정직하게 검토함으로써 삶의 질을 향상시킬 수 있다. 내담자는 현재의 행동(행동, 인지, 감정)을 평가하고, 변화 계획을 수립하며, 그 계획을 준수하고 이행하도록 도전받는다.

Robert Wubbolding이 고안한 WDEP 시스템은 현실 치료에서 사용되는 절차를 설명한다. 구체적으로, 이 전략은 내담자가 자신의 **욕구**를 식별하고, 자신의 행동이 어떤 **방향**으로 가고 있는지를 결정하며, 행동의 효과성과 욕구의 현실적인 달성 가능성을 **평가**하여 변화 **계획**을 설계하고 그 계획에 헌신하도록 돕는다. Wubbolding의 모델은 수퍼비전 상황에도 적용될 수 있다. 현장의 소리에서 Robert Wubbolding은 현실 치료의 틀을 사용한 수퍼비전 과정을 설명한다. 그는 현실 치료를 상담 실무에 적용할 때 초심 수련생이 저지르는 몇 가지 실수를 식별하고, 수용적인 상담 관계를 구축하는 것의 중요성을 강조한다.

### 현장의 목소리

#### 현실 치료 관점의 수퍼비전

*Robert Wubbolding, EdD*

현실 치료 원칙을 사용하려는 수련생의 수퍼비전은 그들이 지식과 기술을 확장하고, 이론과 실제을 구현하는 데 있어 자신감을 키우도록 돕는 데 중점을 둔다. 수퍼바이저는 수련생들이 현실 치료의 원칙을 점점 더 자발적으로 사용할 수 있도록 돕는다. 초심 실무자들은 종종 절차를 지나치게 구조화되고 경직된 방식으로 사용하며, 때로는 권위적인 어조를 취하기도 한다. 수퍼바이저는 이 시스템이 현실 치료가 지나치게 지시적이거나 기계적으로 실행된다는 인식을 초래할 수 있음을 인정한다. 수퍼바이저는 수련생이 이러한 인식을 식별하고 필요시 이를 수정하며, 상담 관계를 개선하기 위해 특정 비위협적인 방법을 통합하도록 돕는다.

수퍼바이저의 책임은 수퍼바이지에게 아무도 현실 치료를 완벽하게 실행하지 못한다는 사실을 인식하도록 격려하는 것이다. 이 원칙을 믿게 되면 수퍼바이지는 긴장을 풀고 실수에 대한 두려움이 줄어든다. 동시에 수퍼바이저는 초심자가 흔히 저지르는 실수를 인식한다. 여기에는 자비로운 관계를 형성하는 데 필요한 노력을 과소평가하는 것이 포함된다. 현실 치료의 절차는 내담자와의 연결을 달성하기 위한 도구이며, 다양한 방식으로 적용될 수 있다. 수퍼바이지는 현실 치료를 사용하는 것이 단순히 레시피를 따르는 것이 아니라 시행착오, 연습, 자기 평가를 통해 개발되는 **기술적 예술**임을 배운다. 또 다른 실수는 너무 빨리 진행하여 치료 계획 수립에 서두르는 것이다. 수퍼바이지는 내담자가 목표와 욕구를 식별하고, 행동, 사고, 감정을 검토하며, 철저한 자기 평가를 수행하도록 도와야 한다. 자기 평가가 행동 계획 수립에 앞서며, 수퍼바이지는 이러한 계획이 내담자에게 더 효과적이고 욕구를 충족시켜 준다는 것을 배운다. 수퍼바이저의 역할은 비판적이지 않은 방식으로 이 과정을 촉진하는 것이다. 수퍼바이저가 사용하는 현실 치료 개입은 매우 유용하며, “이 수퍼비전 과정에서 무엇을 달성하고 싶은가?”라는 질문으로 시작한다. 과정 내내 수퍼바이저는 "이렇게 말했을 때 기대했던 만큼 도움이 되었는가?"와 같은 개입을 사용한다. 수퍼바이저와 수련생 간에 견고한 전문적 관계가 형성되면 수련생은 더 높은 수준의 역량에 도달한다. 숙련된 수퍼바이저는 수련생이 현실 치료 자체가 완전한 시스템이면서도 다른 상담 시스템에서 유래한 기술을 통합할 수 있는 개방된 시스템임을 깨닫도록 돕는다.

현실 치료에 대한 심도 있는 논의는 『현실치료와 자기 평가: 내담자 변화의 열쇠(Reality Therapy and Self-Evaluation: The Key to Client Change)』(Wubbolding, 2017)를 참조하기 바란다.

### 가족 상담 모델

가족 상담은 가족을 하나의 시스템으로 보고 다양한 관계와 역동성을 검토하는 것을 포함한다. 가족 상담 수퍼비전도 가족 상담과 마찬가지로 역동적이고 지시적이며 협력적이다. MacKay와 Brown(2014)에 따르면, 지난 20년 동안 가족 상담 분야는 훈련과 수퍼비전에 대해 협력적인 접근 방식을 지지해 왔고, 전문가인 교사와 '잘 모르는' 수퍼바이지 사이의 계층 구조를 평등과 상호 학습을 목표로 하는 모델로 대체했다. 가족 상담 훈련 프로그램에서 가장 널리 사용되는 방법은 '실시간 수퍼비전(live supervision)'인데, 이는 상담 회기 동안 즉각적인 지시와 개입을 포함한다. 수퍼바이저는 수퍼바이지가 자신의 세대 간 역동성, 가치, 문화를 검토하여 알아차림과 성장을 도모하여 가족 상담사가 되는 방법을 배우도록 권장한다. Gutierrez(2018)는 결혼 및 가족 상담 수퍼바이저가 수퍼비전 회기에서 교차성을 다루고 이를 위한 관점을 제안할 것을 촉구한다. 가족 상담 수퍼바이저는 수퍼비전 관계를 하나의 시스템으로, 수퍼바이지와 그의 내담자들 하나의 시스템으로 다룬다.

일부 가족 상담사는 상담사 자체에 주된 비중을 둔다. 이는 수퍼바이지의 개인적 특성을 탐색하는 것을 중요한 요소로 본다. Bitter(2021)는 효과적인 가족 상담사의 개인적 특성과 지향성을 다음과 같이 정의했다: 존재감, 수용, 관심, 배려, 단호함과 자신감, 용기와 위험 감수, 변화에 대한 개방성, 가족의 목표와 목적에 대한 주의, 패턴 작업, 다양성의 영향에 대한 감사, 다른 사람의 복지에 진심으로 관심을 갖기, 가족과 그 구성원의 정신에 대한 관심, 가족과의 작업에 대한 참여, 관여, 만족감.

가족 상담 접근법에 따르면, 수퍼바이지의 정신 건강, 즉 수퍼바이지의 원가족 내 관계는 전문 훈련과 수퍼비전에 영향을 미친다. 수퍼바이지는 자신의 원가족 역동성을 탐색함으로써 상담 실습에서 만날 가족들과 더 효과적으로 작업할 수 있다. 수퍼바이지가 자신의 원가족 구성원이 어떻게 자신에게 강한 감정적 반응을 유발하는지에 대해 알아차림이 부족하면 내담자 가족에게 너무 빠르게 또는 부적절하게 반응할 가능성이 커진다. 가족 상담 수퍼바이지의 수퍼바이저는 수퍼바이지가 상담하는 가족 구성원과 자신의 원가족 구성원 사이에서 유사한 역동성을 경험할 것이라고 가정한다. 이러한 수퍼바이지는 자신의 가족에 대한 감정을 내담자에게 투사할 가능성이 크다. 수퍼비전에서 수퍼바이지는 자신의 상담 작업이 자신의 원가족과의 경험에 의해 어떻게 영향을 받는지 다루게 된다.

대부분의 가족 상담 훈련 프로그램은 훈련생들이 자신의 원가족 문제를 탐색하도록 권장한다. 가족 상담 수퍼바이저는 수퍼바이지가 가계도, 가족사, 가족 조형 등의 기법을 활용하여 자신의 원가족에 대해 탐색하는 것을 돕고, 수퍼바이지가 혼탁(enmeshment), 분리(detachment), 삼각관계(trianglation)와 같은 패턴을 확인하도록 한다. 이러한 탐색의 목적은 상담사 자신의 원가족이 가족 상담사로서 수퍼바이지의 능력에 어떻게 영향을 미치는지를 이해하는 데 있다.

### 여성주의 모델

여성주의 모델(Feminist Model)의 근본 철학은 성적 평등과 유연성에 있으며, 상호 교류적이고 전 생애를 포괄하는 접근이다. 이러한 접근은 성 역할 기대가 출생부터 뿌리 깊이 한 인간의 정체감에 영향을 미친다는 점을 강조한다. 여성주의 상담은 개인의 변화와 사회적 변화를 모두 포함하며, 궁극적인 목표는 현재의 가부장제를 여성주의 의식으로 대체하여 상호 의존적이고 협력적이며 상호 지원적인 사회를 만드는 것이다(Corey & Corey, 2021).

여성주의 상담의 기본 개념은 상담 수퍼비전 과정에도 적용될 수 있다. Laura Brown(2016)은 지배적인 문화적 규범과 체계적인 위계의 영향에 대해 비판적인 여성주의 상담 개념을 수퍼비전 영역에 적용하여 방법을 설명한다. Brown은 퀴어, 다문화, 기타 비판 심리학에서의 실천을 강조하여 수퍼바이지와 수퍼바이저가 교육, 심리치료, 수퍼비전 맥락에서 편견이 존재하는지와 권력 분배에 대한 도전적이고 복잡한 질문을 반영할 수 있도록 한다. 한 유색 인종 심리학 수퍼바이지는 수퍼비전에 대한 자신의 성찰을 다음과 같이 표현했다:

> "흑인 여성으로서, 나는 다양한 환경과 사회적 맥락에서 나의 사회 문화적 정체성과 그것이 어떻게 일치하거나 불일치하는지에 대해 평생 동안 의식하면서 살아왔습니다. 따라서 비판적으로 사고하는 것이 나의 일상적인 처리 과정의 자연스럽고 필수적인 틀이 되었고, 이

는 상담 수련생으로서 나의 전문적인 작업에도 이어집니다. 이런 이유로 나는 문화적으로 정보에 기반한 이론적 접근법과 체제적 억압의 영향을 주된 요소로 인정하는 상담 및 수퍼비전 이론에 매력을 느낍니다. 나는 훈련 환경이 체제적 억압에서 자유로울 수 없으며, 권력과 특권의 문제가 항상 존재한다고 확신합니다." (Thomas et al., 2019, p. 168)

여성주의 수퍼비전 모델은 수퍼바이저와 수퍼바이지 간의 권력 기반을 평등하게 만들기 위해 노력한다. 여성주의 수퍼바이저는 수퍼바이저와 수퍼바이지 간의 권력 역학과 차이를 분석하고, 수퍼바이지의 이익을 위해 권력을 사용하는 모델을 제시하며, 권력 남용을 경계한다. 비록 수퍼비전 관계가 완전히 평등할 수는 없지만, 수퍼바이저는 수퍼바이지와 협력적 파트너십을 구축하여 권력을 공유한다. 이 협력적 정신은 안전한 관계를 형성하여 위험 감수, 높은 수준의 성과, 그리고 더 큰 개인적 자신감을 갖게 한다.

Martinez, Davis, 그리고 Dahl(1999)은 여성주의 수퍼바이저가 일반적인 수퍼바이저 지시 접근법 대신 상호 합의된 방법을 통해 내담자를 다루도록 장려해야 한다고 제안했다. 수퍼비전은 수퍼바이지의 상담 철학과 실천에 초점을 맞추며, 성별, 인종, 문화, 성적 지향, 능력, 연령과 관련된 수퍼바이지의 가정, 신념, 가치가 수퍼비전 회기에서 자주 논의된다.

사회적 변화가 여성주의 접근법의 주요 목표이기 때문에, 여성주의 수퍼바이저는 옹호와 활동의 원칙을 발전시키고 모범을 보인다. 수퍼바이저는 수퍼바이지가 자신이 일하는 시스템에 영향을 미치는 역할과 권력에 대해 생각하도록 유도한다. 때로는 수퍼바이지의 성차별적이고 인종차별적인 태도와 행동, 부정적인 고정 관념 사용과 진단 오용을 도전하고 교정할 책임을 진다. 여성주의 수퍼바이저는 자신의 신념을 강요하는 것과 수퍼비전에서 정치적이지 않은 것 사이의 미세한 균형을 인식한다. 여성주의 수퍼바이저는 교육 및 훈련 환경에서 수퍼바이지와 내담자를 위해 옹호하는 역할을 하며, 여성주의의 사회 변화 작업이 종종 자신의 기관에서 시작된다는 것을 인식한다.

### 해결 중심 모델

해결 중심 모델(Solution Oriented Model)은 전통적인 심리치료 모델과 달리 과거보다는 현재와 미래를 중시한다. Murphy(2015)는 이를 "학생들이나 내담자들의 잘못된 점이 아닌 올바른 점에 초점을 맞추는 강점 기반 접근법"이라고 설명한다(p. 12). 이 접근법은 사람들이 건강하고, 자원이 있고, 유능하며, 삶을 향상시킬 수 있는 해결책을 찾을 수 있다는 낙관적인 가정에 기반을 둔다. 해결 중심 수퍼비전에서는 수퍼바이지가 전문가이며 상담 상황을 해결할 자원이 있다고 기본적으로 가정한다(Thomas, 1994). Thomas에 따르면, 해결 중심 수퍼비전에는 두 가지 단계가 있다: (1) 개념적 지도를 구축하는 단계로, 수퍼바이지가 수퍼비전, 수퍼비전 관계, 그리고 해결 중심 수퍼비전에 대해 원하는 바를 논의한다; (2) 목표 설정과 미래 지향을 장려하는 해결 중심 수퍼비전을 구현하는 단계이다. 해결 중심 접근법의 틀 안에서, 수퍼바이저는 수퍼바이지와 협력적인 스타일로 작업하기 위해 노력한다. 수퍼바이지는 수퍼비전 목표를 달성하는 데 있어서 유능하고 자원이 풍부하다고 가정된다.

해결 중심 접근법을 사용하는 실무자들은 내담자들이 해결책을 찾도록 유도하는 여러 기법을 사용한다. 그중 하나가 **기적 질문**으로, 다양한 불만과 상황에서 효과적일 수 있다(de Shazer, 1991). 기적 질문은 내담자가 특정 문제에 대한 만족스러운 해결책을 평가하는 기법으로 사용될 수 있다. 실무자는 "기적이 일어나서 당신의 문제가 밤사이에 해결되었다면, 그것이 해결되었다는 것을 어떻게 알 수 있을까요? 무엇이 달라질까요?"라는 질문을 할 수 있다. 내담자들은 그런 질문에 답함으로써 문제를 인식하지 않더라도 달라질 점들을 실행하도록 격려받는다. 수퍼바이저도 기적 질문을 수퍼비전 회기에 효과적으로 도입할 수 있으며, 이를 통해 이 기법을 모델링할 수 있다. 예를 들어, 수퍼바이지가 특정 내담자들 앞에서 자신감을 느끼지 못하는 문제를 가지고 있다면, 수퍼바이저는 "기적이 일어나서 다음 번에 내담자들을 만났을 때 자신감을 느낀다면 무엇이 달라질까요? 당신의 느낌이 당신의 행동에 어떤 영향을 미칠까요? 내담자들이 당신에게 어떤 반응을 보일까요?"라고 물을 수 있다.

또 다른 기법은 **예외 질문**으로, 내담자들에게 문제가 존재하지 않았던 시기를 상기시키는 것이다. 이 탐색은 문제들이 모든 것을 지배하지 않으며, 항상 존재하지 않았다는 점을 상기시켜 주며, 자원을 활용하고 강점을 이끌어 내며 가능한 해결책을 상정할 기회를 제공한다. 해결 중심 상담사는 작은, 달성 가능한 변화를 중시하며, 이는 추가적인 긍정적인 결과를 가져올 수 있다. 예를 들어, 내담자에게 "직장에서 스트레스를 느끼지 않았던 때가 있었나요? 그 상황과 당신의 반응은 어떻게 달랐나요?"라고 물을 수 있다. 수퍼비전 맥락에서는 예외 질문이 수퍼바이지가 자신의 문제에 지배당하지 않도록 돕고, 변화를 가능하게 만드는 데 효과적일 수 있다. 예를 들어, 수퍼바이지가 내담자에게 덜 판단적인 태도를 가지려고 노력하는 경우, "당신이 내담자에게 판단적이지 않았던 때가 있었나요? 그때의 경험은 어땠나요? 그 경험이 판단적이었던 때와 어떻게 달랐나요?"라고 물을 수 있다.

해결 중심 상담사는 또한 **척도 질문**을 사용하여 쉽게 관찰되지 않는 변화, 예를 들어 감정, 기분, 또는 의사소통을 평가한다. 예를 들어, 불안감을 느끼는 여성을 대상으로 "0에서 10까지의 척도로, 0이 처음 상담을 받으러 왔을 때의 느낌이고 10이 기적이 일어나 문제가 사라진 다음 날의 느낌이라면, 현재 당신의 불안 수준은 몇 점인가요?"라고 물을 수 있다. 비록 내담자가 0에서 1로 변화했더라도, 이는 개선된 것이다. 그녀는 어떻게 그렇게 했나요? 척도에서 한 단계 더 올라가기 위해서는 무엇을 해야 하나요? 수퍼바이저는 수련생의 발달 정도를 평가하기 위해 척도 질문을 사용할 수 있다. 초기 단계에서 기준을 얻기 위해, 수퍼바이저는 "새로운 기법을 시도하거나 새로운 내담자를 만날 때의 불안감을 0에서 10까지의 척도로 평가한다면 몇 점인가요? 실수를 하는 것에 대한 편안함을 평가한다면 몇 점인가요?"라고 물을 수 있다. 수련생이 능력을 개발함에 따라 이러한 질문들을 다시 방문하여 수련생의 관점이 시간이 지남에 따라 어떻게 변화했는지를 평가할 수 있다.

해결 중심 모델을 낙관적인 수퍼비전 모델에 적용하는 방법은 많다. 이런 접근법은 수퍼바이지의 권한을 강화하는 데 큰 잠재력을 가지고 있다. 내담자들이 자신의 개선을 자신의 결정과 행동과 연결할 수 있을 때 자기 효능감과 자신감이 향상되는 것처럼(Murphy, 2015), 수퍼바이지도 자신의 강점에 집중하고, 수퍼바이저의 지지로 자신이 잘하고 있는 점을 인정할 때 더 권한이 강화되고 자신감을 느낀다.

## 통합적 수퍼비전 모델

통합적 수퍼비전 모델(Integrative Models of Supervision)은 상담 및 심리치료의 통합적 모델처럼, 하나 이상의 이론과 기법을 결합하여 사용한다. 다양한 통합적 접근법은 여러 이론에서 나온 기법, 공통 원칙, 개념을 결합하여 설계할 수 있다. 통합적 수퍼비전은 여러 이론적 모델에서 효과적인 방법을 체계적으로 끌어와 특정 수퍼바이지에게 맞추는 것을 기본으로 한다(Norcross & Popple, 2017). 다양한 기법에 기반한 통합적 접근법은 단일 접근법보다 유연하다. 개입 방법은 수퍼바이저의 변화에 대한 신념과 가치, 치료 과정, 그리고 내담자와 수퍼바이지의 필요에 맞게 독특하게 조합될 수 있다.

어떤 이론도 모든 진리를 포함하지 않으며, 어떤 특정 상담 기법도 다양한 내담자들에게 항상 효과적이지 않기 때문에, 통합적 접근법은 상담 실무와 수퍼비전 실무 모두에 대해 유망한 방법으로 여겨진다. Norcross와 Popple(2017)는 "아무리 좋은 수퍼비전 이론이나 방법도 모든 수퍼바이지와 상황에 효과적이지는 않다"고 주장했다(p. 7). Norcross와 Beutler(2019)는 통합을 이루는 여러 경로를 설명하며, 그중 두 가지 일반적인 경로는 기술적 절충주의와 이론적 통합이라고 설명한다. **기술적 절충주의**는 차이점에 초점을 맞추며, 여러 접근법에서 기법을 선택하고, 이는 기법들의 집합이다. 이 경로는 특정 이론적 입장을 따르지 않고 다양한 학파에서 유래된 기법을 사용하는 것을 요구한다. 기술적 절충주의는 개인과 문제에 가장 적합한 상담 기법을 선택하는 데 중점을 둔다. 기술적 절충주의자들에게는 개념적 기반과 기법 사이에 필연적인 연결이 없다. 반면, **이론적 통합**은 단순한 기법의 혼합을 넘어서서 개념적 또는 이론적 창조를 의미한다. 이 경로는 두 개 이상의 이론적 접근법의 장점을 결합하여 단일 이론보다 더 풍부한 결과를 도출하는 개념적 틀을 만드는 것을 목표로 한다(Norcross & Beutler, 2019).

통합적 관점은 다양한 상담 접근법에 공통된 기본 원칙과 방법의 체계적 통합을 의미한다. 통합적 관점을 개발하려면 여러 이론에 대해 충분히 숙지하고, 이 이론들이 어떤 방식으로든 통합될 수 있다는 아이디어에 개방적이어야 하며, 가설을 지속적으로 테스트하여 얼마나 잘 작동하는지 확인해야 한다. 통합적 관점은 많은 학습, 임상 실습, 연구, 이론화의 산물이다(Corey, 2019).

수퍼비전 과정의 통합적 관점의 가장 큰 특징은 단일 학파 접근법의 한계를 넘어 다른 관점에서 배울 수 있는 것을 보려는 시도라고 할 수 있다. 이론에 대한 정확하고 심도 있는 지식 없이는 진정한 통합을 이룰 수 없다. 단순히 알지 못하는 것을 통합할 수는 없다(Norcross & Beutler, 2019). 수퍼비전 실무에 대한 통합적 지향을 구축하는 것은 경험을 통해 정제되는 장기적인 과제이다. 이상적으로, 통합적 접근법은 수퍼바이저의 개성과 수퍼비전 스타일의 독창성에 맞는 개념과 기법을 역동적으로 통합한다.

통합적 모델의 개발을 장려하는 데에는 몇 가지 단점이 있다. 일부 실무자들은 일관되지 않은 절충적 접근법이 아이디어와 기법을 무작위로 차용하는 것으로 축소된다고 비판한다. 최악의 경우, 절충주의는 체계적인 논리가 결여된 잘못된 실무에 대한 변명이 될 수 있다. 단순히 기분에 따라 선택하면, 선택한 것이 자신의 편견과 선입견을 반영할 가능성이 크다. 이론들을 성급하게 뒤섞는 혼합물이 되는 함정을 피하는 것이 중요하다(Corey, 2019).

우리가 권장하는 통합적 수퍼비전 모델은 다양한 모델 간의 공통 분모에 기반을 둔다. 최선의 경우, 이는 다양한 모델이 공유하는 핵심 개념이나 유용하게 결합될 수 있는 개념을 식별하는 것을 포함한다. 수퍼비전 실무의 기저에 있는 주요 신념을 식별하는 것이 중요하다. 당신의 철학적 가정은 매우 중요한데, 이는 당신이 시각하는 "현실"에 영향을 미치며, 수퍼바이저로서의 기능을 수행함에 있어서 기본이 되기 때문이다.

인간 본성에 대한 특정 관점에만 전적으로 의존하지 말고, 자신의 성격과 신념 체계에 일치하는 상담 틀을 선택적으로 통합할 필요가 있다. 서로 다른 이론적 틀을 결합할 때, 이 틀들이 건설적인 통합으로 이어질 수 있어야 한다. 예를 들어, 인본주의적 모델과 여성주의 모델의 수퍼비전은 많은 공통점을 가지고 있다. 이러한 공통점에는 권력 차이를 최소화하고, 수퍼바이지의 태도와 행동에 초점을 맞추며, 협력적 관계를 구축하고 유지하려는 노력이 포함된다. 두 모델 모두 수퍼바이지의 개인 발달에 초점을 맞추지만, 여성주의 모델은 또한 사회적 옹호와 변화를 주요 목표로 한다. 이 두 모델 간에 명확한 차이가 있지만, 충분히 통합될 수 있는 공통점이 있다.

통합적 상담 모델을 사용하는 상담사는 통합적 수퍼비전 모델을 사용할 가능성이 높다. 이 접근법은 여러 이론을 완전히 통합하거나 여러 이론의 개념을 결합하여 자신만의 모델을 형성하는 것을 포함한다. 통합적 접근법의 장점은 수퍼바이저가 수퍼바이지, 내담자, 그리고 상황에 맞게 수퍼비전 방법을 독특하게 맞출 수 있다는 점이다. Norcross와 Wampold(2019)는 단일 상담 접근법이 모든 내담자와 상황에 효과적이지 않다고 주장한다. 근거 기반 실무는 유연하고 통합적인 관점을 요구하며, 이는 다른 유형의 내담자가 다른 상담 방법과 관계 스타일을 필요로 한다는 것을 의미한다. Norcross와 Popple(2017)는 "개별화된 수퍼비전 계획은 수퍼바이지의 스타일, 단계, 선호도, 경험, 복잡성 및 기타 고려 사항에 따라 각 수련생에게 맞게 공식화될 수 있다"고 강조한다(p. 80). 통합적 접근법의 한계는 수퍼바이저가 다양한 수퍼비전 모델과 기법에 대한 폭넓은 이해를 갖고 있어야 한다는 점이다.

다음 단락에서는 변별 모델, 공통 요소 변별 모델, 그리고 TEAM 기반 수퍼비전 프로세스 모델을 간략히 설명하고자 한다. 이 모델들 모두 통합적 수퍼비전 모델이다.

### 변별 모델

변별 모델(Discrimination Model)은 Bernard(1979)가 개발한 기술적 절충주의에 뿌리를 둔 모델이다. 이 모델은 각 수퍼바이지의 개별적인 훈련 요구에 따라 수퍼바이저의 접근 방식을 결정하기 때문에 변별 모델이라고 불린다(Bernard & Goodyear, 2019). 이 모델에서는 수퍼바이저가 세 가지 별개의 영역에 대한 수퍼비전에 중점을 둔다: 수퍼바이지의 중재 기술, 수퍼바이지의 개념화 기술, 그리고 수퍼바이지의 개인화 기술 또는 상담에서의 개인적 스타일. 이 세 가지 영역 각각에서 현재의 기능 수준을 평가한 후, 수퍼바이저는 수퍼바이지의 학습과 성장을 촉진할 역할을 선택한다. 이 모델에서 수퍼바이저가 채택할 수 있는 세 가지 역할은 교사, 상담사, 컨설턴트이다. 변별 모델은 상담 수퍼비전에서 여전히 유효하고 유용한 틀로 남아 있다(Bernard & Goodyear, 2019; Borders, 2005).

### 공통 요소 변별 모델

공통 요소 변별 모델(Common Factors Discrimination Model)은 Crunk와 Barden(2017)이 개발한 모델로, 변별 모델을 확장하여 수퍼바이저가 교사, 상담사, 컨설턴트의 역할을 어떻게 사용할지에 대한 구체적인 권장 사항을 제시한다. 이 모델은 "Bernard의 변별 모델의 특정 요소와 상담 및 수퍼비전 접근법의 공통 요소를 통합하여 공통 요소 수퍼비전에 대한 구조화된 접근법을 제공"한다(p. 62). 공통 요소 이론가와 연구자들은 상담에서 긍정적인 결과가 실제 이론이나 개입보다 이론 전반에 적용되는 요인들—치료적 동맹, 공감, 긍정적 존중, 치료적 관계 내의 협력 등—과 더 관련이 있다고 강조한다(Norcross & Lambert, 2014). Norcross와 Popple(2017)는 공통 요소가 상담 성과를 설명하는 데 있어 고유한 요소보다 더 중요하다고 언급하였다. 그들은 "공통 요소 접근법은 다양한 상담 접근이 공유하는 핵심 요소를 결정하여 이러한 공통점을 바탕으로 보다 간결하고 효율적인 상담 방법을 만드는 것을 목표로 한다"고 설명한다(p. 7). 비록 공통 요소와 변별 모델의 결합이 통합된 수퍼비전 접근법으로서 아직 실증적으로 테스트되지 않았지만, 각각의 접근법은 독립적인 모델로서 상당한 실증적 지지를 받았다(Crunk & Barden, 2017).

개인적 관점에서 Patrice Moulton은 다양한 임상 및 교육 환경과 수퍼비전 역할을 통해 30년 동안 팀 기반 수퍼비전 과정 모델을 개발했다(Moulton, 2019b).

### Patrice Moulton의 개인적 관점

나와 같은 많은 수퍼바이저들이 대학원에서 정식 수퍼비전 훈련을 받지 못한 경우, 시행착오를 통해 수퍼비전 실천을 이해하고 개선하기 위해 많은 시간을 보냈다. 수년간 나는 Gerald Corey, Marianne Corey, Rick Myer, Richard James와 같은 멘토들로부터 지도를 받기 위해 적극적으로 노력했으며, 수퍼비전에 대한 나의 역량과 자신감을 강화하기 위해 훈련과 워크숍에 참석했다. Mary Ann Adams, Russ Youngblood, Lin Harper, Bill Montgomery,

Pat Leverett로부터 받은 훌륭한 수퍼비전으로 인해 나는 수행에 대한 기준을 높이 세우게 되었다.

두 번째 실습 학생들이 처음으로 내담자와 직접 상담을 하게 되었을 때 나는 중요한 관찰을 했다. 그들은 절차, 문서화, 구조, 상담 과정의 다른 필수 부분에 대해 자세한 정보를 필요로 했고, 실제로 그것을 원하고 있었다. 이 학생들은 그들의 전문적 발달과 훈련에서 중요한 시점에 있었으며, 첫해에 습득한 이론적 지식을 종합하여 '실제 내담자'와 함께 실천에 옮기는 것이 기대되었다. 이 단계는 많은 수퍼바이지들에게 불안감을 주지만 흥미로운 시간이었다. 이제 그들은 실제 내담자와 상호 작용하게 되어 그들의 정신 건강과 복지에 긍정적이든 부정적이든 영향을 미칠 수 있었다.

이러한 높은 위험을 고려하여 나는 초심 상담사 수퍼비전의 많은 책임과 책임을 다룰 수 있는 과정을 구체화하기 시작했다. 나는 내담자의 질 높은 관리를 위해 필요한 많은 문서, 양식 및 절차들 속에서 강한 수퍼바이저-수퍼바이지 관계를 허용하는 자세한 단계를 설명하는 데 관심이 있었다. 수퍼비전 관점을 개발하는 동안 여러 수퍼바이지를 이 과정에 참여시키게 되었고 그들은 서로의 학습을 풍부하게 할 수 있는 잠재력의 중요성을 발견했다.

TEAM 기반 수퍼비전 과정 모델은 함께 작업하는 것에서 많은 이점이 생긴다는 전제에 기초한다. 팀워크는 학습과 자기 개선에 긍정적인 영향을 미치고, 소속감, 건강한 경쟁, 창의성, 아이디어 생성 및 풍부한 관점을 촉진한다. 이 모델은 원래 대학 상담실에서 2년차 실습 학생들과 사용하도록 설계되었지만, 이 모델은 다른 임상 환경과 상황에 쉽게 적용될 수 있다. 이 모델은 현재 Zoom을 통한 온라인 환경에서 사용하도록 전환되고 있다. 코로나-19 상황으로 인해 우리는 새로운 수퍼비전 제공 및 수신 경로를 개척해야 했다. TEAM 접근법은 학습에 필요한 동료/사회적 지원을 제공한다. 이 접근법의 주요 목표는 상담사를 초보자에서 독립적인 능력 있는 실무자로 발전시키는 것이다.

## TEAM 기반 수퍼비전 과정 모델

TEAM 기반 수퍼비전 과정 모델(TEAM-Based Supervision Process Model)은 다음 네 가지 단계로 구성된다: 교육(Teach), 평가(Evaluate), 보증(Assure), 그리고 멘토링(Mentor).

### 교육

TEAM 모델의 첫 번째 단계는 교육(teach)으로서 효과적으로 상담 회기를 진행하기 위해 필요한 기초 작업에 초점을 맞춘다. 수퍼바이저가 훈련, 자기 성찰, 자기 평가를 통해 수퍼바이저 역할을 준비해야 하는 것처럼, 초심 상담사나 수퍼바이지들도 핵심 영역에 대한 지식 내용을 배워야 한다. 윤리학, 상담 이론 및 기법, 진단 및 정신 병리학, 위기 개입, 집단 작업, 다양성 및 사회 정의와 같은 과목에서 과정을 성공적으로 학습해야 한다. 이 지식을 충분히 갖추었는지에 대한 증거는 성적, 자격증, 종합 시험 점수 등을 포함한다.

**진입 제한 기능:** 가르치는 단계에서는 여러 수준의 진입 제한 기능이 필요하다. 여기에는 개별 과정 수준에서, 성과/참여 수준에서, 종합 시험 수준에서 형성적 보충 교육을 제공하는 것이 포함된다. 보충 교육은 종종 수퍼바이지들이 특정 과목이나 종합 시험을 다시 수강하게 함으로써 이루어진다. 학생들이 프로그램에서 진행하기에 만족스러운 수준으로 과정을 통과하지 못할 경우, 해고가 권장 조치 중 하나일 수 있다. 상담 교육자와 상담 훈련 프로그램은 이 진입 제한 기능을 프로그램에 입학할 때 예비 학생들에게 설명하는 것이 좋다.

### 평가

TEAM 모델의 두 번째 단계는 평가(evaluate)로서 상담 수퍼바이지가 현장 실습(예: 실습, 인턴십)에 배정되어 처음으로 내담자와 일할 준비를 할 때 시작된다. 이 단계는 교과 과정에서 실습으로의 전환을 제공한다. 이 시기의 과제는 임상적으로 일할 준비 상태를 평가하는 것이다. 수퍼비전 팀이 8~10명의 실습생이나 인턴으로 구성된다고 가정할 때, 수퍼바이저는 팀의 각 수퍼바이지의 지식과 기술 수준을 평가하여 수퍼비전 하에 연습할 기본 역량을 결정하고 치료를 시작할 준비 상태를 결정하는 책임이 있다. 수퍼바이지가 이 시점까지 주로 이론적으로 배운 작업을 수행할 능력을 평가하는 데 시간을 할애하는 것이 매우 중요하다. 이는 그들이 만날 내담자에게 질 높은 상담을 제공하고 수퍼비전에 관련된 대리 책임을 해결하기 위해 필요한 신중한 평가이다.

아래에 소개한 단계들은 팀 빌딩 및 수퍼바이지의 역량 평가를 위한 제안된 단계다. 수퍼바이저는 워크숍 형식으로 회기를 진행할 것을 권장한다.

소개: 이 단계는 수퍼바이저와 수퍼바이지들이 서로를 알게 되고, 수퍼바이저-수퍼바이지 관계를 탐색하는 데 초점을 맞춘다. 보편성을 창출하고 개인의 독특한 특성이 소개되며 참여를 촉진하는 구조화된 아이스브레이커 활동이 권장된다.

**오리엔테이션:** 이 단계는 수퍼바이지들에게 실습/인턴십 과정의 요구 사항을 안내하는 단계이다. 여기에는 문서화 및 자원과 관련된 기대 사항이 포함된다. 필요한 다양한 문서 작업과 계획은 세세하고 방대하여 수퍼바이지들에게 종종 부담이 될 수 있다. 수퍼바이저는 이 과정 전반을 분명하게 하고, 지원과 격려를 위한 시간을 마련해야 한다. 처음으로 실습 상담이 무엇인지, 수업에서 배운 모든 구성 요소들이 어떻게 결합되어 내담자에게 제공되는지를 실제로 보게 되면서 불안이 자연스럽게 증가할 수 있다. 상담 및 수퍼비전 과정의 세부 사항을 공유하고 논의하며, 예시가 되는 문서 양식을 제공해야 한다. 문서 처리를 지원하는 것을 급하게 처리하지 말고, 수퍼바이지들이 이를 이해하고 사용하는 방법을 숙지하도록 해야 한다. 오리엔테이션에는 상담실을 돌아보고 필요한 기계 사용에 대한 지침도 포함되어야 한다. 수퍼바이저가 평가 기준을 설명하는 문서를 팀 구성원에게 제공하는 것은 중요하다.

**수퍼비전 계약:** 수퍼바이지들이 충분히 오리엔테이션을 받은 후, 수퍼비전 계약에 대해 정보를 바탕으로 결정을 내릴 수 있다. 팀의 각 수퍼바이지와 개별적으로 만나 계약을 검토하고, 평가 과정 및 절차를 확인하며, 질문이나 우려 사항을 논의하고, 계약을 시작하기 위한 동의의 증거로 계약서에 서명하도록 한다.

**평가/교정:** 수퍼바이저는 첫 번째 내담자와의 회기 이전에 각 수퍼바이지의 활동을 관찰할 기회를 만들어야 한다. 이는 기본 지식과 기술을 평가하는 팀 경험을 통해 이루어질 수 있다. 이 회기는 매우 활기차고 상호 작용적일 수 있으며, 윤리, 이론, 다양성, 진단, 문서화 등 다양한 주제에 대해 팀 구성원들의 지식을 평가하기 위해 소크라테스식 질문을 사용할 수 있다. 소그룹 활동, 역할 놀이, 사례 연구, 테크놀로지 기반 과제 등을 사용하여 수퍼바이지들의 강점과 도전을 평가할 수 있다. 이 시점에서 수퍼바이지가 지식이나 기술이 부족한 경우, 수퍼바이저는 적절한 보충 교육을 권할 수 있다.

**위험 관리:** 수퍼바이지들은 비밀 유지 및 응급 절차에 대한 기본 이해와 적용을 확실히 하지 않는 한, 수퍼비전하에서도 실습을 할 수 없다. 이 단계에서는 수퍼바이저가 수퍼바이지들과 함께 HIPAA 요구 사항을 검토하고, 내담자의 신원과 구두 정보를 비밀로 유지하는 것 이상의 비밀 유지에 대한 구체적인 기준을 제공한다. 내담자 파일 보호, 정보의 이동, 팀 커뮤니케이션을 위한 정책이 필요하다. 이에 대해서는 구체적으로 설명해도 지나치지 않다. 테크놀로지가 어떤 방식으로든 사용되는 경우, 수퍼바이저는 그 사용에 대한 정책과 기대를 설정해야 한다. 응급 절차에는 수퍼바이저의 근무 시간 및 연락처 정보와 지

역 자원에 대한 명확한 지침이 포함되어야 한다. 수퍼바이지들은 내담자를 만나기 전에 책임 보험 증명서도 제출해야 한다.

**준비 상태 평가:** 이 시점에서 수퍼바이저는 수퍼바이지의 강점과 개선 가능 영역에 대해 더 명확한 이해를 갖게 된다. 이 단계에서는 수퍼바이저와 수퍼바이지가 개별적으로 만나 내담자를 만나기 시작할 준비가 되었는지를 결정한다. 준비가 된 것으로 판단되면, 수퍼바이지는 팀 내에서 직접 수퍼비전 및 동료 지원을 위해 동료 파트너와 짝을 이루게 되며, 내담자 선정 과정이 시작된다.

**첫 번째 내담자 회기의 계획:** 동료 관찰자가 배정되고 내담자가 선정된 후 첫 번째 회기가 일정에 따라 진행된다. 수퍼바이지들은 초기 회기의 과제/목표를 검토하고 내담자 일정 문서화, 적절한 복장 착용, 필요한 테크 사용 복습 및 리허설, 치료실의 가구 배치, 시계, 티슈 상자 등의 위치 확인을 상기시켜야 한다. 세부 사항을 신경 쓰는 것은 자신감을 만든다.

**진입 제한 기능.** 이 단계에서 평가의 주요 기준은 성과이다. 수퍼바이저는 각 수퍼바이지가 기본 기술을 능숙하게 제공할 수 있는지를 평가한다. 필요할 경우, 보충 교육은 확인된 부족한 점의 구체적인 사항에 맞게 조정된다.

### 확인

TEAM 모델의 세 번째 단계인 확인(assure)에는 두 가지 주요 목표가 있다: (1) 수퍼바이지가 내담자에게 유능한 서비스와 질 높은 돌봄을 제공하는지 확인하는 것, 그리고 (2) 지원적인 팀 환경에서 수퍼바이지의 전문적 발달을 촉진하는 풍부한 기회를 제공하는 것. 이 단계에서는 직접적인 돌봄 및 법적 문서 작업 모두를 포함하기 때문에 수퍼바이지들에게 부담이 될 수 있다. 수퍼바이저는 이 단계에서 복잡한 팀 역동의 중심에 있다. 수퍼바이저의 책임에는 수퍼바이지를 위한 직접 수퍼비전, 팀 피드백 회의의 진행, 내담자에게 제공되는 돌봄의 질에 대한 수퍼비전이 포함된다. 수퍼바이저는 분위기를 설정하고, 안전한 환경을 유지하며, 지원을 제공하고, 편안한 수준을 도전하게 된다. Myer, James, 그리고 Moulton (2011)은 수퍼바이지들이 기술을 연습하면서 위험을 감수하거나 실수를 두려워하지 않는 환경을 조성할 것을 제안한다. 이는 안전망을 확신하면서 배우는 시간이다. 비밀유지, 기대 사항 및 기타 관련 주제는 팀 내에서 적절한 전문 행동을 보장하기 위해 논의되어야 한다. 여기에는 어려운 전문적 또는 윤리적으로 발생하는 문제를 처리하는 방법에 대한 지침 제공이 포함된다.

이 단계에서 TEAM 모델은 상담 회기 관찰, 수퍼바이지 팀 인원 배치/사례 자문, 개별 수퍼비전 회기의 세 단계로 나뉜다.

**상담 회기 관찰:** 각 상담 회기는 비디오 또는 오디오로 녹화되며 나중에 검토하고 분석될 수 있지만, 수퍼바이저와 수퍼바이지의 배정된 동료 파트너가 실시간(또는 라이브)으로 한방향 거울 뒤에서 관찰한다. 귀에 수신기 착용(bug-in-the-ear) 또는 눈으로 보내는 신호(bug-in-the-eye) 기술을 사용할 수 있다. 각 회기 후에는 회기 검토와 문서 작성을 위한 시간이 할당된다.

**내담자 사례 팀 배치:** 팀 전체는 매주 내담자를 만나기 위한 배치를 위해 회의를 진행한다. 모든 팀원은 직접적인 내담자와의 회기 요약, 회기의 비디오 검토를 통한 자기 평가 및 적절한 문서 작성에 대한 책임이 있다. 또한 배정된 파트너에게 피드백을 제공하기 위해 동료 관찰 노트를 사용하며, 이는 전체 팀 앞에서 발표된다. 모든 사람은 각 사례에 대해 참여하고 의견을 제시해야 한다. 사례가 배치되는 동안 수퍼바이저는 제기된 문제, 우선순위, 사례 개념화, 윤리적 고려 사항, 진단, 이론적 방향 및 상담 전략에 대한 토론을 촉진한다. 팀원들은 수퍼바이저, 팀원, 그리고 내담자로부터 배운다. 이 과정에서 브레인스토밍이 적극 권장된다. 각 회의는 팀원들이 그날의 교훈 중 가장 기억에 남는 것, 개인적인으로 개선할 목표, 내담자와 관련된 다음 단계를 돌아가면서 발표하고 마무리된다.

**개인 수퍼비전 회기:** 각 수퍼바이지는 필요시 보충 교육이나 긴급한 개입을 위해, 그리고 진전도에 대한 공식적인 평가를 위해 수퍼바이저와 개별적으로 만난다.

**진입 제한 기능.** 수퍼바이지들은 관찰 가능한 진전을 보여야 하며, 상담의 핵심 요소에 대한 실무 지식, 과정에서의 능숙함, 그리고 초급 전문가 수준의 성과를 보여야 한다. 이는 현장에 수퍼바이지를 내보내기 전 마지막으로 진입 제한 기능 역할을 할 기회이므로, 형성 평가 동안 모든 우려 사항을 직접적으로 다루는 것이 중요하다. 수퍼바이저는 최종 결정에서 수퍼바이지를 채용하는 것이 괜찮을 지의 여부를 고려할 수 있다. 새로운, 경험이 부족한 상담사도 안정된 기초에서 출발하고, 한계를 알고, 필요할 때 도움을 요청하며, 깊은 관심을 기울이면 훌륭하게 일할 수 있다.

## 멘토

TEAM 모델의 네 번째이자 마지막 단계는 멘토(mentor)로서 축하의 시간이다! 수퍼바이지들은 이제 독립적인 전문가로서 실습할 수 있을 정도로 발달했다. 더 이상 초보 상담사 수퍼바이지가 아닌 새로운 동료로 간주된다. 이는 팀원들에게 있어서 전문적 발달의 힘을 주는 단계이다. 수퍼바이저의 임무는 수퍼바이지들이 앞으로 나아갈 수 있도록 돕고, 강점을 강조하면서도 지속적인 발전을 도전하는 권한을 부여하는 종결 회기를 개최하는 것이다. 수퍼바이저는 또한 팀원들이 독립적인 실습을 시작할 때 추천서 등의 자원을 제공한다. 멘토로서 수퍼바이저는 수퍼바이지가 새로운 직위, 환경, 새로운 수퍼바이저를 만나는 것을 돕는다.

이 단계에서는 수퍼바이지들이 경력의 다음 단계로 나아가기 위한 요구 사항을 충족하고 이를 입증했기 때문에 표준 진입 제한 기능 역할이 필요하지 않다. 그러나 우리는 수퍼바이지들이 발달의 모든 단계에서 개인적 및 전문적으로 큰 영향을 미치는 멘토를 찾기를 바란다.

그림 4.1은 모델의 시각적 설명을 제공한다.

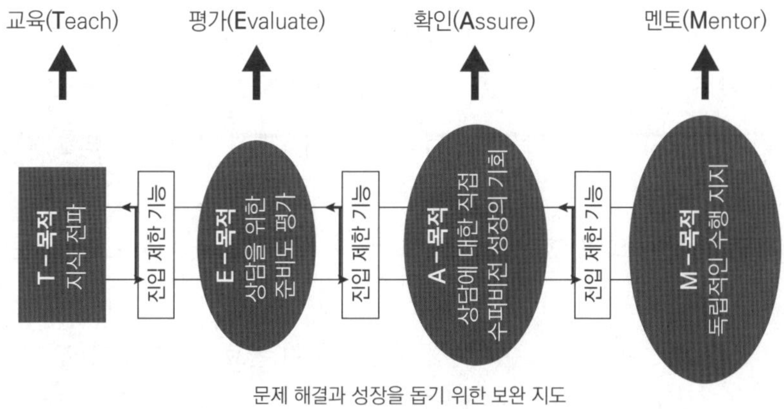


**[그림 4.1] TEAM 기반 수퍼비전 모델: 과정 모델**

현장의 목소리에서 TEAM 접근 수퍼비전을 경험한 학생인 Abigail Hunter는 동료 피드백의 중요성을 강조한다.

### 현장의 목소리

#### 나의 TEAM 수퍼비전 경험

*Abigail Hunter, MS*

첫 번째 실습에서 나의 수퍼바이저는 TEAM 모델을 따랐다. 돌아보면, 나는 TEAM 모델에 참여함으로써 상담사로서 성장하는 데 큰 도움이 되는 귀중한 지식과 통찰을 얻었다는 것을 깨닫는다. 첫 번째 TEAM 기반 수퍼비전 회의에서 나는 이 실습의 기대치, 팀 지향적인 행동, 서류 작업, 정책, 그리고 다가오는 경험의 단계별 개요에 대해 배웠다. 기본적인 기술과 지식을 강의 방식으로 검토하는 시간을 가졌으며, 이는 수업에서 개별적으로 배운 내용들이 어떻게 결합되어 상담의 예술을 만드는지에 대해 생각하게 만들었다. 나의 수퍼바이저는 첫 번째 내담자 준비를 위한 계획들을 점검하고 첫 회기에서 나의 책임을 검토하도록 확실히 했다. 나는 첫 회기를 준비했으며, 우리 모두를 향한 수퍼바이저의 격려와 지원이 기억에 남는다. 준비가 잘 되었다는 확신을 가졌다.

내담자와의 회기는 수퍼바이저와 팀원들에 의해 직접 관찰되었고, 팀원들은 통찰력 있는 피드백을 제공했다. 또한 그들은 나의 성공적인 순간과 도전으로부터 배울 기회를 가졌다. 나는 비디오 녹화로 내 회기를 검토하며 행동 관찰을 기록하고, 질문을 제기하고, 아이디어를 개발하며, 개선할 부분을 식별하고, 성공의 순간을 인식했다. 수퍼비전 회의에서 팀과 함께 내 자기 평가의 구성 요소를 논의했다. 이 열린 토론은 소크라테스식 질문, 지식 검토, 공유된 아이디어를 통해 팀으로부터 귀중한 피드백과 새로운 정보를 제공받는 기회를 주었다.

각 내담자와 첫 번째 회기 후, 사례 개념화가 시작되었다. 나의 동료들과 나는 내담자의 호소된 문제, 가능한 이론적 접근법, 상담을 위한 잠재적인 아이디어와 활동, 출처 등을 준비하도록 요청받았다. 이는 다음 수퍼비전 회의 전까지 완료되어야 했다. 견고한 개념화는 적절한 이론적 접근법과 치료 기법에 대한 창의적인 변형을 포함한 피드백과 지도로 이어졌다. 다음 수퍼비전 회의를 위해 나는 사례 개념화와 팀의 이전 토론에서 도출된 상담 계획을 준비했다. 이 팀 지향적인 실습 접근 방식은 단계별 안내와 다양한 관점에서 나온 아이디어를 제공하여 나의 자율성 개발에 도움이 되었다.

실습 경험 동안, 나는 다양한 이론적 접근법과 기법의 적용에 대한 더 많이 이해하게 되었다. 두 번째 내담자와 함께 나는 더 자율적이 되도록 격려받았고, 계속해서 능력을 입증하고 나의 생각, 감정, 아이디어를 전달했다. 나는 전체 실습 경험 동안 수퍼바이저뿐만 아니라 동료들로부터도 귀중한 피드백을 받았다. Dr. Moulton의 TEAM 접근법은 실습의 도전 속에서도 나에게 안심을 주었다. 나는 건설적인 피드백과 뛰어난 전문가 모델과 헌신적인 동료들로부터의 큰 지원 속에서 성장했다. 나는 상담사로서의 일터로 나아갈 준비가 되어 있음을 느꼈다.

수련생으로서, 매우 높은 기대치와 함께 안전하지만 도전적인 학습 경험을 촉진하는 것이 큰 가치가 있다고 믿는다. TEAM 회기의 구조는 자신감을 갖도록 했다. 나는 합리적인 실수를 두려워하지 않았고, 나의 안전지대를 벗어나 스스로를 도전했다. 궁극적으로, 수퍼바이저의 멘토링은 나의 미래 상담사로서의 발달에 큰 영향을 미쳤다.

## 당신의 수퍼비전 모델 개발하기

대부분의 단일 이론 모델에서 수퍼바이저는 한 가지 근본적 철학을 수용하고 수퍼비전의 핵심 개념들과 구체적 방법들을 접목시킨다. 당신이 한 가지 주요 모델(예를들어, 인지-행동 모델)을 채택한다면, 당신은 이 이론을 당신의 특정 수퍼비전 스타일에 접목시킬 필요가 있다. 당신이 통합적 수퍼비전 모델에 관심이 있다면, 이 작업은 더 복잡해지는데 이는 당신이 몇몇 상이한 접근들로부터 도출된 이러한 관점들을 당신에게 맞게 통합시켜야 하기 때문이다. 자신의 수퍼비전 접근을 개발하겠지만, 우리는 통합적 수퍼비전 접근을 선호하고 이를 추천하는 바이다. 이 접근은 가장 유연성이 있으며 다양한 상황과 환경에 적용가 능하다.

당신의 통합적 수퍼비전 모델의 기반이 무엇이든 간에 당신은 다양한 임상 장면에서 넓은 범위의 내담자들과 효과적으로 작업하기 위해서는 다양한 이론적 체계와 상담 기법들에 대한 지식이 필요하다. 엄격하게 한가지 이론에만 매달리는 것은 임상 실제와 수퍼비전 실제에서 일어나는 복잡성을 창의적으로 해결하는 데 요구되는 치료적 유연성을 제공하지 못한다.

당신의 수퍼비전 접근을 개발할 때, 좋은 출발점은 당신이 수퍼비전을 받았을 때의 경험을 회고해 보는 것이다. 당신에게 특별히 도움이 되었던 것은 무엇이었는가? 어떤 수퍼비전 모델이 당신이 최대한 가능성을 개발하도록 했었는가? 당신이 수퍼바이저들이 사용했던 이론들의 특징은 무엇이었으며 당신 자신의 수퍼비전 모델을 설계하는 것과 관련해서 수퍼바이저들로부터 배운 것은 무엇이었는가?

수퍼바이지로서의 당신의 경험에 대해 개인적 성찰을 한 후에 수퍼바이저와 수퍼바이지가 수퍼비전 과정에서 어떤 작업을 해야 하는가에 대한 지침을 줄 수 있는 주요 이론을 숙달하는 데 노력을 쏟는 것이 바람직하다. 인간의 특성과 변화 과정에 대한 당신의 신념에 가장 가까운 이론을 선택하라. 어떠한 측면이 당신에게 가장 적합한지를 결정하기 위해 특정 이론에 대한 당신의 지식을 깊이 있게 하는 데 최선을 다하라. 당신이 선택한 이론들을 자신의 것으로 만들 수 있는 방법을 찾으라.

수퍼비전 모델이 대면 방식에서 비디오 컨퍼런스 및 문자 메시지, 이메일과 같은 기타 온라인 도구를 사용하는 기술 기반 수퍼비전으로 전환될 때 어떤 식으로 수정될 수 있는지 고려해 보기 바란다 (Jencius & Baltrinic, 2016). 코로나-19 팬데믹 동안 우리는 생활의 많은 측면에서 온라인 서비스 제공으로 전환하기 위한 창의적인 방법을 배워야 했고, 온라인 수퍼비전에 대한 능력은 필수 사항이 되었다. 테크놀로지가 당신의 전문 활동에 미치는 영향을 무시하는 것은 현실적이지 않으며, 테크놀로지가 커뮤니케이션과 관계에서 점점 더 중요한 역할을 할 수 있음을 고려해야 한다.

관련 도서 읽기 프로그램과 다양한 전문가 워크숍에 참석하라. 관련 도서를 읽는 것은 당신의 지식 기반을 확장시키고 어떻게 기법을 창안, 이행, 평가할지에 대한 의견을 제공하는 현실적이고 유용한 방법이다. 읽기를 넘어서 다양한 수퍼비전 관점에 다루는 워크숍에 참석하라. 워크숍에 참석할 때는 당신에게 특별한 의미가 있고 당신의 작업 맥락에 적합한 의견을 개방적으로 받아들여라. 의견들에 대해 스스로 자문없이 단순히 그대로 받아들이지 말라. 다양한 수퍼비전 방식들을 시도해 보면서 당신 고유한 특성을 가지고 작업하도록 노력하라. 당신의 스타일에 적합한 자신의 기법들을 개발하고 당신의 수퍼비전 스타일이 수퍼바이지들을 위해 적절한지에 대한 피드백을 개방적으로 받아들여라.

실무를 하면서 일생동안 수퍼비전에 개방하라. Westefeld(2009)은 "수퍼비전은 절대 멈추지 않아야 하며, 대학원 과정을 마친 이후에도 심리 상담 서비스를 제공하는 사람들은 정기적으로 수퍼비전 과정에 참여해야 한다는 생각을 주입할 필요가 있다"고 언급하며 "박사 학위 후 25년이 지난 사람에게 수퍼비전을 제공하는 것이 3년차 대학원생에게 수퍼비전을 제공하는 것보다 더 중요할 수 있다"고 덧붙였다(p. 301). 당신의 수행에 대해 다른 수퍼바이저들이나 동료들과 이야기하라. 다른 전문가들과 당신의 개입에 대해 논의하고 수퍼바이지와 취할 수 있는 대안들에 대해 생각해 보라. 당신의 수퍼비전 실제에 지침이 될 주요 이론적 접근을 찾는 것이 도움이 되는 출발점이 될 수 있겠지만 어떤 한가지 모델에 갇혀서는 안된다. 장기적인 학습자가 되고 계속해서 대안적인 이론에 대해 생각하라. 개방적으로 다양한 이론들로부터 기법들을 취하되 체계적인 방식으로 기법들을 취하라. 수퍼바이지와 함께 당신이 취하는 수퍼비전 기능과 역할에 대한 타당성에 관해 생각하라.

우리는 당신이 자신의 통합적 수퍼비전 접근을 개발하는 과정에서 스스로의 스타일을 잃지 않길 바란다. 끊임없이 자신에게 적합한 것이 무엇인지 그리고 어떤 청사진이 수퍼비전 실제를 위한 모델을 만드는데 가장 도움이 되는지에 대해 성찰하라. 당신에게 완벽하게 맞는 모델은 없다. 대신 당신과 당신의 수퍼바이지들에게 맞도록 수퍼비전 접근을 만들어 가는 것이 당신의 도전 과제이다.

## 요약

수퍼바이저가 수퍼비전의 목적와 그들이 사용할 이론적 모델에 대한 분명한 이해를 갖추는 것은 매우 중요하다. 수퍼비전 모델들은 근래에 들어 발전되고 세련되어졌지만, 좀 더 명료화되고 증명될 필요가 있다. 몇몇 최근 모델들은 모델이 망라하는 주제들과 수퍼비전 적용 방식들에 있어 불균형을 이루고 있다. 수퍼비전 모델은 수퍼비전이 무엇이고 어떻게 수퍼바이지의 학습이 일어나는지를 설명한다. 많은 다양한 수퍼비전 모델들이 있지만, 가장 일반적인 모델은 발달 모델, 심리치료에 기반을 둔 모델, 통합 모델이다. 다양한 수퍼비전 모델들에 정통해지고 당신 자신의 모델 개발을 시작하라. 그와 동시에 자신의 모델을 개발하는 것은 학습, 성찰, 임상적 경험, 그리고 수퍼비전 수행 경험을 기반으로 하는 장기간의 과정이라는 것을 명심하기 바란다. 지속적으로 새로운 학습에 개방하고 동료들과 당신의 수퍼비전 접근에 대해 논의하라. 수퍼비전의 실제는 당신의 전문가로서의 커리어 전 과정에서 끊임없이 진화하고 발전하는 과정으로 이해되는 것이 가장 바람직하다.

## 학습 활동

1. 상담 수퍼바이저를 한 두 명 정도 인터뷰하고 그들의 수퍼비전 모델에 관해 질문하라. 그들이 어떻게 그 모델을 사용하게 되었는지, 그 모델이 수퍼바이지들에게 어떻게 적용되는지, 모델의 장점과 단점은 무엇인지 질문하라.
2. 수퍼비전 모델에서 사용될 수 있는 다양한 종류의 활동, 피드백, 평가를 확인하고 당신 자신의 모델을 개발하기 위해 이런 내용을 고려하라.
3. 자신만의 수퍼비전 모델에 대한 아이디어를 대략 구상해 보라. 수업 시간에 소그룹으로 이 아이디어들을 토론하고, 생각과 아이디어를 비교해 보라. 동료들의 의견에서 공통 주제는 무엇인가?
4. 소그룹으로 작업하여 모든 그룹 구성원이 지지하는 가상의 종합 모델을 개발하라. 이 모델에 적용되는 활동과 구조의 유형을 포함하라. 유용한 모델의 기본 구성 요소는 무엇인가? 수퍼바이저로서 가장 효과적으로 일할 수 있도록 도와줄 프레임워크는 무엇인가? 각 그룹은 전체 수업에 자신들의 모델을 발표하라.
5. 수퍼비전을 받는 입장에서, 수퍼바이저의 이론적 지향 안에서 작업할 수 있다는 느낌이 얼마나 중요한가? 자신이 선호하는 이론적 지향에서 사례를 개념화할 수 있는 능력에 얼마나 가치를 두는가? 이 주제를 소그룹으로 토론하라.
6. 수퍼바이저로서, 자신과 다른 이론적 지향을 가진 수퍼바이지와 효과적으로 일할 수 있는가? 예를 들어, 당신이 인본주의적 수퍼비전 모델 내에서 작업하고 있고 수퍼바이지의 이론적 지향이 주로 심리 역동적이라면, 그 수퍼바이지와 어떻게 작업하겠는가? 어떤 도전에 직면할 수 있나? 수퍼바이지가 직면할 수 있는 도전은 무엇인가?
7. 팀으로 나누어 수퍼비전에서 공통 요소에 집중하는 것이 더 생산적인지, 아니면 특정 이론적 모델을 채택하는 것이 더 생산적인지 토론하라.
8. 상담사나 수퍼바이저로서의 작업과 관련된 신경과학 개념에 대해 더 잘 알기 위해, National Institute of Mental Health, Division of Neuroscience and Basic Behavioral Science(https://www.nimh.nih.gov/index.shtml)와 같은 신뢰할 수 있는 웹사이트를 참고하기 바란다.

chapter

# 05

# 수퍼비전 방법

chapter 05

# 수퍼비전 방법

## 핵심 질문

1 수퍼비전에 참여한 경험을 통해 수퍼비전 방법에 대해 무엇을 배웠는가?

2 현재 사용하는 수퍼비전 방법은 무엇이며, 추가로 배우고 싶은 방법은 무엇인가?

3 개인 수퍼비전과 집단 수퍼비전 접근 방식의 장단점은 무엇인가? 수퍼바이지로서, 그리고 수퍼바이저로서 어떤 방식을 선호하는가?

4 수퍼바이지와 수퍼바이저에게 삼자 수퍼비전의 도전 과제는 무엇인가? 수퍼바이저로서 이러한 문제를 해결하기 위해 무엇을 할 수 있을까?

5 수퍼바이지에게 사용할 어떤 수퍼비전 방법을 사용할지 결정하는 기준은 무엇인가?

6 수퍼바이지의 발달 단계에 맞게 추천하는 방법은 무엇인가요?

7 수퍼비전 실무에 신기술(technology)을 어떻게 통합하겠는가?

"모델"은 수퍼비전 스타일의 이론적 설명을 제공하는 반면, 수퍼비전 방법은 수퍼비전에 대한 일반적인 접근 방식을 제공하며 특정 기술을 설명할 수 있다. 상담 수퍼비전은 빠르게 확장되는 분야이고, 수퍼비전 방법들은 계속 개발되고 있으며 시간이 지남에 따라 진화하고 있다. 어떤 방법은 심리치료 기법에서 차용되었으며, 다른 방법들은 수퍼비전을 위해 특별히 개발되었다. 우리는 수퍼비전의 접근 방식과 기술을 모두 **수퍼비전 방법**이라 부른다. 이 장에서는 일반적으로 사용되는 수퍼비전 방법에 대해 설명하려고 한다.

전문가 표준 지침(professional standards)(AAMFT, 2015; ACA, 2014; ACES, 2011; APA, 2017; NASW, 2017; NOHS, 2015)은 다양한 방식으로 수퍼비전 방법과 기술을 다루지만, 모든 기준은 수퍼바이저가 방법에 대해 잘 이해하고 이를 적용할 수 있는 능력을 가져야 한다고 강조한다.

수퍼비전 서비스를 제공하기 전에, 상담사들은 수퍼비전 방법과 기술에 대해 훈련을 받는다. 수퍼비전 서비스를 제공하는 상담사들은 정기적으로 상담과 수퍼비전 주제 및 기술을 포함하는 교육 활동에 지속적으로 참여한다. (ACA, 2014, F.2.a.)

수퍼비전은 상담에서 사용하는 많은 기술들(예: 공감, 존중, 적극적 경청 및 도전)을 필요로 하지만, 수퍼비전은 다른 초점과 목표를 가지고 있다. 수퍼바이저는 진입 제한 기능 역할을 하고 수퍼바이지를 모니터링하고 평가해야 한다. 상담사 또한 내담자의 진행 상황을 모니터링하고 신중하게 평가하지만, 상담사가 진입 제한 기능 역할을 하지 않는다.

다양한 윤리 규정 기준에서 제안된 방법으로는 실시간 관찰, 공동 치료, 실시간 수퍼비전, 오디오 및 비디오 녹음, 역할극, 대인 관계 과정 회상, 제안 및 조언, 피드백 및 기술 시연 등이 있다. 역사적으로 수퍼바이저들은 치료 기술과 방법을 수퍼비전 과정에 적용해 왔다. 그러나 3장에서 언급했듯이, 수퍼바이저의 개인적 특성과 스타일은 수퍼바이저의 지식과 방법 적용 능력만큼이나 중요하다. 상담 수퍼비전 문헌들은 수퍼비전 관계가 핵심적으로 중요한 역할을 한다는 것과 수퍼비전 방법들은 작업 동맹의 맥락과 분리하여 고려될 수 없다는 것을 강조한다. Norcross와 Popple(2017)은 수퍼비전의 성공은 수퍼비전 관계의 질에 크게 좌우된다고 결론지었다: "수퍼비전 관계는 가장 중요하다. 관계를 탐구하고, 이를 육성하며, 가능하다면 즐기라" (p. 69).

명확하게 표현된 수퍼비전 모델(4장을 참조)이 수퍼비전 방법 선택의 기초를 제공한다. 방법은 수퍼바이저의 이론적 방향, 수퍼바이지의 발달 수준과 필요, 제공되는 내담자 집단, 수퍼바이지가 일하는 환경, 그 환경에서의 수퍼바이지의 역할, 그리고 수퍼바이저가 해당 방법을 사용할 때의 역량에 따라 다르다. 일반적으로 수퍼바이저는 다양한 수퍼비전 방법을 사용하는 데 능숙해야 한다. 수퍼비전 초기부터 특정 수퍼바이지에게 가장 적합한 방법을 결정하고, 수퍼바이지의 필요를 주기적으로 재평가하며 필요한 경우 방법을 조정해야 한다.

## 수퍼비전 형식

수퍼비전은 다양한 형식으로 효과적일 수 있다. 개인 수퍼비전은 가장 일반적인 형태이며, 거의 모든 조력 직종에서 사용된다. 수퍼바이저와 수퍼바이지가 대면하거나 때로는 온라인 형식으로 만나 사례와 수퍼바이지의 개인적 혹은 전문적 발전을 논의할 수 있다. 개인 수퍼비전은 수퍼바이지의 임상 업무와 발전에 대해 세심한 개인적 관심을 기울일 수 있기 때문에 많은 면허 및 인증 기관에서 요구하는 수퍼비전 형식이다. 수퍼비전 회기의 빈도와 지속 시간은 상황과 면허 취득을 위한 수퍼비전 요구 사항에 따라 다르다.

다음으로, 점점 더 인기를 얻고 있는 새로운 형식의 수퍼비전인 삼자 수퍼비전을 소개하려고 한다. 이어서 여러 수퍼바이지를 동시에 수퍼비전하는 데서 오는 경제성과 수퍼바이지들 간의 상호 작용 및 서로로부터 배우는 장점 때문에 많은 수퍼바이저들이 선호하는 집단 수퍼비전에 대해 심도 있게 탐구할 것이다. 마지막으로, 개인 및 집단 수퍼비전을 결합하여 두 형식의 강점을 최대화하는 방법을 논의할 것이다(Norcross & Popple, 2017).

## 개인 수퍼비전

이 장에서 설명하는 대다수의 방법은 개인 수퍼비전(individual supervision)에 적용할 수 있다. 가장 일반적인 형식은 자기 보고로, 수퍼바이지가 사례 노트, 녹음된 정보 또는 기타 보충 데이터 없이 자신의 상담 활동과 사례 개념화를 수퍼바이저에게 설명하는 방식이다. 그러나 자기 보고만으로는 수퍼비전 방법으로 충분치 않다(Johnson, 2019). 자기 보고가 주요 방법으로 사용될 경우, 수퍼바이지들은 문제 상황에 대해 논의하는 것을 피하거나 내담자와의 어려움을 언급하는 것을 조심할 수 있다.

공동 치료, 실시간 관찰 및 비디오 녹화와 같은 직접 관찰 방법은 수퍼바이지의 작업에 대해 수퍼바이저가 명확하게 이해할 수 있도록 하기 때문에 자기 보고 방법과 함께 사용하는 것을 추천한다. 이러한 직접 방법은 "특정 내담자에게 효과적으로 맞춘 기술 개발을 촉진하고, 효과적인 종합 평가를 할 수 있으며, 상담 수퍼비전 의무를 충족시키기 위해 필요한 세부 데이터에 완전하게 접근할 수 있는" 장점이 있다(Johnson, 2019, p. 292). 또 다른 일반적인 방법은 수퍼바이지가 각 상담 회기에 대해 기록한 과정 및 회기 노트를 사용하는 것이다.

일부 수퍼바이지들은 개인 수퍼비전에서 받는 개인적인 관심에 가장 잘 반응하며, 집단 환경에서보다 개인 세팅에서 자신의 전문적 발전에 관한 정보를 더 편하게 공개할 수 있다. 그러나 개인 수퍼비전은 집단 수퍼비전 환경에서의 상호 작용을 통한 학습을 제공하지 않으며, 수퍼바이지가 다른 수퍼바이지들과의 상호 작용에서 내담자와 상호 작용할 때와 유사한 과정을 볼 수 있는 기회를 제공하지 않는다. 개인 수퍼비전은 집단 수퍼비전 방법과 함께 사용할 때 가장 효과적이다.

### 삼자 수퍼비전

삼자 수퍼비전(triadic supervision)은 특히 상담 교육 분야에서 널리 채택된 수퍼비전 형태 중 하나이다. 상담 및 관련 교육 프로그램 인증 위원회(CACREP, 2016)는 삼자 수퍼비전을 "상담 전문인과 두 명의 상담 학생 간의 지도 및 멘토링 관계"라고 설명한다(p. 44). CACREP는 2001년부터 인증된 프로그램에서 매주 요구되는 개인 수퍼비전의 대체 가능한 형식으로 삼자 수퍼비전을 포함해 왔다. CACREP가 정의한 삼자 수퍼비전은 1장에서 언급한, 수퍼바이저, 수퍼바이지, 그리고 내담자가 포함된 "삼자 시스템"과는 다른 것이다.

Hein과 Lawson(2008)은 삼자 수퍼비전 경험에 대해 박사 과정 학생들을 인터뷰하는 질적 연구를 수행했다. 이 학생들은 상담 교육 프로그램에서 석사 과정 학생들의 수퍼바이저로 활동하며 삼자 수퍼비전을 사용했다. 삼자 수퍼비전은 수퍼바이저가 동시에 두 명의 수퍼바이지와 상호 작용해야 하므로 수퍼바이저에게 요구되는 부담을 증가시켰다. 수퍼바이지들의 기술 수준, 피드백을 수용하는 능력, 그리고 가능한 다양한 치료적 접근 방식이 상이할 수 있기 때문이다. 두 명의 수퍼바이지와의 수퍼비전 관계 역동을 균형 있게 유지하는 것은 큰 도전적 과제였다. 두 사람을 동시에 모니터링하고 적절하게 반응하며, 이들에게 관여하고 지지하는 것은 수퍼바이저의 인지적 부담을 증가시켰다. 따라서 수퍼바이저들은 삼자 수퍼비전을 실행하기 전에 이 형식의 수퍼비전에 대해 충분히 훈련을 받고 경험이 있어야 한다. 삼자 수퍼비전은 수퍼바이지들 간의 적합성이 좋을 때 수퍼바이저의 부담을 덜어줄 수 있다(Hein & Lawson, 2008). 발달 수준을 기준으로 효과적으로 매칭될 경우, 수퍼바이지에게 적절한 피드백을 제공하고 피드백을 재구성하며 수퍼바이지 간의 상호 작용을 모니터링하는 데 어려움을 최소화하고, 수퍼바이저가 두 명의 수퍼바이지를 유사하게 도전할 수 있다. 수퍼바이지들이 성격과 동기 면에서 잘 맞을 경우, 서로를 도전하는 데 더 편안함을 느끼고 피드백을 더 개방적으로 받아들일 수 있어 수퍼바이저가 개입을 보다 유연하고 창의적으로 할 수 있게 된다(p. 29). 그러나 매칭이 좋지 않고 수퍼바이지들이 서로 부적합할 경우, 수퍼바이지들이 느끼는 부정적인 감정(예: 불안, 좌절)은 수퍼바이저-수퍼바이지 관계와 삼자 수퍼비전 전반에 심각한 위험을 초래할 수 있다(Hein et al., 2011).

최근 연구에서 Lonn과 Juhnke(2017)는 삼자 수퍼비전에서 수퍼바이지들의 비공개(nondisclosure)성 문제를 탐색하고, 이 형태의 수퍼비전을 진행하는 수퍼바이저들이 각 수퍼바이지와 긍정적인 관계를 의도적으로 구축하고 수퍼바이지 간의 긍정적인 동료 관계를 촉진해야 한다고 결론지었다. 이러한 연구 결과는 Hein 및 동료들(2011)의 연구와 일치한다. Lonn과 Juhnke(2017)는 "수퍼비전에서 동료의 존재가 개방성을 높이고 공개할 수 있는 의지를 증진시킬 수 있으며, 반대로 공개와 공유에 대한 편안함을 제한할 수 있다는 점을 과소평가하지 말아야 한다"고 설명한다(p. 92). Avent와 그의 동료들(2015)은 삼자 수퍼비전에서 제공되는 동료 피드백의 범주를 조사했는데, 여기에는 상담 수행 기술, 인지적 상담 기술, 자기 인식, 전문 행동, 자기 반성이 포함되었다. 이들은 "삼자 수퍼비전에서 학습 결과를 최대화하기 위해 수퍼바이저는 서로 나누는 동료 피드백의 유형과 이러한 피드백이 상담 수련생의 경험 수준에 따라 어떻게 다른지에 대해 더 잘 알고 있어야 한다"는 점을 강조했다(p. 75).

### 집단 수퍼비전

집단 수퍼비전(group supervision)은 수퍼바이지들에게 동료와 자신의 작업을 공유하고, 동료들의 집단적인 지혜를 활용하며, 결속력 있는 공동체를 형성할 기회를 제공한다. 또한 성찰의 기회, 임상적 조언, 그리고 기술 향상의 기회를 제공한다. 집단 수퍼비전은 수퍼바이저와 수퍼바이지의 자원과 경험을 최대한 활용하며 동료 간의 지원을 제공한다(Russell-Chapin & Chapin, 2020).

집단 수퍼비전을 진행하는 수퍼바이저는 집단 수퍼비전 방법에 대한 기술과 집단 과정을 촉진하는 경험이 있어야 한다. 집단 수퍼비전을 진행하는 수퍼바이저는 수퍼바이지들이 제시하는 사례와 문제의 내용에만 초점을 맞추는 것을 넘어서야 한다. 수퍼바이저는 수퍼비전 집단 내에서 수퍼바이지들이 수퍼비전 과정에 의미 있게 참여하도록 격려하는 안전하고 수용적인 분위기를 조성해야 한다.

집단 수퍼비전에서 사용하는 특정 방법에 관계없이, 집단 역동은 발전하게 되고 집단은 여러 단계에 걸쳐 진행된다(Corey, Corey, and Corey, 2018). 우리는 집단 과정의 네 가지 일반적인 단계를 설명하고, 이 단계들이 수퍼비전 집단에 어떻게 적용되는지 설명하려고 한다.

#### 초기 단계

수퍼비전의 초기 단계에서는 수퍼비전 계약을 수립하고, 집단 내 모든 수퍼바이지들이 자신에게 기대되는 바를 알고, 동의서를 제공받았는지 확인하는 것이 중요하다. 이 시기는 목표를 설정하고, 집단 수퍼비전이 어떻게 작동하는지 논의하며, 수퍼바이지들이 각 회기의 의제를 형성하는 데 적극적으로 참여하도록 준비하는 시간이다. 수퍼바이지들은 집단 내에서 자신들의 생각과 감정을 공유하여 신뢰할 수 있는 분위기를 조성하기 위해 적극적인 조치를 취하도록 격려받아야 한다.

### 전환 단계

전환 단계에서는 수퍼바이지들이 다른 사람들에게 받아들여질지 혹은 거부될지에 대해 고민할 수 있으며, 수행 불안이 자주 나타나며, 수퍼바이지들은 유능하게 보이려 애쓸 수 있다. 이 시기는 수퍼바이지들이 훈련 경험과 관련된 자신의 취약점을 표현하고, 논의되는 문제에 대한 자신의 생각을 밝히며, 집단 내 수퍼비전에서 자신이 원하는 것을 요구하는 위험을 감수해야 하는 시기이다.

### 작업 단계

집단이 안전하다고 느끼고 갈등과 저항을 해결하게 되면, 작업 단계는 문제 해결과 수퍼바이지들로 부터 그리고 수퍼바이저로부터 배우는 것에 중점을 두게 된다. 이 시기는 결속력이 높아지고 공동체 의식이 형성되는 시기이다. 수퍼바이지들은 서로에게 그리고 수퍼바이저와 자유롭고 직접적으로 상호 작용하게 된다. 집단 내에서 갈등이 발생하면 직접적이고 효과적으로 처리된다. 참가자들은 수퍼비전 집단에 자신의 우려 사항을 제시하고, 서로 피드백을 주고받으며, 사례에 대한 피드백을 요청하고, 이를 방어적인 태도 없이 받아들이려는 자세를 갖추게 된다.

### 종결 단계

종결 단계에서는 각 수퍼바이지가 현장 실습과 수퍼비전 집단 자체로부터 배운 내용을 확인하는 시간이 주어진다. 집단 수퍼바이저는 수퍼바이지들이 집단에서 배운 내용을 이해하고, 통합하며, 정리하고 기억하는 데 도움이 되는 개념적 틀을 개발할 수 있도록 돕게 된다.

## 집단 수퍼비전의 가치와 이점

집단 수퍼비전을 잘 설계 하게 되면 개인 수퍼비전으로는 얻을 수 없는 여러 훈련 및 멘토링 이점을 제공한다(Valentino et al., 2016). 집단 수퍼비전의 고유한 특성과 이점으로는 동료 피드백, 동일한 사건에 대한 다수의 청취자, 사회적 네트워킹, 관찰 학습, 모델링, 긍정적이고 생산적인 토론 연습, 공감 능력 개발, 연설 및 발표 연습, 그리고 전문적 레퍼토리 개발 등이 포함될 수 있다(Valentino et al., 2016).

Stinchfield, Hill과 Bowers(2019)에 따르면, "집단 수퍼비전은 상담사의 정체성을 촉진하고, 임상 기술 개발을 키우며, 상담사와 수퍼바이저에 대한 전문적 기대를 제시하는 데 중요한 역할을 하며, 대리 학습의 기회를 높이는 데 활용된다" (p. 141). 집단 수퍼비전 형식은 다양한 임상 환경에서 유용한 훈련 도구가 될 수 있다. 예를 들어, Valentino와 동료들(2016)은 응용행동분석(Applied Behavior Analysis; ABA)을 실습 훈련을 받는 사람들에게 집단 수퍼비전을 제공하는 이점에 대해 설명했다. 해당 분야의 일부 전문가는 집단 수퍼비전을 "특정 임상 집단, 예를 들어 자폐증을 가진 사람들과 성공적으로 일하기 위해 필요한 전문적 레퍼토리를 키울 수 있는 유일한 포럼 중 하나"로 보았다(p. 320). 집단 수퍼비전은 또한 Radis(2020)가 노숙자 문제를 겪고 있는 사람들과 가족을 돕기 위한 트라우마 인식 임상 수퍼비전 집단을 진행할 때 사용되었다. 이 집단 수퍼비전의 주요 목표는 "이 어려운 작업을 수행하는 사람들의 회복력을 키우는 것"이었다(p. 46).

집단 수퍼비전은 수퍼바이지들이 잠재적 역전이 문제를 인식하고 때로는 "어려운" 내담자로 인식되는 사람들과의 작업에서 대안적 관점을 습득할 수 있는 다양한 역할극 접근 방식으로 활용하기에 적합하다. 수퍼바이지가 내담자 역할을 맡아 "내담자가 되고" 수퍼바이저가 내담자를 다루기 위한 다양한 접근 방식을 시연할 수 있다. 이후 수퍼바이저가 내담자의 입장을 맡고, 수퍼바이지가 내담자를 다루는 다른 방법을 실험할 수도 있다. 수퍼바이지들은 서로를 위해 다양한 역할을 맡을 수도 있으며, 이는 역할극 시연 후 풍부한 토론 자료를 생성할 수 있다. 역할극 기법, 예를 들어 역할 전환과 같은 기법은 수퍼비전 집단에서 유용하게 적용될 수 있다. 역할극 기법은 구체적인 상황을 생생하게 재현하며, 단순히 **문제에 대해 이야기하는 것**보다 이를 직접 실행함으로써 수퍼바이지들이 이러한 문제에 대한 경험을 쌓을 수 있다. 역할극과 역할 전환에 대해서는 이 장 후반부에서 더 자세히 다루게 된다.

이 섹션에서는 집단 수퍼비전에 대한 다양한 접근 방식을 설명하는 세 가지 사례를 소개한다. Valerie Russell은 개인 수퍼비전과 집단 수퍼비전을 어떻게 결합하는지 설명한다. Erik Braun은 집단 수퍼비전에서의 그의 "메가 개념화(mega-conceptualization)"를 설명한다. 그리고 Marianne Schneider Corey는 집단 작업자들을 위한 수퍼비전에서 경험적 방법과 교훈적 방법을 결합할 때의 어려움에 대해 이야기한다.

### 현장의 목소리

#### 수퍼비전 집단에서 신뢰할 수 있는 분위기 조성하기

*Valerie Russell, PhD*

여기서 나는 지역 사회 정신 건강 기관에서 수퍼비전 집단을 진행했던 경험을 회고하려고 한다. 내 목표는 인턴들이 사례를 솔직하게 발표할 수 있는 안전하고 지지적인 환경을 조성하는 것이었으며, 그들의 전이와 역전이에 대한 감정에 특히 주의를 기울였다. 비록 수퍼비전이 치료는 아니지만, 나는 수퍼비전 집단에서 신뢰할 수 있는 환경을 구축하기 위해 여러 가지 치료 기법을 통합했다. 첫 모임에서 나는 상당한 시간을 할애해 "틀을 설정"했다. 이는 정신분석 용어로, 집단의 매개변수를 설명하고, 집단 수퍼비전의 목표를 설명하며, 인턴들에 대한 나의 기대치를 설명하는 과정이다. 틀을 설정하는 것은 안전감을 조성하는 데 도움이 된다. 나는 인턴들 사이의 동료애를 강조하고, 그들이 동료들에게 지지, 인정, 피드백을 제공하도록 격려했다. 처음부터 수퍼비전 집단의 형태를 세심하게 다듬고, 그 매개변수를 신중하게 따름으로써 인턴들은 수퍼비전 집단을 가치 있는 자원으로, 그리고 독특한 학습 기회로 신속하게 인식하게 되었다.

우리 기관에서는 인턴 수퍼비전 집단의 구조가 치료 집단과 유사했다. 이상적으로 구성된 6~8명의 인턴은 집단으로 매주 2시간 동안 만났다. 각 집단의 시작과 끝에서 인턴들은 체크인과 체크아웃을 해야 했다. 체크인은 인턴들에게 특정 사례에 대해 우리 모임 동안 논의할 시간을 요청할 기회를 제공했다. 또한 그날 집단에서의 참여나 성과에 영향을 미칠 수 있는 개인적인 우려 사항을 집단에서 말할 기회도 제공했다. 인턴 평가에 대해서는 개인 수퍼바이저들이 담당했기 때문에, 나는 집단 수퍼비전에서 인턴들을 공식적으로 평가하지 않았다. 이는 학생들이 자신이 생각하는 '실수'에 대해 더 자유롭게 이야기하고 전이와 역전이 감정에 대해 더 쉽게 논의할 수 있도록 해 주었다.

수퍼비전 집단에서 비밀 유지 규칙은 치료 집단과 마찬가지로 다뤄졌다: "집단에서 말한 내용은 집단 내에만 머문다." 단, 한 가지 예외가 있었다. 나는 인턴들에게 가끔 그들의 수퍼바이저들과 대화할 것임을 명확히 밝혔으며, 이를 전할 때 신중하게 다루겠다고 약속했다. 만약 수퍼바이저가 잠재적으로 민감한 자료를 알아야 하는 경우라면, 나는 가능한 한 인턴을 대화에 참여시키려고 노력했으며, 인턴들에게 직접적으로 수퍼바이저에게 해당 우려를 제기하도록 권장했다.

나는 인턴들이 위험을 감수하도록 격려하는 환경을 만들기 위해 최선을 다했다. 인턴들은 종종 서로 다른 이론적 배경을 가지고 있었으며, 이는 집단의 창의성을 더해 주었다. 그들은 자신들의 특정한 이론적 관점에 기반한 가설을 제안하고 다양한 직관적 느낌을 제시했다. 나는 그들에게 체육관에서 운동하는 것처럼 사례에 대해 이야기할 것을 제안했다. 즉, 다음 날 아침 약간 '뻐근함'을 느낄 수 있을 정도로 자신을 밀어붙이되, 너무 많이 해서 침대에서 일어나지 못할 정도가 되지 않도록 하는 것이었다. 사례를 논의할 때, 인턴들은 어느 정도의 취약성을 보여 주도록 도전 받았지만, 다음 날 동료들을 만났을 때 불편함을 느낄 정도로는 아니었다.

집단 수퍼비전과 개인 수퍼비전은 모두 가치가 있으며, 두 형식은 서로 잘 보완될 수 있다. 개인 수퍼비전에서 나의 초점은 항상 각 인턴이 내담자의 과정에 대한 이해를 높이고, 인턴 자신의 전이와 역전이에 대한 인식을 발전시키는 데 있었다. 심층적인 탐색은 두 형식 모두에서 가능하지만, 개인 수퍼비전은 더 깊고 긴 논의를 하는 데 적합하며, 수퍼바이지에게 더 위협적인 문제들을 더 쉽게 다룰 수 있다. 반면, 집단 수퍼비전에서의 나의 목표는 인턴들이 자신의 사례를 자신감 있게 발표할 수 있도록 돕는 것이다. 그들은 또한 동료들의 사례에 대해 다양한 이론적 관점을 바탕으로 가설을 세울 수 있다.

집단 수퍼비전은 또한 기법을 연습하기에 더 적합한 형식이다(예: 역할극). 인턴과 개인 수퍼비전과 집단 수퍼비전을 모두 진행할 기회가 있었을 때, 나는 인턴에 대해 더 폭넓은 관점을 얻을 수 있었지만, 이는 때때로 인턴이나 그의 집단 수퍼비전 동료들 사이에서 다양한 감정을 불러일으키기도 했다.

### 현장의 목소리

#### 집단 수퍼비전에서의 메가 개념화

*Erik Braun, PhD*

나는 석사 과정 인턴십 학생들의 지도 교수로서, 한 학기 동안 나의 수퍼바이지들이 다섯 가지 영역에서 발전하기를 기대했다: 임상적 글쓰기 기술, 상담 면접 기술, 내담자 문제에 대한 연구 지식, 사례 개념화, 그리고 자기 인식이다. 각 영역이 충분히 개발되었는지 확인하기 위해, 각 학생은 학기 중 두 번 **메가 개념화**(mega-conceptualization)를 발표한다. 수퍼바이지들은 내담자를 선택하고, 각 항목에서 그 내담자를 염두에 두고 작업을 한다: (a) 사례 개념화 보고서 작성, (b) 수업 중 사례 개념화 토론, (c) 내담자 문제와 관련된 주제에 대한 논문을 5분간 개요 발표, (d) 피드백을 위한 비디오 발표, (e) 개인 성장 일지의 일부를 공유하는 것이다. 모든 수준의 학생들을 담당하는 교수 수퍼바이저들(훈련의 일환으로 집단 수퍼비전을 진행하는 박사 과정 학생 포함)은 이 방법이 수퍼비전 집단에 구조, 깊이, 참여도를 제공하며, 포괄적인 학습을 보장해 준다는 것을 알게 될 것이다. 필요한 것은 학기 초에 계획을 세우는 것과 집단 촉진 기술이다.

수업의 주요 토론은 주요 호소 문제에 대해 짧게 이야기하는 것으로 시작된다. 이후 집단은 **역면접**(reverse interview) 과제를 수행한다. 즉, 집단이 발표자로부터 필요한 정보를 질문을 통해 이끌어 내고, 발표자는 비교적 간단한 대답을 한다. 저는 이 방식이 사례 발표를 하는 데 매우 흥미로운 방법이라고 느꼈다. 이 방법은 집단이 마치 미스터리를 풀어 가는 듯한 느낌을 주기 때문이다. 역면접은 두 가지 목적을 가지고 있다. 물론 발표자는 자신의 정보를 동료에게 전달하는 방법을 배우게 되지만, 집단의 다른 구성원들도 중요한 질문을 하는 법을 익히게 된다. 이는 자신들의 내담자에 대한 통찰을 개발하는 데 중요한 기술이다.

집단이 충분한 정보를 얻었다고 느끼면, 발표자는 사전에 선택한 내담자와 관련된 특별히 어려운 문제를 설명한다. 이 문제는 수퍼바이지가 회기 중 상호 작용의 역동에 대해 고민하는 부분, 어떤 개입이 가장 적절할지, 브레인스토밍 활동 등일 수 있으며, 수퍼바이지가 아직 기술이나 통찰, 지식이 부족한 부분일 수 있다.

그런 다음 학생은 해당 문제에 대해 읽은 논문을 요약하며, 주목할 만하게 배운 내용을 강조한다. 마지막으로, 학생은 개인 성장 일지에서 발췌한 내용을 공유하고, 새로운 전문가로서의 불안감, 초심 상담사에게 해당될 수 있는 두려움, 심지어 현장에서 동료들과의 갈등과 같은 문제들을 논의할 준비가 되어 간다.

이 메가 개념화 방법을 사용하면, 각 학생이 전문 상담사에게 기대되는 중요한 각 영역에서 성장하게 된다. 이 기법은 석사 과정 학생들이 그들의 내담자에 대해 논의할 때나, 박사 과정 학생들이 그들의 수퍼바이지들에 대해 논의할 때 사용할 수 있다. 이 방법은 모든 유형의 내담자 문제에 적용할 수 있지만, 최선의 방법은 학생들에게 현재 어려움을 겪고 있는 내담자 문제를 발표하도록 권장하는 것이다. 그렇게 하면, 메가 개념화는 실질적인 회의가 되어, 학생들이 가장 도움이 필요한 영역에 집중할 수 있게 된다.

### 현장의 목소리

#### 집단 작업자 수퍼비전하기

*Marianne Schneider Corey, MA*

나는 집단을 이끄는 집단 작업자들을 훈련하고 수퍼비전하는 분야에서 수퍼바이저로 활동한 경험이 있다. 나는 수퍼바이지들이 내가 진행하는 경험적 수퍼비전 집단에 공동 리더로 참여할 때 가장 좋은 훈련이 이루어졌다고 생각한다. 나는 집단 상담을 가르치고 집단 촉진자로서 기술을 배우고자 하는 학생들을 수퍼비전하기 위해 경험적 접근 방식을 사용했다. 이러한 집단의 수퍼바이지들은 집단원으로서 개인적인 문제를 탐구할 기회를 가지며, 동시에 집단을 촉진하는 데 있어 수퍼비전을 받는 경험도 쌓는다. 초기에 나에게는 집단 훈련의 목적과 맥락에 대한 명확한 경계를 설정하고, 이를 수퍼바이지들에게 전달하는 것이 큰 도전이었다. 나는 수퍼바이지들이 집단을 촉진할 때 그들의 길을 막지 않기 위해 애썼다. 내가 처음 시작했을 때의 경험을 떠올리며, 수퍼바이지들이 겪고 있는 어려움을 이해하고 공감할 수 있었다. 도움이 되고 싶었지만, 너무 많이 도와주지 않는 것이 중요하다는 점을 배웠다. 수퍼바이지들은 자신만의 목소리와 방향을 찾아야 하며, 그들이 나에게 의존하게 만드는 것을 경계해야 한다. 중요한 문제 중 하나는 내가 집단을 너무 빨리 대신해 주지 않는 것이었다.

수퍼바이지들에게 직접적이고 건설적인 피드백을 전달하면서도 비판적으로 보이지 않도록 하는 것은 어려운 과제이다. 많은 수퍼바이지들이 자신감이 부족하고 때로는 무능하다고 느끼기도 한다. 나는 수퍼바이지들이 자신감을 높이고 기술을 향상시킬 수 있도록 희망과 구체적인 피드백을 제공하고자 한다. 수퍼비전을 처음 시작했을 때, 나만의 스타일을 확립하는 것이 필수적이었다. 수퍼비전에 정해진 올바른 방식은 없지만, 수퍼바이저로서 나만의 정체성을 형성하는 데는 시간이 필요했다.

수퍼바이지들이 책임을 지고 수퍼비전을 통해 실험하며 배울 수 있도록 신뢰하는 것은 때때로 어려웠다. 수퍼바이지들이 집단을 이끄는 데 있어 충분하지 않은 모습을 보일 때, 나의 과제는 이를 교육의 기회로 만드는 방법을 찾는 것이다. 나의 목표는 수퍼바이지들이 나에게보다는 집단 구성원에게 더 집중할 수 있도록 돕는 것이다. 훈련 집단을 처음 수퍼비전할 때, 나는 참가자들에게 적극적으로 참여하도록 격려한다. 그들에게 자의식이 강하거나 자신이 말하거나 행동하는 것을 비판적으로 판단하는 것은 학습에 방해가 된다고 말한다. 나는 무슨 일이 일어나든 배울 것이 있다는 점을 강조한다. 만약 집단 회기가 그들의 기대에 미치지 못한다면, 그 결과를 초래한 특정 요인들을 탐색할 수 있다. 집단 구성원들은 이러한 지침에 안도감을 느끼며, 불안감이 훨씬 줄어들었다고 보고했다. 수퍼바이저로서 나는 그들에게 동료와 수퍼바이저에게 관찰되는 것이 어려움을 이해하고 공감한다고 알려 준다. 나는 수퍼바이지들에게 두려움에 사로잡혀 움직이지 못하는 것은 큰 실수라고 말하는 편이다. 수퍼바이지들은 종종 집단 내에서 두려움을 공개적으로 공유하는 것이 도움이 된다고 느끼며, 단순히 그 두려움을 말로 표현하는 것만으로도 두려움이 줄어드는 것 같았다. 나는 대부분의 수퍼바이지들이 느끼는 수행 불안을 잘 알고 있으며, 그들의 신뢰를 얻기 위해 노력한다. 나의 의도는 그들이 더 숙련된 임상가가 되도록 돕는 것이지, 그들을 비판하거나 깎아내리려는 것이 아니다.

나의 주요 과제는 그들이 집단 촉진자로서 새로운 기술을 배울 수 있는 안전하고 수용적인 집단 분위기를 조성하되, 집단을 그들만의 치료 포럼으로 바꾸지 않는 것이다. 경험적 수퍼비전은 개인적인 방식으로 가르치고, 구성원들이 제기하는 개인적 문제들을 다루면서도 수퍼비전의 목표를 잃지 않도록 적절한 경계를 유지하는 도전을 준다. 예를 들어, 수퍼바이지들이 특정 내담자와의 관계에서 어려움을 겪고 있다고 느낄 때, 그들은 그 내담자가 자신에게 어떤 감정을 불러일으킨다고 말할 수 있다. 그들은 심지어 내담자에게 집중하려고 시도하면서 떠오른 개인적인 문제를 설명할 준비가 되어 있을 수 있다. 나는 이 기회를 활용해 역전이를 다루는 것의 중요성을 가르치지만, 수퍼비전 회기에서 치료사 역할을 대신하지는 않는다. 대신, 그들이 이러한 개인적인 문제를 더 깊이 탐구해 볼 수 있도록 다른 상담사와의 상담을 권장한다.

집단 회기를 다룰 때, 나는 공동 리더들에게 자기 성찰을 촉진하는 질문을 한다: "이 집단을 공동 리더로 이끄는 동안 표현하지 못한 지속적인 생각이나 반응이 있었나요? 어느 순간 무엇을 해야 할지 궁금했던 적이 있었나요?" 나는 또한 공동 리더들이 집단 모임 시작, 공통된 주제와 구성원 연결, 집단 상호 작용을 깊게 하는 단서를 따르는 것, 집단 회기 마무리와 같은 특정 기술에 집중하도록 요청한다. 내가 강조하는 것은 집단 내 여기-지금 상호 작용의 맥락에서 무슨 일이 일어나고 있는지 점점 더 인식하게 하고, 구성원이 회기 중에 하는 발언을 바탕으로 개입을 개발하는 데 도움을 주는 것이다. 나는 이것이 '옳고 그름'의 문제가 아니라, 종종 리더가 집단 내에서 일어나는 어떤 것에 관심을 가지면 나타나는 기능이라고 강조한다.

수년간 집단 상담을 가르치고 수퍼바이지들을 수퍼비전한 경험은 경험적 접근과 교수적 접근을 결합하고, 수퍼바이지들에게 이러한 집단에서 개인적인 문제를 이야기할 기회를 제공하는 것이 가치 있다는 것을 확신시켜 주었다. 이러한 방식으로 수퍼비전하는 것은 윤리적이고 효과적이며, 집단이 어떻게 작동하는지 배우는 데 풍부한 자원이 될 수 있다. 이 접근법은 수퍼바이지들이 집단을 촉진하는 법, 공동 리더와 함께 일하는 법, 그리고 집단 내에서 의미 있는 개인 작업을 하는 법을 배우는 데 많은 이점을 제공한다.

### 동료 수퍼비전 집단

동료 수퍼비전 집단(peer supervision groups)은 훈련 프로그램, 기관, 학교 환경에서 흔히 사용되는 형식이다. Campbell(2006)은 동료 수퍼비전과 팀 수퍼비전을 집단 수퍼비전의 두 가지 형태로 설명했다. **동료 수퍼비전**은 유사한 훈련을 받은 임상가들이 정기적으로 만나 비공식적으로 서로 수퍼비전하며, 사례와 윤리적 문제를 논의하고 작업에 대한 지원과 피드백을 제공하는 것을 포함한다. 동료 수퍼비전 집단은 모든 수준의 경험을 가진 상담사들에게 유용하다. 수퍼바이지들에게는 동료 집단이 지지적인 분위기를 제공하며, 그들이 자신들의 고민을 혼자만 겪는 것이 아님을 배우도록 돕는다. 실무 중인 상담사와 기타 정신건강 전문가들에게는 지속적인 전문 성장의 기회를 제공한다. 예를 들어, Clemens(2015)는 초기 경력 정신과 의사들이 정신 역동적 심리치료 기술을 더욱 발전시키기 위해 참여한 동료 상담 집단의 가치를 설명하였다. 마찬가지로, Thompson과 동료들(2015)은 수련 중인 임상가들이 수용전념치료(ACT) 기술을 강화하기 위해 만든 ACT 동료 상담 집단, 이른바 포틀랜드 모델에 대해 자세히 설명하였다. 윤리적 딜레마와 어려운 상황에 대한 대안적 관점에 대한 논의도 동료 수퍼비전 집단에서 탐구될 수 있다. 이러한 집단은 비공식적이며, 일반적으로 평가 요소를 포함하지 않는다. 사례 상담 방법 외에도 동료 수퍼비전은 종종 교육용 비디오, 상담 관련 문헌 토론, 자격 관련 법규 업데이트, 그리고 기타 교수적 방법을 포함할 수 있다.

동료 수퍼비전 집단은 실무자들에게 다양한 이유로 가치가 있다. 이는 어려운 사례에 대한 지속적인 상담과 지원, 네트워킹, 직업적 고립 및 잠재적 소진을 예방하는 데 도움이 된다. 임상가들은 추가 교육을 원하거나, 치료의 정서적 강도, 또는 그들의 전문적인 업무와 관련된 스트레스 때문에 경력 후반부에 수퍼비전의 필요성을 새롭게 인식하는 경우가 종종 있다.

**팀 수퍼비전**은 주로 기관 환경에서 이루어지며, 다양한 분야의 정신 건강 전문가들이 모여 사례 및 기타 임상 문제를 논의하는 것을 포함한다. 이는 사례 회의와 유사하지만, 논의되는 주제의 범위가 더 넓다. 집단 수퍼비전의 다른 형태로는 임상 회진(grand rounds), 임상 문제를 논의하는 직원 회의, 세미나, 그리고 튜토리얼 등이 있다.

현장의 목소리에서는 학교 상담사인 Wendy Logan Cuellar가 자신이 시작한 동료 수퍼비전 집단의 발전 과정과, 이 집단이 동료 상담 집단으로서 어떻게 기능하며, 이에 참여한 사람들에게 어떤 가치를 제공했는지에 대해 설명할 것이다.

### 현장의 목소리

#### 학교 상담사를 위한 동료 수퍼비전 집단

*Wendy Logan Cuellar, MAEd*

나는 전문 지식에 대한 갈증과 학교 상담사로서의 기술을 향상시키려는 열망에서 동료 수퍼비전 집단을 개발했다고 말하고 싶다. 그러나 솔직히 말하자면, 이 집단은 두려움, 공포, 그리고 절대적인 필요에서 시작되었다. 나는 새로운 직장, 새로운 교장, 그리고 이전에 다루어 본 적 없는 다양한 내담자 문제들에 직면했다. 학교 중앙 사무실에 있는 배정된 "수퍼바이저"에게 도움을 요청했지만, 그 분은 주로 서류 작업과 외부 학생을 담당하고 있었고, 임상 문제는 다루지 않았다. 그때 나에게 두려움과 공포가 밀려왔다.

나는 다양한 학년을 담당하고, 학교 시스템이 다른 곳에서 온 12명의 상담사들을 초청하여, 동료로서 정기적으로 만나는 것의 잠재적 이로움에 대해 알아보기 위한 회의를 열었다. 이 집단은 모든 학교 상담사들에게 열려 있었으며, 스트레스가 많고 때로는 감정적으로 부담이 큰 우리의 업무를 수행하기 위해 필요한 자원을 모으고 지원을 얻기 위한 방법으로 시작되었다. 매번 모임의 의제는 집단의 필요에 따라 설정되었다. 예를 들어, 어떤 달에는 부모 집단을 조직하고 촉진하는 방법에 대해 논의할 수 있었고, 다른 달에는 학교 정치와 상담 및 기타 업무 간의 균형을 어떻게 맞추는지에 대해 논의할 수 있었다.

2년이 지나자, 우리 집단 내에 깊은 신뢰가 형성되었고, 우리의 과정은 상담보다는 동료 수퍼비전에 가까워졌다. 우리는 개인적인 성장 영역을 알아차릴 수 있었고, 해당 영역에 대해 피드백을 요청했다. 그 시점에서 우리는 새로운 구성원에게 집단을 개방하지 않기로 하는 어려운 결정을 내렸다. 자원 공유와 지속적인 상담의 여지는 분명히 있었지만, 우리 집단은 일반적인 개념에서 더 구체적인 임상 문제로 나아갈 준비가 되었다.

우리는 주기적으로 지역 치료사를 초청해 우리 집단에서 강연을 진행했다. 인지행동치료(CBT) 상담사가 아동 및 청소년에게 CBT를 사용하는 방법에 대해 설명했다. 우리는 모래 상자 치료를 회기에 통합하는 방법을 보여 주는 상담사의 사무실을 방문하기도 했다. 섭식 장애를 전문으로 하는 상담사를 초청하여 섭식 장애를 인식하고, 언제 의뢰가 필요한지에 대해 강연을 들었다. 이는 모두에게 유익한 교육이었다. 우리는 특정 임상 문제에 대한 훈련을 받고, 지역 자원에 대해 배웠으며, 지역 실무자들은 학교 상담사들과 개인적인 관계를 형성해 그들에게 좋은 의뢰원이 될 수 있었다.

우리 집단에서 얻은 예상치 못했던 이점은 월례 회의 외에도 필요한 경우 상담을 위해 서로 연락할 수 있는 기회였다. 우리는 집단의 어느 구성원에게나 연락하여 그들의 강점과 약점에 대해 충분히 이해하고 있었으며, 적절한 상담을 제공할 수 있음을 느낄 수 있었다.

우리 집단은 10년 이상 지속되었다. 오늘날까지, 우리 중 다수는 학교 상담사로서 받은 유일한 수퍼비전이 바로 이 집단에서 받은 것이었다. 집단 구성원들이 다른 분야로 이동하거나 다른 곳에서 일자리를 얻으면, 우리는 누군가에게 그 자리를 열어 둘 것인지를 논의했다. 집단이 오랜 시간 동안 성공할 수 있었던 데에는 몇 가지 요인이 있었다. 첫째, 지정된 책임자가 집단을 이끌고, 의제를 설정하며, 알림을 보내는 역할을 맡았다. 한 명의 지정된 책임자가 있는 것은 하위 집단이 형성될 가능성을 줄였다. 둘째, 집단의 과정은 집단 자체가 만들어 냈다. 진행자가 있기는 했지만, 집단 구성원들이 가이드라인을 설정하고, 비밀 유지를 논의하며, 의제를 개발하여 집단에 대한 주인의식을 촉진했다. 세 번째 성공 요인은 다양한 학년, 다양한 지역 학교 시스템, 다양한 경험 수준을 대표하는 다양한 상담사들로 집단을 유지한 것이었다. 이러한 방식으로 집단을 구성하면 다양한 관점과 브레인스토밍의 가능성이 확대되었다.

## 수퍼비전에서 사용되는 방법들

언어적 상호 작용과 직접 관찰은 가장 일반적으로 사용되는 수퍼비전 방법이며, 두 가지 주요 범주로 간주될 수 있다. 역사적으로, 언어적 상호 작용 방법—수퍼바이저와 수퍼바이지가 사례, 윤리적 및 법적 문제, 그리고 개인적 발전에 대해 논의하는 방식—은 선호되는 수퍼비전 형식이었다. 반면, 수퍼바이저가 수퍼바이지의 실습을 실시간 관찰 또는 비디오를 통해 관찰하는 직접 관찰 수퍼비전 방법은 최근 몇 년 동안 점점 더 인기를 끌고 있다. 언어적 상호 작용 방법은 쉽게 수행할 수 있으며, 대면 또는 전화나 컴퓨터 보조 기술을 통해 위기 상황에서도 사용이 가능하다. 그러나 치료 및 기타 문제를 '말로 설명하는' 방법의 단점은 수퍼바이지가 자신의 활동을 어느 정도까지 솔직하고 정확하게 설명하느냐에 따라 수퍼비전의 효과가 크게 좌우된다는 점이다(Johnson, 2019). 반면, 직접 관찰 방법은 시간이 더 많이 들고 노력이 필요하지만, 수퍼바이지의 기술과 능력을 보다 정확하게 이해할 수 있다.

언어적 상호 작용 방법은 수퍼바이지의 자기 보고에만 의존하기 때문에, 특히 학생과 초보 상담사들에게 이 방법만 사용하는 것은 더 이상 허용되지 않는다. 수퍼바이저들은 수퍼바이지들의 상담 기술을 관찰함으로써 그들이 충분한 기술을 가지고 있는지 확인해야 한다고 강력히 권장되고 있다(ACES, 2011). 이는 내담자, 수퍼바이지, 그리고 수퍼바이저를 보호하는 방법이다. 두 가지 방법을 함께 사용하면, 언어적 상호 작용 방법의 경제성과 직접 관찰의 정확성을 결합할 수 있다. 이러한 방법의 조합은 수퍼바이지의 모든 행동에 대해 수퍼바이저가 간접적으로 책임을 지는 상황에서 더 나은 위험 관리 방법을 제공한다.

다음 부분에서는 일반적으로 사용되는 수퍼비전 방법들을 설명한다. 수퍼바이지나 수퍼바이저로서 이러한 방법들을 어떻게 경험했는지, 그리고 이 방법들이 개인 및 집단 수퍼비전 환경에서 어떻게 적용될 수 있는지 생각해 보기 바란다.

### 사례 자문

사례 자문(case consultation) 방법은 수퍼바이지의 사례에 대한 논의를 포함하며, 가장 일반적으로 사용되는 수퍼비전 방법이다. 이 언어적 교환은 일반적으로 수퍼바이지가 각 사례에 대한 주요 문제를 수퍼바이저에게 설명하는 것으로 이루어진다. 여기에는 내담자의 치료 목적, 진단적 개념화, 사용된 치료 기법, 관계 문제, 윤리적, 법적 및 다문화적 문제, 그리고 사례와 관련된 회기 진행 보고서가 포함될 수 있다. 이 방법은 개인 수퍼비전과 집단 수퍼비전 환경 모두에서 효과적이다. Campbell(2006)은 사례 자문 접근 방식이 "내담자를 보호하고 성장 촉진, 평가 및 진단 기술 탐구, 사례 개념화 교육, 기법 및 이론 적용, 관계 문제 처리, 특히 개인적인 감정이 내담자 관리에 미치는 영향에 대한 자기 인식 촉진, 윤리 교육, 내담자와 내담자 관리에 대한 다문화 문제의 영향 탐구, 수퍼바이지들의 자기 효능감 개발을 촉진"할 수 있다고 주장한다(p. 86). Shilkret(2012)는 사례 자문이 임상가의 치료 기술을 심화시키는 데 중요한 부분이라고 지적한다. 그러나 이 방법은 이론적으로 중립적이지 않다. 수퍼바이저들은 자신만의 특정 이론적 방향에 의해 영향을 받는 경향이 있다.

수퍼바이지의 자기 보고에만 초점을 맞춘 사례 자문은 널리 사용되지만 제한적인 방법이다. 수퍼바이지가 자기 보고에서 올바른 말을 모두 할 수 있지만, 내담자와 직접적으로 관찰했을 때는 수퍼바이지의 기술 수준이 매우 다르게 보일 수 있다. 수퍼바이지가 개념화는 잘할 수 있지만, 실제 수행 능력은 또 다른 문제일 수 있다. 또한, 수퍼바이지가 상황을 어떻게 인식하는지는 실제 상담 상황의 현실을 정확히 반영하지 못할 수 있다. 수퍼바이지가 고의로 속이려는 것은 아니지만, 수퍼바이지는 수퍼바이저로부터 긍정적인 평가를 받고자 하는 현실적인 희망을 가지고 있다.

### 공동 치료

공동 치료(cotherapy) 방법은 수퍼바이저와 수퍼바이지가 내담자나 집단과 함께 공동 치료사로서 일하는 것을 포함한다. 이때 두 사람은 사례나 집단의 성격과 함께 작업할 때 맡게 될 역할을 논의하는 것이 필수적이다(Campbell, 2006). 이 방법을 사용하는 수퍼바이저들은 수퍼바이지가 학습 과정에서 어려움을 겪고 배울 수 있는 기회를 허용하지 않고, 자신이 옳다고 생각하는 방식으로 치료를 주도하지 않도록 경계해야 한다.

공동 치료에서는 수퍼바이저와 수퍼바이지가 공식 수퍼비전 회기에서 함께 작업한 내용을 논의하는 것이 일반적이다. 이 방법은 수퍼바이저에게 수퍼바이지의 기술을 직접 관찰할 수 있는 기회를 제공하며, 수퍼바이저가 모델링하고 시연할 수 있는 무대를 제공해 준다. 공동 치료는 생동감 있는 학습 경험을 제공하고 여러 가지 장점을 가진 것으로 보일 수 있지만 (예: 수퍼바이지에게 보다 즉각적인 피드백을 제공할 수 있는 기회), 학문적 문헌에서는 "공동 치료가 단독 치료 모델보다 내담자 결과에 미치는 효과에 대해서 혼합된 결과를 보여 준다"고 한다(Clark et al., 2016, p. 160). 한 연구팀은 공동 치료 수퍼비전이 내담자 결과를 개선하는 데 있어 공동 치료를 포함하지 않은 수퍼비전보다 더 나은 결과를 제공하지 못했다는 사실을 발견했다(Tanner et al., 2012). 즉, 공동 치료 수퍼비전을 경험한 수퍼바이지들이 상담한 내담자들은 공동 치료 수퍼비전을 경험하지 않은 수퍼바이지들이 상담한 내담자들보다 더 나은 결과를 보이지 않았다는 것이다. 그러나 다른 연구에서는 공동 치료가 수퍼비전 접근 방식으로서 가지는 가치를 인정하기도 하였다. Clark과 그의 동료들(2016)은 연구에서 참가자들이 공동 치료사로서 배운 관계 기술이 단독 치료사로서 실습할 때 유용하다고 여겼으며, 이러한 기술이 동료 관계, 치료 팀, 기관 관계 등 다른 실습 환경에도 일반화된다고 하였다.

## 실시간 관찰

실시간 관찰(live observation)은 나중에 이루어지는 형태의 수퍼비전보다 장점이 있다(Weck et al., 2016). 수퍼바이저나 관찰 팀이 상담 회기에 직접 참여하거나, 일방경이나 비디오 모니터를 통해 수퍼바이지의 활동을 직접 관찰하게 된다. 이 방법은 상담 회기와 수퍼바이지의 치료 기술에 중점을 둔다.

내담자가 서면으로 허락한 경우에만 수퍼바이저가 회기에 참여하거나 회기를 외부에서 관찰할 수 있다. 수퍼바이저는 때때로 또는 매 회기마다 참여할 수 있으며, 관찰 회기 이후에 수퍼바이저와 수퍼바이지가 사례와 수퍼바이지의 작업을 논의하기 위해 만난다. 이 방법에는 여러 가지 변형이 있을 수 있다(Weck et al., 2016). 수퍼바이저가 회기 동안 침묵을 지킬 수도 있고, 수퍼바이지의 접근 방식에 대해 논의하기 위해 회기를 간헐적으로 중단할 수도 있으며, 이는 내담자가 있는 자리에서 또는 없는 자리에서 진행될 수 있다. 그러나 너무 많은 중단은 수퍼바이지와 내담자 모두에게 방해가 될 수 있다.

또 다른 변형은 회기 도중에 수퍼바이지와 수퍼바이저가 수퍼바이지의 접근 방식에 대해 논의할 수 있는 휴식 시간을 포함하는 것이다. 수퍼바이저가 회기를 맡아 내담자를 다루는 방법을 시연할 수도 있지만, 회기에서 자신의 존재가 내담자와 수퍼바이지 모두에게 미치는 잠재적 영향을 인식해야 한다. 내담자의 복지와 수퍼바이지의 존엄성에 대한 배려를 유지하는 것이 가장 중요하다.

수퍼바이저가 내담자와 함께 있는 수퍼바이지를 관찰할 수 있는 또 다른 방법은 인접한 방에 있는 일방경을 사용하는 것이다. 내담자나 수퍼바이지는 관찰실에 있는 수퍼바이저를 볼 수 없지만, 수퍼바이저가 그곳에 있다는 것은 알고 있다. 상담실은 오디오 장치가 설치되어 있어 관찰실로 소리가 전달된다. 수퍼바이저는 단순히 관찰한 후 회기가 끝난 뒤 피드백을 제공할 수도 있지만, 회기 중 피드백을 제공할 수 있는 몇 가지 방법도 있다. 예를 들어, '귀에 수신기 착용(bug-in-the-ear)' 방법에서는 수퍼바이지가 귀에 오디오 수신기를 착용하고, 수퍼바이저가 마이크를 통해 수퍼바이지에게 피드백과 지시를 제공하는 것이다. 이를 통해 수퍼바이지는 회기 도중 바로 조정할 수 있지만, 수퍼바이저가 너무 많이 말하면 산만해질 수 있다. 때로는 수퍼바이저가 수퍼바이지의 임상 작업을 논의할 필요가 있을 때, 수퍼바이지에게 신호를 보내기 위해 부저가 사용된다. 수퍼바이지는 잠시 휴식을 취해 수퍼바이저와 대화하거나, 수퍼바이저에게 전화할 수 있는 기기를 사용할 수 있다. 실시간 수퍼비전 가운데 유망한 형태 중 하나는 '눈으로 보내는 신호'(bug-in-the-eye, BITE) 방법으로, 회기 중 수퍼바이지만 볼 수 있는 모니터에 시각적 지시와 신호를 제공하는 방식이다. Weck과 동료들(2016)의 무작위 통제 실험에 따르면, BITE 수퍼비전은 일부 방법보다 덜 침해적이며 이후에 진행되는 비디오 기반(Delayed Video-Based; DVB) 수퍼비전보다 더 효과적임이 입증되었다. "BITE 수퍼비전 하에 진행된 치료에서는 치료적 동맹이 DVB 수퍼비전 하에 진행된 치료보다 유의미하게 강했다. 또한, BITE 조건에서의 치료 능력이 DVB 조건보다 높게 나타났다"(p. 386).

일방경을 사용하는 것은 수퍼바이지의 작업을 직접적으로 관찰하고, 수퍼바이지의 작업이 진행 중일 때 개입할 수 있는 효과적인 방법이다. 그러나 이 방법은 두 개의 방과 일방경, 그리고 회기 중 수퍼바이지와 연락하기 위한 오디오 또는 비디오 장비가 필요하다. 또한, 내담자의 허락과 협조가 필요하다. 개인적 견해로 Bob Haynes는 실시간 관찰 수퍼비전의 가치에 대한 추가적인 견해를 제공한다.

### Bob Haynes의 개인적 관점

나는 수퍼바이지로서 실시간 관찰에 여러 번 참여했으며, 이것은 나에게 매우 훌륭한 학습 경험이었다. 젊고 불안한 수퍼바이지로서, 내담자를 상담하다가 막히게 되면 귀에 수신기 착용(bug-in-the-ear)을 통해 수퍼바이저가 다음에 무슨 말을 할지 제안해 줄 수 있다는 점이 자신감을 얻게 하였다.

인턴십 디렉터로 일할 때, 나는 실시간 관찰이 인턴십 훈련 기간 동안 인터뷰 기술의 기초를 확립하는 데 효과적이라는 것을 알게 되었다. 비록 실시간 관찰이 불안을 유발하기는 했지만, 인턴들은 대체로 이것이 가장 가치 있는 학습 경험 중 하나라고 보고했다. 수퍼비전 그룹은 훈련 프로그램 초기에 인턴의 장점과 부족한 점을 파악하는 데 직접 관찰이 매우 유용하다는 것을 발견했다. 내담자들 또한 "주목받는 것"을 즐기는 경우가 많았으며, 참여를 거부하는 경우는 드물었다. 만약 그들이 참여를 거부하면, 관찰에서 제외되었다. 전체적으로, 나와 수퍼비전 그룹은 이 방법이 가치 있고 신속한 수퍼비전 방법이라는 것을 알게 되었다.

아래 제시될 사례 연구 5.1은 실시간 관찰 방법이 어떻게 수퍼바이지의 부족한 기술을 파악하고, 수퍼바이저가 교정적 피드백을 제공하며, 부족한 점을 보완하기에 적절한 전략을 개발하도록 하는 데 효과적일 수 있는지를 보여 준다.

**사례 5.1** 토비

토비는 석사 과정의 중독 상담 수퍼바이지로, 치료 사례를 쉽게 설명하고 논의할 수 있으며, 유능하게 보였다. 그는 뛰어난 학생이며 학업 성적도 우수했다. 그는 진단, 치료 목표, 중독 문제를 가진 내담자를 상담하는 데 필요한 방법을 명확히 이해하고 있는 것처럼 보였다. 토비의 내담자 중 한 명은 토비와 비슷한 나이의 아프리카계 미국인 남성으로, 만성적인 우울증 병력을 가지고 있었다. 일방경을 통해 이 내담자와의 상담을 관찰했을 때, 토비는 진단 및 치료 문제, 특히 이중 진단 문제에 대해 명확한 이해를 가지고 있었지만, 젊은 내담자와 공감대를 형성하고 기본적인 조력 기술을 사용하는 데 상당한 어려움을 겪고 있었다. 그는 내담자의 말을 경청하거나 내담자의 관점과 가난하고, 배고프고, 실직 상태이며, 희망이 없고, 알코올 중독에 시달리는 삶이 어떤 것인지 진정으로 이해하려고 하지 않았다. 또한, 백인 학생으로서 아프리카계 미국인 내담자와 일할 때 문화적 문제와 특권의 개념이 자신의 작업에서 어떤 역할을 하는지 이해하지 못했다.

토비의 주요 수퍼비전 문제는 무엇일까? 여기에서 발생하고 있는 다문화적 문제는 무엇일까? 토비가 기본적인 조력 기술을 개발하도록 돕기 위해 어떤 수퍼비전 방법을 사용할 수 있을까?

토비 상담을 직접 관찰한 덕분에, 그의 수퍼바이저는 기본적 조력 기술과 다문화적 역량 및 민감성에 대한 필요성을 파악할 수 있었다. 그는 또한 토비에게 그의 특권과 그 특권이 갖는 책임, 그리고 이를 무시할 때 발생할 수 있는 피해에 대해 교육하는 것이 중요하다는 점을 인식했다. 학생이 사례를 지적으로 이해하지만, 내담자와 "연결"하는 데 필요한 기본적인 조력 기술이 부족한 것은 흔히 발생하는 일이다. 많은 수퍼바이지들은 아직 발전하는 과정에 있으며, 자신과 다른 세계에서 살아가는 사람들을 진정으로 공감하기 위해 필요한 개인적인 성장과 통찰을 아직 갖추지 못한 상태이다. 멘토링, 모델링, 역할극, 그리고 보다 직접적인 관찰 수퍼비전 방법은 토비가 내담자와의 기본적인 조력 기술을 개발하는 데 도움이 되었다.

### 비디오 녹화 및 오디오 녹음

비디오 녹화 또는 오디오 녹음(video and audio recording)을 사용하는 경우, 수퍼바이지는 내담자 또는 집단과의 한두 번의 회기를 녹음하고 이를 수퍼비전 회기에서 검토하게 된다. 수퍼비전에 사용되는 비디오 녹화 및 오디오 녹음을 만드는 데는 여러 가지 기술적 방법이 있으며, 이 기술은 자주 변화하고 발전되고 있다. 이 기술을 사용할 때 주요 고려 사항은 녹화 및 녹음의 제작 및 보관과 관련된 윤리적, 법적인 부분이다. 내담자에게 이 과정에 대해 충분히 설명해야 하며, 녹화·녹음에 누가 접근할 수 있는지, 녹화·녹음이 수퍼비전에 어떻게 사용될 것인지, 녹화·녹음이 어디에 얼마나 오래 보관될 것인지, 그리고 녹화·녹음의 비밀이 어떻게 보장될 것인지에 대해 알려야 한다. 또한, 내담자는 녹화·녹음을 거부할 권리가 있으며, 녹화·녹음 과정에서 또는 보관 중 언제든지 동의를 철회할 수 있어야 한다.

상호작용의 중요한 부분은 필요할 때마다 여러 번 재생하여 검토할 수 있으며, 수퍼바이지와 수퍼바이저 간에 대체 방법으로 역할극을 진행할 수 있다. 치료의 다양한 단계에서 녹화·녹음된 회기는 수퍼바이지가 치료사로서 얼마나 발전했는지 비교할 수 있는 자료를 제공한다. 비디오 녹화나 오디오 녹음의 주요 단점은 기술적인 문제가 생길 수 있다는 것이다. 그럼에도 불구하고, 기술적인 세부 사항을 사전에 해결하면 비디오 녹화 및 오디오 녹음은 매우 유용한 수퍼비전 방법이 될 수 있다.

보다 진보된 의사소통 형태로는 전화, 이메일 또는 화상 회의를 수퍼비전에 통합할 수 있다. 블로그, 영상 채팅, 가상 세계, 팟캐스트 및 소셜 네트워크도 수퍼비전 도구로 사용되고 있다. 이러한 방법들은 특히 지리적으로 고립된 지역에서 수퍼비전을 제공할 때 유용한 것으로 밝혀졌다(Martin et al., 2018).

### 대인 관계 과정 회상

대인 관계 과정 회상(interpersonal process recall: IPR)은 비디오 녹화를 사용하는 오래된 효과적인 방법으로, 다양한 수퍼비전 모델과 함께 사용할 수 있다. Kagan, Krathwohl, 그리고 Miller(1963)는 IPR을 개발하여 수퍼바이지가 내담자와의 관계 역학을 처리하고 자기 인식을 높이는 데 도움을 주고자 했다. 수십 년 전에 개발되었지만, 이 모델은 여전히 유효하며, 수퍼바이지의 성장, 특히 다문화 인식의 발달을 촉진하는 데 적응될 수 있다(Ivers et al., 2017). 이 방법에서는 수퍼바이지가 내담자를 상담하는 동안 비디오로 녹화되며, 상호 작용 직후에 녹화를 보여 준다. 녹화를 즉시 검토하면 수퍼바이지는 상담 회기 중에 경험했지만 여러 이유로 표현하지 못했던 생각과 감정을 기억할 수 있다.

수퍼바이저와 수퍼바이지는 녹화를 검토하는 중간에 언제든지 멈추고 탐색 및 논의를 할 수 있다. 수퍼바이저의 주요 임무는 수퍼바이지가 상담 회기 동안 작용했던 자신의 내적 과정, 즉 동기, 생각, 감정을 검토할 수 있도록 돕는 것이다. 하나의 비디오로 녹화된 상담 회기를 모두 검토하는 데는 여러 차례의 수퍼비전 회기가 필요할 수 있다. Bernard와 Goodyear(2019, pp. 174-175)는 IPR 회기 동안 수퍼바이저가 다음과 같은 질문을 할 수 있다고 제안한다:

- 당신의 생각, 감정, 반응은 무엇이었습니까? 이를 표현하고 싶었던 순간이 있었나요?
- 이 시점에서 무엇을 말하고 싶었나요?
- 상담사로서의 역할에 대해 어떤 느낌이었나요?
- 그때 상대방에 대해 어떤 생각을 하고 있었나요?
- 그것에 대해 무엇을 하고 싶다고 생각했나요?
- 그때 당신의 마음에 떠오른 이미지나 기억이 있었나요?
- 내담자가 당신에게 어떻게 반응하고 있다고 상상했나요?
- 그 시점에서 내담자가 당신에게 기대하는 것이 있다고 느꼈나요?
- 내담자로부터 어떤 말을 듣고 싶었나요?
- 내담자에게 어떤 메시지를 전달하고 싶었나요? 무엇이 그걸 방해했나요?

### 역할극 및 역할 전환

역할극(role play)은 수퍼바이저와 수퍼바이지가 상담사와 내담자 역할을 맡아 다양한 시나리오를 연기하는 방식으로, 이 장에서 설명한 다른 방법들과 함께 사용할 때 매우 효과적인 수퍼비전 접근법이 될 수 있다. 역할극은 집단 수퍼비전 환경에서도 창의적으로 사용할 수 있으며, 여러 가지 변형이 가능하다. 역할극의 진정한 가치는 상황과 문제를 이야기하는 대신, 수퍼바이저가 수퍼바이지를 현재 진행형에서 직접 볼 수 있는 능력에 있다.

역할 전환(role reversal)은 수퍼바이지가 내담자 역할을 맡고 수퍼바이저가 상담사 역할을 맡는 역할극의 일종이다. 이는 수퍼바이지가 내담자와 상담에서 내담자의 역할에 대한 공감을 개발하는 데 유용하다. 또 다른 역할 전환 방법은 수퍼바이지가 수퍼바이저 역할을 맡고, 수퍼바이저가 수퍼바이지 역할을 맡는 것이다. 이를 통해 수퍼바이지가 수퍼비전에서 논의된 문제를 다른 관점에서 탐구하게 하여 학습 과정을 돕다.

### 모델링 및 시연

모델링(modeling)은 수퍼바이저가 수퍼바이지에게 윤리적 의사 결정부터 임상 방법의 공식화와 적용에 이르기까지 다양한 전문 업무를 수행하는 방법을 관찰하도록 가르치는 것이다. 이 형태의 교육은 수퍼비전 과정 전반에 걸쳐 이루어지며, 수퍼바이지에게 태도와 신념을 전달하고 행동을 시연하다. 수퍼바이저가 수퍼바이지에게 자기 수퍼비전 능력을 가질 수 있는 태도를 보여 주는 것이 중요하다. 시연(demonstration)은 수퍼바이지에게 접수 회기를 진행하거나 화가 난 내담자를 다루기 위한 다양한 개입 방법을 시연하는 방식으로, 특정 작업과 기술을 수행하는 방법을 보여 주는 것이다. 수퍼바이저는 역할극이나 공동 치료를 통해 특정 상황을 효과적으로 다루는 방법을 모델링하거나, 특정 딜레마를 해결하는 과정을 소리 내어 설명할 수 있다. 수퍼바이저는 문제 상황에 접근하는 데 "정답"이 없음을 강조하고, 이것이 많은 개입 방법 중 하나일 뿐이라고 설명하는 것이 중요하다. 수퍼바이지들이 자신의 배운 점을 시연할 기회를 제공하고, 수퍼바이지들이 자신의 독창적인 스타일을 이 작업에 적용하도록 격려한다.

### 코칭

코칭(coaching)은 원래 경영 수퍼비전에서 개발된 것으로, 경영자 코칭에서 시작해 생활 코칭의 전문 분야로 발전했다. 문헌에서 코칭이 수퍼비전 방법으로 자주 언급되지는 않지만, 특정 유형의 수퍼비전에서 쉽게 적용될 수 있다. 이 방법을 사용할 때, 수퍼바이저는 수퍼바이지가 다양한 주제를 탐구하도록 돕는 역할을 한다. 코치는 권위자가 아니라 수퍼바이지의 의제를 중심으로 하는 개인 조언자의 역할을 한다.

코칭에서는 올바른 질문을 하는 것이 종종 올바른 답을 갖는 것만큼 중요하다. 코칭은 인간 중심 수퍼비전과 유사하며, 수퍼바이저의 역할은 수퍼바이지가 스스로 무엇을 배워야 할지를 발견하도록 적극적으로 경청하는 것이다. 수퍼바이지들이 문제를 탐구하도록 격려받으면, 스스로 결론과 해결책을 찾을 수 있게 된다.

이 접근 방식은 초보자나 경험 많은 상담사 모두에게 적용할 수 있지만, 경험 많은 임상가와 동료 수퍼비전에서 더 적합하다. 코칭은 덜 구조화되어 있으며, 수퍼바이지가 수퍼비전에서 필요로 하는 것을 결정하도록 요구한다. 이는 더 많은 구조와 지시가 필요한 수퍼바이지와 작업할 때는 최선의 방법이 아닐 수 있다. 코칭은 신뢰를 바탕으로 한 관계에 기반한다.

코칭은 간단하고 비공식적인 회기나 더 체계적이고 공식적인 수퍼비전 회기에서 수행될 수 있다. 이 접근 방식은 협력적이며, 수퍼바이지의 자율성과 자기 방향성을 개발하는 것을 목표로 한다. 코칭은 수퍼바이저와 수퍼바이지가 수퍼비전 목표를 달성하기 위해 협력하는 형식을 제공한다.

### 과제

과제(homework)에는 독서, 웹사이트 및 블로그 검토, 비디오 시청 등이 포함될 수 있으며, 이는 수퍼비전 회기를 보완하는 역할을 한다. 과제는 임상, 윤리, 법적 또는 기타 주제에 대해 부여될 수 있다. 상담에서 과제가 상담 과정을 보완하는 강력한 도구가 될 수 있는 것처럼(Muratori & Haynes, 2020), 과제는 수퍼비전 과정을 강화할 수 있다. 과제는 수퍼바이저와 수퍼바이지가 함께 결정하는 경우 가장 효과적이며, 이는 과제 수행률을 높이는 데 도움이 된다. 학습 과정을 극대화하려면, 수퍼바이지는 과제에 대해 논의할 준비를 하고 수퍼비전에 참여해야 한다. 예를 들어, 수퍼바이지가 자살 평가 및 개입에 대해 더 배우고 싶어한다면, 관련된 기사 읽기와 비디오 시청이 과제가 될 수 있다. 다음 수퍼비전 회기 시간에 이 정보가 내담자에게 어떻게 적용될 수 있는지 논의할 수 있다. 수퍼비전 외부에서 쉽게 학습할 수 있는 기본 개념을 다루는 과제는 수퍼비전 회기에서 사례를 더 깊이 있게 논의할 수 있는 시간을 확보하게 한다.

### 서면 정보를 사용하는 방법

Bernard(2014)에 따르면, “임상 수퍼비전의 문서화는 문제 있는 수퍼바이지를 관리하거나 법적 보호를 위한 기록을 남겨야 한다는 권고를 제외하고는 문헌에서 큰 주목을 받지 못했다” (pp. 199-200). 그녀는 수퍼비전 노트나 문서화가 수퍼바이저 교육 과정에서 “수퍼비전에서 이론의 사용과 수퍼비전 모델의 적용, 수퍼바이지의 발달 수준을 평가하는 능력을 이해하고 설명하는 능력을 개발하는” 교육 전략으로 활용될 수 있다고 하였다(p. 198).

**과정 노트**(process note)는 수퍼바이지가 상담에 대한 개념화, 즉 진단, 목표, 목적, 치료 전략을 요약한 서면 노트이다. 과정 노트는 전이와 같은 내담자의 반응과 치료사의 주관적인 내담자 인상을 다룬다. 내담자의 꿈이나 환상, 내담자의 개인 생활에 대한 민감한 정보, 치료사의 생각, 감정, 그리고 내담자에 대한 반응과 같은 친밀한 세부 정보가 포함될 수 있다. 과정 노트는 내담자의 의무 기록의 일부로 간주되지 않으며, 치료사의 개인 소유물로 간주되어 의료 파일에 보관되지 않고 치료사의 전문 파일에 보관된다.

**회기 진행 보고서**(progress note)는 상담에서 일어난 일을 사실적으로 기록한 노트로, 내담자의 발언, 행동, 태도를 포함한다. 회기 진행 보고서는 내담자의 공식 의료 기록의 일부이다. 이러한 문서 활용 방법은 수퍼바이지의 자기 보고만으로는 얻기 어려운 상담 회기에 대한 보다 상세한 리뷰를 제공한다. 진행 노트는 행동 중심적이며 사람들이 말하고 행동하는 내용을 다룬다. 진단, 기능적 상태, 증상, 치료 계획, 결과, 대체 치료 및 내담자의 진전에 대한 정보를 포함한다.

### 비선형 방법

Bernard와 Goodyear(2019)는 비선형 수퍼비전 개입(nonlinear supervision methods)을 우뇌 전략에 의존하는 방법으로 설명한다. Waalkes, DeCino, 및 Borders(2018)는 집단 수퍼비전 중 “발견된 시(found poetry)”를 쓰고 듣는 것이 수퍼바이지들이 보다 복잡한 사고를 할 수 있도록 돕고, 경청과 공감 능력을 향상시키며, 모호성에 대한 인내심을 높이는 데 도움이 된다는 것을 발견하였다. 창의력을 전통적인 수퍼비전 접근과 결합함으로써 수퍼바이지들은 “이성과 논리를 사용하는 동시에 직관과 상상력을 활용”할 수 있는 기회를 얻을 수 있다(p. 16).

우리는 일반적으로 사용되는 수퍼비전 방법들과 수퍼비전 분야에서의 몇 가지 새로운 발전을 설명하였다. 특정 방법의 선택은 수퍼비전을 둘러싼 여러 맥락적 요인에 따라 달라진다. 수퍼바이저의 수퍼비전 모델도 사용되는 방법을 결정하는 요소 중 하나이다. 자격증

위원회와 전문 협회들은 수퍼비전의 중요성을 강조하고 있으며, 우리는 수퍼바이저들이 수퍼비전 방법에 관한 최신 문헌을 지속적으로 학습할 것을 권장한다.

## 수퍼비전에서 신기술 사용

코로나-19로 인한 변화는 신기술(technology)이 수퍼비전을 제공하는 표준적인 방법이 될 수 있는 기회를 만들었다. 많은 수퍼바이저들은 수퍼바이지와의 소중한 대면 상호 작용의 상실을 걱정하며, 변화하는 수퍼비전 환경에 대해 강한 의견을 가지고 있다. 그러나 신기술은 효과적이고 윤리적으로 사용될 때 수퍼비전 관계와 결과를 향상시킨다는 것을 보여주고 있다 (Belšak & Simonič, 2019). Nelson, Nichter, 그리고 Henriksen(2010)은 수퍼비전의 정의와 목적은 전달 방식에 관계없이 변하지 않는다고 상기시키고 있다. 수퍼비전에서 신기술의 중요성이 증가하는 것은 상담사, 수퍼바이저 및 상담 교육자를 위한 전문 윤리 및 최선의 실천 지침에서 볼 수 있다 (예: 미국 상담학회의 **윤리 규정** [2014]; 상담사 교육 및 수퍼비전 협회의 **모범적 상담 수퍼비전** [2011]). 미국 상담학회(2014)는 회원들에게 "원격 상담, 신기술 및 소셜 미디어와 관련된 직업의 변화하는 성격을 이해하기 위해 적극적으로 노력하고... 이러한 자원에 대해 지식을 쌓도록" 권장하고 있다(sect. H, Introduction).

수퍼비전에서 신기술의 사용은 새로운 것이 아니다. Rousmaniere와 Renfro-Michel(2016)은 수퍼비전 과정에서의 첫 번째 기술 물결이 주로 일방경, 오디오 장비 및 비디오 카메라와 같은 기계적 장치를 통해 이루어졌다고 설명한다. 수퍼비전에서 두 번째 기술 물결은 화상 회의, 웹캠, iPad, 가상 현실, 인터넷 클라우드, 수퍼비전 소프트웨어, 위키, 이메일 및 텍스트와 같은 인터넷 기반 도구를 활용하는 것이다. 이러한 기술 자원 목록을 읽으면, 우리가 수퍼비전에 신기술을 사용하는 데 얼마나 익숙한지를 새삼 깨닫게 될 수 있다. 처음 이러한 기술 도구를 사용할 때 어떤 느낌이었는지 생각해 보라. 기술을 이해하고 사용하는 데 익숙하든 그렇지 않든, 약간의 도전을 받고, 새로운 기술 습득을 통해 수퍼바이저로서의 효율성을 높일 수도 있다. 여기 몇 가지 용어를 소개하면 다음과 같다:

- **온라인 수퍼비전**은 인터넷을 통해 이루어지는 수퍼비전이다. 이는 국가 간에 이루어지거나 비상 상황에서 사용될 수 있다.
- **하이브리드 또는 혼합형 수퍼비전**은 대면 방식과 온라인 또는 원격 방식을 결합한 방

식이다. 하이브리드 수퍼비전의 한 예로는 임상 결과 측정을 기록하는 소프트웨어인 Routine Outcome Measurement(ROM)를 사용하는 것을 들 수 있다(Bernard & Goodyear, 2019, p. 171).

- **동시 수퍼비전**(Synchronous Supervision)은 수퍼바이저와 수퍼바이지가 같은 시간에 상호 작용할 수 있는 기술을 사용하는 것을 의미한다. 화상 회의, 채팅, 즉각 메시지 등이 이에 해당하며, 이러한 기술은 보통 "실시간" 사건으로 불린다.
- **비동시 수퍼비전**(Asynchronous Supervision)은 시간과 공간의 유연성을 제공하는 기술을 사용하는 것이다. 같은 장소에 있거나 같은 시간에 참여하지 않아도 효과적인 의사소통이 가능하다. 예를 들어, 토론 집단, GroupMe 페이지, 이메일, 소셜 미디어 웹사이트 또는 클라우드 기반 저장 시스템이 있다. 이러한 기술은 우리가 사용할 수 있는 풍부한 자원에 대해 배우는 방법에 더 많은 유연성을 제공한다.

"신기술에 대한 저항감"은 새로운 기술을 배워야 한다는 생각에서 비롯되는 거의 보편적인 불안 반응이다(Rousmaniere & Renfro-Michel, 2016). 이 불안은 새로운 전략, 기법 및 자원을 시도하는 것을 방해할 수 있다. 우리가 이 분야에서 발전하고, 새로운 세대의 상담사들과 관련성을 유지하며, 최고의 수퍼비전 실천을 제공하고자 한다면, 새로운 기술 도구를 수퍼비전에 통합하고 이를 실행할 때가 되었다. 모든 것을 한꺼번에 바꿀 필요는 없다. 수퍼비전에서 기술 사용을 발전시키기 위해 고려해야 할 몇 가지 사항이 있다.

### 수퍼비전 우선

먼저 수퍼비전 과정과 목표를 고려하라. 수퍼비전에 대한 희망과 기대 목록을 작성해 보라. 어떤 종류의 수퍼비전을 실천하고 싶은가? 과정에 대한 옵션은 무엇인가? 무엇을 성취하고 싶은가? 수퍼비전에 대해 무엇을 믿고 있으며, 이러한 믿음에 가장 잘 맞는 이론은 무엇인가? 수퍼바이지들과 어떤 관계를 갖고 싶은가?

### 신기술은 그 다음

현재 수퍼비전에서 사용하는 신기술을 파악하라. 수퍼비전 목표를 달성하고 수퍼바이지의 요구를 가장 잘 충족시킬 수 있는 기술을 브레인스토밍해 보라. 각 신기술 사용에 대한 편안한 정도를 평가해 보라. 각기 다른 기술을 통합할 시간과 예산 자원이 있는지, 그리고 수퍼바이지들이 각 기술을 효과적으로 사용하기 위해 필요한 자원들을 고려하라. 이 과정에서 시간, 비용, 장비, 인터넷 접속 및 안정성, 필요한 인터넷 속도에 대한 요구 사항, 기밀 유지와 환경의 물류적 문제 등 모든 잠재적 자원을 평가하라.

### 계획 세우기

필요에 가장 잘 맞는 신기술을 사용하여 실행 계획을 세우라. 의도적으로 수퍼비전 실습에 기술을 통합하라. 처음에는 혼합형(hybrid) 방법이 가장 좋을 수도 있다. 자신이 가장 편안하게 사용할 수 있는 기술을 기반으로 삼으라. 이 기술을 사용하는 데 자신감을 가지라. 그래야 수퍼바이지에게 학생도, 그리고 수퍼바이저도 준비되지 않은 성과를 기대함으로써 불안을 유발하지 않을 수 있다.

### 비상 계획 세우기

당신은 신기술과 관련된 문제와 기술을 보조적으로 사용하는 수퍼비전 중에 발생할 수 있는 비상 상황을 처리하는 방법에 대해 우려할 수 있다. 백업 계획은 예방과 좋은 리스크 관리 절차가 될 수 있다. 신기술 보조 수퍼비전의 약한 연결 고리에 대해 명확히 이해하고, 문제가 발생했을 때 위기를 초래할 수 있는 부분을 식별하라. 예를 들어, 연결이 끊어졌을 때의 상황을 대비하라. 우려가 발생할 때 수퍼바이지가 직접 수퍼비전에 접근할 수 있는 절차를 명확하게 전달하라. 특히 내담자 보호를 위해 비밀을 침해해야 할 필요가 있을 때, 이러한 조치는 매우 중요하다.

수퍼바이저들은 변화를 두려워하면서도 새로운 학습에 대한 개방성을 모델로 보여 줄 수 있다. 새로운 기술적 기술을 배우는 과정에서의 어려움을 수퍼바이지들과 공유하라. 이는 관계 형성과 의미 있는 대화의 기회가 될 수 있다. 수퍼비전 과정과 워크숍에서는 장비와 소프트웨어, 기술 및 지식, 그리고 이러한 기법을 사용하는 데 관련된 윤리적, 법적 문제에 대한 자세한 정보를 제공해야 한다.

수퍼비전에서 신기술을 사용하는 것에 대해 더 읽어 보고 싶다면, 『원격상담과 수퍼비전: 정신건강 전문가를 위한 지침(Distance Counseling and Supervision: A Guide for Mental Health Clinicians)』(Williamson & Williamson, 2021)의 제1장 "윤리적, 법적, 리스크 관리 고려 사항"과 제5장 "원격 수퍼비전"을 추천한다.

현장의 목소리에서는 세 명의 기고자가 상담 수퍼비전에서 기술을 사용하는 다양한 측면에 대해 이야기한다. Marty Jencius는 수퍼비전에서 신기술을 사용할 때 수퍼바이저들이 고려해야 할 사항에 대한 그의 관점을 공유한다. Michelle Wade는 온라인 수퍼비전을 제공할 때의 윤리적 고려 사항을 다룬다. Benjamin Noah는 온라인 상담 과정을 가르치고 온라인으로 수퍼비전을 수행하는 것이 효과적일 수 있는지에 대한 질문에 고민하고 궁극적으로 답을 찾은 자신의 경험을 공유한다.

### 현장의 목소리

#### 상담사에게 온라인 수퍼비전을 제공하는 방법 교육하기

*Marty Jencius, PhD*

나는 25년 넘게 기술과 상담 훈련 및 수퍼비전 간의 관계를 연구해 왔다. 내 작업은 교육과 실습을 연결하고, 화상 회의를 위한 새로운 데스크톱 하드웨어를 통합하며, 가상 세계에서 수퍼비전 수업을 개발하는 것이었다. 교육에 신기술을 사용하는 데 있어서 인터넷과 하드웨어 사용에 평등하게 접근하는 문제를 제외하면 대부분의 장벽은 극복되었다. 그러나 기술을 사용하는 상담 수퍼비전은 여전히 많은 사람들에게 새로운 개념이며, 온라인 임상 실습만큼 확고하게 자리를 잡지 못했다.

온라인 상담 수퍼비전에는 여전히 수퍼바이저의 자질, 사용 가능한 플랫폼, 윤리적/법적 기준과 관련된 장벽이 있다. 온라인 상담 수퍼비전을 고려하는 수퍼바이저들은 먼저 실시간 의사소통을 위해 기술을 사용하는 것에 대해 자신이 얼마나 편안한지를 점검해야 한다. 수퍼바이저들은 온라인 수퍼비전 실습에 대한 교육을 받아야 한다. 수퍼바이저가 가상 존재감을 창출하는 능력—자신의 경험을 투영하는 능력—은 기술을 넘어서 수퍼바이지가 수퍼바이저의 즉시성을 느끼게 하는 데 도움이 된다. 기술 플랫폼의 선택은 수퍼비전이 어떻게 (이메일, 문자 메시지, 화상 회의 또는 가상 세계), 그리고 언제 (동시 또는 비동시) 이루어지느냐에 따라 달라진다. 안전하고 보안이 유지되는 플랫폼이 필수적이며, 정보 전송의 위험을 최소화하기 위해 모든 노력을 기울여야 한다. 전 세계의 임상가들은 수퍼비전을 위해 각기 다른 기술 플랫폼을 사용하며, 이는 종종 국가의 지침에 따라 제한된다. 미국의 실무자들에게는 플랫폼이 건강보험이동성책임법(Health Insurance Portability and Accountability: HIPAA)을 준수해야 한다. 또한, 수퍼바이저들은 기술이 실패할 경우에 대비한 백업 계획을 가지고 있어야 한다. 윤리적으로 온라인 수퍼바이저는 자신의 전문 협회의 지침을 따르고, 자신의 자격증 실습법 내에서 활동해야 한다. 또한, 임상 수퍼바이저는 온라인 상담 및 수퍼비전의 사용을 지역 경계 내에서 제한하는 주 및 정부의 면허 법규를 알아야 한다.

신기술 보조 수퍼비전 및 훈련(technology-assisted supervision and training: TAST)이 가능한 경우, 이는 원격 지역의 수퍼바이지들에게 수퍼비전을 받을 기회를 제공한다. 온라인 수퍼비전은 수퍼바이저와 수퍼바이지에게 더 큰 유연성을 제공하며, 동료 상담을 늘리고 수퍼비전을 위해 드는 여행 비용을 줄이거나 없앨 수 있다. 내 생각에는, 많은 임상 수퍼바이저들이 필요에 따라 또는 수퍼비전 실습에서 유연성을 창출하려는 욕구 때문에 종종 교육이나 기술, 윤리적 또는 법적 문제에 대한 완전한 인식 없이 기술을 사용하기 시작했다.

온라인 상담사를 교육하기 위한 모델과 방법은 이미 제공되고 있지만, 온라인 수퍼바이저를 교육하는 방법에 대해서는 정보가 많지 않다. 이에 대응하여, Eric Baltrinic과 나는 온라인 수퍼바이저로서 효과적으로 활동하는 데 필요한 많은 요소들을 다루는 6회차 온라인 교육 과정을 개발했다. 이 과정은 온라인 과정으로 개발되었으며, 온라인 상담 수퍼바이저가 사용할 도구로 직접 교육한다. 이 교육 회기는 전통적인 수퍼비전에서 온라인 플랫폼으로 전환하는 과정을 다룬다. 교육 회기 중 하나는 윤리적 고려 사항과 안전 및 보안을 위한 내담자 정보 식별을 최소화하는 것에 대해 다룬다. 이 과정의 회기에는 사례 예시를 사용하여 온라인 수퍼비전 회기를 수행하는 과정과 '피쉬볼링(fish-bowling)' 기법을 통해 다른 수업 구성원들이 수퍼바이저와 수퍼바이지를 관찰하는 온라인 시뮬레이션이 포함된다. 또한, 이 과정은 실무자들을 위한 온라인 집단 수퍼비전을 창출하는 방법을 제공한다.

나는 향후 10년 동안 상담 수퍼비전을 제공하는 데 있어 기술 플랫폼의 사용이 증가할 것이라고 생각한다. 우리는 임상 수퍼바이저들이 최고의 기술 도구와 최상의 실습 모델을 사용하여 기술 보조 수퍼비전을 제공할 수 있도록 윤리적으로 준비시켜야 한다. 이를 위해서는 우리의 기술 직감을 덜 의존하고, 온라인 수퍼바이저를 위한 포괄적인 교육 모델을 채택해야 한다.

이 주제에 대한 보다 완전한 논의는 『비대면 수퍼비전을 위한 상담과 훈련(Training Counselors to Provide Online Supervision)』(Jencius & Baltrinic, 2016)을 참조한다.

### 현장의 목소리

#### 온라인 수퍼비전의 윤리적 고려 사항

*Michelle E. Wade, EdD*

상담 수퍼바이지들에게 신기술을 통해 수퍼비전을 제공하기로 결정했을 때, 나는 그 과정에서 필요한 모든 것에 대해 준비가 되어 있다고 생각했다. 결국, 나는 신기술과 상담에 대해 정기적으로 발표하고 글을 쓰고 있다. 그러나 최근의 한 상황은 한 걸음 물러서서 나의 준비 상태를 다시 평가하게 만들었다. 그것은 반드시 기술적인 관점에서가 아니라, 윤리적인 관점에서였다.

신기술을 통해 수퍼비전을 제공하는 것은 윤리적, 법적 관점에서 수퍼바이저들이 여러 가지 측면을 고려하도록 요구한다. 그것이 당신의 실습 범위 내에 있는가? 면허 위원회에서 허용하는가? HIPAA 준수를 충족하는 데 어떤 기술이 도움이 되는가? 그러나 온라인 수퍼비전 관계와 전통적인 대면 수퍼비전 관계가 어떻게 다르게 보이고, 느껴지는지를 다루는 것만으로는 깊이가 부족한 것 같다.

나의 수퍼바이지 중 한 명이 특정 지지 집단을 운영하고 있었는데, 그 집단의 한 구성원의 상호 작용이 다른 구성원들로 하여금 집단 참여를 중단해야 한다고 느끼게 했다. 집단 구성원들이 서로에게 불편함을 느끼게 하는 것이 드문 일은 아니지만, 이러한 상호 작용은 집단 전체에 명백히 해로웠다. 이 상황을 수퍼바이지와 함께 처리한 후, 우리는 그 구성원을 다른 상담사에게 의뢰하는 것이 집단의 최선의 이익에 부합한다는 데 합의했다. 우리는 의뢰를 어떻게 진행할지 논의하고, 최선과 최악의 시나리오에 대한 역할극을 했다. 예상대로, 그 내담자는 의뢰에 불만을 표현하며 나에게 연락을 해 왔다. 내담자의 인식은 수퍼바이지와 매우 달랐고, 이는 정당한 우려를 제기했다. 왜 내가 수퍼바이저로서 집단의 역동성을 평가하기 위해 집단 회기에 참석할 수 없는가라는 것이었다. 나는 거리가 멀고, 관련된 정보 제공 동의와 적절한 기술적 자원의 부족 등으로 인해 불가능하다고 설명했다. 그러나 수퍼바이지가 제공한 정보에 의존할 수밖에 없는 상황에 대해 내담자가 지닌 불만을 이해하게 되었다. 하지만 나와 수퍼바이지는 윤리적 의사 결정 과정을 거쳐 집단의 최선의 이익에 부합하는 행동 방침을 결정했었던 것이다.

이 상황에서 가장 큰 윤리적 딜레마는 내가 온라인 수퍼비전을 할 자격이 있는지, 내담자의 비밀을 보호하기 위한 예방 조치를 취했는지 여부가 아니었다. 능력, 비밀 유지, 그리고 비유해성(nonmaleficence)은 수퍼바이저에게 깊이 새겨진 개념이다. 내가 직면한 윤리적 딜레마는 신의(fidelity)와 공정성(justice)에 관한 것이었다. 어떻게 수퍼바이지와의 약속을 지키고, 대면으로 만나는 수퍼바이지들과 동일하고 공정하게 대할 수 있을까? 어려운 과정에서 수퍼바이지를 지지하고, 필요할 때 개입하기 위해 **물리적**으로 가까이 있을 수 없다는 점이 나를 가장 괴롭혔다.

온라인 수퍼비전에서 능력, 비밀 유지, 위기 관리의 문제는 매우 중요하다. 그러나 나는 대부분의 온라인 수퍼바이저들이 온라인 수퍼비전 관계가 대면 관계와 얼마나 다른지 잘 고려하지 않는다고 생각한다. 수퍼바이저가 바로 복도에 있을 때와 화상 회의나 전화 통화로 멀리 떨어져 있을 때의 "안전망"의 차이점을 다루어야 한다. 우리는 수퍼바이지에게 자신들이 가장 필요하다고 느낄 때 우리가 그 방에 없을 것이라는 사실에 대해 준비시킬 윤리적 책임이 있다. 반대로, 우리는 수퍼바이지가 새로운 디지털 맥락에서 수퍼비전 관계에 대한 인식을 처리하고 도전하도록 돕는 윤리적 책임도 가지고 있다. 온라인 수퍼바이지는 더 높은 수준의 자립성과 자기 규제가 요구될 수 있다.

### 현장의 목소리

#### 온라인에서 수퍼비전 교육하기

*Benjamin Noah, PhD*

내가 처음 대면 수업에서 온라인 수업으로 전환했을 때, 종종 듣던 질문은 "상담을 온라인으로 가르칠 수 있고, 그게 유효한가요?"에 대한 우려였다. 16년간 온라인에서 가르친 지금, 나는 그 답이 "네, 유효합니다"라는 것을 알게 되었다. 물론, 수업이 제대로 개발되고, 훈련된 강사와 동기 부여된 학생들이 있으며, 활동적인 학습 환경이 조성되어야 한다는 전제하에서 말이다.

온라인에서 수퍼비전을 가르칠 때 수업에서 활동적인 학습 환경을 조성하는 것을 포함한다. 활동적인 학습 환경을 생각할 때, 나는 아리스토텔레스가 그의 리케움(Lyceum)에서 학생들과 숲속을 거닐며 질문을 던지던 소크라테스식 교육을 떠올린다. 소크라테스식 교육은 강사가 학생들에게 질문을 던지며 주제에 대한 시각을 넓히도록 도와주고, 명확한 답을 제공하는 대신 질문을 통해 명백한 것 너머를 바라보게 한다. 이 교육 방식은 강사를 "무대 위의 현자(sage on the stage)"에서 "옆에서 돕는 가이드(guide on the side)"로 전환시켜, 학습 과정의 필수적인 부분으로 만든다. 내 수업의 상호 작용은 글쓰기에 기반하기 때문에, 나는 상담할 때처럼 글을 쓴다—허용될 때는 약간의 유머를 곁들여서 말이다. 내가 잘 해낸다면, 이는 모든 학생들을 논의에 참여하게 만든다.

수년간 나는 학생들에게 온라인에서는 교실 뒤에 숨을 수 없다고 말해 왔다—모두가 맨 앞줄에 있다. 이것이 그들의 높은 동기 부여의 이유일 수도 있다. 소크라테스식 교육 방식도 이유가 될 수 있다. 왜냐하면 학습이 학생들 간, 그리고 학생과 강사 간의 협력이 되기 때문이다. 대면 수업에서는 항상 일정 비율의 학생들이 논의에 참여하고, 비슷한 비율의 학생들은 참여하지 않는 경우가 많았다. 그러나 온라인 수업에서는 침묵하는 것이 선택 사항이 아니다—모두가 논의 과정의 일부가 되어야 한다. 이러한 상호 작용 증가는 온라인 형식의 강점 중 하나이다. 나는 이것이 온라인에서 상담을 효과적으로 가르칠 수 있는 이유라고 생각한다—적어도 이론적인 지식에 관해서는 말이다. 학습의 진정한 응용은 필수적인 레지던시와 인턴십 기간 동안 이루어진다.

온라인 수퍼비전 교육에는 두 가지 요소가 필요하다: 학술 과정과 그 뒤를 잇는 수퍼비전 인턴십이다. 나는 현재 석사 과정에서 현장 학습 수업만 가르치며, 종종 수퍼비전 인턴(두 학기 요구 사항)을 둔다. 석사 학생들은 웹 회의 형식으로 매주 집단 수퍼비전에 참여한다. 수퍼비전 인턴은 다른 학생들과 상호 작용하며, 나는 필요에 따라 의견을 추가한다. 또한, 나는 매주 수퍼비전 인턴과 개인적으로 만난다. 첫 학기 동안에는 피드백과 코칭을 할 때 더 임상적인 접근을 취하는 편이다. 두 번째 학기에는 수퍼비전 역할에서 멘토로 더 많이 이동하여, 수퍼비전 역할에서의 편안함을 키우는 데 집중하고자 한다. 점점 더 많은 지역에서 졸업한 상담사들에게 원격 수퍼비전의 일부 수준을 허용함에 따라, 사이버 환경에서 편안하게 수퍼비전할 수 있는 수퍼바이저들이 있는 것은 상담 직업 전체에 이익이 될 수 있다.

### 수퍼바이저가 수퍼바이지에게 하는 말

다음에 나오는 문장과 질문들은 이전에 설명한 많은 방법에서 수퍼바이저가 사용하는 일반적인 시작 문장과 질문들이다. 대부분의 경우, 수퍼바이저는 수퍼바이지에게 무엇을 해야 하는지 제안하기보다는 수퍼바이지의 생각, 감정, 행동에 초점을 맞춘다. 이러한 질문과 진술은 수퍼비전의 내용에 중점을 둔다:

- 우리가 함께하는 수퍼비전 과정 동안 무엇을 성취하고 싶습니까?
- 수퍼비전에서 논의할 수 있는 주제와 문제들에 대해 이야기해 봅시다.
- 함께 작업하면서 수퍼비전 회기가 당신에게 안전한 장소가 되도록 하기 위해 어떤 기본 규칙을 설정해야 할까요?
- 더 자신감 있고 유능한 상담사가 되도록 돕기 위해 우리는 어떻게 협력할 수 있을까요?
- 다른 문화와 관련된 경험이 지금까지 당신의 삶에 어떤 영향을 미쳤나요?
- 내담자를 다룰 때 다문화적 문제에 대해 배워야 할 것은 무엇입니까?
- 이 사례에서 성별 차이가 내담자와의 작업에 어떤 영향을 미칩니까?
- 이 문제와 관련하여 법적, 윤리적, 전문적 기준은 무엇을 나타냅니까?
- 수퍼비전 평가 부분을 어떻게 처리할지 이야기해 봅시다. 이 과정이 어떻게 가장 유용할 수 있을까요?
- 이 내담자와 함께 어디로 나아가고 있습니까? 이 내담자와의 작업에 대해 어떤 생각을 하고 있습니까? 이 내담자가 당신에게 어떤 영향을 미쳤습니까?

## 기술 개발

수퍼바이저는 수퍼바이지와의 의사소통을 지지하는 상담 기술 세트를 갖추어야 한다. 내담자에게 신뢰, 따뜻함, 반응성을 형성하는 의사소통 기술은 수퍼바이지에게도 동일하게 적용된다. 수퍼바이지와의 대화, 특히 어려운 대화는 의사소통에서 무엇을 해야 하고, 무엇을 하지 말아야 하는지를 모델링할 수 있는 완벽한 기회이다.

1차 및 2차 의사소통 기술은 대화의 분위기를 조성한다. 1차 기술은 일정 기간 동안 치료를 연습한 후 자연스럽게 나온다. 여기에는 기본적인 집중하기, 관계 형성, 적절한 개방형 및 폐쇄형 질문 사용, 재진술, 반영, 공감적 경청이 포함된다. 2차 기술은 숙련된 상담사와 수퍼바이저에게도 약간의 연습과 자각이 필요하다. 이러한 기술은 이론적으로는 이해하기 쉽지만, 정기적으로 사용하지 않으면 그 순간에 수행하기 어려울 수 있다. 이 기술들은 의사소통을 할 때 의도적인 목적과 마음 챙김이 필요하다(Moulton, 2019a). 이제 수퍼바이저가 수퍼바이지에게 피드백을 제공하고 논의할 때 향상될 수 있는 몇 가지 중요한 2차 치료 의사소통 기술을 살펴보겠다.

### "I" 진술

자신의 반응과 감정을 인정하고, 비난하지 않고 필요한 것을 요청하는 것은 간단한 개념이지만, 학생들이 "I" 진술(I statements)을 사용하는 법을 배우기 위해서는 상당한 연습과 코칭이 필요하다. 사람들은 감정보다는 생각을, 내면의 감정보다는 분노나 좌절감을, 감정의 취약성을 인정하기보다는 비난을 표현하는 경향이 있다. 유연하고 진정성 있게 사용될 때, "I" 진술은 수퍼바이저, 상담사, 내담자 모두에게 강력한 삶의 기술이 될 수 있다. "I" 진술의 목표는 자신의 목소리를 긍정적이고 단호하게 사용하는 것이며, 듣는 사람의 공감을 얻을 가능성을 높이는 것이다. 이 기술은 수퍼바이지에게 피드백을 줄 때 매우 유용할 수 있으며, 건설적인 비판의 충격을 줄이거나 긍정적인 강화를 위해 사용할 수 있다.

### 타당화

상대방의 진술을 타당화(validation)한다는 것은 "동의"하는 것을 의미하지 않는다. 오히려 상대방의 관점을 이해하고 인정하는 것을 의미한다, 비록 그 관점에 "동의"하지 않더라도 말이다. 타당화가 없으면, 사람들은 종종 받아들여지지 않거나, 중요하지 않거나, 무능하다고 느낀다. 수퍼바이지들은 우리가 그들을 신경 쓰고 있으며, 그들의 경험과 감정을 안전하게 공유할 수 있다고 느낄 필요가 있다. 수퍼바이지들이 타당화를 받는다고 느낄 때, 그들은 어려운 문제들에 대해 이야기할 것이며, 우리가 그들을 판단하지 않을 것이라는 신뢰를 가질 것이다. 우리가 의사소통에서 타당화를 적극적으로 실천하지 않으면, 수퍼바이지에게 우리가 관심을 기울이지 않거나, 시간을 낼 수 없거나, 그들을 승인하지 않거나, 그들이 성공할 수 없다는 메시지를 무심코 전달하게 될 수 있다. 이러한 행동들은 사소한 것처럼 보일 수 있지만, 수퍼바이지들에게 상당한 부정적 영향을 미칠 수 있다. 예를 들어, 무시하거나 좌절한 듯한 한숨, 집중하지 않고 여러 일을 동시에 하는 것, 말을 끊는 것, 서두르는 것, 지루해 보이는 표정 등이 포함된다. 타당화는 수퍼바이지와의 관계를 강화하지만, 의식하지 않고 기술이 부족할 경우, 언어적이든 비언어적이든 수퍼바이지에게 무의식적으로 상처를 주게 되는 방법이 어떤 것인지 식별할 수 있어야 한다.

### 인식 확인

인식 확인(perception checking)은 수퍼바이지의 혼란스럽거나 불편하거나 속상하게 하는 말이나 행동을 판단하지 않고 대면할 수 있는 좋은 방법이다. 혼란스러운 순간을 직접적으로 다루되, 문제로 삼은 말이나 행동이 충분히 타당하고 이해할 만한 이유가 있을 것이라는 점에서 수퍼바이지에게 유익이 되도록 해야 한다. 인식 확인은 설명, 해석, 명확화라는 세 가지 단계로 이루어진다. 수퍼바이저는 다음과 같은 형식을 사용해 수퍼바이지에게 인식을 확인할 수 있다:

- **행동 설명**: "제가 [혼란스러운 반응 식별]에 대해 물었을 때, 당신의 행동이 달라졌다는 것을 알았습니다. 목소리가 커졌고, 얼굴이 붉어졌으며, 저를 향해 몸을 기울이셨습니다."
- **가능한 해석**: "당신이 저에게 화가 나 있는 건지, 아니면 이 주제와 관련해 어려움을 겪고 있는 건지 모르겠습니다."
- **명료화**: "제가 이해할 수 있도록 도와주시겠어요?"

인식 확인 연습에 시간을 들이면 수퍼비전 관계를 명확하게 유지하고 올바른 방향으로 나아갈 수 있다.

### 사과하기

수퍼비전 관계와 기술에 아무리 많은 노력을 기울여도, 우리는 실수를 할 것이다. 그럴 때는 실수에 대한 책임을 지고 인정하는 것이 중요하다. 우리는 먼저 인간이고, 상담사가 두 번째이며, 수퍼바이저가 세 번째라는 점을 기억하는 것이 도움이 된다. 완벽함은 현실적인 선택이 아니며, 사과는 수퍼바이지를 멘토링하고 수퍼비전할 때 우리의 책임의 일부이다.

### 의도적 연습

의도적 연습(deliberate practice)은 특정 기술을 집중적으로 훈련하여 숙달 수준에 도달하는 것을 요구한다. 음악, 운동, 체스, 의학 등 다양한 분야의 전문가들은 뛰어난 성과를 이루기 위해 의도적 연습에 의존한다(Ericsson & Pool, 2016). 현장의 목소리에서 Tony Rousmaniere는 의도적 연습이 상담 수퍼비전에서 어떻게 사용될 수 있는지를 설명하고 있다.

## 현장의 목소리

### 상담 수퍼비전 및 훈련을 위한 의도적 연습

*Tony Rousmaniere, PsyD*

의도적 연습은 전문가의 피드백을 바탕으로 반복적인 기술 훈련을 포함하는 집중적인 훈련 과정으로, 직업 생애 전반에 걸쳐 수행된다. 다양한 분야의 전문가들은 뛰어난 성과를 달성하기 위해 의도적 연습에 의존한다. 의도적 연습은 수퍼바이지가 치료 모델을 더 잘 이해하고 이를 내담자와 함께 적용할 수 있도록 돕는다. 의도적 연습은 이론을 가르치거나 기술에 대해 이야기하는 시간을 줄이고, 시뮬레이션 기반 행동 리허설에 최대한 많은 시간을 투자하게 한다. 수퍼바이지가 실제로 기술을 연습하지 않는다면, 그 학습은 이론적인 것이지 행동적인 것은 아니다.

심리 상담을 위한 의도적 연습은 다음 절차를 따른다:

1. **수퍼바이지가 사례를 제시합니다.** 수퍼바이저에게 정체되었거나 악화되거나 탈락할 위험이 있는 내담자를 선택합니다. 치료 회기의 비디오를 사용하거나 치료에서 어려운 순간을 역할극으로 재현합니다.
2. **수퍼바이저가 1~3개의 미세 기술을 식별합니다.** 예를 들면, 내담자의 말을 끊거나 내담자를 압도하지 않는 것, 내담자의 경험을 반영하는 것, 내담자에게 생각이나 감정을 탐색하도록 초대하는 기술 등이 있습니다.
3. **수퍼바이지가 연습합니다.** 수퍼바이저와 역할극을 하거나 자신의 비디오를 보면서 연습합니다. 수퍼바이저는 다음과 같이 말할 수 있습니다. “내담자의 말을 끊거나 그 위에 얹으려는 충동을 느낄 때마다 주목하세요. 대신 입술을 다물고, 동시에 복잡한 감정이나 불안을 주목해 보세요.” 수퍼바이지는 내면의 복잡한 감정, 불안, 수퍼바이저에 대한 역전이를 의식적으로 살펴보아야 합니다.
4. **충분히 반복합니다.** 목표는 기술이 점점 더 편안해지도록 하고, 내담자와 함께 일할 때 수퍼바이지의 자기 인식과 마음 챙김의 능력을 확장하는 것입니다.
5. **과제를 통해 기술을 통합합니다.** 의도적 연습은 혼자서 또는 파트너와 함께 할 때 대부분의 발전이 이루어집니다. 수퍼바이지는 매달 1시간씩, 15~20분 간격으로 연습하여 동료와 역할극을 하거나 비디오를 활용한 의도적 연습 과제를 수행해야 합니다.

의도적 연습은 경력 전반에 걸쳐 기술 개발과 유지를 촉진하며, 상담사는 결코 연습을 멈추지 말아야 합니다. 또한, 의도적 연습은 무의미한 반복이 아니라 자신의 항상성을 흔들게 되는 지속적인 시도를 의미합니다. 임상가는 자동화된 반응을 목표로 하기보다는 지속적인 개선을 목표로 해야 합니다. 도전적으로 느껴지지 않는다면, 수퍼바이지는 자신의 기술을 발전시키지 못하고 있는 것입니다.

의도적 연습에 대해 더 알고 싶다면, 『심리치료 전문가를 위한 체계적 연습(Deliberate Practice for Psychotherapists)』(Rousmaniere, 2017), 『탁월함을 이루는 순환과정(The Cycle of Excellence)』(Rousmaniere et al., 2017), 그리고 『심리치료의 내면 역량 다지기(Mastering the Inner Skills of Psychotherapy)』(Rousmaniere, 2019)를 추천합니다.

## 수퍼비전 방법과 관련한 다른 고려 사항

조력 직업군의 수퍼바이저들은 아마도 치료와 관련된 문제에 대해 이야기하는 것이 가장 편할 것이다. 하지만 수퍼비전의 초점이 될 수 있는 더 폭넓은 주제들에 대한 수퍼비전도 제공할 수 있도록 다양한 주제에 대해 똑같이 능숙해져야 한다. 이러한 주제에는 자격증 준비, 기관의 관료주의에 대처하기, 번아웃에 대처하기, 다른 도움 전문가들과 효과적으로 협력하기 등이 포함될 수 있다. 이러한 문제를 다룰 때는 종종 언어적 교환 방법이 사용된다. 그러나 이 장에서 설명한 많은 방법들은 임상적이지 않은 문제나 주제를 다루는 데에도 적용될 수 있다. 예를 들어, 코칭은 번아웃에 대처하는 문제를 다루기 위해 쉽게 적용될 수 있다. 지지적이고 격려하는 접근 방식을 사용하여, 수퍼바이저는 수퍼바이지가 가장 좌절감을 느끼는 관료주의의 측면, 효과적이거나 비효과적인 대처 방법, 수퍼바이지가 효과적으로 대처하는 것을 방해하는 장벽을 탐색할 수 있도록 도울 수 있다. 이러한 코칭을 통해 관료주의에 효과적으로 대처하는 데 필요한 더 나은 기술을 사용할 수 있는 전략을 개발할 수 있다.

수퍼바이저는 수퍼바이지의 기술 수준과 학습 능력을 평가하고, 그 수준에 가장 잘 맞는 방법을 적용하는 데 있어 유연해야 한다. 수퍼바이저는 수퍼비전 초기에 불평등한 권력 기반에서 시작해, 수퍼비전 말기에는 더 동료적인 관계로 이동한다. 수퍼바이지가 현재 어디에 위치해 있는지, 그리고 수퍼바이지가 원하는 곳으로 데려가기 위해 어떤 훈련 모델과 방법이 가장 적합한지를 결정하는 것이 과제이다. 성장 과정은 종종 고르지 않으며, 수퍼바이지가 성장하는 속도는 수퍼비전 과정 전체에서 변동할 것이다. 성숙도와 경험이 쌓일수록 수퍼바이지는 더 자율적으로 변하며, 수퍼바이저는 이에 맞게 반응해야 한다.

### 사용해야 할 방법 결정하기

많은 수퍼바이저가 자주 묻는 주요 질문은 "특정 수퍼바이지에게 어떤 방법을 사용해야 할까요?"이다. 수퍼바이저는 사용할 수 있는 다양한 방법과 기술에 대해 잘 알고 있어야 한다. 또한, 수퍼바이지의 강점, 약점, 선호하는 학습 스타일에 민감해야 한다(Campbell, 2006). 접근 방식은 물리적 제약과 사용 가능한 자원에 의해 제한될 수 있다.

초심 상담사들은 일반적으로 지지적이고, 촉진적이며, 구조적인 접근이 필요하다. 수퍼바이저는 세심한 모니터링, 관찰, 시범, 교육이 필요하다. 수퍼바이지가 성장하면서, 수퍼비전 상호 작용에 더 적극적으로 참여하고, 내담자와 수퍼비전에 대한 자신의 생각, 감정, 반응을 수퍼비전에 가져오고 탐색하는 데 더 자신감을 갖게 된다. 수퍼비전이 성공적으로 마무리될 때쯤, 관계는 더 동료적이 되며, 수퍼바이지는 수퍼비전 회기에 대한 방향을 스스로 설정할 수 있게 된다. 수퍼바이지는 각자 고유한 속도로 유능한 상담사로 발전한다. 수퍼바이지가 각 발달 단계에서 보내는 시간을 표준화하려는 시도는 무의미한 일이다. 수퍼바이저와 수퍼바이지는 수퍼바이지의 발달 수준과 수퍼바이지가 가장 잘 배울 수 있는 방법을 공동으로 평가해야 한다.

자기 수퍼비전(self-supervision)은 분명히 초심 상담사가 사용해서는 안 되며, 경험 많은 전문가의 지혜와 경험에서 배워야 하는 전통적인 수퍼비전을 대체하려는 것도 아니다. 수퍼바이지는 전통적인 수퍼비전의 보호 아래에서 궁극적인 목표인 자기 수퍼비전을 향해 나아갈 수 있다. 자기 수퍼비전이란 상담 중에 상담이 필요하지 않다는 것을 의미하지 않으며, 수년간의 경험을 가진 수퍼바이저라도 동료의 조언에서 배울 수 있음을 기억하는 것이 중요하다.

### 맥락에서 방법 사용하기

내담자와의 상담 방법과 마찬가지로, 수퍼비전 방법도 건강한 수퍼비전 관계의 맥락에서 사용될 때 훨씬 더 효과적이다. 신뢰와 존중은 필수적이며, 이 관계를 특징짓는 요소여야 한다. 수퍼바이저는 이 관계를 수퍼비전 과정 초기에 그리고 지속적으로 육성해야 한다. 건강한 관계의 기초 없이 수퍼비전 방법을 사용하는 것은 상담사와 내담자의 관계를 이해하지 않고 기계적으로 적용하는 심리치료 기술과 같다.

수퍼비전 방법은 수퍼바이저가 자유롭게 선택할 수 있는 다양한 기술의 뷔페가 아니다. 수퍼바이저는 명확한 수퍼비전 모델, 특정 방법 사용에 대한 타당성, 그리고 해당 방법에 대한 훈련과 경험에서 비롯된 역량을 갖추어야 한다. 여러 전문 기준(AAMFT, 2015; ACA, 2014; ACES, 2011; APA, 2017; NASW, 2017; NOHS, 2015)에서는 수퍼바이저가 수퍼비전 방법을 적용할 지식과 기술을 보유하고 있음을 입증할 것을 요구한다. 수퍼바이저의 역량 수준은 단순히 임상 및 수퍼비전 경험이 축적된다고 해서 증가하지 않는다. 수퍼바이저는 강의, 워크숍, 독서, 동료 및 수퍼바이지와의 경험에서 배우기도 한다. 수퍼비전하는 각 개인으로부터 발생하는 성장과 학습에 대해 열린 자세를 유지하라.

### 방법의 실질적 적용

적절한 수퍼비전 방법을 선택하는 데 도움이 되는 몇 가지 제안을 하면 아래와 같다:

1. 수퍼바이지에게 개방형 질문을 하여 논의를 촉진하라.
2. 수퍼비전 중 수퍼바이지가 내담자와 함께 행동하는 것을 직접 관찰하는 일부를 포함하라. 수퍼바이지가 말하는 것만을 "청취"하는 것이 아니라, 실제로 수퍼바이지가 무엇을 하고 있는지 "수퍼비전"하는 것이 중요하다.
3. 수퍼바이지의 학습 스타일에 맞게 수퍼비전 방법을 조정하라. 그 방법들이 수퍼바이지에게 어떻게 도움이 되는지에 대해 피드백을 요청하라.
4. 수퍼비전의 주요 과제 중 하나는 수퍼바이지가 내담자(또는 기타 상황)와 함께 일어나는 일을 개념화하고 어떻게 진행해야 할지를 돕는 것이다. 이는 종종 수퍼바이지가 질문에 대한 답을 제공해 주길 원하는 경우 어려울 수 있다.
5. 수퍼비전은 협력적 과정이라는 것을 기억하라. 수퍼비전 방법은 이러한 정신으로 적용될 때 가장 효과적이다.
6. 일부 수퍼바이저는 내담자와의 치료에 집중하는 경향이 있으며, 수퍼바이지의 학습과 발달에는 덜 집중할 수 있다. 수퍼바이지의 발달에 집중하고 있는지, 아니면 치료 과정에만 관심을 두고 있는지 주기적으로 자기 평가를 수행하라.
7. 경험이 부족한 임상가에게는 지지적이고, 촉진적이며, 구조적으로 접근하라. 수퍼바이지들은 자신의 기술과 능력에 대해 불안감을 느끼며, 수퍼바이저에게 잘 보이고 싶

어 한다는 점을 유념하라.

8. 수퍼바이지에게 내담자와 수퍼비전에 대한 생각, 감정, 반응을 탐색하도록 도전하라. 수퍼바이지가 더 경험 많은 상담사로 성장함에 따라, 수퍼비전 회기에서 주도권을 가지고 자기 수퍼비전을 할 수 있도록 독려하라.
9. 수퍼비전 일정을 잘 지키고, 수퍼비전의 주요 과업에 충실함으로써 책임감을 모델링하라.
10. 수퍼바이저로서의 역할에 대해 건강한 관점을 유지하라. 수퍼바이지와 수퍼비전 경험으로부터 배우라.
11. 일부 내담자는 비디오나 오디오 녹음 또는 라이브 수퍼비전과 같은 수퍼비전 방법을 반기지 않을 수 있다. 이와 관련해 내담자의 요구와 바람을 존중하라.
12. 적절한 전문 경계를 유지하면서 수퍼비전 경험을 즐기라.

## 요약

일부 수퍼비전 방법은 수퍼비전을 위해 특별히 설계되었고, 다른 방법들은 심리치료 기반 접근 방식에서 가져온 것이다. 수퍼바이지가 수퍼바이저와 상담 사례를 논의하는 사례 상담 모델은 가장 일반적인 방법이며, 수퍼바이지의 상담 작업을 수퍼바이저가 직접 볼 수 있도록 하는 직접 관찰 방법이 강력히 추천된다. 집단 수퍼비전은 자주 사용되며, 집단 역학과 방법에 대한 특별한 훈련이 필요하다. 최근 몇 년간 모래 상자(sand tray)나 미술과 같은 비선형 방법에 대한 관심이 증가했으며, 수퍼비전에서의 기술 사용이 가속화되었다. 다양한 방법의 효율성에 대한 신중한 연구가 필요하다.

수퍼비전 방법의 선택은 수퍼비전 상황, 수퍼바이지의 요구, 훈련 목표, 내담자, 수퍼비전이 이루어지는 환경에 따라 결정된다. 수퍼비전 방법은 신뢰와 존중으로 특징지어지는 건강하고 생산적인 수퍼비전 관계의 맥락에서 가장 효과적이다. 수퍼바이지들은 다양한 수퍼비전 방법에 노출될 때 많은 혜택을 얻을 수 있다.

## 학습 활동

1. 리처드는 20년 넘게 개인 상담을 해 온 결혼 및 가족 상담사이다. 그는 교육과 훈련을 더 발전시키기 위해 학교로 돌아가 상담 심리학 박사 학위를 준비하고 있다. 로사는 리처드가 학생으로 있는 대학의 상담 센터에서 일하고 있다. 그녀는 5년 전에 박사 학위를 받았으며, 3년 전 심리학자로 면허를 취득했다. 리처드는 상담 센터에서 학생 치료사로 활동할 예정이며, 로사가 그의 수퍼바이저가 된다. 그들의 첫 번째 만남은 다음 주이다. 로사의 입장에서 다음 질문들에 어떻게 답할지 생각해 보라:

   - 리처드와의 첫 번째 회기를 위해 어떻게 준비하시겠습니까?
   - 리처드를 수퍼비전하는 데 있어 주요 초점은 무엇이겠습니까?
   - 그와 함께 일하는 것에 대해 두려움이나 걱정되는 점은 무엇입니까? 그가 수퍼바이저로서 당신과 함께 일하는 것에 대해 어떤 걱정을 할 것이라고 생각합니까?
   - 리처드와 함께 일할 자격이 얼마나 된다고 느끼십니까?
   - 리처드에게 가장 적합한 수퍼비전 방법은 무엇일까요?
   - 그를 수퍼비전하는 데 있어 가장 큰 도전은 무엇이며, 가장 큰 보상은 무엇일까요?

2. 멜리사는 사회복지 석사 프로그램에 첫해를 다니는 학생이다. 그녀는 젊고, 똑똑하며, 배우고 싶어 하는 열망이 강하고, 사람들에게 잘 보이려는 욕구도 강하다. 그녀는 1년 전에 대학을 졸업했다. 로라는 5년 동안 자격증을 가진 사회복지사로서 카운티 청소년 보호 관찰 부서에서 근무하고 있다. 로라는 멜리사와 첫 수퍼비전 회기를 마쳤다. 멜리사는 9개월간의 인턴십 훈련을 위해 보호 관찰 부서에 배정되었다. 멜리사는 배울 수 있는 모든 것을 배우고 싶다고 표현하며, 아이들과 함께 일하게 되어 기쁘다고 했다. 로라의 입장에서 다음 질문들에 어떻게 답할지 생각해 보라:

- 멜리사와 함께 일하는 것에 대해 어떤 생각이 드십니까?
- 멜리사와의 계약에 어떤 내용을 포함시키겠습니까?
- 어떤 수퍼비전 방법이 가장 적합할까요? 그 이유는 무엇입니까?
- 인턴십 동안 멜리사의 진행 상황을 평가하는 데 어떤 방법을 사용하시겠습니까?

3. 가장 유용하다고 생각되는 두세 가지 수퍼비전 방법을 선택하고, 집단 구성원들이 리처드 또는 멜리사와 함께 작업할 때 그 방법을 어떻게 적용할 수 있는지 역할극을 해 보라. 역할극을 번갈아 해 보고, 어떤 방법이 가장 유용했는지 논의해 보라. 어떤 방법이 유용하지 않았는가? 그 이유는 무엇인가?

4. 다음 상황에서 유용할 수 있는 수퍼비전 방법은 무엇일까? 각각의 상황에서 어떤 방법을 적용할지 어떻게 결정하겠는가?

   - 지역 정신 건강 센터 또는 주립 병원에서 박사 수준의 심리학 인턴을 수퍼비전하는 경우.
   - 개인 실습 환경에서 자격증 위원회로부터 징계를 받은 사회복지사를 수퍼비전하는 경우.
   - 대학교 상담 센터에서 지도 및 상담 석사 프로그램의 학생을 수퍼비전하는 경우.
   - 다른 주에서 오랫동안 일해 온 정신 건강 상담사를 수퍼비전하며, 그녀가 귀하의 주에서 면허를 받을 때까지 수퍼비전하는 경우.
   - 귀하가 가르치는 수업의 필수 요건으로 노숙자와 자원 봉사를 하고 있는 학생을 수퍼비전하는 경우.

5. 어떤 방법이 어떤 모델과 가장 잘 맞는 것처럼 보이는가? 수퍼비전 모델과 방법이 어떻게 연결되는지에 대한 이해는 무엇인가? 방법이 항상 모델에서 나와야만 하는 것은 아닌가?

6. 수퍼비전을 위한 다양한 기술 옵션을 식별해 보라. 소집단으로 나누어 이러한 기술 사용의 이점과 도전에 대해 토론해 보라. 라이브 수퍼비전과 원격 수퍼비전의 장단점을 토론해 보라.

chapter

# 06

# 다문화적으로 유능한 수퍼바이저

chapter 06

# 다문화적으로 유능한 수퍼바이저

## 핵심 질문

1 다문화 역량과 더불어 사회 정의 역량을 개발하는 것이 왜 그렇게 중요한가?

2 수퍼비전 관계에서 역전이를 유발할 수 있는 자신의 숨겨진 의도, 편견, 속단을 어떻게 식별하고 검토할 수 있는가?

3 문화적으로 유능한 수퍼바이저가 되는데 중요한 지식과 기술은 무엇인가? 문화적 겸손함(cultural humility)을 보인다는 것은 무엇을 의미하는가?

4 "문화적으로 유능한 평가"란 무엇이며, 이것이 수퍼비전에서 중요한 이유는 무엇인가?

5 수퍼바이지의 문화적 역량 수준을 어떻게 가늠할 수 있는가?

6 수퍼바이지와 다문화 주제를 다루기에 당신의 전문성이 부족한 경우, 수퍼비전에서 문화적 역량을 보장하기 위해 어떤 조치를 취할 수 있는가?

7 "사회적 옹호"는 당신에게 어떤 의미이며, 수퍼바이저로서의 역할에 어떻게 적용될 수 있는가? 사회적 옹호를 위해 강력한 동맹자가 되기 위해 어떤 행동 단계를 밟을 수 있는가?

8 서로 존중하고 포용적이며 호혜적인 수퍼비전 환경을 구축하기 위해 어떤 조치를 취할 수 있는가?

9 문화적으로 유능한 수퍼비전에서 수퍼바이저와 수퍼바이지가 수퍼비전의 방향, 목표, 기대에 대해 서로 교육하는 것이 왜 중요한가?

다양성과 다문화 문제를 고려하면 수퍼비전 관계와 과정은 고도로 복잡해진다. 당신이 지역 사회 정신건강센터의 수퍼바이저로서 수련 중인 상담사 세 명과 각각 개별 수퍼비전 회기를 위해 만나기로 예정되어 있다고 가정해 보자.

- 샤린은 매우 진보적인 견해를 가진 젊은 유색인종 여성이다. 그녀는 무직에 약물 남용 문제가 있고 결혼 생활이 불안정한 백인 중년 남성인 자신의 내담자가 확고한 보수적

견해를 가지고 있고 미국이 지나치게 다양한 인종으로 구성되어 있다고 믿고 있음을 알게 된 후, 그를 다른 상담사에게 의뢰하고 싶어 했다. 샬린의 내담자는 최근 회기에서 '흑인의 생명도 소중하다'(Black Lives Matter) 운동에 대해 부정적인 발언을 하곤 했다.

- 로사의 아버지는 2019년 이민세관단속국의 급습으로 중앙아메리카로 추방되었으며, 로사는 가족과의 이별에 큰 충격을 받았다. 로사는 자신과 어머니, 그리고 형제자매들이 아버지를 볼 수 있을지에 대한 고민으로 머리가 꽉 차 있다. 그녀는 슬픔이나 상실과 관련된 사례를 접하면 눈물을 흘리며 내담자와의 상담에서 어려움을 겪고 있음을 인정하고 있다.
- 마이클은 자신이 게이라고 밝힌 흑인 남성이다. 그는 최근에 친구들에게 커밍아웃했지만, 성소수자 커뮤니티에 대해 비판적인 태도를 취하고 있는 부모님에게 성적 지향에 대해 아직 말씀드리지 않았다. 그는 부모님(특히 극도로 종교적인 부모님)을 떠올리게 하는 나이 많은 내담자들에게 강한 역전이를 경험하고 있으며, 특정 유형의 내담자에게서 어떻게 역전이가 유발되는지 논의하는 데 대부분의 수퍼비전 시간을 보낸다. 마이클은 다른 사례를 논의하는 데는 거의 시간과 에너지를 할애하지 않는다.

당신이 샬린, 로사, 마이클과 수퍼비전 시간을 갖는다면 어떤 생각이 가장 먼저 드는가? 그들의 역전이 반응으로 어려움을 겪을 것 같은가? 그들이 가진 정체성의 어떤 고유한 측면(성별, 인종, 성적 지향, 나이, 정치적 견해)이 그들의 상담 실무나 내담자와의 상호 작용에 방해가 될 수 있겠는가? 수퍼비전 회기에서는 이 문제를 어떻게 다룰 것인가? 또한, 여러분 자신의 다양한 정체성은 각 수련생과의 상호 작용에 어떤 영향을 미치는가? 예를 들어, 만약 당신이 나이가 많아서 마이클의 어머니 또는 아버지라면, 여러분의 나이가 수퍼비전 역학 관계와 과정에 영향을 미칠 것 같은가? 당신의 편견은 이러한 수퍼바이지에 대한 당신의 반응과 수퍼바이지와 내담자 간의 상호 작용에 어떤 영향을 미칠 수 있는가?

최근 사회에서 발견되는 몇몇 흐름들, 예컨대 백인 민족주의, 인종주의, 외국인 혐오, 성차별, 동성애 혐오, 성전환 혐오, 증오 범죄, 분열적인 정치, 부족주의 등은 매우 불안하고 고통스럽다(Muratori & Haynes, 2020). 조력 전문가는 복잡한 요구와 정체성을 가진 내담자에게 문화적으로 민감하고 효과적으로 대응할 수 있는 지식, 기술 및 태도를 갖추어야 한다. 전문가 협회는 다문화 관점을 반영한 표준적 실무 절차를 개선함으로써 이러한 과제에 부분적으로나마 대응해 왔다.

2015년 미국 상담학회는 **다문화 및 사회 정의 상담 역량**(Multicultural and Social Justice Counseling Competencies: MSJCC; Ratts et al., 2015)을 새롭게 승인했는데, 이는 1992년 Sue, Arredondo, McDavis 등이 개발한 다문화 상담 역량을 대체하는 것이었다. 조력 전문가들은 오늘날 양극화된 세상에서 사회 정의 역량이 가장 중요하다는 것을 인식하고 있으며, 매일 미묘한 공격(microaggression)이나 노골적인 형태의 차별을 당하는 소외된 집단의 사람들을 포함하여 점점 더 다양한 내담자를 만날 것이라 예상하고 있다. 간단히 말해, 특권층과 소외 계층 사이의 간극이 점점 더 넓어지고 깊어짐에 따라 모든 분야의 조력 전문가들은 이 나라의 체계적인 억압과 불의에 맞서 싸울 준비를 해야 한다. 2020년 George Floyd 사망 사건과 많은 흑인들의 죽음에 대한 분노로 촉발된 시위대는 크고 작은 도시의 거리로 나와 우리 모두가 인종 차별의 잔인함에 맞서고 마침내 인종 불평등을 바로잡기 위해 행동할 것을 요구했다. 미국 상담학회(ACA Knowledge Center, 2020)와 여러 하위 분과들은 인종 차별과 인종 간 폭력에 반대하는 입장을 밝히는 성명서인 '흑인의 생명도 중요하다'(Black Lives Matter)를 발표했다. 다양한 문화와 배경을 가지고 복잡한 욕구와 정체성을 지닌 내담자에게 최전방에서 서비스를 제공하려고 수련 중인 상담사와 상담 실무자의 전문성 개발을 위해 수퍼바이저는 다문화 수퍼비전의 실무에 정통해야 한다.

이 장에서는 다문화 수퍼비전의 문제를 강조하고, 수퍼비전 실습을 위해 Ratts와 동료들(2016)이 제공한 다문화 및 사회 정의 역량에 대한 지침을 다룬다. 상담 교육자와 수퍼바이저가 DayVines와 그녀의 동료들(2020)이 소개한 발의 행동의 다차원 모델(Multidimensional Model of Broaching Behavior: MMBB)을 사용하여 수련생이 내담자와 인종, 민족, 문화적 문제를 효과적으로 다루도록 돕는 방법을 설명한다. 다양한 배경과 문화를 가진 수련생에 대한 수퍼비전과 자신과 다른 배경을 가진 내담자(예: 장애가 있는 내담자)에게 상담 서비스를 제공하려는 수련생에 대한 수퍼비전도 다루었다. 이 장에서는 다문화 수퍼비전의 한 측면으로서 영성에 대한 논의도 포함했다. 마지막으로 수퍼바이저로서의 업무에서 테크놀로지가 어떻게 다양성과 문화적 이해를 향상할 수 있는지에 대한 논의로 마무리할 것이다.

## 수퍼비전에서 다양한 정체성과 교차성을 포용하기

Gutierrez(2018)는 "다문화 수퍼비전의 복잡성과 인종적 정체성, 민족, 성별, 성적 지향, 언어, 그리고 교육적 정체성 내에서 작용하고 있는 권력 주제를 보여 주는 연구가 계속되고 있다"고 지적한다(p. 14). Gutierrez는 다문화 수퍼비전 내에서 정체성의 상호 작용을 설명하기 위해 교차성(intersectionality)이라는 용어를 정의하는 것으로 시작하는데, 교차성이란 "사회에서 차이를 인정하는 것, 그리고 권력과 특권을 가진 지위에서 비롯되는 억압, 지배, 차별 시스템을 인정하는 것"(p. 14)을 의미한다. Gutierrez는 다문화 수퍼바이저가 문화 시스템을 수퍼비전에 통합할 책임이 있으며, 이 수퍼비전은 다음과 같은 사항이 수반된다고 믿는다.

- 문화 시스템에 대한 수퍼바이저의 인식
- 수퍼바이저 자신의 세계관, 특권 및 편견에 대한 점검
- 수퍼바이저 개인의 다문화 감수성에 대한 의문을 제기하고자 하는 의지
- 문화적 상호 작용 및 권력에 대한 수퍼바이저의 인식
- 수퍼바이저가 자신의 편견을 파악하고 고정관념 없이 수퍼바이저의 문화적 지식 기반을 강화할 수 있도록 지원하겠다는 약속
- 수퍼바이저가 수련생에게 개방적이고 안전한 공간을 유지하겠다는 약속
- 수퍼바이저의 지속적 다문화 역량 개발 과정 참여(p. 16~17)

Thomas와 그녀의 동료들(2019)은 "수퍼바이저가 수련생의 다양한 정체성을 수퍼비전 관계로 초대하고 각 수련생에게 맞춤화된 멘토링 접근 방식에 참여하는 독특한 방식"(p. 167)을 설명했다. 심리학 수련생이었던 유색인종 여성 3명의 개인적인 이야기에서 다음과 같이 성장을 촉진하는 수퍼비전의 과정이 드러났다: (1) 전문가와 학습자의 역할 사이에서 중심을 잡는 수퍼바이저의 중요성, (2) 수퍼바이지의 성장을 촉진하기 위해 공동 책임의 태도를 수용하는 것의 가치, (3) 수퍼비전 관계에서 문화적 겸손(cultural humility)의 기능. Thomas 등은 심리학 연수생 중 한 명과 그녀의 수퍼바이저 간의 상호 작용을 기술했는데, 이것은 **문화적 겸손**의 개념을 아래와 같이 잘 보여 주고 있다.

> 수퍼바이지가 자신의 공간을 찾는 것뿐만 아니라 그것을 소유할 수 있다는 자신감을 가지도록 돕기 위해서는 자기 성찰에 대한 특별한 시각을 가진 수퍼바이저가 필요하다. 논문 주제에 대해 논의하던 초기 회의 중 한 번은 이전의 직업적 경험과 개인적 가치에 부합하는 연구 질문을 추구하도록 격려해 준 수퍼바이저가 있었다:
>
> **수퍼바이저**: 논문을 위해 글로벌 정신 건강 프로젝트를 수행하는 것에 대해 어떻게 생각

하세요?

**수련생**: 그게 가능할까요? 글로벌 정신 건강 연구는 임상 심리학과 직접적으로 일치하지 않는 것 같아서요.

**수퍼바이저**: 어떤 면에서요? 이 프로젝트는 틈새 연구 분야를 개척할 기회가 될 거예요. 저는 이 분야에 대한 경험이 없지만, 만약 여러분이 이 분야를 어떻게 설정할 수 있는지 알아낼 수 있다면 제가 최선을 다해 여러분을 옹호하고 지원하겠습니다. (p. 169-170)

수퍼바이저는 이 사례와 다른 많은 사례에서 문화적 겸손을 모델링함으로써 수련생이 글로벌 정신 건강에 대한 연구 관심사를 개발할 수 있도록 지원했으며, 앞으로 어떻게 수퍼비전을 진행할 것인지에 대한 영감도 제공했다. Sue와 Sue(2016)가 지적했듯이, "문화적 겸손은 문화적 역량(인식, 지식, 기술)만큼이나 중요한 성향일 수 있다"(p. 63).

현장의 목소리에서 Jude Austin과 Julius Austin은 수퍼바이저의 문화적 겸손이 자신들의 상담사 및 상담 교육자로서 발전하는 과정에 미치는 영향을 다음과 같이 기술했다.

### 현장의 목소리

#### 다문화적으로 숙련된 수퍼바이저 되기

*Jude T. Austin II, PhD, and Julius A. Austin. PhD*

세상은 점점 더 다양해지고 있으며 수퍼바이저, 수퍼바이지, 내담자로 구성된 수퍼비전의 세 주체에는 대부분 다른 문화를 가진 사람이 포함되어 있다. 문화, 민족, 인종 및 기타 다양성과 관련된 문제가 상담실에 스며든다. 이러한 문제는 수퍼비전에서 영향을 주어 수퍼비전 과정에 반향을 일으킨다. 수퍼바이저와 수퍼바이지도 서로 다른 문화적, 민족적, 인종적 배경을 가지고 있을 수 있으며, 그들의 문화적 문제가 영향을 미칠 수 있다. 수퍼바이저는 문화가 수퍼비전 과정에 어떤 영향을 미치는지에 대해 인식하고 있어야 한다.

전문 상담사를 배출하는 대학원 훈련 과정과 박사 과정에는 우리와 다른 문화권의 수퍼바이저로부터 수퍼비전을 받는 과정이 포함되어 있다. 우리는 다문화 수퍼비전을 통해 의미 있는 경험과 별로 도움되지 않는 경험을 함께했다. 우리가 했던 가장 의미 있는 수퍼비전은 백인 남성 수퍼바이저들이 자신의 특권을 이용해 우리에게 상처를 주지 않은 것이었다. 우리는 루이지애나 남부에서 자랐고, 많은 힘 있는 백인 남성이 자신의 권력과 특권을 무기처럼 휘두르는 환경에서 자랐다. 여러 시스템 속에서 그런 사람들과 함께 지내면서 모든 흑인 아이들이 배우는 교훈을 배웠다: “절반을 얻으려면 두 배로 열심히 노력해야 한다.”

우리는 이 교훈을 대학원 상담사 교육 프로그램에 적용했다. 첫 번째 수퍼바이저는 백인 남성 교수였고, 우리는 그 교훈을 바로 떠올렸다. 우리의 직업 윤리 수준이 높아질수록 신뢰는 높아지고 취약성은 낮아졌다. 우리가 충분히 열심히 공부하면 수퍼바이저가 우리를 프로그램에서 내쫓을 이유는 사라질 것이고, 수퍼바이저가 우리를 이용하거나 권력을 남용하려 해도 프로그램을 이수할 가능성이 높아질 것이라고 생각했다. 그 수퍼비전 경험이 의미 있었던 이유는 수퍼바이저의 **겸손함** 때문이었다. 그는 수퍼비전 관계에서 권력과 특권의 문제를 다루면서 서서히 자신과 수퍼비전 과정에 대한 신뢰를 쌓아 갔다. 그는 우리가 이 대화에서 주도권을 가질 수 있도록 했다. 이는 수퍼비전뿐만 아니라 내담자와의 상담 관계에서도 우리에게 힘을 실어 주었다. 그는 우리가 상담사로서 성장하는 데 필요한 교정적 정서 경험을 제공했다.

하지만 모든 수퍼바이저가 똑같은 것은 아니었다. 우리는 도움이 되지 않았던 다문화 수퍼비전을 경험한 적이 있다. 그러한 경험 중에는 지시적이고 세밀하게 관리하여 우리의 목소리를 빼앗는 수퍼바이저가 포함되어 있다. 수퍼비전 경험은 원래부터 권력 차이가 있는 평가 과정이지만, 도움이 되지 않은 수퍼비전 경험에서는 이러한 권력 차이가 노골적이었다. 이러한 수퍼바이저는 우리에게 우리 자신이 되기보다 본인들 같은 사람이 되라는 비언어적인 메시지를 교묘하게 보냈다.

수퍼비전에서 문화적 문제를 다루려면 수퍼바이저가 기꺼이 문제를 다루려고 해야 한다. 이러한 용기는 수퍼바이지가 내담자와 상담할 때 문제를 해결하는 방법의 모범이 된다. 겸손은 이 과정에서 필수적인 부분이다. 수퍼바이저는 전문가가 아닌 호기심 많은 관찰자의 입장에서 수퍼바이지가 현재 처한 위치와 상태를 겸손한 태도로 만날 수 있다. 이러한 호기심은 수퍼비전에서 “당신의 문화에 대해 이야기해 주세요.” 또는 “문화가 당신의 업무에 어떤 영향을 미치나요?”와 같이 도움이 되는 질문을 촉발할 수 있다. 수퍼바이지가 자신의 문화를 공유하도록 초대함으로써 안전한 관계를 형성하고 수퍼비전 과정에서 신뢰를 높이고 수퍼바이지는 자신의 취약점을 기꺼이 드러낼 의향이 높아진다.

문화적 요인이 수퍼비전 관계에 미치는 영향에 대한 보다 광범위한 논의는 『상담 프로그램에서 살아남아 잘 자라기(Surviving and Thriving in Your Counseling Program)』(Austin & Austin, 2020) 책을 참조하기 바란다.

## 다문화 수퍼비전을 하지 않기: 어떤 위험이 있는가?

다문화 역량을 개발해야 하는 윤리적 의무에도 불구하고 수퍼바이저는 문화적 변수의 존재를 부정하거나 다양성 문제의 중요성을 가볍게 여길 수 있다. 일부는 개인적인 불안감으로 인해 문화적으로 유능한 수퍼바이저가 되는 것을 회피할 수도 있다(Gutierrez, 2018). Gutierrez는 수퍼바이저가 다문화 수퍼비전을 하지 않을 때 여러 가지 위험 요소가 있다고 했다. "다문화주의를 회피하고 그것을 회피하기 위해 권력을 사용하는 것은 잠재적으로 수퍼바이지에게 매우 해로울 수 있다."(p. 20). 예를 들어, 백인 이성애자 남성 수퍼바이저가 아시아 양성애자 여성을 수퍼비전하면서 교차성에 대한 논의를 피한다고 가정해 보자. 이것은 더 큰 사회적 맥락에서 억압받는 정체성의 차원인 아시아계 정체성, 성 정체성, 성적 지향에 대한 언급을 피하는 것과 마찬가지이다.

Day-Vines와 동료들(2020)은 "내담자가 자신의 고민에 부여하는 사회 문화적, 사회 정치적 의미를 끄집어내어 다루는 능력은 상담사에게 특히 중요하다"고 말했다(p. 107). 이런 능력을 행동적으로 모범을 보이지 못하는 수퍼바이저(즉, 인종적, 민족적, 문화적 관심사를 논의하려는 노력을 의도적으로 차단하는 수퍼바이저)는 수퍼바이지와 내담자에게 해를 끼치고 있다. 수련생이 내담자가 제기하는 문제(예: 우울증, 불안, 외상 후 스트레스 장애)와 관련되는 문제를 논의하고 처리할 안전한 공간을 제공하지 않으면 그는 효과적인 조력자가 될 적절한 준비를 갖추지 못한 것일 수 있다. 또한, 수퍼바이저가 자신을 내담자와 동일시하거나 자신을 내담자 문제에 의해 영향을 받는 경우, 수퍼비전에서 역전이 문제를 효과적으로 다룰 기회를 놓칠 수도 있다.

다문화 역량과 공감 능력이 낮은 초보 상담 수련생이라면 인종 중립적인 상담 스타일을 채택하고 상담에서 문화적 내용에 관한 논의를 피할 수도 있겠지만(Day-Vines 등, 2018), 이러한 현상을 수퍼바이저에게 발견한다면 놀라움을 금치 못할 것이다. 안타깝게도 문화적으로 무감각한 수퍼비전은 대부분의 사람들이 생각하는 것보다 더 자주 발생한다. McKinley(2019)에 따르면 "여러 연구들은 다문화 수퍼비전을 받는 흑인 수퍼바이저는 백인 수퍼바이저의 부정적인 상호 작용과 평가뿐만 아니라 미시적 공격, 문화적 문제에 대한 간과, 흑인이라는 이유에 대한 고정 관념을 경험하는 경우가 많음을 보여 준다"(p. 177). 일부 수퍼바이저는 임상 교육과 경험의 햇수가 더 많다는 장점에도 불구하고 문화적으로 다양한 수련생에게 서비스를 제공하는 기술이 미숙하며, 인종, 민족 또는 문화와 관련된 대화를 피할 수도 있다. Day-Vines와 동료들(2018)은 수련생이 이러한 주제에 대한 불편함에 익숙해지도록 돕는 것이 중요하며, 수퍼바이저 역시 이러한 불편함을 기꺼이 받아들여야 한다고 강조한다.

## 다문화 수퍼비전[1]의 정의

다문화 수퍼비전은 문화적 배경이 다른 수퍼바이저와 수퍼바이지 사이의 문화적 역학을 인정해야 한다. Qi와 동료들(2019)이 언급했듯이, "'이문화'(cross-cultural)라는 용어는 종종 두 개의 서로 다른 문화 간의 역학을 의미하는 한편, '다문화'(multicultural)는 두 개 이상의 문화가 복합적으로 관련되어 있음을 의미한다"(p. 186). McKinley(2019)는 "수퍼바이저와 수퍼바이지가 서로 다른 정체성의 합을 수퍼비전에 가져오기 때문에" 다문화적이라고 지적한다(p. 177). 이 점을 설명하면서 Tohidian과 Quek(2017)은 수퍼비전에서 인종, 민족, 성, 성별, 나이, 사회 경제적 지위, 신체적 차이, 영성 등의 차원이 교차하는 효과를 이해하고 다루는 것이 매우 중요하며, 윤리적 실무와 양질의 수퍼비전에 필수적이라고 강조했다. 다문화 수퍼비전은 능력, 특권, 성적 지향, 가치관, 가족 특성 및 역학 관계, 출신 국가, 언어 등 문화의 다른 측면도 포괄한다(ACES, 2011).

## 다문화 상담 및 수퍼비전의 수행

지난 수십 년 동안 다문화 상담 분야의 저명한 학자들은 다문화 역량이 무엇이며 이를 개발하기 위해 어떤 것이 필요한지에 대해 설명해 왔다. Sue, Sue, Neville, Smith(2019)는 다문화 역량의 세 가지 차원을 오랫동안 강조해 왔다. 첫 번째 차원은 인종, 문화, 민족, 성별, 성적 지향에 대한 실무자의 태도와 신념; 개인적 편견을 모니터링할 필요성; 다문화에 대한 긍정적인 시각의 발달; 개인의 가치관과 편견이 효과적인 도움을 방해할 수 있는 방식에 대한 이해 등과 관련된다. 두 번째 차원은 문화적으로 유능한 상담사는 자신의 세계

1 역자 주: 다문화를 지칭하는 용어에는 multicultural과 cross-cultural이 있다. 전자는 다문화, 후자는 이(異)문화, 교차문화, 또는 문화 간 등으로 번역되고 있다. 이 교재에서도 설명하고 있지만, 전자는 여러 문화로 구성된 복합적인 상태를 의미하는 한편, 후자는 문화의 경계를 넘는 것, 서로 다른 문화 간의 상호작용이나 비교를 강조할 때 사용한다. 이 교재에서는 multicultural은 다문화로, cross-cultural은 이문화로 번역한다.

관에 대한 지식을 이해하며, 함께 일하는 다양한 집단에 대한 구체적인 지식을 가지고 있고, 사회 정치적 영향에 대한 기본적인 이해가 있음을 인정하는 것이다. 세 번째 차원은 다양한 내담자 그룹에 서비스를 제공할 때 필요한 기술, 개입 기법 및 전략과 관련된다. 다문화 역량의 일부는 우리의 한계를 인식하는 것으로부터 시작하며, 이는 (a) 다문화 주제에 대해 자문하고, (b) 직무 교육에 지속적으로 참여하며, 필요하다면 (c) 특정 내담자 집단과 함께 일할 수 있는 유능한 전문가에게 의뢰하려는 의지로 나타난다.

Lee(2019a, 2019b)는 다문화 상담 역량에 대한 개념적 틀을 개발하였는데, 이 틀은 두 가지 차원과 8가지 구성 요소를 포함하고 있다. **기초적 차원**(foundational dimension)은 전통적인 상담 이론과 윤리적 기준에 대한 지식으로 구성된다. **다문화적 차원**(cross-cultural dimension)은 자기 인식, 다문화 상담 이론 지식, 다문화적 만남, 글로벌 리터러시, 다문화적 기술 개발, 사회 정의에 대한 헌신으로 구성된다. Lee는 이러한 개념적 틀의 가장 정점에 있는 요소는 다문화 상담 역량(multicultural counseling competency)이라고 강조한다. 그는 모든 상담사에게 문화적 존재로서 자신이 누구인지, 문화적 역동성에 대해 무엇을 알고 있으며 그것이 내담자의 세계관에 어떤 영향을 미칠 수 있는지, 그리고 문화적으로 유능한 방식으로 내담자의 정신 건강과 안녕을 증진할 수 있는 방법에 대해 성찰할 것을 요구한다. Lee는 이것이 다문화 역량 진화의 본질을 요약한 것으로 보았다.

석사 수준의 수련생에게는 효과적인 상담사가 되기 위해 필요한 다른 모든 기술과 역량에 더해 다문화 역량까지 비교적 짧은 기간 내에 개발하는 것이 벅차게 느껴질 수 있다. 이러한 상담사를 교육하는 수퍼바이저의 입장에서는 처음에 그들의 임무가 헤라클레스처럼 거대하게 보일 수도 있다! 다행히도 수퍼바이저에게 수련생이 다문화 역량을 개발할 수 있도록 돕는 틀이 있다면 이 작업은 훨씬 더 수행하기 쉬워질 것이다. 몇몇 학자들은 다문화적 개념 틀을 활용하여 여섯 가지 차원의 역량을 평가하는 Ancis와 Ladany(2010) 모형이 유용하다고 보았다.

- **수퍼바이저 초점 개인적 개발:** 수퍼바이저가 자신의 가치관, 편견, 한계에 대한 성찰.
- **수퍼바이지 초점 개인적 개발:** 수퍼바이저는 수퍼바이지가 자신의 정체성 개발의 다양한 차원을 탐색할 수 있도록 지원하여 그들의 인식과 지식 수준을 높임.
- **사례 개념화:** 수퍼바이저는 내담자에 대한 수퍼바이지의 사례 개념화를 사용하여 내담자의 삶을 개선하는 데 있어 맥락적 요인과 개인적 요인이 미치는 영향을 이해하도

록 도움.

- **기술/개입**: 수퍼바이저는 집단 작업이나 원주민 지원 네트워크와 같은 비전통적 방법을 포함한 유연한 전략 및 심리치료적 개입을 장려함.
- **과정**: 수퍼바이저가 자신의 권한을 인식하고 개방적인 의사소통과 존중을 특징으로 하는 긍정적인 수퍼비전 환경.
- **결과/평가**: 수퍼바이저가 수퍼바이지의 다문화 상담 역량을 평가하고 필요한 경우 적절한 교정 교육 추천.

Crockett과 Hays(2015)는 수퍼바이저가 다문화 역량을 발휘하기 위해서는 6가지 차원 모두에서 다문화 지식, 인식, 기술을 갖춰야 한다고 주장했다. 또한 수퍼바이저가 수퍼바이지의 문화적 배경에 관심을 가지고 민감하게 반응할 뿐만 아니라 문화적 차이를 이해하고 따뜻함을 전달할 때 역량이 분명하게 드러난다고 덧붙였다. Crockett과 Hays는 수퍼바이저의 다문화 역량, 수퍼바이저의 상담 자기 효능감, 수퍼바이저의 업무 제휴, 수퍼바이저의 수퍼비전 만족도 간의 관계에 대해 구조 방정식 모형을 적용하여 그들이 설정한 매개 모형을 검증했다. 이 연구자들은 "수퍼바이저의 다문화 역량은 수퍼비전에서 작업 동맹과 상관이 있고, 그 동맹은 다시 수퍼비전에 대한 수퍼바이지의 만족도와 관련이 있다"(p. 258)는 사실을 발견했다.

Lee (2019a)는 다문화적 만남에서 문화적으로 유능한 상담을 위한 다음과 같은 지침을 제공했다. 이러한 지침이 다양한 내담자와의 협력 관계를 조성하는 데 어떻게 도움이 될 수 있는지 생각해 보자.

- 모든 상담 상호 작용에서 문화적 요소를 고려한다.
- 나와 다른 사람들에 대한 선입견, 편견, 고정 관념을 검토하고 비판적으로 평가한다.
- 자신의 문화적 특권이나 소외감을 파악하고 살펴본다.
- 자신의 이론적 지향의 타당성과 당신의 접근 방식을 조정할 의지에 대해 생각해 본다.
- 문화적 배경이 다양한 내담자로부터 기꺼이 배우고자 한다. 내담자가 자신의 이야기를 하게 하라.
- 옹호 및 사회 정의를 위해 헌신한다.

수퍼바이지가 다문화 역량을 개발하게끔 지도하는 데 있어 여러분의 책임을 이해하려면 다문화 수퍼비전과 관련된 윤리 규정을 검토하는 것이 올바른 시작점이 될 것이다 (글상자 6.1).

**글상자 6.1 다문화적 수퍼비전에 관한 윤리 규정과 기준**

**미국 상담학회(ACA)(2014)**

윤리 규정

- 상담 수퍼바이저는 수퍼바이저 관계에서 다문화주의/다양성의 역할을 인식하고 다룬다(F.2.b.).
- 상담 교육자들은 수련 및 수퍼비전 실무에서 다문화/다양성 역량을 적극적으로 교육한다. 상담사 교육자들은 학생들이 다문화 역량에 대한 인식, 지식, 기술 등을 습득하도록 적극적으로 교육한다(F.11.c.).

**상담사 교육 및 수퍼비전 협회(ACES)(2011)**

모범적 상담 수퍼비전

- 수퍼바이저는 수퍼바이저 관계에 영향을 미치는 윤리적 및 문화적 문제에 주의를 기울인다(5.c.).
- 수퍼바이저는 모든 수퍼비전이 다문화 수퍼비전임을 인식하고 수퍼비전에 대한 접근 방식에 다문화적으로 고려할 것을 촉구한다(6.a.).
- 수퍼바이저는 인종, 민족, 성별, 성적 지향, 사회 경제적 지위, 특권, 능력 상태, 가족 특성 및 역학 관계, 출신 국가, 언어, 역사적 과정(예: 역사, 이주), 세계관, 영성 및 종교, 가치관 등을 포함한 문화적 요인에 주의를 기울인다(6.a.iii.).
- 수퍼바이저는 수퍼바이지가 내담자와의 상담에서 다양성 및 옹호 요소를 고려하도록 장려한다(6.b.).

## 발의 행동의 다차원 모델: 수퍼바이저 및 상담 교육자를 위한 시사점

Day-Vines와 그녀의 동료들은 처음에는 상담사가 내담자와 인종, 민족 또는 문화적(racial, ethnic, cultural: 이하 REC) 문제를 논의할 때 채택할 수 있는 다양한 접근을 설명하기 위해 2007년 발의(broaching) 행동의 연속선 모형을 도입했다. 이 연속선은 **회피**(avoidant), **고립**(isolating), **지속적/부조화**(continuing/incongruent), **통합/부조화**(integrated/congruent), 그리고 **스며**

**들기**(infusing)에 이르기까지 범위가 넓다. 가장 낮은 단계의 상담사는 REC 문제를 무시하고 수퍼비전 회기 중에 이러한 문제에서 피해 좀 더 일반적인 주제로 내담자의 주의를 돌릴 수 있다. 상담사는 연속적으로 발전하면서 "최소한으로, 형식적으로, 의무적으로"(Day-Vines 외, 2020, p. 108) 발의하는 것에서 시작하여 점점 더 효과적인 방식으로 내담자를 타당화하는 방향으로 이동한다.

MMBB(Multidimensional Model of Broaching Behavior: 발의 행동의 다차원 모델. 이하 MMBB)는 발의 행동 모형의 연속선을 기초로 구성되어 있으며, 이는 점점 더 많은 경험적 지지를 받고 있다. 내담자의 REC 주제에 대해 이야기하는 것은 문화적 민감성을 보여줄 뿐만 아니라 자신의 염려를 상담사에게 공개적으로 논의해도 안전하다는 명확한 메시지를 내담자에게 전달한다. Day-Vines 등(2020)이 지적한 바와 같이:

> 상담사가 힘의 균형을 행사하고 있는 상담 관계에서 작동하는 힘의 역학을 고려할 때, 소외 계층의 많은 내담자는, 이 주제에 대해 상담사가 명시적으로 요구하지 않는 한, 그 주제를 언급하는 것 자체에 대한 불안감, 상담사가 정서적 지원을 철회할 수 있다는 두려움 또는 상담사가 방어적으로 대응할 수 있다는 우려로 인해 REC 문제를 한쪽으로 미뤄 둘 수 있다(p. 109).

MMBB의 중요한 특징은 상담 내, 개인 내, REC 내, REC 간이라는 네 가지 차원이 유연하게 상호 작용하고 중첩되면서 상담사가 상황별 REC 차원을 논의할 수 있도록 돕는다는 점이다.

- **상담 내** 차원에서 발의하는 상담사는 상담 관계에서 REC에 관련된 염려에 대해 논의하기를 환영한다는 의사를 전달한다. 상담사가 내담자의 REC에 관련된 염려를 완전히 이해하지 못하는 경우, 상담사가 자신이 이해하지 못하고 있다는 사실을 인정함으로써 문화적 겸손과 "내담자의 문화적 참조 틀에 대한 지속적인 존중과 호기심"을 보여 줄 수 있다(Day-Vines 외., 2020, p. 110).
- **개인 내** 차원 주제를 발의하는 상담사는 내담자의 중복되는 정체성 차원(예: 인종, 성별, 능력, 종교, 사회 계층, 이민 신분, 언어적 다양성, 신체적 특성, 성적 지향)을 탐구하는 일, 그리고 이러한 차원의 일부 또는 전부에 대한 탄압이 내담자가 제시하는 문제에 어떻게 내재되어 있는지에 관심이 있다.
- 상담사는 또한 **REC 내**의 문제, 즉 내담자가 REC 특성을 공유하는 다른 사람들과 공

통적으로 겪고 있는 문화적 주제를 다룰 수도 있다. Day-Vines 등(2020)이 지적한 바와 같이, "내담자들은 자신이 속한 문화 집단이 가진 것과 현저하게 다른 신념, 가치 및 행동을 가질 수 있다."(p. 113).

- 마지막으로, 상담사는 **REC 간** 주제, 즉 다른 REC에 속한 사람들과 자신 사이에 있는 문화적 차이를 알아차렸지만 다루기 어려운 주제를 발의할 수 있다. 내담자는 "명백하거나 은밀하게 이루어지는 비열한 행위, 미묘한 공격(microaggression), 다양한 형태의 구조적 불평등 문제를 포함한 다양한 형태의 인종 차별"로 인해 고통을 받을 수 있다(p. 114). 상담사는 내담자와 함께 구조적 억압이라는 주제를 공개적으로 다룸으로써 내담자가 인종 차별이나 다른 형태의 차별 경험에 대해 스스로를 비난하지 않도록 도울 수 있다. 또한 이러한 REC간 불평등을 인식하는 상담사는 내담자를 대신하여 적절한 사회 정의 옹호 개입을 사용하여 장벽과 억압적인 상황에 대처할 수 있다.

MMBB 발의 차원에 대한 좀 더 상세한 이해를 위해서는 Day-Vines 등(2020)을 참고하기 바란다.

Day-Vines 등(2018)에 의하면 상담사를 훈련하는 수퍼바이저가 상담사 수련생이 상담회기 중에 REC 요소를 발의하는 데 필요한 역량과 자신감을 개발하도록 돕기 위해 다양한 교육 전략을 채택할 수 있다. 여기에는 인종적 자기 인식 강화, 다문화 사례 개념화, 사례 연구, 영화 및 기타 미디어 사용, 역할극 인터뷰 사용 등이 포함된다. 현장의 목소리에서 Norma Day-Vines는 수련생이 발의 역량을 개발할 수 있게끔 지원하는 자신의 접근 방식을 설명하고 있다.

### 현장의 목소리

#### 효과적 발의를 위한 상담사 훈련

*Norma L. Day-Vines, PhD*

발의 행동의 연속선 모형을 개발한 후, 많은 상담 교육자, 임상가, 학생들이 발의가 (a) 인종주의와 차별에 대한 논의 또는 (b) 상담사와 내담자의 차이에 대한 논의라는 두 가지 문제만을 의미한다고 가정하는 현상을 관찰했다. 이 두 가지 유형의 발의는 상담 과정에서 인종, 민족, 문화의 맥락적 차원을 고려할 때 적절하지만, 상담사가 발의할 수 있는 주제의 폭과 깊이, 내담자의 관심사 전체를 포괄하지는 못한다. 인종주의와 차별 또는 상담사와 내담자 간의 차이에만 초점을 맞추면 보다 심층적인 탐색이 필요한 복잡하고 미묘한 내담자의 현실을 지나치게 단순화하게 된다.

상담 수련생의 발의 역량을 개발할 수 있도록 돕기 위해 나는 상담 수퍼비전에서 내담자의 발의 문제에 대해 좀 더 복잡한 개념화를 하게 한다. 무엇보다 중요한 것은, 인종주의와 차별이 소외된 집단에 속한 사람들의 정신적, 육체적 안녕을 해치는 실질적인 현실로 작용하지만, 인종주의와 차별이 내담자의 경험이나 존재의 모든 것을 정의하는 것은 아니라는 점을 상담 수련생이 이해하는 것이다. 내담자는 인종적 억압과 차별에 직면한 경험의 총합 그 이상이며, 따라서 MMBB가 필요하다. 예를 들어, 내담자는 인종, 성별, 사회 계층, 장애 등 여러 가지 상충하는 정체성(예: 개인 내적 차원)과 동시에 씨름할 수 있다. 주제를 인종이나 성별만으로 축소하면 사회 계층적 지위와 장애가 내담자의 경험에 영향을 미치는 교차적인 방식에 대해서는 모호해진다. 마찬가지로, 내담자는 인종, 민족 또는 문화적 정체성은 같더라도 태도, 신념, 가치 지향의 차이가 있다는 이유로 유사한 도전(예: 인종 내 문제)에 직면할 수 있다. 예를 들어, 내담자는 자신의 아름다움, 존엄성, 가치를 결정하는 요소로 밝은 피부색이 어두운 피부색보다 이상화되는 색채주의와 관련된 어려움을 겪을 수 있다. 이와 유사하게 내담자는 경제 사회적 계층이 이동하면서 이전에 속했던 지역 사회 구성원으로부터 배척당할 수 있으며, 이로 인해 기존의 사회적 관계나 가족과 거리를 두거나 그런 관계에 긴장이 발생할 수 있다. 또한 내담자는 특정 REC 그룹의 구성원으로부터 충분한 인종이 아니거나 동화되지 않았다는 비난을 받을 수도 있다. 따라서 상담 수련생은 내담자의 기능에 영향을 미치는 문화 특수적 문제를 인식하는 것이 중요하다. 내담자에 대한 기초적인 지식과 내담자의 경험을 경청하는 열린 마음도 중요하다. 더 중요한 것은 임상 수퍼바이저가 소외된 집단의 사람들이 하나의 단일체를 구성하지 않는다는 것을 학생들이 인식하도록 도울 수 있다는 점이다. '인종적(ethnic)'이라는 것은 맥락에 따라 의미의 차이가 있으며, 이러한 차이는 내담자가 상담에서 다룰 수 있는 인종 내 갈등의 원인이 되기도 한다. 또한 인종 내 갈등은 인종주의와 차별로 인한 고통과 유사하거나 심지어 그 이상으로 힘든 심리적 고통을 초래할 수 있다.

내가 관찰한 바에 따르면 상담 훈련 초기에 상담 수련생들은 상담 내적 발의 차원(intra-counseling broaching dimension)을 상담사와 내담자 간의 차이점을 설명하는 것으로 이해하여, 그것을 "해야 할 일 목록"에서 확인해야 하는 것으로 간주하는 경우가 많다. 상담 실제에서 상담 내적 차원이란, 상담사와 내담자 간의 차이를 탐색하는 일을 포함한다. 그러나, 상담에서 REC 주제에 대한 수용성을 전달함으로써 권력 역학 관계를 중화시키고, 내담자가 했던 문화적 경험을 상담 장면에서 부각시켜 상담 관계를 강화하려는 수련생의 의도와도 밀접하게 관련되어 있다. 상담사가 문화적 관심사를 탐구하도록 명시적으로 초대하지 않으면 어떤 내담자는 상담에서 그러한 논의가 바람직하지 않다고 생각할 수 있다. 지난 20년간의 관찰에 의하면, 상담 수련생이 내담자에게 REC와 관련된 염려에 대해 논의하도록 초대하고 REC 주제가 내담자에게 중요하다고 말해 줄 때, 내담자는 자신의 염려에 대해 훨씬 더 자유롭고 자신의 문화적 관점에서 이야기를 꺼내곤 한다.

점점 더 많은 문헌에서 문화적 은폐, 즉 내담자가 현재 제기하는 문제와 관련된 문화적 주제에 대한 정보를 숨길 수 있다는 점에 대해 다루고 있다(Drinane 등, 2018). 상담사는 REC 관련 주제를 먼저 꺼내거나 이 주제가 나왔을 때 응답해 줄 책임이 있다. 문화적 주제에 대해 논의하도록 상담사가 먼저 초대하지 않으면, 내담자는 상담 관계 내에서 REC 관련 대화가 허용되지 않는다는 생각을 내면화할 수 있다.

상담 교육자로서 나는 많은 상담 수련생들이 발의 관련 개념을 상담 기술 목록에 통합하고, 특정한 발의 사건의 유용성에 대한 이해를 넘어 발의 개념의 유용성을 깊이 이해하고 활용하게 된 것을 보고 기뻤다. 인지적 비계(scaffolding)를 제공하는 것은 학생들의 지식 축적을 돕는데 매우 중요한 역할을 한다. 예를 들어, 발의 개념은 상담 기법 수업에서 소개되며, 이 수업에서 학생들은 먼저 또래 상담 회기에 참여하여 상담 내적 차원을 최소한으로 발의해야 한다. 발의 개념은 다문화 상담 과정에서 다시 한번 다루어지며, 학생들은 모의 상담 내담자와 함께 발의하고, 최소 두 가지 이상의 발의 차원에서 그 기술을 더 잘 구현할 수 있는 능력을 개발할 기회를 얻는다. 마지막으로, 학생들은 실습 및 인턴십에서 발의 기술을 다시 한번 통합할 기회를 가진다. 나는 발의 행동과 상담 성과를 연결하는 향후 연구를 기대한다.

상담 수련생이 상담 중에 내담자와 인종, 민족 및 문화적 요소를 논의할 수 있도록 준비하는 방법에 대한 자세한 내용은 Day-Vines, Booker Ammah, Steen, Arnold(2018)를 참조하기 바란다.

다음 절에서는 Ratts와 그의 동료들(2016)이 개발한 MSJCC에 대해 간략히 설명한다. 한 가지 주목할 점은 MMBB가 MSJCC에 의해 규정된 지침에 의해 지지된다는 점이다. Day-Vines 등(2020)에 따르면, "MMBB와 MSJCC는 개념적으로 연결되어 있는 것으로 보인다"(p. 115).

## 수퍼비전 실무 지침으로서 MSJCC의 활용

미국 상담학회가 MSJCC(Multiclutural and Social Justice Counseling Competencies: 다문화 및 사회 정의 상담 역량. 이하 MSJCC)를 지지하는 것은 이러한 역량이 상담 전문직의 모든 측면에 스며들어야 하며(Ratts 외, 2016), 수퍼바이저 실무에도 통합되어야 함을 시사한다. 여기에서는 이 역량에 대한 간략한 설명과 개념적 틀(framework)을 시각적으로 표현하여 제공하고자 한다. 더 자세한 설명은 Ratts 등(2015, 2016)을 참조하기 바란다.

### MSJCC

MSJCC는 내담자와 상담사가 상담 관계에 가지고 들어오는 다양한 정체성에 주의를 기울이기 위한 개념적 틀이다. 상담사가 내담자에게 심오한 영향을 미치는 권력, 특권, 억압의 문제를 다룰 것을 기대하면서, MSJCC는 전문 상담사가 내담자 문제를 문화적 맥락의 개념적 틀(그림 6.1)의 렌즈를 통해 바라보고 개인 및 시스템 차원의 개입을 권장한다(Ratts 외., 2016).

> MSJCC의 개념적 프레임워크는 MSJCC 내에서 표현되는 구성 요소와 역량 간의 관계에 대한 시각적 지도를 보여 주기 위한 것이다. 또한 사분면은 정체성의 교차점과 상담 관계에 영향을 미치는 권력, 특권, 억압의 역학을 강조하는 데 사용된다. 발달 영역은 (1) 상담사 자기 인식, (2) 내담자 세계관, (3) 상담 관계, (4) 상담 및 옹호 개입 등 다문화 및 사회 정의 역량으로 이어지는 다양한 층위를 반영한다. MSJCC의 처음 세 가지 발달 영역에는 태도와 신념, 지식, 기술 및 행동(AKSA)과 같은 목표 역량이 포함되어 있다(Ratts 외., 2015, 3쪽).

## MSJCC를 수퍼비전 계약에 포함하라

수퍼바이저는 수퍼바이지에게 수퍼비전 관계에서 함께 일하는 방법에 대해 교육할 책임이 있다. 수퍼비전의 초기 세션에서는 Day-Vines 등(2007, 2018, 2020)의 설명에 따라 발의 전략을 사용하여 문화적 유사점과 차이점을 탐색할 충분한 기회를 제공해야 한다. 나중에 발생할 수 있는 오해를 최소화하려면 관계 초기에 모든 사람의 기대치를 명확히 하는 것이 중요하다. MSJCC 도입과 관련된 기대치와 요구 사항을 소개할 수 있는 이상적인 시점은 수퍼비전 계약에 관해 논의할 때이다. 수퍼비전 실무에 관한 지난 5년간의 문헌들에 의하면, 수퍼비전 초기 단계에서 다문화 문제를 논의하는 것이 좋다(Borders, 2005). 다문화 대화를 촉진하기 위한 세 가지 접근법은 반구조화된 질문, 수퍼바이저의 주도로 시작한 수퍼바이저와 수퍼바이지의 차이점에 대한 상호 논의, 수퍼바이저가 다문화에 대한 인식을 가지게 된 과정에 대해 스스로 공개하는 것 등이다.

수퍼비전 관계를 시작할 때, 다음 질문 중 몇 가지를 활용하여 다문화 및 사회 정의를 위한 고려 사항에 대해 수퍼바이지와 논의하라:

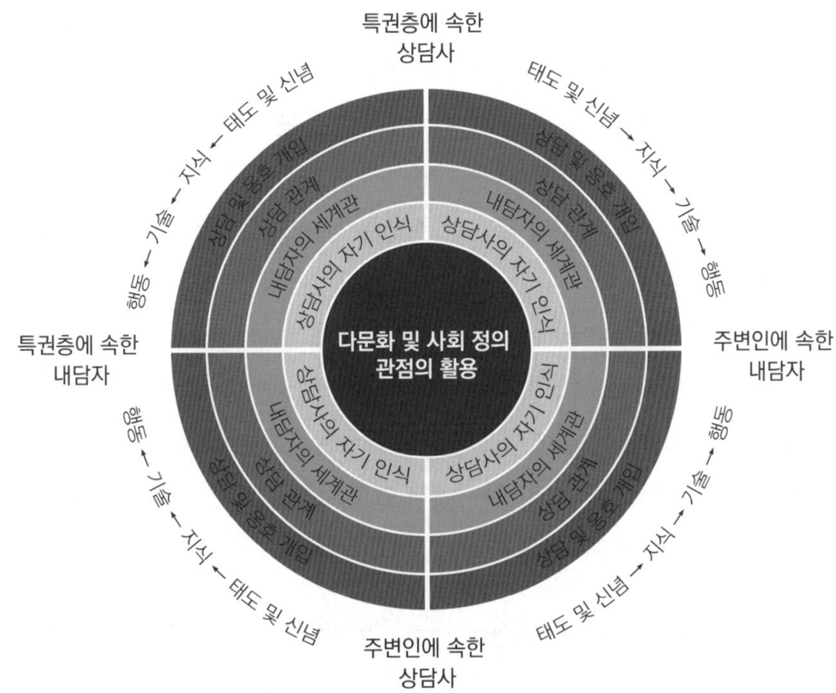


**[그림 6.1] 다문화 및 사회 정의 상담 역량**

---

주: *Multicultural and Social Justice Counseling Competencies* (p. 4), by M. J. Ratts, A. A. Singh, S. Nassar-McMillan, S. K. Butler, and J. R. McCullough, 2015.에서 인용. https://www.counseling.org/docs/default-source/competencies/multicultural-and-social-justice-counseling-competencies.pdf?sfvrsn=20.에서 발췌. Copyright 2015 by M. J. Ratts, A. A. Singh, S. Nassar-McMillan, S. K. Butler, and J. R. McCullough. Reprinted with permission.

- 문화적 정체성을 어떻게 이해하는가? 그러한 이해 방식은 시간이 지남에 따라 어떻게 진화해 왔는가?
- 당신이 속한 다양한 문화 집단에는 어떤 것이 있는가? 어떤 것이 당신의 삶에서 가장 중요하게 여기는 문화인가?
- 자신의 문화와 경험, 특히 특권 또는 소외에 대한 자신의 경험이 상담사로서의 역할을 이해하는 방식, 이론적 지향의 선택, 사례 개념화에 접근하는 방식에 어떤 영향을 미친다고 생각하는가? 진단 및 상담에 접근하는 방식에 영향을 미치는가? 상담 접근 방식에서 가장 공감하는 부분은 무엇이며, 그 이유는 무엇인가?
- 현재 우리의 문화적 차이점 또는 유사점이 수퍼비전 관계에 영향을 미치는 방식을 식별할 수 있는가?
- 문화적 주제에 관한 지식 수준과 문화적 주제를 논의할 때 편안함의 정도에 대해서는 어떻게 평가하는가?
- 문화 또는 사회 정의 문제에 대한 논의가 불편하다고 생각한다면, 그 이유는 무엇인가? 어색하거나 위협적으로 느껴지는 것이 무엇인지 파악할 수 있는가? 당신은 이러한 두려움을 어디서 배웠는가?
- 다문화 상담 또는 사회 정의 상담 분야에서 어떤 유형의 학술 교육, 전문가 컨퍼런스, 워크숍 또는 세미나를 이수했는가?

수퍼비전 관계 내에서 그리고 내담자 사례를 검토하고 처리할 때 문화적 문제에 대해 개방적이고 안전하게 논의할 수 있는 장을 마련하라. 서로 존중하고 호혜적인 관계를 발전시키는 것이 중요하다. 현장 실습 과정 중에 수퍼바이지가 문화적 관점에 관한 질문이 생기면 수퍼비전 회기에서 언제든지 우려 사항을 제기하도록 권장하라. 현장의 목소리에서 Norma Day-Vines는 수련생이 발의 행동에 대한 숙련도를 향상하게끔 지원하는 전략에 대해 자신의 생각을 피력했다.

### 현장의 목소리

#### 상담 수련생의 발의 행동 장려하기

*Norma L. Day-Vines, PhD*

최근 나는 상담 수련생들이 발의 행동을 더 능숙하게 실행할 수 있도록 돕는 전략에 대해 고민하고 있다. 교육 초기에 일부 학생들은 내담자의 인종, 민족, 문화적 관심사에 대한 논의를 꺼려 했다. 이때 발의 행동은 주제에 '대해' 직접적이고 명시적으로 이야기하기보다 '에둘러' 이야기하는 현상으로 나타난다. 초보 상담사는 처음에는 직관적으로 이해되지 않는 기술을 배우는 중이기 때문에 이러한 주저함이 나타나는 것은 충분히 이해할 수 있다. 우리가 내담자에게 줄 수 있는 최고의 선물은 내담자가 자신의 이야기를 깊이 듣고 이해받고 있다고 느끼도록 내담자의 문화적 틀을 진정성있게 고려하고 논의하는 것이다. 문화와 관련된 특별한 고민을 투명하게 이야기하면 내담자가 정서적으로 성장하는 데 도움이 된다. 나의 목표는 수련생이 내담자와 대화할 때 더 결단력 있게 행동할 수 있도록 돕는 것이다.

나는 학생들에게 Johathan Metzl과 Helena Hansen(2014)의 연구를 소개한 적이 있다. 그들은 문화적 역량이 내담자와 효과적으로 작업할 때 충분하지는 않지만 필수적인 조건이라고 주장했다. 그들은 구조적 역량을 개발하는 것, 즉 내담자에 영향을 미치는 억압의 특정한 체계적 원인을 명명하는 능력의 중요성을 강조한다. 내담자의 심리적 안녕을 저해하는 구조적 장벽을 정확하게 명명하는 것은 상담사 훈련생이 인종, 민족, 문화의 맥락적 차원을 돌파할 수 있는 능력의 기초가 된다. 또한, 내담자의 삶에서 억압적인 힘을 명명하려면 수련생에게 상당한 수준의 용기, 인내심, 통찰력이 필요하다. 억압적인 힘이 잘 명명된다면, 이는 내담자에게 카타르시스를 불러일으키고 심리적 해방을 촉진할 수 있는 잠재력이 있다. Hanna 등(2000)은 '통찰력(perspicacity)'을 강한 지각 능력, 억압받는 집단에 속한 내담자가 표면 너머를 볼 수 있는 능력, 그리고 내담자가 자신의 환경을 정확하게 해석할 수 있는 깊은 인식과 지혜를 소유하고 있는 상태로 정의한다. 이들은 억압받는 집단의 사람들은 생존하기 위해 자신의 지각 능력을 고도로 개선해 왔다고 주장한다. 내담자와 효과적으로 일하려면 수련생은 내담자의 인종적, 민족적, 문화적 지형을 현저하게 차이가 있는 관점으로 탐색할 수 있어야 한다.

한 수퍼비전 회기에서 외국 국적의 내담자에 대한 상담을 다루었다. 그 내담자는 고국의 친한 친구로부터 받은 배척에 대해 한탄스러워했다. 내담자의 친구는 내담자가 연락이 닿지 않는다고 비난하며 그녀를 "외국인"이라고 칭했다. 내담자는 그 말에 받은 상처와 아픔, 그리고 고국과의 관계를 부정하려는 친구의 태도에 대한 분노를 드러냈다. 수련생은 친구의 발언이 내담자의 감정을 상하게 했다고 말하며 적절하게 대응했다. 이 예에서 상담 수련생이 그랬던 것처럼, 발의하려는 노력의 일환으로 감정 단어를 발의 진술과 통합하고 종합하는 것이 중요하다. 감정 단어를 사용하면 내담자가 자신의 정서적 경험에 접근하는 데 도움이 되며, 자신의 말을 듣고 이해받고 있다고 느끼는 데 도움이 된다. 내담자가 자신의 경험에 대해 계속 이야기하자 수련생은 "당신은 '타자화(othered)'되었어요."라고 하며 내담자의 말을 반영했다. 상담 수련생은 내담자가 실제로 타자화되었다는 점을 지적했다는 점에서 정확했다. 그러나 수퍼비전에서 우리는 먼저 침묵을 사용하여 생각을 정리하고 발의 진술의 틀을 잡았더라면 내담자가 훨씬 더 분명하게 표현할 수 있었을 것이라는 점에 대해 논의했다.

우리는 상담 수련생의 답변 속에 내담자의 구체적인 억압의 근원과 의도를 포함하도록 수정했다. 수정된 진술은 다음과 같다: "당신의 친구는 당신의 문화적 유산에 대한 당신의 충성심에 의문을 제기하고 당신의 출신 문화에 대한 소속감에 도전하기 위해 미시적인 공격을 했으며, 이 일 때문에 당신은 깊은 불쾌감을 느꼈습니다." 수정된 진술 방법은 내담자가 감지하고 느끼는 바를 보다 명확하고 정교하게 기술하고 내용 반영, 느낌 반영, 해석과 같은 기본적인 상담 기술을 더 잘 통합하고 있다. 수퍼비전 중에 우리는 발의 행위 이후에, 내담자가 미세 공격과 관련된 감정을 경험하고 거기에 머무르도록 잠시 아무 말 하지 않고 침묵하는 것의 중요성에 대해 논의했다. 이 과정이 이상적으로 잘 이루어진다면, 상담 수련생과 내담자는 심리적 고통 완화, 의사 결정 개선 및 대처 행동에 기여하는 방식으로 상담 문제를 구체화하고 내담자에게 의미를 함께 구성하게 될 것이다.

### 다문화 수퍼바이저 및 사회 정의 옹호자로서 성장 지향 태도 채택하기

다양한 내담자 집단에 대해 폭넓게 공부하고 실습하지 않는 한, 익숙하지 않은 문화권의 수퍼바이지와 함께 작업할 때 필요한 세부적인 지식이 부족할 수 있다. 그러나 어떤 훈련과 경험을 받았든 상관없이, 문화적 환경의 맥락에서 수퍼바이지를 한 개인으로 알아가는 시간을 할애할 필요가 있다. 특정 문화의 특정 개인에 대해 일반화하지 않도록 주의를 기울여야 하며, 수퍼바이저가 가지고 있는 가정에 대해서는 정확한 정보와 설명을 구해야 한다.

상담사와 수퍼바이저는 때때로 자신의 역량 범위를 벗어나는 다문화 전문 지식이 필요한 직책에 배치될 수 있다. 모든 분야에 대한 지식을 갖추는 것은 불가능하며, 자문하거나 때때로는 의뢰하는 것이 더 적절하고 윤리적으로 책임 있는 행동일 때가 있다. 수퍼비전 관계에서 다문화 또는 사회 정의 문제와 관련하여 자신이 감당할 수 없는 상황에 처하여 자문이 필요한 경우 도움을 요청하라. 성장 지향 태도(growth mind-set)를 채택하는 것은 다문화 및 사회 정의 역량 개발에 접근하는 건전한 방법이다. 실수할 위험을 감수하지 않으면 배움의 기회가 제한된다. 다문화 수퍼비전에서는 어색하고 소위 "올바른" 어휘를 사용하지 못하고 있다는 생각이 때때로 들더라도 필요한 대화를 시작하는 것이 중요하다. 문화적 주제를 탐구하기 위해 더 많은 또는 더 나은 질문을 할 수 있었다고 자신에게 말할 수 있다. 수퍼바이지가 자신의 문화적 정체성에 관한 이러한 유형의 논의에 익숙하지 않은 경우, 당신은 자신도 모르게 수퍼바이지에게 불편함이나 방어적인 태도를 유발할 수 있다. "잘못된 일"로 인식되는 말이나 행동을 한 이후에 회복하는 방법을 배우도록 하라. 필요할 때 도움을 요청하는 것은 실패가 아니라 한계를 기꺼이 받아들이고 자신의 역량 범위를 벗어나지 않으려는 유능한 전문가라는 신호이다. 이는 수퍼바이지에게도 긍정적인 모범이 된다.

### 사회적 옹호 모범 보이기

MSJCC에 따라, 적극적인 사회적 옹호의 모범을 보이고 수퍼바이지에게 이러한 역할을 장려하는 것은 수퍼바이저의 책임이라고 생각한다. 특정 집단의 구성원은 억압과 차별을 받아왔으며, 상담사는 이들의 옹호자 역할을 할 책임이 있다. 차별과 억압의 대상이 된 내담자를 대신하여 기꺼이 발언해야 한다. 수퍼바이저는 또한 소외된 사람들의 조력자 역할을 해야 한다. Estrada, Singh, Harper(2017)는 "동맹(ally)"을 소외된 계층의 구성원에게 헌신하고 이들에 대한 불의를 해결하고 줄이기 위해 조치를 하는 개인으로 정의한다(p. 343). 동맹이 되는 것은 일시적인 사건이 아니라 계속되는 여정이다. 이 관점은 동맹으로 보여지기를 원하지만 성소수자 공동체를 대변하거나 성소수자 공동체와 함께 옹호하고 행동으로 표현하는 일에 참여하지 않는 동맹에 대한 비판을 둘러싼 논란에서 나온 것이다. 수퍼바이저는 자신의 역량 수준을 명확히 파악하고, 소외된 집단에 대한 헌신과 그로 인해 발생할 수 있는 결과에 대해 편안하게 받아들일 수 있어야 한다. 수퍼바이저가 효과적으로 모범을 보이면, 수퍼바이지는 자신의 여정에서 도움을 받을 수 있다.

조력자 역할을 하는 방법으로는 여러 가지 대안이 있다. 예를 들어, Li와 Vasquez-Nuttal(2009)은 학교 컨설턴트가 문화적으로나 언어적으로 다양한 학생과 그 가족을 위한 사회 정의의 대리인이 되어야 한다고 제안한다. 사회적 옹호자로서 수퍼바이저는 수퍼비전에서 평가를 하고 개입할 때 편견, 차별적 관행을 없애기 위해 주의를 기울이고 노력해야 하며 억압, 성차별, 양성애주의, 엘리트주의, 연령 차별, 인종 차별 문제에 대한 민감성을 발달시켜야 한다. 수퍼바이저로서 당신은 목표 설정, 기대치 명료화, 법적 권리 설명 등 심리적 개입 과정에 대해 수퍼바이지를 교육하는 데 책임을 다할 것을 권장한다.

전문가 집단과 협력하고 정책 변화를 옹호하는 위원회에서 활동하라. 수퍼바이지가 이러한 노력에 참여하도록 장려하고 다른 전문가들에게 다문화주의에 관한 교육과 훈련을 제공하라. 최근 몇 년 동안 사회적 옹호는 상담사 및 기타 정신건강 전문가의 중요한 책임이 되었다. 현장의 목소리에서 Kellie Kirksey는 아프리카계 미국인 여성을 수퍼비전할 때 사용하는 영성에 초점을 맞춘 통합적 접근법을 설명하며 자신의 업무에서 사회적 옹호의 역할을 강조한다.

### 현장의 목소리

#### 영성에 초점을 맞춘 통합적 접근법 적용하여 수퍼바이저 업무 수행하기

*Kellie Kirksey, PhD*

임상적 상담 또는 학교 상담을 위해 수퍼비전을 받는 아프리카계 미국인 여성들과 함께 일했던 나의 개인적인 이야기를 일반화하려는 의도 없이 전하고자 한다. 이 집단에 대한 나의 수퍼비전은 대부분 영적이고 통합적인 성격이었다. 옹호 및 사회 정의에 대한 논의는 수퍼비전 시간에 다루는 주제이다. 나는 수퍼바이저가 상담실이라는 경계를 넘어 변화와 웰빙을 위해 커뮤니티에서 존재감을 드러내도록 권장한다.

이 특정 그룹의 여성들은 주로 직업에서 살아남는 방법을 알고자 했다. 그들은 때때로 열정을 병리 현상으로, 표현력을 히스테리로 규정하는 '시스템'을 어떻게 극복할 수 있는지 알고 싶어 했다. 나의 아프리카계 수퍼바이지들은 대부분 기독교 배경을 가진 1세대 대학생인 경우가 많았다. 학계라는 환경은 그들에게 매우 낯설었는데, 그것은 마치 내가 이 직업에 입문했을 때와 유사했다.

유색 인종 학생들이 직면하게 될 미세한 공격에 효과적으로 대처할 수 있도록 돕는 것은 매우 중요하다. 영성은 종종 나의 수퍼바이지들에게 궁극적인 성공의 토대가 된다. 이 여성들은 커리어의 어느 시점에서 인종 차별, 편견, 성차별, 성희롱, 연령 차별에 직면하게 된다. 수퍼비전에서 이러한 현실에 대해서 논의하는데, 특히 회복 탄력성과 이 분야에 긍정적으로 기여하고자 하는 결심의 측면에서 이야기를 나눈다. 관계에서의 경계, 다중 관계, 자기 옹호에 대해 논의하는 것은 필수이다. 우리는 이러한 시나리오를 가지고 역할극을 해 보고, 불편한 만남에 대해 사전에 리허설을 하며, 건강하고 능동적인 대응 방법을 연습한다.

수퍼비전의 중요한 측면은 치료 개입을 연습하는 것뿐만 아니라, 수퍼바이지가 가진 직책의 모든 측면을 이해하도록 돕는 것이다. 내담자와 함께 존재하고 상담 관계에 온전히 참여하다 보면 회기가 늦게 끝나고 수퍼바이지가 메모를 작성하고 차트를 마감하는 중요한 업무에서 뒤처지는 경우가 있을 수 있다. 종료된 회기를 늦지 않게 검토하고 가능한 한 당일에 보고서를 작성하는 것이 중요하다. 나는 수퍼바이지가 성공을 위해 건강한 생활 습관을 만들고 개인 및 전문성 개발을 위해 노력할 것을 권장한다. 일과 삶의 건강한 균형을 유지하는 것이 좋다. 나는 수퍼바이지에게 정기적으로 개인 건강을 점검하는 목록을 작성하여 자신을 잘 돌보는데 게을리하지 말라고 한다. 수퍼바이지가 자신의 몸과 마음, 정신에 계속 관심을 기울일 수 있는 행동 계획을 세우도록 하는 것은 내담자가 더 나은 건강과 안녕을 향한 여정을 촉진함과 동시에 개인적인 여정에 대한 지원과 성실함의 토대를 제공한다.

사례 연구 6.1은 소외된 학생들에게 서비스를 제공한 경험이 거의 없던 백인 남자 수련생인 매튜가 유색 인종 학생을 대상으로 한 학교 상담에서 내담자의 환경적 장벽과 제도적 억압을 고려하지 않은 채 내담자에 대한 결론에 도달하는 장면을 보여 준다.

**사례 6.1 셀린**

셀린은 유럽계 미국인과 아프리카계 미국인 학생들이 거의 같은 수로 구성된 학교에서 상담을 하는 수련생들을 수퍼비전했다. 수련생 중 한 명인 매튜는 학교의 영재(G/T: gifted and talented) 프로그램에 참여하는 모든 학생과 함께 상담하도록 배정받았다. G/T 프로그램 참가자 중에는 유럽계 미국인 출신의 수가 불균형적으로 많았다. 지난 몇 년 동안 G/T 프로그램에 참여했던 소수의 아프리카계 미국인 학생들은 대부분 중도에 탈락했다. 매튜는 수퍼비전 사례를 검토하면서 현재 G/T 프로그램에 등록한 두 명의 아프리카계 미국인 학생 중 한 명인 셰이의 성적이 하락하기 시작했고, 다른 G/T 학생들과의 상호 작용을 좋아하지 않는 것다는 점을 발견했다. 그는 셰이가 방과 후 수학 클럽 같이 G/T 프로그램에서 후원하는 과외 활동을 피하고 있다는 점도 감지했다. 그의 즉각적인 결론은 셰이가 가정에 문제가 있고 우울증일 수도 있으며, 이것이 성적과 학교 참여도에 영향을 미치고 있다는 것이었다.

매튜를 수퍼비전한다면 어떻게 진행하겠는가? 매튜, 셰이, 그리고 학교에 대한 여러분의 책임과 가능한 책무는 무엇인가? 수퍼비전을 하기 위해 MSJCC를 어떻게 활용할 수 있는가?

수퍼비전을 시작할 때 매튜에게 MSJCC를 소개했다면, 셀린은 매튜에게 MSJCC 역량을 다시 공부한 후, 셰이가 G/T 프로그램에서 자퇴하고 학업 성적이 저조해질 수 있는 몇 가지 다른 이유를 고려하도록 요청했을 것이다. 셀린은 매튜의 결론에 대한 근거를 경청하고 가족 문제가 셰이에게 영향을 미칠 수 있다는 가능성을 열어 두어야 하지만, 셀린은 매튜가 다른 가능성도 제시할 수 있도록 해야 한다. 예를 들어, 셀린과 매튜는 셰이가 G/T 프로그램에 완전히 참여하지 못하게 하는 특정 환경적 장벽이 존재한다는 사실과 셰이의 행동이나 염려가 체계적 또는 내면화된 억압에 대한 반응을 반영할 수 있다는 사실에 대해 논의할 수도 있다. 프로그램에 참여하는 다른 아프리카계 미국인 학생들의 중도 탈락률이 지속적으로 높았던 점을 고려할 때, 학교 문화가 아프리카계 미국인 학생들이 높은 성취도를 달성하는 데 도움이 되지 않을 수 있다. 셰이가 백인 G/T 학생들로부터 소외감을 느끼고 아프리카계 미국인 동료들로부터 G/T 프로그램에 참여함으로써 "백인처럼 행동한다"는 메시지를 받는다면, 셰이는 프로그램에 계속 참여할 동기가 거의 없을 수도 있다.

셀린은 매튜가 지역 사회/학교 차원에서 옹호 활동을 하도록 격려할 수 있다. 매튜는 아프리카계 미국인 학생이 G/T 프로그램에 선발되어 성공하는 데 방해가 되는 환경적 요인을 조사할 수 있다. 셀린과 매튜는 다른 지역 학교의 G/T 운영자 및 학교 상담사와 연락하여 동맹을 맺고, 함께 학업에 재능이 있는 아프리카계 미국인 학생들에게 더 나은 서비스를 제공할 수 있는 단계별 변화 계획을 수립할 수 있다. 이 옹호 그룹은 학교와 지역 사회에서 변화의 필요성을 부정하는 사람들의 저항에 대처할 준비를 할 수 있다.

매튜는 자신의 옹호 활동을 한 단계 더 발전시키는 것이 부담스러울 수도 있지만, 셀린의 지원과 격려를 통해 셰이의 사례에서 제기된 문제를 공공/사회적 차원에서 다룰 수 있게 되었다. 그와 그의 수퍼바이저는 소외된 학생들에게 더 나은 서비스를 제공하기 위해 영재 교육 관행을 개혁하기 위해 주 차원의 정책 입안자들에게 편지를 쓸 수 있다. 또한 신문 편집자에게 편지를 쓰거나 소셜 미디어 플랫폼을 사용하여 영재 교육 프로그램에서 아프리카계 미국인 학생들의 과소 대표성과 유능한 소수 민족 학생들의 재능을 개발하지 않을 때 사회가 지불하는 비용에 대한 메시지를 전달할 수도 있다. 셰이는 또한 매튜를 통해 옹호 과정에 적극적으로 참여하고 자신의 목소리를 낼 수 있는 힘을 얻었다고 느낄 수 있다. 셀린과 매튜는 MSJCC를 임상 업무에 활용함으로써 개입할 방법이 더 많아질 것이며, 아마도 그들이 돕는 사람들의 삶에 큰 변화를 가져올 수 있을 것이다.

### 수퍼비전에서 다문화 및 사회 정의 상담 역량(MSJCC) 평가

상담사가 내담자에게 서비스를 제공할 수 있는 다문화적 역량을 갖추도록 훈련하는 것이 매우 강조됨에 따라 수퍼바이저는 수련생이 역량을 갖추었는지 평가하기 위한 프로토콜을 개발해야 한다. 평가가 기본 구성 요소 중 하나로 여겨지는 심리학 분야에서, 다문화 평가 수퍼비전이 임상 수퍼비전의 전문 영역으로 간주되는 것은 당연한 일이다. 상담사 교육에서 다문화 상담 역량 평가는 "특정 문화 집단에 대한 상담사 역량 평가뿐만 아니라 사회 정의 운동에 대응하여 집단 간의 권력 문제에 대한 인식을 포함하는 다차원적 과정"으로 간주된다(Hays, 2008, p. 100).

특히 다문화 평가, 특히 인종 및 민족 집단과 관련한 평가를 발전시키는데 있어 조력 전문가들이 많은 성취를 이루고 있지만, 아직 해야 할 일이 많다. 기존 평가 도구는 추가적인 확인과 통계적 검증이 필요하며, 다문화 평가 전략과 도구는 종교적 소수 집단, 여성, 사회경제적 하위 집단, 게이, 레즈비언, 양성애자 내담자 등 권리를 박탈당한 특정 집단을 포함하도록 확장되어야 한다(Hays, 2008). 수퍼바이저 만족도, 내담자 만족도, 수퍼바이지, 사례 개념화의 정확성, 평가의 문화적 적합성, 해석의 정확성, 평가 결과와 같은 변수는 다문화 평가 수퍼비전 연구 분야에서 추가 연구를 위해 제안된 몇 가지 가능성 중 일부에 불과하다. 수퍼비전에서 사회 정의 문제를 다루는 자세한 내용은 Chang, Hays, Milliken(2009)을 참조하라.

현장의 목소리에서 Janee Both Gragg은 무료 외래 클리닉에서 수련생들과 함께 일하면서 사회 정의 수퍼비전에 대해 설명했다. 그녀는 수퍼바이지가 한 사회의 모든 집단의 필요를 충족하는 방식으로 완전하고 동등하게 서비스를 제공하도록 교육한 경험을 공유했다. 이 사례는 사회적 옹호의 핵심을 잘 보여 준다.

### 현장의 목소리

#### 임상 수퍼비전 맥락에서 사회 정의 및 옹호

*Janee Both Gragg, PhD*

상담사가 되기 위해 받은 교육에서 가장 기억나는 교훈 중 하나는 내담자가 처한 상황에서 내담자를 만나는 것이 중요하다는 것이었다. 우리는 이 말이 의미하는 바를 탐구하고 신체적, 정서적으로 어떻게 해야 하는지 살펴보았다. 무료 외래 클리닉에서 학생들과 함께 일하는 것은 색다른 교육 환경이다. 여러 학문 분야를 넘나들어야 하는 환경에서는, 다양한 보건 분야의 학생들이 지역 사회 구성원의 건강에 영향을 미치는 생물 심리 사회적 요인을 파악하고, 이름을 붙이고, 이를 헤쳐 나가야 하는 과제를 안고 있다. 클리닉에서 학생들과 함께 일할 때 수행해야 할 또 다른 과제는 사회 정의 문제가 내담자의 정신 건강과 웰빙에 어떤 영향을 미치는지 더 잘 이해하도록 돕는 것이다.

무료 클리닉의 수퍼비전 과정의 일환으로 학생들은 중독, 빈곤, 정신 질환, 인종, 성별, 질병, 학제 간 협력, 의료 모델에 대한 자신의 핵심 신념을 면밀히 검토한다. 교육 환경에 대한 학생들의 반응은 각자의 이야기와 경험만큼이나 다양하다. 수퍼바이저로서 나는 학생들이 교과서에서 얻는 새로운 지식과 수퍼비전하에서의 초기 임상 경험 및 전문성 개발 경험을 통합하는 과정을 시도해 보도록 돕는다. 먼저 클리닉에 대한 학생들의 첫인상을 살펴보는데, 이때 학생들은 종종 어색함을 느끼거나 명백한 내담자의 필요에 대해 준비가 안 되어 있는 경우가 많다. 많은 학생은 두 달에 한번씩 열리는 대규모의 잘 짜여진 팝업 클리닉에서 좋은 인상을 받았다. 일부 학생들은 어렸을 때 가족이 무료 클리닉에서 진료를 받았다는 이야기를 나누면서 그 경험을 떠올리기도 했다.

클리닉에서 일하면서 학생들은 정신 건강 서비스에 대한 접근성과 제공되는 서비스의 불공평함을 마주하게 된다. 항상 쉬운 순간은 아니지만, 사람들이 필요할 때 필요한 치료를 받지 못하게 하는 장벽과 장애물에 대한 교훈을 얻을 수 있다. 학생들은 보험 적용 범위가 제한적이거나 아예 없는 경우, 의료 서비스 제공자 부족, 부적절한 서비스 제공 모델, 긴 대기자 명단, 낙후된 정책, 일관성 없는 절차 등이 내담자의 상담 접근성을 어떻게 방해하는지 직접 목격할 수 있다. 또한 상담사는 고객의 정신 건강과 웰빙을 더 잘 충족시키는 데 도움이 되는 접근 방식과 전략에 대한 귀중한 통찰을 얻을 수 있다.

전통적이지 않은 환경에서 정신 건강 관리와 상담 기술을 유연하게 통합하면 새로운 방식으로 상담에 접근할 수 있다. 예를 들어, 일상적인 치과 시술을 받으면서도 불안을 경험하는 치과 환자에 개입하며 지속적인 상담 관계로 이어졌는데, 이는 통합적 상담 기술을 유연하게 적용하는 사례를 보여 주었다. 학생들은 종종 자신의 기술을 활용하고 싶어 하지만 처음에는 클리닉 환경에 대해 불안해할 수 있다. 이들은 자신이 상담하는 내담자의 복잡성에 대한 두려움과 변화를 일으킬 수 있는 능력에 대한 의구심을 동시에 직면한다. 나는 해당 내담자를 다시 만날 수 없거나 상담이 일관되지 않을 수 있기 때문에 수퍼바이지는 각 회기에 집중하여 충분히 경청하고 진정성 있게 소통하며 가치 있는 것을 제공할 수 있는 귀중한 기회로 삼을 것을 권장한다.

수퍼비전 회기에서는 종합 클리닉이라는 사실을 극대화하는 방법을 함께 고민하고, 종합적이고 조율된 전인적인 치료를 추구하는 건강 및 웰니스 서비스를 통합할 수 있는 다양한 방법을 브레인스토밍한다. 나는 학생들과 협력하여 특정 서비스 격차를 파악하고 이민자 가족 지원 및 정신 건강 인식 향상을 위한 여러 선택지를 포함하여 지역 사회의 요구를 충족하도록 고유하게 설계된 프로그램을 공동으로 설계한다. 전반적으로 무료 외래 클리닉은 교육 중인 대학원생들에게 깊이 있는 경험을 제공했다. 학생 상담사들이 제한된 자원으로 단기 모델을 사용하여 다양한 대상과 함께 일하고 나면, 그들은 다음 임상 경험을 위해 잘 준비되어 있다.

## 강점 기반 수퍼비전 실천하기

수퍼바이저는 자신의 태도, 견해 및 관행이 수퍼바이저와 서비스를 받는 각 내담자에게 미치는 영향을 인식해야 한다. 수퍼바이저는 수퍼비전 관계 내에서 그리고 수퍼바이지와 내담자 사이에서 모범을 보이고, 직접적이든 간접적이든 보고 느낀 편견에 주의를 기울여야 한다(Barnett, Cornish 등 2007). Ginicola, Smith, Filmore(2017)는 상담사가 긍정적이고 강점에 기반한 개입을 제공하고, 자신의 정체성을 고양하며, 타인에게 힘을 북돋울 수 있어야 한다고 했다. 수퍼바이지가 내담자에게 이러한 기술을 사용할 수 있으려면, 우리 수퍼바이저들이 이러한 기술을 사용하는 데 자신감이 있어야 한다. 문화적으로 민감한 대화의 핵심은 따뜻한 환경을 조성하고, 상대방의 경험을 긍정하고, 수용하며, 차이점에 대해 기꺼이 열린 토론을 할 수 있어야 한다는 것이다. 나와 다른 사람 사이에서 강력한 관계를 발전시키려면, 수용력과 능력을 최대한 발휘하여 상대방을 진정으로 가치 있고 강하며 회복력이 있는 사람으로 여긴다는 것을 상대방에게 전달할 수 있어야 한다. Goodrich와 Ginicola(2017)는 라포 형성 과정에서의 증거 기반 실무 방법(evidence based practice)을 연구했으며, 내담자들은 상담사의 가장 중요한 치료적 자질로 민감성, 친절함, 따뜻함, 신뢰성, 개방성, 수용성, 세심함, 존재감을 꼽았다. 생각하고 성찰할 수 있는 공간을 허용하고 언어적, 비언어적으로 대화하고 안심할 수 있는 기회를 제공하면 라포가 강화된다. 개인의 고유성뿐만 아니라 문화 그룹의 멤버십도 존중해야 한다. 내담자가 속한 문화 집단의 특성에 너무 많은 관심을 기울이면 고정 관념을 조장할 수 있다.

강점 기반 수퍼비전은 다문화 환경을 성공적이고 민감하게 탐색하기 위한 목표이며, 이는 전통적인 상담 이론과 편견에 도전함으로써 달성할 수 있다. Finnerty, Kocet, Lutes, Yates(2017)에 의하면, 강점 기반 수퍼바이저는 기존 문헌에서 발견되는 해로운 가정, 편견, 태도에 대해 비판적으로 질문해야 한다. 수퍼바이저는 매우 다른 배경을 가지고 있을 수 있으며, 소외된 커뮤니티 출신일 수도 있으므로 이들은 우리의 수용과 옹호를 받을 자격이 있다.

2020년 6월 15일, 미국 연방 대법원이 성적 지향이 더 이상 해고 사유가 될 수 없다는 판결을 내리면서 성소수자의 권리를 보호하는 결정이 내려졌다. 이 판결은 성적 지향에 따라 차별을 받아 온 사람들의 시민으로서의 권리를 보장하는 중요한 전환점이 될 것이다. 이 판결로 인해 2014년 미국 상담학회가 제정한 **윤리 규정**의 차별 금지 기준이 법적 효력을 갖게 되었다.

> 상담사는 연령, 문화, 장애, 민족, 인종, 종교/영성, 성별, 성 정체성, 성적 지향, 결혼/동거 여부, 언어 선호도, 사회 경제적 지위, 이민 신분 또는 법으로 금지된 모든 기준에 근거하여 예비 또는 현재 고객, 학생, 직원, 감독자 또는 연구 참여자에 대한 차별을 묵인하거나 이에 관여하지 않는다(C.5.).

Logan Turner는 현장의 목소리에서 성소수자에 대한 오해가 어떻게 선입견으로 이어지는지에 관한 열린 대화를 가지는 일에 대해 다루고 있다. 모든 수퍼바이지는 자신의 정체성을 계속 발전시키면서 전문가가 되는 방법을 우리에게서 배우고 있다. 아무리 불편하고 어렵더라도 다문화 대화에서 우리 자신을 어떻게 대하는가는 그들이 효과적인 상담사로 성장하는 데 나침반이 된다.

### 현장의 목소리

#### 서로 다름을 인정하는 대화

*Logan Turner, BS*

충분히 알지 못해 생기는 편견, 사회적 규범의 변화, 정체성에 대한 인식 방식 등은 수퍼바이저와 성소수자 수퍼바이지 사이에 발생할 수 있는 주요 문제이다. 편견은 건강한 관계를 가로막는 중요한 장벽이며, 성소수자에 대한 오해는 개인적인 상호 작용에서 발생할 수 있는 선입견과 불편함으로 이어진다. 퀴어(queer)라는 용어는 지난 10년 동안 빠르게 진화하고 변화해 왔으며, 한쪽이 다른 쪽에서 사용하는 용어와 개념을 더 이상 이해하지 못하기 때문에 유사점과 차이점에 대한 열린 대화가 어려워졌다. 예를 들어, 퀴어라는 개념을 이해하지 못하고 그것에 대해 대화하는 것을 불편해하는 수퍼바이저는 '퀴어'라는 나의 개인적 정체성을 이해할 수 없다. 또한 성소수자에 대한 문화와 여론에 대한 사회적 변화의 빠른 속도를 따라잡고 개방적인 태도를 유지하는 것도 어려울 수 있다. 끝으로 비이성애자, 게이, 양성애자 등 수퍼바이지의 정체성을 인정하지 않는 수퍼바이저는 수퍼비전 과정에서 수퍼바이지와 좋은 업무 관계를 구축하기 어려울 수 있다. 수퍼바이저가 수퍼바이지의 생활 방식이나 대명사 선호도를 존중하지 않으면 직장이 불편해져 효율성이 떨어질 수 있다.

교육 워크숍, 다양성 세미나, 열린 대화는 다음과 같은 도움을 줄 수 있다. 수퍼바이저와 성소수자 수퍼바이지 사이에 발생할 수 있는 긴장을 완화하는 데 도움이 될 수 있다. 성소수자 수퍼바이지와 좋은 관계를 유지하는 방법을 비성소수자 수퍼바이저에게 알려 주거나, 수퍼바이저와 문제가 있는 성소수자 수퍼바이지에게 관계를 개선하는 방법을 알려주는 LGBTQ+ 수퍼바이저가 진행하는 워크숍이 도움이 될 수 있다. 이러한 워크숍에서는 구체적인 전략이 제공되어야 한다. 수퍼바이저를 위한 다양성 세미나를 통해 수퍼바이저에게 성소수자 역사와 용어, 그리고 이러한 구조가 수퍼바이저-수퍼바이지 관계에 미치는 영향에 대해 알릴 수 있다. 비공식적인 해결책은 수퍼바이저와 수퍼바이지 사이의 문제에 대해 무례함과 편견이 없는 열린 대화를 나누며 관계를 개선할 수 있도록 노력하는 것이다.

일부 미시 전략은 즉각적인 효과를 얻을 수 있다. 존중은 관계 구축에 있어 가장 중요한 역할을 한다. 특히 뿌리 깊은 고정 관념과 가정을 다루고 있을 때는 이를 받아들이는 데 시간과 인내가 필요하다. 수퍼바이저나 수퍼바이지가 더 나은 이해를 위해 기울이는 작은 노력을 폄하하지 말아야 한다. 수퍼바이저의 의지는 그 자체로 관계에 긍정적인 영향을 미칠 수 있다. 말로 표현하든 그렇지 않든, 관계를 개선하려는 수퍼바이저의 시도는 이전의 부정적인 상호 작용으로 인한 긴장을 완화할 수 있다. 간단한 확인, 타당화, 질문은 성소수자 여부와 관계없이 상당한 괴리가 있는 수퍼바이저와 수퍼바이지 간의 상호 작용을 개선하는 데 큰 도움이 된다. "어떻게 하면 더 편안하게 해드릴 수 있을까요?" "나는 당신의 말을 경청하고 당신을 받아들입니다." (또는 간단히 "배우려고 노력하고 있습니다.") "여러분과 여러분의 커뮤니티에 대해 더 많이 배우고 싶습니다." "어떻게 하면 커뮤니티의 다른 구성원의 동맹이 될 수 있나요?"와 같은 질문들이 도움이 된다.

사례 연구 6.2에서 사브리나와 그녀의 수퍼바이저는 수퍼바이지가 자신과 매우 다른 내담자를 만날 때 문화적 감수성을 갖춘 환경을 조성하는 방법을 배우는 법을 탐색한다.

**사례 6.2 사브리나**

사브리나는 최근 상담 심리학 석사 과정을 마치고 지역 정신 건강 센터에 취직했다. 그녀는 학위 프로그램에 필요한 필수 실습 및 외부 기관 실습 활동 시간 외에는 그리 경력이 많지 않다. 그녀는 불안, 우울증, 성 정체성 혼란 등의 문제를 호소하는 비슷한 또래의 젊은 여성을 대상으로 상담을 진행했다. 이 젊은 여성은 양성애자 또는 퀴어일 가능성이 있다고 밝혔다. 사례를 개념화하고, 상담 계획을 세우기 위해 수퍼바이저와 함께 사례를 검토하는 과정에서 수퍼바이저는 사브리나가 불안과 우울증 문제에 대한 세부적인 탐색은 합리적으로 수행했지만 내담자의 성 정체성에 대한 주제는 완전히 피했다는점에 주목했다. 수퍼바이저가 이 점을 지적하자 사브리나는 이 주제에 익숙하지 않으며 오히려 이러한 문제를 다루지 않겠다고 말했다.

여러분이 사브리나의 수퍼바이저라면 수퍼비전을 어떻게 진행하겠는가? 이 내담자를 위해 다문화 감수성을 다루고 양질의 상담을 하기 위해 어떤 구체적인 전략과 기술을 사용할 수 있는가? 사브리나가 이 내담자를 돕기 위한 통찰력, 지식, 태도 및 기술을 개발하기 위해 어떻게 지원하겠는가?

수퍼바이저와 사브리나는 다문화적 책임과 감수성에 관한 역량과 강령을 검토하는 것으로 시작할 수 있다. 성적 정체성과 개인적 의미를 탐색하기 위한 대화를 시연하는 수퍼비전 '회기'는 사브리나가 자신의 성적 정체성을 이해하고 이것이 같거나 다른 성적 정체성을 가진 사람들을 상담하는 능력에 어떤 영향을 미칠 수 있는지 이해하는 데 도움이 될 수 있다. 이 주제를 다루는 데 있어 사브리나가 어떤 장벽을 가지고 있는지 살펴보고, 내담자를 다시 만나기 전에 사브리나에게 이 대화를 역할극으로 해 보도록 하는 등 행동 계획을 공유할 수 있다. 필요한 경우 수퍼바이저가 개입하여 다음 상담 회기에 대한 면밀한 실시간 수퍼비전이 필요할 수 있다.

내담자가 속한 문화 집단의 맥락을 벗어나 개인에게 너무 많은 주의를 기울이면 문화적 환경이 개인에게 미치는 영향을 간과할 수 있다. 상담사의 관심사보다는 내담자의 관심사에 명확하게 초점을 맞추는 것이 중요하다.

아래 제시한 개인적 관점 절에서는 Patrice Moulton이 특정 문화 집단에 대해 자신이 가진 지식의 격차를 발견하기 위한 전략을 설명한다.

### Patrice Moulton의 개인적 관점

몇 년 전, 한 주립 약물 남용 시설의 가족 치료 프로그램 코디네이터로 일하던 중 뉴욕 살라망카(Salamanca)에 있는 세네카 네이션(Seneca Nation)에서 최초로 진행되는 성인 알코올 중독자 자녀(ACOA) 그룹을 맡아 달라는 초청을 받았다. 또한 뉴욕 주 제임스타운(Jamestown)의 한 보호 구역에서 같은 유형의 그룹을 운영하는 동료를 수퍼비전하기도 했다. 나는 약물 남용 그룹 작업과 가족 문제에 능숙했지만 아메리카 원주민 문화에 대한 지식이 제한적이었고 세네카 부족이나 보호 구역에 대한 지식은 거의 없었다. 나는 내 능력 밖의 일이라고 느꼈고, 가족 시스템에 적용되는 일반적인 규칙이 이 특정 참가자들에게 긍정적인 그룹 경험을 위해 필요한 친밀감, 신뢰, 존중을 구축하는 데 유사한 방식으로 적용될지 궁금했다.

집단의 문화가 집단의 역동, 목표 및 기대에 어떤 영향을 미칠 수 있는지에 대해 내가 알아낼 수 있거나 집단 구성원들이 알려줄 것이라 기대하기보다 오히려 나는 도움을 요청했다. 나는 세네카 네이션 정신 건강 부서에 가서 그곳의 가족 상담사 중 한 명에게 직접 수퍼비전을 받았다. 나는 그녀에게 내가 ACOA에 대한 지식을 공유하고 집단의 구조와 내용에 대한 나의 접근 방식을 설명했다. 나는 그녀의 도움이 필요하다는 점을 분명히 밝혔고, 적절한 변화를 만드는 데 도움을 준 그녀의 지식과 경험을 소중히 여겼다. 그녀는 어떤 부분을 조정해야 하는지, 그리고 문화적 요소를 그룹 연습에 어떻게 접목해야 내담자에게 의미 있는 방식으로 전달할 수 있는지 이해하도록 도와주었다.

## 상담사 교육 프로그램에서 외국인 수련생을 수퍼비전하기

미국 대학에 유학생이 점점 더 많이 몰리고 있으며, 조력 전문가를 양성하는 많은 대학원 프로그램들은 정기적으로 외국인 수련생을 입학시키고 있다. 이러한 학생들과 교류하는 수퍼바이저와 교수진은 그들의 독특한 경험과 어려움에 민감할 필요가 있다.

> 유학생이란 종종 비영어권 모국어를 사용하거나 외국 국적 등 특정 인종/민족의 소수 구성원임을 의미한다. 이런 특성은 언어 장벽, 문화적 차이, 인종 차별, 사회적이거나 개인적 적응의 어려움 등의 측면에서 심리 사회적 적응에 추가적인 어려움을 가중시킨다.(Qi 외, 2019, p. 186)

McKinley(2019)에 따르면 외국인 상담 수련생들은 미국 학생들과 비교할 때 학업 스트레스, 언어 장벽, 재정 및 이민 스트레스, 문화적 적응 문제, 교수진과 학생들에 의한 차별을 더 많이 받는다. 유학생을 수퍼비전하는 사람들은 수련생의 스트레스를 줄이고 수련생이 프로그램에 연결되어 있다고 느낄 수 있도록 환영하는 수퍼비전 분위기를 조성하기 위해 노력해야 한다. McKinley는 Ancis와 Ladany(2010)가 공식화한 다문화 수퍼비전 역량 모델을 유학생의 고유한 요구 사항에 맞게 조정할 것을 제안한다. 우리는 McKinley(2019)의 다음과 같은 핵심 사항을 반영했다.

- 유학생을 지도하는 수퍼바이저는 수퍼바이지의 출신 국가, 언어 장벽, 이주에 대한 지식과 경험 및 기타 상황적 요인에 대한 지식을 늘릴 책임이 있다.
- 수퍼바이저는 외국인 수련생에게 문화적 결함 모델보다는 강점 기반 접근법을 사용하는 것이 좋다.
- 수퍼바이저는 외국인 수련생을 고유한 집단으로 인식하고 수퍼바이지가 자신의 고유한 문화적 배경, 신념, 가치관, 태도에 대한 가치관 및 태도를 탐구하도록 촉진함으로써 학생들의 다문화 역량을 배양해야 한다.
- 수퍼바이저는 외국인 수련생이 내담자와 상담할 때 문화적으로 유능한 사례 개념화를 하도록 돕는다는 목표를 가지고 내담자의 맥락적 변수에 대한 인식을 높이도록 도와야 한다.
- 수퍼바이저는 외국인 수련생이 유연하면서 문화적 요소를 반영한 방식으로 상담 전략을 사용하고 그들의 실무에 그들의 전통적인 상담적 개입을 통합하도록 장려해야 한다.
- 수퍼바이저는 외국인 수련생과의 수퍼비전 관계에서 권력 역학 관계에 주의를 기울여야 한다.
- 수퍼바이저는 자신이 수퍼바이지를 평가하는 것에 그치지 않고 외국인 수련생에게 수

퍼비전 과정을 평가할 기회를 제공해야 한다.

- 수퍼바이저는 외국인 학생과 함께 수퍼비전을 진행할 때 그들에게 적합한 성과 및 평가 방법을 선택해야 한다. 외국인 학생 수퍼비전 척도는 그들에게 독특한 수퍼비전 관련 주제를 평가하는 데 사용할 수 있다.
- 수퍼바이저는 수퍼바이지가 받은 훈련을 출신 국가에 이전할 가능성에 대해 지속적으로 논의해야 한다.

## 해외에서 이루어지는 다문화 수퍼비전

많은 해외 대학원생들이 공부를 위해 미국으로 유학을 오는 것처럼, 미국의 상담 전문가들도 국제적인 환경에서 도움이 필요한 사람들에게 상담 서비스를 제공하기 위해 해외로 나가고 있다. Seponski와 Jordan(2018)은 특정 조력 전문직이 전 세계적으로 확장됨에 따라 "문화적 특성을 반영한 방법의 교육 및 수퍼비전에 참여하는 것이 필수적"이라고 지적한다. 이는 국제 교육에 서양식 치료 모델과 원어민이 아닌 수퍼바이저의 수퍼비전이 포함될 때 특히 중요하다."(p. 247) 상담 및 심리치료 훈련이 비교적 새로운 국가(예: 캄보디아)에서는 수퍼비전 기회가 제한적일 수 있으며, 서양인 또는 외국인 상담사를 찾아가 수퍼비전을 받는 경향이 있다. 해외에서 다문화 수퍼비전을 실시하는 미국인 수퍼바이저는 일부 국가에서는 위기 및 트라우마 비율이 높은 한편, 정신 건강에 대한 이해가 낮다는 점, 그리고 "상담사의 높은 소진율, 업무 과부하, 높은 위기 내담자 비율을 해결하기 위해서는 지속적이고 문화적으로 대응하는 수퍼비전의 필요성"(p. 249)이 중요하다는 사실을 인식해야 한다.

개인적 관점에서는 Patrice Moulton이 정신건강을 전문 진료 분야로 인정하는 데 어려움을 겪고 있는 개발 도상국에서 학생들을 수퍼비전하면서 겪었던 어려움과 보람을 공유한다.

### Patrice Moulton의 개인적 관점

지난 10년 동안 나는 네팔에서 사회 옹호 활동에 참여했다. 자원봉사로 시작한 이 활동은 고등 교육 분야의 전문적인 역할로 발전하여 심리학 분야의 전문가, 교수진, 학생들을 상담하고 교육하는 풀브라이트 전문가 임무를 맡게 되었다. 이 훈련에는 임상 실무 경험을 하고 있는 대학원생을 지원하는 것도 포함되었다. 수퍼바이저로서 새롭게 학습해야 할 지식의 양은 엄청났고, 표준 요건과 관행이라고 생각했던 거의 모든 것을 조정해야 했다. 예를 들어, 전문가 단체도 없었고, 전문가 면허도 없으며, 실습이나 수퍼비전을 위한 절차도 마련되어 있지 않았고, 수퍼비전에 대한 표준 관행도 없었다. 또한 정신 질환 진단 및 통계 편람(DSM)은 평가에 일관되게 사용되지 않았다.

네팔에서 정신 건강은 새롭게 떠오르는 개념이며 일반 국민은 정신 건강 문제에 대한 지식이나 인식이 거의 없었다. 정신 질환에 대한 문화적, 종교적 신념(예: 귀신 들림)으로 인해 농촌 지역의 사람들은 극단적 문제 행동에 대해 토속 종교 치유자의 도움을 받고 있었다. 훈련된 전문가나 치료를 받을 기회가 거의 없었다. 또한 빈곤, 환경 위기, 사회적 불공정 등 다양한 요인이 지역주민의 정신 건강에 부정적인 영향을 미치고 있었다. 정신 건강의 필요성은 매우 크지만, 심리학이나 사회복지를 전공하는 사람들은 전문적으로 실습하거나 기술을 적용하거나 수퍼비전을 받을 기회가 거의 없었다. 어려움은 나를 압도할 정도로 매우 컸다. 하지만 교수진과 학생들을 가르치고 감독하면서 느끼는 기쁨은 그들이 배우고자 하는 열망, 그들의 지적 능력, 제공된 모든 지식이나 자원에 대한 감사, 그리고 다른 사람을 돕고자 하는 강렬한 열망에서 비롯되었다.

나는 대체로 지식을 받아들이는 방식이 구조적으로 다른 문화에서 가르치고 감독하는 일에 적응해야 했다. 네팔에서는 교사가 구두로 강의하고 그들은 매우 존경받는다. 다른 학습 자료가 거의 없기 때문에 교사가 유일한 정보원이 되는 경우가 많다. 학생들은 교과서를 가지고 있지 않으며, 학교에서 교과서를 제공하는 경우 한 학급에 몇 부씩만 공유할 수 있다. 상호 작용적 교육은 일반적인 방식이 아니다. 교사는 정보를 제공하고 학생은 질문이나 상호 작용 없이 교사로부터 전달되는 정보를 받아들인다. 소크라테스식 질문, 소그룹, 공개 토론, 체험 활동은 교사나 학생에게 익숙한 일반적인 경험이 아니다. 미국에서 나는 상호 작용적 수업과 학습 환경에서 생성되는 에너지에 대해 큰 자부심이 있었기 때문에, 수업이나 수퍼비전을 위해 "잘 준비된" 창의적인 계획이 완전히 실패했을 때 크게 당황했다. 이러한 전환을 이루고 개념뿐만 아니라 쌍방적 상호 작용을 서서히 도입하려면 시간, 인내심, 겸손, 협력이 필요했다. 동료와 수퍼바이지가 자신의 목소리를 낼 수 있도록 힘을 북돋우는 것은 내게 가장 보람된 경험 중 하나였다. 10년 동안 강의하고, 듣고, 배우고, 개인적 및 직업적 차이를 공유하면서 지식, 기술 및 과정의 이전 가능성에 관한 풍부한 관계와 상호 작용을 이끌어 냈다. 네팔에서 우리 분야를 공유하는 것은 기념비적인 도전이었으며, 30년 넘게 전문직에 종사한 내 인생의 하이라이트이기도 했다.

지난 몇 년 동안, 나, Patrice Moulton은 네팔에서 하는 일에 동행하도록 나의 대학원생들도 초대하기 시작했다. 현장의 목소리에서 Rachel Albarez는 수퍼바이지의 관점에서 바라본 사회 정의 수퍼비전에 대한 경험을 공유한다.

### 현장의 목소리

#### 다문화 상황에서 이루어진 수퍼비전

*Rachel Alvarez, MS*

네팔에서 자살 예방 트레이너로 팀 수퍼비전에 참여했을 때, 우리 팀은 개발 도상국에 거주하는 사람들을 위한 프로그램을 설계하는 데 몇 가지 한계에 부딪혔다. 팀이 가장 먼저 고려해야 했던 점 중 하나는 정신 건강 전문가, 내담자, 일반 주민들이 이용할 수 있는 환경적, 문화적 자원이 부족하다는 점이었다. 일부 마을은 가장 가까운 병원에서부터 며칠 또는 몇 주나 떨어진 거리에 있었고, 그 병원에서는 정신 건강 서비스를 제공할 가능성이 거의 없었다. 교육 자료는 오래되었거나 제한적이거나 아예 구할 수 없는 경우가 많았고, 네팔의 일부 시골 지역은 산악 지형으로 인해 이동이 제한되었다. 도움이 필요한 사람이 가장 많이 이용할 수 있는 자원은 위로의 말을 건넬 수 있는 마을 사람인 경우가 많았다.

또한 문화적 규범은 우리가 제안할 수 있는 몇 가지 가능한 대처 전략이나 개입 방법을 제한하거나 무효화했다. 예를 들어, 네팔에는 귀신 들림이 정신 질환을 일으킨다는 믿음이 널리 퍼져 있으며, 이에 영향을 받은 사람들은 전문 도우미가 아닌 지역 주술사에게 치료를 받았다. 또한 여성은 남성보다 2류로 인식되며, 많은 여성이 남편이나 아버지가 함께하지 않으면 전문적인 도움을 구할 수 없었다. 네팔에서는 성별에 따라 집단 특히 가족 내 지위가 크게 결정된다. 남편과 시댁 식구들에게 학대받는 네팔의 젊은 기혼 여성은 성별과 가족 내 낮은 지위 때문에 고려할 수 있는 선택지가 거의 없었다.

또한 네팔의 카스트 제도와 특정 카스트에 속하는 것이 개인이 동원할 수 있는 자원에 어떤 영향을 미치는지도 고려해야 했다. 주거에서부터 죽은 자를 기리는 방식에 이르기까지 최상위 카스트와 최하위 카스트의 차이는 극명했고, 하위 카스트 출신은 종종 배척당하고 비인간적인 대우를 받았다. 많은 수련생이 영어를 잘하긴 했지만, 언어 차이는 분명한 장벽이었다. 네팔 젊은 여성들의 도움을 받아 그들의 언어로 교육 사례를 제공하고 필요한 경우 번역을 해 주었을 때 메시지의 핵심과 교육의 질이 크게 향상되었음을 알 수 있었다.

무엇보다도 가장 중요한 것은 우리가 당연하게 여겼던 자원이 네팔 사람들에게는 꼭 필요한 것이 아니라는 사실을 깨닫고 우리 자신의 편견을 점검해야 했다는 점이다. 우리 자신이나 우리가 이해하는 것으로부터 우리가 돕고자 하는 사람들로 초점을 전환함으로써 네팔 사람들에게 실질적이고 적용 가능한 교육 프로그램을 만들 수 있었다.

네팔 여행을 준비하면서 고려한 점들, 즉 자원의 가용성, 성 및 젠더 문제, 언어 장벽, 그룹 소속 등은 미국 내외의 다른 문화권에도 적용될 수 있으며, 이러한 영역은 수퍼바이지를 위한 교육에서 필수적인 부분으로 고려되어야 한다. 네팔 문화에 대해 잘 알고, 다년간의 수퍼비전 경험이 있는 수퍼바이저를 만나게 되어 정말 운이 좋았다. 그녀는 어려운 주제에 대해 솔직하게 이야기했고, 규범에 대해 도전하며, 문화와 특권에 관한 불편한 토론을 주도하고 안전하게 진행했다. 우리가 이 여행을 준비하기 시작했을 때, 그녀는 우리가 우리 자신을 위해서가 아니라 우리가 봉사하고자 하는 사람들을 위해 그곳에 있다는 것을 분명히 했다. 그녀는 우리가 앞으로 관찰하게 될 것들, 적절한 반응들, 일반적인 예의범절, 문화적 규범 등에 대해 설명해 주었다. 수퍼바이지와 상담사들은 첫 만남 전에 내담자 문화의 모든 측면을 알 수는 없지만, 고려해야 할 부분을 인식하고 우리 자신의 편견을 점검하며 이 수준에서 내담자를 더 잘 이해하기 위해 노력할 수 있다. 열린 마음, 열린 생각, 배우려는 의지, 다른 사람의 세계관을 이해하려는 노력으로 상담에 임하면 내담자와의 관계에서 큰 도움이 된다.

## 장애인 내담자를 상담하는 수련생 지원하기

다문화 수퍼비전에서 종종 간과되는 주제는 장애인을 돕는 상담사를 교육하고 수퍼비전하는 것이다. 세계보건기구(WHO, 2016)에 따르면 전 세계적으로 약 10억 명의 사람들이 장애를 가지고 있다. 대부분의 장애는 자동차 사고, 치명적인 부상을 초래하는 낙상, 신체적 및 성적 폭력 행위, 전쟁에서 입은 부상으로 인해 발생한다. 미국에서는 대부분의 사람들이 인생의 마지막 12년 동안 하나 이상의 만성 질환이나 장애로 인해 의학적, 신체적, 신경 인지적, 심리적 기능이 저하된 상태로 지낸다(Falvo & Holland, 2018). 수퍼비전에서 수퍼바이지는 장애인의 심리 사회적 적응 및 적응 요구와 장애로 인해 동반되는 정신 건강 상태에 대해 유능하게 일하는 방법을 이해하는 것이 중요하다. 수퍼바이지의 전문성 개발과 훈련을 감독하는 수퍼바이저는 수퍼바이지가 각 내담자의 어려움과 필요를 이해하도록 도와야 한다. 내담자의 요구는 장애의 성격과 심각도 및 기타 상황적 요인에 따라 다르며, 수퍼바이지는 내담자를 효과적이고 마음을 다해 지원할 수 있는 기술을 갖추고 있어야 한다. 장애 문화에 대한 포괄적인 탐색을 위해서는 『질병과 장애의 심리적, 사회적 영향(The Psychological and Social Impact of Illness and Disability)』(Marini & Stebnicki, 2018)을 추천한다.

다작 작가이자 재활 상담, 재난 정신 건강 대응, 군 상담 전문가인 Mark Stebnicki는 현장의 목소리에서 장애 커뮤니티를 획일적인 접근 방식으로 다뤄서는 안 되는 다양성을 가진 집단으로 보는 것이 중요하다고 했다.

### 현장의 목소리

#### 장애가 있는 재향 군인과 상담하기

*Mark Stebnicki, PhD*

수퍼바이지는 만성 질환 및 장애를 얻은 군인 및 군무원들과 유능하게 작업하는 데 필요한 인식, 지식 및 기술을 배양하는 것이 중요하다. 만성 질환 및 장애 자체에 대한 적응, 질환 및 장애와 관련된 심리 사회적 적응, 그리고 그것들에 대한 반응은 개인의 의학적, 신체적, 심리적, 사회적, 정서적, 문화적, 환경적 정체성의 복잡한 상호 작용이므로 장애가 있는 재향 군인과 장애가 없는 재향 군인의 문화를 구별하는 것도 똑같이 중요하다.

민간인과 재향 장애 군인 커뮤니티는 상당한 차이가 있다. 극도로 스트레스가 많고 충격적인 사건의 생존자인 군 복무자와 퇴역 군인은 장기 만성 질환 및 장애에 걸릴 위험이 훨씬 더 높다. 생명을 구하는 의학의 발전과 기술 덕분에 더 많은 군인과 재향군인이 이전보다 더 오래 생존하고 있다. 2001년 테러와의 전쟁이 시작된 이래 97만 명 이상의 재향 군인이 외상성 뇌 손상, 외상성 절단, 척수 손상, 근골격계 및 만성 통증 질환, 기타 만성 건강 질환 중 한 가지 이상의 질환으로 장애를 신청했다(Watson Institute, 2020).

만성 질환과 장애는 재향 군인의 의료, 신체, 정신 건강에 심각한 영향을 미쳐 재통합과 민간인 생활로의 전환을 어렵게 만든다. 따라서 재향 군인은 정신적, 신체적, 인지적, 사회적, 정서적, 심리적 기능에 여러 가지 손상을 입게 된다. 직업, 경력, 교육 기회를 유지하는 능력과 같은 다른 많은 손상도 있다. 또한 친밀한 관계나 사회적 관계는 물론 최적의 독립적 기능을 달성하는 능력에도 영향을 미친다.

심리 사회적 재활에 관한 많은 연구에서 상담사가 질병과 장애를 가진 사람들이 제한된 의학적, 신체적, 심리적, 사회적, 정서적, 직업적, 독립적 기능 등의 여러 어려움에 적응하도록 돕는 방법에 대해 논의하고 있다. 상담 및 심리학의 전통적인 문헌은 심리 사회적 재활의 문화적 측면을 탐구하고 치료적 통합을 위한 지침을 제공하는 데 소극적이었다. 심리 사회적 재활에 관한 대부분의 연구는 군대와 관련이 없으며, 일부 임상 수퍼바이지는 심리 사회적 재활의 개념을 군대 문화에 일반화하여 사용하기에 어려울 수 있다.

예를 들어, 발달 심리학의 관점에서 보면 개인은 전 생애에 걸쳐 사회적, 정서적 발달의 중요한 생애 단계와 기타 예측이 가능하고 예상되는 단계를 거치게 된다. 그러나 초기 발달 이론가들은 만성 질환과 장애가 전 생애에 걸쳐 개인의 기능에 미치는 영향을 고려하지 않았다. 또한 정신 및 신체장애가 있는 재향 군인 및 비재향 군인에 대한 부정적인 사회적 태도와 인식으로 인해 발달 및 심리 사회적 성장이 저해되고 있다. 결과적으로 장애인은 실업률이 훨씬 높고, 건강 측면에서 격차가 심하며, 양질의 의료 및 정신 건강 서비스에 대한 접근성이 떨어지고, 일정 수준 이하의 주택, 교통 불편, 접근성 문제로 인한 공공 편의 시설 이용 제한 등의 문제를 겪게 된다.

전반적으로 수퍼바이지는 질병과 장애가 있는 재향군인 및 비 재향군인과 함께 일하는 데 있어 교육과 감독을 받는 것이 가장 중요하다. 교육은 장애 문화에 대한 자신의 태도와 인식을 검토하고, 의학적, 신체적, 신경 인지적, 심리적 기능의 연속선상에서 고유한 능력과 집단 내 차이를 인식하고, 정상과 비정상에 대한 사회의 인식을 탐구하며, 민간인과 재향 군인 문화에서 질병과 장애에 대한 적응과 적응을 방해하는 독특한 심리 사회적 스트레스 요인을 분석하는 데 도움이 될 수 있다.

장애가 있는 재향 군인과 함께 일하는 것에 대한 심층적인 이해와 정보는 『임상 군사 상담 실무 지침(Clinical Military Counseling: Guidelines for Practices)』(Stebnicki, 2021)을 참조하라.

Mark Stebnicki가 외상성 뇌손상 장애에 대한 사례 연구 6.3을 기고했다. 장애인과 함께 일할 때 발생하는 문제에 대해 배우는 것은 다양성에 능숙한 상담사가 되기 위한 핵심적인 부분이다. 카밀라의 사례를 검토하면서 그녀와 치료적 동맹을 맺기 위해 어떻게 노력할지 생각해 보라.

**사례 6.3** 카밀라

카밀라 차베스는 26세의 라틴계 미혼 여성으로 5개월 전 교통사고로 경증-중등도 외상성 뇌손상(TBI)을 입었다. 카밀라에게는 이전 결혼 생활에서 얻은 4살짜리 딸이 있으며, 카밀라의 TBI 장애와 육아를 도와주는 부모님과 함께 살고 있다.

카밀라는 약 3주 동안 중환자실에서 치료를 받으며 의학적으로 안정을 취했다. 그 후 카밀라는 급성기 뇌손상 재활 병동으로 옮겨져 5~6주 동안 언어, 물리, 작업 치료를 받았다. 카밀라의 신경 심리 평가 결과, 단기 기억력에는 경미한 결함이 있고 표현 언어(표현 실어증 또는 브로카 실어증)에는 중간 정도의 결함이 있는 것으로 나타났다. 수용적 의사소통 능력은 양호한 것으로 여겨졌다. 또한 카밀라는 매주 편두통을 호소하고 있으며 각성 수면 및 약물 사용 장애 진단을 받았다. 물리 및 작업 치료사는 보행, 조정, 운동 및 독립적 기능에 경미한 결함이 있다고 보고했다. 신경과 전문의와 정신과 전문의는 카밀라가 아직 의학적 호전이 최대치에 도달하지 않았다는 데 동의한다. 카밀라는 재활 치료를 열심히 받으면 잔존 기능 능력의 85%~90%를 회복할 수 있을 것으로 예상된다.

카밀라의 상태는 외상 후 스트레스, 우울증, 불안 및 약물 사용 장애와 관련된 임상적으로 중요한 증상에 대한 고위험 범주에 속한다. 상담 수련생은 카밀라를 만나 첫 세션을 준비할 때, 종합적인 임상 평가 영역 중에 다음과 같은 점을 고려하여 카밀라의 후속 정신 건강 상담 및 관련 개입의 목표를 설정한다.

- 신체 및 신경 인지 장애가 있는 히스패닉 내담자와 관련된 특정 다문화 문제를 토론하고 파악하라. 라틴계에 대한 사회적 태도와 인식이 카밀라의 의료, 신체, 정신 건강 기능 및 기타 생활 영역에 어떤 영향을 미치는가?
- 카밀라가 최적의 정신적, 육체적 안녕에 도달하는 데 어려움을 야기하는 직업적, 사회적, 정서적, 심리적, 심리 사회적, 독립적 기능의 특정 결함을 식별하라.
- 카밀라가 대처 능력과 회복 탄력성을 키우는 데 도움이 되는 문화적으로 적합하고 자연스러운 지원과 자원을 평가하고 나열하라.

카밀라의 사례는 의학적, 신체적, 인지적, 사회적, 정서적, 문화적, 심리적 문제가 복잡하게 상호 작용하는 것을 보여 준다. 장애에 대해 심리 사회적으로 적응하는 과정은 경증-중등도 외상성 뇌손상 환자에게 평생의 과제이다. 카밀라는 특히 재활 첫해에 집중적인 다학제적 접근이 필요할 것이다. 최적의 치유를 위해서는 의료 및 관련 보건 전문가뿐만 아니라 행동 및 정신 건강 서비스 제공자의 도움이 필요하다. 카밀라가 자신을 외상성 뇌손상을 가진 사람으로 인식할 때 그것이 문화적으로 어떻게 여겨지는지를 고려해야 한다. 수련생은 최적의 협력 관계를 구축하기 위해 문화적으로 다를 뿐 아니라 장애인이라는 정체성을 가진 내담자와 신뢰 관계를 형성해야 할 것이다.

## 다문화 수퍼비전의 한 측면으로서의 영성

최근에야 우리는 다문화 상담 및 수퍼비전의 한 측면으로서 영성의 구성을 탐구하고 인정하기 시작했다. 종교와 영성은 수 세기 동안 다양성을 인정하는 기본 요소였으며 다양한 문화 집단에서 온 개인을 이해하고 평가하고 치료하는 데 있어 핵심적인 역할을 해 왔다. 일반인의 삶에서 영성과 종교의 중요성에 대한 인식은 최근 이러한 구성 요소를 다문화 상담 및 수퍼비전에 통합하는 원동력이다. 상담사 훈련 프로그램은 상담 실무에 영성을 통합하는 일을 점점 더 많이 지원하고 있지만, 수퍼바이저들은 수퍼비전 관계에 영성을 효과적으로 통합하는 데 계속 어려움을 겪고 있다(Garner 외., 2017).

영성과 종교를 상담 및 심리치료에 통합하는 것은 1970년대 이후 문헌에서 점점 더 많은 관심을 받고 있다. 현직 상담사와 상담 교육자 모두를 대상으로 한 설문조사 자료에 따르면 영적 및 종교적 문제는 상담과 관련이 있고 윤리적으로 적절하며 상담 실무에 잠재적으로 중요한 주제라고 한다(Francis, 2016). 상담사는 개방적이고 수용적이며 비판적이지 않고 자비로운 태도로 내담자에게 접근하는 것이 중요하다. 내러티브 상담의 정신에 따르면, 상담사는 내담자의 삶에 대해 전문가라는 역할을 맡지 않고 대신 진정한 관심과 호기심을 가지고 내담자를 만난다. 문화적 겸손은 수퍼바이저와 상담사가 내담자를 존중하고 호기심을 갖고 그들의 종교적, 영적 경험을 이해하려는 태도로 접근할 수 있는 틀을 제공한다(Hook et al., 2019). Young과 Cashwell(2020)은 이 생각을 다음과 같이 직설적으로 표현했다: "영성과 종교를 상담에 통합하는 데 가장 효과적인 상담사는 전문성보다는 호기심을 가지고 상담을 시작한다는 사실을 발견했다."(p. 26). 상담사가 상담에 영성을 효과적으로 포함하려면 영적 문제를 논의 주제로 삼는 데 익숙해야 한다. 내담자의 영적 또는 종교적 문제를 효과적으로 다루기 위해 상담사는 자신의 가치관을 명확히 인식하고 내담자가 자신의 가치관을 명확히 할 수 있도록 돕겠다는 약속을 해야 한다.

내담자가 자신의 종교적 신념이나 영적 관심사 또는 관행에 대해 우려를 표명할 경우, 상담사는 이러한 문제를 상담 과정에 기꺼이 통합할 필요가 있다. 많은 내담자에게 영성 또는 종교는 자아감, 세계관, 가치 체계의 핵심적인 측면이다. 종교적 또는 영적 관심사는 갈등의 영역이거나 상담 과정을 향상시킬 힘과 지원의 원천이라는 점에서 상담을 원하는 일부 내담자의 동기를 높일 수 있다. 종교와 영성은 모두 신체적, 심리적 건강에 긍정적인 영향을 미칠 수 있으며 어려운 삶의 상황에서 중요한 대처 자원으로 작용할 수 있다(Young & Cashwell, 2020). 메타 분석 연구에 따르면 내담자의 종교적, 영적 가치와 신념에 관심을 기울이면 치료 결과를 크게 개선할 수 있다. 이러한 연구에 비추어 볼 때, 교육자와 수퍼바이저는 개념화, 개입, 치료 목표 및 대인 관계 과정의 일부로서 종교적, 영적 관심사를 논의할 것을 권장한다(Hook et al., 2019).

상담 과정에서 상담사는 내담자의 삶에 대해 많은 질문을 하지만, 내담자의 삶에 의미를 부여하는 것과 어려운 시기에 내담자를 지지해 준 신념에 대한 질문을 생략하는 경우가 있다. 모든 내담자가 종교적 신념이나 영적 수행에 대해 우려를 표명하는 것은 아니며, 심지어 그것들이 상담을 받게 된 문제와 직접 관련이 있더라도 마찬가지이다. 영성 또는 종교의 중요도를 평가하는 것은 상담사에게 영성 또는 종교가 내담자의 현재 문제에 미칠 수 있는 영향을 파악하고 효과적인 치료 계획을 수립할 기회를 제공한다.

상담사가 평가 단계에서 영적 또는 종교적 경험 및 우려 사항에 관한 질문을 포함하지 않으면 내담자는 상담 회기에서 이러한 영역의 주제를 제기하는 것을 꺼릴 수 있다. 평가는 내담자의 현재 기능 수준에 대한 전체적인 그림을 그려 보기 위해 내담자의 문제에 대한 모든 잠재적 영향을 살펴보는 과정이다. 영성이나 종교적 영향에 대한 탐색은 가족의 영향을 탐색하는 것만큼이나 중요할 수 있다. 일부 내담자는 상담이 자신의 종교적 또는 영적 신념과 가치를 존중하고 존중받을 수 있는 장소가 아니라고 두려워할 수 있다. 종교적, 영적 신념과 관습에 대해 이야기할 때는 내담자의 안내에 따르는 것이 좋다(Hook 외., 2019). 내담자의 종교적 또는 영적 신념과 가치에 대해 직접적이거나 명시적인 질문을 하면 상담이 자신의 신념이나 신앙 전통을 논의할 수 있는 안전한 공간이라는 것을 알릴 수 있다. 예를 들어, 상담 중에 "어려운 시기에 희망을 주는 것은 무엇 또는 누구입니까?"와 같은 강점 기반 질문을 하면 신앙에 대한 논의의 문을 열 수 있다. 그러나 내담자가 종교와 영성을 자신의 삶과 관련된 요소로 여기지 않는다면 종교와 영성을 탐구하기를 기대하는 것은 적절하지 않다.

상담사는 종교가 없다고 밝힌 내담자들의 믿음과 관심사를 소홀히 하면 안된다(Sahker, 2016). 영적 또는 종교적 어려움을 겪고 있는 내담자는 출신 종교를 떠나기로 마음먹은 시점에서 상담을 받을 수 있다. 이러한 내담자는 종종 불신앙과 관련된 내적 갈등과 관련된 고통과 우려를 공유하고 탐색할 수 있는 안전한 장소가 필요하다. 출신 종교를 떠난 사람 중 일부는 가족 구성원으로부터 거절을 경험하며, 이러한 내담자는 자신의 선택으로 인해 겪는 고통을 표현해야 할 수도 있다. 평가 과정은 고객이 가질 수 있는 종교적 또는 영적 문제를 긍정적이든 부정적이든 파악하는 데 매우 중요하다.

내담자의 영적, 종교적 문제를 다루는 데 도움이 되려면 수퍼바이지는 구체적인 지식과 기술을 습득해야 한다. 수퍼비전은 이러한 영역의 역량을 탐구하고 배울 수 있는 장이 될 수 있다. 상담의 영적, 윤리적, 종교적 가치를 위한 협회(The Association for Spiritual, Ethical, and Religious Values in Counseling: ASERVIC, 2009)는 "상담에서 영적, 종교적 문제 해결을 위한 역량"을 정리했으며, 2009년 5월에 이것을 개정했다. 이러한 역량은 증거 기반 상담 이론과 함께 상담의 모범 사례에 따라 사용하도록 고안되었다. 14개의 ASERVIC 역량은 문화 및 세계관, 상담사 자기 인식, 인간 및 영적 발달, 의사소통, 평가, 진단 및 치료의 6가지 범주로 분류된다. 이 논의와 관련된 역량에는 다음과 같이 번호가 매겨진 지침이 포함된다.

2. 전문 상담사는 영성 및/또는 종교에 대한 내담자의 신념(또는 신념의 부재)이 세계관의 중심이며 심리 사회적 기능에 영향을 미칠 수 있음을 인식한다.
3. 전문 상담사는 영성 및/또는 종교에 대한 자신의 태도, 신념, 가치관을 적극적으로 탐구한다.
4. 전문 상담사는 자신의 영적 및/또는 종교적 신념과 가치관이 내담자와 상담 과정에 미치는 영향을 지속적으로 평가한다.
7. 전문 상담사는 영성 및/또는 종교에 관한 내담자의 의사소통에 수용적이고 민감하게 반응한다.
9. 전문 상담사는 내담자와의 의사소통에서 영적 및/또는 종교적 주제를 인식할 수 있으며, 치료적으로 관련성이 있을 때 내담자와 함께 이를 다룰 수 있다.
10. 접수 및 평가 과정에서 전문 상담사는 내담자 및/또는 기타 출처로부터 정보를 수집하여 내담자의 영적 및/또는 종교적 관점을 이해하기 위해 노력한다.

11. 진단을 내릴 때 전문 상담사는 내담자의 영적 및/또는 종교적 관점이 (a) 웰빙을 증진할 뿐만 아니라, (b) 내담자의 문제에 기여하며, (c) 증상을 악화시킬 수 있음을 인식한다.
12. 전문 상담사는 내담자의 영적 및/또는 종교적 관점과 일치하는 목표를 내담자와 함께 설정한다.

이러한 역량은 MSJCC와 같이 교육 프로그램에 통합할 수 있는 다양성의 다양한 측면에 대한 감각을 제공한다. 수퍼바이지가 다양성의 여러 측면을 효과적으로 다루기 위해서는 기본적인 역량을 갖추는 것이 필수적이다. 이러한 역량은 수퍼비전 회기에서 논의의 기초를 제공할 수 있다.

수퍼바이저는 상담 과정에서 종교 및 영성 문제를 다룰 수 있는 능력을 포함하여 학생과 수련생이 문화적으로 유능한 상담사가 될 수 있도록 준비시킬 윤리적인 의무가 있다(ACA, 2014; ACES, 2011). 상담에서 영성과 종교를 다루는 문헌이 증가했지만(Harris 외., 2016), 수퍼비전에서의 종교와 영성에 초점을 맞춘 문헌은 거의 없다(Garner 외., 2017). 수퍼비전 중 영성과 종교에 대한 대화는 수련생이 자신의 신념이 상담 과정에서 어떻게 나타날 수 있는지 이해하는 데 도움이 될 수 있다. 이러한 대화는 또한 "수퍼바이저와 수련생 모두의 변화를 촉진하고, 더 나아가 수련생이 상담하는 내담자에게 영향을 미칠 수 있다"(Ross, 2014, p. 1).

영성 또는 종교가 내담자가 제시하는 문제와 어느 정도 관련이 있는지, 자신의 개인적 가치를 강요하지 않고 영적 신념에 대한 토론을 촉진할 수 있는 수퍼바이지로서의 능력, 대안적 세계관을 고려할 준비가 된 수련생의 준비 상태는 고려해야 할 요소이다. 수퍼바이저는 지도하에 훈련하는 사람들이 다음과 같은 충분한 기회를 가지도록 보장할 특별한 책임이 있다.

상담과 수퍼비전 모두에서 영성과 종교를 포괄적으로 다루려는 개입 과정을 보려면, 『영성과 종교를 상담에 통합하기: 유능한 실천을 위한 가이드(Integrating Spirituality and Religion Into Counseling: A Guide to Competent Practice)』(Cashwell & Young, 2020)를 적극 추천한다. 현장의 목소리에서 Scott Young과 Craig Cashwell은 수퍼비전에서 영성과 종교를 다루는 것이 가장 중요한 이유를 설명한다.

### 현장의 목소리

#### 수퍼비전 관계에서 영성과 종교 다루기: 이것이 중요한 이유

*J. Scott Young PhD, Craig S. Cashwell PhD*

내담자의 영성과 종교적 관점은 인생의 어려운 사건이나 인생의 사계절을 겪을 때 종종 활성화되는 핵심 가치를 드러낼 수 있다. "왜 나에게 이런 일이 일어나는가?" 또는 "이 모든 일에서 신은 어디에 있는가?"와 같은 질문은 드물지 않다. 수퍼바이저의 역할은 수퍼바이지가 내담자와 이 주제를 재치 있게 다루고 영성을 상담 과정에 통합할지 여부, 시기, 방법을 결정하도록 지원하는 것이다. 그렇지 않으면 수퍼바이지는 내담자의 정체성의 중요한 측면을 무시하거나 가치관을 강요할 위험이 있으며, 이 두 가지 모두 작업 동맹과 상담 과정에서 심각한 문제를 일으킬 수 있다.

수퍼바이저로서 우리는 내담자와 비슷하거나 다른 종교적, 영적 관점을 가진 수퍼바이지와 함께 일한 적이 있다. 이러한 시간은 수퍼바이지가 가치관을 강요하지 않고 내담자의 영적, 종교적 삶을 탐구하는 데 열린 마음으로 접근하도록 장려할 기회를 제공한다. 실제로 수퍼바이지는 진정한 관심과 진지한 호기심을 가지고 열린 질문을 던지고 깊이 경청해야 한다. 우리는 수퍼바이지가 전문가가 되기보다는 호기심을 갖는 것이 중요하다는 점을 강조한다. 한 수퍼바이지가 내담자에게 "당신의 영적 관점과 우울증과의 싸움이 당신의 신념에 어떤 영향을 받는지 이해하도록 도와줄 수 있나요?"라고 물었던 것을 기억한다. 수퍼바이지는 처음에는 이런 질문을 하는 것에 대해 상당히 불안해했지만, 내담자가 자신의 우울증이 신앙을 상실했다는 증거인지 궁금해하면서 풍부한 이야기가 시작되었다.

상담사 및 수퍼바이저로서의 상담 업무 경험(그리고, 경험적 증거)에 따르면, 많은 상담사들은 자신의 가치관을 내담자에게 강요할까 봐 영적, 종교적 문제를 거론하는 것을 주저하는 것 같다. 물론 개인의 신념 체계는 매우 다양할 수 있다. 내담자가 종교적 가르침을 심리적으로 문제를 야기하는 방식으로 해석하는 것처럼 보이더라도 유능한 상담사는 그러한 믿음에 직접적으로 도전하는 것을 주저하는데, 이는 당연하고 또 현명한 태도이다. 그러나 종교적 신념 체계의 일부 측면이 내담자에게 불필요한 고통을 유발하고 있을 가능성은 여전히 남아 있다. 유능한 수퍼바이저의 안내에 따라 수퍼바이지는 내담자와 협력하여 내담자의 종교적, 영적 신념을 이해하고, 그 신념이 건강한 심리적 기능을 지원하거나 방해하는 방식을 고려하며, 내담자가 종교적 약속의 핵심 교리는 보존하면서도 심리적 개방성과 자유를 증진하는 방향으로 이러한 신념의 일부를 수정할 가치를 느끼는지 탐색할 수 있다. 이러한 접근 방식은 상담사의 겸손, 호기심, 전문성보다는 내담자의 자율성에 대한 근본적인 존중을 바탕으로 하며, 이는 연구와 모범적인 상담 사례에 의해 뒷받침되는 과정이다. 수퍼바이저는 내담자의 삶의 다른 문화적 측면을 다룰 때와 마찬가지로 수퍼바이지가 종교적, 영적 소재를 다룰 때 얻을 수 있는 이점을 파악할 수 있기를 희망한다. 종교와 영성은 의미를 만드는 체계이며 심리학적 탐구를 하기에 충분히 무르익은 분야이다.

## 문화적으로 다양한 수퍼바이지에 접근하기 위해 신기술을 활용하기

수퍼비전에서 신기술(technology)을 활용하면 더 많은 인종과 문화적으로 다양한 사람들이 참여함으로써 문화적 인식을 넓힐 수 있다. 우리는 수퍼바이저와 상담사로서의 업무에서 다양성과 문화적 이해를 증진하기 위해 진보적이고 관련성이 높으며 교육과 수퍼비전에서 혁신적인 도구를 활용하도록 권장된다. 그러나 대면 회의가 아닌 원거리에서 수퍼비전을 실시할 경우 시각적 접촉이 부족하고 문화적 규범에 대한 민감성이 떨어질 수 있다는 우려가 제기되었다. Rousemaniere와 Renfro-Michel(2016)은 현재로서는 신기술의 지원을 받아 문화적 요소를 반영한 수퍼비전을 달성하기 위해 많은 방법이 제안되어 있지만, 그보다는 더 많은 문제점도 존재한다고 했다. 수퍼비전에서 신기술을 사용할 때 다문화 인식과 감수성을 위해 다음과 같은 제안을 신중하게 고려해야 한다.

- 초기에 소개 및 오리엔테이션을 통해 여러분의 세계관을 수퍼바이지와 공유하고 수퍼바이지도 그렇게 하도록 장려하면서 원격 수퍼비전에 대한 토론에 초대하라.
- 의도적으로 고안된 질문, Webex[2] 미팅, 과제 및 비디오를 통해 수퍼바이지에 대해 알아보라. 상담에 대한 수퍼비전을 시작하기 전에 그 지역의 규범, 정체성, 능력 및 문화 등에 대해 알아보라.
- 수퍼바이저와의 계약에 명확한 경계와 기대치를 제시하여 안전한 환경을 조성하라. 원격 수퍼비전의 실행 계획에 관한 협력적 기본 규칙의 일부로서, 신기술의 사용, 의사소통의 규범 및 경계에 관해 명료하게 논의하라.

---

2 Webex는 온라인 미팅, 웹 콘퍼런스, 화상 통화 애플리케이션을 제공하는 회사인 Cisco Webex 솔루션의 통칭이다.

- 문화에 관한 대화를 자주 나누도록 장려하라.
- 미묘한 공격(microaggression)은 문화 간 상호 작용에서 흔히 발생하며 비대면으로 소통할 때 더 흔하다는 점에 유의하라. 신기술의 지원을 받은 의사소통에서는 오해가 흔히 발생한다.
- 인종, 성별, 장애, 문화에 따른 오해는 신기술을 사용하여 소통할 때 더 자주 발생한다. 이러한 오해는 온라인 커뮤니케이션에서 주인의식과 책임감이 결여된 '보이지 않는 감정'에서 비롯된다. 상호 교류할 때 의도와 영향에 대해 검토하는 것이 중요하다.
- 다양한 대상에 접근하기 위해 설계된 기술 지원 모델, 방법, 전략을 의도적으로 실천하고 문화적 포용과 존중에 대한 모범을 보이고 높은 기준을 설정함으로써 수퍼바이지의 다문화 감수성을 개발한다.
- 수퍼바이지가 수퍼비전에 필요한 신기술을 성공적으로 사용할 수 있는 접근성과 능력을 평가한다. 빈곤, 기회 부족, 교육 환경의 결핍 또는 장애는 독특한 문제를 야기할 수 있다. 신기술을 활용할 때 수퍼바이지에게 성장과 성공의 기회를 제공하는 것은 수퍼바이저의 책임이다.
- 접근성 및 능력의 평가 결과, 평가 기준의 수정이 필요하다고 확인된 경우, 평가 기준, 수퍼비전 활동, 신기술 등은 많은 사람에게 동등한 기회와 발달을 제공하기 위한 기회임을 잊지 말아야 한다.

신기술의 지원을 받은 수퍼비전을 통해 거리가 먼 지역과 전 세계로 교육 및 수퍼비전에 대한 접근성을 확대할 기회가 있다. 수퍼바이저로서 이는 상당한 학습 곡선, 즉 시행착오를 겪으며 새로운 것을 배워 가는 과정을 동반하는 도전이 될 수 있다. 원격 수퍼비전을 설계할 때는 다양한 인구의 요구, 규범, 고유한 특성을 고려하는 것이 중요하다.

## 요약

수퍼바이저 경험을 시작하기 전에 모든 형태의 다양성을 포괄하는 다문화 문제와 수퍼바이저 관계에서 권력과 특권의 영향에 대한 개인적인 통찰력을 확보하는 것이 중요하다. 다문화 감독 업무는 복잡한 업무이므로 교차성을 고려해야 한다. 수퍼바이저는 수련생의 다양한 정체성을 수퍼비전 관계로 끌어들이고 자신의 다양한 정체성을 이해하기 위해 함께 노력하는 것이 좋다. 이러한 개인적 인식은 다문화 지식과 기술을 위한 초석 역할을 한다. 여러분은 유능한 다문화 수퍼바이저가 될 윤리적 책임이 있다. 이는 평가, 치료 및 진단 시 다문화 문제에 대한 지식을 갖추고 수퍼바이지가 수퍼바이저의 감독 하에 다문화 및 사회 정의 역량을 탐구하고 배울 기회를 제공해야 함을 의미한다. 이 역할에는 교육, 모델링, 멘토링, 옹호 등이 포함된다. 무엇보다도 우리가 책임지는 수퍼바이지와 내담자의 다양성에 대한 민감성과 개방성이 필요하다.

모든 형태의 상담은 문화 중심적이며 어느 정도는 다양성을 포함한다. 영성 및 종교와 관련된 주제를 포함하여 다양성과 관련하여 수퍼바이지와 열린 대화를 나눌 수 있는 안전한 환경을 제공하는 것은 수퍼바이저로서 우리의 책임이다. 문화적으로 유능한 상담사나 수퍼바이저가 되기 위해 모든 인구에 대해 모든 세부 사항을 알아야 할 필요는 없지만, 다양성을 효과적으로 다룰 수 있는 도구를 갖추기 위해 기꺼이 다양한 자료를 찾아보아야 한다. MMBB나 MSJCC와 같은 개념적 틀은 수퍼바이지가 문화적 역량을 강화하도록 안내하는 데 도움이 될 것이다. 이러한 개념적 틀은 수퍼비전 분야에서 가장 강력한 교육 도구가 될 수 있다.

## 학습 활동

**아래 제시된 것들은 개인적으로 또는 집단 토론 시간에 생각해 볼 수 있는 질문들이다.**

1. 상담사나 수퍼바이저로서 업무에서 가장 많이 접할 가능성이 높은 문화 집단을 파악하라. 이러한 문화권의 사람들에 대해 어떤 가정과 기대를 가지고 있는가? 어떤 것이 잘못되었거나 비현실적일 수 있는가? 어떤 것이 현실적인가?
2. 여러분이 정의하는 여러분의 문화가 다른 사람들의 여러분에 대한 인식에 어떤 영향을 미치는가? 이러한 인식 중 어떤 것이 잘못되었을 수 있고 어떤 것이 정확한가? 수퍼바이지가 수퍼바이저에게 가지고 있는 가정과 기대는 수퍼바이저로서의 역할과 어느 정도 관련이 있는가? 이러한 가정과 기대가 여러분의 문화적 배경과 어느 정도 관련이 있을 수 있는가?
3. 다른 문화권에서 온 사람들에 대해 어떤 가치관을 가지고 자랐는가? 이러한 가치관이 여러분의 수퍼비전 능력에 어떤 영향을 미칠 수 있는가?
4. 커뮤니티에서 사회적 옹호자로서 봉사할 수 있는 5가지 구체적인 방법(본인이 정의한 대로)은 무엇인가?
5. 상담 사례에서 직면하는 현재 문제를 식별하고 다양한 문화의 렌즈를 통해 사례 개념화를 개발하라. 문화적으로 민감한 방식으로 평가, 진단, 치료 문제를 어떻게 다룰 것인가?
6. 문화적 차이에 관한 토론을 시작할 때 사용할 수 있는 질문 다섯 가지를 나열해 보라. 소그룹에서 다양한 문화 집단과 함께 시나리오를 공유하고 토론하며 역할극을 시도해 보라.

chapter

# 07

# 수퍼비전에서의 윤리적 쟁점과 다중 관계

chapter 07

# 수퍼비전에서의 윤리적 쟁점과 다중 관계

### 핵심 질문

1 수퍼비전에서 가장 윤리적으로 쟁점이 되는 사안은 무엇이라고 생각하는가?

2 수퍼바이지와 수퍼바이지의 내담자를 위해 가져야 하는 수퍼바이저의 가장 중요한 윤리적 책임은 무엇인가?

3 유능한 수퍼비전을 하기 위해 어떤 수련, 교과 과정, 그리고 다른 전문적 경험이 필수적으로 필요한가?

4 만약 당신이 수퍼바이지라면, 수퍼바이저가 수퍼비전에서 다중 역할과 관계를 어떻게 다뤄야 한다고 생각하는가?

5 수퍼바이지로서의 경험에 비춰, 수퍼바이저와의 관계가 어떤 방식으로 변화해 갔는가? 수퍼바이저 역할을 수행한다고 할 때, 이러한 경험에서 당신이 활용할 수 있는 교훈은 무엇인가?

6 수퍼바이지와의 관계에서 전형적인 수퍼비전 관계를 넘어서는 어떤 활동까지 확장할 수 있을 것 같은가?

이 장에서는 상담 수퍼비전에서 자주 부딪치게 되는 윤리적 쟁점을 살펴보고 윤리적인 수퍼비전 수행을 위한 지침을 제공하고자 한다. 이 가운데 어떤 주제는 수련 프로그램에 속한 학위 과정 학생들과 관련된 것들이지만, 검토하고자 하는 대부분의 원칙들이 서로 다른 여러 환경에 속한 수퍼바이지들에게도 적용될 수 있다. 일부 주제는 수퍼비전 과정에서 상담 수퍼바이저의 책임, 수퍼바이저의 능력, 역량이 부족한 수련생 다루기, 그리고 다중 역할과 관계에 대한 것이다.

제3장에서 논의했듯이, 상담 수퍼바이저와 수퍼바이지 간의 관계는 유능하고 상담사로 성장하는 데 있어 매우 중요하다. 우리가 수련생이 의존적일 수밖에 없다는 점과 수퍼비전

관계와 치료적 관계 간의 유사성을 고려한다면, 수퍼바이지의 권한과 수퍼바이지의 책임을 기술하는 지침의 필요성이 중요하다는 것에 대해서 한 번 더 생각하게 된다. 미국 상담학회(2014)와 상담사 교육 및 수퍼비전 협회(2011)는 모두 상담 수퍼바이저를 위한 윤리적 기준을 마련하였으며, 사전 동의서, 수퍼비전 동의, 수퍼바이저의 능숙함, 비밀 보장 이슈(confidentiality concerns), 수퍼비전 상의 관계, 내담자 복지와 권리, 수련 감독자 역할, 과정에 대한 다양한 고려 사항, 적법 절차, 수퍼바이저의 다양한 역할과 책임을 언급하고 있는데, 이 모두가 중요한 윤리적 사안들이다.

때때로 수퍼바이저의 일은 우리가 윤리적으로나 전문적으로나 얼마나 주의 깊게 다루는지와 상관없이 놀라움의 연속이다. 상담사 대다수가 수퍼바이저나 훈련생으로서 우리가 해야 할 일이었지만, 특정 상황의 이슈를 해결할 수 없어서 당황했던 기억을 회상할 수 있을 것이다. 이 시기에 전문 학회에서 제안한 윤리 규정과 윤리적 의사 결정 모형을 참조하는 것이 가장 중요하다. 훈련생이 자주 마주치는 많은 윤리적 딜레마는 복잡하기에 단순한 해결책으로 끝나지 않는다. 수퍼바이지가 수퍼바이저로부터 윤리적 문제의 답을 받는 것이 중요한 게 아니다. 윤리적 딜레마는 종종 사례 7.1처럼 수퍼바이지와 수퍼바이저 모두가 이를 처리할 방법에 대해 모르는 당황스러운 상황에 놓이게 만들기도 한다.

**사례 7.1 프라니**

작은 도시의 지역 사회 상담 기관의 상담사인 프라니는 최근 상담 수퍼바이저가 되었고, 같은 장소에서 인턴십을 하는 두 명의 상담 수련생들을 지도하고 있다. 수퍼비전 시간에 수퍼바이지인 트레비스는 자신의 내담자가 불륜을 인정했고, 피임 없는 동성 간 성관계를 했다는 것을 밝혔다. 트레비스의 내담자는 그가 HIV 검사를 진행하진 않았지만, 걸렸을까 봐 걱정하고 있었다. 수퍼비전 중 프라니는 트레비스의 내담자의 여자 친구가 프라니가 오랫동안 상담했던 내담자라는 것을 알게 되었다. 트레비스의 내담자의 여자 친구이자 프라니의 내담자인 그녀는 자신의 남자 친구가 불륜을 저지르고 있다는 것과 양성애자라는 것도 눈치채지 못하였다. 수퍼바이저이자 상담사인 프라니는 이 상황을 어떻게 해결할지 걱정하고 있다.

프라니는 트레비스의 내담자와의 비밀 보장 조항을 깨면서까지 그녀의 내담자에게 남자 친구의 불륜 사실, HIV의 노출 가능성을 알려야 할 의무가 있는가? 그리고 프라니는 트레비스가 그의 사례를 어떻게 진행하도록 수퍼비전을 계속해야 하는가? 프라니의 개인적 태도와 편견이 내담자에 대한 트레비스의 내담자에 대한 상담사로서의 돌봄의 태도와 공정하게 내담자를 바라봐야 하는 그녀의 자세에 부정적인 영향을 미칠 수 있는가? 만약 그렇다면, 그것은 그녀의 수퍼비전 질과 트레비스의 수퍼비전 상의 경험에 어떻게 영향을 줄 것인가?

몇몇 질문들은 프라니를 당황스럽고 불안하게 느끼게 할 것이다. 너무 작은 도시인 경우, 근처에 한 개의 정신 건강 기관만이 존재하기 때문에 이런 보편적이지 않은 윤리적 문제가 때때로 나타난다. 이런 경우, 피하기도 처리하기도 어려운 문제가 된다.

## 상담 수퍼비전의 윤리적 쟁점

수퍼비전에서 일부 중요한 윤리적 쟁점들은 내담자의 권리, 수퍼바이지의 권리 및 책임, 그리고 수퍼바이지와 내담자에 대한 수퍼바이저의 책임 간의 균형 유지에 관한 것이다. 상담 초기에 내담자의 권리를 언급하는 것처럼 수퍼비전 관계 초기에 수퍼바이지의 권리를 다루는 것은 매우 중요하다. 일단 이 일이 끝나면, 수퍼바이지는 자기 기대를 표출하게 되고, 의사 결정하도록 힘을 얻으며, 수퍼비전 과정에서 능동적인 참여자가 된다.

### 수퍼바이저의 역할과 책임

수퍼바이저는 수퍼바이지가 윤리적이고 효과적인 상담을 수행할 수 있도록 하는 데 필요한 수련과 수퍼비전 경험을 제공할 의무가 있다. 상담 수퍼비전을 수행할 때 수퍼바이저가 관련 지식을 갖추고 기술적으로 유능성을 지니는 것이 필수적이다. 미국 상담학회 **윤리 규정**(ACA, 2014)에서는 수퍼바이저의 역량을 언급하고 있다.

> 임상 수퍼비전 서비스를 제공하기 전에 상담사는 수퍼비전 방법과 기술을 갖추고 있어야 한다. 임상 수퍼비전 서비스를 제공하는 상담사는 상담과 수퍼비전 기술에 대해 지속적인 교육 연수를 정기적으로 받아야 한다(F.2.A.).

제2장에서 살펴보았듯이, 수퍼바이저가 상담 수퍼비전 상황에 대한 수련 경험이 없다면 이들이 감독하는 수퍼바이지가 효과적이고 윤리적으로 기능하기를 기대하기란 어렵다. 수퍼비전의 책임을 가지고 있는 대부분의 상담사는 실무 교육(on-the-job-training)을 통해 배우는 것이 수퍼비전의 기본적인 방법이라고 생각한다. 수퍼바이저는 수퍼비전 상의 역할

을 맡기 전에 적절한 수퍼비전 관련 교육과 훈련을 받아야 하며, 이런 수퍼비전에 대한 수련을 받기 전에 수퍼바이저 역할을 맡아야 한다면 윤리적, 법적 영향에 대해 고려해야 한다.

수퍼비전이 가장 적절하게 활용되려면, 수퍼바이지가 자신의 책임, 수퍼바이저의 책임, 그리고 그러한 책임에 대한 평가 방식을 명확히 이해하는 것이 필요하다. 윤리적인 수퍼비전은 수퍼바이지에게 주기적인 피드백과 평가를 제공하고 이를 통해 임상적 기술을 향상시킬 수 있는 토대를 마련하는 활동을 포함한다(ACA, 2014; ACES, 2011).

상담 수퍼바이저들은 수퍼바이지에게 영향을 미치는 위치에 놓여 있다. 즉, 수퍼바이저는 교사, 평가자, 상담사, 모델, 멘토, 그리고 조언자로서의 다중 역할을 수행한다(2장 참조). 윤리적 관점에서 수퍼바이저-수퍼바이지의 관계에서 수퍼바이저가 특정 권한을 오용하지 않도록 자신의 행동을 검토하는 것이 가장 중요하다. 수퍼바이저는 임상 실무에서 관련 법, 윤리, 그리고 직업적 기준을 잘 따르고 있는지 살필 책임이 있다(ACES, 2011). 상담 수퍼비전에 대한 윤리적 기준의 주된 목적은 수퍼바이저에게 행동지침을 제공하고 수퍼바이지에게 해를 입히거나 수퍼바이지가 방치되는 것을 막으며 양질의 내담자 서비스를 담보하는 것이다(Bernard & Goodyear, 2019).

Barnett, Cornish, Goodyear, 그리고 Lichtenberg(2007)은 효과적인 수퍼바이저는 수퍼바이지에게 윤리적 롤 모델로서 역할하는 것의 중요성을 언급하고 있다. 그들은 다음의 영역에 있어 수퍼비전에서 어떻게 윤리적으로 실무를 수행할 것인지 신경 써야 한다고 하였다. 이는 수련생의 학습 욕구를 처음부터 평가하고 그에 따라 수련 방식을 맞추는 것; 수퍼비전 초기에 수련과정의 특성과 교육 과정, 그리고 수퍼비전 관계에 대해 수퍼바이지와 합의를 하는 것; 수퍼바이지에게 시기 적절하고 의미 있는 피드백을 제공하는 것; 적절한 경계를 유지하는 것; 내담자와 수퍼바이지의 비밀을 유지하고, 비밀 유지 조항이 지켜질 수 없다면 적절한 방식으로 대처할 것; 자신의 역량에 맞게 상담 실무와 수퍼비전의 전문 분야를 제한할 것; 효과를 유지하기 위해 상담을 지속적으로 발전시킬 것; 다양성에 관심을 가질 것을 포함한다.

### 비밀 보장 모델링

수퍼바이지에게 윤리적이고 전문적인 행동을 모델링하고 가르치는 것은 필수적이다. 수퍼바이지에게 전문가적인 행동을 모델링하는 최선의 방법 중 하나는 수퍼바이지와 관련된 비밀 보장 문제를 적절히 다루는 것이다. 수퍼바이저는 수퍼바이지에 대해 비밀 보장의 태도를 잘 유지해야 한다. 상담사-내담자 관계와 같이, 수퍼비전 관계의 비밀 보장은 절대적이지 않고 한계가 존재한다. 더 나아가 수퍼바이저는 수퍼바이지가 상담 관계에서 내담자의 사생활과 비밀 보장의 권리를 알도록 할 책임이 있다.

수퍼바이저는 평가적 역할을 수행하며 간혹 교수로서 학생의 진전도를 평가해야 할 때가 있다. 그러나 수퍼바이지가 수퍼비전 회기 동안 이야기한 개인적 정보는 통상 비밀로 유지되어야 한다. 최소한 수퍼바이지는 자신의 이야기 중 다른 교수들에게 공개가 될 부분과 그렇지 않은 부분에 대해 알 권리가 있다. 수퍼바이저는 수퍼비전 수행에서 윤리적인 문제를 최우선 과제로 여길 필요가 있으며, 이는 전문적이고 윤리적이며 존중하는 방식으로 수퍼바이지를 대함으로써 가능하게 된다.

수퍼바이저는 수퍼바이지가 만나고 있는 내담자에 대해서 책임을 지니는데 그중 하나가 내담자와의 대화에 대한 비밀 보장을 존중하는 것이다. 수퍼비전은 내담자 문제와 그에 대한 자료를 논의하는 일을 포함한다. 이때 수퍼바이지는 수퍼비전 맥락 밖에서는 수퍼바이저에게 내담자에 대한 이야기를 하지 않고 사생활을 존중하는 것이 필요하다. 수퍼바이저는 수련생이 내담자의 권리를 알도록 교육할 의무가 있다. 이것은 수퍼바이지가 내담자에게 수련생이 수퍼비전을 받고 있다는 사실과, 수퍼바이저가 누구인지, 그리고 그들이 수련생이며 자격증이 없다는 것을 알려 주고 동의를 얻는 것을 포함한다. 만약 동영상이나 녹음이 수퍼비전을 위해 필요한 과정이라면, 수퍼바이지는 내담자에게 녹화 혹은 녹음하기 전에 허락을 구해야 한다. 내담자는 수련생이 수퍼비전에 참여한다는 것 때문에 비밀 보장된 정보들이 수퍼바이저와 공유된다는 것을 사전에 알아야 한다. 수퍼바이저는 수퍼바이지와 내담자 모두에게 수퍼바이저로서 때로는 경고, 보호, 또는 보고해야 할 의무가 있다는 점과 그러한 상황에서는 비밀 보장의 한계가 있다는 점을 알려줘야 한다. 수퍼바이지는 내담자가 상담 중에 언제라도 질문할 수 있도록 격려해야 한다. 내담자에게 수퍼바이저를 소개하며 수퍼바이저에 대한 질문이나 수퍼비전 도중에 어떤 방식으로 말할 것인지에 대한 질문을 유도하는 것도 좋은 방법이다. 몇몇 내담자는 "모르는" 사람이 자신의 상담 내용을 거울 뒤에서나 동영상 또는 녹음을 통해 보이는 것을 불안해한다. 수퍼바이저를 소개함으로써 수퍼비전 과정에 대한 내담자의 불안을 줄여 줄 수 있고 수련생과의 신뢰를 튼튼하게 할 수 있다.

### 수퍼바이지에게 윤리적 의사 결정 방법을 가르치기

수퍼바이저의 가장 중요한 책임은 수퍼바이지들이 필연적으로 만나게 되는 윤리적 딜레마 상황을 어떻게 다루어야 하는지, 그 방법을 알려 주고 윤리적 의사 결정을 내리기 위한 틀을 마련하도록 돕는 것이다. 어느 정도까지 가능할진 모르겠지만, 우리는 윤리적인 문제를 해결하는 과정에 내담자가 참여하는 것이 중요하다는 점을 수퍼바이지에게 가르치도록 제안하고 싶다. 물론, 수퍼바이지는 내담자와의 관계에서 발생한 윤리적 문제를 수퍼비전 회기에 가지고 올 것이다. 발생한 윤리적 문제에 대해 수퍼바이지가 개방적인 태도를 지니도록 배우게 되면, 전문성을 쌓아 가는 과정에서 기꺼이 필요한 자문을 구할 줄 알게 되는 태도를 발전시키게 될 것이다.

미국 상담학회(2014)의 **윤리 규정**에서는 상담사가 윤리적 딜레마를 마주쳤을 때, 윤리적 의사 결정 방법을 조심스럽게 고려해야 한다고 하고 있다. 적절한 윤리적 의사 결정을 내리기 위해서 윤리적 숙고, 자문 행동에 대한 과정을 의도적으로 거쳐 나가는 것이 중요하다. 여러 윤리적 의사 결정 방법 모델이 있는데, Barnett, Johnson(2010), Corey, Corey, Corey(2019), Herlihy, Corey(2015a), Koocher, Keith-Spiegel(2016), Remley, Herlihy(2020) 등에 의해 제안되고 있다. 모든 사례에서 더 효과적인 윤리적 의사 결정 단일 모델은 없지만, 정신 건강 전문가는 적어도 이들 중 하나(위에 언급한 모형 중) 혹은 가장 잘 맞는 것을 혼합해서 사용하는 데 익숙해져야 한다.

Corey, Corey, 그리고 Callanan(2019)은 윤리적 딜레마를 다루는 데 있어 8개의 절차적 단계를 제안한 바 있다. 수퍼바이저는 이 모델을 활용해 윤리적인 문제를 다루는 방식을 가르칠 수 있다.

#### 1. 문제 혹은 딜레마를 식별하라.

상황을 설명해 줄 수 있는 가능한 많은 정보를 수집하라. 발생한 갈등이 윤리적, 법적, 전문적, 또는 도덕적인지 혹은 이것들이 모두 섞여 있는 것인지 명확히 해야 한다. 윤리적 딜레마를 해결하는 첫 단계는 문제가 있다는 점을 인식하고, 그 문제의 본질을 구체화하는 것이다. 대부분의 윤리적 딜레마는 복잡하기 때문에 다양한 관점에서 문제를 조망하고 단순하게 해결하려는 것을 피하는 게 좋다. 내담자 및 수퍼바이지에 대한 자문은 이 첫 단계에서 시작해서 윤리적 문제에 대한 문서화된 결정을 하고 행동적 조치를 취하는 등의 작업

과정 내내 지속된다.

2. 관련된 잠재적 문제를 확인하라.

정보가 수집되면, 중요한 사안을 목록화하고 기술하되 불필요한 것들은 정리하라. 딜레마 상황에 영향을 받게 될 모든 사람들의 권리, 책임, 복지 등을 평가해야 한다. 문화, 인종, 사회 경제적 지위, 종교나 영적 배경 등 내담자의 문화적 차원을 포함한 상황의 문화적 맥락을 고려할 필요가 있다. 윤리적 의사 결정의 과정 중 일부는 상충되는 가치를 찾는 것도 포함된다. 의사 결정에 반드시 고려되어야 할 가치가 무엇인지 수퍼바이지에게 질문해야 한다. 이러한 가치나 원칙들의 우선순위를 정하고 각각의 가치가 딜레마 상황을 해결하는 데 적절히 적용될 수 있는 방식을 생각해 보는 것이 유익할 수 있다.

3. 관련 윤리 규정을 검토하라.

당신이 속한 전문가 단체의 기준 또는 원칙이 해당 문제에 적절한 해결책을 줄 수 있는지 생각해 보라. 당신의 가치관이나 윤리관이 관련 지침에 부합하는지 혹은 상충하는지 고려해야 한다. 수퍼바이지에게도 이와 같이 생각해 볼 것을 격려할 필요가 있다.

4. 적용 가능한 법과 규정을 숙지하라.

윤리적 딜레마 상황에 적용 가능한 관련 주 및 연방 법규(예: 공소 시효)에 대한 최신 정보를 습득하라. 이것은 비밀 유지 여부, 아동 또는 노인 학대 보고, 자신이나 타인의 위험과 관련된 문제 대처, 친권 문제, 기록, 검사 및 평가, 진단, 자격 요건, 그리고 업무상 과실 등의 문제에 있어 특히 중요하다. 수퍼바이지가 당신이 해결하려는 문제와 관련되어 있을 때, 반드시 함께 이 문제들을 논의해야 한다. 사건 보고에 대한 명확성을 얻는 것 이외에도, 필요할 때 즉시 접근할 수 있도록 보고 과정이나 자원을 명백하게 확인해야 한다.

5. 자문을 구하라.

이 단계에서는 문제에 대한 다른 관점을 얻기 위해 동료에게 자문을 구하는 것이 유익하다. 당신의 성향과 일치하지 않는 사람들에게까지 자문의 범위를 확대할 필요가 있다. 법적 질문이 제기되면 법률 조언을 구해야 한다. 자문한 사람들의 제안을 포함한 자문 내용을 문서화하는 것이 바람직하다. 자문은 지역 사회 동료들이 같은 상황에서 취할 행동을 찾는다는 점에서 법정 사건에서 특히 중요한데, 이는 그 시도가 지역 사회의 기준에 부합하고자 하였음을 설명해 주기 때문이다. 또한, 자문은 당신이 간과했을지 모를 정보나 사건에 대해 생각해 보도록 도움을 줄 수 있다. 자문을 구하는 것은 법적 책임으로부터 보호해 줄 수 있다. 윤리적 결정을 할 때, 선택한 일련의 행동이 건전한 사고 과정에 기초한 것임을 증명해야 하기 때문이다. 자문을 할 때 수퍼바이지와 내담자를 적절한 때에 참여 시키는 것도 중요하다.

### 6. 가능하고 개연성 있는 행동적 조치를 검토하라.

윤리적인 결정을 내리는 단계에서는 브레인스토밍이 유용하다. 확인된 가능한 해결책에 대한 윤리적, 법적 영향력을 고려하라. 여러 가지 가능한 조치들을 고려할 때 내담자, 수퍼바이지 그리고 다른 전문가들과 이를 논의할 필요가 있다.

### 7. 다양한 결정의 결과에 대해 숙고하라.

내담자의 각각의 행동이 내담자와 관련된 사람, 수퍼바이지 그리고 수퍼바이저인 당신 자신에게 미칠 영향을 깊이 따져 보아야 한다. 내담자와 행동의 결과를 상의하는 것이 가장 중요하며, 이 논의가 시작되면 의사 결정이 어떻게 되느냐에 따라 당신과 수퍼바이지는 공동 치료자로서 역할을 수행할 수도 있다. 윤리적 딜레마를 다룰 때, 하나의 원하는 결과가 나오기보다는 다양한 결과가 나올 가능성이 크다는 것을 숙지해야 한다.

### 8. 최선의 조치를 선택하라.

최선의 결정을 내릴 때 여러 정보원으로부터 모은 정보를 숙고하라. 딜레마가 두드러질수록 조치 과정도 명확해진다. 반면, 딜레마가 미묘할수록 결정은 어려워진다. 최선의 선택이라고 여겨진 결정이 내려지면 조치 과정을 평가하기 위해 할 수 있는 것을 하라. 당신의 결정에 대한 결과를 문서화하고, 문제를 해결하기 위해 취해진 추가적인 행동도 포함해라. 의사 결정을 내릴 때 도와줬던 자문 내용도 문서화해야 한다. 당신의 경험을 통해 학습이 이루어질 수 있도록 하기 위해서는, 상황과 당신이 취한 조치에 대한 평가를 반추하는 것이 필수적이다. 성과를 추적해 확인하고 추가 조치가 필요한지 살펴보아야 한다. 더 정확한 상황적 판단을 위해 수퍼바이지와 내담자를 이 과정에 참여시킬 필요가 있다.

이상의 절차적 과정들은 윤리적 문제의 해결책에 도달하기 위한 단순화된 일련의 과정으로 간주되어서는 안 된다. 이 과정의 목표는 자기-성찰을 자극하고 당신의 내담자, 수퍼비전, 그리고 동료들과의 논의를 격려하기 위한 것이다. 수퍼비전 회기 동안 수련생을 위해 이 과정에 대해 시범을 보여야 한다.

## 수퍼바이저의 역량

윤리적, 법적 입장 모두를 고려할 때, 수퍼바이저는 수퍼바이저의 역할을 수행하기 위해 교육도 받고 훈련도 받아야 한다. 수퍼비전을 제공할 때는 수퍼비전을 할 수 있는 상담과 수퍼비전의 전문 영역 모두에서 역량을 갖춰야 한다. 상담에서 활용되는 기술들이 수련생을 수퍼비전하거나 다른 전문가에게 자문을 줄 때도 비슷하게 사용되는 건 아니다. 수퍼비전 방법에 대한 고유한 훈련 과정이 필요하다. 수퍼바이저 역할을 하는 사람들 가운데 상당수는 수퍼비전 이론이나 모델에 대한 정식 교육이나 수련을 받지 않았다. 만약 수퍼비전 과목이 학위 과정 프로그램에 없었다면, 수퍼바이저로 성과를 내기 위해서는 지속적인 교육과 연수를 통해 수퍼비전의 지식과 기술을 획득해야 한다.

역량 있는 수퍼바이저가 된다는 것은 수퍼비전 이론 교육을 받고, 작업하기 어렵거나 문화적으로 다양한 배경을 지닌 수퍼바이지와 작업하며, '**수퍼비전의 수퍼비전**'(수퍼비전에 대한 수퍼비전)이라고 부르는 수퍼비전을 받으면서 수퍼비전을 하는 것을 포함한다. 여러 주의 상담사 자격 관련 법에서는 수퍼비전을 하는 전문 상담사들의 경우 필수적으로 수퍼비전 관련 교육 경력을 쌓고, 교과 과정을 이수할 것을 명기하고 있다. 이러한 수련을 통해 상담사는 수퍼비전 관계의 상호성에 대한 중요성을 바로 알게 되고 수퍼비전 경력이 좀 더 확고하게 쌓이게 된다. 수퍼비전에 대해 주 법이나 가이드라인은 변화되기 때문에, 상담사와 같은 정신 건강 전문가들은 그들이 속한 전문적인 학회 혹은 협회나 주 자격관리위원회에 연락해서 수퍼비전을 하기 위해 필요한 가장 최신 정보를 꼼꼼하게 챙겨야 한다.

수퍼바이저는 수퍼비전 방법에 대한 전문적 교육뿐만 아니라, 자신이 제공할 수퍼비전의 구체적인 전문 영역에 대한 심도 있는 지식을 지녀야 한다. 자신의 영역을 넘어서는 분야에 대해 수퍼비전을 하는 것은 비윤리적이다. 미국 심리학회(2017)에서는 다음과 같이 역량의 범위에 대해서 명확하게 기술하고 있다.

심리학자는 교육, 훈련, 수퍼비전 받은 경험, 자문, 학습, 또는 전문적인 경험에 기반한 자신의 역량이 되는 범위에서만 서비스, 교육을 제공하고, 연구를 수행해야 한다. (2.01)

수퍼바이지가 수퍼바이저의 훈련 역량 범위 밖의 작업을 수행할 때, 수퍼바이저는 그 사례에 요구되는 적절한 임상 수퍼비전을 제공받을 수 있도록 조치를 취할 책임이 있다.

효과적인 수퍼바이저가 되기 위해, 상담 실무자는 다음의 역량이 필요하다.

1. 유능한 수퍼바이저는 **수퍼비전 훈련을 받으며** 정기적으로 워크숍 및 학술회의 참여나 독서 등을 통해 수퍼비전 주제에 대한 **새로운 지식과 기술을 구비**해야 한다.
2. 유능한 수퍼바이저는 **효과적인 대인 관계 기술**을 지니며, 다양한 집단 및 개인, 여러 임상 경험을 지닌 상담사와 작업할 수 있어야 한다. 예를 들어, 대인 관계 기술에는 경청하고 건설적인 피드백을 제공할 능력, 유익한 방식으로 수퍼바이지를 도전시키고 직면시킬 수 있는 능력, 수퍼바이지와 명확한 관계를 설정하는 능력 등이 포함된다.
3. 유능한 수퍼바이저는 수퍼비전에서 발생하는 전이, 수퍼바이저, 수퍼바이지, 실무 환경, 그리고 내담자 간의 상호 작용에 의존하는 **상황적 과정**의 발생에 대해서 인지하고 있어야 한다. 숙련된 수퍼바이저는 상황에 따라 수퍼비전의 접근 방식을 유연하게 바꿀 수 있다.
4. 유능한 수퍼바이저는 수퍼비전에서 융통성을 발휘하며, **다양한 역할과 책임을 담당할 수 있어야 한다.** 수퍼바이저의 역할은 상황적 필요에 따라 빠르게 변할 수 있다.
5. 유능한 수퍼바이저는 임상 사례에 대한 수퍼비전 상황에서 발생할 수 있는 여러 상황에 적용될 만한 **법, 윤리, 전문가 규정 등에 대한 폭넓은 지식**을 갖춰야 한다.
6. 유능한 수퍼바이저는 내담자의 안녕이 보호될 수 있도록 **상담 서비스를 수퍼비전하는 것**이 가장 우선하는 중요한 목표라는 것을 명심해야 한다.
7. 유능한 수퍼바이저는 수퍼바이지에 대한 **평가적 기능을 기꺼이 수행**하고 정기적으로 수행에 대한 **피드백을 제공**해야 한다.
8. 유능한 **수퍼바이저**는 그때그때 **수퍼비전 활동**에 대해 정확하게 기록한다.
9. 유능한 수퍼바이저는 수퍼바이지의 **힘을 북돋는다.** 수퍼바이저는 현 상황에 대한 문제 해결뿐만 아니라 수퍼비전 종결 후에도 수퍼바이지가 여러 상담 상황에서 적용할 수 있는 문제 해결 방식을 개발하도록 도와야 한다.

학위 과정 프로그램의 일환으로 수퍼비전 과목을 들었음에도 불구하고 효과적인 수퍼바이저가 되기에는 유능성이 부족하다고 느낄 수 있다. 오늘날 수퍼비전에 대한 다양한 워크숍, 책들이 있고 수퍼비전을 시작하면서 수퍼비전을 받을 기회도 있다. 특정 문제를 가진 다양한 내담자와 상담하는 수퍼바이지와 수퍼비전을 할 경우, 학위 과정에서 수퍼비전 수업을 들은 것만으로 필요한 깊이 있는 지식과 수퍼비전 경험이 채워진다고 생각하는 것은 오산이다. 수퍼비전 역량을 키우기 위해서는 특정 내담자와 어떻게 수퍼비전을 해야 하는지에 대한 연수를 지속적으로 받는 것이 중요하다. 수퍼비전과 동일한 분야에서의 상담사로서 성장하는 것은 수퍼비전에 대한 역량도 동시에 높여줄 것이다. 미쉘 무라토리(Michelle Muratori)는 유능한 수퍼바이저가 되기 위한 하나의 방법을 아래의 개인적 관점에서 제공해 주고 있다.

### Michelle Muratori의 개인적 관점

내가 상담사가 되고 싶다고 결정했을 때, 나는 전문적인 특정 분야를 생각하지 않았다. 아마 나의 전문 영역에 대해서 좀 열어 놓자고 생각했던 것 같다. 결과적으로, 나의 훈련 경험은 꽤 다양했다.

대학교를 다니면서 집단 리더십 훈련 과정으로 나는 다양한 문화적 배경을 가진 대학생들과 함께 하였다. 석사 과정에서도 나는 첫 번째 실습 장소를 사회 취약 계층의 미혼모들과 상담할 수 있는 곳을 선택했고, 두 번째 훈련 장소로는 도시에 있는 정신 건강 센터를 선택했다. 나는 그곳에서 개인, 연인, 가족, 집단 상담을 수행했다. 나는 아이부터 노인까지 상담을 했고, 불안과 같은 신경증부터 심각한 정신증까지 다루었다. 석사 과정을 마친 후, 나는 정부에 의해 아이를 뺏길 위기에 있는 가족에게 찾아가는 상담 서비스를 제공해 주었다. 박사 과정을 시작하면서 나는 지역 사회 정신 건강 센터로 돌아갔고, 결국 학업적으로 재능이 있는 학생들을 위한 대학 상담 센터에서 장학금을 받으면서 상담을 했다. 비록 몇몇은 내가 특정 영역에 집중하지 못했다고 했지만, 사실 다양한 교육적, 전문적 경험은 많은 사람들이 겪고 있는 문제에 대한 나의 이해를 넓혀 주었다. 나는 비록 많이 다르지만 다양한 인생을 살아온 개개인들과 상담할 수 있는 기회를 얻을 수 있어서 오히려 영광스러웠다.

내가 다양한 종류의 환경에서 훈련받고 경험했기 때문에 나의 학습 방식과 속도는 남들과 좀 다르다. 나는 항상 열심히 일했기에 추가적인 시간과 에너지를 학습 과정에 투자하는 것이 나에게 전혀 벅차지 않았다. 예를 들어, 나는 생활 기능이 없는 다양한 내담자를 지역 사회 정신 건강 센터에서 상담한 직후에, 고기능의 영재 대학생과 상담하였다. 나에게 이러한 변화가 도전적이었기에 환영했지만, 내심 이들 내담자와 효과적으로 상담할 수 있는 배경과 기술이 없다는 것에 대해 걱정했다. 나는 이 난관을 과거에 난관에 봉착했을 때 내가 사용했던 방식을 활용하여 접근했다. 영재 교육과 영재들이 종종 경험하는 사회적, 정서적 문제에 대해 읽어 보는 것 이외에도 나는 동료들에게 배우는 것과 수퍼비전을 하는 것에 열심을 냈다. 나는 또한 영재 교육에 대한 학회에도 참여했다. 이에 대한 지식이 쌓임에 따라 나는 더 편안해졌으며 결국 지금 내가 존스홉킨스 영재 교육원(Johns Hopkins Center for Talented Youth)에서 하는 고기능의 영재 학생들과 그들의 가족을 상담하는 것에 대한 열정을 발전시켰다.

이후의 박사 과정에서도 나는 비슷한 경험을 겪었다; 하지만, 이번에 나는 수퍼바이지가 아닌 수퍼바이저의 역할을 하고 있었다. 수퍼비전 훈련의 부분으로써, 나는 재활 상담 영역의 석사 수련생들을 수퍼비전했다. 재활 상담 영역에 대한 훈련이 부족했기 때문에 나는 수퍼바이지와 그들의 내담자에게 도움이 되기 위해 재활 상담에 대해 배울 필요가 있었다. 그래서 나는 나의 수퍼비전 개입이 적절한지를 보장하기 위해 나를 위한 재활 상담 분야의 전문 수퍼바이저에게 수퍼비전의 수퍼비전을 받았다.

나는 상담사, 상담 교육자, 수퍼바이저로서 우리가 능숙하지 **않는다**면 그에 대해 실습하는 것이 우리의 윤리적 의무라는 것을 알고 있다. 현실적으로 누구도 노련한 베테랑으로 시작하지 않고, 역량을 얻는 유일한 방법은 우리 자신이 학습자가 되는 것이다. 우리는 새로운 지식과 정보를 학습하는 것에 열려 있어야 하고, 우리의 기술을 발전시키려고 해야 하며, 필요하다면 우리의 생각 역시 바꿀 수 있어야 한다.

## 무능하고 결함 있는 수퍼바이저

상담사의 결함에 대한 문헌은 점차 증가하고 있으나, 수퍼바이저의 결함에 관한 주제는 많이 다루어지고 있지 않다. 수퍼바이저의 행동 또는 환경적 장애로 인해 수퍼비전 역할과 기능을 수행할 수 없는 경우를 **수퍼바이저의 결함**으로 정의한다. **무능**(incompetent)과 **결함**(impairment)에는 차이가 있다. 이러한 결함에는 수퍼바이지와의 무분별하거나 해로운 이

중 또는 다중 관계, 수퍼바이지와 성적 관계, 권력 남용, 물질 남용, 또는 극도의 소진 등이 포함된다. 경험이 없어서 올바르지 못한 의사 결정을 하는 수퍼바이저는 무능하다고 할 수 있다. 그에 반해, 수퍼바이저의 힘을 남용하고 수퍼바이지의 훈련 경험을 부정적으로 만드는 성격적 장애를 가진 수퍼바이저는 결함이 있다고 할 수 있다.

Muratori(2001)는 다양한 발달 단계에 있는 상담사가 결함 있는 수퍼바이지와 작업할 때의 문제점을 탐색하고 이러한 문제에 대해 수퍼바이지가 대처할 때 영향을 줄 수 있는 핵심적인 몇 가지 요인들에 대해 논의하고 있다. 수퍼바이저는 평가적 위치에 있으며 따라서 수퍼바이지가 프로그램에 참여하여 필요한 기술과 발전된 능력을 습득했는지에 대해 평가하도록 되어 있다는 사실을 명심해야 한다. 손상된 결함 있는 수퍼바이저와 작업을 하게 될 경우 상담 수련생이 어떻게 해야 할지에 대해 다루고 있다. 수련생이 적절한 조치를 취하기 전에 고려해야 할 핵심적인 요인은 수퍼바이저의 결함이 정확하게 무엇인지와 그 심각성 정도를 파악하는 것이다. 결함 있는 수퍼바이저와 계속 작업을 할 것인지 아니면 달리 대처할 것인지를 결정하는 데 영향을 주는 또 다른 요인들에는 수퍼비전 관계에 내재되어 있는 힘의 차이, 상담 수련생의 발달 단계, 그리고 수퍼바이저와 수퍼바이지의 성격적 특성들이 포함된다. 결함 있는 수퍼바이저와 작업하는 수련생은 결함 있는 상담사와 작업하는 내담자보다도 선택의 여지가 적다. 적극적인 수퍼바이지라도 수퍼바이저의 힘의 남용으로 야기될 수 있는 잠재적 문제를 고려할 때, 결함이 있는 수퍼바이저에 대한 대처에 신중을 기해야 한다. 특히 수퍼비전의 질이 나빠지거나 수퍼비전 관계로 인해 피해를 입을 경우, 극단적으로는 수련생은 법적 대응을 취할 수 있다고 말하고 있다. 미쉘 무라토리(Michelle Muratori)는 결함 있는 수퍼바이저를 다룬 그의 경험에 대한 개인적 관점을 제공하고 있다.

### Michelle Muratori의 개인적 관점

나는 스스로 여러 유능한 수퍼바이저와 일할 수 있어서 운이 좋다고 생각하지만, 여기서는 내 관점에서 결함 있던 수퍼바이저와의 경험을 공유하고자 한다. 수련 초창기에 나는 개인 상담, 집단 상담, 가족 상담, 커플 상담 등을 수행했다. 나는 교착 상태에 빠졌지만, 극복하고자 하는 어린 커플을 상담하고 있었다. 나는 당시에 개인적으로 나의 남자 친구와 수년에 걸쳐 문제를 겪고 있었고 그 문제에 대한 역전이 때문에 이 사례를 특히 힘들어했다. 나의 연인 관계도 교착 상태였기에 나는 나의 문제도 해결하지 못하면서 다른 사람을 상담하는 것에 서툴렀고 무서웠다. 수퍼바이저와 다루었으면 하는 질문이 많이 있었지만, 나는 그것들을 수퍼비전에서 꺼내는 것에 거부감이 들었다.

경험과 지식이 많았지만, 나의 수퍼바이저는 번아웃으로 고생하는 것처럼 보였다. 그녀는 빠른 성장을 보이지 않는 내담자에 대해 인내심이 적은 것 같았다. 이 특정 사례를 토론할 때, 그녀는 나의 내담자를 "찌질이(losers)"라고 하였다. 물론, "찌질이"라고 할 수 있다. 나는 그것에 대해 어떻게 해야 할지 몰랐지만, 나는 직감적으로 다른 수퍼바이저를 찾아야 한다고 생각했다 (그래서 나는 그렇게 했다). 나는 내가 만약 이 수퍼바이저에게 나의 취약성을 보이고 역전이에 대해 드러낸다면 나 역시 "찌질이"로 여겨질까 두려웠다. 여러 이유로 (예를 들어, 나는 수퍼바이저의 승인을 원했고, 수퍼바이저는 나를 평가하고 있었고, 진입 제한 문지기(gatekeeping)의 역할을 하고 있었다.) 나는 수퍼바이저에게 나의 있는 그대로의 모습을 드러내는 모험을 할 수 없다고 느꼈다. 요점은 나는 수퍼바이저가 내가 준 정보로 무엇을 할지 믿을 수 없었고 그래서 나는 나의 경험에 기반해서 내 상담 관련 정보를 주는 방법에 대해 극도로 조심했다. 내 수련이 센터에서 끝나기 직전에 그녀는 은퇴했다. 나는 다른 수퍼바이저를 만났고, 내 원래 수퍼바이저와 계속해서 작업하지 않게 되어서 기뻐했다.

## 무능하고 결함 있는 수퍼바이지

결함 있거나 무능한 수퍼바이저와 일하는 것은 해결하기 어려운 상황이지만, 그런 수퍼바이저를 만나기보다는 오히려 문제 행동이 많은 수퍼바이지를 만나는 것이 더 빈번하다. 수퍼바이저의 역할을 수행하다 보면 역량 개발에 한계가 있는 기술적 결함, 지식 부족, 성격 문제, 그리고 다른 문제 행동과 태도를 지니고 있는 수련생을 아마 만나게 될 것이다. 수퍼바이지가 다른 사람을 상담할 능력이 없는 것이 명백할 경우 수퍼바이저의 책임은 무엇인가? 상담사로서 미흡한 수퍼바이지를 만났을 때, 언급되어야 할 윤리적인 문제는 무엇인가? 수퍼바이지가 효과적인 상담을 위해 요구되는 기본 지식이나 조력 기술을 갖추지 못한 경우가 있다. 이때에는 수퍼바이지의 지식과 기술의 발달 수준이 명확하게 평가되어야 한다. 만일 수퍼바이지가 개인 문제나 성격적 특성으로 인해 효과적으로 상담을 수행하지 못하는 경우에는 어떻게 해야 하는가?

### 수련생의 문제 행동의 특징

수퍼바이저는 윤리적으로 개인적 한계나 결함 때문에 훈련 시 역할을 잘 수행하지 못하는 수퍼바이지에게 그러한 점을 직면시키는 것을 회피해서는 안 된다. 윤리적, 법적 관점에서 수퍼바이저나 수련 과정 교수들은 개인 사생활이나 대인 관계 문제로 인해 역량이 떨어지는 수련생의 상황을 심각하게 다뤄야 한다.

임상적 의무를 효과적으로 수행하기 위한 학생이나 수련생들의 능력에 부정적인 영향을 미치는 행동에는 여러 가지가 있다. 이 가운데 가장 심각한 두 가지 문제는 약물 남용과 성격 장애이다. 수련생의 결함에는 구체적으로 대인 관계 민감성, 극단적 통제 욕구, 그리고 내담자를 희생시켜 자신의 욕구를 충족하려고 지위를 이용하는 것 등이 포함된다.

DeLorenzi(2018b)는 수퍼바이저의 책임을 위해 수련생의 전문적인 수행을 평가하는 데 있어 다루어야 하는 포괄적인 문제 행동의 목록을 제공하였다. 수퍼바이지가 내담자에게 서비스를 전달할 때, 전문적인 수행에 부정적인 영향을 주는 몇몇 문제가 있는 행동은 다음과 같다.

- 다양한 전문가 단체의 윤리적 기준을 부합하지 못하는 것을 포함한 비윤리적 행동
- 수퍼바이저의 피드백을 받아들이지 않는 등 피드백을 받는 데 대한 저항
- 내담자의 욕구보다 자신의 욕구를 우선시하는 것
- 대학원 학위 과정 프로그램의 절차와 정책을 따르지 않는 것
- 개인적, 전문적 성장을 촉진하는 수련 활동에 적극적으로 참여하지 않는 것
- 테크놀로지의 부적절한 사용
- 내담자나 동료와 적절한 거리를 유지하거나 설정하는 것을 못하는 것
- 정서적 불안정을 보이는 것
- 자기 돌봄에 관심이 없는 것
- 개인의 응답 방식에 대한 고찰을 거부하는 것
- 새로운 생각과 배움에 폐쇄적인 것
- 강직성과 진실성 부족
- 환경 변화의 요구에 적응하지 못하는 것
- 자기 성찰과 자기 탐색에 대한 관심이 부족한 것
- 대인 관계 갈등을 효과적으로 다루지 못하는 것

• 다른 사람의 안녕에 대한 진심, 공감, 관심을 보이지 않는 것
• 진솔하게 자기 평가를 못하는 것

이들 문제 행동의 예시들이 모든 것을 포함하지는 않지만, 수퍼비전의 일환으로서 개입이 필요한 문제 행동에 대한 구체적인 예시가 될 것이다. 가능한 수련생의 문제 행동이 발생하는 것을 예방하는 데에 초점을 두어야 한다.

### 수련생의 역량 모니터링

수퍼바이저는 정신 건강 직업 내에서 실무를 감당할 수 있는 역량을 평가함으로써 그 직업을 위한 진입 제한 문지기 역할을 수행한다. Falender(2018)는 다음과 같이 이야기하였다. "수퍼바이저는 평가자와 진입 제한 문지기 역할 때문에 모든 과정의 최전선에 위치하고 있다. 수퍼바이저는 지속적인 평가, 모니터링, 평가 및 피드백을 수행하지만, 동시에 수퍼바이지가 자신의 역량 개발을 파악하고 계획적으로 더 큰 역량을 얻을 수 있도록 도와줘야 하는 또 다른 목표를 달성해야 한다"(p.1244). 수련 중인 학생의 역량을 모니터링하는 것은 오랜 기간 수련 과정의 필수 요소로 여겨졌다. 수퍼바이지의 학업 능력, 지식, 그리고 임상적 기술을 평가하는 것과 아울러, 효과적인 정신 건강 서비스 수행 능력에 영향을 미치는 수퍼바이지의 성격 특성, 대인 관계 행동, 그리고 전문적 행동을 확인하여 평가하는 것은 중요하다. 효과적인 실습에 필요한 개인적 자질을 갖추지 못한 정신 건강 전문가에 의해 발생할 수 있는 피해에 대한 인식이 높아진 것을 고려할 때, 상담 교육자와 수퍼바이저는 해당 직업의 진입 제한 문지기의 역할을 할 책임이 있다는 것은 분명하다(DelLorenzi, 2018a, 2018b). 게다가, 학생들에게 진입 제한 기능 정책에 대해 알리는 것은 매우 중요하다. 학생들은 프로그램에서 요구하는 요소와 전문적인 기준에 대한 명확한 정보를 가질 필요가 있다. 학생들이 대학원 프로그램에 지원할 때부터 자격증 승인을 받을 때까지 다양한 단계에서 그에 필요한 기준, 정책, 절차 및 과정에 대해서 학생과 수퍼바이저는 자세히 알고 있어야 한다(Tanasia, 2018). 개인 특성을 기준으로 훈련생을 평가하는 것은 복잡하고 힘든 작업인 경우가 많다. 교육생들의 대인 관계 행동은 임상적 효과와 직접적인 관련이 있으므로, 이러한 요소들은 평가 과정에서 고려되어야 한다. Sofronoff, Helmes, Pachana(2011)에 따르면, 수련 프로그램 내에서 **실무 적합성**(fitness to practice)에 대한 평가는 학생들의 직업적 관심사를 추구할 권한과 관련이 있고, 이와 잠재적 내담자 권한 간의 균형을 맞출 필

요가 있다.

Gaubatz와 Vera(2002, 2006)는 수련생이 유능한 전문가로서 필요한 기술뿐만 아니라 개인 성격과 대인 관계 능력이 있는지를 확인하기 위한 공식화된 정책과 절차 단계를 개발하는 것은 상담사 수련 프로그램이 갖춰야 할 몫이라고 주장하였다. 때때로 수련생들이 효과적으로 기능하지 못하게 방해하는 개인 성격과 같은 문제를 가지고 있는데, 이런 경우 바로 이러한 개인적인 자질에 대해 지적한다면 수련생들이 그러한 피드백을 거부할 가능성이 있다. 이 경우, 프로그램은 학업이나 개인적으로 심각한 문제를 가진 학생을 그냥 지나치지 않아야 하고 수퍼바이저는 적절한 조치를 취해야 할 윤리적 책임이 있다.

### 역량이 부족한 수퍼바이지에 대한 조치

문제를 바로잡기에는 너무 늦었다는 소리를 듣기 전에 일찌감치 문제를 고칠 수 있도록 수퍼바이저로부터 견책을 받는 것이 수퍼바이지에게 매우 중요하다. 이를 위한 적법 절차가 필요하다. 그리고 수련생을 프로그램에서 배제시키는 것은 여러 가지 결함을 변화시키기 위한 일련의 조치들이 모두 실패한 경우에 취하는 가장 마지막 수단이 되어야 한다. 수퍼바이저는 수련생에게 정기적으로 구체적이고 지속적인 피드백을 제공할 의무가 있다. 만일 수퍼바이지의 수행에 문제가 있다면, 수련생에게 문제를 교정하기 위한 조치를 취해야 한다. 그러한 조치들에는 수퍼비전 횟수의 증가, 휴학 허가, 개인 치료, 수업 또는 워크숍 참가, 실습 또는 인턴십 반복, 혹은 성장 집단 참가 등이 포함된다. 수퍼비전 계약서에, 결함이 발생할 때 현실적으로 어떻게 할 것인지 그리고 어떠한 결과가 초래되는지에 대해서 자세히 작성하는 것과 그러한 논의를 수퍼바이지와 함께 하는 것은 매우 중요하다.

미국 상담학회 **윤리 규정**(2014)과 **모범적 상담 수퍼비전**(ACES 2011)을 보면, 수퍼바이저의 진입 진입 제한 기능과 관련된 문제를 자세히 다루고 있으며, 교정 조치 방법 및 프로그램 배제 처리 방법에 대해서 논하고 있다. 미국 심리학회의 『건강 서비스 심리 분야의 임상 수퍼비전 지침서(Guidelines for Clinical Supervision in Health Service Psychology)』(APA, 2015)에는 수퍼바이지의 전문적인 역량 문제를 다루는 지침서를 수퍼바이저에게 제공하고 있다(글상자 7.1 참조).

### 프로그램에서 학생의 배제

우리는 Sampson과 그녀의 동료(2013)의 의견에 동의한다. 그들은 "상담 수련 프로그램에서 교육자들이 직면하는 가장 복잡하고 감정적으로 스트레스를 받는 상황 중 하나는 여러 번 수정하라고 하고 개선하기에 충분한 시간에도 불구하고 합리적이거나 적절한 전문적 성장을 하지 못하는 수련생에 대한 딜레마이다."(p.26)라고 하였다. Forrest와 그녀의 동료들(1999)은 역량 부족에 대한 공통된 몇 가지 범주 즉, 낮은 학업 수행, 저조한 임상적 수행, 부족한 대인 관계 기술, 그리고 비윤리적인 행동 등을 탐색했다. 그리고 심리적 원인에는 정서적 불안정, 성격 장애, 정신 병리, 그리고 비전문가적 태도가 포함되었다. Forrest와 그녀의 동료들은 프로그램과 수련생 모두를 보호하기 위해 마련되어야 하는 공통된 적법 절차 처리 지침을 제안하였다.

- 수련 종결 이유에 대한 서면 기술
- 수련생의 개인적 그리고 상호 관계 기능에 대한 구두 및 서면 평가
- 기대된 행동 변화, 시한, 그리고 치료 교육의 실패에 대해 구체적으로 명시한 서면으로 된 조치 계획
- 프로그램 배제에 대한 통지 절차
- 프로그램 배제 결정에 대해 수련생이 할 수 있는 이의제기 절차

Kerl, Garcia, McCullough, Maxwell(2002)은 학생들의 직업 관련 성과를 평가하기 위한 훈련 프로그램에 대한 체계적인 절차 설계의 중요성을 설명한다. 프로그램에서의 배제가 대인 관계나 임상적 무능에 근거할 때, Kerl과 동료들은 타당한 체계적인 학업 평가와 절차적, 실질적으로 적법 절차를 고수하는 것의 중요성을 강조한다. 학생들의 대인 관계와 상담 능력에 대한 평가는 학업 성취도에 대한 전반적인 평가의 일부가 되어야 한다. 법원은 일관되게 개인의 특성이나 행동을 학업 성취도의 기본으로 보고 있기 때문에 이것은 학문적 문제로 취급될 수 있다.

수퍼바이지의 개인적 특성이나 문제 행동에 대한 우려가 있을 때, 교수와 수퍼바이저 모두 수퍼바이지가 프로그램을 계속 진행하지 못하도록 조치를 취하는 것을 망설일 수 있다. Forrest와 동료들(1999)은 조치를 취하는 데 방해가 되는 몇 가지 요인을 소개하였다. 배제 결정을 명확히 입증하기 어려울 때; 배제 결정을 지지해 줄 적절한 절차의 부족; 교수와 학생이 겪게 될 심리적 고통에 대한 염려; 수련생의 극도의 저항과 방어에 대한 염려; 수련생의 저항과 방어 기제에 대한 우려; 수련생에 대한 개입 절차에 참여하지 않은 다른 교수 또는 수퍼바이저로부터의 비판 가능성; 가능한 법적 책임; 학생의 미래와 프로그램 성

공에 대한 진정 어린 걱정; 행정적 지원의 부족 등이 그것이다. 아마도 학생을 프로그램에서 배제시키는 데 있어 주된 장애물은 해당 학생으로부터 야기될지 모를 법적 분쟁에 대한 두려움일 것이다. 문제 행동을 가진 학생을 배제할 필요성이 있다는 것을 결정할 때 발생하는 법적 책임의 위험을 줄이는 방법은 진입 제한 절차를 표준화하고 프로그램 정책과 규정을 비판적으로 바라보고 객관적으로 평가하고 수정하는 것이다(DeLorrenzi, 2018a). Baldwin(2018)은 수퍼바이저가 법적 책임의 위험을 감수하면서도 수퍼비전에 대한 책임을 실현하는 것이 가장 중요하다고 주장한다. 만약 수퍼바이저가 진입 제한 문지기 역할을 회피한다면, 문제가 있는 훈련생은 무능한 치료사로서 전문 분야에서 일을 하게 될 가능성이 있기 때문이다.

### 글상자 7.1 수퍼바이지의 무능함을 다루는 것에 관한 수퍼바이저의 윤리적 책임

**미국 상담학회(ACA)(2014)**

윤리 규정

초기 평가와 계속적인 평가를 통해 수퍼바이저는 상담에 영향을 미치는 수퍼바이지의 한계점을 인지해야 한다. 수퍼바이저는 필요시 안전한 개입 방안을 마련하여 수퍼바이지를 도와야 한다. 수퍼바이지가 다양한 내담자에게 유능한 전문적 상담 서비스를 제공하지 못한다면, 훈련 프로그램, 소속된 상담 기관, 주 또는 전문가 단체 자격증 과정을 멈출 것을 권고해야 한다. 수퍼바이저는 자문을 받으면서 수퍼바이지 배제에 대한 의사결정 과정을 문서화하고 수퍼바이지가 도움을 받을 수 있도록 의뢰한 과정 역시 기록해야 한다. 수퍼바이저는 수퍼바이지가 이러한 결정에 있어 가능한 선택지들을 인식할 수 있도록 도와야 한다(F.5.b.).

**상담사 교육 및 수퍼비전 협회(ACES)(2011)**

모범적 상담 수퍼비전

개입 방안을 고안할 때, 수퍼바이저는 적절한 단계를 밟아야 한다.

i. 수퍼바이저는 개선이 되어야 하는 상담기술과 행동에 대해서 친절하고 도움이 되는 방식으로 피드백을 전달하여 수퍼바이지의 발달상의 어려운 점을 정상화시키려고 노력해야 한다.

ii. 개입이 필요할 때, 수퍼바이저는 수퍼바이지에게 적절하게 알린다. 수퍼바이저는 수퍼바이지의 부족한 부분과 관련된 특정 개입을 고안해 내야 한다. 수퍼바이저는 명확한 목표, 요구, 일정, 준수와 비준수의 결과가 포함된 문서화된 개입 계획을 준비해야 한다.

iii. 개입 계획에 개인적인 상담을 포함한다면, 수퍼바이저는 이중 관계와 수퍼바이지의 사생활 침해를 최소화해야 한다(9.d.).

**미국 심리학회(APA)(2015)**

건강 서비스 심리학 분야에서의 임상 수퍼비전을 위한 지침서

- 수퍼바이저는 수퍼비전 계약과 프로그램, 기관, 법률적 정책 그리고 수행 평가와 관련된 절차를 이해하고 지켜야 한다(F.1.).
- 수퍼바이저는 잠재적 수행의 문제를 적절하게 확인하고 이에 대해서 수퍼바이지와 대화하고 적절한 시간을 씀으로써 이 문제를 다루어서 이와 같은 기회가 변화를 가져오게 하도록 애써야 한다(F.2.).
- 수퍼바이저는 수행 문제를 개선하기 위한 계획을 능숙하게 개발하고 시행할 수 있어야 한다(F.3.).
- 수퍼바이저는 진입 제한 문지기로서 그들의 역할을 유념하며 수퍼바이지의 수행 문제에 대해 적절하고 윤리적인 행동을 취한다(F.4.).

부족한 점과 어려운 점, 제공한 피드백, 개선을 향한 노력, 피드백에 대한 수련생의 반응, 그리고 개입 절차를 지속적으로 문서화하는 것의 중요성은 계속해서 강조하고 또 강조해야 한다. 학업적인 이유가 아닌 연유로 학생을 프로그램으로부터 배제하는 것에 많은 어려움이 있음에도 불구하고 학생이 그들의 치료적 수행에 영향을 미치는 개인적, 대인 관계적 문제를 성공적으로 개선하지 못한다면 대학원 과정에서 배제하는 것은 중요하다. 배제가 필요하다고 결정된다면, Sampson과 동료들(2013)은 "모든 사람이 유능한 치료사가 될 수 있는 능력이 있는 것도 아니고, 입학했다고 해서 모두 졸업하는 것도 아니다. 개개인이 제대로 학습하는 것이 중요하다"라고 우리에게 알려주고 있다(p. 29).

상담사가 어떤 순간부터 수퍼바이저로 일하게 되는 것은 자연스러운 일이기에 무능하거나 결함이 있는 수련생이 학위를 받아서 졸업하게 그냥 놔두는 것은 미래의 수퍼바이지와 그들의 내담자의 복지에 위험한 영향을 미친다는 이야기가 된다. 수련생이 학업 문제는 없지만 내적 갈등도 많고 대인 관계에서의 문제가 많은 경우 7.2에서 나온 첼시의 사례와 같이 어떤 개입이 필요하다. 이러한 개입 전략이 효과적이지 않을 때는 학위 과정에서 배제시키는 과정이 필요하게 된다. 그러나 학위 과정에서 배제시키는 것은 최후의 수단으로 사용되어야 한다.

**사례 7.2 첼시**

무하매드와 아론소는 정신 건강 상담 프로그램의 석사 과정 수련생이다. 최근 이들은 전공 주임에게 박사 과정 3년 차인 첼시와 함께 수련 받는 게 어렵다고 불평하였다. 두 수련생 모두 첼시가 항상 늦게 출근하고 거만해서 그들뿐만 아니라 다른 수련생들까지도 무시하고 남을 통제하고 조정하려고 한다고 하였다. 예를 들면, 집단 수퍼비전에서 함께 협력해야 하는 공동 리더의 아이디어를 자기의 생각이었다고 이야기했지만, 사실은 그것은 수련생들이 뭐라고 하니깐 그걸 방어하기 위해서 내세운 변명거리였다. 지각하는 것과 책임을 지지 않는 것에 대해서도 매번 변명만 늘어 놓는다. 첼시의 경우 학업에서는 매번 A학점을 받고 윗사람에게도 잘하는 학생이기에, 무하매드와 아론소는 수련 기관 수퍼바이저는 이러한 첼시의 변명에 넘어가서 전혀 첼시의 문제 행동을 보지 못하고 있다고 하였다. 이런 이야기를 수련 기관 수퍼바이저에게 하면 자신들은 유색 인종이고 첼시는 백인이기에 오히려 수퍼바이저가 첼시의 편을 들까 걱정된다고 하였다. 첼시의 행동 때문에 모든 수련생이 화가 났지만, 수련 기관의 수퍼바이저는 이를 모르고 있다고 하였다.

대학원 전공 주임은 이 이야기를 듣고 다음과 같이 다양한 문제가 개입되었다고 생각했다. 무하매드와 아론소의 이야기가 사실이라면, 1) 이는 성격적으로 문제가 있는 수련생에 의해 내담자와 동료 수련생들에게 해를 미치고 있다는 점, 2) 수련 기관의 수퍼바이저가 진입 제한 문지기의 역할을 소홀히 하고 인종 차별적인 태도가 있을 수 있다는 점, 3) 대학원의 교수들이 수련생의 상담사로의 특성과 자질을 고려하지 않고 단순히 학업성적이 좋다는 이유로 높은 평가를 내린 점과 같은 문제가 개입되어 있을 수 있다. 더 나아가 전공 주임은 수련 기관의 다른 수련생들 역시 수련을 잘 받고 있는지 확인해야 했다.

만약에 당신이 전공 주임이고 이러한 이야기를 접했다면 어떻게 처리했을 것 같은가? 누가 첼시에 대해서 이야기를 했는지 알리지 않고 첼시에게 이야기를 전달할 것인가? 이러한 내용이 사실인지 어떻게 파악할 것인가? 첼시에게 어떤 적법 절차가 있을 거라고 통보할 것인가? 결함이 있는 학생을 제대로 감독하지 못한 수련 기관 수퍼바이저와 동료 교수들에게는 뭐라고 이야기할 것인가? (무하매드와 아론소가 이야기 했다는 것을 알리지 않고) 수련 기관 수퍼바이저의 인종 차별적인 태도에 대해서는 어떻게 논의를 전개할 것인가?

이외에도 많은 질문이 있을 수 있다. 상황이 복잡한 점과 다양한 이해관계자가 있다는 점을 고려할 때, 최선의 해결책을 얻기 위해서는 윤리적 의사 결정 모형을 사용할 필요가 있다. 윤리적 원칙에 입각해서 좀 더 많은 관련 정보를 수집하고, 이해관계자 각각의 의견을 청취한다면 건설적이고 공정한 방식으로 해결책을 마련할 수 있을 것이다.

다음의 현장의 목소리 칼럼에서는 Jamie Bludworth 박사가 상담사 역량이 부족한 수퍼바이지를 위해 개입 전략을 어떻게 만들었고 적용했는지에 대해서 진입 제한 기능의 책무성을 중심으로 기술하고 있다.

### 현장의 목소리

#### 상담 수퍼비전 교정 개입

*Jamie Bludworth, PhD*

지난날을 돌아보면 나는 초보 상담사부터 숙련 상담사까지 다양한 수련생들을 수퍼비전해 왔다. 수퍼바이지들을 격려하면서 그들이 가족 체계적, 다문화적 관점에서 수용하며 차츰 성장하는 것을 보면 뿌듯했다. 내 경력에서 이런 수퍼비전 경력이 가장 자랑스러웠다. 물론 이렇듯 수퍼비전의 좋은 점도 있지만 동시에 어려운 점도 있었다. 나는 특히 진입 제한 문지기의 역할을 하는 것이 쉽지 않았고 이를 위해 개입 전략을 만들고 시행하는 것이 만만치 않았다.

상담 수퍼비전에서 교정을 위한 개입 계획을 언제, 어떻게 할 것인지 결정하는 것은 스트레스를 주는 작업이다. 교정 개입 계획을 세우는 데에는 기술 결함, 수행 결함, 비전문적인 행위를 어떻게 다루고 수정할 것인지 등이 포함되어야 한다. 수련생에게도 공정해야 하며, 동시에 내담자도 보호하고 상담이라는 전문 직종도 고려해야 한다. 솔직히 이런 일은 다음 수퍼바이저가 감당하게 이런 학생을 그냥 내보내고 싶을 정도이다. 수련생이 오랜 기간 수련을 받은 경우에는 이런 교정 개입 계획을 세우는 것이 더 어렵고 복잡해진다.

이런 스트레스를 예방하고 내담자에게 해를 입히지 않기 위해서는 최대한 빠르게 결함 행동에 대해서 개입하는 것이 중요하다. 공식적인 교정 개입 계획을 세우는 것이 힘들어 하는 수련생의 성장을 위한 최선의 방법이고 때로는 이를 통해 수련생이 상담 직종과는 맞지 않는다는 것을 깨닫게 할 수 있다. 진입 제한 기능에 있어 너무 오래 기다렸다가 이런 개입전략을 적용하면 그만큼 힘들게 된다. 그러므로 최대한 초창기에 이러한 개입 전략을 적용해서 잘못된 상담을 하지 않게 막는 것이 중요하다.

효과적인 개입 전략은 무엇을 어떻게 해야 하는지 명확하게 문서로 기술되어 전달되어야 한다. 보통 나는 문서로 학생이 무엇을 해야 하는지 적고, 또 다른 문서에는 단계별로 학생이 해야 할 일을 구체적으로 적어서 준다. 이러한 문서의 시작에는 이 계획의 목적이 무엇인지 적는다. 이 계획의 목적은 처벌이 아닌 현재의 수련생의 문제 행동을 개선하여 상담 기술을 높이는 방안임을 분명하게 적는다. 문제 행동의 심각성을 적고 만약에 이러한 개선 노력을 하지 않을 경우 초래되는 결과도 적는다. 그 다음으로 나는 문제 행동과 기술 결함이 어떤 것인지 구체적으로 나열하며 적는다. 미국 상담학회 윤리 규정, 대학원 지침서, 강의 계획서, 수련 지침서 등의 규정들을 함께 나열해서 적는다. 이를 통해 학생들이 무엇이 잘못된 건지에서 나아가 이 개입 계획이 얼마나 중요한지 깨닫게 한다. 이 문서의 마지막 단락에는 수퍼바이저에게 받을 수 있는 지원이 어떤 것이 있는지 적고, 이 계획의 성과가 단순히 특정 문제 행동의 수정이나 기술을 획득하는 것만이 아니라는 것을 알린다. 그보다는 수련생이 일하기를 원하는 영역에서의 전반적인 개선을 의미한다는 것을 전달한다. 나아가 이러한 계획대로 되지 않고 어떤 개선도 일어나지 않았을 때, 어떤 결과가 초래되는지 역시 명확하게 기술한다.

### 수련 프로그램에 대한 도전

좋은 프로그램은 지지적이면서도 도전적인 환경을 제공하며, 수련생으로 하여금 스스로의 삶의 경험과 강점을 축적해 가도록 격려하며, 자신과 타인에 대한 인식의 범위를 확장할 수 있는 기회를 제공한다. 또한 현장 수퍼바이저들이 수련생들에게 상담 수퍼비전을 할 때 필요한 정책과 방향성을 명확하게 제시할 필요가 있다. 이상적으로는 다양한 내용 영역을 수련생에게 소개하며, 여러 종류의 내담자와의 상담에 활용할 수 있는 폭넓은 임상 기술을 습득할 수 있어야 한다.

때때로 프로그램 결함이 있어서 문제가 발생하는 경우가 있다. 현장의 목소리 칼럼에서는 Janna Scarborough 박사의 이야기를 소개하고 있다. 수련생의 상담 기술 발달 혹은 다른 영역에서의 전문성 개발을 돕는 것 외에도, 수퍼바이저는 수퍼바이지에게 필요시에 어떻게 시스템을 이해하고, 조정하며, 대처해야 하는지 알려 줄 필요가 있다.

### 현장의 목소리

#### 학생과 학교의 요구를 옹호하기

*Janna Scarborough, PhD*

"항상 수동적으로만 대처하는 것 같아요. 교사도 힘들고 나도 힘들어요. 학생들을 위해서 좀 더 적극적으로 할 수 있을 것 같은데 내가 하는 일에 대해서 축소해서 봐서인지 솔직히 말해서 내가 할 수 있는 수준보다 훨씬 못하고 있다는 느낌이랍니다." 학교 상담 교수이면서 수퍼바이저인 나는 종종 이런 이야기를 수련생들에게 듣는다. 수련생들이 느끼고 있는 것은 결국 학교 상담사들이 훨씬 더 적극적으로 학생들을 변호하며 도움을 줄 수 있을 것 같은데 학교 정책과 규정 때문에 못하고 있다는 것이다. 나는 수업 시간에는 상담을 하는 것을 꺼려하고 학생에 있어 상담사의 역할을 축소시킨 학교에 있는 상담사를 수퍼비전한 경험이 있다. 이 상담사의 경우는 학업 부진아들을 알고 있었고, 학교 폭력과 규정 위반을 하는 아이들도 알고 있었다. 나아가 교사들이 힘들어하는 학생들이 누구인지도 파악하고 있었다. 이런 정보가 있음에도 불구하고 어떻게 개입해야 할지는 어려워했다

학교 상담은 학교라는 복잡한 시스템 속에 있으며 상담사에게 다양한 역할을 요구한다. 때때로 상담사라는 독특한 역할 때문에 학교 상담사는 아웃사이더라는 느낌을 받기도 하지만 시스템을 이해하지 않으면 효과적인 개입을 하기 어렵다. 위의 사례의 학교 상담사는 학생과 학교의 요구가 무엇인지는 분명히 알고 있고 상담 이론과 개입 전략을 알고 있을 수도 있다. 그러나 보다 적극적으로 시스템에 대한 이해를 가지고 학생과 학교를 옹호하는 학교상담사의 역할을 수행해야 한다. 내 수퍼비전은 이런 시스템의 이해에 초점을 두고 있다.

이 수퍼바이지와 함께 나는 그가 왜 힘들어 하는지 논의하였다. 특히 그가 교사와 행정가에 대해 가지고 있는 인식에 대해서 논의하였다. 그는 교사와 행정가들이 느끼는 걱정과 압력 등에 대해서 공감하고 있었다. 나아가 학생뿐만 아니라 교사와 교감과의 관계를 잘 맺어 왔음을 이야기하였다. 또한 공동의 관심사에 대해서 논의할 때, 학생을 위해서 뭔가 해 보자라고 함께 이야기가 되었다고 했다. 이러한 긍정적인 관계를 토대로 나는 그가 하고 싶어 하는 것이 무엇인지 그리고 그러한 일이 어떤 영향을 미칠 것인지 이야기를 나누었다. 학교 학생들에 대한 정보에 대해서 이야기를 하면서 나는 외상 아동과 외상 치료의 전문가를 불러서 함께 이야기를 나누었다. 수퍼바이지는 이러한 외상 치료 원리를 바탕으로 집단 상담을 하고 교사들에게 자문을 주겠다고 하였다. 교사들이 이러한 외상 치료 원리를 이해한다면 학생에게 도움이 될 뿐만 아니라 교사들에게도 도움이 되리라 생각한 것이다. 각 단계별로 어떻게 학교 상담사가 변화를 옹호하고 이끌어 가고 협조를 끌어낼 수 있는지에 대해서도 논의하였다. 물론 이 과정에서 힘들 수 있는 점도 파악하고 추진 시 필요한 기술, 정보, 지지 체계 등에 대해서 탐색해 나갔다.

## 수퍼비전 과정에서의 다중 역할과 다중 관계

상담사 교육 및 수퍼비전 협회(ACES, 2011)의 **모범적 상담 수퍼비전** 문서에서는 상담 수퍼바이저는 다양한 역할과 책임을 질 수 있도록 인격적으로나 직업적으로 성숙할 것이 기대된다고 하였다. 다중 관계는 수퍼바이저가 같은 수퍼바이지와의 관계에서 전문가적 역할과 함께 동시에 다른 역할을 할 때 발생한다. 다중 역할과 관계는 임상 수퍼비전에서 종종 발생하며 때로는 피할 수 없고, 그 중 몇몇은 오히려 도움이 되기도 한다(Falender, 2017). 수퍼비전에서 도움이 되는 다중 역할은 수퍼바이저가 멘토의 역할을 수행할 때 같은 것이다. 이렇듯 다중 역할은 피할 수 없으며 때로는 문제가 될 소지도 있다. 그러므로 수퍼바이저는 수퍼바이지를 손상시키지 않도록 주의 깊게 수퍼바이저와 수퍼바이지 간의 관계를 맺어야 할 윤리적 책임을 지니고 있다. 수퍼바이저는 그들의 역할을 명확하게 하고 유연성과 엄격성의 경계를 잘 구분해야 한다. 만약 수퍼바이저가 객관성을 유지하지 않는다면 수퍼바이지는 수퍼비전 과정에서 제대로 도움을 받지 못할 것이다. 수퍼바이저는 수퍼바이지가 편안하게 적절한 경계가 무엇인지 이야기를 할 수 있게 도와주어야 하고 다중 역할과 다중 관계를 잘 다루는 방법에 대해서 수련생과 상의를 하면 알려 줘야 한다. 수퍼바이저가 수퍼바이지와 적절한 경계를 잘 설정하고 유지하는 것이 바로 수퍼바이지와 내담자 관계의 롤 모델이 될 수 있다는 점을 명심해야 한다(Austin et al., 2017).

수퍼바이지와 다중 관계를 맺기 전에 수퍼바이저들은 객관성과 판단에 영향을 줄 수 있는 것을 파악하고 그에 대한 대안 등을 고려하는 것이 중요하다. 만약 수퍼바이지와의 다중 관계가 해를 미치지 않고 오히려 도움이 된다고 생각된다 해도 그러한 관계를 맺기 전에 수퍼바이저는 수퍼바이지와 같이 이러한 다중 관계에 도움이 되는 점과 도움이 되지 않는 점을 함께 탐색할 필요가 있다(Barnett & Johnson, 2010).

### 윤리 규정 그리고 다중 역할과 다중 관계

윤리적으로 수퍼바이저는 자신의 역할을 명시하며, 역할의 경계가 흐려질 때 생길 수 있는 잠재적 문제를 자각할 필요가 있다. 유능한 수퍼바이저는 다중 역할(multiple roles)과 다중 관계(multiple relationships)를 잘 다루어야 하고 수퍼바이지와 힘의 차이가 있다는 점을 인식하며 지속적인 피드백과 수퍼바이저의 성장에 초점을 맞춰야 한다(Falender, 2017). 적절한 개인적, 직업적 경계를 수립할 수 있는 수퍼바이저는 수퍼바이지에게 적절한 경계를 설정하는 방법을 가르치기에 좋은 위치를 점하게 된다.

수퍼바이지는 수퍼바이저의 다중적인 역할에 영향을 받을 수 있으며 혼재된 역할은 수퍼비전 과정에 영향을 줄 수 있다. Herlihy와 Corey(2015b)가 지적한 바와 같이 수퍼비전 관계의 성격이 명확히 정의되지 않을 경우, 수퍼비전 관계에서 언젠가는 어려운 상황에 처할 수 있다. 수퍼바이저의 객관성이 손상되면 수퍼바이지는 수퍼비전 과정을 백분 활용하기 어려워 질 것이다.

대부분 전문가 단체들의 윤리 규정에는 다중적인 관계가 안고 있는 잠재적 문제에 대해 경고하고 있다. 특히, 이러한 규정에서는 내담자와 수퍼바이지를 착취하거나 위해하는 판단 또는 그러한 결과를 야기할 수 있는 모든 관계와 관련한 위험성을 경고하고 있다. 글상자 7.3에선 다중 관계와 관련된 2개의 윤리 규정의 원칙을 보여 주고 있다.

### 글상자 7.2 이중 및 다중 관계에 대한 윤리 기준

**미국 상담학회(ACA)(2014)**

윤리 규정

상담 수퍼바이저는 수퍼바이지와 윤리적, 전문적, 개인적, 사회적 관계를 명확하게 정의하고 유지해야 한다. 일반적으로 관습적인 기준을 넘어설 경우, 현 수퍼비전 관계에 위험 혹은 혜택을 줄 수 있음을 인지해야 한다. 이러한 경계를 넓힐 경우, 수퍼바이저는 이러한 행위가 판단의 결함을 가져오거나 어떤 문제도 발생시키지 않도록 전문적 예방 행위를 취해야 한다.

**상담사 교육 및 수퍼비전 협회(ACES)(2011)**

모범적 상담 수퍼비전

수퍼바이저는 수퍼비전 관계의 경계를 명확하게 정의해야 하고 다중 역할과 이중 관계 중 수퍼바이지와 수퍼비전 관계에 부정적으로 영향을 미치는 경우를 피해야 한다. 수퍼바이저는 적극적으로 수퍼바이지에게 해를 미치는 것을 예방하고 수퍼바이지와 함께 작업하고 평가하는 데 있어 객관성을 유지하기 위해 다양한 방면으로 노력해야 한다(5.c.iii.).

### 수퍼비전에서 다중 역할과 다중 관계 다루기

몇몇의 다중 관계는 상담 수퍼비전에서 문제의 여지가 없다. 수퍼바이저가 수퍼바이지와 연구프로젝트를 같이 한다거나 논문을 함께 쓸 수 있다. 다중적인 역할과 관계를 항상 피할 수는 없겠으나 수퍼바이저는 윤리적이고 적절한 방식으로 이를 다룰 책임이 있다(Falender & Shafranske, 2017). 이 문제의 핵심은 전문가로서 임무 수행을 하는 데 있어 객관성, 유능성 또는 효과성을 저해할 수 있는 다중적인 관계를 피하는 것이다. 피해야 할 것은 수련 및 수퍼비전 과정에서 힘을 남용할 소지가 있는 다중적인 역할 관계이다. 수퍼바이지는 힘의 불균형으로 취약한 위치에 있으며, 따라서 수퍼바이저가 이들을 착취하거나 힘을 오용하거나 또는 적절한 관계의 선을 넘을 때 해를 입힐 수 있다. 수퍼바이저는 수퍼바이지를 착취하거나 또는 수련 관계에 상존하는 힘의 불균형을 이용해 부당한 이득을 취해서는 안 된다.

Corey와 Corey(2021)는 상담사-내담자 간의 관계뿐만 아니라 수퍼바이저-수퍼바이지 관계에서도 **경계를 넘는 것**(boundary crossings)과 **경계를 위반하는 것**(boundary violations) 사이의 차이를 언급하였다. 경계를 넘는 것은 내담자와 수퍼바이지에게 도움을 주는 표준적 실무를 수행하지 않는 것을 의미하며, 경계를 위반하는 것은 내담자와 수퍼바이지에게 해를 가하는 심각한 위반을 하는 경우를 의미한다. 수퍼바이지에게 향한 성적으로 부적절한 행동은 명확히 경계를 위반한 경우라고 볼 수 있다. 수퍼바이지에게 수퍼바이저의 다른 수업을 들으라고 하거나 결혼식 등에 함께 참석한다거나 같은 학회에 참석하는 것과 같은 행위는 모두 경계를 넘는 행위이다.

Kozlowski와 동료들(2014)에 따르면 "수퍼비전에서의 힘의 차이와 역동을 이해하는 것은 적절한 수퍼비전 경계선을 유지하는 데 가장 중요하다"고 하였다(p. 110). 그들은 또한 몇몇 수퍼바이저가 수퍼바이지에 대한 힘을 행사하려고 한다고 하였다. 만약 수퍼바이저의 행동이 수퍼바이지에게 해를 끼친다면 이것은 경계 위반 행위가 될 수 있다(Falender, 2018). 대인 관계에서 경계선은 유동적이고 시간에 따라 변하고 수퍼바이저와 수퍼바이지 관계 역시 함께 일을 하면서 변화한다. 수퍼바이저와 수퍼바이지 역시 둘 다 전문가가 되어서 동료 관계로 바뀌고 새로운 경계를 형성한다. 경계를 넘는 행동이 수퍼바이지에게는 해가 되지 않을지라도 이렇게 경계를 넘는 행동은 전문적 역할을 모호하게 하며 잠재적으로 해가 될 수 있는 다중 관계로 발전시킬 수 있다. 경계를 넘는 행동이 경계를 위반하는 행동으로 발전되기 전에 예방하는 것은 중요하다.

세심한 실무자라 하더라도 경계를 넘는 행동이 경계를 위반하는 행동으로 바뀔 수 있는 순간에 대해서 고심해야 한다. 그 지역 사회에서 통하지 않는 기준을 가지고 상담을 하는 경우, 내담자 진단, 과거력, 가치, 문화의 역할과 같은 변인들에 의해 고심하고 했던 행동도 경계 위반 행위로 간주될 수 있다(Barnett, Lazarus, et al., 2007).

수퍼바이저는 상담 수련생들이 다중 역할에서 균형을 맞추고 다중 관계에 있어서의 역동을 이해할 수 있게 도와줘야 한다. 수퍼바이저는 수퍼비전 관계에서 적절한 경계를 만들어갈 책임이 있다. 수퍼바이저는 경계선과 관련해서 다양한 주제를 가지고 수퍼바이지를 교육할 필요가 있다. 내담자들이 어떻게 반응할지, 적절한 경계를 유지하는 법, 경계 위반을 하지 않는 방법 등에 대해서 교육해야 한다. 학생들이 수업을 통해 다중 관계에 대해 배울 수는 있으나 대개 경계의 문제와 맞부딪쳐 해결하도록 요구받는 것은 바로 현장 경험이나 인턴십 기간 동안이다(Herlihy & Corey, 2015b). 면허증과 자격증을 위해 수퍼비전 시간을 채우려는 동료 상담사들을 수퍼비전할 때는 다중 관계는 피하기 어렵다.

모든 종류의 다중 관계를 금지하는 것은 그다지 좋은 방법은 아니다. 이러한 다중 관계는 그렇게 쉽게 해답을 주지 않는다. 특정 다중 관계는 회피하는 것이 내담자에게 해가 가는 것을 피하게 해 주지만 상담사는 어떤 다중 관계가 바람직하지 않고, 어떤 것은 용납될 수 있고, 어떤 것은 필요한 것인지 스스로 결정할 수 있어야 한다(Zur, 2017). Zur(2007)은 경계를 넘는 모든 행위를 하지 않은 것이 때로는 치료적 관계에 악영향을 미칠 수 있다고 하였다. 물론, 경계를 넘는 행동이 내담자에게 해를 준다거나 상담사가 객관성을 유지하지 못하게 하거나 상담 성과에 영향을 미치는 경우에는 상담사가 경계를 넘는 행동을 하는 것을 주의하는 것이 맞다고 하였다. 이와 비슷하게 Kozlowski와 동료들(2014) 역시 “수퍼바이저가 수퍼바이지와의 경계를 잘 설정하라고 하는 것에 이유가 분명히 있으나, 너무 엄격하게 경계를 지을 경우 수퍼바이지와의 좀 더 심도 있는 멘토링 관계, 즉 수퍼바이지가 상담 방법을 학습할 수 있는 수퍼바이저와 수퍼바이지 간의 진솔한 정서적 관계를 맺기 어려울 수 있다는 것도 염두에 두어야 한다”(p.109)라고 하였다. 상담 전문가와 수퍼바이저 모두 그들이 직면하게 되는 경계의 이슈에 대해서 자신의 입장을 분명하게 설정하고 윤리적 의사결정을 내릴 때 좀 더 체계 이론을 적용할 필요가 있다. 다음의 현장의 목소리 칼럼에서 바바라 허릴히(Barbara Herlihy) 박사는 수퍼비전 관계 전반에 걸쳐 수퍼비전에서의 전문적 경계를 어떻게 유지해야 하는지 그 중요성에 대해서 이야기 하고 있다.

### 현장의 목소리

#### 수퍼비전에서 경계선 유지하기

*Barbara Herlihy, PhD*

지난 수십 년간 나는 석사 과정 수련생들과 상담사 면허를 획득하려고 하는 새내기를 위해 대학교 장면에서 수퍼바이저로 일을 해왔다. 나는 인턴들과 초보 상담사들이 성장하는 것을 볼 수 있기에 수퍼비전이 좋았다. 그러나 수퍼비전을 하면서 좋지 않은 경험도 있었다. 특히 수퍼바이지가 성장하지 못하고 적정 수준의 상담 기술을 갖추지 못할 때가 그러하였다. 이 경우에는 내담자에게도 해를 줄 수 있기 때문이다.

거주형 약물중독치료센터에서 면허증 취득을 위한 수련을 했던 석사 과정생 수퍼바이지였던 메리(Mary-가명임)는 정말 잊기 어려운 수련생이다. 그녀는 탁월한 통찰과 상담 기술을 지닌 타고난 상담사였다. 그녀와 수퍼비전을 하는 순간순간이 즐거웠다. 그녀는 수퍼바이지라기보다는 동료 같은 느낌이었다. 모든 게 완벽했으나 그녀가 내담자와 사랑에 빠지게 되자 이 모든 것이 한순간에 무너졌다. 내담자는 아침부터 저녁 5시까지 센터에 머무는 외래 치료 환자였다. 그러기에 저녁시간에 메리는 그 내담자와 가까이 지냈다. 그들은 이 관계를 아무에게도 알리지 않고 비밀리에 만나려고 노력했으나 그 기관의 다른 사람에 의해 알려졌다. 이는 상담 집단의 역동에 영향을 미쳤으며, 상담사 회의에서도 불편감을 가져다주기 시작했다. 내담자는 조기 종결하며 센터에 다시 오지 않았으나 메리는 이 관계를 시인하였다. 그녀의 행동이 윤리 규정 위반이라는 것이 명백하기에 이는 곧 면허증을 받지 못하게 되는 결과를 초래하였다. 그녀의 수퍼바이저인 나는 그녀가 타고난 상담사라고 생각했기에 나 역시 개인적으로 실망하고 좌절하였고 이런 상황이 안타까웠다. 동시에 나는 수퍼비전에서의 경계선의 중요성 역시 생각하게 되었다.

상담 직역에서 경계선의 대한 윤리 규정은 계속해서 변해 왔다. 초창기 미국 상담학회 **윤리 규정**은 모든 이중 관계를 피해야 한다고 기술되어져 있었다. 그러나 현재는 경계선 문제에 있어서 복잡성이 있으니 사례에 따라 숙고해야 한다고 기술하고 있다. 현재는 몇몇의 이중 관계는 피할 수도 없고 때로는 내담자에게 도움이 되기도 한다고 생각하기 때문이다. 예를 들어 수퍼바이지와 학회 참석 시 멘토로 관계를 맺는 것과 수퍼비전이 끝나면서 약간의 선물을 받는 것 혹은 수퍼비전에 개인의 어려움을 호소하는 것 등은 도움이 될 수도 있기 때문이다. 이런 종류의 경계를 넘는 것은 문제가 되지 않는다면 수퍼비전에서 권장되기도 한다. 경계를 넘어 경계 위반을 하는 경우와는 다른 종류의 이중 관계라고 보는 것이다. 경계 위반의 경우는 수퍼바이지와 이성 교제를 하거나 성관계를 맺는다거나 수퍼비전을 통해 수퍼바이저가 개인적 욕구를 해소하는 사례라고 볼 수 있다.

경계를 명확히 하면서 동시에 유연하게 만들 때, 대다수의 수퍼비전 관계가 가장 부드럽고 자연스럽게 형성된다. 수퍼비전이 끝날 때, 특히 수퍼바이지가 석사 학위를 받은 후에는 수퍼바이지로서의 경계를 짓는 행위가 종종 무시하곤 한다. 결국 이들은 동료가 되며 궁극적으로는 나와 같은 수퍼바이저가 되기 때문이다. 그럼에도 불구하고 수퍼비전 관계가 절대로 동료 관계가 될 수 없음을 명심해야 한다. 특히 두 관계는 평가가 개입되기에 힘(권력)의 불균형이 있기 때문이다. 경계가 모호해져서 수퍼바이저와 수퍼바이지 관계가 너무 개인적으로 가까워지면 부정적인 평가를 주는 게 힘들어진다. 수퍼바이지 역시 수퍼바이저가 실망할까봐 자신의 결점을 보이기 꺼려하기 때문이다. 그러므로 수퍼비전이 완전히 끝나기 전까지는 전문적 관계를 유지하는 것이 중요하다. 심지어 수퍼바이지가 유능하여 수퍼비전 과정이 성공적으로 끝날 것이 100% 확신되는 상황에서도 경계를 끝까지 잘 지키는 게 중요하다. 평가 과정이 다 끝나게 되면 비록 여전히 힘의 불균형이 느껴지겠지만, 그래도 평가 후에 동료 관계로 전환하는 것이 바람직하다.

### 멘토링

가장 역동적인 교수 방법은 멘토링 과정이다. 숙련된 수퍼바이저는 수퍼바이지가 전문가로서 성취하고자 하는 것에 대한 비전을 갖도록 격려하는 역할을 수행한다. 멘토로서의 이러한 역할은 수퍼비전 회기에서뿐만 아니라 비형식적인 많은 활동을 포함한다. 멘토는 격려뿐만 아니라 수퍼바이지로 하여금 자신의 관심을 추구하도록 고무시키고, 실용적인 목표달성 방법을 제안할 수 있다. 많은 대학원 프로그램에서 수퍼바이저는 종종 수퍼바이지나 학생을 학회 또는 회의의 공통 발표자로 초대한다.

수퍼바이저는 때때로 수퍼바이지를 멘토링하는 것과 평가하는 것에 있어 균형을 잡는 것을 어려워하곤 한다. 책임 정도나 역할은 분명 다르지만 이것이 별 문제가 되지는 않는다. 중요한 것은 더 큰 힘을 가진 사람(수퍼바이저)이 이런 형태의 협력적 작업을 먼저 제안한다는 점이다. 수퍼바이저가 수퍼바이지를 가르치는 최선의 방법에는 전문 학회에서 공동 발표를 하거나, 연구 프로젝트를 함께 수행하며, 또는 공동 집필 작업에 함께 참여하는 등의 적극적 활동을 활용하는 것 등이 포함된다. 다만, 일부 수퍼바이저가 프로젝트에 참여한 수퍼바이지에게 그 역할에 대한 정당한 인정을 해 주지 않는 것과 같은 잠재적인 윤리적 문제가 있을 수 있다. 그렇다고 이런 문제가 멘토링을 막는 장벽이 되어서는 안 된다. 대신, 잠재된 윤리적 문제에 대한 대화를 통해 이러한 문제를 다룰 수 있다. 지속적인 열린 대화를 통해 최적의 학습을 위한 토대가 마련된다. 우리에게 있어 이러한 협력적 대화는 다중 관계에 대한 수많은 금지 조항보다 훨씬 더 선호할 만하다. 많은 수퍼바이저가 그들을 보호하는 방법을 목록화한다. 권위적 역할에서 벗어나 좋은 멘토가 되는 것은 다소 취약해지는 느낌을 받게 하지만 수퍼바이지와 수퍼바이저 모두에게 도움이 될 수 있다.

### 박사 학생과 석사 학생 간의 경계선에 있어서의 고려점

상담 교육자와 수퍼바이저들은 경계선 이슈와 다중 관계에 있어서 학생들에게 가르쳐야 한다. 상담사 교육 프로그램에서는 박사 학생들이 종종 석사 학생들을 지도하는 경우가 발생한다. 상담사 교육 프로그램에서의 경계선 이슈와 다중 관계에 관한 연구를 검토했던 Scarborough, Bernard, Morse(2006)에 따르면, 박사 학생들이 석사 학생들을 대상으로 경계선을 위반해서 발생한 문제를 다룬 연구를 찾아보기 어렵다고 하였다. Scarborough와 동료들은 석사 학생들을 상담하고, 가르치고, 수퍼비전하는 박사 학생들을 위한 지침을 다음과 같이 제안하였다.

- 다중 관계와 경계 문제에 대한 주제를 박사 과정 오리엔테이션에 포함시켜야 한다. 박사과정 학생의 경우, 다중 관계가 상담사 교육 프로그램에서 자주 발생할 수 있음을 인식해야 한다. 그리고 이러한 관계가 경계선 위반으로 넘어가지 않도록 안전한 환경을 만들어서 이들 관계를 다룰 필요가 있다.
- 박사 과정 오리엔테이션을 일환으로 프로그램에 있는 석사 학생과는 다른 권위를 박사 과정생이 지니게 됨을 인식시키고 가르쳐야 한다. 수련 프로그램의 일환으로 전문가의 이슈로 다중 관계에 대해 교육 과정에 반영하여 가르쳐야 한다.
- 박사 과정생과 석사 과정생 간의 다중 관계가 있을 수 있음을 인식하되 이러한 관계가 서로에게 도움이 되도록 노력하고 경계 침해로 인한 경계 위반으로 넘어가는 것을 주시하고, 잠재적 위험이 있다고 생각되면 서로 터놓고 이야기를 나눠야 한다.

### 수퍼바이저와 수퍼바이지 간의 친교

또 한 가지 고려될 필요가 있는 이중 관계는 사교 활동 참여와 관련한 것이다. 예를 들어 수퍼바이저는 학교나 임상 장면 밖에서의 집단 행사에 초대될 수 있다. 교수와 수퍼바이저는 학생들이 주최하는 저녁 모임 또는 파티에 초대받을 수 있다. 정기적 행사는 아니라 하더라도 여전히 수퍼바이저는 표면화될 수 있는 잠재적 문제와, 행사에 참여하는 것이 전문적 관계를 확장하거나 또는 저해하는 데 미칠 영향을 생각해 볼 필요가 있다.

흑백논리적으로 이러한 관계를 살펴보기 보다는 수퍼바이저가 좀 더 유연하게 생각을 정리하고 이들 관계에 있어서 윤리적인 행동이 어떤 것인지 살펴볼 필요가 있다. 친교에 있어서 어떤 윤리적 행동을 할 때 당면한 상황과 맥락을 고려해야 할 것이다. 예를 들어, 교육 장면과 상담 장면에서의 상황이 모두 다르기에 그 상황에 맞춰 롤 모델이 되어서 수련을 시키고, 코치하고 멘토링을 하면서 개인적, 전문적 상호 작용을 해야 할 것이다.

다음의 질문을 스스로 던져 보면서 수퍼바이지와 친교를 맺음으로 발생할 수 있는 장점과 단점에 대해서 생각해 보아라. 이러한 관계가 수퍼비전에서 필수 불가결한 것인가? 피할 수 없는 관계라면 잠재적인 해를 줄이기 위해 어떤 방안을 마련해야 하는가? 일반적으로 수퍼비전에서 다중 역할과 관계를 줄이기 위해 어떤 노력을 해야 한다고 생각하는가? 수퍼바이저로 다중 역할을 했던 어떤 경험이 있었는가?

### 소셜미디어 사용에 있어서 경계선 관리하기

상담 센터와 기관마다 상담사-내담자 관계에 있어서의 소셜미디어 사용에 관한 규정은 대체로 마련되어 있다. 그러나 수퍼바이저-수퍼바이지 간의 관계에 대한 규정은 미비하다. 수퍼바이저는 수퍼바이지와의 관계에서 적절한 경계를 세워서 전문가로 어떻게 경계선을 만들어야 하는지 롤 모델이 되어야 한다. 특히 이러한 경계선의 이슈는 시간과 장소와 상관없이 언제 어디서나 접속이 가능한 테크놀로지가 수반될 때는 더욱더 발생할 수 있다. 수퍼바이저는 소셜미디어와 관련해서 수퍼비전에 있어 어떤 것을 받아들일 수 있고, 어떤 것이 문제가 될 수 있는지 분명하게 구별하여 알려 줄 필요가 있다. 어떤 것은 항상 올바르고, 어떤 것은 항상 문제가 될 수 있다고 하긴 어렵지만 그래도 수퍼바이저는 테크놀로지에 대한 개인적인 선호방식이 있을 것이다. 예를 들어, 어떤 수퍼바이저는 소셜미디어와 연계해서 전문적 문서 작성 등을 하는 것을 수용할 수도 있고, 윤리적, 법적인 차원에서도 소셜미디어와 연계하는 것을 허용하기도 한다. 다음의 현장의 목소리 칼럼에서는

Amanda Connell이 내담자가 테크놀로지로 경계를 넘어설 때 수퍼바이지로 어려웠던 본인의 경험과 함께 수퍼바이저가 어떻게 그 상황에서 그녀의 경계선에 대해서 명확히 개입을 해서 내담자와 상담사 모두의 인식을 넓히는데 도움이 되었는지 이야기하고 있다.

### 현장의 목소리

#### 테크놀로지에 의한 경계 침해

*Amanda Connell, MS*

상담 기관에 따라 테크놀로지에 있어 규정을 가지고 다양한 방식으로 어려움에 대처하고 있다. 수퍼바이지로 나의 경험은 다음과 같다. 나의 내담자는 상담 시간이 아닌 늦은 밤에도 문자를 보내고 이메일과 전화를 하였다. 이는 내담자와 건강한 경계를 지키고자 한 나에게는 힘든 일이었다. 이중에서 특히 문자 메시지의 경우는 특히 문제가 심각했다. 기관 정책에 있어 내담자와 테크놀로지를 사용한 의사소통은 하지 못하게 되어 있기 때문이다. 이는 초기 접수 면접에서 내담자들에게 전달되는데, 문자 메시지로 내담자의 문제, 사진 등은 공유되면 안 된다는 것이다. 자살과 같은 위기 상황일 때도 문자가 아닌 다른 채널을 사용해야 한다고 되어 있다.

내담자가 상담 초기에는 이러한 경계선에 대해서 수용했으나, 안타깝게도 몇몇 내담자들은 시간이 지나감에 따라 이러한 경계선을 넘으려고 한다. 내 수퍼바이저들은 이러한 경계선을 잘 유지하는 방법에 대해서 역할 연습을 통해서 실습을 시켜주었다. 몇몇의 수퍼바이저는 일주일에 한 번 상담을 하는 걸 일주일에 두 번 상담하는 걸로 바꾸어서 내담자들의 요구를 들어주라고 하였다. 또 다른 대안으로는 문자 대신에 일기를 쓰게 해서 다음 주 회기에 가지고 오게 하라고 제안하였다. 내가 수퍼바이저에게 배운 것은 내담자들이 불편한 감정을 잘 참아 내고 수용하는 능력을 키우게 도와줘야 한다는 것이었다.

내담자들이 경계선을 넘는 것 때문에 짜증 내기보다는 오히려 왜 이 내담자가 이러한 경계선을 넘는 행위를 하는지 그 기제를 파악하는 것이 중요하다고 하였다. 나아가 왜 그들은 이러한 패턴으로 대인 관계를 맺는지 알아보라고 하였다. 나 역시 이러한 행동의 패턴을 파악하여 그들을 심도 있게 도와주려고 하였다. 예를 들어, 다음 회기까지 기다리기보다는 내담자의 정보를 문자로 보내는 이유는 상담사가 어디까지 내담자를 돌볼 수 있는지 그 수준을 파악하려는 행동일 수 있는 것이다. 내담자의 행위를 좀 더 심도 있게 살펴보면 내담자의 사랑받지 못할 거라는 것, 불편하고, 불안한 감정들을 읽을 수 있다. 이러한 상호작용은 결국 치료적 관계를 심도 있게 하고 상담 성과로 이어질 수 있다.

내담자들의 경계선을 넘는 행위에 대한 나의 감정을 이해하는 것도 중요하다. 수퍼바이저는 이를 역전이 이슈로 해석할 수 있게 도움을 주었다. 이는 결국 나의 개인적, 전문적 성장을 이끌었다. 내 수퍼바이저는 경계선을 넘는 내담자와의 관계에서 나를 스스로 탐색할 수 있도록 도와주었고 왜 내가 이러한 내담자들을 힘들어하는지, 그리고 내가 왜 연민의 감정을 느끼는지 파악할 수 있게 도왔다.

다음의 사례 7.3은 다중 역할과 관계에서 종종 일어나는 딜레마이다. 이 사례는 명확한 경계선을 지어야 하는 사례인가? 아니면 경우에 따라 다르게 경계를 세울 수 있는 사례인가? 나타퐁이 집에 초청한 것은 경계를 넘은 것으로 봐야 하는가?

**사례 7.3 마이크**

마이크는 결혼 및 가족 상담사이며 지역 대학에서 석사 수준의 복지 관련 과목을 가르치고 있다. 최근에 마이크는 태국에서 미국으로 와 대학교 내의 지역 사회 진료소에서 상담을 하고 있는 나타퐁에게 수퍼비전을 하고 있다. 나타퐁은 마이크의 수업을 듣고 있는 석사 과정 학생이며, 대학원 프로그램에 지원하는 학업과 사회적 활동 그룹에 참여하기에 나타퐁과 마이크는 서로 자주 만나고 있다. 나타퐁은 마이크를 존경하며 자신의 롤 모델로 여기고 있다. 수퍼비전 회기 동안 나타퐁은 마이크와 그의 아내를 자신의 집 저녁 식사에 초대하였다. 마이크는 저녁 식사의 목적과 다른 학생들이나 교수가 참석하는지를 물었다. 마이크는 그것이 순전히 친목을 위한 초대이며 다른 사람들은 초대되지 않았다는 것을 알고 정중히 이를 거절하였다. 나타퐁은 자신이 마이크를 얼마나 존경하고 있는지와 함께 자신에게 베풀어 준 도움에 감사를 표하기 위해 그를 꼭 초대하고 싶다는 점을 설명하였다. 마이크는 나타퐁이 자신의 거절로 인해 당황하고 있음을 알았다. 나타퐁의 이해를 돕기 위해 마이크는 수퍼비전 계약에 담겨 있는 수퍼비전 관계의 경계 이슈에 대해 다시 한 번 논의했다.

수퍼바이지에게 이러한 경계선 이슈에 대해서 어떻게 설명할 건지 생각해 봐야 한다. 수퍼바이지의 문화와 다양성 관련 이슈를 고려할 때 수퍼바이저의 설명이 어떻게 받아들여질 것인가? 만약에 수퍼바이저 혹은 수퍼바이지가 여자였다면 다르게 상황이 전개되었을까? 수퍼바이저로서 경계 지키기를 원하는 것을 아는 것은 쉽지만 막상 수퍼바이지의 눈을 보고 '안 돼요'라고 말하는 것은 어려운 일이다.

학교나 임상 장면에서 다중 관계는 매우 흔하지만, 수퍼바이저와 수퍼바이지에게 기대되는 역할을 명확히 정의하는 것은 중요하다(Herlihy & Corey, 2015B). 이러한 관계를 명확히 정의하는 것은 수퍼바이저의 책임이고, 이런 경계선이 변화하게 될 때는 개방적으로 대화로 설명해야 하며 수퍼바이지의 안녕을 최선을 다해 보호해야 한다. 특정 상황에서 수퍼바이지와의 관계가 모호해지고 그런 상황을 통제하기 어려울 경우는 그런 상황이 발생하는 것을 최대한 줄이거나 필요시는 다른 수퍼바이저에게 수퍼바이지를 의뢰하는 것도 방법이다.

### 수퍼비전에서의 성적 끌림

일반적으로 매력(attraction)은 그것 자체로는 별 문제가 아니다. 그것이 적절한가 그렇지 않은가를 결정하는 하는 데 있어서 개인이 그 매력을 처리하는 방식이 중요하다. 수퍼바이지를 위해 안전한 학습 장면을 제공하는 것은 수퍼바이저의 책임이다. 성적 끌림에 대해 전문가답게 다룰 수 있도록 격려하면서 수퍼바이지를 훈련시키는 것 또한 수퍼바이저가 해야 할 일이다.

만약에 당신이 수퍼바이지에게 성적으로 끌린다면 자신의 감정을 살펴보고 성희롱이 발생할 수 있을지 체크해야 한다. 만약 당신이 다수의 수련생에게 이런 감정을 느낀다면 수련생들이 내담자에게 성적인 감정을 느끼는 이슈와 같은 내용을 당신에게 이야기하는 것은 안전하지 않을 것이다. 당신은 이러한 문제를 당신의 상담과 수퍼비전에서 심도 있게 다루어야 한다. 다음의 질문에 대해서 생각해 봐야 한다. 무슨 이유에서 내 인생에서 이런 강한 끌림이 생기게 되었나? 내 삶에 뭐가 비어 있지 않은가? 내 개인적 욕구를 위해 내 전문직을 이용하고 있지는 않은가?

### 수퍼바이저와 수퍼바이지 간의 성적 친밀감

대학 장면에서 다중 관계가 일상적이긴 하지만 학생과 교수 또는 수퍼바이저 간의 성적 관계는 윤리적으로 금지되어 있다. 상담사와 내담자 간의 성적 관계 경우에서처럼, 수퍼비전 관계에서 성적 관계는 수퍼바이지와 수퍼바이저 간의 지위 차이로 인해 힘의 남용을 가져온다. 게다가, 이는 내담자와의 관계에서 수퍼바이지가 취하게 될 행동에 대해 나쁜 모델링이 된다. 수퍼비전 관계에 대한 성적 친밀감에 대해 다양한 전문 기구가 제시하고 있는 구체적 기준이 글상자 7.3에 요약되어 있다.

적절한 경계를 정하여 유지하고 잠재적 문제를 예방하기 위해 수퍼바이지와 탐색을 하는 것은 전문가의 책임이다. 만일 문제가 발생하면 수퍼바이저는 윤리적 방식에 따라 문제 해결을 위한 조치를 취할 책임이 있다. 수퍼바이지에게 성적 행위를 하는 수퍼바이저는 부적절하고 비윤리적인 행위를 하는 것이다. 수퍼바이지에게 성적인 어떤 행위를 하는 것은 결과적으로 수퍼바이지에게 개인적, 전문적 관점에서 다양한 부정적 결과를 초래한다.

핵심적인 윤리 문제는 수퍼바이저와 수퍼바이지 간의 힘과 지위의 차이, 그리고 그 힘을 이용한 착취이다. 수퍼바이지가 처음 상담을 시작할 때, 대개는 복잡한 상담 과정에 대해 단순하고 획일적인 방식으로 임하게 된다. 이들은 수퍼바이저를 전문가로 인식하며 의존하기 때문에 성적 매력을 이기기 힘들어 질 수 있다. 수퍼바이지는 상담 과정에서처럼 수퍼비전 동안 개인적 걱정과 강렬한 정서를 드러낼 수 있다. 수퍼바이지의 자기 개방과 수퍼바이저에 대한 신뢰는 수퍼바이지를 희생시켜 자신의 심리적 욕구와 성적 만족을 채우려는 수퍼바이저에게 착취될 수 있다.

### 글상자 7.3 수퍼비전과 수련 과정에서의 성적 친밀감에 대한 윤리 기준

**미국 상담학회(ACA)(2014)**

윤리 규정

- 현재 수퍼바이지와 성적, 로맨틱 상호 작용과 관계를 맺어서는 안 된다. 이러한 금지 사항은 면대면과 비대면 상호 작용과 관계 모두에 적용된다(F.3.b.).
- 상담 수퍼바이저는 성희롱을 용납하거나 수퍼바이지를 성희롱의 대상으로 삼아서는 안 된다(F.3.c).

**미국 심리학회(APA)(2017)**

심리학자의 윤리적 원칙과 행동 규정

심리학자는 수련과정에서 자신의 학과, 기관, 수련 센터에 속해 있거나 또는 그들에게 지도나 평가를 받을 가능성이 있는 학생 또는 수퍼바이지와 성적 관계를 맺어서는 안 된다(7.07).

**미국 결혼 및 가족상담 협회(AAMFT)(2015)**

윤리 규정

결혼 및 가족 상담사들은 상담사와 학생 또는 수퍼바이지 간의 평가 및 수련 관계 동안 학생 또는 수퍼바이지와 성적으로 친밀한 관계를 맺어서는 안 된다(4.3.).

**미국 정신건강 상담사 협회(AMHCA)(2015)**

윤리 규정

수퍼바이지, 학생, 종사자와의 어떤 형태의 성적 행위는 모두 비윤리적이다(III.A.3.).

**전국 사회복지사 협회(NASW)(2017)**

윤리 규정

(a) 수퍼바이저 혹은 교육자 역할을 하는 사회복지사는 수퍼바이지, 학생, 수련생, 그리고 본인 아래에 있는 다른 동료들에 있어 성적인 행위나 접촉(구어, 문서, 전자 문서, 신체적 접촉 모두 포함)이 있어서는 안 된다.

(b) 사회복지사는 잠재적 이해관계 충돌이 있는 경우 동료와의 성적 관계를 맺는 것을 피해야 한다. 동료와의 성적 관계에 있거나 그럴 가능성이 있는 경우, 사회복지사는 이해관계 충돌을 피하기 위해 필요시 개인의 전문적 책임을 다른 사람에게 넘겨야 할 의무가 있다.

### 수퍼바이지와 내담자 간의 성적 친밀감

수퍼바이저와 수퍼바이지 간의 성적 매력 및 성적 친밀감 문제와 더불어, 수퍼바이지가 내담자와 성적으로 관계되거나 혹은 성적 매력을 느끼게 되는 문제도 있다. 이것은 분명히 수퍼비전에서 다뤄야 할 뿐만 아니라 수퍼바이저가 수퍼바이지의 행동에 대해 윤리적, 법적 책임을 안게 되는 문제이다. 수퍼바이지가 자신이 내담자에게 매력을 받는다든가 혹은 내담자가 자신에게 매력을 받고 있다는 점을 인정하지 않으려 할 수 있다. 이러한 딜레마는 수퍼바이저가 수퍼바이지로 하여금 내담자와의 감정을 수퍼비전에서 다루고 싶도록 안정된 분위기를 만드는 것이 중요하다는 점을 부각시킨다. 수퍼바이지와 내담자 사이에서는 어떠한 성적 친밀감도 부적절하며 비윤리적이다. 그러나 성적 매력을 느끼는 일은 매우 흔히 발생할 수 있으며 따라서 수퍼비전에서 이 문제를 다룰 수 있도록 하는 것이 매우 중요하다(사례 7.4 참조).

**사례 7.4 산드라**

산드라는 예비 자격을 지닌 27살 사회복지사 조지를 수퍼비전하고 있다. 조지는 일주일에 15명 정도의 내담자를 집단 실습 장면에서 만나고 있다. 그의 내담자 중 한 명인 코니는 현재 그녀의 식료품점의 매장 직원으로 일하는 현 직업에 대한 불만족 문제와 함께 코로나-19로 인해 위험한 상황에 대한 문제로 상담을 받고 있다. 코니는 친절하고 조지와 나이도 같고, 조지가 자랐던 조지아주 출신이었다. 많은 점에서 공통점이 있었고 같은 교회를 다녔다. 조지는 코니와 함께 상담하는 것을 즐기며 그녀의 노력을 인정한다. 그는 그녀가 학업적으로 새로운 선택을 결정하는 데 있어 멘토가 되어 줄 수 있다고 생각한다. 그는 매주 그녀를 만나고 싶어 하며 그녀에 대해 실은 성적 매력을 느끼기 시작했다. 조지는 코니의 경우를 포함해 수퍼바이저 산드라에게 모든 사례에 대해 이야기를 나누고 있다. 그는 마침내 자신이 코니에게 성적 매력을 느끼고 있다는 점을 수퍼바이저에게 인정했다.

수퍼바이저로서 산드라는 수퍼바이지의 그러한 행동에 책임을 느끼고 있음을 자각했다. 그녀는 조지의 성적 감정으로 인해 코니가 피해를 입지 않도록 보호받고 있는지 확인하는 것이 자신의 책임이라는 점을 알고 있다. 산드라는 조지가 자신의 감정에 대해 코니과 이야기하도록 해야 하는지에 대해 고민하고 있다. 그녀는 조지에게 그것이 내담자나 치료적 관계에 어떻게 도움이 될 수 있을지를 물었다. 조지는 일단 이 문제를 코니에게 언급할 경우, 신뢰 수준에 영향을 미치며 치료적 관계가 영구히 변하게 될 것이라는 점을 알고 있다. 만일 조지는 수퍼비전에서 코니에 대한 감정을 해결할 수 있다면 굳이 그녀에게 이 문제를 가져갈 필요가 없다고 느끼고 있다. 만일 감정을 해결할 수 없어서 코니를 다른 상담사에게 의뢰해야 되는 시점이 될 경우, 조지는 의뢰를 하고자 하는 자신의 바람에 대한 이유를 이야기하고 싶을 수 있다.

산드라는 수퍼비전 회기를 안전하고 개방적인 분위기로 만들어 왔다. 그녀는 조지가 매력을 느끼게 된 과정과 원인, 그것을 받아들일 수 없는 이유, 이 상황을 지금 다루고 있는 방법, 그리고 앞으로 있을지 모를 유사한 상황에 대한 대처 방법에 대해 탐색하고 이해하도록 돕고 있다. 산드라의 도움으로 조지는 그 상황을 다루고 있으며, 장래의 전문적 작업에서 자신에게 도움이 될 방식으로 그것에 대해 배우고 있다.

만약에 당신이 산드라이고 조지가 코리에게 끌린다는 것을 부정할 때 당신은 어떻게 조지에게 이야기를 할 것인가? 만약에 조지가 자신의 감정을 내담자에게 표현한다면 당신과 조지, 그리고 내담자에게는 어떤 일들이 일어날 것으로 예상하는가? 현재 미투(Mee Too)현상을 고려할 때, 이 사례에서 수퍼바이지의 상호 작용과 잠재적 끌림에 대한 윤리적 의무에 관한 책임의 중요성이 더 커져 보이는가? 만약에 조지가 코니와의 상호 작용이 적절하지 못한 것으로 의심이 생긴다면 당신은 수퍼바이저로서 어떤 행동을 취할 것인가? 그리고 이러한 행동에 대해서 어떤 감정이 들 것 같은가?

때로, 매력과 심취된 감정이 이성과 논리를 압도한다. 보통 이런 감정에 휩쓸린 내담자와 수퍼바이지들은 '나도 경계선 이슈를 잘 알고 있지만 이 경우는 다르다. 우리는 진짜 사랑에 빠졌다. 내가 그걸 깨닫기 전에 우린 이미 서로에게 빠졌다'라고 한다. 대부분이 자신들의 사례는 다른 사례와 다르고 진짜 사랑에 빠졌기 때문에 윤리 규정이 적용되지 않는다고 생각한다.

수퍼바이지가 이러한 감정을 이야기하고 탐색하는 데 있어 안전하게 느낄 수 있어야 한다. 그리고 이러한 감정을 유지한 채 그에 따라 행동할 경우 오게 될 결과를 알 필요가 있다. 수퍼바이지들은 그들이 상담에서 어떤 느낌과 욕구가 있는지, 그리고 상담에서 어떤 역할을 하는지에 대해서 적극적으로 배워 나가도록 격려 받을 필요가 있다. 경계선 이슈와 성적 끌림은 수퍼바이저와 수퍼바이지 간의 정기적으로 다루어야 할 주제이며, 이는 수퍼비전 계약서에 명시되어야 한다.

만일 수퍼바이지와 내담자 간에 성관계가 생기면 수퍼바이지에게 내담자와의 성관계는 금한다고 말하는 것으로는 충분치 않다. 수퍼바이저는 즉시 그러한 관계를 멈추도록 가능한 모든 조치를 취할 법적, 윤리적 의무를 갖는다. 윤리 규정은 동료의 비윤리적 행위(이 경우는 당신의 수퍼바이지)에 있어 지침을 마련해 준다. 이러한 규정은 동료에게 직접적으로 비윤리적 행위에 대해서 이야기를 하고, 필요시 수퍼바이저, 윤리 위원회에 보고하도록 하고 있다. 나아가 내담자 의뢰, 제지, 교정 상담 제공 등등의 행정적인 조치를 취할 필요도 있다. 당신은 내담자가 확실히 더 이상의 피해를 입지 않고 이 문제를 다룰 다른 상담사에게 의뢰하거나 지속적인 치료를 받을 수 있도록 할 책임이 있다. 대개는 수퍼바이지에게 추가적인 조치를 취하도록 요구하게 될 것이다. 취하게 될 구체적인 행동은 적용될 윤리 규정, 자격과 다른 법적 규정, 그리고 소속 기관이나 연구소의 방침 등이 포함하고 있는 항목들에 따라 결정된다. 수퍼바이저로서 여러분은 적절한 조치를 취하지 못할 경우 법적 책임을 지게 된다 (법적 책임에 대한 8장의 심화 내용을 참고).

## 수퍼비전과 상담의 병행

수퍼바이지를 수퍼비전 하는 것과 개인 상담을 하는 것 간의 경계가 언제나 명확치는 않다. 수퍼비전과 전문가 규정에 관련된 문헌에서는 수퍼비전 과정은 수퍼바이지의 개인적 관심보다는 전문적 발달에 초점을 맞춰야 하며, 수퍼비전과 상담은 다른 목적을 지닌다는 점에 동의한다. 그러나 수퍼바이저가 수퍼바이지의 개인적 문제를 윤리적으로 다룰 수 있는 정도에 대해서는 명확한 합의가 부족하다. 사전에 합의된 수퍼비전 과정의 일부분으로서 경계의 문제는 개인적 문제가 수퍼비전에서 어떻게 다뤄질 것인지의 측면에서 명시적으로 언급될 필요가 있다. 수퍼비전 관계가 시작 단계에서 명확히 규정되지 않을 경우, 수퍼바이저와 수퍼바이지 모두 이후 특정한 시점에서 어려움에 빠질 수 있다. 만일 수퍼바이저가 수퍼비전 관계의 경계를 과도하게 넓혀 잡을 경우, 객관성이 손상되며 수퍼바이지는 수퍼비전 과정을 통해 충분한 도움을 얻기 어려워 질 것이다.

수퍼바이지의 개인적인 문제는 수퍼비전에서 적절히 다뤄져야 하고 수퍼바이지가 개인의 문제로 인해 내담자에게 적절한 돌봄을 제공하지 못한다면 의뢰를 해야 하는 것이 바람직하다. 수퍼바이지가 개인적 문제를 찾아 명확히 하도록 돕는 것은 분명히 수퍼바이저의 책임이기는 하나 수퍼비전을 치료에 목적을 둔 회기로 전환하는 것은 적절한 수퍼바이저의 역할이 아니다. 수퍼비전과 상담의 역할을 결합하는 것은 갈등의 소지가 될 수 있다. 두 역할을 동시에 할 경우, 두 역할의 차이와 목표 및 방법의 차이로 인해 이해관계 충돌이 발생할 수 있기 때문이다.

수퍼바이지의 개인적 문제나 한계가 드러날수록 수퍼바이저는 상담사로서의 잠재성을 방해하게 될 이러한 문제를 직면하여 다루도록 격려하고 도전할 윤리적 책임이 있다 (Herlihy & Corey, 2015b). 때로 수퍼바이지의 개인적 관심사가 수퍼비전에서 드러난 문제의 일부인 경우가 있다. 이런 경우, 그러한 문제가 상담에 부정적 영향을 미치지 않도록 수퍼바이지가 찾아내도록 돕는 과정이 수퍼비전에 포함된다. 상담처럼 보일 수도 있으나, 수퍼바이지의 개인적 문제를 논의하는 목적은 수퍼바이지가 내담자와 성공적으로 작업할 수 있도록 촉진하고 문제를 혼자 삭히지 않도록 하기 위한 것이다. 다른 말로 하면, 수퍼비전은 내담자와의 작업에 방해가 될 개인적 한계나 풀지 못한 문제를 수퍼바이지가 인식하도록 돕는 데 유용할 수 있다는 것이다. 이러한 자각을 통해, 수퍼바이지는 수퍼비전을 상담 대신으로 여기기보다 개인적인 치료를 찾게 될 수 있다.  이 경우, 수퍼바이저가 수퍼바이지에게 심층 개인 상담을 제공하는 것은 바람직하지 않으며 수퍼바이저가 다른 전문가에게 수퍼바이지를 의뢰하는 것이 바람직하다.

좋은 수퍼비전은 내담자에게 해가 될 수 있는 수퍼바이지의 개인적 한계, 맹목성, 그리고 결함을 다룬다는 점에서 치료적이다. 어려운 내담자와 작업을 하거나 저항을 다루는 것은 개인적으로 수퍼바이지에게 영향을 미치는 경향이 있다. 물론, 치료적 방식으로 전이의 문제를 인식하여 다루는 것은 수련생이나 경험 있는 치료자 모두에게 도전이 된다. 역전이 문제는 효과적인 내담자-상담사 관계 수립에 도움이 될 수도 있고 방해가 될 수도 있다.

우리는 대학원생들이 자기-자각을 확장시키고, 개인적, 전문적 발달을 촉진하며, 수퍼비전 관계를 향상시키는 일환으로 수련기간 동안 개인 상담을 받도록 권하고 있다. 우리 역시 수퍼바이저가 수퍼바이지로 하여금 개인적으로나 전문적으로 보다 향상되기 위해 다른 전문가와 개인 상담을 받는 것에 대해 고려해 보도록 격려하는 것이 적절하다고 생각한다. 수련 과정에서 상담은 자기 통찰에 이르도록 자신을 개방시키며 수련과정에서의 취약성, 규율, 자율 등을 가르쳐 주는 자기 탐색 경험을 통해 큰 이득을 얻게 한다.

## 역할과 관계의 변화

많은 경우 한때의 지도 학생 또는 수퍼바이지가 현재는 우리의 소중한 동료가 된다. 사실상 이전의 학생 또는 수퍼바이지가 같은 기관이나 같은 전공 학과에서 소중한 동료로 함께 일하게 될 수도 있다. 따라서, 현재의 동료 관계에 방해가 될 수 있는 문제들을 하나하나 찾아 터놓고 논의하는 것이 중요하다. 시간이 지나면서 역할과 관계가 어떻게 변하게 될지 설명하기 위해 Jerry Corey는 자신의 경험을 개인적 생각 칼럼을 통해 소개하고 있다.

### Jerry Corey의 개인적 관점

거의 50살이 되어 나(Jerry)는 복지 관련 학부의 수업을 맡을 수 있었다. 8년 동안 상담 과목을 가르치면서 학과장 역할을 했다. 많은 경우, 지도 학생들이 시간이 지나 동료가 되었다. 나는 나중에 우리 전공의 교수가 된 사람으로 과거에 내 수업을 듣거나 내가 가르친 집단 상담과 수련 프로그램에 참가했던 적어도 십여 명 이상의 대학원생을 떠올릴 수 있다. 이것은 내가 교수 활동 평가를 위해 전공 교수들이 지도하는 수업을 방문해야 하는 내 행정적 책임으로 인해, 추후에 문제를 야기할 수 있었다. 학생에서 동료 교수가 되는 이러한 관계의 변화로 인해 문제가 되는 것은 비단 이런 경우만이 아니었다. 분명 갈등을 막은 것은 향후 생길 수 있는 문제에 대해 터놓고 이야기하는 것이었다.

물론 이전의 학생이 새로운 역할을 맞게 되면 적응기를 경험한다. 일부 신규 교수들, 특히 막 대학원을 마친 교수들이 새로운 역할을 시작할 때면, 자신들의 가르치는 능력에 대해 다소 확신을 하지 못했다. 그러나 나는 이들 신규 교수들이 경험 있는 교수들에게 이야기하거나 나에게 걱정거리를 이야기하도록 하였다. 이런 토의를 하지 않았다면, 어떤 숨겨진 문제들로 인해 이들이 효과적으로 학생들을 가르치는 데 방해가 되었을 거라고 확신한다.

역할의 변화를 이해시키기 위해, 종신 재직권과 진급을 목적으로 내가 평가 책임을 진 바 있는 두 명의 전임 교수에 대해 예를 들고자 한다. 시간제 교수들에게 그랬듯이, 나는 이들의 수업에 참관하였고, 교수 활동, 학문적 활동, 부서에 대한 기여, 그리고 전문가적 노력 등에 기초해 상세한 평가서를 썼다. 두 사람 모두 결국 종신 재직권을 얻었으며 해를 거듭하여 조교수에서 정교수로 진급하였다. 학과장으로써 나는 평가서를 쓰고 종신 재직이나 진급 여부를 추천하도록 요구받았다. 다행히 이 두 후보는 모두 훌륭한 자격을 지니고 있었으며, 솔직하게 좋은 평가를 하여 종신 재직과 진급을 추천할 수 있었다.

그러나 만일 이들의 교수 활동이 기준에 못 미쳤다면 어땠을까? 학생들과 갈등이 있다거나 학술지 발표를 못했다거나, 또는 진급에 필요한 연구를 수행하지 않았다면 어땠을까? 또는 만일 학과에 기여하지 못하였다면? 분명, 부정적인 평가서를 써야 하는 입장에서 곤란을 느꼈을 것이다. 그런 상황을 피하기 위한 나의 지침은 일찌감치 그런 문제에 대해 공개적이고 지속적으로 자발적인 논의를 하는 것이다. 교수에게 그들의 자질 부족을 최종적으로 통지할 때까지 기다리고 있는 것은 내 관점에서는 비윤리적이다.

수년이 지나서, 이들 교수 가운데 한명이 학과장이 되었으며 우리의 공식적인 관계는 역전되었다. 몇 년 뒤에 그녀는 우리 대학의 학장이 됨으로써 행정적으로 나의 직속상관이 되었다. 역할과 관계의 변화는 언제나 피할 수 없다. 현실적으로 역할과 관계는 시간이 지나면서 진화된다. 절대적으로 요구되는 것은, 숨기는 것 없이 각자의 역할을 하며, 바람, 좌절, 걱정, 욕구, 불만 등을 솔직하게 이야기할 수 있도록 신뢰 관계가 구축되는 것이다. 나의 관점에서 모든 다중 역할과 관계 문제를 해결할 수 있는 단일한 공식은 없다. 우리는 잠재적 문제를 찾아내는 방법을 배울 필요가 있으며, 어떠한 역할과 관계의 변화에 대해서도 적응할 수 있도록 돕는 지침을 함께 협력하여 만들어야 한다.

상담과 수퍼비전에서 역할과 관계의 변화, 그리고 이에 대해서 어떻게 다루어야 하는지 좀 더 알고자 한다면, Corey(2020)의 『상담에 대한 개인적 성찰(Personal Reflection on Counseling)』을 읽어 보길 권한다.

## 요약

수퍼바이저는 자문, 교사, 평가자, 멘토, 모델, 상담사 그리고 조언가 등의 다양한 역할을 하도록 요구받는다. 윤리적으로나 법적인 관점에서 수퍼바이저는 이러한 역할을 수행할 수 있도록 교육과 수련을 받아야만 한다. 수퍼비전에서는 대학원 교육에서의 부족한 틈새를 메우기 위해 계속 교육이 자주 요구된다. 이번 장에서 우리는 수퍼바이지의 권리와 책임, 수퍼바이저의 역할과 책임, 수퍼비전 관계에서 형식적 합의의 중요성, 유능한 수퍼바이저 되기, 그리고 학업과 개인적 영역에서 기준 이하의 수행을 보이는 수퍼바이지에 대한 대처 등에 대해 살펴보았다. 우리는 또한 수퍼비전 과정에서 다중 역할과 관계에 대해 언급하였다. 여기에는 명확하고 적절한 경계의 수립, 수퍼바이저와 수퍼바이지 간의 성적 친밀감 피하기, 수퍼비전과 상담의 구분, 수퍼비전을 상담 회기로 전환시키지 않으면서도 개인적인 수퍼비전을 하는 법, 그리고 수퍼바이지에서 동료가 되는 과정에서 역할과 관계의 변화를 이해하기 등의 도전적 내용을 포함한다.

수퍼바이저는 수퍼바이지에게 상담에서 요구되는 법적, 윤리적, 그리고 전문적 기준을 알려 주어야 할 책임이 있다. 명확한 사전 동의는 수퍼비전에서 중요한 부분이다. 이 과정은 문서화와 함께, 수퍼바이저와 수퍼바이지 간의 지속적인 대화를 통해 잘 이루어질 수 있다. 수퍼비전 과정에서 다양한 역할과 관계를 할 경우 힘을 남용하지 않고, 다양한 역할과 관계를 해야 한다는 어려움이 있다.

## 학습 활동

1. 특정 내담자 집단과 작업하는 수퍼바이지를 돕기 위해 요구되는 능력을 갖추지 못한 수퍼바이저와 관련된 상황의 역할 연습. 수퍼바이저가 그 상황을 어떻게 다뤄야 할지 논의하라.
2. 다른 역할 연습 상황을 설정하라. 연습 사례에서 수퍼바이저가 수퍼비전 과정, 평가 절차, 또는 적절한 기대 수행에 대해 어떤 정보도 제공하지 않고 있다. 일어나고 있는 일에 대해 비판하고 적절한 대안을 토의하라.
3. 인턴이나 신규 초보 전문가에게 제공하는 수퍼비전 활동을 배우기 위해 지역 기관의 몇 곳을 탐방하라. 탐방 경험을 과제로 작성하라.
4. 한 명 이상의 임상 수퍼바이저를 만나 수퍼비전 관계에서 제일 압박을 느끼는 윤리적 문제로 고려하고 있는 것이 무엇인지 면담을 통해 확인하라. 이때 어떤 방식을 사용하여 윤리적 의사 결정을 하는지 물어보아라.
5. 소집단으로 나눠 무능하거나 결함이 있는 수퍼바이지를 다루기 위한 지침을 만들어 보라. 당신의 집단에서는 어떤 조치를 제시하고 있는가? 이러한 조치가 문제의 수퍼바이지를 변화시키는 데 실패할 경우, 당신의 집단이 제안할 수 있는 다른 조치는 무엇인가?
6. 소집단으로 나눠 수퍼비전 관계에서 다중 역할과 관계를 다루기 위한 방법을 익힐 수 있는 도전 과제를 탐색하라. 실무에서의 지침서를 발전시키기 위해서 다음의 3가지 영역 중에 하나를 선택해서 집단원끼리 논의하라.
   a. 수퍼바이저와 수퍼바이지 간의 사교적 관계: 만일 있다면, 수퍼비전 맥락에서 도움이 되거나 적절한 사교적 관계에는 어떤 것이 있을까?
   b. 수퍼비전과 상담의 병행: 어떻게 수퍼비전 회기를 치료 회기로 전환시키지 않고도 개인적 문제를 수퍼비전에서 다룰 수 있는가?
   c. 수퍼바이지가 성적 매력에 대처하도록 돕기: 내담자에게 성적 매력을 느낀다고 보고하는 수퍼바이지들 돕기 위해 수퍼바이저가 도움을 제시할 수 있는 방법에는 어떤 것이 있는가? 어떻게 하면 성적 매력에 대해 개방적으로 이야기 할 수

있도록 수퍼비전 장면을 안전하게 만들 수 있는가?

7. 8단계 윤리적 의사 결정 모형은 이 장의 처음에 소개되었다. 이 8단계 모형을 사용하여 다음의 2가지 윤리적 딜레마 상황에 적용하여 보아라. 각각에 있어서 다음의 질문에 대답하라.
   a. 이 상황에서 발생할 수 있는 잠재적 윤리적 이슈는 무엇인가?
   b. 이 사례에 적용될 수 있는 윤리 규정과 법률은 무엇인가?
   c. 적용 가능한 윤리적 개입 단계를 브레인스토밍하라. 각각의 개입 행동들의 결과가 어떨 것 같은가?
   d. 이중에 가장 결과가 좋을 것 같은 개입 행동과 그렇지 않은 개입 행동은 무엇인가? 이유를 설명하라.
   e. 궁극적으로 어떤 개입 행동을 선택할 것인가?

### 딜레마 상황 1:

당신은 고등학교에서 상담 수퍼바이저로 일을 하고 있고, 뛰어나게 일을 잘하는 학교상담 수련생인 데릭을 수퍼비전해 주고 있다. 데릭은 책임감이 있고, 인지적으로나 대인관계 측면에서 능숙했으며 학교직원들과 학생들 모두 데릭을 좋아했다. 그러다 복도에서 우연히 2명의 수련생들이 데릭이 그들에게 얼마나 부적절하게 대하고 있는지 불평하는 것을 듣게 되었다. 몇 번에 걸쳐서 데릭이 그들에게 성적으로 부적절한 언사를 했다는 것이었다. 그러나 2명의 수련생 모두 이를 다른 직원에게는 보고하지 않았다. 우연히 듣게 된 이 정보를 어떻게 해야 하는지 당신은 결정을 내려야 한다.

### 딜레마 상황 2:

당신은 지역 사회 정신 건강 센터의 상담 수퍼바이저이다. 헤릿은 경계선 성격장애로 진단을 받았으며 당신의 수련생 중 한 명의 내담자이다. 수퍼비전 회기에서 당신의 수련생은 "헤릿이 자신의 행동을 감싸면서 다른 사람을 비난한다. 이번엔 그 대상이 정신과 의사이고 정신과 의사가 그녀를 유혹한다"고 하였다. 당신의 수련생은 이러한 헤릿의 주장의 사실 여부의 가능성을 아예 배제하는 것으로 보인다. 당신이 수퍼바이저라면 이 상황을 어떻게 다룰 것인가?

chapter

# 08

# 수퍼비전에서의 법적 문제와 위기관리 이슈

chapter 08

# 수퍼비전에서의 법적 문제와 위기관리 이슈

### 핵심 질문

1 법적 문제에 대한 수퍼바이저의 책임은 무엇인가?

2 수퍼바이저가 윤리 규정, 법규에 대한 직업 관련 지식을 지니는 것이 왜 중요한가?

3 상담 수퍼비전에서 주요 발생하는 법적 문제는 무엇인가?

4 윤리적 문제와 법적 문제는 어떻게 다른가?

5 상담 수퍼비전에서 사전 동의가 중요한 이유는 무엇인가?

6 수퍼바이지와 사전 동의 사항을 문서화할 때, 당신은 어떤 요소를 포함시킬 것인가?

7 수퍼바이저는 위기관리 전략을 수퍼비전에서 어떻게 활용할 것인가?

8 수퍼비전에서 신기술의 사용과 관련된 법적 문제와 위기관리 이슈들은 어떤 것이 있는가?

9 '규율(징계) 수퍼비전'은 무엇이고 이러한 수퍼비전은 수련 프로그램의 상담 수퍼비전과 어떻게 다른가?

10 아동 청소년과 관련된 윤리적, 법적인 이슈들은 무엇인가? 전문단체의 윤리 규정들은 어떻게 학교 상담사들에게 지침을 주고 있는가?

많은 전문가들은 상담 활동과 수퍼비전에서 윤리적 관점과 법적 관점을 사실상 동의어처럼 여기고 있다. 그러나 항상 그런 것은 아니다. 7장에서 윤리적 지침에 대해서 자세하게 기술했듯이 수퍼바이저는 그들의 수퍼비전과 수퍼바이지들의 실무에 관여되는 법률에 대해서도 잘 숙지해야 한다. 윤리 지침은 수퍼비전에서 요구되는 돌봄의 기준을 형성하는 기반이 되지만, 수퍼비전의 모든 측면과 관련된 위험 관리 전략을 잘 이해하는 것도 매우 중요하다. 비윤리적 행위는 종종 법에 어긋나는 행위를 암시한다. 비윤리적이라고 여겨지는 많은 행동이 법에 저촉되지 않는 경우도 있다. 예를 들면, 내담자로부터 선물을 받거나 이익을 추구하는 행동은 윤리적으로는 문제가 될 수 있으나 반드시 불법은 아니다. 어떤 경우에는 윤리와 법률이 서로 상응하지 않은 경우가 있다(글상자 8.1의 예시을 참조하라). 따라서 수퍼바이저는 수퍼비전에서 윤리적 문제와 법적 문제를 분리해서 생각하는 것이 중요하다.

이 장의 목적은 수퍼바이저에게 간략한 법적 기초와 함께 수퍼비전 활동과 관련된 여러 책임을 다루는 위기 관리 모델을 제공하는 것이다. 수퍼비전 과정과 적용될 수 있는 법적인 요인에 대한 정의와 간략한 논의 역시 제공될 것이다. 이는 수퍼바이저의 역할과 책임에 있어 직접적으로 관련된 구체적 법적 방략을 제공할 것이다. 수퍼비전 제공에 따른 법적 문제를 파악함으로써 수퍼바이저가 자신의 활동과 관련된 위험을 자각하고 동시에 자신과 본인이 소속된 조직을 보호하는 예방적 활동이 이 장에서 다루고자 하는 중심 내용이다.

## 법적 기초

수퍼비전의 법적 측면은 언뜻 보기에 상당히 부담스럽게 보일 수 있다. 조력 전문가들은 법리와 실무에 조예가 깊지 못하며, 관련 과목에 대한 강의도 거의 받지 못하기 때문에 법적 책임의 개념에 대해 몹시 두려움을 느낀다. 많은 정신 건강 전문가들은 법적 책임을 생각할 때, 자격 상실을 먼저 떠올린다. 이것은 매우 좁은 시각에서 법적 책임을 바라보는 것이며, 수퍼바이저가 법적 위기에 처하게 될 수도 있다.

### 수퍼비전 실무에 영향을 주는 법적 원칙

수퍼바이저는 수퍼비전 활동에 영향을 주는 기초적인 법적 원칙에 대해 직업 관련 지식을 지녀야 한다. 수퍼비전에서의 법적 문제를 이해하는 데 기초가 되는 기본 용어 몇 가지를 정의하면서 시작해 보자. 다음 내용에서 이러한 개념들을 보다 상세히 살펴볼 것이다.

**글상자 8.1 법적 문제와 관련된 윤리 규정과 기준**

**미국 상담학회(ACA)(2014)**

윤리 규정

원격상담, 테크놀로지, 소셜미디어를 활용하는 상담사의 경우, 상담 실무에 있어 상담사의 거주지나 내담자의 거주지에 속한 법률과 규율에 관여될 수 있음을 숙지해야 한다. 상담사는 주에 따라 혹은 국제 지역에 따라 상담사의 실무에 관여하는 법적 권리와 제한이 있다는 것을 내담자에게 숙지시켜야 할 책임이 있다(H.1.b).

**수퍼바이지를 위한 규준:** 수퍼바이저는 수퍼바이지들이 전문적/윤리적인 규준과 법적인 책임에 대한 조항을 숙지하도록 해야 한다(F.4.b).

**미국 심리학회(APA)(2017)**

심리학자의 윤리 원칙과 행동 규정

만약 심리학자의 윤리적 책임이 법률, 규율, 혹은 다른 법적인 기준에 관여된 것과 상이한 상황이라면, 심리학자는 윤리와 법이 어떤 차이가 있는지 명확하게 파악하여 윤리 규정의 기본 원칙과 기준에 입각하여 윤리와 법 사이에 발생한 갈등의 문제를 합리적인 단계를 거쳐 해결해 나가야 한다. 어떤 경우라도 인권을 해치는 방식을 정당화하거나 방어할 수 없음을 숙지해야 한다(1.02.).

**표준 치료**(Standard of care): 특정 상황에서 특정 전문가 집단에게 주어지는 표준적인 기대 활동

**법적 책임**(Statutory liability): 법에 직접 명시된 것으로 부과되는 처벌에 대해 구체적으로 명문화된 기준

**업무상 과실**(Malpractice): 유사한 상황에서 다른 전문가들이 제공했을 정도의 전문적인 서비스를 제공받지 못하고 실패한 경우

**배임**(Negligence): 적절한 표준적 전문 실무 기준 준수에 실패하고 이에 대한 인식 결여가 있는 경우

**배임 책임**(Negligence liability): 약속된 표준적 전문 실무 기준을 제공하지 못한 경우

**대리 책임**(Vicarious liability): 지휘 감독 대상의 행동에 대해 대신 책임을 지는 것

**엄격 책임**(Strict liability): 수퍼바이저가 수퍼비전에서 배임하거나 방관하는 어떤 상황도 없이 수퍼바이지의 행동에 대해서 상담 수퍼바이저가 책임을 지는 것

**직접 책임**(Direct liability): 다른 사람에 대한 자신의 지휘 감독 행동에 대해 책임을 지는 것

**비밀 보장 대화 권한**(Privileged communication): 개인으로 하여금 비밀 보장 하에 전문가와 대화할 수 있도록 하는 권한. 법원은 비밀 보장 하의 대화를 밝히도록 요구할 수 없다.

**경고 의무**(Duty to warn): 자신의 내담자가 다른 사람에게 심각한 폭력을 행사할 것에 대해 상담사가 제삼자에게 경고하고 보호할 의무

**보호 의무**(Duty to protect): 상담사가 자살 의도를 지닌 내담자를 위해 필요한 보호 조치를 취할 의무

**보고 의무**(Duty to report): 아동 또는 노인 학대가 있거나 의심될 때 상담사가 적절한 방식으로 이에 대해 보고할 의무

이들 용어의 정의는 주별로 상이할 수 있다. 그러므로 수퍼바이저는 자신이 거주하고 있는 주별 법률과 그 내용에 대해서 숙지해야 한다.

수퍼바이저는 반드시 수퍼비전 활동과 관련된 윤리 규정과 주별로 규정된 모든 법규 및 직무 지식을 지녀야 한다. 책임이 발생했을 때, 법을 몰랐다고 하는 것은 변명이나 방어 수단으로 받아들여질 수 없다. 그리고 법적 책임과 결부된 판례나 법적 이론을 병행하여 파악하고 있는 것 또한 중요하다. 수퍼바이저의 임상적 전문성을 포함한 전문적 발달을 위해서는 내담자, 수련생, 그리고 수퍼바이저를 보호할 수 있는 체계적인 위기관리 계획이 함께 제공될 필요가 있다.

### 표준적 전문 실무 기준

법정은 우선적으로 자격 규정과 판례를 살펴봄으로써 수퍼비전에 대한 표준적 전문 실무 기준(standard of care)을 정의하는데, 이는 심리치료 수퍼비전이 표준적 전문 실무 기준에 대한 정신 건강 전문가들의 합의나 명확한 기술이 없기 때문이다. 윤리 및 활동 규정이 서로 다름으로 인해 법정이 법적 책임을 규정하는 것이 어려운데, 이는 결국 명확한 지침이 부족하기 때문이다. 미국 상담학회(ACA)의 **윤리 규정**(ACA, 2014)을 공유하는 상담 분야 내의 특수 영역들조차도, 일부 상황에서는 서로 뚜렷하게 다른 표준적 전문 실무 기준이나 통상적인 관행을 가질 수 있다.

참석했던 주 학회에서 시나리오 한 편이 상담사들에게 제공되었는데, 그 내용은 상담 과정에서 자살을 한 13세 학생에게 상담을 제공한 학교 상담사를 대상으로 물을 수 있는 가능한 법적 책임에 대한 것이었다. 상담사 반응 유형에 기초한 시나리오에서 상담사 처치에 대한 반응은 굉장한 차이를 보였다. 사건이 발생한 장면에 기초해 취해진 조치에 대해 서로 다른 기대를 지니고 있었으며, 이로 인해 학교 상담사와 정신 건강 상담사 간의 인식 차이는 매우 컸다. 학교에 속한 상담사들은 자살을 언급한 학생에 대해서 학교의 규정에 맞춰 단계별로 접근하는 것에 초점을 둔 반면, 학교 밖의 상담 장면에서 일하는 정신 건강 상담사의 경우는 초기 평가를 한 후에 바로 임상적 판단에 맞춰 필요시 즉시 보고를 하고 계속적인 모니터링과 치료에 맞춰 결정을 내리는 것을 알 수 있었다. 세팅에서 이는 관

련 직업 분야에서 표준적 전문 실무 기준에 대해 지니고 있는 서로 다른 관점의 차이에 대한 한 가지 예에 불과하다.

수퍼비전 활동에서 표준적 전문 실무 기준을 규정할 때에는 여섯 가지 중요한 원칙이 고려되어야 한다(Corey et al., 2019; Kitchener, 1984).

- **자율성**(Autonomy): 자기 결정 향상 또는 방향 선택에 대한 내담자의 자율
- **불가해성**(Nonmaleficence): 의도성 여부와 상관없이 내담자에게 상처가 될 위험이 있는 행동을 포함하여 일체의 해가 될 행동을 피할 것
- **유익성**(Beneficence): 유익하게 할 것
- **공정성**(Justice): 모든 사람에게 공정하며 동일한 상담 방법을 가지고 대할 것
- **충실성**(Fidelity): 정직한 약속을 하고 상담 대상자들에게 책임을 다할 것
- **진실성**(Veracity): 상담사가 내담자에게 정직하고 진실하게 대할 것

이들 원칙은 모두 함께 치료 활동의 표준적 전문 실무 기준을 개발하는 토대가 될 수 있다.

다수의 윤리 규정은 수퍼비전 과정에서 유능성, 비밀 보장, 사전 동의, 모니터링, 그리고 평가 및 피드백을 강조한다. 그러나 전문가 규정에서는 이외의 다른 구체적인 법적 문제에 대해 거의 언급하지 않고 있다. Saccuzzo(1997)는 5개의 주요 윤리 원칙 즉, 1) 유능성, 2) 비밀 보장, 3) 이중 관계의 금지, 4) 서비스 대상의 복지, 그리고 5) 사전 동의 등은 법규, 판례, 윤리 규정, 그리고 전문 서적 등에서 반복적으로 다뤄진다는 점을 보고한다. 정신 건강 분야의 수퍼비전에서 표준적 전문 실무 기준은 이들 개념에 기초한다. 자격 규정, 판례 그리고 상담 활동 등에서 비롯된 표준적 전문 실무 기준의 범위에는 훈련과 경험에 기초한 능력 내에서 수퍼비전을 할 것, 수퍼비전 계약을 맺을 것, 적절한 피드백과 평가를 제공할 것, 지속적으로 모니터링 할 것, 그리고 수퍼바이지 활동의 통제할 것, 수퍼비전 활동 명세를 정확히 문서화할 것, 그리고 지속적이고 적절한 수피비전 회기 제공을 할 것 등이 포함된다.

### 법적 책임

주 자격 법은 법적 책임(statutory liability)의 기초를 제공하는데, 비교적 그 내용이 명확하고 기준들이 분명하여 이에 대한 법을 어겼을 때 처벌이 부과된다. 책임의 세부 영역은 주마다 차이가 있기 때문에 깊이 논의되기 어렵다. 따라서 수퍼바이저는 자신들이 수퍼비전

이나 상담 활동을 하는 주에서 준수해야 할 구체적인 법규를 명확히 이해하는 것이 중요하다. 예를 들어, 주에 따라 수퍼바이지 수행을 모니터링 하는 방법, 수퍼비전에 대한 비용 지불 여부 혹은 사무실 사용료 지불 여부, 수퍼바이지에 의한 광고 금지, 그리고 수퍼비전 관계에서 요구되는 문서 규정 등의 법규가 서로 다르다.

### 업무상 과실과 배임

**업무상 과실**이라는 용어는 '잘못된 실무'를 했다는 것을 의미한다. 업무상 과실은 유사한 상황에서 다른 전문가들이 제공했을 정도의 전문적인 서비스를 제공받지 못하고 실패한 경우를 의미한다. 업무상 과실은 내담자에게 상해를 입히거나 자살에 이르게 하는 것을 포함한 법적인 개념이다.

전문가의 **배임**(negligence)은 개인의 책임에 따르지 않아서 표준화된 실무에서 벗어나거나 적절한 치료를 하지 않았을 때 발생한다(Corey et al., 2019). 배임은 수퍼비전에서 표준적 전문 실무 기준을 준수하지 않을 때 발생한다. 업무상 과실 소송에서 이기기 위해서는 다음의 4가지 요소를 제시해야 한다. 즉, 1) 수퍼바이지와 수퍼바이저 사이의 전문적 관계가 존재했을 것; 2) 수퍼바이지나 수퍼바이저가 배임 혹은 부적절한 방식으로 행동했거나 표준적 전문 실무 기준에서 벗어났을 것; 3) 수퍼바이저나 내담자가 해나 손상을 입어 고통을 당하되 그것이 입증되어야 하며; 4) 수퍼바이지나 내담자가 주장하는 충격이나 손상과 배임 또는 책임 불이행의 인과 관계가 성립할 것 등이 그것이다. 해를 입었다는 증명의 책임은 내담자나 수퍼바이지의 몫이다. 그리고 원고(고소인)는 위의 4가지 요소가 자신에게 발생했음을 입증해야 한다. 다음의 내용은 **법률 사전**(Black's Law Dictionary)에 기술된 4가지 요소의 개요이다(Garner, 1999; Wheeler & Bertram, 2019).

1. **의무**(duty). 법적 책임의 성립은 두 가지 측면이 있다. 하나는 특별한 관계의 성립이며, 다른 하나는 특별한 관계의 성질이다. 상담사(또는 수퍼바이저)가 묵시적으로나 명시적으로 전문적 서비스 제공에 동의한 순간 책임이 발생한다.
2. **책임 불이행**(breach of duty). 일단 원고가 전문적 관계의 성립을 입증한 후에는, 책임을 불이행하였음을 보여야 한다. 상담사(또는 수퍼바이저)는 해당 사례에 정상적이고 합리적인 상담 서비스와 근면성을 발휘하고, 적절한 지식과 기술을 적용하며, 올바른 판단을 내리는 등의 구체적 책임을 지닌다. 만일 상담사(또는 수퍼바이저)가 적절한 표준

적 전문 실무 기준을 제공하지 못할 경우, 책임을 불이행한 것이 된다. 수퍼비전에서 책임 불이행은 수퍼바이지나 수퍼바이저에 의해 취해지는 행동을 모두 포함하며, 예방 조치를 취하지 않는 경우에도 해당된다.

3. **손상**(injury). 원고는 신체적, 관계적, 심리적 측면에서 어떤 형태로든 자신들이 해를 입었으며, 그로 인해 피해가 지속되고 있음을 입증해야 한다. 수퍼비전으로 인한 손상은 수퍼바이지나 이들이 상담하는 내담자 중 한쪽에서 발생할 수 있다. 수련 프로그램에서 수퍼바이지를 배제할 때 적법 절차가 부족하여 손상이 발생하는 경우도 한 가지 예가 된다.
4. **인과성**(causation). 원고는 상담사(또는 수퍼바이저)의 책임 불이행이 해를 입게 된 직접적인 원인이라는 점을 입증해야 한다. 이것의 핵심은 상담사(또는 수퍼바이저)의 어떤 행동이나 태만이 없었을 경우, 해를 입게 되지 않았을 것이라는 점을 입증하는 데 있다.

아래의 사례 연구 8.1은 표준적 전문 실무 기준의 과실을 보여 주는 한 예이다.

**사례 8.1 케터린**

케터린은 스노우 박사에게 수퍼비전을 받고 있으며 병원의 아동들에게 상담을 제공하고 있는 교육생이다. 케터린은 어린 아동인 제이미를 상담하고 있는데, 이 학생은 심각한 수준의 외현화 행동을 하고 있으며 가족력이 좋지 않다. 제이미의 어머니가 약물 문제로 재활 센터에 간 후로는 이모와 함께 살고 있다. 케터린은 제이미를 퇴원시키기 위해서 제이미의 이모에게 제이미의 가족력에 대한 정보를 공유하고 도움을 요청하였는데, 케터린이 이렇게 제이미의 정보를 그 이모에게 노출하는 것에 대해서 스노우 박사는 모르고 있었다. 이모의 경우는 제이미의 법적인 보호자가 아니기에 제이미에 대한 양육권이 있는 제이미의 아버지를 대상으로 이 정보를 이용할 수 있으며, 이는 비밀 보장 규정을 위반한 것으로 볼 수 있다.

실제 사례는 아니지만 위의 사례를 보면 제이미의 어머니는 상담사인 케터린을 비밀 보장 규정 위반으로 소송할 수 있을 것이다. 이 경우에 상담사인 케터린과 수퍼바이저인 스노우 박사 모두 윤리 및 법적 규정 위반에 걸릴 수 있다. 이러한 비밀 보장 규정을 어기지 않기 위해서는 어떤 위기관리 계획을 세워야 하는가?

## 배임 책임

배임으로 인한 과실 책임(negligence liability)은 법적 책임만큼 명확하게 선을 긋기 어렵지만, 대다수가 수퍼바이저에게 매우 위험한 것으로 여겨진다. 내담자 상담과 수퍼비전 활동에서 배임으로 인한 책임을 지게 되는 과정이 있는데, 책임의 성립은 두 요소로 이루어진다. 배임의 첫 단계는 표준적 전문 실무 기준의 성립이다. 정신 건강 법규에서 표준적 전문 실무 기준은 자격 법규, 판례, 그리고 윤리 규정에서 우선 도출된다. 사실 여러 주의 법은 법규에 구체적인 윤리 규정을 담고 있다. 두 번째 단계는 배임 여부 결정이다. 배임이 없었다면 책임을 지도록 할 수 없다. 표준적 전문 실무 기준이 갖춰져 있고 적절한 표준적 전문 실무 기준을 준수하지 못하여 배임을 하게 되면, 그에 대해 법적 책임을 물을 수 있게 된다. 이러한 배임은 수퍼비전이 적절하지 않았는지 재판에서 증명할 수 있어야 한다. 따라서 수퍼비전을 제공할 때는 이들 요소에 대한 직무 지식을 갖춰야 할 것이다(Wheeler & Bertram, 2019).

배임은 크게 두 가지로 나뉜다. 수퍼바이저의 잘못 여부와 상관없이 수퍼바이지의 행동으로 인해 수퍼바이저가 지게 되는 **대리 책임**(vicarious liability), 그리고 수퍼바이저가 자신의 태만한 수퍼비전 활동으로 인해 지게 되는 **직접 책임**(direct liability)이 그것이다. Bernard와 Goodyear(2019)는 수퍼바이저는 직접 책임과 대리 책임 모두에 책임이 있다고 하였다. 수퍼바이저의 행동이 피해의 원인인 경우는 직접적인 책임이 발생할 수 있다. 예를 들어, 수퍼바이저가 수퍼바이지에게 상담에 대한 부적절한 지시를 내리거나 수련생의 능력을 넘어서는 과제를 줄 때 발생할 수 있다. 대리 책임은 수퍼바이저가 수퍼바이지의 행동을 관찰하는 책임과 관련이 있다. 수퍼바이저는 수퍼바이지의 행동에 책임을 져야 한다. 왜냐하면 수퍼바이지와 수퍼바이저는 전문적 관계에 있기 때문이다. 법적 및 윤리적 관점에서 훈련생은 최종 책임을 질 것으로 기대하지 않는다. 오히려 내담자를 위해 그들의 수퍼바이저가 법적으로 의사 결정에 대한 책임과 의무를 가질 것으로 여겨진다.

Polychronis와 Brown(2016)은 **엄격 책임**(strict liability)이라는 법적 원칙을 상담 수퍼바이저에 적용함으로써 대리 책임(vicarious liability)의 개념을 확장시켰다. 이는 수퍼바이저가 수퍼바이지의 잘못된 행동 여부와 관계없이, 전문적 영역에서 수퍼바이저의 행위에 대해 전적인 책임을 진다는 것을 의미한다. 엄격 책임의 원칙은 수퍼바이지가 부주의했다는 사실을 입증할 필요 없이 책임을 지는 수퍼바이저를 의미한다. 설사 수퍼바이저가 모범적인 수퍼비전을 제공했음을 증명할 수 있어도 수퍼바이지에 의해 발생한 모든 잘못에 대해 수퍼바이저는 법적 책임을 질 수 있다.

### 대리 책임

수퍼바이저는 다음 세 가지 법적 원칙 중 하나에 따라 대리 책임(vicarious liability)을 질 수 있다: 상급자 책임(respondeat superior), 사용자 책임 규정(borrowed servant rule), 그리고 기관 책임(enterprise liability)이다. 이제 각각의 원칙을 살펴보자.

### 상급자 책임

다른 사람을 지위 통제하는 위치에 있는 경우 하급자의 행동으로 발생한 손해에 대해 법적 책임을 지게 될 수 있다(Wheeler & Bertram, 2019). 수퍼비전에서 보면, 이것은 수퍼바이저가 수퍼바이지의 행동에 대해 책임을 질 수 있다는 의미가 된다. 상급자 책임(respondeat superior)은 수퍼바이저의 배임 여부와 상관없이 유지된다. 즉, 고용주 대리 책임 원칙이 수퍼비전 활동에 내포되어 있는 것으로 볼 수 있다. 사례 8.2는 수퍼바이지가 자신의 내담자에 대해 구체적인 지식이 부족하였을 때에도 이 원칙에 따라 수퍼바이저에게 책임이 있음을 보여 준다.

**사례 8.2 밥하브**

밥하브는 식이 장애 진단을 받은 20대 여성에게 심리치료를 하고 있는 수퍼바이지이다. 내담자는 주요 우울장애 증상을 호소하였다. 밥하브는 우울증 치료를 위한 지식과 능력을 지니고 있으며, 이 때문에 우울증 치료에 초점을 두었다. 심리치료를 받는 여성의 건강은 전문가에게 자문을 구할 필요가 있을 정도로 점차 악화되었고 결국 의료적 처치가 필요하게 되었다. 그러나 수퍼비전 동안 사례 보고서를 작성하면서 밥하브가 우울증 진단 및 치료와 관련된 사실만을 보고했기에 수퍼바이저는 내담자의 식이 장애에 관련한 것에 대해서 알 수 없었다.

실제 사례는 아니지만 위와 같은 상황에서 내담자는 수퍼바이지가 감당할 수 없는 수준의 증상을 발현하고 있다고 볼 수 있다. 이와 같은 내담자는 심리적인 문제나 증상이 더욱 심각해져서 자살을 시도할 수도 있고 신체적으로 문제가 생겨서 죽음에 처할 수 있는 상황이 될 수도 있다. 이런 상황을 고려할 때 내담자의 가족은 수퍼바이저에 대해서도 소송을 제기할 수 있으며, 수퍼바이저 역시 이에 대한 책임을 감당해야 할 수 있다. 이런 상황에서는 다음과 같은 질문을 할 필요가 있다.

- 수퍼비전 회기 중에 뱁하브가 보고한 내용에 대해서만 초점을 두는 수퍼바이저에 대해 당신은 어떻게 생각하는가?
- 당신은 당신의 강점 영역과 진단에 있어서 자신의 역량에 대해 파악하고 있는가?
- 당신은 수퍼바이지로서 수퍼바이저에게 좀 더 필요한 수퍼비전 영역이 무엇인지에 대해 어떻게 도와달라고 할 수 있는가?
- 수퍼바이저로서 당신의 수퍼바이지가 실무에 있어서 중요한 부분이라고 생각되는 것에 대해서 어떤 전략을 가지고 알려 주곤 하는가?

### 사용자 책임 규정

사용자 책임 규정(borrowed servant rule)은 배임 행위 당시에 수퍼바이지에 대한 책임이 누구에게 있는지 결정할 때 사용된다. 한 사람이 다른 사람의 권한 하에 있는지 여부를 결정할 때, 필수적으로 점검해 보아야 할 항목은 그 사람이 수행한 일의 내용뿐만 아니라 일을 수행한 방식까지를 포함하여 그에 대해 다른 사람의 통제 하에 있는지 여부를 가리는 것이다(Saccuzzo, 1997). 그 기준은 배임 행위 당시의 수퍼바이지에 대한 지휘 권한에 관한 것이다. 예를 들어, 대학교 훈련 프로그램에서 학생들은 종종 병원이나 지역 정신 건강 시설에서 서비스를 제공하도록 배치된다. 이때 학생은 배치된 기관의 자격을 갖춘 스탭과 소속 대학의 수퍼바이저 모두에게서 수퍼비전을 받게 될 수 있다. 이런 상황에서 수퍼비전 책임은 사용자 책임 규정을 따르게 된다. 책임 소재를 결정하는 데 있어서 핵심적인 요소는 배임 행위 당시에 수퍼바이지의 지휘 책임이 누구에게 있는가를 결정하는 것이 된다.

Remley와 Herlihy(2020)는 적용 활동에 따라 수퍼비전 유형을 구분할 수 있는지에 대해 의문을 제기했다. 예를 들어, 이차적인 수퍼비전(어떤 사람은 이 용어를 간접 수퍼비전이나 임상 수퍼비전으로 사용한다)을 제공하는 사람은 일차적인 또는 행정 수퍼바이저가 아니라는 사실로 인해 대리 책임을 지지 않을 수도 있다는 문제가 제기되어 왔다. 이 둘을 구분하는 기준은 행정 수퍼바이저의 경우, 고용, 해고, 모니터링의 직접 책임을 지니며, 임상 수퍼바이저는 수퍼바이지에게 자문가로서 보다 많은 역할을 하며 직접적인 서비스 수행을 위해 행정 수퍼바이저의 역할을 미룬다는 점이다. 행정 수퍼바이저와 임상 수퍼바이저에 따라 제공되는 서비스의 한계가 명시적으로 적힌 수퍼비전 계약을 맺을 수 있도록 하는 것은 중요하다. 이는 특히 자격 전문가를 수퍼비전하려는 사람들에게 중요하다. 행정 수퍼바이저는 수퍼바이지의 모든 활동에 대해 일반적으로 대리적인 책임을 진다.

### 기관 책임

이 원칙은 손해에 대한 배상 비용을 수퍼바이저나 수퍼바이지를 통해 발생한 이익과 견주어 감수하는 것이다. 손실은 사업 수행 비용의 일부로 간주된다. 이 이론은 수행 업무의 성질상 수퍼바이지의 행동을 얼마나 예견할 수 있었는가에 초점을 둔다. 수퍼바이저가 수퍼바이지의 행위로 이익을 얻게 될 것 같은 경우(예: 서비스 비용과 봉급 그리고 간접 비용 등), 수퍼바이저는 내담자에게 가해진 손해로 인한 손실을 기꺼이 감수해야만 한다.

### 직접 책임

수퍼비전 배임에 대한 직접 책임(direct liability)이 성립하기 위해서는, 수퍼바이저의 행동과 발생된 손실 간의 관계가 명확해야 한다. 수퍼바이저가 자신이 수퍼비전에서 태만하지 않았고, 내담자에게 해를 입히게 된 상담을 직접 수행하지 않았다는 점에서 자신의 책임을 부정하는 것은 인정되기 어려울 것이다. 법원은 할당된 사례에 대해 수퍼바이지의 능력이 적절한지를 제대로 모니터링하고 결정했는지 여부에 강조점을 둔다. 이는 수퍼바이저가 수퍼바이지의 행동을 모니터링하고 통제하도록 기대되기 때문이다. 법원은 수퍼비전 활동의 배임 때문에 직접 책임이 발생했을 때, 두 가지 주요 문제를 제시하도록 요구해 왔다. 첫째, 수퍼바이저가 수퍼바이저-수퍼바이지 관계에서 발생하는 상담에 대해 직접적인 책임을 갖고 있는가? 둘째, 수퍼비전이 적절한 서비스를 위한 표준적 전문 실무 기준을 만족시켰는가?

수퍼바이저는 직접 책임에 대해 내담자뿐만 아니라 수퍼바이지의 소송 제기 가능성에 대비해야만 한다. 이러한 소송의 우선적 사유는 적법 절차의 개념에 기초한다. 맥락적으로 적법 절차는 수퍼바이지에 대해 수퍼바이저가 공정하였는지 여부를 포함한다. 이는 수퍼비전과 관련하여 적절한 피드백이나, 향상을 위한 치료적인 지침 혹은 기회를 제공하지 않은 채 수퍼바이지에 대해 부정적인 평가를 했다면, 수퍼바이저가 배임 행위를 한 것이라는 의미이다.

수퍼바이저는 수퍼비전 실무에 있어서 배임적 행위에 대한 책임을 지니고 있으면 이는 다음의 행위를 포함한다.

- 수퍼바이지에게 수퍼바이지의 범위를 넘어선 활동을 허락하는 경우
- 수퍼비전 회기의 시간 할애를 견실하게 하지 않은 경우
- 위급 상황의 범위와 처리 절차에 대해 부족하게 다룬 경우
- 수퍼비전 계약 사항을 안내하지 않은 경우
- 수퍼바이지와 그 내담자에 대해 적절한 평가를 하지 않은 경우
- 수퍼바이지 수행에 대한 충분한 모니터링과 그에 대한 문서화를 적절히 하지 않은 경우
- 평가에 앞서 지속적으로 피드백을 제공하지 않은 경우
- 수퍼비전 관계에서 전문적 경계를 침해한 경우
- 수퍼비전에 있어 허용된 수준의 실무 지침을 따르지 않은 경우

### 비밀 보장 대화 권한

법적 기초를 마무리 짓기 위해서는 수퍼비전과 관련된 비밀 보장 대화 권한(privileged communication)의 개념을 살펴보는 것이 필요하다. 1996년 **Jaffee와 Redmond**의 연방 대법원 소송 사례를 살펴보면, 상담사와 내담자 간의 대화 내용은 비밀 보장이 되어야 한다고 선언했으며, 이는 상담사와 내담자 간의 비밀 보장 대화는 신뢰로워야 하며 상담 관계에서 신뢰와 믿음이 지켜지는 방향이 중요함을 의미한다(Mosher & Swire, 2002, p. 577). 증인 면책 권한(evidentiary privilege)은 법정이 비밀 보장 대화 내용을 밝히도록 요청하지 못하게 하는 법이다. Remley와 Herlihy(2020)는 비밀 보장 대화 권한이란 법정에서 밝히지 않아도 되도록 정한 법률이라고 하였다. 즉, 이러한 비밀이 보장된 대화의 정보는 판사가 요청할 수 없다는 것을 의미한다(p. 107). 면책권은 자격이 있거나 공인된 전문가에 대해서만 우선적으로 인정된다.

이 권한은 내담자에게 해당된다. 따라서 증인(수퍼바이저, 수퍼바이지)이 모두 증언해야 하는 상황에서 내담자가 비밀을 보장받고자 한다면 증언을 하지 않아도 된다. 그러므로 내담자가 안 된다고 하면, 수퍼바이지나 내담자가 수퍼바이저에게 한 모든 대화 내용은 비밀 보장 면책 대상이 된다. 그러나 모든 면책 대상의 대화 내용이 비밀이라고 해서 모든 비밀 보장 대화가 면책 대상이 되는 것은 아니다. 때때로 면책이 될 수 있는 내용을 예외로 정의

하고 있는 판결이 많이 있다는 점을 상기할 필요가 있다.

수퍼바이저는 면책의 의미를 충분히 인식하고 증언 의무를 결정할 수 있어야만 한다. 그렇지 못할 경우, 법적 강제가 없는데도 증언을 하여 비밀 보장 의무를 파기하거나 또는 반드시 증언을 해야 하는 상황에서 증언을 거부함으로써 민사상 책임이나 형사상 책임을 지게 될 수 있다(Disney & Stephen, 1994). 수퍼바이저는 비밀이 보장된 대화 내용을 밝히도록 요구받을 때 적절한 법률 자문을 구할 책임이 있다. 다음의 현장의 목소리 칼럼을 보면, Judy Van Der Wende가 복잡한 아동 양육권 사례에서 법정 증언했던 인턴을 수퍼비전했던 경험의 회상을 기술하고 있다.

### 현장의 목소리

#### 아동 양육권 사례 다루기

*Judy Van Der Wende, PhD*

나는 사설 상담소를 운영하면서 아동 양육권과 같은 가족법 관련 문제를 상당히 많이 경험한다. 나는 오랜 기간의 훈련을 받은 후에 아동 양육권 평가자로 캘리포니아주의 자격증을 받았다. 캘리포니아의 경우, 가족 상담에 있어 심리학자에 대한 상당히 많은 고소가 발생한다. 결과적으로 나는 양육권 소송과 관련된 업무는 더 이상 하지 않기로 했다. 이 일을 하면서 너무 많은 스트레스를 받았고, 보지 말아야 할 것을 너무 많이 봤기 때문이다. 근본적으로 이 일은 나에게 맞지 않았다.

몇 년 전에 나는 내 상담소의 인턴을 받았다. 수퍼바이저로서의 나는 내 경험에 입각해서 격려, 통찰, 지도를 주는 스타일이다. 보통 나는 인턴들이 자신의 상담 방식을 스스로 찾아가길 격려하며 그들의 목소리를 잘 들어주는 편이다. 나는 그들이 나에게 의존하기보다는 스스로 성장하게끔 도와주는 걸 중시한다. 그러나 가족 법률과 아동 양육권 이슈에 있어서는 좀 더 직접적이고 분명하게 인턴을 교육한다. 무엇보다도 아동 양육권은 인턴들이 전문성을 가지고 있다고 생각하지 않기에 인턴들이 이러한 사례는 맡지 말라고 조언한다. 나 역시 내 면허증이 달려 있는 문제이기에 이런 이슈에 엮이는 것이 불편하며, 결과적으로 이런 사례는 스트레스를 가져오기 때문이다.

그럼에도 불구하고 내 인턴은 굉장히 어려운 아동 양육권 사례에 엮이게 되었다. 이런 연유로 나는 수퍼바이지와 상당한 갈등을 경험하였다. 보통의 내 수퍼비전 방식은 격려와 지지로 이루어졌다면, 이 수퍼비전에서는 그렇지 못했다. 목소리까지 떨면서 나는 인턴이 어떻게 증언을 해야 하는지 코칭을 했으며 이 사례의 수퍼비전에 너무 심각하게 몰입했다.

이 어려운 사례에 있어 나는 최대한 윤리적으로 행동했다고 생각했다. 법적인 절차에 맞춰서 서류 작성도 하고 그러한 기록도 철저히 했다. 그러나 내가 이 분야에 대해서 좀 더 경험이 있었다면, 좀 더 다르게 했을 것 같기도 하다. 아마도 다음과 같은 이슈들을 인턴과 함께 고민해 봤을 것이다. 우리가 이런 어려운 사례를 맡아야 할 것인가에 대한 의견 차이를 보이는데, 왜 그렇게 된 건가? 이러한 사례를 위해 인턴에게는 어떤 훈련이 필요할 것인가? 수퍼비전 관계를 망가트리지 않으며 이 사례를 잘 해결해 나갈 수 있는 방안은 무엇인가? 예를 들어, 이 사례에 공동 수퍼바이저를 찾았으면 어땠을까? 혹은 이 인턴을 다른 수퍼바이저에게 찾아가게 해서 고민을 털어놓게 했으면 어땠을까? 나는 분명히 동료와 의논했을 것이고 나를 위한 수퍼비전을 찾아 나섰을 것이다.

궁극적으로 인턴이 교육 훈련 경험이 있다고 해도 불안이 발생할 수밖에 없다고 생각하게 되었다. 그러기에 인턴을 선발할 때 나는 아동 양육권이 포함된 사례는 인턴이 맡아서는 안 된다고 이야기를 한다. 이 하나의 어려운 사례 때문에 다른 사례 역시 영향을 받을 수 있기 때문이다. 수퍼비전 계약서에 이러한 내용을 분명히 적어 놓았다. 매주 수퍼비전에서 이러한 힘의 불균형과 영역 갈등 등에 대해서 다룬다. 이러한 양육권 사례는 오직 법정 인턴들만이 적절한 훈련 세팅에서 다루어야 한다는 것이 나의 경험에서 나온 확신이다.

## 경고, 보호, 그리고 보고 의무

경고, 보호, 그리고 보고에 대한 구체적인 정의와 필수 요건은 주마다 다르다. 비록 정의는 다를 수 있지만, 수퍼바이저의 책임은 비교적 명확하다. 수퍼바이저는 경고, 보호, 그리고 보고 의무에 대해 잘 알고 있어야 한다. 그리고 수퍼바이지가 이러한 책임에 대해 잘 이해하도록 해야 한다. 수퍼바이저는 기관 방침과 절차에 대해 수퍼바이지에게 교육시키고, 경고, 보호, 그리고 보고 의무와 관련된 법규를 검토시키며, 수퍼바이저에게 즉시 고지하는 것을 포함한 위기 처리 계획을 수립해 두어야 한다. Welfel, Werth, Benjamin(2009)은 경고하는 것에는 한계가 있고 경고 외에 다른 선택지가 있다는 것을 제안하였다. 정확하게 위험 수준을 평가하는 것은 쉬운 일이 아니며, 나아가 제 3자에게 위험을 경고하는 것만으로 그들의 안전이 보장되는 것은 아니다. 보호의 의무는 비밀 보장을 유지할 가능성을 높여주지만, 경고의 의무는 반대로 비밀 보장을 보장하지 않는다. 경고의 의무는 몇몇 사례에서는 적절한 선택지이지만, 경고하는 것만이 **유일한** 방법은 아니다.

Wheeler와 Bertram(2019)은 내담자들에게 비밀 보장의 예외 상황, 윤리 규정의 검토, 법률 상담 체크, 적절한 사례 의뢰, 철저한 위험 수준 평가, 조직의 정책에 대한 파악, 고려 혹은 선택을 하거나 하지 않았던 행동 방략에 대한 자세한 기술을 포함하여 위기관리 전략을 제안하였다. 사전 동의서를 작성하는 과정에서 비밀 보장의 한계를 점검하는 것은 매우 중요하다. 그리고 이러한 비밀 보장의 한계에 대해서는 상담 과정에서도 계속해서 점검하고 논의하는 것이 필요하다. 수퍼바이저는 잠재적인 폭력성, 자살 가능성, 그리고 학대 등에 대해 적절히 평가할 수 있도록 수퍼바이지를 훈련시킬 책임이 있다. 이러한 점검은 단순히 한 번 하는 이벤트성의 절차가 아닌 지속적으로 이루어져야 한다. Bernard와 Goodyear(1998)은 "법적 시각에서 볼 때, 정확한 예측을 하는 것보다는 적절한 평가를 하는 것이 훨씬 중요하다"고 말한다(p, 179). 수퍼바이저는 수퍼바이지의 행동에 대해 궁극적인 책임을 지게 된다.

## 수퍼비전에서의 위기관리

**위기관리**는 내담자에게 해가 될 수 있는 문제를 확인, 평가, 개입하는 데 초점을 두고 있다. 이는 윤리 위원회의 고소와 업무 과실 고소 등을 포함한다. 사전 동의서, 문서화, 자문은 위기관리의 가장 중요한 요소이다.

앞서 읽은 바와 같이, 여러분은 수퍼비전과 관련된 책임을 지는 데 있어 몇 가지 단서가 있을 수 있다. 비록 많은 책임이 있고, 때로 그 방침이 불안정한 경우도 있지만 수퍼비전에서 반드시 따라야 할 상당한 안전 조치들이 있다. 이러한 안전 조치들은 사전 동의서 과정에서 논의되어야 한다. Bernard와 Goodyear(2019)는 사전 동의서의 3단계를 제안하였다. (1) 수퍼바이지와 함께하는 치료에 대한 내담자의 동의, (2) 그들의 사례가 수퍼비전의 대상이 된다는 것에 대한 내담자의 동의, (3) 수퍼비전에 대한 수퍼바이지의 동의. 이러한 안전 조치는 수퍼바이지들이 법적인 문제에 얽히게 되는 것을 줄어들게 할 것이고 면허를 받으려고 할 때 문제가 될 수 있는 소지들을 없애 줄 수 있다. 다음의 현장의 목소리 칼럼에서는 Leah Brew 박사가 주면허 위원회에서 경험했던 내용을 중심으로 실질적 조언을 제공해 주고 있다.

## 현장의 목소리

### 수퍼바이지를 위한 조언

*Leah Brew, PhD*

상담학 석사를 받은 후에 나는 내가 수퍼비전에 대한 법적, 윤리적 이슈에 대해서 잘 알고 있다고 생각했다. 내담자와 함께하는 수퍼비전에 있어 비밀 보장에 대한 한계, 어떻게 수퍼바이지에게 개방적으로 대해야 하는지 등에 대해서 나는 충분히 알고 있다고 생각했다.

18년 후에 나는 주면허 위원회의 심리 상담 위원회의 위원이 되었다. 위원회 일을 하면서 또 많이 배우게 되었는데, 이 칼럼에서는 일반적인 주제가 아닌 내 진로의 초창기 때는 생각하지도 못했던 이슈에 대해서 이야기하고자 한다.

가장 흔하다고 생각하는 주제로 시작해 보고자 한다. 그것은 바로 사례 기록, 비밀 보장, 그리고 경계선(boundary) 문제에 대한 것이다. 먼저, 많은 수퍼바이지들은 상담 회기 후에 적어도 24시간 내에 사례 기록을 하는 것에 대해 신경을 많이 쓰지 않는다. 내담자가 수퍼바이지를 고소한 사례에서는 이 사례 노트가 수퍼바이지를 보호할 수 있다. 적어도 내 경험으로는 90% 이상 이 사례 노트에 달려 있다고 본다. 24시간 내에 기록하지 않은 사례 노트는 법을 어긴 것뿐만 아니라 정확하지도 구체적이지도 않은 자료이기에 수퍼바이지를 보호해주지 않는다. 그러니 24시간 내에 사례 노트를 꼭 작성해야 한다.

다음으로 수퍼바이지가 너무 편안해져서 사례 노트와 다른 임상적 기록이 비밀 보장되어야 한다는 것에 대해서 방관하는 경우이다. 사례 노트와 회기 기록을 노트북이나 스마트폰에 전송할 때, 꼭 비밀번호와 함께 저장을 해야 한다. 공개 사례 집단 수퍼비전을 하고 컴퓨터에 저장했던 상담 사례 기록을 그냥 놔두었다가 다른 사람이 보게 되었다는 이야기 등을 너무 많이 들었다. 모든 자료에 비밀 보장을 하는 것은 기본이다.

또한 상담사와 내담자 간의 관계의 경계선을 잘 유지하는 것이 중요한 만큼 수퍼바이지와 수퍼바이저와의 관계에 있어서도 경계선을 분명히 하는 것은 매우 중요하다. 수퍼바이저가 수퍼바이지를 파티에 초청했다거나 함께 술을 마셨다는 이야기도 많이 들었다. 수퍼바이저가 수퍼바이지에게 세탁소에 옷을 찾아오라고 했다거나 애완동물을 돌보게 했다는 등 이런 부적절한 행동은 결국 수퍼바이지에게 도움이 안 되는 행동이다. 수퍼바이저는 수퍼바이지들이 힘의 균형에서 약자임을 인식하고 책임감을 가지고 대해야 한다.

다음으로 내가 주면허 위원회의 위원이 된 후 다음의 5가지 영역에서 놀라움을 느꼈고 수퍼바이지들이 이 5가지는 명심하길 바란다. 첫째, 모든 수퍼바이저 면허증은 일정의 기간을 두고 갱신된다는 점을 명심해야 한다. 특히 수퍼비전을 시작했을 때는 수퍼바이저가 면허증이 있었지만 수퍼바이저가 면허증 갱신을 소홀히 했을 수도 있다. 만약 면허증 갱신을 안했다면, 그 당시 했던 수퍼비전은 모두 무효가 되는 것이기 때문에 수퍼바이저의 면허증 갱신 일자 등도 미리미리 챙겨야 한다.

둘째, 매주 수퍼비전이 끝나면 바로 서명을 받아야 한다. 특히 사설 상담소에서 수퍼비전을 받는다면 이는 정말 중요하다. 수퍼바이저가 사망하거나 서명을 할 수 없게 될 때, 즉각 받지 않은 서명으로 인해 수퍼비전했던 기록을 모두 날릴 수 있다. 수퍼바이저의 서명이 없는 수퍼비전 시간은 기관에 속해서 기관장에게 서명을 받는 경우를 제외하고는 인정받을 수 없다.

셋째, 수퍼비전 관련 주법률을 잘 알고 규정들을 꼼꼼히 읽어야 한다. 이러한 법률들이 주마다 다르기 때문에 수퍼비전 계약서라던가 수퍼바이지 평가서 등 주의 규정에 맞게 검토할 필요가 있다. 특히 수퍼바이지는 역전이와 같은 것에 대해서 수퍼바이저와 의논할 때 사례 노트를 잘 검토할 필요가 있다. 많은 수퍼바이지들이 한 분야에서는 전문가일 수 있으나 몇몇 영역에 있어서는 잘 모르기에 수퍼바이지들은 **자신의** 수퍼비전에 주인의식을 가지고 임할 필요가 있다.

넷째, 수퍼바이저와 수퍼바이지가 적절한 평가를 하지 않은 상태로 내담자에게 어떤 사례 기록을 주지 않는 것이 좋다. 어떤 기록을 작성해서 내담자에게 주기 전에 수퍼바이저와 의논할 필요가 있다. 내담자들은 법정에서 유리하기 위해서 상담 기록을 제공해 주기를 바라는 경우가 많이 있다. 수퍼바이지들은 때론 자신이 위험을 감수하면서 내담자를 도와주기 위해서 문서를 작성해 주기도 한다. 나아가 내가 속한 주의 경우는 내담자가 상담사의 허락 없이 상담사가 준 문서를 법정에서 활용할 수 있게 되어 있다. 그러나 이런 행위로 인해 상담사가 오히려 징계를 받게 될 수 있다.

마지막으로, 술을 마시고 운전하지 말아야 한다. 많은 주에서 주면허 위원회는 수퍼바이지들에게 지문 인증을 하게 하기 때문에 범죄에 엮이게 되면 바로 알 수 있게 된다. 특히 내가 속한 캘리포리아주의 경우, 음주운전 경력의 경우 3-5년간 면허 정지와 함께 $12,000의 벌금에 처하게 되어 있다. 지문 인증을 하지 않는 주라고 할지라도 결국엔 알게 된다. 술을 마신 다음엔 운전하지 말고 대중교통을 이용하는 것이 바람직한 행동이다.

이러한 내용들이 상담사 면허를 위해서 노력하는 당신에게 도움이 되기를 바란다. 수퍼바이지로서의 당신의 시간이 전문가로서 온전히 상담 기술을 익히는 시간으로 사용되어야 할 것이다. 이런 조언을 분명히 들었을 것이지만 몇 번에 걸쳐서 들어야 한다. 면허 과정을 즐기면서 자기 돌봄을 하면서도 규정 하나하나에 신경을 쓰는 것은 중요하다.

다음의 현장의 목소리에서는 Nancy Wheeler와 Burt Bertram이 임상 수퍼바이저들이 법적인 관점에서 위기관리 전략을 어떻게 해야 하는지 기술하고 있다.

### 현장의 목소리

#### 임상 수퍼비전에서의 위기관리 전략

*Anne Marie "Nancy" Wheeler, JD와 Burt Bertram, EdD*

정신 건강 영역에서 수퍼비전은 수퍼바이지에 대해서 윤리적, 법적 책무성을 가짐과 동시에 수퍼바이지들이 상담하고 있는 내담자에 대해서도 책임을 져야 한다. 임상 수퍼바이저들에게는 직접 책임이 있기에 자살의 위험이 있는 내담자에게 즉각적인 조치를 취하지 않고 '이번 주말 이후에 의논을 하자'고 하면 안 된다. 위험은 대리 책임 상황에서도 종종 발생하는데, 수퍼바이저와 고용인은 수퍼바이지의 숙련을 책임지는 사람으로서 행동해야 한다. 주의 법령과 규칙에 대해서 숙지를 하지 않는다면 수퍼바이저가 주면허 위원회로부터 경고를 받을 수 있으며 배임으로 고소당할 수 있다 (엄격 책임). 이러한 연유로 수퍼바이저는 현행 주의 법령과 규칙에 대해 숙지해야 하며 면허를 위해 훈련 중인 정신 건강 수련생들을 위해 노력해야 한다.

이러한 주의 법령 중에서도 임상 수퍼바이저에 대한 법적 의무에 대해서 숙지할 필요가 있다. 대다수의 주에서는 상담 수퍼바이저의 자격에 대한 규정을 두고 있다. 대다수의 주에서는 상담 수퍼바이저들은 계속 교육과 연수 교육의 의무를 규정하고 있다. 또한 이들 상담 수퍼비전과 수련생을 위한 주법률은 시시때때로 변경된다. 예를 들어, 캘리포니아주의 경우 정신 건강 실무와 수퍼비전에 관한 법령을 2019년과 2020년에 각각 개정하였다. 캘리포니아주의 행동 과학 위원회 웹사이트에서 좀 더 자세한 내용을 찾을 수 있다 (https://www.bbs.ca.gov/pdf/legupdate_18.pdf와 https://www.bbs. ca.gov/pdf/publica tions/lawsregs.pdf). 최근에 개정된 캘리포니아 법령에 따르면 수퍼바이저는 부부 가족 상담사, 임상 사회복지사, 전문 임상 상담사 등 수퍼바이지들이 자격에 맞는 각각의 법령과 규칙을 준수**해야 한다**고하고 있다. 수퍼바이저들이 수퍼바이지들을 하루 24시간, 일주일 내내 모니터링을 한다는 것은 불가능하기에 이들 새로이 개정된 법률과 규정들은 수퍼바이저들을 위험에 처하게 할 수 있다.

다음은 2020년 현재에 있어 상담과 정신 건강 수퍼바이저들을 위한 위기관리 전략들이다.

- 수퍼비전과 관련된 주의 법령과 규정을 읽어야 한다. 법이 개정되었다면, 그에 대해서 숙지해야 하고 이를 수퍼바이지에게도 알려야 한다. 계속 교육과 연수를 받아야 한다. 개정된 법률이 실무에 적합하지 않다면 학회에 알려서 이를 개정하고자 노력해야 한다.
- 상담 수퍼비전이 제대로 수행되기 위해서는 시간을 들여야 한다는 점을 명심해야 한다. 정기적인 수퍼비전을 하고, 복잡한 상황과 위기 상황 등에 대처하는 것은 시간이 많이 소모되는 작업이다. 수퍼바이저들은 자신들이 많은 책임을 지고 있다고 느껴야 한다. 그러기에 수퍼바이지들에게도 진중하게 수퍼비전에 임하지 않고, 수퍼비전 시간에 대해서 소홀히 하거나 필요한 조치를 하지 않았을 때 수퍼바이저가 위험에 처할 수 있음을 알려 주고 교육시켜야 한다.
- 수퍼비전 계약서를 검토하고 필요시 주법령에 맞게 수정해야 한다. 수퍼비전 계약서를 어떻게 만들어야 하는지에 대해서는 Wheeler와 Bertram(2019)의 『상담사와 법(The counselor and the law)』에 예시들이 나와 있다. 이 책에는 상담 수퍼비전에 있어 법적인 관점에 대해서 보다 자세히 소개되고 있다.

## 규율(징계) 수퍼비전

면허 위원회는 수퍼비전을 규율과 징계의 수단으로 의무화할 수 있다. 이를 **규율(징계) 수퍼비전**이라고 하며 면허 위원회가 정신 건강 실무자가 윤리 위반을 했거나 관련 법령에 따르지 않았을 때의 조치로 이를 요구할 수 있다. Thomas(2014)는 이러한 수퍼비전의 주요 목적은 수퍼바이지의 내담자와 대중을 보호하고 정신 건강 전문가의 재활을 위한 것이라고 이야기하고 있다. 규율(징계) 수퍼비전의 주요 목표는 징계를 받은 임상가들이 다음의 이슈를 해결하도록 돕는데 있다.

- 윤리 규정 위반에 영향을 미쳤던 개인적, 전문적 요인들이 무엇이었는지 철저하게 개념화하기

- 내담자, 학생, 수퍼바이지, 그리고 다른 이해관계자에게 윤리적, 법적 위반 행위가 어떤 실제적, 잠재적 영향을 미쳤는지 점검하기
- 수퍼비전에서 배운 것을 실제 사례에 적용하고 징계로까지 이루어진 사례와 유사성을 점검하기
- 바람직하지 않은 목표와 효율성으로 인해 위험에 처한 상황, 사건, 경험들을 인지하기

의무적인 수퍼비전을 하는 임상가들과 일을 하는 수퍼바이저들에게는 문서 검토를 완성하는 것이 필수적인 작업이다. Thomas가 언급했듯이 "규율(징계) 수퍼비전의 첫 번째 과제는 면허 위원회의 명령을 잘 점검하고, 그 결과와 수퍼비전에 필요한 요소들을 잘 반영하는 것이다. 면허를 받고자 하는 사람과 위원회 간의 의사소통을 보면 수퍼바이지의 통찰 수준을 평가할 수 있다"(p. 1106). 규율(징계) 수퍼비전의 수퍼바이저는 상담 실제 전반에 대한 법적, 윤리적 관점에 대한 지식을 지니고 있어야 하며 '수퍼바이지의 특정 실무 영역과 관련된 윤리적 이슈에 대한 전문성'을 역시 지니고 있어야 한다.

## 위기관리와 수퍼비전 과정에서의 다양한 과제들을 다루는 방법

위기관리에 대한 다음 내용에서는 수퍼바이저로서 당신이 져야할 여러 가지 책무를 개관하고 수퍼비전 과정에서 이러한 다중적 역할을 수행하기 위한 조직적인 절차를 제안하고 있다. 시작에 앞서, 우리는 여러분이 새로운 수퍼바이지와 첫 회기에 임할 때 도움이 될 오리엔테이션 체크리스트를 소개하고자 한다. 새로운 수퍼바이지에게 수퍼비전 관계를 구조화하기 위해 제시된 세부 사항의 범위가 넓고 문항이 많기 때문에, 첫 회기는 적어도 두 시간 정도가 요구된다. 이 체크리스트는 여러분이 위기관리를 포함한 우선적 요소들을 고려하고 있는지 확인해 보도록 할 것이다.

### 수퍼비전 첫 회기 체크리스트

☐ 1. 환영하는 분위기와 안전한 환경을 제공하라. 수퍼바이지를 파악하는 시간을 가져라. 수퍼바이저가 모든 것을 알고 있다고 기대하지 말고 하나의 인간으로, 전문가로서 성장해 나가는 과정임을 명심하라.

☐ 2. 수퍼비전 계약의 요소들을 검토하고, 수퍼바이지의 모든 질문에 꼼꼼히 답변하라.

- ☐ 3. 수퍼바이지의 수퍼비전 작업 여부를 결정하는 데에 영향을 줄 수 있는 요인에 대해서 수퍼바이저에게 알려라.
- ☐ 4. 문화적 차이와 유사점 그리고 이것들이 수퍼비전 관계에 미칠 수 있는 영향에 대해서 터놓고 이야기하라.
- ☐ 5. 수퍼비전과 관련한 윤리적 문제를 검토하라.
- ☐ 6. 수퍼비전 과정을 검토하라.
- ☐ 7. 활용하게 될 수퍼비전의 특정 모형과 방법에 대해서 확인하라.
- ☐ 8. 수퍼바이지가 수퍼비전의 기준과 요구사항에 맞추기 위해서 필요한 자원에 적절하게 접근할 수 있게 도와라.
- ☐ 9. 규정과 절차를 검토하라.
- ☐ 10. 모든 양식을 검토하라.
- ☐ 11. 주법령과 법적 요구사항을 검토하고 논의하여라.
- ☐ 12. 위기관리 전략을 논의하고 위기 상황 시 계획을 제공하라.
- ☐ 13. 수퍼비전을 구조화(요일, 시간, 길이)하라.
- ☐ 14. (증거 기반 수행을 포함하여) 수퍼바이지의 역량을 평가하라
- ☐ 15. 목적과 목표를 협의하여 수립하라.
- ☐ 16. 수퍼바이지가 동의를 하면서 수퍼비전 계약서에 서명을 받아라.
- ☐ 17. 평가에 대한 정책과 절차에 대해서 논의하여라.

상담을 하거나 그 상담에 대한 수퍼비전을 하거나 우리들이 하는 일의 특성을 볼 때, 책무성(책임을 진다는 것)은 상담사 업무에서 가장 중요한 부분이다. 올바른 실무(상담)를 한다는 것은 수퍼비전에 있어 위험 요소를 줄일 수 있는 지름길이다. 다음과 같이 단계별로 예방적인 조치를 취한다면 과실 책임 가능성의 위험을 최소화할 수 있다.

#### 역량에 벗어나는 경우 수퍼비전하지 마라.

수퍼비전 역량은 상담 실무적 전문성과 수퍼비전 모두에서 적절한 수련과 경험을 요구한다. 또한 효과적인 수퍼비전에는 무엇을 알고 있고 무엇을 모르고 있는지를 평가할 수 있는 능력이 포함되어야 한다. 이러한 역량에는 실무 적용 기술, 비판적 판단력, 대인 관계 기술, 윤리적 행동 규범뿐만 아니라 자기-평가, 자기-모니터링, 자신의 경력 개발에 역량

을 꾸준히 증진하고자 했던 전문성 개발 등도 포함된다.

수퍼비전 수련은 당신의 수퍼비전 활동에 대한 올바른 판단을 내리는 데 필수적이다. 여기에는 수퍼비전 활동 장면, 수퍼바이지의 수련 수준, 활동 대상 집단 등에 대한 적절한 모델 선택이 포함된다. 수퍼바이저는 독립적으로 상담을 하기 어렵다고 느껴지는 사례에 대해 수퍼비전해서는 안 된다. 수퍼바이지의 내담자가 수퍼바이지의 수련 범위를 넘어서는 현안을 가지고 있을 경우, 내담자 사례에 대한 수퍼비전 대안을 마련하거나 아니면 내담자를 적절히 의뢰해야 한다. 이런 책임 있는 활동을 위해서는 수퍼바이지뿐만 아니라 수퍼바이지가 상담하는 내담자에 대한 세심한 선별과 모니터링을 요구한다.

### 수퍼바이지의 역량을 평가하고 모니터링하라.

수퍼바이저는 수퍼바이지가 능력 범위 내에서 활동하도록 할 책임이 있다. 내담자와 책임을 적절하게 배정하기 위해서는 수퍼바이지의 지식과 기술 수준을 평가하는 것이 필요하다. Barnett와 Johnson(2008)는 수퍼바이저가 수퍼바이지의 역량 수준을 꼼꼼하게 평가하고 처음부터 훈련의 요구 수준을 파악할 필요가 있다고 하였다. 이러한 평가의 요소로는 교육, 자격 또는 인증, 목적과 흥미, 임상 실습 경험과 처치 장면, 수퍼비전 경험, 다양한 문화경험, 과거 범죄 경력, 그리고 수련 활동, 평가 경험, 진단, 처치와 문서화, 그리고 다른 전문가와의 교류 능력 등을 포함한다. 역량 평가는 수퍼비전에 앞선 예비 활동일뿐만 아니라 관찰, 예시 작업, 피드백, 그리고 공식적 평가를 통해 세심한 모니터링을 필요로 하는 지속적인 과정이다.

당신은 기관에 할당될 임무를 수행할 역량이 없다고 여겨지는 수퍼바이지와 수퍼비전을 시작하거나 지속할지 여부를 선택할 수 있다는 점을 기억하라. 수퍼바이지에 대해 요구되는 능력과 잠재적인 평가 결과를 함께 논의하라. 어쩌면 다른 기관으로 의뢰하는 것이 합당한 선택일 수 있다. 수퍼비전 관계를 시작한 후 역량이 부족하다는 판단을 하게 되면, 그 영역에 대해 당신이 가르치거나 교육하거나 멘토 역할을 해 줄 수 있는지 판단하는 것이 중요하다. 만일 아니라면, 당신과 수퍼바이지 모두를 위해 대안을 제시하라. 여기에는 의뢰, 공동 수퍼비전, 자문, 또는 치료 교육 등이 포함될 수 있다.

### 정규적인 수퍼비전이 가능케 하라.

활동이 많은 수퍼바이저들이 정기적으로 일관되게 수퍼바이지를 위한 시간을 할애하는 것은 많은 노력이 요구된다. 효과적인 수퍼비전은 통상적으로 한 주에 한번 면대면으로 만나는 것 이상을 요구한다. 수퍼바이저는 모니터링, 문서 검토, 그리고 위기 발생 시 조력하는 것이 가능해야 한다. 또한 수퍼바이지가 도울 수 없는 상황이 발생할 때, 이를 대신 적절히 보완하며, 도움이 필요한 상황에서 아무 지원책 없이 수퍼바이지를 방치하지 않도록 적절한 위기 계획을 마련할 것을 요구한다. 만일 수퍼바이저인 당신이 특정 기간 동안 수퍼비전을 중단하게 될 경우, 응급 연락 번호뿐만 아니라 지속적인 현장 수퍼비전 방법을 마련해야 한다.

정신 건강 영역에서는 때로 즉각적이고 복잡한 의사 결정 행동을 해야 하는 심각한 상황발생이 발생하곤 한다(Falvey, 2002). 이런 상황들은 오랜 경험이 있는 전문가에게도 도전적이고 때로는 위협적이기도 하기에, 이런 상황에 수퍼바이지가 혼자서 감당하게 놔두면 안 된다. 수퍼바이저는 때로 수퍼비전 시간이 아니라도 수퍼바이저에게 연락할 수 있도록 긴급 연락망을 알려 주고 필요시 그에 맞춰 대응해야 한다. 또한, 가능한 여러 가지 상황을 고려할 필요가 있다. 이는 그런 상황에 대해 적절히 개입이 이루어지지 않을 경우 심각한 책임을 야기할 수 있기 때문이다. 적시에 응급 계획을 세우는 것에는 위기 상황에서 우선적으로 취해야 하는 조치를 배우는 수퍼비전하에서 수퍼바이지가 따르게 될 방법에 대한 모델을 제공하는 것이 포함된다. 예를 들면, 내담자가 자신에게 닥친 즉각적인 위험(자살)을 보고할 때 취해야 할 구체적인 조치가 있어야 한다. 내담자 집단이나 활용 가능한 자원이 다를 수 있기 때문에 처치 장면에 따라 조금씩 절차가 다를 수 있으나, 어떤 경우든지 우선 연락처(경찰, 응급실, 검시관, 그리고 의무 배정된 내과 의사)와 전화번호를 포함한 조치 목록이 준비되어 있어야 한다. 응급 상황 현장에 당신이 없을 경우, 언제 어떻게 당신에게 연락해야 하는지도 구체적으로 알려주어야 한다.

### 모두가 납득할 수 있는 건전한 수퍼비전 계약을 체결하라.

수퍼비전에서 계약을 맺는 것은 내담자, 기관, 수퍼바이지 그리고 수퍼바이저인 당신 자신을 보호하기 위해 필수적이다. 관리 위원회의 대다수는 수퍼비전에 대한 서면 동의나 계약서를 권면하거나 필수로 요구한다. 계약서는 조작적으로 정의되어야 하며, 수퍼바이저는 행동으로 그 내용을 뒷받침할 준비가 되어 있어야만 한다. 예를 들어, 만일 당신이 수퍼바이지로 하여금 회기를 녹화하도록 요구할 경우, 그 내용을 살펴보고 수퍼비전에서 효과적으로 사용하기 위한 부분의 내용을 확인하라. 계약서는 수퍼바이저와 수퍼바이지 모두의 서명란과 날짜 기입란을 갖추어 서면으로 작성해야만 한다. 수퍼비전 관계에서 일찍 계약서를 완성할수록 좋다. (대표적인 계약서 예시는 제2장에 속한 부록 2A 참조)

행정 수퍼비전과 상담 수퍼비전의 역할과 책임 영역이 다름은 이전에서 언급했다. 간단히 이야기해서 **상담 수퍼비전**은 상담 과정에서 수퍼바이지의 태도, 지식, 기술, 그리고 전문성을 개발하는 데 초점을 맞추고 있다. 이에 반해 **행정 수퍼비전**은 고용주와 고용인 간의 직접적인 관계로 일종의 지시들이 포함되어 있다. 행정 수퍼비전에서는 수퍼비전의 규정과 절차에 초점을 맞추고 있고, 기준과 지침에 맞춰서 이루어진다고 보면 된다. 행정 수퍼비전의 목적은 피고용인인 상담사가 역량을 발휘하며 실무를 하고 있는지 모니터링하는 것이다. 그러므로 행정 수퍼바이저들은 보다 직접적으로 수퍼바이지들의 상사로서 그들의 행동을 통제한다(Remley & Herlihy, 2020). 수퍼비전 계약서에서 이러한 역할과 책임이 상이함을 분명하게 명시해서 기술할 필요가 있다. 예를 들어, 특정 상담 기관에서 전일제 상담원으로 일을 하는 수퍼바이지를 위해 외부 수퍼바이저로 함께하는 수퍼바이저는 상담 수퍼바이저의 역할을 하는 반면 기관 내의 수퍼바이저는 행정 수퍼바이저 역할을 수행하는 것이다. 이는 마치 인턴십 과정에서 기관 내 수퍼바이저와 학교의 수퍼바이저가 나누어지며 각자의 역할을 하고 있는 것과 비슷한 형태라고 보면 된다. 그러나 이들 수퍼바이저는 때로는 행정과 상담 수퍼바이저 역할을 동시에 할 수도 있다. 그러므로 이러한 기대되는 역할과 책임, 특히 위기관리 계획에 있어서의 특정 역할에 대해서 수퍼비전 계약을 맺을 때 분명하게 구분을 하면서 계약서를 만들 필요가 있다. 다음은 수퍼비전 계약서에 들어가야 할 내용들을 목록화한 것이다. 당신의 상황에 맞춰서 주법률에서 요구하는 것을 토대로 다음의 리스트 요소를 반영하여 계약서를 작성할 필요가 있다.

- 수퍼비전 목적과 목표
- 빈도, 지속 기간, 그리고 구조 등에 대한 수퍼비전 상세 내용
- 수퍼바이저와 수퍼바이지의 역할과 책임
- 수퍼바이저가 자문을 받아야 할 상황에 대한 가이드라인
- 수퍼바이저의 배경, 경험, 그리고 전문 영역에 대한 개요
- 수퍼바이저의 배경, 경험, 전문 영역에 대한 간략한 기술
- 사용될 수퍼비전 모델과 방법

- 수퍼바이저와 수퍼바이지의 책임에 대한 문서화
- 일정, 구조, 형태 그리고 활용 등을 포함한 평가 방식 소개
- 적법 절차를 포함한 피드백과 평가 계획
- 기관의 방침, 전문가 자격 규정, 그리고 윤리 기준 등에 대한 수퍼바이지의 준수 약속
- 내담자와의 건전한 경계 유지에 대한 수퍼바이지의 동의
- 자신의 능력 범위 내에서 활동하겠다는 수퍼바이지의 동의
- 내담자에게 사전 동의서를 제공하겠다는 수퍼바이지의 약속
- 법적, 윤리적, 그리고 응급 상황에 대한 보고 절차
- 비밀 보장 방침
- 다문화적 문제에 대한 책임 진술
- (적용이 된다면) 합의된 비용

수퍼비전 계약과 사전 동의서는 서로 다른 것임을 명확히 할 필요가 있다. 수퍼비전 계약이 더 광범위한 문서이다. 실무에서 수퍼비전 계약은 수퍼바이지와 내담자 간의 사전 동의에 필요한 양식, 지침뿐만 아니라 수퍼바이저와 수퍼바이지 간의 사전 동의를 포함한다. 우리는 그 내용의 상당 부분이 중첩된다는 이유로 수퍼바이저나 수퍼바이지의 사전 동의서와 수퍼비전 계약서를 종종 동일한 것처럼 지칭한다. 사전 동의서는 우선, 의무, 수련 철학, 기대, 그리고 평가 등을 수퍼바이지에게 알려 준다. 수퍼바이지와 내담자 간의 사전 동의서는 상담사-내담자 관계의 경계, 수퍼바이지의 수련 상태, 비밀 보장 등을 담고 있다. 이러한 양식과 지침은 평가 및 동의에 대한 추가 문서와 함께 수퍼비전 동의에 포함되어 있다.

현장의 목소리에서는 Ted Remley가 외부 수퍼바이저로 면허 시험을 준비하는 수퍼바이지와 수퍼비전 계약서를 맺을 때 법적인 과실 책임의 한계를 어떻게 다루었는지에 대한 지침을 보여 주고 있다. 이 수퍼바이저의 예시를 통해 행정 수퍼비전과 상담 수퍼비전의 법적인 정보와 구분점을 파악할 수 있을 것이다. 실무에서 수퍼바이저는 행정과 상담 수퍼바이저의 역할을 동시에 수행하고 있으며, 많은 기관에서 상담 수퍼바이저는 수퍼바이지가 쉽게 접촉할 수 있도록 되어 있다.

## 현장의 목소리

### 수퍼비전 계약서에 과실 책임의 한계를 설정하기

*Theodore P. Remley Jr. JD, PhD*

나는 변호사이면서 상담사이다. 그러기에 나는 수퍼비전 계약서를 좀 더 법적인 관점에서 작성한다. 아마도 가장 흔한 수퍼비전 계약서는 주면허 시험에 필수 요소가 반영된 석사학위 과정 중에 있는 상담 수퍼바이저와 수퍼바이지 간의 관계를 정의하는 문서일 것이다. 여기에서는 이러한 수퍼비전 계약서에 대해서 다루어 보고자 한다.

이런 종류의 수퍼비전 계약서에서 수퍼바이저는 수퍼바이지가 비윤리적 행위를 했거나 업무상 과실을 저질렀을 때 그에 대한 대리 책임의 한계를 포함시켜야 한다. 물론 수퍼바이지의 과실 행위에 대해서 대리 책임을 완전하게 벗어나기는 어렵겠지만, 이런 유형의 수퍼비전 관계에서 수퍼바이지를 완전하게 통제할 수 없다는 점을 계약서에 명시하는 것은 나중에 법정에서 증거가 될 수 있다.

내 생각에 먼저 수퍼바이저는 이 수퍼비전이 어떤 것인지 분명하게 기술할 필요가 있다. 예를 들면 수퍼바이저는 수퍼바이지의 상담사로서의 기술을 발전시키기 위해 매주 미팅을 한다라고 분명히 기술해야 할 것이다. 수퍼바이저의 역할은 수퍼바이지의 멘토, 교사, 그리고 자문가라고 기술해야 할 것이다.

이 계약서에 수퍼바이저는 수퍼비전 과정 중에서와 끝날 때까지 면허 위원회에 수퍼바이지의 성장 수준에 대해서 의견을 제출하는 것은 맞다고 적을 수 있으나 수퍼바이저가 상담사의 일상의 활동에 대해서 모든 책임을 가진다고 적을 필요는 없는 것이다. 상담 수퍼바이지가 내담자와 관련해서 어떤 결정을 내려야 할 때 계약서에는 분명하게 이를 기관의 행정 수퍼바이저에게 자문을 받아야 한다고 명시하는 것이 중요하고 행정 수퍼바이저의 지침을 따라야 한다.

이 계약서에는 수퍼바이지가 전문적이며 윤리적으로 행동할 것과 수퍼바이지의 상담실무에 있어 비윤리적이거나 전문적이지 않은 행위가 일어날 때는 수퍼바이저가 개입한다는 것을 명시할 필요가 있다. 또한 수퍼비전 관계를 맺고 있는 한 서로 밖에서 차를 마신다든가 하는 수퍼비전 관계 외의 관계를 맺지 않는다는 것도 명시해야 한다.

상담 수퍼바이저는 수퍼바이지가 소속된 기관의 행정 수퍼바이저와도 연결이 되어 있으며 수퍼바이지에 대한 상담 수퍼비전에 대해서는 허용하나, 기관에서 작성된 사례 노트를 검토한다거나 특정 사례를 어떻게 다루어야 한다고 지시하거나 행정 수퍼바이저의 지시와 다르게 감독하는 행위 등을 하는 것은 바람직하지 않다. 만약 기관이 비윤리적이거나 범법적 행위를 하거나 그런 의심됨에도 불구하고 상담사가 그 기관에서 계속 일을 하기 원한다면 더 수퍼비전은 지속될 수 없을 것이다. 이러한 상황도 계약서에 명시해야 한다.

만약 수퍼바이지가 수퍼비전에 대해 저항을 하거나 수퍼비전을 통해 상담 기술을 적절하게 발전시키지 못한다면 수퍼바이저는 수퍼바이지에게 이에 대해서 알리고 수퍼비전 관계를 종결할 수 있다는 내용 역시 계약서에 포함시켜야 할 것이다.

상담 수퍼바이저가 수퍼바이지의 비윤리적, 범법 행위에 직접적인 과실 책임이 없으며, 기관의 행정 수퍼바이저가 보다 직접적인 책임이 있다고 계약서에 있다 하라도 모든 책임에서 자유롭지만은 않을 것이다. 그럼에도 불구하고 이러한 내용이 들어간 계약서는 수퍼바이지에 대한 통제와 권위에 있어 상담 수퍼바이저가 가진 책임에는 제한점이 있었음을 보여 주는 증거로 활용될 수 있다.

### 문서화된 규정을 지속적으로 지켜야 한다.

수퍼바이저가 수퍼바이지에게 제공하고자 하는 많은 규정들(전문가 기준과 지침)은 이미 존재하고 있다. 수퍼바이지와 이러한 문서들을 검토하는 것은 수퍼바이저의 책임이다. 요구되는 문서화된 규정의 종류에는 최소한 다음의 사항 즉, 주법규, 윤리 규정, 사전 동의서, 응급 절차, 수퍼바이지-내담자 권리, 그리고 기관 규정과 절차 등이 포함된다.

### 모든 수퍼비전 활동을 기록하라.

수퍼바이저는 모든 수퍼비전 활동과 계약 사항에 대해 기록할 책임이 있다. 그리고 수퍼바이저는 수퍼바이지가 작성한 모든 내담자 관련 문서를 검토하고 공동 서명할 책임이 있다. 이 서명은 수퍼바이저가 문서의 내용을 검토했음을 확인하기 위한 것이다. 이것은 수퍼바이지, 수퍼바이저, 그리고 기관을 보호하기 위한 것이다. 수퍼바이지 문서의 예로는 내담자 정보 기록지, 접수 기록지, 심리 평가, 처치 계획, 치료 기록, 그리고 종결 요약서 등이 포함된다.

수퍼비전 문서는 세 가지 주요 요소로 구성된다. 1) 수퍼비전 동의와 계약서, 2) 수퍼비전 기록과, 3) 피드백 및 평가 문서가 그것이다. 우리는 이미 수퍼비전 계약과 동의에 대하여 논의했다. 수퍼바이지와 함께 누가 이러한 문서에 접근이 가능한지에 대해서도 정확하게 명시하고 파악하고 있어야 한다.

각 회기별 수퍼비전 기록은 적어도 검토된 사례 요약, 주요 내용, 권고 사항, 조치 사항, 고위험 상황에서 내려진 결정의 정당성 등을 포함해야 한다. 그리고 만일 수퍼바이지가 수퍼바이저의 지침을 따르지 못하였을 경우, 이 내용도 기록되어야 한다. Thomas(2007)는 수퍼바이저가 그들이 자문을 받아야 하는 상황을 명확하게 명시하고 수퍼비전의 문서화의 과정으로 이들 문서들에 대한 서명을 받고 보관해야 한다고 이야기하고 있다. 이 양식에는 내담자와의 다툼, 치료에서의 문제점, 비윤리적 행위에 대한 고소 내용, 고소에 대한 위협과 소송 정보, 정신 건강 위급 상황 내용, 위기 상황 보고, 규정에 있어서의 예외, 의심되거나 알려진 임상적, 윤리적 위반 행위, 치료 외에 내담자와 접촉한 내용, 법적인 이슈 등이 포함된다. 이러한 문서들은 만약에 소송이나 징계 위원회가 열린다면 수퍼바이저의 책임을 경감시켜 줄 것이다. 수퍼바이저로서의 책임, 그것이 모든 행동에 대한 건지 아니면 특정 행위에 대한 것인지 분명하게 명시하고 이것에 대해서 문서화하는 것은 중요하다.

수퍼비전 문서의 3번째 문서 작업에 임상 현장에서 수퍼바이지에 의해 작성된 사례 노트와 같은 양식들을 포함시켜야 한다. 이 문서들은 수퍼비전 회기에서 수퍼바이지에게 피드백과 평가를 제공하기 위해 사용될 수 있다.

#### 적절한 전문가에게 자문을 구하라.

수퍼바이저, 변호사, 그리고 의사 등과 같은 다른 전문가들과 자문 관계를 유지하는 것은 위기관리에 있어 절대적으로 필요한 조치이다. 이러한 관계를 통해 수퍼비전과 관련한 역할, 책임, 그리고 주요 사항에 대한 논의를 할 수 있는 공개 토론을 열 수 있으며, 여기에서 대리 책임, 비밀 보장, 이중 관계, 그리고 힘의 차이로 인한 상황과 관련한 문제들에 대해 피드백을 요청할 수 있게 된다. 수퍼바이저는 지식과 더불어 주요 사항과 한계에 대해 공유하고 자문을 최대한 활용하는 것이 필수적이다.

#### 윤리 규정, 법규, 자격 규정에 대한 직무 지식을 유지하라.

내담자의 복지뿐만 아니라 수퍼바이저와 수퍼바이지를 보호하기 위해서 윤리 규정과 법규에 대한 직무 지식과 함께 이 분야의 최근 추세를 파악하는 것이 필요하다. 관련 윤리와 법적 이슈들을 수퍼비전에서 다루고 이를 논의의 주제로 삼는 것은 중요하다. Thomas(2007)는 수퍼바이지에게 윤리적, 법적 상황과 관련된 논의점을 검토하는 것을 과제로 내 줄 것을 제안하고 있다. 윤리적 의사 결정을 단계별로 적절하게 적용하는지 수퍼바이지의 능력을 평가하고 검토하는 것은 바람직한 수퍼비전 과정이다. 수퍼바이지들이 문제를 검토하고, 규정과 윤리, 절차 등에 있어서 윤리적 위반이 어떻게 발생되고 그에 대한 과실 책임의 한계점이 무엇인지 아는 것은 수퍼비전에서 다루어야 하는 중요한 과제이다. 예를 들어, 상담 분야에서 관심이 증가되고 있는 영역은 위협과 폭력 행동을 적절히 다루는 것과 관련된 부분이다. 이러한 상황은 수퍼바이저와 수퍼바이지 모두에게 난제로서, 이런 행동의 빈도는 점차 증가되고 있다. 사례 8.3는 폭력 행동에 대한 보고와 개입에 관한 윤리적, 법적 규정을 인식할 필요성을 잘 보여 준다.

**사례 8.3 루시아**

루시아는 결혼 및 가족 상담 프로그램에 재학 중이며 지역 정신 건강 클리닉에서 수련을 받고 있다. 그녀는 현재 디나라는 내담자를 만나고 있다. 디나는 기혼으로 자녀가 둘이며 중등 교육 과정에서 학위를 받기 위해 다시 학교를 다니고 싶어 한다. 디나는 남편이 두 번에 걸쳐 뺨을 때린 적 있다고 보고하였다. 그러나 자신이나 자녀의 안전에 대한 문제를 주호소 문제로 표현하지는 않았다. 그러나 자신이 다시 공부를 하겠다고 말하자 남편이 더 자주 화를 내고 있는 것 같다고 말하고 있다. 루시아는 디나와 자녀들의 안전을 위협하는 정도가 어느 정도나 되는 것인지 그리고 어떻게 대처해야 할지 혼란을 겪고 있다.

루시아는 수퍼바이저에게 그녀의 딜레마를 가지고 가서 함께 윤리적 의사 결정 모형(Corey et al., 2019)의 단계에 맞춰 함께 이야기했다. 그리고 디나와 그의 아이들을 위한 최선의 결과가 어떤 것일지를 함께 고려하였다. 특히 비밀 보장과 안전성을 우선에 두고 가능한 행동이 무엇인지 논의하였다. 수퍼바이저는 루시아에게 디나로부터 남편의 상태에 대한 다음과 같은 구체적인 정보를 더 얻도록 제안했다. 언제 남편이 화를 내는지? 코로나-19 이전에 비해서 직장을 잃은 후에 더 심해졌는지? 뭐라고 말하는지? 어떻게 감정을 푸는지? 그리고 수퍼바이저는 루시아로 하여금 디나에게 남편이 함께 상담을 받을 수 있는 수준인지 파악하라고 했다. 디나가 가족 폭력의 희생자였을 수도 있다는 것을 염두에 두고 수퍼바이저는 이러한 제안을 할 때 조심스럽게 접근해야 한다고 말하였다.

이 사례에서 폭력의 위험 수준이 어느 정도라고 생각하는가? 루시아의 수퍼바이저로서 추가적으로 어떤 평가를 제안하겠는가? 수퍼바이저로서 당신의 책임은 무엇인가? 만일 직접 그 사례를 다룬다면 다르게 대처하였겠는가?

수퍼바이저는 폭력과 학대 등의 행동에 대한 보고와 개입을 다룬 윤리적, 법적 의무 사항을 잘 알고 있어야 한다. 수퍼바이저는 수퍼바이지가 이러한 의무 사항을 인식하고 또한 수퍼비전 계약에 따라 이러한 주제를 수퍼비전에 가져와 논의하도록 해야 한다. 수퍼바이저는 수퍼바이지로 하여금 상황을 평가하여 위기 상황이 임박하였는지 판단하고, 책임자에게 법적으로 즉각 보고해야 할지, 또는 보고 의무는 없어도 관련자를 보호할 필요는 있는지에 대해 결정하고 진행 방향에 대한 계획을 세우도록 도울 수 있어야 한다.

보고 여부(또는 조치 여부)에 따른 파생 결과는 다양하다. 조치를 취함으로써 가정 내 학대 상황을 줄일 수 있으나 내담자는 상담에 다시 돌아올 수 없을지도 모른다. 반대로 조치를 취하지 않으면 폭력의 위협이 현실로 나타나는 결과를 가져올 수 있다. 수퍼비전에서 일단 결론이 내려지면 수퍼바이지가 이와 같은 문제 상황을 해결할 수 있게끔 수퍼바이지와 함께 가능한 결과에 대해 논의해야만 한다. 수퍼바이저는 수퍼바이지의 행동에 대해 책임이 있으며 이런 상황에서도 예외가 없다는 점을 주의해야만 한다. 당신이 수퍼바이지에게 제공하는 수퍼비전과 제안된 지시 사항은 법적으로나 윤리적으로 당신의 책임이 된다.

### 다양한 수퍼비전 수단을 사용하라.

단지 자기 보고라는 한 가지 수퍼비전 방법에 의존하는 것은 결코 바람직하지 않다. 수퍼바이지의 작업을 모니터링하는 데 있어 수퍼비전의 기준은 수퍼바이지에 의해 내담자를 잘 배려할 수 있도록 하는 적절한 조치를 취해야 한다는 것이다. 그러나 이러한 기준의 "적절함"을 구성하는 것이 무엇인지 구체화하지 못하고 있어서 문제가 발생하고 나서야 이런 문제에 대한 논쟁이 일어나곤 한다. 이때, 수퍼바이지의 교육, 수련, 그리고 경험에 기초해 그 활동을 모니터링하는 것이 강력히 요구된다. 이것은 발달적 관점에서 모니터링을 하는 것이다. 이러한 관점에서 초보 수퍼바이지를 위한 수퍼비전은 직접 관찰, 녹화, 모든 문서에 대한 면밀한 검토, 그리고 지속적인 평가 등을 포함하고, 경험과 기술이 습득되어 감에 따라 수퍼비전은 점차 덜 직접적인 관찰, 녹음, 자기 보고서, 그리고 선별적인 치료 기록 등을 활용하게 된다. 다양한 테크놀로지와 원격 수퍼비전의 방식이 존재하며 이러한 수퍼비전 방식의 다양화는 수퍼바이지들의 요구에 맞춰서 발전해 나가고 있다.

### 피드백과 평가 계획을 실천하라.

수퍼바이지의 수행을 평가하는 것은 수퍼바이저의 의무이다. 수퍼바이저는 통상 특정 기간에 걸친 수퍼바이지의 발전 상태를 평가하고 독립적으로 수퍼바이지의 활동 역량에 대한 평가를 제시하도록 되어 있다. 수퍼바이지 역시 그들이 생각하기에 수퍼비전에서 부족했던 점에 대해서 피드백을 제공할 권한을 가지고 있다. 이를 성공적으로 수행하려면 일관되게 밟을 수 있는 평가 절차가 있어야 하며 이를 수퍼비전 시작 단계에서 모든 수퍼바이지에게 알려 주어야 한다. 능력의 요소, 공정성, 그리고 적법 절차 간에는 직접적인 관련성이 있음을 명심해야 한다. 즉, 해당 사항에 대한 전문적이고 상세한 진술을 통해 1) 어떻게 수퍼바이지가 평가될 것인지, 2) 어떤 기준을 적용할 것이지, 3) 어떻게 언제 피드백을 제공할 것이지, 4) 어떻게 그러한 정보가 공유될 것인지, 그리고 5) 얼마나 자주 수퍼비전을 하게 되고 그러한 수퍼비전이 개인(혹은 집단)으로 이루어지는지 등을 알려 주도록 강력히 권장된다. 피드백은 수퍼비전을 통해 문서와 구두로 함께 제공되어야 한다. 수퍼바이지는 수퍼바이저에게서 받은 피드백을 따라서 수행할 기회를 얻어야만 한다. 개선이 필요한 영역과 기술에 대해 정보를 제공하고 부정적인 최종 평가에 앞서 치료 교육을 위한 시간과 관심을 제공하는 것은 적법 절차의 핵심이다. 만약 개인 상담이 수퍼비전 과정의 일환으로 수퍼바이저의 제안에 포함되어져 있다면 수퍼바이지는 이러한 방식에 대해서 인식을 하고 있어야 한다. 평가에 대해서는 제10장에서 보다 자세히 다룰 것이다.

### 고소(문제 제기) 절차를 제공하라.

수퍼바이지는 수퍼비전 과정에서 종종 만족하지 못할 때가 있다. 수퍼비전 과정에서 수퍼바이지가 생각하는 강점과 약점에 대해서 수퍼비전 초반에 서로 터놓고 이야기를 할 필요가 있다. 수퍼비전 관련 일정과 적법 절차 등이 계약서에 명시되어 있어야 하고, 이는 수퍼바이저를 위한 지침서에 기술되어져 있어야 한다 (Bernard & Goodyear, 2019). 문제가 있을 때는 수퍼바이저와 수퍼바이지간에 직접 소통해서 해결하는 것이 일반적이다. 만약 이런 논의를 할 수 있는 기회가 주어지지 않는다거나 이런 논의로 해결책이 도출되지 않는다면, 혹은 이러한 상황이 수퍼바이저에게 직접적으로 물어볼 수 없을 경우라면 (예: 수퍼바이저에게 성희롱을 당한 경우), 논의와 해결책 도출에 대한 대안이 일정에 맞춰 다양한 방식으로 규정과 적법 절차에 맞춰 만들어져야 한다. 극단적인 경우에는 수퍼비전의 행정가에게 혹은 전문적 윤리 위원회에 보고를 할 필요가 있다. 만약 이러한 문제 상황이 그다지 불안전하거나 극단적인 상황이 아니라면, 두 사람이 해결책의 방안을 찾는 것에 대해 서로 터놓고 이야기하는 것이 가장 바람직하다.

### 배서(추천서 작성) 과정을 분명하게 명시하라.

수퍼바이저는 종종 면허증, 자격증, 취업을 위한 추천서를 써 줘야 하곤 한다. 수퍼바이저는 수퍼비전 계약서에 이러한 이슈에 대해서 분명하게 명시할 필요가 있다. 수퍼바이저에게 피드백의 일정이 어떻게 되며, 수퍼비전 과정 중에 피드백을 어떻게 공유할 것인지, 수퍼바이저가 수퍼바이지의 역량에 대해 이슈가 있다고 생각할 경우에는 어떻게 할 것인지 등에 대해서 분명히 명시해야 한다. 수퍼바이저는 정상적인 수퍼비전 실무의 한 형태로 시간과 참여 정도를 확인하고, 수퍼바이지의 역량에 대한 걱정이 있다면, 이러한 걱정을 배서(추천서 작성) 과정에서 공유해야 한다. Thomas(2007)는 수퍼바이지에게 진입 제한 문지기(역량이 되는 사람만이 상담사가 되기)의 중요성을 알려야 하고, 이러한 알림은 두 사람 간의 오해를 최소화시킬 수 있다. 수퍼비전 관계는 통제할 수 없는 상황과 수퍼바이지의 특정 행동의 결과 등 예측하지 못한 상황으로 인해 원래 계획했던 수퍼비전 기간 전에 끝날 수도 있다. 수퍼바이저는 이렇게 조기 종결이 발생할 수 있는 수퍼바이지의 행동을 명시할 필요가 있다. 수퍼바이저에 따라 다르지만 Thomas는 불순응, 수퍼비전에서의 숨김, 관련 정보를 부정확하게 표시한 것, 윤리 기준과 법령의 위반, 지각과 결석, 적절한 기술과 안전성이 없는 실무 행위 등을 예시로 제공하고 있다.

### 책임 보장 보험을 가입하고 그 내용을 확인하라.

전문가 책임 보험 가입은 수퍼바이저와 수퍼바이지 모두에게 의무 사항이다. 보험 가입에 앞서 서비스나 수퍼비전 배임으로 인해 발생하는 손해를 보상하는지와 관련된 사항에 대한 방침이 있는지 점검하라. 그리고 수퍼바이지의 해당 교육 및 훈련 수준에도 보상의 범위가 미치는지 확인하라. 문서화 과정으로 수퍼바이지의 자료를 포함시키기 위해서는 수퍼바이저가 책임 보장 보험 사본을 가지고 있는 것은 중요하다. 법적인 문제로 커지게 될 때 모든 서류와 동의서를 소지하고 있는 것은 중요하다.

### 수퍼바이지가 담당한 모든 내담자를 평가하고 선별하라.

수퍼바이저는 내담자와 수퍼바이지를 모두 평가할 책임이 있다. 수퍼바이저는 수퍼바이지에게서 상담을 받는 개별 내담자를 세심하게 평가해야 한다. 이러한 평가는 두 가지 목적 즉, 해당 사례가 수퍼바이저의 능력 범위 안에 있는지를 확인하고, 수련, 기술, 그리고 경험 측면에서 적당한 수퍼바이지에게 배정되었는지를 확인하기 위해 이루어진다. 수퍼바이지에게서 치료를 받는 개별 내담자를 지속적으로 평가하는 것은 수퍼바이저의 책임이다. 법적 측면에서 수퍼바이저는 수퍼바이지의 내담자에 대한 적절한 지식을 갖고 있어야 한다.

### 비밀 보장에 대한 규정을 수립하라.

비밀 보장 절차를 수립하라. 수퍼바이저가 수퍼비전 관계와 의무에 대해 동료와 자문식의 논의를 가질 수 있는 권리를 포함하는 서면 동의서를 작성하라. 내담자의 명확한 이해를 위해, 수퍼비전 과정 기술, 수퍼바이지의 수련 상태에 대한 명확한 내용, 비밀 보장과 그 한계 등을 포함한 상세한 진술을 수퍼바이지가 사용도록 하라. 수퍼비전 오리엔테이션에서는 비밀 보장에 대한 윤리 규정을 검토하고 명확한 이해를 위해 논의하라.

수퍼바이지가 당연히 비밀 보장과 관련된 곤란한 상황을 다룰 준비가 되어 있을 것이라고 단정하지 말라. 우선, 상황을 제시하여 수퍼바이지가 취하려는 일련의 조치를 묻고 이를 통해 비밀 보장에 대한 지식을 점검함으로써 수퍼바이지의 준비 상태를 확인하라. 수퍼바이저로서 수퍼바이지와 그 내담자에 대한 논의 과정에서 적절한 비밀 보장 행동에 대해 시범을 보이고, 비밀 보장에 대한 명확한 기대를 전달하라. 예를 들어, 내담자에 대한 내용을 상담실이나 사무실 내에서만 논의할 예정이라면, 이러한 내용을 명확히 언급하라. 만일 당신이 수퍼바이지와 첫 공식 상담 회기 전에 수련 과정에서의 수퍼바이지 지위에 대해 서로 이야기하고자 한다면, 이를 명확히 언급하라. 비밀 보장을 어길 시 오게 될 결과를 설명하라.

수퍼바이저가 비밀 보장 문제에 대한 모든 답변을 지니고 있지 않다는 메시지를 수퍼바이지에게 전달하라. 이 문제에서 당신에게 안내가 필요한 부분에 대한 예를 제시할 수 있을 것이다. 수퍼바이지는 관련된 일이 있을 때면 언제든지 질문을 하거나 지도를 요청할 수 있다는 점을 분명히 전달하라. 비밀 보장을 어긴 대부분의 경우 자기 보고만으로 모니터링이 충분히 이루어지지 못했다는 점을 인식하라. 이런 상황을 평가하고 예방하기 위해 의무적으로 관찰이 요구된다. 수퍼바이지의 인식 부족으로 수퍼비전에서 비밀 보장 위반에 대한 것이 잘 보고되지 않고 있다. 좋은 의도 속에서도 이런 위반이 발생하나 이 역시 위반은 위반이다. 이 문제를 모니터링하기 위해 녹음, 녹화, 또는 그 밖의 다른 직접 관찰 방법을 활용하도록 권장된다.

수퍼비전 과정에 대해 내담자에게 알려 줄 수 있는 절차를 수립하라. 여기에는 사례 내용을 공유하는 사람은 누구이며, 수퍼비전이나 치료 종결 시에 관련 정보를 처리하는 방법 등이 포함되어야만 한다. 또한 수퍼비전 정보가 공유될 수 있는 상황에 대해서 기술해야 한다. 수퍼바이지는 누가 이 정보를 알 수 있는지 파악하고 있어야 한다. 다수의 수퍼바이저가 있는 경우에 혼동을 최소화하기 위해서 이를 관리할 행정 서비스가 필요할 수 있다. 이러한 행정 서비스와 의사소통에 대한 동의 역시 수퍼비전의 조건의 일부가 되어야 한다. 초기 사전 동의서에 기술되지 않은 노출에 대해서도 수퍼바이지에게 동의서를 받아야 한다. 수퍼바이저는 수퍼바이지의 비밀 보장이 보장되지 않는 상황(예: 비윤리적 행위 보고)에 대해서도 이야기를 나눠야 한다. 『심리학자의 윤리 원칙과 행동 규정(Ethical Principles of Psychologists and Code of Conduct)』(APA, 2017)에 따르면 수퍼바이지들의 성과, 개인 정보, 평가에 대한 정보들을 누가 접촉할 수 있는지 수퍼바이지들에게 알려야 한다.

#### 사전 동의서를 실무에 적용하라.

바람직한 사전 동의서(Informed Consent)는 수퍼바이지의 그 내담자 모두에게 정보를 제공하고 이들을 보호하는 데 도움이 된다. 실제로 미국건강보험법(Health Insurence Portability and Accountability Act: HIPAA)에 따르면 수퍼바이저는 모든 내담자들에게 수퍼바이지의 상태를 알려야 할 의무가 있으며, 이러한 상태가 내담자 치료와 내담자 정보의 비밀 보장에 어떤 영향을 미칠 수 있는지도 알려야 한다. 치료자가 내담자에게 전문가로서의 치료자 정보를 제공하듯이 수퍼바이저는 수퍼바이지에게 수퍼비전 과정에 대한 관련 내용을 안내하는 것이 바람직하다. 미국건강보험법(HIPAA)에 맞춰서 수퍼바이저는 수퍼바이지의 내담자들에게 수퍼비전의 목적, 수퍼비전의 절차, 그리고 내담자 정보를 어떻게 비밀 보장할지에 대해서 알려야 한다(Campbell, 2006). 미국건강보험법(HIPPA)의 웹사이트에 가면 자세한 정보를 파악할 수 있다(https://www.hhs.gov/hipaa/index.html).

### 아동 청소년 상담에 있어서의 윤리적, 법적 고려점

윤리적 관점을 고려할 때 아동 청소년 상담을 하는 수퍼바이지는 아동 청소년들이 좀 더 적극적으로 치료에 임할 수 있도록 적절한 정보를 제공해야 할 책임이 있다. Barnett과 Johnson(2010)는 주법령에 따라 아동 청소년(나이)에 대한 정의의 차이가 있을 수 있음을 명시했다. 아동의 권리가 이슈화되면서 아동 상담에 있어서의 사전 동의서에 대한 관심도 증가하였다. Barnett과 Johnson는 치료자들이 사전 동의 과정에서 아동 청소년 상담에 있어서의 비밀 보장의 한계를 분명하게 명시해야 한다고 하였다. 특히 이 사전 동의서 내용은 부모들에게도 분명해야 한다. 만약 아동이 사전 동의서를 이해하지 못하거나 완성하지 못하는 경우, 훈련생은 아동들에게 상담 과정 전반에 대해 이해할 수 있게 최선을 다해야 한다. 아동 청소년에게 법적으로 사전 동의서의 서명을 받지는 못하지만, 아동 청소년에게 상담 전반에 대한 이해를 구하고 **동의**를 받는 것은 중요하다. 수퍼바이지는 아동이 스스로 자신의 치료에 대한 결정을 내릴 수 있도록 치료에 대한 동의를 받을 필요가 있다.

학교에서의 학생 상담은 법적, 윤리적 문제에 있어 좀 더 복잡하다. 미국 학교상담사 협회(American School Counselor Association: ASCA)에서는 학교 상담사와 그들의 수퍼바이저의 윤리적 책임에 대한 다양한 지침서를 출판하였다. **학교 상담사를 위한 윤리 규정**(ASCA, 2106), **학교 상담 교육자를 위한 윤리 규정**(ASCA, 2018b), 그리고 다양한 미국 학교상담사 협회의 선언문들이 그것이다. 이들 규정은 미국 학교 상담사 협회의 회원들에게만 적용이 되지만, 학교상담사와 그들의 수퍼바이저들이 어떻게 실무를 해야 하는지 알려 주고 있다.

학생과 학부모의 법적, 윤리적 권리를 모두 지키기는 쉽지 않다. 특히 비밀 보장 이슈의 상황이 있을 때가 그렇다. 학교 상담사는 학생의 편에서 비밀 보장의 의무를 지니고 있고 이를 최대한 지켜야 한다. 이렇듯 학교 상담사가 학생의 이야기에 대한 비밀 보장을 하는 것이 윤리적인 의무이나 이러한 상담사의 의무는 학생을 위해 치료 과정에 대해 학부모가 알아야 한다고 하는 부모의 권리와 상충된다. 학교 상담사는 정보의 유출에 있어 내담자의 허락을 받아야 한다. 학교 상담사는 학생들에게 비밀 보장의 한계를 설명하고 상담 정보가 언제 어떻게 다른 사람에게 공유될 수 있는지 알려야 할 의무가 있다. 학교 상담사가 학부모와 학교 행정가에게 정보를 제공해야 할 때, 최대한 아동 청소년의 사생활이 보호될 수 있는 방법을 모색해야 한다. 이러한 과정은 학교 상담사가 부모와 학교 행정가와 최대한 협력적 관계를 맺음으로써 가능하다. 글상자 8.2는 학교 상담사를 위한 윤리 규정의 예시를 보여 주고 있다.

현장의 목소리 칼럼에서는 상담 교육자이면서 변호사인 Mary Hermann이 학교장면에서 수퍼바이지와 수퍼바이지를 위한 윤리적, 법적 실무 방침에 대해서 이야기하고 있다.

**글상자 8.2 미성년자 상담에 대한 윤리 규정**

**미국 학교상담사 협회(ASCA)(2016)**

학교 상담사를 위한 윤리 규정

미국 학교상담사 협회는 부모에 대한 학교 상담사의 책임에 대해 명시하고 있다:

> 학교상담사는 학교 장면에서 학생 상담을 할 때 학생의 부모 및 보호자들과 적절한 수준에서 협조할 필요가 있다(B.1.a.).

미국 학교상담사 협회는 학교 장면에서 비밀 보장과 사생활에 대해 다음과 같이 규정을 명시하고 있다:

- 학교상담사는 학생들에게 상담의 목적, 목표, 방법, 절차 규정 등에 대해서 알려야 한다. 비밀 보장과 비밀 보장의 한계점에 대해서 사전 동의서에 분명하게 명시해야 한다. 사전 동의의 경우, 학생들이 비밀 보장의 한계를 이해할 수 있는 능력이 있는지 살펴야 하고, 학생의 발달 수준, 영어 능력, 특별한 요구가 필요한 학생들인지 살펴야 한다. 만약 학생이 이러한 정보 공유에 대해 동의 혹은 승인을 할 수 있는 능력이 있다면 학교상담사는 학생의 동의와 승인 의사를 받으려고 노력해야 한다(A.2.b.).
- 학교상담사는 학생에 대한 비밀 보장에 대해 윤리적 의무를 인식해야 하는 동시에 학생들의 삶에 있어서 학부모/보호자의 권리에 대한 이해도 함께 지녀야 한다(A.2.f.).
- 학교상담사는 학교 상담사와 학생 간의 상담 관계에 있어 비밀 보장을 해야 하는 상담사의 역할을 학부모/보호자에게 알려야 한다.

## 현장의 목소리

### 학교 상담사 인턴을 수퍼비전하는 데 어려운 점

*Mary Hermann, JD, PhD*

지난 20년간 상담사 교육자로 일하면서 내가 경험한 가장 어려웠던 일은 비밀 보장과 관련된 어려움을 지닌 학교 상담사 인턴을 수퍼비전했던 것이다. 변호사로서 나는 내 법적인 책임에 대한 인식을 확실히 지니고 있다. 미국 상담학회와 미국 학교상담사 협회의 윤리 위원회와 윤리 규정 개정 위원회의 위원으로 활동하면서 나는 나의 윤리적 의무를 정확하게 파악하고 있다. 특히 미성년자 상담에 있어서 비밀 보장 관련 법적, 윤리적 규정은 상충하는 경우가 많이 발생한다. 윤리적 관점에서 보면 나는 내 수퍼바이지들의 내담자에게 가장 좋은 방향이 무엇인지 고려하여 선택할 수 있게 도와야 한다. 수퍼바이지들은 비밀 보장에 있어서 학생의 윤리적인 권리와 부모의 권리 모두를 존중하고 균형을 잡아야 한다. 나는 인턴들에게 어려운 상황에서는 꼭 수퍼바이저에게 자문을 구해야 한다는 것을 강조하곤 한다.

이러한 법적, 윤리적 요소 외에도 수퍼바이지들은 학생의 정보를 학부모에게 노출할 때 정서적 갈등을 심하게 느낀다. 나 역시 학교 상담 인턴으로 일할 때, 자살 위험이 있는 학생, 남에게 상해를 입히려고 하는 학생을 상담했었다. 초보상담사로서 나 역시 이 두 사례 모두 두려웠고, 이 학생과 위험에 처한 학생 모두의 안전을 고려해야 함을 알고 있었다. 이런 상황들은 하필 항상 금요일 2시 경에 발생하고 개입할 시간도 많이 주어지지 않는다. 이 두 상황 모두에서는 나는 빠르게 학부모에게 연락을 하는 것이 학생에게 도움이 될 거라고 판단하였고 법적으로도 윤리적으로도 규정을 준수한다고 생각했다. 나아가 나는 학생들에게도 학부모가 아는 것이 학생의 안전을 보장하는 길이라고 이해시키려고 노력했었다.

수퍼바이지들이 언제 부모에게 연락을 해야 하는지 결정하는 것과 함께 그 상황에서 어떻게 대화를 이끌어 나가야 하는지 수퍼바이저들과 논의해야 한다. 예를 들어 인턴 중의 하나는 초등학교 3학년 학생이 아버지의 총으로 자기가 자살하고 싶다고 이야기를 했던 경우를 얘기했다. 이런 경우, 부모와 인턴은 즉각적으로 서로 이야기를 나눠야 하고 학생의 안전을 돕는 방안에 대해서 논의해야 한다. 학생들은 종종 '나 오늘 수학 시험 망쳤어, 제대로 준비도 못한 나는 그냥 죽어버리는 게 나아'라고 이야기를 하는데 이런 경우에도 의사소통 방식을 바꾸어야 한다. 수퍼바이지들은 학생과 학부모에게 학생이 자살 관련 용어를 습관적으로 사용할 때라도 그에 대한 이야기를 솔직하게 표현하며 이야기를 나눠야 한다.

위험에 처한 학생과 상담할 때 수퍼바이지들은 명확하지 않은 상태를 경험하고 힘들어 한다. 고등학교 학생들이 수시로 술집에 가고 미성년자 음주에 있어서 어느 정도 허용하는 지역 사회에서 있는 경우를 생각해 보자. 내가 내담자가 술집에 갈 때마다 부모에게 연락을 한다면, 아마도 내담자와의 신뢰로운 상담 관계를 맺을 수도 없을 것이고 내담자 학생 역시 나를 찾아오지 않을 것이다. 이 경우 어떻게 하면 학생의 안전을 보호할 수 있는지 학생을 위한 최선이 무엇인지 고민해 봐야 한다. 내가 아는 훌륭한 학교 상담사들은 학생을 위해 때로는 법적인 위험감수를 하곤 한다. 나 역시 수퍼바이지들에게 그들이 실무에서 감당해야 할 법적인 위험 요소를 인지해야 한다고 알려 준다. 그럼에도 불구하고 나와 함께 수퍼비전을 하는 동안에는 특정 상황에 대해서 가장 적합한 행동 방침이 무엇인지 수퍼바이저에게 자문을 구하면서 계획해 나가라고 조언하고 있다.

## 요약

수퍼바이저의 역할에 대한 윤곽이 더욱 명확해지면서, 법적 책임과 의무가 그 정의를 강력하게 규정해 가고 있다. 배임과 책임 특히, 간접 책임에 대한 법적 문제는 일면 위협적이지만, 위기관리를 위한 명확한 지침이 있다는 점을 명심할 필요가 있다. 이 장에서는 수퍼비전 활동과 관련된 실무적인 법적 책임을 이해하도록 간략한 법적 기초를 제공하였다.

우리는 그 활용을 통해 여러분과 자신의 수퍼바이지의 법적 책임 문제를 최소화시켜 줄 수 있는 위기관리 지침을 제공하였다. 자신이 하는 상담의 한계와 능력 범위를 파악하고 그 범위 내에서 활동하라. 누구에게, 그리고 어떤 사례에 대해 수퍼비전을 제공할 것인지는 여러분 자신이 선택하는 것이란 점을 명심하라. 수퍼바이지를 받을 때는 최대한 시간에 있어 유연해야 하며, 그들의 역량을 잘 모니터링해야 한다. 수퍼바이지에게 철저한 수퍼비전 계약과 충실한 오리엔테이션을 제공하라. 행정 수퍼비전과 임상 수퍼비전의 역할과 책임에 있어서의 차이점에 대해서 명확하게 할 필요가 있다. 책임 있는 전문가로서 다양한 수퍼비전 방법과 모든 수퍼비전 활동을 문서화하고 응급 상황의 규정을 명확하게 수퍼바이지에게 제공하라. 수퍼바이지가 적절한 윤리 지식을 갖추고 있다고 단정하지 말며, 성실하게 피드백과 평가, 그리고 관련 문서를 제공하라. 적절한 전문가들과 자문 관계를 맺으며 책임 보험에 가입하라.

## 학습 활동

**다음의 학습 활동을 보면서 상담 수퍼바이저 혹은 행정 수퍼바이저에 따라 답변에 있어 어떤 유사점과 차이점이 있을지 생각해 보는 기회를 가질 필요가 있다.**

1. 소집단으로 나눠 법적 문제를 야기할 수 있는 구체적인 수퍼비전 활동 사례에 대한 시나리오를 작성하라 (문제 제기부터 처벌까지). 그리고 나서 서로 시나리오를 교환하여 아래의 질문에 답해 보라.

- 수퍼바이저는 이 상황에서 수퍼비전을 수행할 능력이 있는가?
- 수퍼바이지는 주어지는 수퍼비전 수준에서 내담자를 다룰 능력이 있는가?
- 수퍼바이지에 대한 모니터링은 어떠한가?
- 모니터링 과정에 대한 기록은 어떠한가?
- 수퍼바이저는 적절하고 정기적인 수퍼바이지 평가 등을 포함해 바람직한 원칙을 따르고 있는가?
- 어떤 형태든 이중 관계가 있는가?
- 내담자는 수퍼바이지의 수련 상태, 수퍼바이저 역할, 비밀 보장의 한계, 그리고 다른 관계와 관련된 사항들에 대해 충분히 전달받았는가?

수퍼비전 활동에서 주어진 시간 동안 이런 질문들에 대해 명확하게 답할 수 있는 능력이 필요하다.

2. 아래 사례를 읽고 소집단으로 나눠 토의하라. 그리고나서 대집단으로 모여 각자의 답을 공유하라.

### 사례 연구 예시

수퍼바이지가 개인 가족 클리닉에서 십대 소녀와 상담하고 있다. 비안카는 과거 약물을 사용한 적이 있다고 보고하였다. 상담사는 어느 날 밤늦게 비안카로부터 집 전화를 받았는데 그녀는 당장 대화가 필요하다고 말했다. 대화 중에 비안카는 자신이 막 약을 먹었으나 별로 기분이 나아지지 않는다는 이야기를 했다. 수퍼바이지는 내담자에게 엄마를 바꿔달라고 요청하였으며 그녀의 엄마에게 무슨 일이 있었는지 묻고 그녀를 속히 병원에 데려가야 한다고 말하였다. 비안카는 목숨을 건졌으나 그녀의 부모는 딸이 과거에도 약을 먹은 경험이 있었다는 사실을 알려주지 않았다는 이유로 수퍼바이지의 배임 문제를 제기하며 위협하였다. 만일 과거의 상황을 알았다면, 이번 일을 막을 수 있었을 것으로 이들은 믿고 있다. 수퍼바이지는 수퍼바이저에게 전화를 걸어 발생한 일에 대해 보고하였다. 이 전화를 통해 수퍼바이저는 내담자에 대한 상세한 사항을 처음 알게 되었다.

- 이 사례에서 윤리적, 법적, 그리고 임상적 문제는 무엇인가?
- 이 상황에서 여러분은 수퍼바이지에게 어떤 질문을 제기하겠는가?
- 수퍼바이지에게 무슨 이야기를 가장 하고 싶은가?
- 윤리적, 법적, 임상적 문제를 포함해서 이 상황을 고려할 때, 여러분은 수퍼바이지를 어떻게 지도하겠는가?
- 여러분은 수퍼바이지가 어떻게 여러 조치에 따른 결과를 생각해 보고 조치 계획을 세우도록 어떻게 돕겠는가?
- 만일 업무상 과실로 소송이 발생할 경우, 수퍼바이저만 책임이 있는가 아니면 수퍼바이지 역시 책임이 있는가?

3. 아래의 예를 읽고, 다음의 질문에 대해 답하라. 대리 또는 직접 책임 중 어디에 해당하는 사례인가? 이런 상황을 막기 위해 취해질 수 있었던 위기관리 조치들은 무엇인가?

- 수퍼바이저나 기관은 수련생이 사용할 접수 기록 양식을 제공하였다. 그러나 일부 관련 질문(살인 경향, 자살 경우, 이전 치료 경험)이 누락되어 있었다. 내담자는 부적절한 상담을 받아 자신이나 타인에게 해를 입혔다.
- 수련생이 상담 기간 동안 관련 기록을 작성하였다. 그러나 수퍼바이저는 이 내용을 살펴보지 않았으며 이로 인해 수련생의 상담 방법이 전통적인 방법이 아니라는 점을 몰랐다.
- 수퍼바이저의 도움에도 불구하고, 수련생은 적절한 상담을 제공할 수 없었다. 더 유능한 전문가에게 의뢰할 필요가 있다.

- 더 수련을 받은 사람이라면 발견했을 의학적 문제가 간과되었다. 청력의 손실, 비타민 결핍, 또는 다른 신체적 불균형으로 심리적 문제가 야기된 것이었으나 의사에게 자문을 구하지 않은 채 상담이 지속되었다.
- 심리 검사를 실시하였다. 그 결과에 따라 진단과 상담 계획이 이루어졌다. 부적절한 검사 규준, 검사 선택 및 다문화적 사례 개념화에 대한 수퍼비전 부족으로 인해 진단이 잘못되었다.
- 진단이 잘못되고, 예후를 잘못 추론하거나 상담 계획이 부적절하였다. 수퍼바이저가 이 세 가지 각각의 영역에서 또는 서로 간의 관계에서 발생한 오류를 찾아내지 못하였으며 이로 인해 부적절한 상담이 계속되었다.
- 상담 기록이 불충분하였거나 상담 계획에 부합하지 않고 있다.
- 수련생과 내담자(또는 수련생과 수퍼바이저)가 서로 성격적 갈등이 있으나 상담은 계속되었다.
- 수련생이 내담자와 사교적인 관계를 맺게 되었다. 그러나 수퍼바이저에게 이를 교묘히 숨겼다. 수퍼바이저가 더 철저하게 수퍼비전을 하였더라면 이를 알 수 있었을 것이다.
- 수련생이 휴가를 갔다. 그러나 적절한 대체 상담사가 준비되어 있지 않았다.
- 내담자는 상담에 동의하였으나 수련생이 상담을 하는지는 모르고 있었다. 내담자는 자격을 갖춘 전문가가 상담을 하는 것으로 가정하고 있었다.
- 수련생이 법원에서 증언하도록 소환되었으나 법정 증언에 대한 수련 또는 관련 경험이 부족해 적절히 준비되지 못하였다.
- 수련생이 실습에 있어 제대로 된 수행을 하지 못해서 학위 과정에서 탈락되었다. 수퍼비전 문서화도 되어 있지 않고, 직접 관찰도 전혀 문서화되지 않았고 공식적인 적법 절차도 없었으며 종결 전에 일정에 대한 논의도 없었다.

chapter

# 09

# 수퍼비전에서 위기관리

chapter 09

# 수퍼비전에서 위기관리

## 핵심 질문

1 수퍼바이지를 위한 비상 계획에 포함해야 할 중요한 사항은 무엇인가?

2 심각한 사고를 유능하게 처리할 수 있는 수퍼바이지의 준비도를 어떻게 평가하겠는가?

3 자살을 시도했거나 자살로 생을 마감한 내담자를 상담했던 수퍼바이지에게 가장 도움이 되는 방법은 무엇인가?

4 폭력 행위를 저지른 내담자를 상담한 수퍼바이지에게 가장 도움이 되는 방법은 무엇인가?

5 수퍼바이저는 수퍼바이지의 개인적인 위기를 극복하도록 돕기 위해 개입해야 하는가? 어떤 방법으로 수퍼바이지를 돕겠는가? 어느 시점에서 수퍼바이지에게 개인 상담을 받도록 의뢰하겠는가?

6 수퍼바이지가 학교 폭력 사건에 대처할 수 있도록 어떻게 돕겠는가?

7 위기 상황에서 수퍼바이지가 수퍼바이저로부터 가장 필요로 하는 것은 무엇이라고 생각하는가?

8 임상적 상황에서 발생한 중대한 사건(예: 총격 또는 폭력 위협)을 수퍼바이지가 잘 대처하도록 어떻게 돕겠는가?

9 기후 변화로 인한 어려움이 상담사와 그들의 수퍼바이저에게 어떤 영향을 미칠 것 같은가?

10 코로나-19 환자의 배우자와 원격으로 상담하고 있는 수퍼바이지에게 가장 중점을 두는 것은 무엇인가?

상담 심리학 프로그램의 한 박사 과정 학생이 지역 정신 건강 센터에서 첫 실습을 시작했다. 실습 둘째 주에 이 학생은 전기톱을 가지고 상담실에 온 정신병 내담자를 상담하게 되었다. 내담자는 학생 상담사에게 전기톱(다행히도 아직 상자에 들어 있던)을 사용하여 특정 사람을 해치려고 한다고 말했다. 훈련 초기에 그런 내담자를 만나는 것은 최악의 악몽처럼 보일 수 있지만, 이것은 간단한 문제였다. 추측이 거의 필요하지 않았다. 내담자는 자신의 의도, 계획, 무기, 피해자를 명확하게 설명했다. 수련생은 침착함을 유지하며 센터 책임자에게 도움을 요청했다. 이 위기를 헤쳐나가는 것은 수련생의 능력 범위를 벗어난 것이 분명했고, 그는 센터장의 개입을 요청했다. 이 이야기는 가능성이 희박해 보이지만 실화이다. 실제로 삶은 소설보다 더 낯설 수 있다.

2001년 9월 11일 미국에서 말로 표현할 수 없는 테러 행위가 발생한 이후 많은 비극적인 사건이 국내외 많은 사람들의 관심을 끌었다. 코로나-19 팬데믹은 전 세계에 놀라운 속도로 확산되어 상상을 초월하는 수의 사망자를 낸 가장 최근의 전 세계적으로 발생한 비극적 사례이다. 물론 지난 20년 동안 우리 모두는 비극적인 뉴스를 수없이 접해 왔다. "미국에서는 학교 및 기타 공공장소에서 발생한 총기 난사 사건에 대한 '속보'가 너무 흔한 일이 되었다. 이러한 사람이 일으킨 대규모 비극 외에도 하비, 마리아, 도리안 등 치명적인 허리케인부터 엄청난 화재에 이르기까지 자연재해가 발생했다. 2018년 캘리포니아 북부 캠프 파이어(Camp Fire) 지역에서 발생한 화재로 인해 18,000개 이상의 건물이 파괴되고 82명이 사망했으며 약 10만 명의 사람들이 트라우마를 겪었다. 미국 해양대기청(NOAA)과 NASA(2020)의 독립적인 분석에 따르면, 2019년 지구의 평균 지구 표면 온도는 현대적 기록 보관이 시작된 1880년 이후 두 번째로 따뜻했다. 우리는 기후 변화로 인한 위기의 증가를 예상하고 이에 대비해야 한다. Muratori와 Haynes(2020)는 자연재해와 인재로 인한 재해의 급격한 증가를 '뉴노멀'이라고 표현하며, 이러한 경험은 미국인들 사이에서 극심한 트라우마로 이어지고 있다고 설명한다. 증오 범죄, 인권 침해, 성추행 범죄, 총기 폭력, 분열, 부족주의, 인종 차별, 외국인 혐오, 동성애 혐오, 성전환 혐오, 사이버 괴롭힘, 사이버 범죄의 증가는 사람들이 일종의 "전 세계적 불안"을 경험하기에 충분한 이유이다. 이미 감당하기에 벅찬 스트레스 요인 목록에 팬데믹 바이러스 비상사태와 기후 변화의 광범위한 악영향까지 더해지면 오늘날 세상을 살아가는 것이 스트레스가 되는 것은 당연하다.

우리 사회와 세계가 직면한 도전을 생각하면 수퍼바이저이자 전문가로서 우리 앞에 놓인 과제에 압도되는 느낌을 받을 수 있다. 마음을 가다듬고 존 F. 케네디의 이 말을 기억해 보자: "중국인들은 '위기'라는 단어를 쓸 때 두 개의 글자로 표현합니다. 하나는 위험을 의미하고 다른 하나는 기회를 의미합니다. 위기 상황에서는 위험을 인식하되 기회도 인식해야 합니다." 위기 상담은 모든 조력 전문가의 직무에 포함되며, 상담 전문직은 위기 상황

관리에 긍정적이고 실질적인 변화를 일으킬 준비가 되어 있다. 우리는 우리의 기술, 지식, 교육을 활용함으로써 내담자와 수퍼바이지로 하여금 다방면으로 지원하고 유능하게 개입함으로써 내담자가 위기상황을 극복하도록 도울 수 있다.

우리의 동료 중 한 명은 코로나-19 팬데믹 기간 동안 지원을 요청하는 내담자의 수가 급격히 증가했다고 말했다. 그녀는 이 위기를 내담자가 자신의 창의력과 수완을 활용하여 안전하고 건강한 방식으로 다른 사람들과 연결하도록 하는 기회로 여겼다. 이기적으로 행동하거나 타인을 거의 고려하지 않는 경향이 있던 내담자들이 갑자기 공익과 공중 보건에 대해 관심을 가지게 되었다. 아들러 심리학자들이 주장하듯이 '사회적 관심' 또는 '공동체 의식'을 보이는 것은 정신 건강과 웰빙의 방향으로 나아가는 중요한 걸음이다. 이 어려운 시기를 헤쳐나가는 내담자와 상담사 모두를 위해 고안된 창의적인 연습과 기법이 필요하다면『스트레스가 많은 세상을 위한 대처 기술: 상담사와 내담자를 위한 워크북(Coping Skills for a Stressful World: A Workbook for Counselors and Clients)』(Muratori & Haynes, 2020)을 추천한다.

Tarvydas, Levers, Teahen(2017)은 "상담 전문직은 개인 및 집단 트라우마 상황에서 효과적이고 윤리적인 트라우마 상담을 제공할 수 있는 역량을 향상시킬 기회와 의무를 모두 가지고 있다"(p. 266)고 말했다. 정신 건강 전문직에 종사하는 모든 상담사는 인생의 어느 시점에서 심각한 위기 상황을 직접 경험하거나 그의 내담자가 경험할 것이라고 예상할 수 있다. 우리는 이 새로운 시대에 수퍼바이지들이 내담자와 함께 일할 수 있도록 준비시켜야 하며, 이러한 상황을 관리할 수 있는 비상 계획을 마련해야 한다.

이 장은 수퍼바이저와 수퍼바이지가 크고 작은 위기 상황에 효과적으로 개입하는 데 필요한 구체적인 도구와 지식을 갖추게끔 고안되었다. 위기 상황에서 수퍼바이저의 역할과 책임, 효과적인 위기 수퍼바이저 되기, 위기관리를 위한 개념적 틀, 선별된 위기 상황 처리, 상담사를 위한 자기 관리 등의 주제를 다룬다. 수퍼바이저, 교수진 및 교육 프로그램들이 위기관리를 강조함으로써 차세대 상담사가 위기 예방, 개입 및 회복에서 수행해야 할 역할에 대비하도록 준비시키는 것도 필수적이다. 수퍼바이저가 수퍼바이지에게 적시에 적절한 방법으로 내담자를 도울 수 있는 개념적 틀은 위기 업무를 보다 관리하기 쉽게 하고 관련된 모든 사람의 불안을 덜어 준다.

## 위기의 의미

이 장에서는 '위기'를 내담자가 상담에서 다루는 사건 중에서 수퍼바이지의 역량을 뛰어넘기 때문에 수퍼바이저의 도움이 필요한 사건으로 제한하여 논의한다. 내담자가 상담에서 다루는 위기에는 자살 또는 자살 시도, 학교, 교회 또는 기타 공공장소에서의 테러 또는 폭력 경험, 토네이도, 지진 또는 비행기 추락과 같은 자연재해 또는 인재로 인한 재난 경험, 공중 보건 위기 또는 팬데믹 경험, 사망, 이혼, 질병 또는 직장에서의 해고와 같은 개인적 위기 등이 있다. 우리는 여러 상황에 초점을 맞추고 수퍼바이저가 수퍼바이지와 효과적으로 협력하여 내담자를 도울 방법에 대해 논의할 것이다. 각각의 상황에서 수퍼바이저가 해야 할 역할은 수퍼바이지로 하여금 상황을 검토하고, 내담자의 최선의 이익을 위하면서 법적 및 윤리적으로 적절한 조치를 취하며, 실제 상황을 통해 위기를 다루는 방법을 학습함으로써 향후 수퍼바이지가 독립적으로 문제를 해결하도록 돕는 것이다. 이 장에서 우리는 수퍼바이저인 여러분이 위기 상황에 대비하고 대응하는 데 도움이 되는 기초 지식을 제공하고자 한다. 또한, 여러분이 이 기초 지식을 기반으로 긴급 상황 발생 시 활용할 수 있는 지역 사회 및 그 밖의 자원에 대해 탐구하게 되기를 바란다.

## 위기 상황에서 수퍼바이저의 역할 및 책임

수퍼바이저로 일하면서 우리는 많은 위기 상황을 경험해 왔으며, 이때마다 새로운 도전적인 과제를 맞닥뜨렸다. 수퍼바이저는 수퍼바이지에게 무엇을 기대해야 하는지 명확하게 파악하고 이러한 문제에 어떻게 접근해야 하는지에 대한 개념적 틀을 가지고 있어야 한다. 예를 들어, 내담자로부터 위협을 받거나 폭력적인 행위를 목격하는 것은 수퍼바이지에게 매우 불안한 일이 될 수 있다. 수퍼바이저는 위기 상황 자체를 해결하려고 하기 전에 먼저 수퍼바이지가 사건에 대해 이야기하고 사건에 대한 반응과 우려를 표현하도록 허용해야 한다. 수퍼바이지는 종종 위기에 강하게 반응하고 상황과 자신의 행동이 미칠 파급 효과를 철저히 검토하지 않은 채 상황부터 해결해야 한다는 압박감을 느끼는 경우가 있다. 수퍼바이지가 조치를 취하려는 성향을 억제하고 싶지는 않지만, 수퍼바이저는 수퍼바이지가 상담 상황을 다루는 건전하고 객관적인 평가 및 문제 해결 전략을 사용하여 상황에 대처하도록 도울 의무가 있다.

수퍼바이저는 수퍼비전을 제공한 경험이 부족하거나 당면한 위기에 대한 교육 및 경험 부족 또는 두 가지 모두로 인해 위기 상황에서 수퍼비전할 때 불안할 수 있다. 경험이 적은 수퍼바이저는 문제를 해결하기 위해 지나치게 신속하게 조치하고 수퍼바이지에게 단순히 상황을 처리하는 방법을 지시할 수도 있다. 그러나 사실 이러한 상황은 수퍼바이지가 풍부한 학습을 할 수 있는 좋은 토양을 제공한다. 수퍼바이저는 수퍼바이지가 정보를 처리하고, 행동 방침을 검토하며, 상황에 가장 적합한 개입을 결정할 수 있게 하려면 인내심과 여유를 가져야 한다. 때로는 생명을 구하거나 피해자를 보호하기 위해 수퍼바이저의 신속한 조치가 필요한 경우도 있다. 이러한 상황에서는 가능한 한 빨리 개입해야 한다. 그러나 많은 위기 상황에서 수퍼바이저는 수퍼바이지가 문제를 해결하고 후속 개입의 주요 부분을 수행할 수 있도록 도울 시간이 있다. 수퍼바이지가 문제를 처리할 수 있도록 허용하는 것이 바람직하며 이것은 장기적으로 수퍼바이지의 성장을 촉진할 수 있다.

수퍼바이저는 자신에게 있는 역량의 한계를 인식하고 언제 외부 상담이나 수퍼비전을 구해야 하는지 알아야 한다. 수퍼바이저가 지식과 역량의 한계를 수퍼바이지와 공유하고 필요한 지원을 얻기 위한 계획을 수립하는 데 수퍼바이지와 협력하는 것은 상담사 역할의 모범을 보여 주는 효과적인 방법이면서 상담사 윤리를 실천하는 일이다. 위기관리가 필요한 상황에 직면한 수퍼바이저는 최소한 치사 위험 평가, 현재 조직의 위기 상황 관련 정책 및 절차, 위기 개입의 기본 모델 및 전략, 중요 인지 평가 기술에 대한 지식과 역량을 갖추고 있어야 한다. 이러한 분야에 대한 준비가 부족한 수퍼바이저는 전문성 개발의 일환으로 위기관리 워크숍에 참석하는 것이 유용하다.

일부 전문가 표준 지침은 수퍼비전에서 위기 상황에 대한 주제가 포함되어 있으며, 대부분의 표준 지침은 이러한 상황을 다루는 구체적인 방법과 주제를 다루고 있다(글상자 9.1 참조).

### 글상자 9.1 상담에서 위기 상황의 처리에 관한 윤리 규정과 지침

**상담사 교육 및 수퍼비전 협회(ACES)(2011)**

모범적 상담 수퍼비전

수퍼바이저는 수퍼바이지에게 자신의 비상 연락처 정보, 비상 상황에서 수퍼바이저에게 연락할 수 있는 연락처, 비상시 취할 절차에 대한 구체적인 지침을 제공한다(1.b.vi.).

**미국 상담학회(ACA)(2014)**

윤리 규정

수퍼바이저는 수퍼바이저 또는 수퍼바이저가 부재할 경우 위기 처리를 지원하기 위해 대체 당직 수퍼바이저에게 연락하는 절차를 수립하고 수퍼바이지에게 전달한다(F.4.b.).

**미국 학교상담사 협회(ASCA)(2016)**

학교 상담사를 위한 윤리 기준

학교 상담사의 부재 시 응급 상황과 비응급 상황에서 학생들이 따를 수 있는 절차를 구현한다(A.15.c.).

**미국 심리학회(APA)(2017)**

심리학자의 윤리적 원칙 및 행동 강령

응급 상황에서 심리학자가 다른 정신 건강 서비스를 이용할 수 없고 심리학자가 필요한 교육을 받지 않은 개인에게 서비스를 제공하는 경우, 심리학자는 서비스가 거부되지 않도록 하기 위해 해당 서비스를 제공할 수 있다. 서비스는 응급 상황이 종료되거나 적절한 서비스를 이용할 수 있는 즉시 중단된다(2.02.).

**미국 정신건강 상담사 협회(AMHCA)(2016)**

임상 정신 건강 상담 실습 표준

트라우마와 만성 외상성 고통의 치료는 임상 정신 건강 진료에 필수적이다. 상담을 찾는 많은 내담자/환자들이 트라우마 경험과 관련된 증상을 겪고 있다. 트라우마 사건의 후유증이나 이와 관련된 만성적 증상으로 고통받는 환자는 다양한 관련 장애를 겪을 수 있으며, 종종 부정적인 핵심 자기 신념을 형성하기도 한다. 미국 보건복지부 약물남용 및 정신건강서비스국(SAMHSA)은 **트라우마의 개념과 트라우마에 기반한 접근법을 위한 지침**이라는 간행물에서 트라우마를 다루고 있다. 모든 유능한 임상 정신 건강 상담사는 트라우마 평가, 진단, 효과적인 치료를 제공하는 데 필요한 지식과 기술을 갖추고 있으며, 증거 기반 관행과 모범 사례에서 나온 기술을 활용한다.

## 유능한 위기 상담 수퍼바이저 되기

잘 수행된 위기 개입은 지식과 기술의 총합 그 이상이다. 위기 개입 수퍼비전의 진정한 달인은 풍부한 기술, 이론적 지식, 철저한 훈련, 지식, 수퍼비전 받기과 함께 축적된 삶의 경험, 침착함, 창의성과 유연성, 에너지와 회복력, 빠른 정신적 반사 신경 등의 속성을 갖추고 있다(James & Gilliland, 2017). 유능한 위기 개입 상담사에게서 발견되는 다른 특성으로는 끈기, 만족을 지연시키는 능력, 용기, 낙관주의, 현실 지향성, 객관성, 강하고 긍정적인 자아 개념, 극복할 수 없을 것 같은 역경으로 인간이 극복할 수 있다는 굳건한 믿음 등이 있다. Dupre와 동료들(2014)의 연구에서 상담사들은 이상적인 위기 수퍼바이저를 "접근하기 쉽고 긍정적이며, 통찰력이 있고 상담사가 내담자의 역학 관계에 어떻게 '휘말렸는지' 알고 있으며, 낙관적이고 위기 상황에서도 침착하며, 문화적으로 유능한 사람"으로 정의했다(p. 90).

또한 유능한 위기 상담 수퍼바이저는 강력한 의사소통 기술과 적절한 대인 관계 경계를 가지고 있다. 위급한 상황에서 수퍼바이저는 수퍼바이지를 위해 온전히 존재할 수 있어야 한다. 이를 위해서는 공감, 동정, 거리 두기를 구분할 수 있어야 한다. 공감은 수퍼바이지가 경험하는 내면의 감정을 정확하게 감지하고 의미 있는 방식으로 표현하는 능력이다. 공감은 수퍼바이지의 문제와 그 문제와 관련된 감정을 받아들이는 것을 포함한다. 거리두기, 즉 감정적으로 멀어지는 것은 압도되어 의미 있는 말을 해야 할 필요성을 느끼지만 어디서부터 시작해야 할지 모를 때 발생한다. James와 Gilliland(2017)는 어디서부터 시작해야 할지 모르면서 거리를 두고 말을 하게 되는 경우를 '장례식장 상담(funeral home counseling)'이라고 부르며 "모든 일에는 이유가 있다", "더 나쁠 수도 있었다", "마음을 비우려고 노력하라"는 등의 말을 할 수 있다. 수퍼바이저는 이러한 최선의 의도를 가지고 이런 이야기를 할 수 있지만, 일반적으로 거리를 두는 의사소통은 도움이 되지 않으며 개입을 방해할 수 있다. 거리를 두는 의사소통은 수퍼바이지의 불편한 상태보다 수퍼바이저의 불편한 상태를 더 잘 드러내는 것일 수 있다. 위기에 처한 내담자를 상담하는 수퍼바이지도 이러한 공허한 표현으로 내담자를 위로하려고 시도하는 경우에도 마찬가지이며, 이는 내담자를 더욱 화나게 할 수 있다. 수퍼바이지의 감정을 흡수해 버리거나 반대로 수퍼바이지의 감정을 억누르는 성향의 수퍼바이저는 수퍼바이지를 위한 훈련과 전문성 개발의 중요한 시기에 비효율적인 의사소통을 할 가능성을 줄이기 위해서 자신의 경계를 점검해 보는 것이 도움이 될 수 있다.

위기의 순간에 많은 수퍼바이저들은 당황한 상태에 있는 수퍼바이지에게 지혜와 모든 정답을 전달해야 한다는 엄청난 압박감을 느낀다. 업무를 수행하는 데 최선의 방법은 없으며, 딜레마를 해결할 수 있는 경로는 여러 개라는 사실을 우리 자신과 수퍼바이지에게 상기시켜야 한다. 위기 상황에서 우리는 우리의 지식과 기술을 사용하여 어려운 상황에 기꺼이 나서고, 그 상황에 관련된 사람들을 배려하며, 안전하고 합리적인 해결책을 찾으면서 변화를 일으키기 위해 노력한다. 스트레스가 많을 수밖에 없는 위기 상황의 특성으로 인해 우리는 수퍼바이지가 잘해 보고자 고군분투하는 것을 보게 된다. 이 분야의 노련한 상담사들도 때때로 당혹감, 좌절감, 분노, 두려움, 위협, 무능함, 어리석음, 그리고 자신이 업무에 부적합하다는 느낌을 받는다는 사실을 인정할 것이다. 위기 상황의 수퍼비전에는 인내심, 연습, 또 연습, 그리고 더 많은 인내심이 필요하다.

위기 상담은 종종 높은 수준의 스트레스와 소진과 관련된다. Abassary와 Goodrich(2014)는 "위기, 트라우마, 재난 기반 임상 상황에 노출된 전문 상담사는 스트레스, 불안, 트라우마 등 다양한 반응을 보일 수 있다"고 말한다. 이러한 업무가 계속되면 전문 상담사의 소진으로 이어질 수 있다."(p. 66). 전일제 위기 상담사로서의 경력을 선택하지 않을 수도 있지만, 사실 우리 대부분은 상담 경력 중 어느 시점에 '위기 상담사'가 된다. 수퍼바이저는 위기 상황에 직면한 수퍼바이지와 함께 일할 수 있는 다양한 방법을 개발해야 한다. 수퍼비전 분야에는 수퍼바이지가 이 어려운 업무에 대비할 수 있도록 성장, 개발 및 연구할 기회가 있다. 위기 상담은 가장 힘든 업무로 알려져 있지만, 가장 보람 있는 업무로 여겨지기도 한다. 어떤 상담사들은 중요한 사건을 성공적으로 해결한 후 느끼는 성취감으로 인해 이 업무에 중독성이 있다고 설명하기도 한다.

위기 개입 전문가인 Rick Myer는 현장의 목소리에서 수퍼바이저들에게 그들의 수퍼바이지가 내담자의 위기에 직면했을 때 대처하는 방법에 대해 조언하고 있다.

### 현장의 목소리

#### 위기 개입 기술 습득

*Rick Myer, PhD*

25년 전 나는 종합 병원에서 위기 개입 업무를 담당하고 있었다. 첫 주말 당직 근무는 여러모로 불의 세례를 받은 것과 같았다. 비극적인 죽음이 발생한 한 가족을 돕고 응급실에서 다른 여러 위기 상황에 대응하라는 요청을 받았기 때문이다. 절차, 정책, 일반적인 해야 할 일과 하지 말아야 할 일에 대한 적절한 교육을 받았지만 나 자신이 위기 개입을 할 수 있는 지식과 경험이 있는지 의문이 들었던 기억이 난다.

그 운명적인 사건 이후 나는 위기 개입에 대해 연구하고, 글을 쓰고, 가르치는 데 내 경력의 대부분을 보냈다. 나는 초보 전문 상담사가 이해해야 할 가장 중요한 점은 위기 개입이 하나의 전문 분야라는 사실을 알게 되었다. 개인 상담에 사용되는 것과 같은 유형의 기본 상담 기술을 사용하지만 이러한 기술은 매우 다른 방식으로 적용된다. 개인 상담과 같은 접근 방식을 사용하는 것은 기껏해야 비효율적이고 최악의 경우 비효과적이다. 그리고 내담자가 위기에 처했을 때 비효율적인 접근 방식은 내담자나 타인의 죽음과 같은 비참한 결과를 초래할 수 있다. 수퍼바이저는 이 문제를 이해하고 수퍼바이지가 위기 개입으로 전환해야 할 시점을 인식할 수 있도록 도와야 한다. 수퍼비전의 초점은 수퍼바이지가 위기의 심각성을 평가하고 필요에 따라 위기 개입 전략으로 전환하는 방법을 배우도록 돕는데 맞춰져야 한다. 수퍼비전에는 수퍼바이지가 좀 더 직접적인 접근 방식을 사용해야 할 때를 인식하도록 돕는 것이 포함되어야 한다.

수퍼바이저가 피해야 할 실수 중 하나는 수퍼바이지가 위기에 처한 내담자하고도 기존 상담과 같은 상담 관계를 유지해야 한다고 주장하는 것이다. 위기 상황에서는 전문적 자율성의 경계를 유지한다는 기준을 허물 수 있으며, 수퍼바이지는 내담자의 삶 속으로 들어가는 방법을 배워야 할 수도 있다. 경계를 허무는 이유는 위기를 겪고 있는 내담자가 너무 취약해지거나 무능력해져서 스스로를 돌보기 어렵게 될 수 있기 때문이다. 그러나 수퍼바이지나 전문 상담사가 이러한 경계를 허물기로 결정했더라도, 가능한 한 빨리 경계를 다시 회복하기 위한 노력을 재개해야 한다는 점은 중요하다. 이 과정은 위기에 대한 내담자의 반응의 심각도에 따라 몇 분 또는 몇 시간이 걸릴 수 있다.

위기 문제를 해결하기 위한 정답은 없지만, 우리는 위기관리를 위한 개념적 틀을 다음 절에 제시했다. 수퍼바이저 관계를 시작하기 전에 미리 자체 계획을 수립하는 것이 중요하다.

## 위기관리를 위한 개념 틀: 모든 수퍼바이저가 알아야 할 점들

상담사를 비롯한 상담 관련 직업에 종사하는 사람들은 요즘 너무 자주 발생하는 위기 및 응급 상황에 대처할 수 있도록 준비해야 한다. 수퍼바이저는 수퍼바이지로 하여금 내담자를 잘 안내하여 그를 복잡한 상황을 헤쳐나갈 수 있도록 하는 중요한 역할을 한다. 이러한 지원과 감독이 없다면 상담사의 전문성 개발과 개인적 안녕에 지속적으로 악영향을 미칠 수 있다. 수퍼비전이 충분하지 않으면 어려운 역전이 반응의 발생 가능성 외에도 "공감으로 인한 긴장(empathic strain), 소진, 연민 피로"가 증가할 수 있다(Dupre 외, 2014, p. 84). 이 장의 뒷부분에서는 위기 상황을 위해 특별히 고안된 수퍼비전 모델과 집단 트라우마를 다루는 상담사를 위한 지침, 그리고 심리적 응급 처치에 대한 설명을 제시한다. 하지만 먼저 위기관리를 위한 기본적인 개념 틀을 설명한다.

### 위기 상황 대비

수퍼바이저는 수퍼비전을 시작할 때 미리 비상 절차를 마련하고 수퍼바이지에게 이를 전달해야 한다(Barnett & Molzon, 2014, p. 1059). 수퍼바이지에게는 비상시에 밟아야 할 절차와 기준에 대한 상세한 지침과 함께 수퍼바이저의 연락처 정보가 제공되어야 한다. 위기 상황 대비에 관련된 정보는 수퍼비전 계약서에 기록되어 있어야 하고, 수퍼비전과 훈련과정 전반에 걸쳐 필요할 때마다 논의되어야 한다. 수퍼바이지가 내담자의 위기 상황에 당황하지 않도록 하기 위해 위기 상황이 발생하기 **전에** 위기 상황에서 효과적이고 효율적으로 일할 수 있는 지식, 기술 및 인식을 습득할 수 있는 조항을 마련해야 한다(Barnett & Molzon, 2014). 미국 질병통제예방센터 웹사이트(https://www.cdc.gov/)에서 비상사태 대비에 관한 풍부한 정보를 찾을 수 있다. 기관의 정책과 절차는 서비스를 제공하는 대상의 고유한 요구와 문제, 발생할 가능성이 높은 위기 유형을 반영하여 맞춤화할 수 있지만, 이러한 정책은 CDC 및 위기관리 전문가의 신뢰할 수 있는 정보를 바탕으로 수립해야 한다.

### 위기에 대한 반응

위기가 발생하면 상황을 평가하고 관련된 임상적, 법적, 윤리적, 개인적, 내담자 안전 문제 등 다양한 요소를 파악한다. 개별 내담자에게 영향을 미치는 **일차 트라우마**(primary trauma)와 더 큰 집단 또는 커뮤니티가 함께 겪은 **공동 트라우마**(communal trauma)를 구분하는 것이 중요하며(Del Vecchio-Scully & Glaser, 2018; Muratori & Haynes, 2020), 이에 따라 개입 방식이 달라진다. 트라우마에 기반한 돌봄과 치료는 개인 또는 지역 사회를 위해 제공되어야 한다. 수퍼바이지는 내담자의 복지를 최우선으로 고려해야 하지만, 수퍼바이저는 수퍼바이지의 권리, 복지, 안전도 도모해야 한다. 가장 먼저 참고해야 할 것은 연방법과 주법이다. 그러나 법률이 명확하지 않은 경우, 수퍼바이저는 관련 윤리 기준, 내담자의 복지, 수퍼바이지 복지, 수퍼바이저 복지, 프로그램 또는 기관의 요구사항에 따라 건전한 양식에 근거한 판단을 해야한다. 이는 모든 조력 전문직의 의사 결정을 위한 건전한 개념 틀이다.

내담자에게 심각한 위기가 발생했을 때, 수퍼바이저는 수퍼바이지로 하여금 유능하고 효율적으로 개입해서 상황이 악화되지 않게끔 안내한다. 이를 위해서는 수퍼바이지가 상담 우선순위를 장기적인 목표에서 당면한 위기로 전환하도록 하고, 수퍼바이지가 미리 정해진 위기 대응 프로토콜을 따르는 동시에 유연성을 발휘하도록 장려해야 한다(McAdams & Keener, 2008). 위기관리 계획을 더욱 구체화하려면 8장에 제시된 위기관리 원칙을 참조하라.

수퍼바이저는 수퍼바이지에게 풍부한 학습 경험을 제공하는 과정이 병렬적으로 전개되는 병렬 과정(parallel process)이 발생한다는 것을 알게 될 것이다. 위기 상황에서 수퍼바이저가 보여 주는 모범은 수퍼바이지의 전문성 개발에 강력하고 지속적인 영향을 미칠 수 있는 잠재력을 가지고 있다. Dupre와 동료들(2014)은 현상학적 연구에서 수련 단계를 훨씬 넘기고 이미 면허를 취득한 전문 상담사도 위기 상황에서는 지원이 필요할 수 있다는 사실을 발견했다. 수퍼바이저로서 당신이 취하는 단계가 수련생이 내담자의 위기에 대응할 때 취해야 하는 단계와 어떻게 유사한지 아래와 같이 살펴보자:

- 당신과 수퍼바이지 모두 위기에 대한 정보를 가능한 한 많이 수집해야 한다. 당신은 수퍼바이지의 관찰과 토론을 바탕으로 정보를 수집하는 반면, 수퍼바이지는 내담자로부터 직접 정보를 수집하게 된다.
- 당신과 수퍼바이지 모두 관련된 임상적, 법적, 윤리적, 개인적 문제 및 내담자의 안전 문제를 평가해야 한다.
- 수퍼바이지와 함께 가능한 한 모든 조치와 그에 따른 잠재적 결과를 검토하고 궁극적으로 수퍼바이지가 어떤 경로를 택할지 결정하도록 도와야 한다. 수퍼바이지는 내담자와 유사한 과정을 경험하여 내담자의 필요에 가장 적합한 행동 방침을 결정한다.
- 수퍼바이저는 수퍼바이지가 두려움을 느낄 미지의 영역인 위기 상황을 헤쳐갈 때 수퍼바이지에게 필요한 것을 가장 잘 충족할 방법을 결정해야 한다. 당신의 수퍼바이지도 두려움을 느끼고 있는 내담자와 비슷한 과정을 경험한다.

수퍼바이저는 수련생이 지도가 필요한 경우 언제나 자신에게 도움을 구하라고 강력히 권장한다. 수퍼바이저도 수변 전문가의 조언에 귀를 기울이고, 필요한 경우 조언을 받거나 의뢰해야 한다. 수퍼바이저로서 자신을 보호하려면 제안하는 **모든** 행동에 대한 임상적, 법적, 윤리적 결과를 고려하고, 수퍼바이지와 이미 체결한 수퍼비전 계약 및 기본 규칙에 따라야 한다.

### 위기로부터 회복

수퍼바이저는 내담자가 위기로부터의 회복될 때, 수퍼바이지에게 McAdams와 Keener(2008)가 4단계 과정으로 설명한 지침을 제공해야 할 책임이 있다. 수퍼바이지는 위기 상황이 종료되면 바로 분류부터 하고, 이후 내담자에게 발생한 손실을 처리하도록 도우며, 내담자가 상담 과정에 다시 참여하도록 설득하고, 마지막으로 내담자가 배운 내용을 미래의 사고와 행동에 통합하도록 도와야 한다.

수퍼바이지가 내담자를 위기에서 회복할 수 있도록 도와야 하는 것처럼, 당신도 수퍼바이지가 위기에서 회복하는 과정, 즉 병렬적 과정을 지원할 책임이 있다. 다음은 몇 가지 간단한 지침이다:

- 위기 상황 이후 수퍼바이지가 업무 환경에 다시 복귀할 수 있는 계획을 염두에 두라.
- 수퍼바이지가 위기 상황의 후유증을 처리하고 수퍼바이지의 개입이 얼마나 효과적이었는지에 관한 평가를 하기 위해 준비하라. 마찬가지로 당신이 수퍼바이저로서 했던 개입의 효과를 정직하게 평가한다면 당신 자신의 수퍼비전 기술에 대해 많은 것을 배울 수 있다.
- 수퍼바이지가 맞닥뜨린 위기 상황으로 수퍼바이지가 개인 상담이 필요할 만큼 큰 충격을 받은 것 같으면 그를 상담으로 의뢰하라.
- 위기가 얼마나 광범위하게 영향을 미칠 수 있는지 점검하고, 이 상황이 다른 수퍼바이지와 직원, 그리고 내담자에게 미칠 수 있는 영향을 고려한다. 가능하면 이러한 영향을 개선하기 위한 적절한 조치를 취하라.
- 수퍼바이지가 위기 상황에 대한 경험을 처리하는 데 필요한 시간을 갖도록 격려하라.

마지막으로, 수퍼비전 회기에서 의사 결정 과정, 발생한 학습, 유사한 상황을 처리하기 위한 더 나은 개입, 향후 유사한 내담자의 위기 해결을 위해 문제 해결 프로세스를 사용하는 방법을 논의할 것이다.

## 위기 기반 임상 수퍼비전을 위한 CARE 모형

다양한 환경(예: 학교 및 정신 건강 클리닉)에서 위기에 처한 내담자와 함께 일하는 상담사를 지원하기 위한 위기 기반 수퍼비전의 필요성이 커지고 있음을 인식한 Abassary와 Goodrich(2014)는 상황, 행동, 후속 대응 및 공감(Context, Action, Response, Empathy: CARE) 수퍼비전 모델을 개발했다. 이들은 부분적으로는 위기에 처한 내담자와 오랜 시간 동안 상호작용하는 전문 상담사가 피로 증후군과 대리적 트라우마에 취약하다는 사실에서 이 모델을 고안하게 되었다. 이러한 상태를 해결하지 않고 방치하면 상담사의 내담자 공감 능력이 약화되고 심각한 심리적 부작용을 초래할 수 있다. Abassary와 Goodrich는 그 반대의 경우도 발생할 수 있다고 지적했다: "상담사는 어려운 사건을 경험한 사람들과 함께 일한 후 감수성, 연민, 통찰력, 관용, 공감 등 개인적인 의미를 느낄 수 있다."(p. 68-69). 이러한 통찰력을 바탕으로 "대리 외상 후 성장을 수퍼비전 관계에 통합할 수 있으며, 기본적으로 공감을 제공하고 자기 관리를 강조하는 형태로 대리적 외상으로부터 보호하는 긍정적인 결과를 추가할 수 있다"(p. 69)고 제안한다.

CARE 수퍼비전 모델은 위기, 트라우마, 재난 기반 상담 등 맥락에서 고유하게 필요한 요소를 탐색한다. 이 모델의 네 가지 구성 요소는 각 위기 시나리오에서 명시적인 주의가 필요한 영역을 다룬다 (Abassary & Goodrich, 2014).

- **상황**: 시간, 장소, 교통은 모두 중요한 고려 사항이며, 수퍼바이저는 다음과 같은 질문을 해야 한다: "구체적인 상황은 무엇이며, 시간과 장소에 따라 어떤 영향을 받는가? 내담자와 수퍼바이지는 현재 환경에서 안전한가? 수퍼바이지는 그러한 상황에 (혼자 또는 다른 사람과 함께) 당면해도 될 만큼 적절하게 훈련받고 준비되어 있는가? 수퍼바이저/수퍼바이지/내담자가 이용할 수 있는 자원은 무엇이며, 적절한 치료를 제공하는 데 무엇이 부족한가?"(p. 72). 맥락적 요인을 이해하는 것은 내담자가 회복 과정에서 계속 당면할 수 있는 문제를 파악하는 것만큼이나 성공 여부를 평가하는 데 중요하다.
- **행동**: CARE 모델의 이 구성 요소에서 "수퍼바이저는 모든 즉각적인 필요를 다루고 상담을 제공하는 데 있어 수퍼바이지와 내담자가 염려하는 점을 해결한다."(p. 73). 수퍼바이저는 수퍼바이지가 수행한 개입의 효과에 대해 수퍼바이지와 정기적으로 확인한다. 수퍼바이저는 무엇이 효과적이었는지, 반대로 무엇이 효과적이지 않았는지 확

인한다.

- **후속 대응**: 위기 상황이 지나면 위기 상황과 상담 전략에 대한 재검토가 이루어진다. 종종 간과되는 이 단계는 적절한 상담과 후속 조치를 보장하는 데 필수적이다. 이때 업데이트가 필요할 수 있는 프로토콜과 관련된 모든 당사자(내담자, 수퍼바이지, 수퍼바이저)의 상담 과정에서 누락된 부분이 없는지 평가할 수 있다.
- **공감**: 동정심과 배려가 담긴 반응은 이러한 수퍼비전 접근 방식에 필수적인 요소이다. Abassary와 Goodrich의 말을 빌자면, "공감은 트라우마 피해자와 함께 일하는 상담사의 외상 후 성장과 관련이 있을 수 있으며, 이는 수퍼바이저가 하는 개입 과정에서 가장 중요한 요소일 수 있다."(p. 74)

Abassary와 Goodrich는 그들의 CARE 모형이 4장에서 제시한 Bernard(1979)의 차별 모형(discrimination model)과 통합될 수 있다고 믿는다. 기본적으로 위기 상황에서 수퍼바이저는 CARE 모형의 어떤 측면이 사례에 가장 중요한지 결정한 다음 차별 모형에서 어떤 역할과 초점이 수퍼바이지에게 가장 적합한지 결정한다.

이 글을 쓰는 시점에 전 세계는 팬데믹의 한가운데에 있다. 재난 정신 건강을 주제로 많은 글을 쓴 Mark Stebnicki가 현장의 목소리에서 수퍼바아저와 수퍼바이지가 팬데믹에 대처하는 데 직면한 문제를 다룬다.

### 현장의 목소리

#### 팬데믹 상황에서 위기관리: 보이지 않는 적과의 전쟁

*Mark A. Stebnicki, PhD*

오늘날 우리는 코로나-19와 같은 팬데믹 재난의 영향을 받는 개인과 집단에게 재난 정신 건강과 위기 대응을 제공하는 상담 및 심리학 분야의 패러다임 전환기에 있다. 많은 사람에게 지구는 안전한 곳이 아닌 것 같다. 수퍼바이지는 팬데믹 바이러스에 대처하기 위해 기존의 재난 정신 건강 및 위기 대응 모형에만 의존해서는 안된다. 에볼라, HIV/AIDS 및 기타 글로벌 팬데믹을 기반으로 한 최신 모형이 개발되었다.

학교 및 교회 총기 난사, 홍수, 허리케인, 대규모 총기 난사 등 각 재난과 위기에는 고유한 특성이 있으며 생존자의 정신적, 행동적, 심리 사회적 건강 대응에 대처하는 지원 기술이 필요하다. 새로운 유형의 공포와 불안은 보이지 않는 적과의 전쟁과 관련이 있으며, 수퍼바이지는 팬데믹 바이러스에 취약한 집단의 생물 심리 사회적 역학을 이해하는 것이 필수적이다. 기존에 외상 후 스트레스와 정신 건강 질환이 동반된 개인은 대처와 회복력을 방해하는 의학적, 신체적, 정신적 건강 스트레스가 증가할 위험에 처할 수 있다. 재난 상황이 뉴스, 텔레비전 속보, 할리우드 스타일의 재난 영화, 인쇄 및 전자 매체를 통해 재생되면 급성 및 만성 건강 문제가 악화할 수 있다. 이러한 부정적인 자극은 시청자가 이 위기가 현실에서 전개되는 것을 볼 때 더욱 심화한다.

팬데믹 기간 동안 내담자가 대처 및 회복 탄력성 전략을 기르도록 지원함으로써 활력을 얻는 수퍼바이지는 자신이 선택한 진로에서 새로운 의미와 목적을 찾을 수 있다. 내담자가 몸과 마음, 정신을 치유하고 어둠에서 벗어나 빛으로 나오도록 돕는 접근 방식을 촉진하면 내담자가 역경에 직면하여 생존에서 번영으로 태도 변화를 촉진할 수 있다.

나는 정신 건강 및 재활 상담사, 상담 교육자 및 수퍼바이저, 재난 정신 건강 및 트라우마 상담 연구자로서 팬데믹 재난에는 새로운 위기 대응 모형이 필요하다는 것을 알게 되었다. 나는 학교 총격 사건, 직장 내 폭력, 허리케인, 홍수, 토네이도의 진원지가 된 지역 사회에서 살면서 재난 및 위기 대응 서비스를 제공했다. 위기 및 재난 대응에는 돕는 전문가로서 우리의 전폭적이고 전적인 관심이 필요하다. 현재 많은 수퍼바이저와 전문 상담사가 재난에 지속적으로 대비하고 있는 것으로 보인다. 조력 전문가들은 그들이 가진 직업과 그들이 받은 훈련 때문에 중요한 사건의 영향을 받은 내담자에게 심리적 응급 처치 및 정신 건강 재난 대응을 제공하도록 부름을 받았다. 그러나 피해 지역에서 고통, 아픔, 상실감, 트라우마를 경험한 사람들을 돕는 데에는 대가가 따른다. 따라서 많은 전문가들이 정서적, 사회적, 신체적, 영적, 직업적 소진의 위험에 처할 수 있다.

위기 및 재난 상황에 처한 내담자에게 서비스를 제공하는 상담 전문직에 입문하는 수퍼바이지는 모든 경험이 개인적, 직업적 성장의 기회를 창출할 수 있는 잠재력을 가지고 있다는 생각을 가져야 한다. 트라우마 경험에서 개인적인 의미를 찾는 것은 실존적이거나 또는 영적인 것을 추구하는 행위이다. 역동적인 상담 환경에서 일하고자 하는 수퍼바이지는 팬데믹과 같은 위기 상황에서 몸과 마음, 정신을 통합하여 내담자와 함께 대처 및 회복 탄력성 자원을 배양하는 방법을 알아야 한다.

## 대규모 트라우마 상담을 위한 지침

2008년에 McAdams와 Keener는 "휴먼 서비스 전문가들이 직면하는 심각한 내담자 위기의 빈도는 전문적 연구 문헌에서 '직업적 위험'이라고 부를 정도로 증가했다."(p. 388)라고 강조했다. 분명한 것은 그 시점 이후로 상황이 더욱 악화되었다는 것이다. McAdams와 Keener는 "위기 예방/개입 및 위기 후 회복을 위한 일관되고 포괄적인 지침이 상담사 준비, 인증, 감독 및 윤리적 실천 기준에 없다는 사실에 놀랐다."(p. 388). 이러한 지침의 부재에 주목한 Tarvydas와 그녀의 동료들(2017)은 최근 대규모 트라우마 상담을 운영하는 지침을 개발했으며, 이러한 복잡한 상황에서 전문 윤리 규정을 준수하는 것이 중요하다는 점을 강조했다. 그들이 지적했듯이, "상담사는 ... 트라우마 업무에서 나타나는 예측할 수 없고 종종 매우 복잡한 윤리적 문제를 해결하기 위해 고도의 윤리적 지식과 기술을 배양해야 한다는 점을 이해해야 한다"(p. 263). 그들은 상담사에게 자율성, 유익성, 무해성, 정의, 충실성, 진실성이라는 핵심 윤리 원칙을 인식하고 "대규모 트라우마 상황에 접했을 때 윤리적 행동 지침을 선택하는 과정에서 구체적이고 신뢰할 수 있는 윤리적 의사 결정 모델을 적용"(p. 263)하도록 상기시켰다. 우리는 지침 전체를 제공할 수는 없지만 주요 내용을 요약했다. 많은 조력전문가들이 트라우마로 고통받는 사람들을 만날 수 있으며, 수퍼바이저는 수퍼바이지가 이러한 지침을 숙지하고 이를 강화하여 재난 상황에서 일할 수 있도록 준비시켜야 한다.

- 섣부른 진단을 내리지 말고, 심하게 비정상적인 상황에서 나타나는 정상적인 반응을 병리로 취급하지 말라.
- 트라우마에 탄력적으로 대응할 것을 강조하는 강점 기반 및 증거 기반 접근 방식을 사용한다.
- 최소한 다른 지침보다 혼란스러운 상황에서는 비밀 유지와 동의가 많이 필요하다는 지침을 존중하라.
- 내담자의 결정을 위해 상담사가 불필요한 책임을 지려고 하지 말고, 내담자가 취약한 상태에 있고 통제 불능이라고 느끼더라도 내담자의 결정 능력을 존중하라. 내담자의 의존과 취약성을 심화하거나 만성화하면 장기적으로 해를 끼칠 수 있다.
- 내담자의 의사 결정 과정을 지원함으로써 내담자가 통제감을 회복할 수 있도록 도와

주라.

- 생존자에게 부정적인 결과를 초래할 수 있으므로 이미 감정이 격앙된 상황을 선정적으로 다루는 미디어나 공적 인물과 교류하지 않게끔 주의하라.
- 상담의 범위, 기간, 성격에 대한 정확한 정보를 생존자와 가족에게 제공하라. 단기 위기 서비스를 제공할 때라도, 필요한 경우 상담사는 내담자를 장기 지원 및 서비스에 연결하도록 도와야 한다.
- 트라우마 상담사 역할을 하고자 한다면, 자신의 업무 범위 내에서 일하고 재난 정신건강 상담 또는 대량 트라우마 업무에 대한 배치 전 교육이나 서비스 전 교육, 그리고 훈련 및 수퍼비전을 받는 경험을 쌓아야 한다.
- 다른 서비스가 불가능할 경우, 사건이 끝나거나 더 숙련된 상담사가 현장에 도착할 때까지 응급 조치를 취한다. 이 경우, "상담사는 그들이 사용할 수 있는 기술과 훈련을 최대한 활용하고, 가능하면 더 숙련된 전문가에게 자문을 구하며, 해를 끼치지 않도록 주의한다."(p. 265)
- 개입의 구체적인 방향을 설정하기 위해 지역 사회 사람들과 적극적으로 상의하고 참여시킨다. 취약한 생존 내담자의 강력한 옹호자가 되려면 상담사는 문화적으로 적절한 자원에 대해 기꺼이 배워야 한다.
- 대응 단계의 상황에 있는 사람들의 행동(또는 무행동)으로 인해 내담자가 필요한 자원이나 조건이 박탈될 경우 그것 때문에 외상이나 부상을 입을 수 있음을 인식한다. 이는 자원과 서비스가 부족하고 도움이 필요한 다른 사람들에게 공평하게 배분해야 하는 대규모 트라우마 상황에서 특히 어려울 수 있다.
- 대규모 트라우마 업무로 인한 신체적, 정서적 피해와 자신의 안녕에 부정적인 영향을 미칠 가능성에 유의하라.

재난 정신 건강 상담 주제에 대한 자세한 내용은 『위기 및 트라우마 상담 입문(Crisis and Trauma Counseling)』(Duffy & Haberstroh, 2020), 『재난 정신건강 상담: 준비 및 대응 지침(Disaster Mental Health Counseling: A Guide to Preparing and Responding)』(Webber & Mascari, 2018), 『재난 정신 건강 상담: 다문화적 맥락에서 트라우마에 대응하기(Disaster Mental Health Counseling: Responding to Trauma in a Multicultural Context)』(Stebnicki, 2017)를 추천한다.

## 심리적 응급 처치

위기 상황에서 성인, 청소년, 어린이를 포함한 다양한 사람들에게 개입하기 위해 가장 널리 받아들여지고 실행되는 접근법 중 하나는 심리적 응급 처치(Psychological First Aid: PFA)이다. PFA는 "재난 및 테러 직후에 아동, 청소년, 성인, 가족을 돕기 위한 증거에 기반한 모듈식 접근 방식이다(National Clild Traumatic Stress Network, 2006). PFA는 외상 사건으로 인한 초기 고통을 줄이고 장단기 적응 기능과 대처 능력을 키우기 위해 고안되었다."(Brymer 외, 2006)

PFA는 수퍼바이지 및 교육생과 함께 가르치고 실습할 수 있는 증거 기반의 구체적인 위기 대응 시스템으로, 응급 및 위기 상황의 수와 유형에 관계없이 적용할 수 있다. PFA의 8가지 핵심 행동은 다음과 같다:

- 연락 및 참여
- 안전과 편안함
- 안정화
- 현재 요구 사항 및 우려 사항에 대한 정보 수집
- 실질적인 지원
- 사회적 지원과의 연결
- 대응 방법에 관한 정보
- 협업 서비스와의 연계

위기 개입의 목표는 개인이 사건을 다르게 인식하고 대처 기술을 습득하도록 지원함으로써 개인의 기능을 정상 또는 그 이상의 수준으로 향상시키는 것이다(Kanel, 2018). 위기 상담사는 자신의 태도와 행동을 통해 위기에 빠진 사람을 지원한다. 그들이 가진 강력한 도구 중 하나는 함께함이라는 선물이다. 이는 위기에 처한 개인이 경험하는 일시적인 혼란 속에서 자신의 상황과 경험을 말하고 안정감을 느끼고자 인간적인 유대감을 정서적으로 도울 수 있는 능력이다.

## 구체적 위기 상황의 이해

### 자살 및 자살 시도

2017년 미국에서 4만 7천 명이 자살했으며, 그 비율은 2014년 이후 매년 증가하고 있다(Bacon, 2018). Whisenhunt와 동료들(2017)에 따르면 "대부분 상담사는 자살 위험에 처해 있거나 그럴 가능성이 있는 내담자와 정기적으로 접촉한다."(p. 452) 어쩌면 이는 놀라운 일이 아니다. 대학 캠퍼스에서 자살률이 증가하고 있으며(David, 2019), 현재 자살은 15~24세의 사망 원인 중 두 번째로 큰 비중을 차지하고 있다(Hedegaard 외., 2018). 여러 학자들은 자살하는 사람들의 대다수가 진단이 가능한 정신 장애를 가지고 있지만, "상담사의 상담을 받는 동안 자살하는 내담자의 수에 관한 자료는 제한적"이라고 지적했다(Whisenhunt 외. 2017, p. 452).

미국 전역의 학교와 지역 사회에서 청소년의 자살에 관한 관심과 행동이 증가하고 있는 것은 의심할 여지가 없이 사실이다. 미국 학교상담사 협회(ASCA, 2018a)와 같은 전문가 협회는 학생 자살이라는 시련을 겪는 학교상담사를 안내하기 위해 '**자살 이후**'라는 모범적인 도구 상자와 자원을 개발하여 이에 대응하고 있다. 많은 상담 전문가는 자살 위험 지표 목록(예: 죽음과 죽음에 대한 글쓰기, 삶의 목적이나 이유 부족, 절망감, 급격한 기분 변화)을 쉽게 암기하여 기억할 수 있다. 하지만 단지 인지적으로 목록을 암기하는 것은 고객의 자살 위험도를 평가하는 것과 실제로 자살로 고객을 잃는 경험과는 완전히 다르다. 자살 평가 및 상담 주제에 대한 자세한 내용에 대해서는 『상담사를 위한 자살 평가 및 상담 계획: 강점 기반 접근(Suicide Assessment and Treatment Planning for Counselors: A Strengths-Based Approach)』(Sommers-Flanagan & Sommers-Flanagan, 2021)을 참고할 것을 적극 권장한다.

### 현장의 목소리

#### 취약해지는 것을 기꺼이 허용할 수 있는 수퍼바이저

*David Shepard, PhD*

수퍼바이저는 소위 상담의 달인이 될 필요는 없다. 오히려, 효과적인 수퍼바이저는 모든 상담사가 진정으로 느끼는 고유한 취약성을 받아들이는 것의 의미가 무엇인지 보여 주는 수퍼바이저이다. 이러한 수퍼바이저는 자신의 취약성을 함께 나눌 용기를 가지고 있으며, 이를 통해 수련생의 근무 기간 이후에도 수련생과 유대감을 형성한다. 이상적인 수퍼바이저는 이상적인 스승처럼 영감을 주는 사람이다. 수퍼바이지는 불안과 불확실성이 성장의 여정에서 필요한 경험이라는 기대감, 지식의 한계를 존중하는 마음, 지속적인 학습에 대한 기대감을 가지고 수련생의 역할을 마감하고 새로운 출발을 한다.

나는 수련생 시절에 겪었던 경험을 결코 잊지 못한다. 자살을 시도하는 내담자를 대하는 방법뿐만 아니라 자신의 취약성을 공유한 수퍼바이저의 용기가 나의 업무(그리고 삶)에서도 비슷한 용기를 갖도록 영감을 주었다. 어느 날 밤, 기관의 심야 접수원으로부터 자살을 위협하는 내담자인 아론에게 즉시 전화를 걸어야 한다는 연락을 받았다. 상담 기관이라는 안전한 울타리를 벗어나서 자살 사고 내담자를 처음 경험한 순간이었다. 당황한 나는 먼저 나의 상사인 한나에게 전화를 걸었고, 한나는 "계속 통화하고 있을 테니 잠시만 기다려 주세요. 잠시만 기다려 주시고 다시 연락주세요."라고 말했다. 나는 내담자에게 전화를 걸어 아무도 자신에게 관심을 가져 주지 않는다는 그의 불평을 들었고, 그는 자살로 그것을 증명하겠다고 했다. 40세의 건장한 체격의 아론은 목소리가 크고 무서운 분노로 가득 차 있었다. 나는 아론에게 "다 듣고 있어요, 아론. 정말 듣고 있어요. 제 상사와 60초만 얘기해도 될까요?"라고 물었다. 그래서 저는 그를 잠시 기다리게 하고 한나에게 전화를 걸어 상황을 알려 주었고, 한나는 그를 진정시키는 방법을 알려 주었다. 그리고는 바로 아론에게 전화를 했다. 돌이켜 보면 다음과 같이 내담자와 한나를 오가면서 통화했던 경험은 비현실적인 꿈처럼 느껴졌다: "아론, 잠깐 얘기 좀 할 수 있을까요?" "한나, 방금 아론이 이러이러한 말을 해요." "아론, 알았어, 이제 내가 다시 돌아왔어요. 우리 둘 다 심호흡을 해 봅시다." "한나? 아론이 좀 더 차분해졌어요." "아론? 하던 얘기를 계속 얘기해 봅시다."

아론이 당장 입원할 필요가 없다고 판단할 때까지 2시간 동안 이런 우여곡절이 계속되었다. 그 이후에 일어난 일은 "영감을 주는" 부분이었다. 나는 감정적으로 지쳐 있었고 한나와 함께 이 경험을 처리해야 할 필요가 절실했다. 나는 한나가 내게 우선 잠을 좀 자고 내일 얘기하자고 말할 것이라고 기대했다. 하지만 한나는 "나도 당신만큼이나 이 일을 정리해 봐야할 것 같아요. 20년 동안 상담사로 일해 왔지만 이런 일은 여전히 나를 두렵게 해요. 우리 둘이서 얘기해 보면 어때요?"라고 말했다. 그렇게 두 사람이 서로의 불안을 공유하고, 권위자보다는 또래 친구와의 대화처럼 느껴지는 진정한 관계를 맺게 되었다. 한나의 진솔함, 우리 직업에서 가장 두려운 부분을 정상화해 준 것, 그리고 그 과정에서 경험한 긴밀한 유대감은 나의 직업 경력에 걸쳐 내내 내게 남아 있었다. 자살을 다루는 것만큼이나 스스로 취약해질 수 있는 인간이 되는 것에 대해서도 많은 것을 배웠다. 생각해보면 수퍼바이저가 줄 수 있는 것 중에서 이보다 큰 영감을 주는 교훈이 있을까?

내담자의 자살과 자살 시도는 조력 전문가, 특히 수퍼바이지에게 치명적일 수 있다 (Rudd 외, 2008; Whisenhunt 외, 2017). 내담자가 자살한 후 수퍼바이지는 일반적으로 충격, 슬픔, 상실감, 죄책감, 우울증, 책임감 등을 경험한다. "내담자의 자살은 중대한 상실이며, 따라서 수퍼바이지는 깊은 슬픔을 경험할 수 있다."(Whisenhunt 외, 2017, p. 453). 이 사건과 그로 인해 유발되는 감정은 초보 수련생의 자신감을 흔들 수 있다. 수퍼바이지는 내담자의 다양한 장애와 감정을 다루도록 훈련을 받았을지라도 자살이 초래할 수 있는 개인적, 직업적 피해에 대해서는 거의 준비가 되어 있지 않다. 사례 연구 9.1에서는 내담자의 자살을 겪은 한 수퍼바이지의 경험을 자세히 기술하고 있다.

**사례 9.1 카를로스**

예비 상담 심리학자인 카를로스는 최근 대학 상담 센터에 고용되어 센터의 면허를 소지한 상담 심리학자의 감독을 받고 있다. 카를로스는 케이든의 관계 기술 향상을 돕기 위해 5회에 걸쳐 상담을 진행했다. 케이든은 상담을 받으러 왔을 때 여자 친구와의 관계가 좋지 않은 상황이었으며, 상황을 개선하기 위해 할 수 있는 일에 대한 도움을 원했다. 그는 자신의 감정을 숨기고 여자 친구와 잘 소통하지 않았다. 카를로스는 상담 회기에서 이러한 문제에 대해 꽤 진전을 보인다고 생각했다. 마지막 상담 회기에서 케이든은 여자 친구가 헤어지기를 원한다고 말했다. 그는 화가 나고 혼란스러워했고 카를로스는 그와 함께 상황을 정리하고 임박한 이별에 어떻게 대처할 것인지에 대한 계획을 세웠다. 상담 회기가 끝날 무렵 케이든은 기분이 나아진 것 같았다. 다음 예정된 회기 하루 전, 카를로스는 캠퍼스 경찰로부터 케이든이 차고에서 숨진 채 발견되었다는 소식을 들었다: 차는 시동이 걸려 있었고 차고 문은 닫혀 있었으며 질식사한 상태였다고 했다. 카를로스는 충격과 실의에 빠졌고 즉시 수퍼바이저에게 가서 무슨 일이 있었는지 이야기했다.

내담자가 자살을 선택했을 때 상담 전문가가 과도한 책임을 지는 것은 흔한 일이다. 우리는 내담자를 돕기 위해 할 수 있는 모든 것을 다해야 하지만, 그럴 수 없을 때를 식별할 수 있어야 하며, 그 일이 우리를 마비시키게끔 해서는 안된다. 만약 당신이 카를로스의 수퍼바이저라면 아래의 경우에 어떻게 반응하겠는가?

- 카를로스에게 가장 하고 싶은 말은 무엇이며, 그가 이 사건을 처리하는 데 어떻게 도움을 주겠는가?
- 카를로스가 이 사건에 따른 윤리적, 법적, 임상적 문제를 어떻게 생각하도록 안내하겠는가?
- 이 상황에 대해 해당 기관의 관리자는 어떻게 반응할 것으로 당신은 예상하는가?
- 카를로스가 뭔가 놓친 것이 틀림없고 케이든의 죽음에 부분적으로 책임이 있다고 계속 스스로에게 말하는 경우 어떻게 카를로스와 협력하겠는가?
- 내담자가 자살 가능성을 보일 수 있는 경우 어떻게 대처했어야 하는가?

수퍼바이저는 카를로스가 기관 내에서의 책임을 다할 수 있도록 돕고 카를로스와 협력하여 그의 반응을 처리할 것이다. 조력 전문가의 일반적인 반응은 자신을 의심하고 자신이 다른 행동이나 말을 했거나 어떤 징후와 증상을 알아차렸더라면 내담자가 자살하지 않았을 것이라고 믿는 것이다. 케이든이 화가 나고 혼란스러워하던 그 시점이 카를로스에게 우울증과 자살 충동에 대해 더 주의 깊게 평가하도록 경고했어야 했을지도 모른다. 대부분의 자살 사례에는 경고 신호가 있지만 케이든은 자살 위험에 대한 징후를 거의 보이지 않았던 것으로 보인다. 자살 가능성과 경고 신호를 인지하는 것은 중요하지만 상담사는 개인이 무엇을 할 것인지 또는 상황에 어떻게 반응할 것인지를 모두 예측할 수는 없다. 카를로스가 내담자에 대한 배려와 객관적 관점 사이에서 균형 잡힌 태도를 취하도록 돕는 것이 관리자의 임무이다.

카를로스가 자신의 슬픔, 상실감, 책임감을 다루는 동안 수퍼바이저는 즉각적으로 필요한 다른 조치가 무엇인지 평가해야 한다. 여기에는 지난 몇 회기에서 발생한 사건을 주의 깊게 문서화하고 심리적 사례를 검토하여 사건에서 무엇을 배울 수 있는지 확인하는 것이 포함될 수 있다. 기관 규정은 종종 사건에 대한 즉각적인 검토를 요구하며, 관리자는 책임을 묻고 내담자가 상담사의 상담을 받는 동안 어떻게 이런 일이 일어날 수 있었는지에 대한 답변을 원할 수 있다. 그러나 수퍼바이저는 내담자에 대한 수퍼바이지의 개입이 수준 이하였으며 이러한 개입이 내담자의 사망에 영향을 미친 것으로 판단되는 경우에만 책임을 져야 한다. 수퍼바이저는 기관의 규제 요구 사항뿐만 아니라 수퍼바이지의 개인적인 감정과 반응에도 주의를 기울이는 것이 중요하다. 카를로스는 내담자의 자살로 인해 예전과 같지 않을 수 있으며, 이 사건이 자신의 임상 태도와 업무에 어떤 영향을 미칠 수 있는지 검토해야 한다. 그는 지나치게 조심스러워지고 앞으로 만나게 될 많은 내담자의 자살 가능성을 감지하기 시작할 수 있다. 카를로스는 수퍼비전 빈도를 늘리는 것이 도움이 될 수 있으며, 수퍼바이저는 카를로스와 함께 표준적인 자살 평가 및 개입 절차를 검토하여 내담자의 문제에 더 잘 대응할 수 있도록 준비해야 한다.

이 사례는 자살 위험 관리에서 수퍼바이저의 역할을 보여 준다. 수퍼바이지는 내담자로부터 자살 위험이 의심될 때마다 수퍼비전 세션에서 이 주제를 다뤄야 한다. 자살 사고나 행동은 정신 건강 서비스 장면에서 가장 빈번하게 발생하는 응급 상황이며 수퍼바이지에게 극심한 불안감을 유발할 수 있으므로 임상 수퍼비전에서는 이 주제를 일상적으로 철저히 다루어야 한다. 수퍼바이지는 자살의 위험 요소와 경고 신호를 알고 있어야 하며, 모든 내담자의 자살 위험에 대해 평가해야 한다. 수퍼바이저는 위험에 대한 평가가 수퍼바이지에게만 맡겨지지 않도록 수퍼바이지가 만나고 있는 모든 내담자에 대한 실무적 지식을 갖추고 있어야 한다.

자살에 대한 자세한 정보는 국립정신건강연구소(https://www.nimh.nih.gov/health/statistics/suicide.shtml) 및 전국 자살 예방 생명의 전화(https://suicidepreventionlifeline.org/) 웹사이트에서 확인할 수 있으며, 다음 간행물에서도 상담사와 수퍼바이저를 위한 상담 기법에 대한 심도 있는 논의를 확인할 수 있다: 『자살 예방을 위한 단기 인지 행동 치료(Brief Cognitive-Behavioral Therapy Frameworks)』(Bryan & Rudd, 2018), 『위기 평가, 개입 및 예방(Crisis Assessment, Intervention, and Prevention)』(Jackson-Cherry & Erford, 2018), 『PROTECT: 관계 안전 기반 자살 예방 교육 표준절차(Relational Safety-Based Suicide Prevention Training Frameworks)』(Kar Ray 외., 2019), 『내담자 자살 후 상담사 지원: 창의적 수퍼비전 기법(Supporting Counselors After a Client Suicide: Creative Supervision Techniques)』(Whisenhunt 외, 2017).

수퍼바이지는 자신의 상담 기술 수준을 압도하는 많은 내담자를 만나게 되며, 효과적인 수퍼비전은 수련생이 이러한 도전에 대처할 수 있도록 준비시킬 수 있다. 아래에는 학생들이 직면할 수 있는 위기와 상담사 역할의 중요성을 조명하는 두 가지 논의가 이어진다.

현장의 목소리에서는 한 대학 상담 센터의 센터장인 Matt Gragg가 지난 20년 동안 대학생 인구의 정신 건강 문제와 증상의 심각성이 증가한 것에 대해 설명한다.

## 현장의 목소리

### 대학 상담 센터에서의 경험

*Matt Gragg, MS*

나는 보호 관찰을 받아 상담을 의무적으로 받아야 하는 남자 청소년들을 대상으로 15년 넘게 상담하였다. 이후 2001년에 나는 소규모 사립대 상담 센터에서 저녁 시간에 시간제 아르바이트를 할 수 있는 기회를 제안받았다. 의무적으로 상담해야 하는 내담자들과는 달리 대학생들은 실제로 제 도움을 원했고 저를 존중해 주었다. MFT 프로그램에서 배운 임상 기술을 적용할 수 있다는 점이 신선했고, 대부분의 학생이 치료에 잘 반응했다. 저는 향수병, 우울증, 불안증, 관계에 어려움을 겪는 학생들과 함께 일했다. 이 일은 나에게 매우 적합했고 이전 직장에서의 긍정적인 변화였다.

2020년이 된 지금 나는 같은 대학 상담 센터의 소장으로 일하고 있다. 2001년 이후 대학생의 정신 건강은 크게 변화했다. 나는 센터에 도움을 요청하는 학생들의 증상이 크게 심각해졌으며, 심각한 진단을 받은 학생과 자살 충동으로 입원한 학생도 늘어나는 것을 목격했다. 일부 수련생들은 대학생들이 섭식 장애, 심각한 트라우마 병력, 정신병적 증상, 인격 장애와 같은 복잡한 문제를 가지고 있을 것이라고 예상하지 못한다. 2001년에 대학 정신 건강학과를 다닐 때를 떠올리면 실습생들이 내담자에 대해 갖는 기대에 공감할 수 있다. 현재 수준의 심각한 내담자를 만나는 것은 확실히 더 어려운 일이다.

높은 수요로 인해 단기 상담 모델로 전환해야 했기 때문에 수퍼바이지가 내담자에게 영향을 미칠 수 있는 시간이 줄어들었다. 이는 수퍼바이지에게 실망스러울 수 있는데, 나는 수퍼바이지가 회기의 생산성을 높이기 위해 내담자와 함께 몇 가지 목표에만 집중할 수 있도록 돕는다. 나는 상담에서 수퍼바이지의 역할을 씨앗을 심고 물을 주는 것에 비유하여 식물이 잠재력을 발휘하여 자라는 것을 보지 못할 수도 있다는 점을 강조한다. 지역 사회에서 장기 상담사로 전환할 가능성에 대비하여 내담자에게 좋은 상담 경험을 제공하려고 노력한다.

우리가 만나는 학생 중 상당수는 이미 상담을 받은 경험이 있으며, 그중 일부는 여러 해 동안 여러 다른 상담사에게 상담을 받아 왔다. 이러한 학생들은 초보 상담사의 경험 부족을 문제 삼아 초보 상담사가 다루기에는 자신이 너무 복잡한 문제를 가졌다는 신호를 언어적 또는 비언어적으로 보낼 가능성이 높다. 이미 스스로 능력 있는 상담사인 척하고 있다는 느낌을 지울 수 없는 수퍼바이지에게 내담자의 이러한 행동은 그들의 부적절감을 더욱 강화할 수 있다. 또한 많은 신규 상담사들은 인지 행동 치료(CBT) 개입에 가장 익숙하다. 하지만 일부 대학생들은 이미 CBT에 노출된 경험이 있어 다른 상담 접근을 원하기도 한다. 이 때문에 새로운 상담사는 취약하고 준비되지 않은 상태라고 느끼게 된다. 나는 이러한 감정을 정상화하고 수퍼바이지의 강점에 집중하여 자신감을 키울 수 있도록 돕는 것이 도움이 된다는 것을 알게 되었다. 또한 단기 상담 옵션과 개입에 대한 일대일의 교육은 수퍼바이지의 도구 상자를 확장하고 역량을 강화하는 데 도움이 된다.

지난 20년 동안 대학생의 정신건강에 대한 요구는 크게 변화했으며, 이로 인해 수퍼비전에도 변화가 생겼다. 대학 상담 센터에서 1년을 보낸 실습 대학원생은 단기 상담 모델 내에서 진단, 상담 계획 수립, 역전이를 관리하고 위기 상황에서 침착함을 유지할 수 있는 준비가 더 잘 되어 있다. 이처럼 중요한 시기에 대학생들의 정신 건강 관리를 돕는 수퍼바이지를 멘토링할 수 있게 되어 영광으로 생각한다.

현장의 목소리에서 Gretchen McLain은 한 학생이 사망하고 다른 학생들이 우울증과 자살 충동으로 어려움을 겪을 때 학교 상담사로서 적절히 대처할 준비가 되어 있지 않아서 겪었던 어려움을 설명한다.

### 현장의 목소리

#### 학교 상담사의 역할을 분명히 하기

*Gretchen McLain, MA*

5년 동안 교사로 일한 후 나는 작은 시골 학교의 학교 상담사가 되었다. 나는 7~12학년을 대상으로 개별 상담, 지도, 특수 교육, 일정 관리, 평균 학점 계산, 주 정부 시험 등을 담당했다. 당시 나는 학위를 받지 않은 상태였기 때문에 이 작은 학교는 나의 실습 및 인턴십 장소로 활용되었다. 내가 재학했던 프로그램은 CACREP의 인증을 받았지만, 나는 자신을 옹호할 준비가 충분히 되어 있지 않다고 느꼈다. 그 학군 지역에 학교 상담사가 한 명밖에 없었고, 나를 옹호하거나 내 역할을 배울 수 있도록 도와줄 멘토를 구할 수 없었기 때문에 나는 스스로 역할을 개척해야 했다.

학교 상담실의 요구 사항은 극단적일 수 있다. 학교 상담사로 일한 첫해 가을 어느 날 저녁, 축구팀이 연습을 하던 중 축구장에 번개가 치는 사고가 발생했다. 40명의 풋볼 선수와 코치 모두가 낙뢰의 영향을 받았고, 다음 날 로버트라는 학생 한 명이 사망했다. 로버트는 교사와 학생들 사이에서 인기가 많았던 학생이었기 때문에 커뮤니티에서 쏟아지는 지원은 압도적이었다. 하지만 몇몇 학생들이 우울증과 자살 충동에 시달렸고, 나도 감당할 수 없는 상황에 처했다. 어느 날 다섯 명의 학생이 자살하고 싶다고 신고했다. 그날 나는 초등학교 상담 교사에게 도움을 요청했다.

내가 학교 상담사의 역할로 입문하는 과정은 다른 사람과 그리 다르지 않았다. 대체로 초보 학교 상담사는 수년 동안 자력으로 살아남거나 완전히 망할 것으로 예상되어 왔다. 교사 및 관리자의 입문 과정에 관한 문헌은 많지만, 학교 상담사의 입문 과정을 설명하는 연구는 거의 없다. 초보 학교 상담사는 학급 지도 및 집단 상담과 같은 상담 업무와 관련하여 사용할 수 있는 자료가 거의 없는 경우가 많다. 공식적인 입문 활동이 부족하기 때문에 학교 상담사는 소진과 감정적 피로감을 겪기 쉽다.

교육계에서는 학교 상담사가 부임 첫날부터 마치 수년간 해당 직무를 해 온 것처럼 업무를 수행하기를 기대한다. 규모가 큰 학교에서는 초보 학교 상담사가 도움을 받을 수 있는 상담팀이 있을 수 있다. 안타깝게도 대부분의 소규모 학교에서는 그렇지 않다. 새로 부임한 학교 상담사는 경험이 풍부한 학교 상담사에게 연락하여 지도와 멘토링을 받으면 도움이 될 수 있다. 멘토는 신규 학교 상담사가 새로운 역할을 배우는 동안 긍정적으로 느끼도록 도와줄 수 있다. 멘토의 지원을 받으면 신규 학교 상담사는 소진을 겪을 가능성이 줄어들고 학생들에게 더 잘 봉사할 수 있다.

이 상황은 상담사가 역할과 책임이 불분명한 직책에 배치되었을 때 어떤 일이 발생하는지 보여 주는 예이다. 수퍼바이저의 역할은 수퍼바이지가 응급 상황에 대비하는 방법을 검토하도록 돕는 것이다.

- 만약 여러분이 이 상황에서 학교 상담사였다면 어떻게 했겠는가?
- 이 학교 상담사의 수퍼바이저라면 수퍼바이지가 향후 위기에 대비할 수 있도록 어떻게 돕겠는가?

### 내담자에 의한 개인적인 위협

내담자에 의한 폭력 위협이나 실제 폭행은 드물지만 발생할 수 있다. 수퍼바이저는 수퍼바이지에게 발생할 수 있는 모든 상황에 대비하고 대처 방법에 대한 계획을 세워야 한다. 폭력의 위협이나 실제 폭행은 수퍼바이지에게 신체적, 정서적으로 영향을 미칠 수 있으며, 도움을 주는 전문가로서 개인적 자신감의 근간을 흔들 수 있다. 수퍼바이지와 내담자 모두의 안전에 대한 관심이 가장 중요하다. 수퍼바이저는 수퍼바이지와 협력하여 이러한 고조된 감정 반응을 관리하면서 내담자와 계속 작업할 수 있는 방법을 찾을 수 있다. 사례 연구 9.2에서는 생명을 위협한 내담자에 대한 수퍼바이지의 반응에 대해 설명한다.

**사례 9.2 켄드라**

켄드라는 교도소에서 15년 동안 집단 상담사로 일했다. 그녀는 수감자들과 함께 일하는 데 있어 잘 훈련되고 경험이 풍부했다. 그녀의 동료 중 몇 명은 매주 동료 수퍼비전 그룹에서 만나 서로를 지원하고 임상 사례 문제를 해결했다. 어제, 켄드라의 집단에 참여했던 한 수감자가 자신의 석방을 돕기 위해 긍정적인 평가를 해 주지 않으면 목숨을 끊겠다고 협박하는 쪽지를 켄드라에게 보냈다. 켄드라는 오늘 동료 수퍼비전 그룹을 만나 이 사건이 자신에게 극적인 영향을 미쳤다는 사실에 대해 이야기했다. 그녀는 정말 겁에 질려 교도소 상담사 직책에서 사임할 것을 고려하고 있었다.

이 상황을 켄드라의 상사에게 보고하여 교도소 시스템이 기관의 행동 규칙에 따라 수감자의 행동을 처리할 수 있도록 해야 한다. 하지만 켄드라가 자신의 감정을 평가하고 이러한 환경에서 계속 근무하는 것에 대한 우려를 해결하려고 노력하는 과정에는 많은 질문이 남아 있다.

- 이 사례에서 윤리적, 법적, 임상적 문제는 무엇인가?
- 이 상황에 대해 동료 수퍼바이저로서 어떤 질문을 제기하겠는가?
- 이 상황에 대해 켄드라에게 가장 하고 싶은 말은 무엇인가?
- 켄드라가 자신의 직책에서 사임해야 한다고 생각하는가? 그렇지 않다면 어떻게 도와주겠는가?
- 당신은 협박을 받은 적이 있는가? 어떤 느낌이었는가? 켄드라와 함께 일하면서 무엇을 배울 수 있었는가?
- 동료 수퍼비전 그룹이 이 문제를 처리할 수 있다고 생각하는가, 아니면 교도소 내 다른 권위 있는 사람이 이 문제를 해결해야 한다고 생각하는가?

동료 그룹 구성원들은 켄드라가 무슨 일이 일어났는지, 그 원인이 무엇인지, 그리고 이 특정 위협이 무엇이기에 그렇게 화가 났는지 정리하는 데 도움을 줄 수 있다. (켄드라는 교도소에서 15년 동안 여러 가지 일을 경험했을 것이다.) 동료 감독 그룹은 교도소 당국과 교도소 경찰에 통보하여 켄드라 및 관련될 수 있는 다른 직원의 안전을 보장하기 위해 어떤 조치가 필요한지 논의할 수 있다. 미국 심리학회(2017) 및 일부 다른 전문직의 윤리 규정에서는 내담자가 위협을 받거나 기타 위험에 처한 경우 상담사가 상담을 종료할 수 있다고 명시하고 있다. 진행 방법에 대한 불확실성이 있는 경우 켄드라는 법률 상담을 고려할 수 있다. 동료 수퍼비전 그룹은 또한 켄드라가 이러한 상황에 대처하는 방법과 앞으로 이러한 종류의 사건을 어떻게 처리할 것인지에 대한 계획을 개발하는 데 도움을 줄 수 있다. 켄드라는 직장을 잠시 쉬는 것이 도움이 될 수 있다. 이 사건에 대한 문서화는 필수적이다.

켄드라가 위협에 대한 두려움과 충격에서 회복되면 수퍼비전 그룹은 켄드라가 이 사건과 향후 이 개인과 대화할 수 있는 옵션을 검토하는 데 도움을 줄 수 있다. 역할극은 켄드라가 수감자와 대화할 수 있는 방법을 모색하는 데 도움이 될 수 있다. 그룹 구성원들이 번갈아 가며 수감자와 치료사 역할을 맡아 다양한 대응 방법을 시도해 볼 수 있다. 그런 다음 켄드라는 수감자와 대화하는 역할극을 할 수 있다.

여기서 논의된 개입은 켄드라가 동료 수퍼비전 그룹의 구성원이 아닌 수퍼바이저였더라도 똑같이 적용될 수 있다. 그러나 수퍼바이저는 동료 그룹보다 더 큰 책임과 의무를 지게 된다.

### 학교 및 대학 캠퍼스 내 폭력

지난 20년 동안 미국 학교와 대학에서의 범죄는 전반적으로 감소했지만 마약 사용, 총기 난사 사건, 집단 괴롭힘에 대한 보고는 증가하고 있다. "2000년부터 2017년까지 초등학교와 중등학교에서 37건의 총기 난사 사건이 발생했으며 고등 교육 기관에서는 15건의 총기 난사 사건이 발생했다." (National Center for Education Statistics, 2019). CNN(2019)은 초중고교 캠퍼스에서 발생한 10년간의 총격 사건을 조사한 결과 두 가지 냉정한 진실을 발견했다: 학교 총격 사건이 증가하고 있으며, 어떤 유형의 커뮤니티도 예외는 아니다.

학교 및 대학 상담 센터에서 근무하는 상담사와 그 상사는 점점 더 많은 폭력을 처리해야 하며, 이는 법적 및 윤리적 문제를 야기한다. 상담사가 폭력 행위 현장에 출동하면 업무가 상담사 개인에게 영향을 미치기 때문에 디브리핑과 개인 상담이 필요한 경우가 많다. 폭력 사건의 여파를 처리하는 학교 또는 대학 상담사를 수퍼비전하는 사람은 수퍼바이지의 개인적인 반응에 효과적으로 대처할 수 있는 기술이 필요하다.

또한, 수퍼바이지와 그들의 수퍼바이저는 잠재적인 문제를 인지한 경우 조치를 취할 책임이 있다. 수련생, 상담사, 수퍼바이저는 폭력 행위를 하겠다고 위협했거나 이전에 폭력 행위에 가담한 적이 있는 학생을 모니터링하고 신고하는 데 주의를 기울여야 한다. 또한 학교 상담사는 폭력 의도가 있는 또래 학생에 대한 학생의 신고에 대해 조치를 취해야 할 수도 있다. 학교 상담사와 수퍼바이저를 위한 표준적 전문 실무 기준에 의하면 교직원은 예측 가능한 위험으로부터 학생을 보호할 의무가 있다. 학교는 이제 위기관리 절차를 계획 및 개발하고 있다.

사례 연구 9.3의 제이크처럼 학생들이 은밀하게 위협을 가하는 경우도 있다. 위협이 명확하게 드러나지 않는 경우, 조력 전문가는 폭력 가능성에 대한 적절한 평가를 내리는 데 필요한 정보를 확보해야 할 윤리적 의무가 있다.

**사례 9.3 제이크**

제이크는 학교 심리학 인턴인 마이라를 만나고 있는 고등학생이다. 제이크는 수업에 방해가 되고 학업 성적이 급격히 떨어지고 있어 교사의 추천을 받았다. 첫 상담 후 마이라는 제이크가 우울하고 불안하며 현재 상당히 동요하고 있다는 것을 알게 되었다. 제이크는 자신을 상담에 의뢰한 선생님에게 화를 냈고, "선생님을 손봐 줄 방법이 있다"고 말했다. 몇 가지 추가 논의가 있은 후 마이라는 상담 세션에서 잠시 자리를 비운 후 즉시 상사에게 전화하여 무슨 일이 있었는지 논의하고 앞으로 어떻게 해야 할지 방향을 모색했다.

학교 상담사와 그의 수퍼바이저는 모든 폭력 위협을 심각하게 받아들여야 한다. 잠재적으로 폭력적인 학생이 위협을 실행할 계획과 능력이 있는지 여부를 평가할 준비가 되어 있어야 한다.

- 이 상황에서 윤리적, 법적, 임상적 문제는 무엇인가?
- 마이라의 수퍼바이저로서 마이라로부터 어떤 추가 정보를 듣고 싶은가?
- 바로 그 상황에서 당신은 마이라에게 무엇을 지시하시겠는가?

- 마이라에게 해결해야 할 즉각적인 문제는 무엇인가? 마이라의 다음 수퍼비전에서 무엇을 논의하고 싶은가?

첫 번째 과제는 선생님을 손봐 줄 방법이 있다는 제이크의 말에 대해 마이라에게 자세히 알아보는 것이다. 마이라가 제이크에게 정확히 무슨 뜻인지 질문했는가? 그렇지 않다면 더 자세한 정보를 얻기 위해 제이크와 이야기를 나누어야 한다. 다른 질문으로는 제이크의 다른 사건 관련 이력, 가정에서의 문제, 한 학급에서만 문제가 있는지 아니면 다른 학급에서도 문제가 있는지, 무기에 대한 접근성, 약물 또는 알코올 사용 여부 등에 초점을 맞출 수 있다. 마이라는 인턴이고 이러한 상황이 급격히 위기가 될 수 있으므로, 그녀의 상사는 마이라에게 제이크의 공동 상담사가 되어 줄 수도 있다. 이는 수퍼비전 회기에서 이 방법에 대해 논의할 때 마이라에게 중요한 학습 경험이 될 수 있다.

학생의 글짓기 과제에 계획된 폭력의 증거가 포함된 경우 교직원이 책임을 질 수도 있다. 학생이 다른 학생을 해치는 것을 방지하는 것은 교직원의 묵시적 의무이다. 상담사와 수퍼바이저 모두 학생이 다른 학생을 해치는 것을 방지해야 할 법적 책임이 있을 수 있다. 학생이 폭력적일 수 있음을 나타내는 증거에 따라 조치하고 학생에 대한 폭력 위협에 대해 다른 사람에게 경고하면 학교의 다른 사람을 위험으로부터 보호할 수 있다.

### 재난 및 폭력 사건 목격

화재, 홍수, 허리케인, 사고, 전쟁 등 각종 재난을 경험해 본 사람이라면 이러한 사건이 우리 각자에게 미치는 정서적 영향이 얼마나 큰지 잘 알고 있다. 구호 전문가들은 수년 전부터 이러한 정서적 영향을 인식해 왔지만, 재난 피해자가 정서적 반응에 대처하고 외상 후 스트레스 반응을 극복할 수 있도록 체계적으로 돕는 대응책이 개발되고 조직화 된 것은 지난 수십 년 이후에야 시작되었다. 오늘날 우리는 폭력과 그로 인한 정서적 피해를 대규모로 목격하고 있으며, 상담사와 수퍼바이저는 내담자, 지역 사회, 수퍼바이지와 함께 일할 수 있도록 훈련받고 준비되어 있어야 한다. 수퍼바이저는 자신과 가족 구성원의 불확실한 시대에 대한 실존적 불안을 다룰 수 있어야 한다. 또한 수퍼바이저는 테러 폭력으로 인한 불안과 공포에 대처할 수 있도록 수퍼바이지와 내담자를 도울 수 있도록 훈련받고 준비되어 있어야 한다.

재난 정신 건강 서비스를 제공하는 직업에 종사하는 사람들도 재난과 그에 따른 정서적 반응을 겪을 수 있다. 수퍼바이지가 자신의 반응과 내담자의 반응에 대처하는 데 도움이 필요한 시기를 파악하는 것은 수퍼비전의 범위 내에 있다. 사례 연구 9.4에서 데빈을 돕는 데 있어 수퍼바이저의 역할을 생각해 보자.

**사례 9.4 데빈**

데빈은 심리학 박사 학위를 받았으며 지역 정신 건강 센터에서 면허 취득을 위한 박사 후 교육을 이수하고 있었다. 그는 다양한 환경에서 3년의 임상 경험을 쌓았으며 6개월 동안 지역 정신 건강 센터에서 근무했다. 오늘 아침 한 고객이 총을 갖고 들어와 정신 건강 직원 중 한 명을 쏘겠다고 위협했다. 데빈은 그 장면을 보지 못했지만 소란스러운 소리를 듣고 복도로 달려가 총격범이 직원에게 총을 겨누고 있는 것을 보았다. 총격범이 데빈을 조준하자 일부 기관 직원들이 총격범을 바닥에 쓰러뜨린 후 제압했다.

데빈은 오늘 오후 예정에 없던 회의에서 수퍼바이저를 만나 오늘 아침에 일어난 일에 대해 이야기할 예정이다. 여러분이 데빈이라면 수퍼바이저로부터 얻을 수 있는 가장 필요한 것은 무엇이라고 생각하는가?

- 이 사례에서 윤리적, 법적, 임상적 문제는 무엇인가?
- 이 상황과 관련하여 데빈에게 어떤 질문을 제기하겠는가?
- 데빈이 이 상황을 어떻게 생각하도록 안내하겠는가?
- 데빈이 지금 무엇을 해야 할지 결정하도록 어떻게 돕겠는가?
- 데빈에게 어떤 반응을 기대하는가?
- 이 상황이 감독 관계에 어떤 영향을 미칠 수 있는가?
- 데빈이 이 상황에 대처하는 데 도움이 되려면 어떤 종류의 개입이 필요한가?

데빈의 사례에 대해 논의하기 전에 수퍼바이저의 지식, 기술 및 지원을 통해 수퍼바이저가 혜택을 받은 두 가지 사례, 즉 중동 전쟁의 영향과 관련된 사례(사례 연구 9.5: 이사벨)와 자연 재해와 관련된 사례(사례 연구 9.6: 조디)를 더 살펴보자.

**사례 9.5** 이사벨

이사벨은 지역 정신 건강 센터에서 인턴십을 하고 있다. 남편이 중동에서 1년간의 근무를 마치고 떠난 지 2주 후, 이사벨은 새로운 내담자 토드를 만났다. 상담이 시작된 직후 토드는 이라크에서 복무했으며, 귀국한 지 시간이 꽤 지났지만 부대원 3명이 사망하는 등 끔찍한 사건을 목격하고 트라우마에 시달리고 있다고 설명했다. 토드는 외상 후 스트레스 장애를 앓고 있는 것으로 보이며, 집으로 돌아온 후 아내와 싸움을 일으키고 술을 많이 마시기 시작했다고 밝혔다. 남편의 안전과 전쟁터에서의 경험이 결혼 생활에 미칠 정서적 피해를 걱정하는 이사벨은 전문가의 도움이 절실히 필요한 토드와 거리를 두고 있는 듯하다.

남편이 중동에서 복무하는 동안 이사벨에게 필요했던 지속적인 지원은 이사벨에게 심각한 개인적 문제를 유발했는데, 그녀는 개인 상담을 통해 도움을 받을 수도 있을 것이다. 이사벨의 수퍼바이저는 수퍼바이지가 현재 겪고 있는 스트레스 상황에 민감하게 반응해야 하며, 강한 역전이 반응을 유발할 수 있는 사례를 배정하지 않도록 주의를 기울여야 한다.

- 이 사례에서 윤리적, 법적, 임상적 문제는 무엇인가?
- 이사벨을 수퍼비전하던 중 그녀의 거리 두기 행동을 발견했다면 그녀에게 뭐라고 말하겠는가?
- 어느 시점에서 이사벨에게 자신의 반응을 해결하기 위해 개인 상담을 받으라고 권하겠는가?
- 이 경우 이사벨이 어떻게 진행하도록 돕겠는가? 내담자를 다른 상담사에게 배정하도록 권하겠는가, 아니면 이사벨이 계속 이 사건을 담당하도록 격려하겠는가?
- 이사벨이 개인적인 문제와 효과적인 상담을 제공할 수 있는 능력을 분리할 수 있도록 잠시 동안 이사벨의 상담사 역할을 하는 것을 고려하겠는가?

**사례 9.6** 조디

2017년 9월, 허리케인 마리아는 도미니카, 세인트크루아, 푸에르토리코 섬에 영향을 미친 기록상 최악의 자연재해가 되었다. 최근 대학을 졸업한 조디가 푸에르토리코에 있는 친구를 방문하고 있을 때 마리아가 강타했다. 조디는 허리케인의 위력과 자신과 다른 사람들의 안전에 대한 위협뿐만 아니라 그 뒤에 닥친 끔찍한 인도주의적 위기로 인해 두려움에 떨었다. 집으로 돌아온 조디는 당시 상황을 계속 떠올리며 친구의 가족을 그런 암울한 상황에 남겨 두고 떠난 것에 대해 죄책감을 느꼈다. 몇 년이 흐른 지금 조디는 상담학 석사 학위를 마치고 있다. 그녀는 지역 정신 건강 센터에서 실습을 하고 있으며, 그곳에서 12년 동안 근무했고, 면허를 소지한 임상 사회복지사의 감독을 받고 있었다. 방금 5등급 허리케인이 해당 지역으로 향하고 있다는 경고를 받았으며, 약 10시간 후 허리케인이 강타하면 도시가 큰 피해를 입을 것이 거의 확실시되고 있었다.

직원들은 향후 몇 주 동안 허리케인 피해자들에게 상담을 제공할 준비를 하고 있었다. 조디의 수퍼바이저는 조디가 이 재난 상황에서 도움을 줄 수 있는지 여부를 결정해야 한다. 조디의 이전 트라우마 경험이 해결되지 않은 경우 허리케인이 도착하기 전에 대피해야 할 수도 있다.

- 이 사례에서 윤리적, 법적, 임상적 문제는 무엇인가?
- 이 상황과 관련하여 조디에게 어떤 종류의 질문을 제기하겠는가?
- 허리케인 마리아에서 살아남은 조디의 충격적인 경험이 다른 허리케인 피해자들에게 위기 상담을 제공하는 데 어떤 영향을 미칠 수 있는가?
- 조디가 임박한 재난의 피해자이면서 다른 피해자에게 서비스를 제공하는 사람이 될 수 있는 이 상황을 어떻게 생각하도록 안내하겠는가?
- 이 경우 수퍼바이저로서 당신의 역할은 무엇인가요? 조디에게 어떤 개입을 사용할 것 같은가?
- 조디가 허리케인의 다른 피해자들을 상담해야 한다고 생각하는가? 왜 또는 왜 안 되는가?

설명한 세 가지 사건은 모두 재난이며, 모든 종류의 재난은 피해자와 피해자를 돌보는 사람들에게 큰 타격을 줄 수 있다. 수퍼바이지 데빈, 이사벨, 조디는 앞으로 몇 주 동안 수퍼바이저의 특별한 관심과 모니터링이 필요할 것이다. 조력 전문가는 재난 피해자와 함께 일할 수 있도록 적절히 준비되어 있어야 하며, 수퍼바이저는 수퍼바이지가 이러한 업무를 수행할 수 있도록 준비시킬 수 있는 역량을 갖추고 있어야 한다. 우리가 이재민에게 전달하고자 하는 메시지는 두 가지이다: 피해자는 어떤 종류의 감정적 반응이 일어날 것을 예상해야 하며, 시간이 지나면 회복(정상화)될 것으로 기대할 수 있다는 것이다. 재난 정신 건강에 대한 서비스와 수퍼비전을 제공할 전문가들이 이 주제에 대한 공식적인 교육을 받는 것이 필수적이다. 재난 상담은 최근 몇 년 동안 평가 및 개입 전략에 관한 연구가 진행되면서 전문 분야로 자리 잡았다. 재난 정신 건강 서비스를 제공할 수퍼바이지도 공식 교육을 받아야 한다.

데빈의 수퍼바이저는 사건 발생 다음 날 아침에 미팅을 예약하여 사후 의견 교환 시간을 가지는 것이 데빈의 사례에 적절한 전략인지 평가할 수 있다. 데빈이 위기에 관해 이야기하고 싶고 털어놓을 필요가 있는 것 같으면, 그가 무엇을 보았고 어떤 느낌인지, 지난 24시간 동안 어떤 생각을 했는지, 현재 상황에 어떻게 대처하고 있는지 탐색한다. 데빈이 얼마나 자세한 정보를 제공할지는 스스로 결정할 수 있다는 점을 상기시킬 필요가 있다. 데빈의 반응이 정상이라고 지지하고 안심시키며 앞으로 며칠 또는 몇 주 동안 예상할 수 있는 반응에 대해 함께 이야기해야 한다.

데빈의 반응이 심층적인 후속 조치가 필요한 경우 상담에 참석하도록 권장해야 한다. 그는 상담을 재개할 수 있지만, 그의 상사는 그의 사례를 주의 깊게 모니터링하고 데빈에게 특히 어려움을 줄 수 있는 사례는 다른 상담사에게 의뢰해야 한다. 이는 데빈이 자신의 경험과 그에 따른 반응, 수퍼비전의 사후 의견 교환 시간을 통해 중요한 사건을 정상화할 수 있는 방식으로 관리하는 모델을 배울 좋은 기회가 될 수 있다. 토드에 대한 이사벨의 반응은 그녀가 자신의 상황과 토드의 경험 및 문제를 분리하는 데 큰 어려움을 겪고 있음을 시사한다.

이사벨은 토드의 상담사로서의 책임 수행을 방해하는 여러 가지 감정을 경험하고 있는 것으로 보였다. 첫 번째 의무는 내담자의 복지를 보호하는 것이므로 이사벨과 그녀의 수퍼바이저는 토드에게 다른 상담사에게 의뢰하는 것에 대해 어떻게 이야기하는 것이 가장 좋은지 논의해야 한다.

조디는 허리케인 생존자이며 두 번째 대형 허리케인의 피해자가 될 가능성이 높다. 조디의 수퍼바이저는 조디가 다른 허리케인 피해자들을 상담하도록 요청해야 하는지 여부를 평가해야 한다. 조디의 수퍼바이저는 재해가 발생하기 전에 모든 수퍼바이지와 만나 센터의 비상 프로토콜 및 위기관리 계획을 검토해야 한다. 허리케인이 몇 시간 앞으로 다가왔기 때문에, 조디와 그녀의 상사는 조디가 소지품을 챙겨 대피하도록 집으로 보내기 전에 허리케인 마리아로 인해 유발된 외상 후 반응에 관해 이야기할 시간을 가질 수 있다. 허리케인이 지나간 후 조디와 수퍼바이저는 허리케인 피해자로서 조디의 현재 적응 수준에 대해 논의할 뿐만 아니라 허리케인의 영향을 받은 내담자를 상담할 준비가 얼마나 되어 있는지 결정하기 위해 만나야 한다.

조디가 자신이 경험한 사건에 대해 강한 반응을 보인다면 현재로서는 피해자와 함께 일해서는 안 된다. 조디가 긍정적인 방식으로 반응을 처리하고 잘 적응하고 있다면 피해자를 상담하는 것이 매우 생산적일 수 있다. 조디는 피해자들이 어떤 상황인지, 어떤 경험을 하고 있는지 잘 알고 있기 때문이다. 조디는 허리케인으로 가족과 친구를 잃은 사람들에 대한 애도 상담은 하지 말아야 할 것이다. 그 과정의 강도는 그녀가 감당할 준비가 된 것보다 더 클 수 있다. 그럼에도 불구하고 조디는 적절한 수퍼비전을 통해 다른 피해자들에게 도움이 되는 상담을 제공할 수 있고, 이 모든 경험을 통해 향후 자기 감독을 할 수 있는 역량을 키울 수 있다.

### 개인적 위기에 대한 대처

이혼, 관계 문제, 가족 문제, 사망 또는 재정 문제와 같은 개인적인 위기는 정신 건강 전문가의 업무와 훈련에 큰 영향을 미칠 수 있다. 이러한 위기를 경험한 수퍼바이지는 계속해서 효과적으로 일하고 수련할 준비가 되어 있지 않은 경우가 많다. 수퍼바이저는 상담 실무를 계속 제공하면서 수퍼바이지가 개인적인 위기에 대처할 수 있도록 도울 방법을 결정해야 한다. 수퍼바이지가 위기에 대처할 수 있도록 돕기 위해 수퍼바이저의 역할은 무엇인가? 개인적인 위기가 수퍼바이지의 상담 업무에 미칠 수 있는 잠재적 영향을 일상적으로 다루어야 하는가? 수퍼바이지에게 제한적인 상담을 제공한다면 어느 정도까지 제공해야 하는가? 사례 연구 9.7은 이러한 상황을 보여 준다.

**사례 9.7 트레버**

트레버는 석사 수준의 사회복지학 프로그램에 재학 중인 학생이다. 이 프로그램에 등록하기 전에는 5년간 보호 관찰관으로 근무했다. 그는 교육 프로그램에 열정적으로 임하고 있으며 임상 지식과 기술이 뛰어났다. 마지막 수퍼비전 회기에서 트레버는 최근 아내와 별거 중이며 이 상황을 감당하는 데 큰 어려움을 겪고 있다는 사실을 마지못해 이야기했다. 그는 우울증에 시달리고 있으며 수업과 상담 센터의 내담자들에게 집중하는 데 어려움을 겪고 있었다.

수퍼바이저로서 우리는 어떻게 하면 수퍼바이지의 개인 상담사가 되지 않으면서도 수퍼바이지에게 도움이 되고 상담적이 될 수 있는지 끊임없이 평가해야 한다. 수퍼비전 관계에서 벗어난 수퍼바이지에게 지원과 상담을 제공할 수 있는 사람에게 언제 의뢰해야 하는지 알아두는 것이 중요하다.

- 이 경우 윤리적, 법적, 임상적 문제는 무엇인가?
- 이 상황과 관련하여 트레버에게 어떤 질문을 제기하겠는가?
- 이 상황에 대해 트레버에게 가장 하고 싶은 말은 무엇인가?
- 트레버가 앞으로 어떻게 진행할지 결정하도록 어떻게 돕겠는가?
- 수퍼바이저가 수퍼비전 관계에서 수퍼바이지의 개인적인 문제를 해결해야 한다고 생각하는가? 그것이 수퍼비전과 어떤 관련이 있을 수 있는가?
- 어떤 조건에서 트레버와 상담하는 것을 허락하겠는가?
- 트레버의 상담 업무에 어느 정도의 제한이 적절할 수 있겠는가?

트레버가 현재 상황과 위기가 업무에 어떤 영향을 미칠 수 있다고 생각하는지에 대해 이해할 수 있게끔 지원하고 돕는 것은 수퍼비전의 범위 내에 있다. 트레버가 상황을 이야기하고 그 상황이 자신에게 어떤 영향을 미치는지 탐색할 수 있도록 하는 것은 강력한 개입이 될 수 있다. 논의의 초점은 개인적인 상황이 내담자와의 업무에 어떤 영향을 미치는지에 맞춰져야 한다. 수퍼바이저 자신이 상당한 도움이 될 수 있다고 생각하더라도 트레버의 상담사가 되고 싶은 유혹은 피해야 한다. 경계가 금방 불분명해질 수 있다는 점에 유의하고, 트레버가 이별에 대한 감정에 집중할 수 있도록 개인 상담사를 찾도록 권고하는 것이 좋다. 트레버가 내담자와의 업무에 어려움이 있다고 생각되면 조치를 취하고 내담자를 다른 상담사에게 의뢰하도록 해야 할 의무가 있다. 최소한 트레버의 개인적인 상황이 그에게 미치는 영향이 줄어들 때까지 이혼을 겪고 있거나 다른 관계 문제가 있는 내담자와는 함께 일하지 않는 것이 가장 좋을 것이다.

## 조력자에 대한 보호

수퍼바이저와 수퍼바이지를 포함한 그 어떤 정신건강 전문가도 직장에서 스트레스가 심한 상황에 직면할 가능성을 완전히 없앨 수는 없다. 우리는 서비스를 제공하는 사람들에게 연민과 보살핌이라는 귀중한 자원을 제공하는 서비스를 하고 있다. 정신 건강 전문가는 공감 또는 연민 피로(예: Muratori & Haynes, 2020; Stebnicki, 2016)와 대리 외상에 취약하다. 수년간의 훈련과 경험을 통해 전문가들은 업무에 수반되는 스트레스에 대처할 수 있는 효과적인 전략을 개발할 수 있지만, 스트레스로부터 100% 면역이 되는 사람은 아무도 없다.

### 윤리적 의무로서의 자기 관리

자기 관리는 상담사, 수련생, 수퍼바이저에게 윤리적 의무이며, 소진, 공감 피로, 장애 및 기타 효율을 떨어뜨릴 수 있는 상태로부터 우리를 보호한다. 자기 돌보기는 이 책에서 소개한 다른 어떤 기술이나 전략 못지않게 중요하다. 수퍼비전을 위한 가장 강력한 도구 중 하나는 모델링이며, 우리는 수퍼바이지를 위해 자기 관리의 모범을 보여야 할 의무가 있다. 우리 자신을 돌보지 않으면 개인 생활이나 직업 생활에서 다른 사람을 돌볼 수 없다. 결국 우리는 우리 자신과 함께 살아야 한다. 우리가 가르치는 것을 실천하려면 다른 사람을 계속 도울 수 있도록 '자기 자신'을 돌봐야 한다.

### 소진을 예방하는 방법으로서의 자기 관리

위기 상황에서 일하는 수퍼바이저와 수퍼바이지는 특히 강렬한 욕구를 가진 사람들과의 지속적이고 반복적인 관계로 인해 신체적, 정서적, 정신적으로 고갈되는 소진에 취약할 수 있다. 소진은 무력감, 자기 자신에 대한 부정적인 시각, 일과 삶, 타인에 대한 부정적인 태도와도 관련이 있다. 소진은 서서히 시작되어 여러 단계를 거쳐 진행된다. 일반적으로 개인적인 우울감, 사기 저하, 고립감, 비인격화, 생산성 저하를 초래한다.

자기 관리는 위기 상담으로 인한 스트레스에 성공적으로 대처하는 데 도움이 되는 지속적인 예방 활동으로 보는 것이 가장 좋다. 자신이 고갈되고 있다는 경고 신호에 귀를 기울이고 스스로를 돌보고 지탱해야 할 필요성을 진지하게 받아들이는 것이 무엇보다 중요하다. 조기 경고 신호에 주의를 기울이고 소진을 예방하기 위한 실용적인 전략을 개발한다면 업무가 주는 어려움에 효과적으로 대응할 수 있을 것이다. 자기 관리에 적극적으로 참여하면 소진을 예방할 수 있는 확률이 높아진다.

자기 관리에 대한 자세한 내용은 다음과 같은 자료를 추천한다: 『상담실에 두고 나오기: 심리치료사를 위한 자기돌봄 가이드(Leaving It at the Office: A Guide to Psychotherapist Self-Care)』(Norcross & VandenBos, 2018), 『상담사 자기 관리(Counselor Self-Care)』(Corey, Muratori 등, 2018),

『상담에 대한 개인적 성찰(Personal Reflections on Counseling)』(Corey, 2020).

아래의 개인적 관점에서는 Patrice Moulton이 위기 상담에 대한 자신의 초기 경험, 그리고 수퍼바이지로 하여금 타인을 도우면서 균형을 유지할 수 있는 습관과 경계를 개발하도록 돕는 열망을 공유한다.

### Patrice Moulton의 개인적 관점

경력 생활 초기, 개인 상담실에서 일할 때는 중독과 우울증으로 고통받는 이중 진단을 받은 내담자들이 대부분이었으며, 이들 중 상당수는 자살을 시도할 위험이 높았다. 하루의 대부분을 치사율 평가를 수행하고 고객의 안전을 위해 입원이 필요한 시점을 결정하는 데 보냈다. 그 시절을 돌이켜 보면 어떻게 살아남았는지 궁금하다! 하지만 하루가 끝날 때마다 강렬한 보람을 느꼈던 것도 기억난다. 이 보람은 임상 수련을 마친 후 우리 모두가 가져야 할 '임상적 판단력'을 발휘하면서 매우 어려운 결정을 내리는 것에 대한 끊임없는 불안과 결합되었다. 이 일의 장점은 내 직업 생활에서 큰 의미를 느낄 수 있다는 것이었다. 그러나, 단점은 멈추는 곳이 없다는 것이었다. 위기는 정규 근무 시간 중에 쉽게 발생하지 않으며 모든 중요한 사건에는 즉각적인 조치가 필요했다. 그러다 보니 개인 생활은 잠시 뒷전으로 밀려나는 경우가 많았다.

돌이켜 보면 남편이 나의 일을 지지해 주고 시간을 지켜 준 것에 대해 감사하게 생각한다. 안정적인 가정생활이 나의 토대였다. 그때 느꼈던 감정(예: 책임감, 불안감, 자신감, 최악의 시기에 사람들을 도울 수 있다는 영광)은 경력 내내 나를 따라다녔고, 지금은 수퍼비전을 할 때 도움이 된다. 나는 대학원생들과 업무와 분리된 개인 생활의 필요성, 다른 사람을 돕기 전에 가능한 한 자신의 삶을 안정적으로 유지해야 할 필요성, 자기 관리의 필요성, 균형의 필요성, 매우 명확한 경계를 설정하고 유지하는 것의 중요성 등의 주제에 대해 논의하는 데 상당한 시간을 할애한다. 우리는 돌보는 사람으로서 자신보다 다른 사람을 먼저 돌보는 경향이 있다. 자기 관리는 고통스러운 경험을 통해 매일 고객과 함께 걸어가야 하는 어려움을 극복하기 위해 에너지와 연민을 회복하는 데 필수적이다.

## 요약

오늘날 세계는 자연재해와 인재로 인한 재난이 급격히 증가하고 있으며, 공중 보건 위기로 인해 미국인들이 극심한 트라우마를 겪고 있다. 수퍼바이저는 다양한 규모의 고객 위기에 직면할 때 수련생을 지원할 준비가 되어 있어야 한다. 수퍼비전 중 위기는 얼마든지 발생할 수 있고 앞으로도 발생할 것이다. 수퍼바이저는 이러한 상황에 대처하기 위한 일반적인 계획을 세우고, 적용되는 전문적, 윤리적, 법적 기준을 숙지하고, 상황의 성격에 따라 사용할 수 있는 다양한 수퍼비전 방법을 구비하는 것이 무엇보다도 중요하다. 수퍼바이저는 수퍼바이지에게 지침을 제공할 수 있는 자원과 실습을 안내할 수 있는 수퍼비전 개념적 틀을 파악하고 있어야 한다. 수퍼바이저는 발생할 수 있는 다양한 위기 상황에 대한 비상 절차를 서면으로 개발하고 수퍼비전 계약서에 해당 절차를 명시하는 것이 좋다. 수퍼바이저는 수퍼바이지와 함께 이러한 비상 절차를 검토해야 한다.

수퍼바이지는 어떤 상황을 어떤 시간 내에 수퍼바이저에게 알려야 하는지 알아야 한다. 예를 들어 자살 위협은 즉시 수퍼바이저에게 보고해야 한다. 수퍼바이지는 수퍼바이저가 연락이 되지 않는 경우에 연락할 대체 수퍼바이저의 전화번호를 가지고 있어야 한다. 수퍼바이저는 수퍼바이지의 모든 내담자에 대해 잘 알고 있어야 하며 모든 사례에 대해 정기적으로 업데이트를 받아야 한다. 특히 어느 정도 이상의 위험이 수반되는 사례에 대해서는 각별히 주의를 기울여야 한다. 수퍼바이저는 위기 상황에서 수퍼바이지를 교육해야 한다. 수퍼바이저는 수퍼비전에서 이에 대해 논의하고 더 많은 교육이 필요하다고 생각되면 수퍼바이지에게 관련 문헌과 워크숍을 추천해야 한다. 수퍼바이저는 이러한 상황에서의 평가 및 개입과 관련 윤리적 및 법적 문제에 대한 최신 지식을 갖추고 있어야 한다.

경력의 어느 시점에 여러분 중 많은 사람이 수퍼바이저의 역할을 맡게 될 것이다. 당신이 수퍼바이저라면 위기 상황에서 업무에 어떤 도움이 될지 생각해 보기 바란다. 위기관리 수퍼비전에서 수퍼바이지와 협력하기 위한 몇 가지 권장 사항으로 이 장을 마무리하고자 한다.

수퍼바이저가 상황에 대해 어떤 말을 하는지 경청하는 시간을 가지라. 상황을 좀 더 완벽하게 이해할 수 있도록 개방형 질문을 하라. 수퍼바이지는 종종 당신이 듣고 싶은 것이라고 생각하는 정보만 제시한다. 수퍼바이지가 그러한 내담자와 함께 일하는 데 필요한 임상적 역량과 판단력을 갖추고 있다는 확신이 없는 한, 위험도가 높은 것으로 보이는 내담자를 수퍼바이지에게 배정할 때는 주의를 기울일 필요가 있다.

어떤 경우든 위기 상황이 수퍼바이지에게 학습 경험이 될 수 있도록 노력하라. 상황이 허락하는 경우, 사실, 문제, 가능한 조치 과정 및 그 결과에 대해 생각할 수 있도록 도와주어야 한다. 수퍼바이지의 목표는 이러한 상황을 스스로 처리하는 방법을 배우는 것이다. 즉각적인 개입이 필요한 경우, 개입이 이루어진 후 상황을 자세히 논의하라. 당신이 상황을 어떻게 생각했는지, 당신이 선택한 행동 방침에 어떻게 도달했는지 등을 수퍼바이지에게 알려주어야 한다.

수퍼바이지가 위기 개입에 대한 역량을 높이기 위해 역할극을 통해 모델링하고 연습하는 것의 중요성은 아무리 강조해도 지나치지 않다. 위기에 대한 대비는 수퍼비전과 교육에서 중요한 부분이며, 위기 발생 시 잘못된 대처를 피하는 데 도움이 될 수 있다. 위기 개입 수퍼비전과 관련된 책임에도 불구하고 수퍼비전에서 가장 보람 있는 순간은 당신의 수퍼바이저가 어려운 상황에서 유능하게 실천할 수 있는 지식, 기술, 자신감을 얻는 것을 목격할 때이다.

## 학습 활동

1. 최소 두 명의 수퍼바이저를 인터뷰하고 수퍼바이저로서 어떤 위기 상황에 직면했는지 질문하라. 그 상황은 어땠는지, 그 상황에서 어떻게 개입했는지 알아보라.
2. 소그룹으로 수퍼비전의 위기 상황을 선정하고 시나리오를 역할극으로 만들어 보라. 그룹 내 여러 구성원이 번갈아 가며 역할극을 하도록 하라. 그런 다음 이 상황에서 무엇이 가장 효과적일 것 같았는지 토론하라.
3. 수퍼비전 중에 발생할 수 있는 모든 위기 상황의 목록을 브레인스토밍하라. 가장 다루기 어려운 상황을 파악하고 이에 대한 가능한 개입 방법을 브레인스토밍하라.
4. 경험이 풍부한 수퍼바이저를 수업에 초대하여 수퍼비전에서 위기 상황을 처리한 경험에 대해 토론하라. 그 경험을 통해 무엇을 배웠는지 탐색하라.
5. 소그룹에서 각 구성원에게 어떤 위기 상황이 가장 어려웠고 어떤 위기 상황이 가장 다루기 쉬웠는지 토론하게 하라. 공통점을 파악하고 각 그룹에서 대변인이 그 주제를 학급과 공유하게 하라.
6. 소그룹으로 위기관리와 관련하여 위험 관리 계획에 포함될 수 있는 모든 요소를 브레인스토밍하라. 협력하여 교육용 영상이 포함된 위험 관리 워크숍을 개발하라.
7. 소그룹으로 우리 문화에서 폭력과 인재로 인한 재난이 미치는 영향, 정신 건강과의 연관성, 수퍼바이저의 역할과 책임에 미치는 영향에 대해 토론하라.

chapter

# 10

# 수퍼비전에서의 평가

chapter 10

# 수퍼비전에서의 평가

## 핵심 질문

1 수퍼비전에서 '평가'라는 말을 들으면 어떤 생각이 떠오르는가? 평가는 어떤 가치가 있는가? 그것은 언제나 수퍼비전의 일부가 되어야만 하는가? 각각에 대해 설명하라.

2 당신이 수퍼바이저에게 평가를 받았던 경험은 어떠했는가? 평가를 받았던 경험은 대체로 도움이 되었는가, 아니면 그렇지 않았는가? 그러한 경험으로부터 배운 것들이 이제는 수퍼바이저의 위치에 있는 당신의 역할에 영향을 줄 것 같은가?

3 당신의 수퍼바이저는 어떤 평가 방식을 사용했는가? 그 방식의 장점과 단점은 무엇이었나?

4 많은 수퍼바이지들이 평가 과정과 관련해서 경험하는 불안을 감소시키기 위해 당신은 무엇을 할 수 있을 것이라 생각하는가?

5 당신이 완벽한 평가 계획을 수립할 수 있다면, 어떤 요소나 방식들을 포함시키게 될 것 같은가?

6 수퍼바이저가 수퍼바이지를 평가할 때 가장 어려운 부분은 무엇인가? 이러한 어려운 측면에 대처하기 위해서 취할 수 있는 조치들에는 어떤 것들이 있는가?

평가는 윤리적 감독의 중요한 구성 요소이며, 수퍼비전을 상담 및 심리치료와 구분하는 요소이다. 수퍼비전은 수퍼바이지의 훈련 및 임상 작업을 관리하기 때문에 본질적으로 평가적이다. 수퍼바이저는 (a) 법적 책임 소재에 대한 우려가 더 많아지면서 수퍼비전 평가 도구의 객관적이고 과학적인 발전과 사용에 더욱 주의를 기울여야 하며(Bernard & Goodyear, 2019), (b) 모든 평가 도구가 모든 수퍼바이지에게 적합한 것은 아니라는 점을 인식해야 한다. 수퍼바이저는 "수퍼바이지의 발달 수준, 자신감, 자기 효능감 및 학습 스타일, 임상 및 수퍼비전 맥락, 그리고 내담자의 필요에 기초하여 도구, 과제, 활동 및 기법을 선택해야 한다"(ACES, 2011, 4.c.iii.).

수퍼비전의 아래 네 가지 목표를 달성하기 위해 평가는 필수적인 구성 요소이다.

1. 수퍼바이지의 발전 촉진 및 교육. 평가는 학습이 진행되고 있는 정도를 측정한다.
2. 내담자의 복지 보호. 수퍼바이지의 임상 및 윤리적 역량이 규정된 기준에 부합하는지를 확인한다.
3. 전문가로서의 진입 제한 문지기 역할 수행. 수퍼바이지의 성과를 모니터링하는 것은 전문적, 윤리적 및 임상적 역량과 직업 적합성에 대한 정보를 제공하는 중요한 역할을 한다.
4. 수퍼바이지가 독립적인 전문가로 일할 수 있도록 자립성 촉진. 평가 과정은 감독 대상자가 자가 평가하는 방법을 배우고 직업 생활 동안 계속해서 학습하고 성장하는 모델 역할을 하게 된다.

평가는 감독 시작 시 목표를 설정하고, 주기적인 형식적 피드백 회기에서 지속적인 피드백을 제공하는 과정이다. Falender와 Shafranske(2017)는 전문 역량이 구축되는 **역량 기반 상담 수퍼비전**의 요구 항목들을 기술하고 있는데, 거기에는 이러한 목표를 달성하기 위해 필요한 구조와 과정을 제공한다. 그들은 사정과 평가가 "행동적 용어에 기반을 두어 지식, 기술 및 태도에 구체적으로 적용"되어야 한다고 권장한다(p. 41). Holt와 동료들(2015)은 증거 기반 수퍼비전의 사용을 촉진하며, 내담자 성과 추적을 지지하며, 이를 통해 수퍼바이저는 상담 수련생에게 상담 진행에 대한 객관적인 피드백을 제공할 수 있다. 내담자 성과 자료는 치료적인 의사 결정을 지도하는 데 사용될 때, 이후 개입의 효과성을 향상시키는 것으로 일관되게 보고되고 있다. Holt와 동료들은 "임상 심리학이 과학과 실무를 통합하는 방향으로 나아감에 따라 치료적 변화의 증거 기반 원칙을 학습하고 성과를 확장하기 위해서 평가를 사용하는 방법을 가르치는 것이 매우 중요하다"고 덧붙인다(p. 185).

이 장에서는 평가의 진입 제한 기능, 평가의 필수적인 특징, 평가를 실시하기 위한 지침, 평가 방법 및 수퍼바이저와 수퍼바이지가 평가 과정에 대해 갖는 우려 사항에 대해 초점을 맞추고 있다. 또한, 자신의 전문적인 발전을 위한 일환으로 수퍼바이지들이 자가 평가를 실시할 수 있도록 권한 부여가 중요하다는 것을 다루고 있다. 이 장의 말미에는 몇 가지 평가 도구가 제공된다. 유능한 수퍼바이저는 수퍼비전의 기준, 목표 및 방법에 대한 입장을 개발하고, 수퍼바이지가 학습하고 성장하며 전문가로서 자신감을 갖출 수 있도록 평가를 최대한 활용하는 방법을 계속해서 학습하고자 할 것이다.

## 윤리 및 평가 규정

수퍼바이지 평가는 전문적 자격 기준과 관련한 대부분의 영역에서 필수적이다. 이러한 기준은 각 직업마다 세부적으로 다를 수 있지만, 정기적인 피드백과 평가가 지도에 포함되어야 한다는 점은 모든 직업 영역에서 동의한다. 수퍼바이저는 윤리적으로나, 법적인 면 모두에서 수퍼바이지의 직무 수행에 대한 임상 역량에 관해 지속적으로 정확하며 관련성 있는 피드백과 평가를 제공해야만 한다. 수퍼바이지에 대한 평가는 수퍼바이지 자신, 전문가 단체, 자격 발행 기관, 고용주 등에 대한 법적인 책임을 가지는 측면이 있다. 수퍼바이지의 성과를 정확하게 평가하는 책임은 수퍼바이저에게 있으며, 잘못된 평가는 수퍼바이지와 함께 수퍼바이저, 내담자, 고용주, 전문가 단체에 심각한 영향을 미칠 수 있다. 글상자 10.1에서는 수퍼비전에서 평가와 관련된 일부 전문가 기준을 나열하고 있다.

### 글상자 10.1 수퍼비전 평가에 관한 윤리 규정 및 기준

**미국 상담학회(ACA)(2014)**

윤리 규정

- 수퍼바이저는 수퍼바이지의 수행에 대한 지속적인 피드백을 문서화하여 제공하며, 주기적인 형식적 평가 회기를 수퍼비전 관계 동안 갖는다(F.6.a.).
- 상담 교육자는 학생들에게 교육 프로그램 전반에 걸쳐 필요한 역량 수준, 평가 방법 및 평가 시기에 대해 명확히 설명해야 한다. 교육 프로그램 전반에 걸쳐 학생들에게 지속적인 성과 피드백을 제공해야 한다. 이러한 기준들은 상담 전문가들의 수퍼비전과 교육에서 지속적인 평가와 피드백의 중요성을 강조한다(F.9.a.).

**전국 사회복지사 협회(NASW)(2017)**

윤리 규정

- 수퍼비전을 제공하는 사회복지사는 수퍼바이지 수행에 대해서 공정하고 존중하는 방식으로 평가를 제공해야만 한다(3.01.d).

**미국 심리학회(APA)(2017)**

심리학자의 윤리적 원칙 및 행동 강령

- 학업 및 감독 관계에서 심리학자는 학생과 수퍼바이저에게 시의적절하고 구체적인 피드백을 제공

하기 위한 구체적인 절차를 수립한다. 절처에 대한 정보는 수퍼비전이 시작될 때 학생에게 제공된다 (7.06.a.).
- 심리학자는 미리 정해진 관련 프로그램 요건에 대한 학생과 수퍼바이저의 실제 성과를 기준으로 학생과 수퍼바이저를 평가한다(7.06.b.).

**상담사 교육 및 수퍼비전 협회(ACES)(2011)**

모범적 상담 수퍼비전

- 수퍼바이저는 평가가 수퍼비전의 기본이라는 것을 이해하며 자신의 평가 책임을 수용한다(9.a.).
- 수퍼바이저는 정기적으로 형성 평가와 총괄 평가를 함께 제공한다(9.a.i.).
- 수퍼바이저는 평가 계획을 수퍼바이지에게 명확하게 전달한다(9.b.).
- 수퍼바이저는 수퍼바이저의 지속적인 자기 평가를 장려한다(9.c.).
- 수퍼바이저는 개선이 필요한 경우 적절한 조치를 취한다(9.d.).

## 진입 제한 기능 및 평가

정신건강 전문 분야에서 진입 제한 기능(gatekeeping)은 자격관리 주체, 전문가 양성 프로그램, 자격증이 있는 상담사들, 그리고 정신건강 서비스의 내담자와 소비자에게 그 중요성이 계속 커지고 있다. "전문 분야의 문지기들은 수련생들이 상담 실무를 독립적으로 할 수 있음을 승인하기 전에 확인해야 할 주요 지점들을 고려하여 수련생의 진행 상황을 윤리적으로 점검해야 할 책무가 있다." 독립적인 전문적 실습을 승인하기 전에 진입 제한 기능 체크포인트를 고려하여 수련생의 진행 상황을 점검한다"(Homrich, 2018, p. 2). 진입 제한 기능의 핵심은 수련생의 성과, 윤리적 실천, 임상적 판단에 대한 명확하고, 계획적이며, 문서화되고, 체계적인 평가이다. 진입 제한 문지기는 현재와 미래의 내담자와 그들이 대표하는 전문직의 무결성을 보호하는 정신 건강 전문직의 서비스 질을 관리하는 역할을 수행한다. Dufrene(2018, p. 143)은 **전문 분야 무단 진입**(gateslipping)을 장애가 있거나 무능한 수련생 및 기타 면허를 취득하지 않은 상담사가 전문직에 종사하도록 허용하는 관행으로 정의하며, 이는 임상 전문직과 더 나아가 내담자들의 복지에 부정적인 영향을 미친다고 말한다. Dufrene은 효과적인 진입 제한 기능을 보장하기 위해 정책 및 절차의 일관성과 함께 진입 제한 기능에 대한 체계적이고 협력적인 접근 방식을 권장한다.

진입 제한 기능은 윤리 규정, 법적 의무, 전문적 기준에 따라 진행되는 전문적인 업무이지만, 진입 제한 문지기/감독자와 학생/수퍼바이저 모두에게 정서적인 여정이기도 하다. Alicia Homrich는 현장의 목소리에서 진입 제한 기능 여정의 주요 사항들을 공유한다.

## 현장의 목소리

### 수퍼비전 진입 제한 기능에 대한 나의 경험 소개

*Alicia M. Homrich, PhD*

효과적인 수퍼비전에는 임상 활동을 점검하는 것 이상의 것이 포함된다. 수퍼비전에는 신뢰로운 작업 관계를 구축하고 수퍼바이저의 성장 과정과 상담사로서의 정체성 발달을 지원하는 것이 포함된다. 또한 수련생이 전문적으로 행동하고, 상담 및 동료 관계에서 대인 관계를 효과적으로 탐색하며, 불안과 같은 내적 과정을 파악하고 성공적으로 관리할 수 있는 능력을 장려하고 확장하는 것도 중요하다. 수퍼비전에서 후자의 이러한 측면은 임상 기술 성과를 측정하는 것보다는 덜 가시적이지만, 특히 진입 제한 기능의 의무를 고려할 때 수련생 발달에 있어서는 매우 중요하다.

초보 수퍼바이저로서 나는 정서적으로 성숙하고 전문적으로 행동하며 새로운 경험에 대한 내적 반응을 적절하게 관리하는 수퍼바이지들을 지원하는 것이 쉬웠다. 하지만 전문상담사들의 발달 과정에서 기대되는 대인간, 개인내적, 그리고 전문적 행동이나 태도를 잘 갖추지 못한 수퍼바이지들과의 작업에서는 어려움이 있었다.

내가 진입 제한 기능을 처음 접한 것은 교수진 팀의 주니어 멤버였을 때였다. 나는 관찰하고 경청하며 점차 그 과정에 참여하게 되었다. 진입 제한 기능을 윤리적, 직업적 책임으로 여기는 교수진 동료들과 함께 일할 수 있어서 운이 좋았다. 나는 학생들의 성장 과정에서 도전하고 지지하는 훌륭한 모델링을 경험했다. 하지만 의사 결정과 실행을 책임지는 학과장으로서 효과적인 진입 제한 기능에 필요한 깊이와 세부 사항, 그리고 그 과정에 대한 내 자신의 반응에 압도당했다.

내가 처음 진입 제한 기능을 접했을 때, 전문 문헌에는 수련생 행동에 대한 지침이 거의 없었고 기준도 부족했다. 그러나 문헌에서는 수련생의 문제 행동을 피드백, 교정, 과정 탈락(특히 교정되지 않은 행동이 미래의 내담자에게 잠재적 위협이 될 수 있는 경우)을 통해 해결해야 할 필요성을 인식하고 장려하고 있었다. 컨퍼런스 워크숍에 참석하면서 나는 진입 제한 기능 과정에 대한 이해가 제대로 공유되지 않고 있으며, 교육 프로그램 전반에 걸쳐 일관성 있게 적용되지 않는다는 사실도 알게 되었다. 동료들의 보고를 통에서 나는 진입 제한 문지기가 직면하는 정서적 어려움에 대한 인식 부족과 지침의 부재를 발견했고, 이는 나를 좌절시키고 낙담하게 만들었다.

개인적으로 나는 진입 제한 과정에서 강한 감정적 반응을 보인 적이 있다. 정서적으로 미성숙하거나 전문적 판단력이 부족한 수퍼바이지를 질책하는 입장이 되어 속상하고 화가 났던 적이 있다. 지원 노력에도 불구하고 필요한 기술을 보여 주지 못하거나, 윤리적 의사결정에 일관되게 참여하지 못하거나, 전문적으로 행동하지 못하여 조력전문가가 되겠다는 꿈이 좌절된 수퍼바이지에게 슬픔과 낙담을 경험한 적이 있다. 또한 다른 교수나 행정가가 학생의 문제 행동을 가볍게 처리했다는 소식을 들었을 때 실망감을 느낀 적도 있다. 효과적인 멘토이자 전문적 양육자로서의 역할을 다하고자 노력하는 교육자이자 감독자로서 수련 중인 상담사들에게 징계를 하게 되는 역할은 모순적이고 불편하다. 이러한 상충되는 가치와 역할로 인해 진입 제한 문지기로서 우리는 복잡하고, 큰 스트레스를 경험하며, 심지어 고통스러운 감정을 느낄 수도 있다.

상담사 교육자와 수퍼바이저가 전문 기관의 지원 없이 자격을 제한하는 상황을 처리하는 방법을 알아내야 하는 동시에 윤리적으로도 그렇게 해야 한다는 것은 나에게 모순된 일이었다. 지침 없이 개별 상황과 환경에서 "새로운 방법을 만들려는(reinvent the wheel)" 노력과 에너지는 위험하고 불필요해 보였다. 다행히도 최근 몇 년 동안 더 많은 상담 교육자와 수퍼바이저가 문헌과 워크숍에서 성공적인 과정과 경험을 공유하면서 이러한 상황은 다소 개선되었다. 또한 박사 과정 학생들에게 향후 교수진으로서의 역할에 필수적인 요소로서 진입 제한 기능에 대해 교육하는 프로그램도 늘어나고 있다.

진입 제한 문지기는 주어진 역할을 수행하기 위해 지원이 필요하며, 진입 제한 문지기 경험의 복잡성을 인정하고 이 직업에 대한 수련생 표준을 채택함으로써 진입 제한 행위를 강화할 필요가 있다. 수련생의 직업적 행동, 대인 관계 및 개인내적 행동, 그리고 진입 제한 기술의 발전을 위한 일관되고 효과적이며 윤리적인 표준을 시행하는 여정은 계속되고 있다.

진입 제한 기능의 다양한 측면에 대한 자세한 내용은 『정신 건강 전문직의 진입 제한(Gatekeeping in the Mental Health Professions)』(Homrich & Henderson, 2018)을 참조하라.

## 다양성 및 평가

모든 수퍼비전 관행은 수퍼바이저, 수퍼바이지, 서비스 대상 내담자 간의 개인적, 문화적, 인종적 차이를 인식하고 수퍼바이저와 그 내담자에게 다문화적으로 나은 서비스를 제공하는 데 유능해야 한다(6장 참조). 이는 수퍼비전의 평가 과정과 평가를 수행할 때 사용하는 특정 도구에도 적용된다. 이러한 평가 도구 중 상당수는 한동안 사용되어 왔으며, 다양한 문화, 인종 또는 성적 지향을 가진 수퍼바이저를 대상으로 이러한 도구의 타당성과 신뢰성에 관한 다문화적 사안에 대한 고려가 거의 또는 전혀 이루어지지 않았다. 오늘날에는 평가 과정에서 다문화적 고려의 중요성에 대한 인식이 높아졌으며, 수퍼바이저는 공식적으로나 비공식적으로 수퍼바이지를 평가할 때 이러한 개인적, 문화적 차이를 인식하고 있어야 한다. 상담사 교육 및 수퍼비전 협회(ACES, 2011)에서는 수퍼바이저가 평가를 수행할 때 지켜야 할 책임에 대해 설명한다:

> 수퍼바이저는 인종, 민족, 성별, 성적 지향, 사회 경제적 지위, 특권, 능력 상태, 가족 특성 및 역학 관계, 출신 국가, 언어, 역사적 과정(예: 역사, 이주), 세계관, 영성 및 종교, 가치관을 포함한 모든 문화적 요인에 주의를 기울인다(6.a.iii.).

이 기준은 공식 및 비공식 평가를 포함한 모든 수퍼비전에 적용된다.

## 평가의 핵심 기능

### 객관적 평가와 주관적 평가

경험상 수퍼바이저 평가는 객관적이기보다는 주관적인 평가가 대부분이었다. 수퍼바이지를 평가하는 표준화된 방법은 거의 존재하지 않았고, 그래서 수퍼바이저는 성과와 전문적 행동을 평가하는 시스템을 각자 개발했다. 수퍼바이저에게 수퍼바이지를 평가하는 것은 가장 어려운 작업 중 하나다. 평가에 관한 전문적 표준은 존재하지만 평가 과정의 구체적인 도구, 절차 및 빈도를 다루는 표준은 거의 없다. 예를 들어 Lewis Scott, Hendricks(2014, p. 171)는 수퍼비전 결과의 주요 영역을 강조하고 심리측정학적으로 검증된 평가의 예를 제시한다. 이들은 인지 행동 치료 수퍼비전 결과 평가를 위한 모델을 제시한다. 또한 수퍼비전에서 기술 사용이 급격히 증가함에 따라 이러한 수퍼비전 관행에 대한 새로운 표준화된 평가 척도들이 개발되어야 한다.

Kaslow와 동료들(Kaslow, Rubin, Bebeau 외, 2007; Kaslow, Rubin, Forrest 외, 2007)은 평가가 결국 형성 평가와 총괄 평가의 두 가지 주요 범주 중 하나에 속하게 된다고 보았다. **형성 평가**는 교육 과정과 직업 경력 전반에 걸쳐 유용한 피드백을 제공하는 발달적 과정에 기반한다. 반면, **총괄 평가**는 일반적으로 학업 이수 과정, 전문가 프로그램이 끝날 때 또는 자격증을 신청할 때 이루어지는 종료 시점에서의 평가이다. 이러한 평가는 개별 상담사의 강점을 파악하고 필요한 경우 역량 평가 대상자의 보수 교육 계획을 수립하는 데 유용한 정보를 제공한다. 형성 평가와 총괄 평가의 통합은 개별 교육생의 강점 및 부족한 역량 영역을 다룬다. 이러한 종류의 평가는 필요한 경우 교정 계획을 개발하는 데 유용한 기초가 될 수 있다. Johnson과 동료들(2008)은 정신 건강 전문가의 교육과 훈련을 담당하는 사람들은 윤리적으로나 직업적으로 수련생의 옹호자 및 멘토로서의 역할과 진입 제한 문지기 역할의 균형을 맞춰야 할 의무가 있다고 말한다. 때때로 상충되는 이러한 역할을 관리하기 위한 권장 사항 중 하나는 수련생에 대한 일상적인 형성 평가와 총괄 평가를 철저하고 정확하게 제공하고, 이러한 평가를 신중하게 문서화하며, 여러 전문가가 한 프로그램에서 각 수련생에 대해 독립적인 평가를 하도록 하는 것이다.

### 도구의 표준화

표준화된 절차와 평가 양식이 마련되면 수퍼바이저는 평가 과정에 충실히 참여할 가능성이 높다. 많은 기관, 학교, 현장 실습 현장에서 수퍼바이저 및 수퍼바이지를 평가하기 위한 양식과 여러 도구를 개발했다. 이러한 양식 중 상당수는 엄격하고 객관적이지만, 일부 소수의 양식 및 도구들은 요구되는 엄격한 신뢰도 및 타당도 검증을 실시하지 않은 채 쓰이는 것들이 있다. Homrich와 Henderson(2018, p. 213-216)은 독립적인 임상가로서 수퍼바이지가 상담 실무에 진입하기 위한 준비도를 평가하기 위해서 수퍼바이저가 자주 사용하는 다양하고 구체적인 평가 도구를 개괄적으로 제시하고 있다.

### 평가 기준

수퍼바이저가 구체적이고 명확한 평가 기준을 마련하고 이를 수퍼비전 계약서에 포함시키는 것이 수퍼비전 과정에서 매우 유용하다. 수퍼비전 계약은 수퍼바이저가 수퍼비전을 진행하는 동안 수퍼바이지의 성과를 측정하는 기준이 된다. 기준이 설정되어 있으면 수퍼바이저는 수퍼바이지의 성과와 행동을 측정할 수 있는 기준을 갖게 된다. 전문가 협회와 자격 발급 기관은 물론 박사 과정과 수련 기관에서도 역량을 측정하는 기준을 정하기 위해 노력해 왔다. 수련생에 대한 지속적인 평가는 이들이 수련 프로그램의 모든 영역에서 만족할 만한 진전을 이루고 있는지 확인하는 데 매우 중요하다. 대학원 교육 프로그램에서 학생들은 프로그램 기간 중 여러 차례에 걸쳐 자신들의 지식과 기술, 실무 수행 및 대인 관계 행동이 평가된다는 사실을 알 권리가 있다. 교육 프로그램은 입학 전에 지원자에게 평가 방법과 시기에 관한 방침을 서면으로 제공할 책임이 있다. 프로그램 내 학생 평가와 관련하여 2016 CACREP 표준은 다음과 같이 명시하고 있다:

> 상담사 교육 프로그램 교수진은 지식과 기술의 조합과 관련하여 학생들의 학습을 검토하고 프로그램 전반에 걸쳐 각 학생의 진도를 체계적으로 평가한다(4.F.).

> 상담사 교육 프로그램 교수진은 유급, 교정 및 과정 탈락과 관련하여 개별 학생들의 평가 자료를 사용하기 위한 체계적인 절차를 갖추고 있다(4.H.)

수퍼바이저는 성과와 성격을 구분해야 한다. 수퍼바이지들은 적절한 성과를 내면서도 주로 성격적 요인으로 인해 수퍼바이저로부터 부정적인 평가를 받을 수 있다. 그런 경우, 상담 역량에 필수적인 개인적 특성을 분리하여 측정하는 법을 배우는 것이 어렵게 된다. 7장에서 논의한 바와 같이, 수퍼바이지들의 개인적 특성은 상담 능력에 중요한 역할을 한다. 수퍼바이지들에게 만족스러운 학업 성적은 필수적이지만 그것만으로는 충분하지 않다. 수련생의 개인적 자질, 타인과 효과적으로 관계 맺는 능력, 윤리적 실천을 구성하는 요소에 대한 인식은 효과적인 상담사 발달을 위해 핵심적으로 고려되는 요소이다. Orlinsky, Geller and Norcross(2005)는 수련생의 지식과 기술을 평가하는 것 외에도 자기 인식 및 자기 성찰 능력과 같은 개인 및 대인 관계 역량을 평가하는 것이 필수적이라고 주장한다. 이들은 정서적 공명과 반응성, 사회적 지각력, 연민, 도움에 대한 열망, 자기 이해, 자기 수양 등을 포함한 상담사의 개인적 자질이 중요하다고 말한다.

요약하면, 조력 전문직의 역량을 측정하는 구체적인 차원에 대해 아직 배워야 할 것이 많다. 그럼에도 불구하고 수퍼바이저는 상담 역량을 평가할 때 주관적인 느낌에만 의존하지 않고 개발된 기준과 측정 도구를 사용할 수 있다. 유능한 수퍼바이저는 수퍼비전의 목표를 달성할 수 있는 더 나은 방법을 지속적으로 모색하여 명확하게 정의된 측정에 기반하여 평가할 것이다.

### 평가 조직

평가 과정은 수퍼비전 관계를 시작 단계에서 수퍼바이지와 함께 계획하고, 조직하고, 논의할 때 가장 효과적이다. 평가 절차, 방법 및 기간은 수퍼비전 계약서에 명확하게 명시되어 있어야 한다. 이를 통해 수퍼바이저는 평가가 예정된 시점에서 급하게 뭔가를 개발하는 대신 평가의 역할과 방법에 대한 잘 개발된 계획을 갖게 된다.

평가는 수퍼비전이 진행되는 동안 정기적이고 체계적으로 이루어져야 한다. 수퍼바이지는 언제 평가가 이루어질지 알 권리가 있으며 평가에 사용되는 양식, 방법, 과정에 대해 잘 알고 있어야 한다. 수퍼바이저가 파악한 결함을 수정할 수 있는 충분한 시간을 가질 수 있도록 수퍼바이지의 임상 경험 초기에 평가를 실시하는 것이 중요하다. 수퍼비전 계약서에는 결함이 발견되었을 때 절차가 어떻게 진행되는지, 수퍼바이지가 결함에 대해 이의를 제기하거나 시정하기 위해 어떤 수단을 사용할 수 있는지에 관한 정보가 포함되어야 한다. 대학원 교육 프로그램에 등록하는 학생들에게 제공되는 사전 동의서에는 학생들이 프로그램에서 탈락될 수 있는 사유를 포함하여 염려가 될 만한 사유들에 대해 명확히 설명해야 한다.

### 적법 절차

적법 절차는 수퍼바이지에게 성과에 대한 명확한 기대치를 제시하고 이러한 성과 기대치가 충족되지 않았을 때 불리한 조치에 대응할 수 있는 절차를 제공하는 수단이다(8장 참조). 수퍼바이저는 수퍼바이지 평가와 관련하여 적법 절차를 제공해야 할 윤리적 의무가 있다. 수퍼바이지는 평가가 언제 어떻게 이루어질지, 심각한 부정적 평가의 결과는 무엇인지, 수퍼바이저가 확인된 결함을 시정하기 위해 어떤 수단을 사용할 수 있는지, 평가 결과에 이의를 제기하고자 하는 경우 어떤 대응을 할 수 있는지, 동의하지 않는 매우 부정적인 평가의 경우 이의 제기 절차는 무엇인지 등 평가 절차에 대해 서면으로 통보받을 권리가 있다. Johnson과 동료들(2008)은 전문성 개발 과정 상의 문제 발생시 교수진과 학생의 고통을 줄이기 위해 프로그램 설명(예: 웹사이트, 마케팅 자료, 학생 핸드북)에 적법 절차에 대한 정보를 제공할 것을 제안한다. “개인적 관점(Personal Perspective)”에서, 밥 헤인즈는 수퍼바이지 평가의 지속성과 공정하고 정확하며 객관적인 평가의 중요성에 대한 설명을 제공하고 있다.

### Bob Haynes의 개인적 관점

수퍼바이저 평가는 종종 조력 전문가의 경력에 장기적으로 상당한 영향을 미친다. 평가가 완료되면 이것은 수퍼바이지 기록의 영구적인 일부가 되어 고용, 면허 취득, 전문가 협회 회원 가입을 위한 추천의 근거가 된다. 인턴십 디렉터로서 나는 매년 수퍼바이지의 인턴십 기간 동안의 성과를 확인해 달라는 요청을 많이 받았는데, 어떤 경우에는 25년 전으로 거슬러 올라가는 경우도 있었다. 평가 결과는 수퍼바이지에 대한 기록의 일부가 되어 오랜 기간 동안 보존된다. 수퍼바이저와 수퍼바이지 모두 평가 과정에 참여할 때 이러한 광범위한 영향을 고려하는 것이 필요할 것이다. 수퍼바이지가 자신의 평가에 동의하지 않는 경우, 평가가 영구적인 기록의 일부가 되기 전에 이의를 제기하는 것이 필요하다. 수퍼바이저는 평가가 객관적이고 공정해야 하며, 이에 대한 적법 절차를 수퍼바이지에게 함께 제공할 윤리적, 법적 책임이 있다.

### 자기 평가를 수행할 수 있도록 수퍼바이지에게 권한 부여하기

수퍼비전의 핵심 목표는 수퍼바이지가 궁극적으로 커리어 전반에 걸쳐 **셀프 수퍼비전**을 수행할 수 있도록 지원하는 것이다. 이러한 셀프 수퍼비전의 주요 부분에는 자기 평가 능력이 포함된다. 자신의 강점과 약점을 평가하고, 자신의 역량의 한계를 알고, 필요할 때 수퍼비전과 상담을 구하고, 독서와 평생 교육을 통해 계속 학습하는 능력은 유능한 조력 전문가의 특징이다(Falender & Shafranske, 2017). 셀프 수퍼비전은 수퍼바이지가 더 이상 수퍼비전이나 상담이 필요하지 않다는 것을 의미하는 것이 아니며, 그보다는 수퍼바이지가 공식적이고 정기적인 수퍼비전 없이도 효과적으로 활동할 수 있는 일종의 발달 단계를 의미한다.

모든 조력 전문직에 종사하는 수퍼바이저는 이러한 행동을 모델링하고, 배우고 성장하려는 개방성을 보여 주어야 하며, 성과에 대한 피드백을 받아들이고, 셀프 수퍼비전에 필요한 도구와 기술을 제공함으로써 수퍼바이지의 자기 평가 수행 능력 개발을 촉진할 수 있다(Falender & Shafranske, 2017). 셀프 수퍼비전은 주요 수퍼비전 평가 방식으로 사용되기보다는 상담사의 장기적인 목표로 간주되어야 한다.

## 수퍼바이저에 대한 평가

수퍼비전은 수퍼바이저가 수퍼바이지의 성과를 평가하는 일방적인 방식을 따르는 경우가 많다. 그러나 수퍼바이저에 대한 역량 평가가 표준적인 평가 과정의 일부로 빠르게 자리 잡고 있다. 종합적인 평가에는 적절한 경우 수퍼바이저의 성과를 수퍼바이지와 기관, 부서 또는 수퍼바이저의 상급자에 의해 평가하는 것이 포함된다. 일부 수퍼바이저는 이러한 평가에 개방적이지 않지만, 개방적인 수퍼바이저는 이러한 피드백을 성장과 학습의 기회로 활용할 수 있다. 수퍼바이저와 수퍼바이지는 수퍼비전의 피드백을 검토하고 수퍼비전 과정을 개선하기 위해 취해야 할 조치에 대해 논의할 수 있다. 이를 위해서 수퍼바이저는 안정감 및 자신감을 갖추고, 개선에 개방적인 면을 지니는 것이 필요하다. 다음은 수퍼바이저의 자질 평가와 관련한 몇 가지 항목들이다.

- 가용성
- 의사소통 기술
- 문화적 역량
- 윤리 및 법률 지식
- 임상 및 전문 지식
- 직업적 전문성
- 유용한 피드백 및 평가 제공
- 시간 엄수
- 수퍼바이지의 요구와 아이디어에 대한 반응성
- 신속하고 전문적으로 문제/갈등 해결
- 수퍼바이지를 위한 효과적인 모델링
- 심리치료 감독
- 지지적 역할
- 수퍼비전 개입의 활용

우리는 수퍼바이저로서의 성과에 대해 수퍼바이지로부터 피드백을 구할 것을 권장한다. 평가는 서면으로 이루어지고 수퍼비전 관계가 종료되는 시점에 이루어질 때 수퍼바이지들은 긍정적 및 부정적인 피드백을 모두 제공할 가능성이 더 높다. 지속적인 평가와 토론을 막는 것은 아니지만, 수퍼바이지의 진심은 수퍼비전이 끝날 때와 최종 평가 후에 표출될 가능성이 더 높다. 수퍼바이지는 수퍼바이저가 향후 수년간 수련 평가를 제공하거나 추천서를 작성할 수도 있다는 점을 고려할 것이기 때문에 이런 점들은 수퍼바이지가 수퍼바이저에 대한 비판적이거나 부정적인 피드백을 제공하는 것을 막을 수 있다. 수퍼바이저에게 솔직한 피드백을 제공하는 것은 수퍼비전 관계에서 형성된 상호 신뢰 및 존중의 수준과 직접적인 관련이 있다.

이 장의 마지막에 있는 부록 10A는 수퍼바이지가 자신의 수퍼비전 경험을 평가하기 위해 수퍼바이저에게 제공할 수 있는 평가 양식의 한 가지 예이다.

## 평가 수행을 위한 지침들

평가는 수퍼바이저와 수퍼바이지 모두에게 긍정적이고 가치 있는 경험이 될 수 있다. 이러한 긍정적인 경험은 평가를 수퍼비전의 중요한 부분으로 진지하게 받아들이고 평가 과정에 신중한 계획과 개발이 이루어질 때 발생한다. 수퍼바이저는 평가 목표, 기준 및 과정을 명확히 파악하고 수퍼비전 관계 초기 및 수퍼비전 계약서에 이러한 내용을 기술하여 수퍼바이지에게 알리는 것이 중요하다. 평가 과정을 개발하고 평가 회기를 진행하기 위한 몇 가지 지침을 살펴보겠다.

- 평가는 지속적으로 진행하는 것이 가장 효과적이다. 공식적인 평가는 수퍼비전 과정에서 여러 차례 이루어져야 하며, 비공식적인 평가는 정기적으로 실시해야 한다. 수퍼바이저는 수퍼바이지의 장점과 단점을 모두 명확히 하면서 균형 잡힌 평가를 제시하는 것이 좋다. 일부 수퍼바이저는 부족한 부분에 더 집중하는 경향이 있다.
- 요구되는 행동, 기술 또는 태도에 대한 구체적인 예와 설명을 사용하여 피드백을 제공하라. 일반적인 내용의 피드백은 수퍼바이지가 개선하는 데 도움이 되지 않으며, 수퍼바이저가 어떤 성취를 요구할지 추측하기 때문에 수퍼바이지의 불안감을 증가시키고 종종 성과를 떨어뜨릴 가능성이 높다.
- 수퍼바이지가 피드백과 평가에 개방적이지 않은 경우, 현재 진행되는 학습의 측면을 인식하고 탐구할 수 있도록 도우라. 이는 수퍼바이지가 다양한 출처에서 제공된 피드백을 살펴보고 해당 정보를 어떻게 처리했는지 토론할 수 있도록 도와주는 방식으로 이루어질 수 있다. 수퍼바이지가 진행 상황과 개선의 필요성을 알 수 있도록 충분히

자주 평가를 실시하고, 수퍼바이지에게 부족한 부분을 보완할 수 있는 충분한 시간을 제공하라. 평가의 빈도는 상황의 필요성과 수퍼비전을 수행할 전체 기간에 따라 달라진다.

- 평가에 대한 관리 정책과 누가 참여해야 하는지 이해하라. 많은 기관이 자체 평가 절차와 도구를 보유하고 있다. 실무 평가가 기관 평가 과정에 부합하는지, 그리고 고용현장의 요구와 잘 맞는지 여부를 결정하라. 이 평가 절차가 대학원 교육 프로그램 또는 자격 위원회의 요구 사항을 충족하는가?
- 수퍼바이지와 중요한 접촉 또는 수퍼비전을 했던 모든 사람을 평가 과정에 참여시키도록 하라. 평가 회의에 참석할 수 없는 경우에는 전화를 걸거나 양식을 보내서 수퍼바이지의 진행 상황에 대한 의견을 제공하도록 하라.
- 평가 과정에 수퍼바이지를 참여시키라. 피드백이 정기적으로 제공되면 공식적인 평가 회기가 진행될 때 수퍼바이지가 당황하게 되는 일은 없을 것이다. 수퍼바이지가 자신의 진행 상황을 평가하고 자신의 평가와 주변인의 평가가 어떻게 다를 수 있는지를 논의하도록 장려하라.
- 평가 회의를 진행할 때 평가 회의가 언제, 어디서 이루어지며, 무엇을 기대해야 하는지 등을 수퍼바이지가 알고 있는지 확인하라. 회의가 언제 어디서 열리며 회의에서 무엇을 기대할 수 있는지 수퍼바이지가 알아야 한다. 방해받지 않는 사적인 공간이나 사무실에서 만나도록 하라. 수퍼바이지의 성과를 평가할 때는 가능한 한 명확하게 설명하라. 수퍼바이지에게 수퍼비전의 가치와 수퍼바이저 관계에서 개선할 수 있는 점을 포함하여 자신의 수련을 평가해 보도록 요청하라.
- 문제를 해결하는 데 필요한 모든 교정 조치를 명확하게 설명하고 시간 범위, 기대 행동, 진전도 평가 방법, 평가 수행자를 포함시키라. 평가 회의 내용을 문서화하고 수퍼바이지의 성과와 행동에 대한 정확한 기록을 유지하라. 수퍼비전 회기의 중요한 사건을 지속해서 문서화하면 반복되는 공식적 평가의 비교치로 사용되며, 고용주, 자격위원회 및 전문가 협회에 수퍼바이지의 성과에 관한 기록으로 사용될 것이다.
- 수퍼비전에 대한 개방성 문제는 수퍼바이지의 성장과 학습 능력의 핵심 요소이므로 모든 평가의 주요 주제가 되어야 한다. 수퍼바이저로서 피드백에 대한 개방성의 모범을 보이라. 성격 유형이 아닌 성과와 행동을 평가하되, 평가 과정의 일부로 수퍼바이지의 실무 수행에 영향을 미치는 개인적 및 대인 관계적 특성에 대해서도 다루도록 하라.

다음 목록은 수퍼바이지 평가에 포함할 수 있는 몇 가지 구체적인 영역들을 제시한다:

- 개입 지식 및 기술
- 평가 지식 및 기술
- 관리자 및 내담자와의 관계
- 수퍼비전에 대한 반응성
- 한계에 대한 인식과 외부 도움을 구해야 할 때를 아는 능력
- 의사소통 기술
- 윤리 및 법적 수행력
- 다문화 인식 및 역량
- 전문성, 판단력, 성실성, 성숙도
- 자기 계발에 대한 개방성
- 기관 정책 및 절차 준수

### 수퍼바이저의 우려 사항

일부 수퍼바이저에게는 상담사로서의 훈련이 평가자가 되는 것과 잘 연결되지 않을 수 있다. 많은 프로그램의 훈련에서는 상담사가 내담자에 대한 판단을 내리지 않도록 강조한다. 상담사들은 내담자를 평가하거나 판단하지 않으며, 조언을 제공하는 것 또한 지양된다. 이러한 접근 방식을 수퍼비전 관계에서도 유지하려는 경향이 있으며, 이것은 많은 수퍼바이저들이 수퍼비전 관계를 상담 관계와 유사하게 여기기 때문이다.

수퍼바이저는 수퍼바이지의 수행 능력과 성격적 특성을 평가하는 데 어려움을 겪을 수 있으며, 이 두 가지가 임상적 역량에 어떤 영향을 미치는지 고민하게 된다. 때때로 수퍼바이저는 특정 수퍼바이지와 함께 일하는 것을 좋아하지 않을 수 있다. 이러한 경우, 수퍼바이저는 개인적인 감정을 객관적으로 분리하여 수퍼바이지의 성과를 평가하는 데 어려움을 겪을 수 있다.

수퍼바이저는 수퍼바이지가 기본적인 임상 업무를 수행할 수 있다고 판단할 수 있지만, 그들이 이 직업에 적합하지 않다고 느낄 수 있다. 이러한 판단은 감독자의 개인적 특성, 수퍼바이저와 수퍼바이지 간의 성격 차이, 또는 기타 다른 이유로 인해 발생할 수 있다. Johnson 등(2008)은 “대학원 프로그램 수퍼바이저는 수련생들 성격의 도덕적 측면과 심

리적 적합성에 대해 우려를 표명한다"고 강조했다. 만약 수퍼바이저가 수련생들이 이 직업에 적합하지 않다고 진정으로 믿는다면, 이들의 문제를 객관적으로 정의하되, 수련생의 개선 가능성을 열어 두고 즉각적이고 구체적인 피드백을 제공해야 한다.

수퍼바이저가 자격 심사 기관에 수퍼바이지가 이 직업에 적합하지 않다는 내용의 편지를 한 통만 보내도 그 대상자의 경력에 치명적인 영향을 미칠 수 있다. 따라서 수퍼바이지에게 적법 절차를 제공하는 것은 매우 중요하다. 수퍼바이지의 정신 건강에 관한 대화를 발전적 접근 방식으로 진행할 것을 제안한다. 이러한 지원적인 논의는 수퍼바이지가 타인을 돕는 정신 건강의 전장에서 요구되는 감정적 요구를 충족하려고 노력하면서 겪을 수 있는 어려움에 초점을 둔다. 감독자는 감독 대상자를 적절한 평가와 도움을 받을 수 있는 곳으로 안내하고, 그들이 자신과 타인을 더 잘 돌볼 수 있도록 격려할 수 있다.

일부 수퍼바이저는 자신의 관찰 결과와 평가 진술을 문서화하는 것을 좋아하지 않을 수 있다. 이것은 수퍼바이저들이 평가 과정에서 겪는 많은 문제는 평가 과정을 아예 회피하고자 하는 욕구에 기인한다. 그러나 수퍼바이저는 자신의 관찰과 수퍼바이지의 평가를 입증할 수 있어야 한다. 설정된 기준과 측정 도구를 사용하는 평가 시스템을 개발함으로써, 수퍼바이저는 평가자로서의 역할을 감당할 수 있을 뿐만 아니라 자신과 수퍼바이지 모두에게 생산적인 과정을 구축할 수 있다.

### 수퍼바이지의 우려 사항

수퍼바이지들은 자신의 성과와 행동에 대한 평가에 대해 많은 우려를 가지고 있다. 그들은 수년간의 교육, 새로운 직업에서의 성공, 미래의 수입 등 중요한 요소들이 걸려 있으며, 새로운 상담사로서의 역할을 잘 수행하고 싶어하는 당연한 걱정을 가지고 있다. 대부분의 교육생과 전문가들은 평가에 대해 불안감과 방어적인 태도를 경험한다. 잘 수행하고 싶은 마음, 인정받고 싶은 마음, 기본적인 기술을 잘 갖추고 있는지에 대한 걱정은 조력 전문직에 종사한 사람들에게 일반적인 고민이다. 존경받는 수퍼바이저와 현직 전문가로부터 자신이 발전하고 있으며 잘하고 있다는 피드백을 받는 것은 큰 안심이 된다.

수퍼바이지들은 수퍼바이저에게 자신의 임상 작업을 지나치게 긍정적으로 묘사하는 경향이 있다. 이는 큰 문제를 초래할 수 있는데, 수퍼바이지가 자신의 임상 작업에 대해 정직하게 정보를 제공하지 않으면 정확한 피드백을 받을 수 없기 때문이다. 따라서 수퍼바이저는 수퍼바이지와 신뢰할 수 있는 분위기를 형성하여 수퍼바이지가 솔직하게 정보를 제공할 수 있도록 해야 한다. 수퍼바이지는 수퍼비전 관계, 임상 경험, 평가 과정에서 무엇을 기대해야 할지 모르고, 자신에게 기대되는 것과 평가가 어떻게 이루어질지 파악하는 데 많은 에너지를 쏟게 된다.

일부 수퍼바이저는 수퍼바이지의 강점을 고려하며 부정적인 피드백을 균형감 있게 제공하지 못하는 경우가 있다. 이런 경우 수퍼바이지는 비판적인 수퍼바이저에게 어떻게 대응해야 할지 딜레마에 빠진다. "수퍼바이저에게 도전해야 할까? 조용히 넘기고 이 경험을 지나가야 할까? 다른 수퍼바이저를 찾아야 할까? 이러한 행동들의 결과는 무엇일까? 내가 도전하면 수퍼바이저를 기분 나쁘게 할까?"와 같은 고민들이 생길 수 있다. 수퍼바이지들은 자신이 동의하지 않는 평가를 어떻게 대처해야 할지 모르는 경우가 많다. 평가에 반론의 제기할 수 있을까? 해야 할까? 만약 이의를 제기하고 싶다면 어떻게 진행해야 할까? 수퍼바이지는 평가에 도전할 권리가 있으며, 감독 초기 단계에서 이러한 절차에 대해 미리 알려야 한다.

수퍼바이지는 수퍼비전 회기에서 공유된 정보에 누가 접근할 수 있는지 명확히 알지 못하는 경우가 많다. 이는 많은 의문을 야기할 수 있다. "수퍼바이저와 나 사이의 정보가 기밀인가? 수퍼바이저가 이 정보를 다른 사람과 공유할 수 있는가? 만약 그렇다면 누구와 공유할 수 있는가? 수퍼바이지가 이 정보를 다른 사람과 공유할 수 있는가? 수퍼비전 평가 정보가 수퍼바이지의 경력에 위험을 초래할 수 있는가?" 수퍼바이저는 수퍼비전 초기 단계에서 수퍼비전 관계의 비밀 유지 범위에 대해 수련생에게 명확히 알려야 할 책임이 있다.

현장의 목소리에서 Jeffrey Barnett은 수퍼바이저가 수퍼바이지를 평가해야 하는 의무와, 수퍼바이지가 전문적으로 배우고 성장할 수 있는 안전한 환경을 조성하고자 하는 수퍼바이저의 바람 사이의 섬세한 균형에 대해 다루고 있다.

### 현장의 목소리

#### 효과적인 수퍼비전과 섬세한 균형의 달성

*Jeffrey E. Barnett, PsyD, ABPP*

상담 수퍼바이저는 각 수퍼바이지의 전문적 성장과 발전을 촉진하고, 수퍼바이저의 전문적인 정체성 형성에 영향을 미치며, 상담 역량을 키우고, 수퍼바이저가 다음 단계의 전문적 발전과 훈련을 준비할 수 있도록 돕고, 수퍼바이저의 내담자들이 양질의 치료를 받을 수 있도록 하는 책임을 지고 있다.

수퍼바이저는 또한 평가자 역할을 맡아 지속적으로 수퍼바이지와 그들의 훈련 프로그램에 피드백을 제공한다. 수퍼비전 관계의 평가적 특성은 수퍼바이지에게 부정적인 영향을 미칠 수 있다. 부정적인 평가에 대한 두려움과 그것이 수퍼바이지의 대학원 프로그램 진행과 자격 취득에 미칠 잠재적인 영향은 내담자나 수퍼바이저를 대하는 수퍼바이지의 기능을 제한할 수 있다. 수퍼바이저는 새로운 치료 기술과 전략을 시도해 보는 데 자신감을 잃을 수 있으며, 수퍼바이저와 솔직하게 소통하는 데 있어서도 제약감을 겪을 수 있다. 수퍼바이저가 내담자와의 성공보다는 실패로 인식될 수 있는 부분에 대해 덜 공유하게 되면, 학습과 전문적 발전의 기회가 제한될 수 있다.

수퍼바이저는 수퍼바이지를 평가해야 한다는 의무와 그들이 학습하고 전문적으로 성장할 수 있는 환경을 만들어야 한다는 욕구 사이에서 균형을 맞추는 것이 매우 어려울 수 있다. 수퍼비전 관계는 수퍼바이지가 수퍼바이저와의 소통에서 편안함을 느끼고 솔직하게 공유할 수 있을 만큼 충분히 안전하다고 인식되어야 한다. 본질적으로, 평가만큼이나 관계에도 큰 중요성을 두어야 한다. 수퍼비전 관계에서 따뜻하고 지지적이며 격려적이고 존중하는 환경을 조성함으로써, 수퍼바이저는 수퍼바이지가 새로운 치료 전략과 기술을 시도할 수 있도록 돕고, 수퍼비전 회기에서 더 개방적이고 솔직하게 표현할 수 있는 안전하고 신뢰할 수 있는 분위기를 조성할 수 있다.

평가와 지원 사이의 섬세한 균형을 유지하기 위한 권장 사항은 다음과 같다:

- 수퍼비전 관계를 시작할 때는 수퍼비전 과정과 관계의 목표에 대한 논의를 통해 존중과 협력적인 관계 및 과정을 설정하는 것이 중요하다.
- 피드백과 평가에 대해 열린 대화를 나누고, 이를 수퍼비전 과정에 긍정적으로 통합한다. "왜 그렇게 했나요?"보다는 "그것으로부터 무엇을 배울 수 있을까요?"라는 질문이 더 나은 질문이다.
- 내담자의 "성공"보다는 학습에 대한 개방성과 새로운 시도를 할 수 있는 의지를 바탕으로 수퍼바이지를 평가한다.
- 수퍼바이지 역시 지속적으로 자신의 의견을 내놓도록 격려하며, 수퍼바이저는 이들의 피드백을 받는 데 있어서 열린 자세를 보여야 한다.

- 수퍼바이저는 수퍼바이지에게 전문 치료 관계에서 필요한 자질을 모델링하는 역할을 한다.
- 수퍼바이지와 관련된 문제를 발견했을 때는 즉시 이를 해결하고, 가능할 때 격려와 지원을 제공하며, 적절할 때는 개선의 기회를 제공한다.

## 수퍼바이지에 대한 초기 평가

수퍼비전에서 첫 번째로 해야 할 일은 새로운 수퍼바이지의 필요와 목표를 평가하는 것이다. 이는 수퍼비전의 환경, 내담자, 수퍼바이저로서 자신의 전문 영역을 고려하는 것을 포함한다. 첫 번째 수퍼비전 회기에 앞서 수퍼비전 계획을 세우기 위해 아래의 사항들을 미리 생각해 보는 것이 좋다. 다음은 수퍼비전 계획을 수립할 때 고려해야 할 몇 가지 사항이다.

- 이 집단 또는 개인의 수퍼비전 목표는 무엇인가?
- 수퍼바이지에게 내가 채워 줄 주요 수퍼비전 역할은 무엇인가?
- 이 수퍼비전과 관련된 자격 및 기관 정책은 무엇인가?
- 이 집단 또는 개인에게 가장 효과적이고 경제적인 수퍼비전 모델은 무엇인가?
- 이 수퍼비전의 목표를 달성하는 데 가장 적합한 수퍼비전 방법은 무엇인가?
- 어떤 평가 방법을 사용할 것이며, 수퍼바이지의 성과에 대한 문서화나 보고가 필요한가?
- 우리는 어디에서, 언제, 얼마나 자주 만날 것인가?
- 발생할 수 있는 법적 또는 윤리적 문제는 무엇일까?
- 수퍼비전 대상이 되는 개인 또는 집단과 관련된 특정한 이슈는 무엇인가? 다문화적 고려 사항이 있는가?
- 내재된 이중 역할이 확인된 경우, 이를 어떻게 처리할 것이며 기대하는 바는 무엇인가?
- 위기 상황이 발생했을 때 이를 처리하는 절차는 무엇이며, 그러한 상황에서 수퍼바이지에게 내가 어떻게 도움을 줄 수 있을 것인가?

이러한 문제들을 첫 번째 수퍼비전 전에 고려함으로써 수퍼비전의 명확한 계획을 세울 수 있다.

## 평가 방법들

수퍼바이저는 다양한 방법으로 교육생을 평가한다. 가장 일반적인 방법은 수퍼바이지와 일대일로 개별 평가를 제공하는 것이다. 이는 수퍼비전 과정 중 언제든지 이루어질 수 있으며, 정해진 공식 평가 회기에서도 이루어질 수 있다. 또 다른 평가 방법으로는 수퍼바이지와 함께 일한 여러 전문가들이 모여 수퍼바이지에게 집단으로 평가를 제공하는 회의를 마련하는 것이다. 집단 평가 방법의 장점은 수퍼바이지와 함께 일한 사람들 사이에서 공통된 주제를 확인할 수 있다는 것이다. 또한, 집단이 수퍼바이지의 다음 훈련 기간에 대한 목표를 함께 논의할 수 있는 기회를 제공한다.

### 팀 수퍼비전

수퍼비전 평가 모델은 다양한 방법을 결합하여 피드백과 학습의 기회 및 그 깊이를 증가시키고 있다. 수련생이 내담자를 상담할 때, 비디오 및 오디오 녹화, 일방 거울, 귀에 수신기 착용(Bug-in-the-ear)을 사용하면 수퍼바이저와 동료 관찰자들이 실시간으로 수퍼비전을 진행할 수 있다. 다층적인 통찰력과 학습을 촉진하기 위한 문서 활용에는 진행 노트, 동료 관찰 피드백 양식, 자기 평가를 위한 비디오 검토 양식, 그리고 수퍼바이저의 피드백 양식이 포함될 수 있다. 수퍼비전 회기가 끝난 후 검토 및 문서 작업을 위한 시간이 지나면, 수퍼바이저는 수련생 및 동료 팀과 함께 촉진적인 대화를 진행한다. 수퍼바이저는 다양한 상호 작용 방식으로 팀 회의를 진행할 수 있다:

- 상담 중에 관찰된 상담사의 강점에 대해 질문하기
- 사례 개념화 탐구하기
- 세션 중 감독 대상자가 직면한 도전 과제 파악하기
- 개입의 기회를 구체화하기
- 윤리적 고려 사항 검토하기
- 소크라테스식 질문을 사용하기
- 내담자의 문제에 대한 이론적 접근 적용하기
- 필요한 경우 추가 평가 선택지를 고려하기
- 연습을 위한 역할 놀이 시나리오 제공하기
- 특정 사례에 적용할 최선의 실습 검토하기

• 대안적 개입에 대한 브레인스토밍하기
• 기술 시연하기
• 문서 분석하기
• 더 많은 지식을 위한 자원 공유하기

또래 수퍼바이저들과 함께 하는 이러한 팀 회의는 수련생들이 상담에 대한 실무 지식을 논의하도록 장려한다. 수련생들은 각 내담자 상담 회기 후에 서로 다른 이론, 진단, 전략, 자원, 윤리, 응급 절차 등에 대해 함께 논의하고 질문하게 된다. 팀 피드백 회기는 수련 중인 동료들이 서로를 지원하며 기술을 개발하는 방식으로, 전문적인 팀 회의와 유사하게 구조화된다. 팀 피드백은 통찰력과 성장을 위한 독특한 교육 및 멘토링 경험을 제공하며, 수련생들이 적극적으로 참여하고 전문성을 연습하며 기술을 개발할 수 있도록 설계되었다(Valentino 외, 2016). 수련생들은 각 회기를 자신이 직접 내담자를 다루는 것처럼 경험하며, 토론에 자신의 지식을 적용하는 데 적극적으로 참여하도록 격려된다. 그들은 내담자의 치료 질을 향상시키기 위해 아이디어, 태도, 자원을 공유한다. 이 다층적 수퍼비전 접근법을 통해 수련생들은 자신만의 경험뿐만 아니라 팀원들의 경험을 통해서도 배울 수 있게 된다.

수퍼바이지의 임상 능력을 정확하게 파악하기 위해서는 수퍼바이지의 작업을 직접 관찰하는 것이 필수적이다. 이는 직접적인 관찰을 통하거나, 컴퓨터 관련 기술을 활용하여 이루어질 수 있다. 직접 관찰 후에 이루어지는 평가는 매우 효과적일 수 있는데, 이는 현재의 성과에 대한 관찰을 바탕으로 하기 때문이다. 관찰 학습은 이 팀 과정에서 중요한 역할을 한다. 수련생들은 회기에서 동료들이 모델링한 다양한 기술과 행동을 보게 된다. 많은 수련들이 팀 피드백과 평가에서 이 부분이 가장 강력한 요소라고 보고한다. 대부분의 훈련 모델과 환경에서는 치료 시연이 제한적이다. 수련생들은 이론 학습에만 집중하기보다는 실제로 치료가 어떻게 이루어지는지 직접 보는 경험이 필요하다. 각 팀 피드백 세션이 끝나면, 수련 상담사들은 동료들과 함께 처리한 정보에서 배운 교훈을 기록하도록 권장된다. 또한, 내담자를 위한 다음 단계가 무엇인지 준비해야 한다. 수퍼바이지는 이에 대해 제안, 지도, 과제, 그리고 기대 사항을 추가할 수 있다. 결국, 식별된 수퍼비전 목표를 향한 진전을 이루는 데 있어서 지지적 지원 환경과 성장을 위한 평가 요소를 갖추는 것은 수퍼바이저의 책임이다.

일부 경우에는 수퍼바이저 서면 평가 양식을 작성하고 수퍼바이지와 결과를 논의하기도 한다. 이는 개별 또는 집단 평가 회기의 기초가 될 수 있으며, 해당 회의를 구조화하는 데 도움을 줄 수 있다. 일부 양식에는 수퍼바이지가 평가 등급에 동의하는지 여부를 서명으로 표시할 수 있는 부분이 있다. 대부분의 정식 교육 및 임상 훈련 기관에서는 서면 평가 양식을 사용한다. 프로그램이나 기관에서는 자체 평가 양식을 개발한 경우가 많다. 표준화된 평가 도구는 거의 없으며, 각 프로그램이나 기관은 특정한 평가 필요 사항을 가지고 있다. 이 장의 끝에 제공된 두 가지 평가 양식은 실습 평가 양식(부록 10B)과 수퍼바이지의 수행 성과 평가 양식(부록 10C)이다. 이러한 평가 도구들은 대학 및 인턴십 훈련 환경에서 사용되지만, 경험적으로 도출된 것은 아니며, 귀하의 특정 요구에 완전히 맞지 않을 수도 있다. 그럼에도 불구하고, 이러한 평가 도구들을 살펴보면 어떤 주제들이 다루어지는지 파악할 수 있다.

## 평가 기술을 검증해 보기

다음은 평가 기술을 검증하기 위한 세 가지 사례 예시이다. 사례 설명을 읽고, 질문에 답한 후 각 사례에 대한 우리의 해설을 읽어 보라.

**사례 10.1 수잔**

수잔은 학교 상담 프로그램에 있는 밝고 에너지가 넘치며 동기 부여가 잘 된 학생이다. 매기는 그녀의 감독자로, 수백 명의 교육생과 함께 일해 왔다. 매기는 수잔을 좋아하며 그녀의 학교 상담사로서의 미래에 대해 낙관적이지만, 수잔이 임상 문제에 대한 경험과 실무 지식이 거의 없다는 것을 관찰할 수 있었다. 첫 번째 공식 평가 회기가 다가오고 있으며, 매기는 수잔에게 무엇을 말해야 할지 확신이 서지 않았다. 그녀는 수잔의 감정을 상하게 하거나 그녀의 열정이나 동기를 꺾고 싶지는 않지만, 관찰한 내용을 솔직하게 전달하고 싶어한다.

이 상황은 학생들과 함께 일할 때 감독자들이 흔히 겪는 시나리오이다. 대부분의 학생들은 열정적이고 동기 부여가 잘되어 있지만, 동시에 경험이 부족하거나 업무에 대해 때로는 단순하게 대처(naive)할 수 있습니다. 다음 질문을 고려해 보라.

- 매기에게 이 평가는 어떤 의미일까? 그리고 수잔에게는 어떤 의미일까?
- 매기가 수잔에게 솔직하게 말하는 것에 대한 양가감정을 이해할 수 있는가? 수퍼바이

저 입장에서 어떤 어려움을 겪을 수 있을 것 같은가?

- 매기에게 어떤 조언을 해주고 싶은가?
- 수잔과의 피드백 세션을 어떻게 처리하겠는가?

수퍼비전의 목표는 수잔이 이 직업에서 성공하는 데 필요한 경험과 지식을 습득할 수 있도록 돕는 것이다. 그렇지 않으면 이는 수잔에게 해가 될 것이다. 모든 것은 명확한 계약에서 시작되며, 신뢰와 존중에 기반한 수퍼비전 관계에서 진행된다. 매기가 수잔과 솔직하게 소통해 왔다면, 평가 회기에서 전달할 정보는 수잔에게 놀라운 일이 아닐 것이다. 수잔이 학교 상담사의 역할에 무엇이 필요한지, 매기가 그 역할을 어떻게 수행하는지 관찰할 수 있도록 충분한 시간을 매기와 함께 보내도록 요구할 수 있다. 매기가 처음 수퍼비전 접촉 시점에서 평가 과정을 시작하고 이 논의를 지속적으로 진행했다면, 공식 평가 회기에서는 수잔이 이미 들어 본 피드백의 요약을 제공해야 할 것이다.

**사례 10.2 폴**

폴은 지난 1년 동안 당신의 수퍼바이지였다. 그는 다양한 치료 접근법과 그 적용에 대한 지식을 가지고 있다. 그러나 다른 사람들의 감정을 이해하는 데 다소 둔감하며, 이는 그의 내담자와의 작업에서 관찰되고 있다. 예를 들어, 한 내담자가 코로나-19 제한이 해제된 후 다시 직장에 복귀하는 것에 대한 불안감을 표현했을 때, 폴은 그녀의 감정을 과소평가했다. 그는 때로는 무뚝뚝하고, 사람들에게 불쾌감을 줄 수 있는 냉소적인 면이 있다. 그의 임상 기술은 겨우 적절한 수준이며, 대인 관계 기술은 많은 개선이 필요하다. 폴은 자신이 다른 사람들에게 어떻게 비춰지는지 어느 정도는 알고 있지만, 이에 대해 큰 진전이나 변화를 보이지는 않았다.

폴이 적절한 구조와 지시를 받으면 자신이 다른 사람들에게 미치는 영향을 더 잘 인식할 수 있을 가능성이 크다. 다음 질문들을 고려해 보라.

- 폴을 어떻게 감독하고, 어떤 개입을 사용할 것인가?
- 폴의 행동을 바꾸고 그의 대인 관계 기술을 개선하기 위해 어떤 방법을 사용할 수 있겠는가?
- 폴이 개선해야 할 부분을 명확하게 이해할 수 있도록 어떤 피드백을 제공할 것인가?
- 폴은 평가 피드백에 어떻게 반응할 것이라고 생각하는가?

• 폴에 대한 정기적이고 체계적인 평가 계획은 무엇인가?
• 면허 심사 기관에서 폴이 면허를 받을 자격이 있는지 물어본다면, 어떻게 대답하겠는가?

폴은 기초 상담 기술을 사용하는 초보자로, 공감, 존중, 그리고 적극적인 경청을 개발하는 데 도움이 필요하다. 수퍼바이저는 폴에게 구조화 및 지시를 제공하고, 많은 양의 건설적인 피드백을 제공해야 할 것이다. 이 단계에서 수퍼바이저의 역할은 주로 교사의 역할을 하게 될 것이며, 실시간 관찰과 역할 놀이를 통해 폴에게 직접적인 피드백을 제공하는 것이 좋다. 행동 관찰에 집중하고, 그의 결점을 판결하는 방식이 되지 않도록 주의하라. 폴의 현재 수준에서는 자격 심사 기관에 긍정적인 추천서를 제공하기 어려울 것이다. 그러나 지원과 피드백을 받고 폴이 성장과 학습에 대한 의지를 보인다면 상당한 발전을 이룰 수 있을 것이다. 수퍼비전 기간 동안 폴이 피드백을 수용하고 어떻게 발전했는지에 대한 관찰 결과를 자격 심사 기관에 보고하는 것이 중요하다.

**사례 10.3 말릭**

말릭은 당신이 수퍼비전한 학생 중 가장 유능한 학생이다. 그는 현재 박사 상담 프로그램에 참여하고 있으며, 20년 이상 정신 건강 상담사로 일한 경력을 가지고 있다. 그는 풍부한 경험과 지식, 임상 기술, 훌륭한 판단력을 갖추고 있으며, 개인적인 특성도 뛰어나서 말릭과 함께 일하는 것은 정말 큰 즐거움이다. 때때로 당신은 말릭에게 수퍼바이저로서 어떠한 도움을 주고 있는지 의문을 갖기도 한다. 수퍼비전 세션은 수퍼비전보다는 협의회처럼 느껴지며, 종종 말릭이 당신에게 배우는 것보다 당신이 말릭에게 더 많이 배우고 있는 것 같다.

말릭처럼 오랜 경험을 가지고 있고 함께 일하기 즐거운 수퍼바이지가 있을 때, 수퍼바이저들은 수퍼비전을 소홀히 하는 경향이 있다. 다음 질문들을 고려해 보라.

• 자신보다 더 많은 지식을 가진 사람과 어떻게 함께 일하겠는가? 그가 당신에게 배울 수 있는 것은 무엇이 있겠는가?
• 말릭과 같은 수퍼바이지와 함께 일할 때 발생할 수 있는 잠재적인 문제는 무엇이며, 그로부터 얻을 수 있는 이점은 무엇이 있겠는가?
• 말릭이 당신의 의견에 도전할 때 방어적으로 반응할 것 같은가? 그의 지식을 존중하면서도 수퍼바이저로서 적절한 경계를 설정하고, 피드백을 수용하는 열린 자세를 어

떻게 유지할 수 있겠는가?

- 어떤 평가 방법이 가장 적절하겠는가?
- 당신이 가지고 있는 고정 관념이 평가 과정에 어떤 영향을 미칠 수 있을 것 같은가?

말릭과 같은 경우, 처음부터 실시간 관찰을 통해 그의 임상 능력을 평가하는 방식으로 신중하게 수퍼비전을 시작하는 것이 바람직하다. 수퍼비전 계약을 체결하고 다른 수퍼바이지와 마찬가지로 일반적인 평가 절차를 시행하라. 궁극적으로 말릭이 내담자와 함께 하는 작업에 대한 책임은 당신에게 있으므로 모든 측면을 철저히 확인해야 한다. 단지 이 분야에서의 경력이 길고 유쾌한 성격을 지녔다는 점만 가지고, 말릭이 새로운 역할에서 독립적으로 활동할 수 있을 만큼 충분한 지식과 기술, 그리고 판단력을 갖추고 있다는 것을 보장하는 것은 아니다.

## 추천서 작성

수퍼비전에서의 평가는 수퍼바이지의 잠재적 고용주, 자격 심사 기관, 또는 전문 협회에 추천서를 보내게 되는 후속적 조치로 이어진다. 이러한 추천서는 수퍼바이지의 평가 결과를 바탕으로 작성되며, 정확하고 객관적인 평가를 제공하는 것이 중요하다. 추천서를 작성하는 것은 시간과 노력이 많이 들고 부담스러울 수 있다. 유용한 추천서는 개별적이며, 수퍼바이저가 수퍼바이지를 어떻게 경험했는지, 그리고 이들을 고용할 의향이 있는지에 대한 설명을 포함한다. 이러한 추천서는 수퍼바이지가 잘했던 예시나 특별했던 점을 언급하는 것이 좋다. 추천서가 구체적으로 서술되며 정확한 내용을 담을 수 있도록 몇 가지 팁을 제공한다:

- 추천서는 보통 수퍼바이지가 직업, 자격, 또는 전문 협회 가입을 신청할 때 요청된다. 보통 몇 주 이내에 추천서를 작성하는 것이 좋다.
- 추천서를 받는 사람의 이름과 주소를 명확히 확인하라 (이름의 철자가 틀리면 추천서를 받는 사람이 불쾌할 수 있으며, 추천서에 대한 인상이 나빠질 수 있다). 또한, 해당 기관이나 단체에 대한 정보를 파악하여 추천서에 그들이 가장 관심을 가질 만한 주제를 강조할 수 있도록 하라.
- 많은 독자들은 전체 내용의 요약 부분을 찾기 때문에, 첫 번째와 마지막 문단 중에 수

퍼바이지에 대한 간명한 기술을 제공하는 것이 좋다.

- 간결하고 요점만을 전달하라. 길다고 해서 더 나은 추천서는 아니다.
- 수퍼바이지에 대한 여러 사항들을 충분히 알고 있어야 정확한 추천서를 쓸 수 있다. 개인적으로 잘 알지 못하지만 추천서를 작성해야 하는 경우, 다른 사람의 평가 내용을 인용하거나 참조하여 그들의 의견을 반영하는 것이 좋다.
- 수퍼바이지의 강점과 약점에 대해서 사실적으로 기술하라. 강점을 과장하거나 약점을 축소하는 것은 윤리적 및 법적 문제가 될 수 있다.
- 수퍼바이지가 개인적으로나 전문적으로 성장해야 할 부분을 기술하라.
- 심각한 결점이 있는 추천서를 작성할 때, 가능한 한 수퍼바이지에게 미리 해당 정보를 포함할 것임을 고지하라.
- 결점에 대해 기술할 때는 객관적인 행동 용어를 사용하고, 이를 설명할 예시를 포함하라. 예를 들어 "그는 좋은 상담사가 아니다"라고 하기보다는, "그는 인지 행동적 개입에 대한 지식은 충분하지만, 신뢰와 공감에 기반한 관계를 먼저 구축하지 않고 기법을 사용하려고 한다"라고 작성할 수 있다.
- 수퍼바이지가 결점을 보완하려고 한 노력과 피드백 및 수퍼비전을 수용하는 태도를 기술하라. 대부분의 추천서는 부정적인 내용을 거의 포함하지 않기 때문에, 독자는 작성자의 의중을 감안하여 이와 같은 언급을 매우 신중하게 고려할 것이다.
- 정보 공개 동의를 받아야 한다. 추천서 요청을 받을 때 해당 개인으로부터 정보 공개 동의서도 함께 받아야 한다. 수퍼바이지에 대한 정보를 공개하거나 잠재적 고용주 또는 전문 협회와 이야기할 때, 서면 또는 구두로 (날짜를 기록) 해당 정보를 공개할 수 있는 동의를 받지 않은 경우, 추천서를 작성하거나 정보를 제공해서는 안 된다.
- 파일에 복사본을 보관하고, 적절하다면 수퍼바이지에게도 복사본을 보내도록 하라.

추천서의 대안으로, 표준화된 양식을 개발하여 추천서를 요청받았을 때 사용할 수 있다. 평가 양식은 개인에 대한 서술적 요약 평가로 마무리될 수 있다. 또 다른 선택지는 경험 많은 수퍼바이저들이 선택한 방법으로, 여러 유형의 추천서에 대한 템플릿을 개발하는 것이다. 고용, 자격 신청서, 박사 후 연구 장학금, 전문 협회 회원 가입 등을 위한 여러 종류의 템플릿을 만들 수 있으며, 이후 특정 개인의 이름과 주요 평가 정보를 기입하는 방식으로 사용할 수 있다. 템플릿을 사용할 때 수퍼바이저는 필요한 모든 정보가 잘 포함되어 있는지 확신할 수 있어야 한다.

정확하면서도 최선의 추천서를 쓸 수 있도록 수퍼바이지에게 도움을 요청하라. 이때 수퍼바이지에게 다음 즉, 추천서를 받을 사람의 이름과 주소, 추천서의 목적, 그리고 포함하고 싶은 두 세 가지 중요한 사항이나 사실과 같은 정보를 서면으로 제공하도록 요청할 수 있다. 이 정보의 목적은 수퍼바이지에게 추천서를 대신 쓰게 하는 것이 아니라, 수퍼바이지가 관련 정보를 제공하는 데 적극적으로 참여하게 하는 것이다. 가능하다면, 추천서를 우편으로 발송하기 전에 수퍼바이지에게 검토할 기회를 제공하라. 모든 관련 정보를 포함했는지 확인하기 위해 아래 체크리스트를 참조해 보라.

### 추천서 체크리스트

추천서를 작성할 때, 다음의 항목들을 포함했는지 확인해 보도록 하라.

- 현재의 직위: 당신의 현재 직위와 언제 감독 대상자를 감독했는지, 그리고 감독 대상자의 일을 얼마나 잘 알고 있는지.
- 직무 기간: 당신이 해당 직위에 얼마나 오랫동안 있었는지.
- 수퍼바이지의 직위와 역할: 수퍼바이지의 직위와 역할이 무엇인지.
- 수퍼비전 기간: 수퍼바이지를 언제부터 언제까지 수퍼비전했는지.
- 수퍼바이지의 임무와 성과: 수퍼바이지가 맡은 임무와 그 임무를 어떻게 수행했는지.
- 특정 예시: 수퍼바이지가 참여한 훈련 활동 중 당신이 관찰한 내용. 예를 들어, "그녀는 자발적으로 추가 훈련을 받기 위해 스트레스 관리 그룹의 공동 리더로 참여했으며, 1년 내내 윤리 위원회에서 참관인으로 활동했다."
- 임상 지식과 기술 수준: 수퍼바이지의 임상 지식과 기술 수준.
- 피드백 수용성: 수퍼바이지가 피드백을 얼마나 잘 수용하고, 성장하고 배우는 태도를 가졌는지.
- 팀워크 능력: 수퍼바이지가 개인 및 그룹과 잘 협력하는지. (많은 고용주들이 팀 작업 능력을 매우 중요하게 평가한다.)
- 상식과 판단력: 수퍼바이지가 상식과 좋은 판단력을 가지고 있는지.
- 다문화 문제에 대한 인식: 수퍼바이지가 다문화 문제에 대한 인식과 이러한 문제를 다루는 능력이 있는지.

- 수퍼바이지와의 협업: 수퍼바이지와 함께 일하는 것이 얼마나 즐거웠는지.
- 법적 및 윤리적 기준 준수: 수퍼바이지가 법적 및 윤리적 기준에 익숙하며, 이를 잘 준수하는지.
- 고용 의향: 당신이 이 수퍼바이지에 대한 경험을 바탕으로 이들을 고용하고 싶은지에 대한 의견.

### 정확한 평가에 대한 마지막 생각

잘못된 긍정적 또는 부정적인 평가나 추천서는 심각한 결과를 초래할 수 있다. 수퍼바이저는 수퍼바이지의 강점을 과장하거나 약점을 최소화하려는 경향을 피해야 한다. 지나치게 부정적인 평가로 인해 수퍼바이지가 취업, 자격 취득, 또는 전문 협회 회원 가입을 할 수 없게 되면, 수퍼바이지저를 상대로 소송을 제기할 수 있다. 수퍼바이저는 자신의 평가 결과를 뒷받침할 수 있는 객관적인 정보를 바탕으로 공정하고 정확한 평가를 제공해야 할 책임이 있다.

## 요약

수퍼바이저는 정신 건강 전문 직종의 진입 제한 문지기 역할을 맡아 현재와 미래의 내담자들이 보호받고 양질의 치료를 받을 수 있도록 보장해야 한다. 평가 과정은 수퍼비전의 필수적인 기능이자 진입 제한 문지기 역할의 중요한 부분으로, 수퍼비전 계약에 명시되어야 한다. 평가는 수퍼바이지가 독립적으로 활동할 수 있을 만큼 충분한 임상 기술과 윤리적, 다문화적 역량을 갖추었는지를 평가하는 데 도움이 된다. 평가 과정은 계획되고 조직적이며 체계적이고 객관적이어야 한다.

기술의 발전과 다양한 감독 방법의 활용으로, 평가 과정은 교육생들에게 이전보다 훨씬 풍부한 학습과 피드백 기회를 제공할 수 있게 되었다. 수퍼바이지는 평가에 대해 불안감을 느끼는 경우가 많으므로, 개별 또는 팀 기반 형식에서 지지적이고 신뢰할 수 있는 환경이 그러한 불안을 완화하는 데 중요한 역할을 할 수 있다. 평가는 수퍼비전 전체 과정에서 정기적으로 이루어져야 하며, 평가 기준은 명확히 정의되어야 한다. 효과적인 수퍼바이저는 이 평가 과정을 의사소통 도구로 사용하여 수퍼바이지가 독립적인 전문가로 성장할 수 있도록 공정하고 솔직한 피드백을 제공하게 될 것이다.

## 학습 활동

1. 수퍼바이지 평가 역할 연습: 다음 시나리오를 사용하여 수퍼바이지 평가를 역할 연습해 보라.

   - 수퍼바이지가 매우 잘하고 있을 때
   - 심각한 결점이 확인되었을 때
   - 수퍼바이저가 수퍼바이지에게 임상 경험에서 제외되어야 한다고 통보할 때

2. 현직 수퍼바이저 인터뷰: 최소 두 명의 현직 수퍼바이저를 인터뷰하여, 그들이 수퍼바이지를 어떻게 평가하고, 어떤 평가 방법을 사용하는지 알아보라. 그들이 수퍼바이지에게 공식 평가를 얼마나 자주 수행하는지, 피드백이 수퍼바이지에게 어떻게 전달되는지, 그리고 수퍼바이지로부터 피드백을 받는 공식적인 절차가 있는지 물어볼 수 있다. 또한, 수퍼바이지로부터 받은 피드백을 통해 수퍼비전 실무를 어떻게 진화시켰는지에 대해 논의해 보라.
3. 가상 추천서 작성: 완전하고 객관적이며 균형 잡힌 추천서를 작성하는 가상 상황을 설정해 보라. 추천서 작성 시 상황을 다양하게 설정하여, 예를 들어, 기술이 부족하고 상당한 개선이 필요한 수퍼바이지에 대한 추천서를 작성해 보라. 수업에서 이 활동을 그룹으로 진행한 후 작성된 추천서를 공유해 볼 수 있을 것이다.
4. 평가 과정 개선 논의: 소그룹으로 수퍼바이지로서의 자기 평가 경험을 논의하고, 수퍼바이지로서 평가 과정을 어떻게 개선할 수 있을지에 대해 아이디어를 브레인스토밍해 보라. 평가 과정이 수퍼바이지에게 어떻게 가장 유익할 수 있을지, 그리고 평가 피드백이 어떻게 가장 효과적으로 전달될 수 있을지에 대해 토론해 보라.
5. 피드백 및 평가 빈도: 수퍼바이지에게 피드백과 평가가 이루어지는 최적의 빈도는 무엇일까? 공식 및 비공식 평가 절차를 고려하고, 각각이 얼마나 자주 이루어져야 하는지 생각해 보라. 최적의 평가 빈도를 유지하는 데 방해가 될 수 있는 장애물은 무엇이며, 수퍼바이저는 이러한 장애물을 어떻게 극복할 수 있을까? 이 활동은 수업 중 소그룹에서 토론하거나, 개인적 경험 기록(journaling)을 통해 진행할 수 있다.

# 부록 10A

## 수퍼비전에 대한 수퍼바이지 평가 양식

다음 항목들에 대해 1점(강하게 동의하지 않음)에서 5점(강하게 동의함)까지의 점수로 수퍼바이저/수퍼비전 경험을 평가해 주시오.

### 오리엔테이션

__ 환경이 따뜻하고 환영하는 분위기였다.

__ 수퍼바이저는 나에 대해 알아 가는 시간을 가졌다.

__ 준비 사항, 수퍼비전 회기 준비, 의사소통, 수퍼비전 방법, 피드백 및 평가에 대한 기대 사항을 잘 안내받았다.

__ 향후 수퍼비전 회기의 구조와 성격에 대해 안내받았다.

__ 수퍼바이저는 내가 성공하는 데 필요한 자원 접근성을 평가했다.

__ 기본 기술과 요구 사항을 충족하는 나의 지식과 능력을 수퍼바이저가 평가했다.

__ 질문할 기회가 충분히 주어졌으며, 이에 대한 지원적인 답변과 자원을 제공받았다.

__ 수퍼바이저와 나는 전문적 및 개인적 목표를 함께 설정했다.

__ 수퍼바이저가 윤리 규정을 검토해 주었다.

__ 내담자 정보의 보안, 기밀성, 내담자 파일 및 문서화에 사용되는 자료에 대해 명확한 지침을 받았다.

__ 수퍼바이저는 비상 상황에 대한 구체적인 계획을 설명하고, 나와 내담자를 돌보기 위한 자원을 제공했다.

__ 수퍼비전에 필요한 모든 자료를 제공받았다.

__ 내 권리에 대해 설명받았고, 그 권리가 침해되었을 때 어떻게 대처해야 하는지 자원을 제공받았다.

__ 수퍼비전 계약서를 제공받고, 수퍼비전 과정에 대한 기대 사항과 요구 사항을 이해했음을 서명했다.

### 수퍼비전 관계

___ 나는 수퍼바이저에게 접근하기 쉬웠다.

___ 수퍼바이저는 우리 둘 모두를 보호하기 위해 경계를 명확히 설정했다.

___ 나는 수퍼바이저와 자유롭게 토론할 수 있어 안전하다고 느꼈다.

___ 수퍼바이저는 다문화 문제와 다양성에 대해 열려 있었고, 주도적으로 대화를 나누었다.

___ 나는 내 지식, 기술, 태도의 강점과 약점에 대해 편안하게 논의할 수 있었다.

___ 수퍼바이저는 나의 개인적 및 전문적 발전에 관심을 가졌다.

___ 수퍼바이저는 나의 상담사가 아니었지만, 필요할 경우 상담을 받도록 권유했다.

___ 비상 상황 시, 수퍼바이저는 나와 내 내담자를 우선으로 두었다.

___ 나는 수퍼비전 과정에서 도전 과제에 직면하고, 성장하며, 발전하도록 격려 받았다.

### 지식, 기술 및 태도

___ 수퍼바이저는 학습 과정에서 시연, 역할 연기 등을 통해 나를 도울 의지가 있었다.

___ 수퍼바이저는 자료를 실제 적용 가능한 방식으로 검토해 주었다.

___ 나의 상담과 관련된 신념, 가치, 태도에 대해 논의가 이루어졌다.

___ 나는 나만의 이론적 지향을 탐구하고, 이론을 실제로 적용하는 방법을 이해하도록 격려 받았다.

___ 사례 개념화가 진단이나 치료 전에 필수적으로 이루어졌다.

___ 수퍼비전을 받은 후, 나는 더 많은 지식과 자신감을 가지게 되었다.

___ 다양한 상황과 환경에 자료를 일반화하여 확장 학습을 할 수 있는 기회가 있었다.

___ 나는 수퍼비전 세션에서 아이디어, 의견, 질문을 가져오도록 기대되었다.

___ 수퍼바이저는 자신의 이론적 모델을 상담 및 수퍼비전에 적용하는 방법을 공유했다.

___ 나는 수퍼바이저가 나의 내담자와 그들의 복지를 진정으로 신경 쓰고 있다는 것을 느꼈다.

### 평가

___ 오리엔테이션 시, 내가 어떤 방식으로 평가될지 명확히 이해했고, 평가 구조에 대한 자료를 제공받았다.

___ 내 성과와 기대 충족 여부에 대한 피드백을 적시에 받았다.

___ 약점이 발견된 경우, 개선을 위한 지원적이고 합리적인 조치를 취하도록 격려받았다.
___ 수퍼비전 과정에서 구두 피드백을 꾸준히 받았다.
___ 나는 내 수퍼비전 평가와 발전 과정에서 능동적인 역할을 할 기회를 제공 받았다.
___ 평가를 통해 상담사로서의 역량에 대한 자신감이 더 생겼다.
___ 수퍼비전 기간 동안 구두 및 서면으로 공식 평가를 받았다.
___ 개선이 필요한 부분에 대해 편안하게 논의할 수 있었다.
___ 나는 수퍼바이저의 피드백과 지식이 어려운 상황에서 유익하다고 생각했다.
___ 수퍼바이저는 나의 성과에 대해 유익한 대화를 주도했고, 개선 방안에 대해 논의했다.
___ 전반적인 수퍼비전 경험에 대한 평가는 긍정적이었다.

---

출처: Adapted from Northwestern State University, Natchitoches, LA, Department of Psychology, and designed by Patrice Moulton, 2020. 허가를 받아 재인쇄함.

# 부록 10B

## 실습 평가 양식

노스웨스턴 주립대학
심리학과
실습생 평가용

수련생 이름: ______________________ 날짜: __________
지도 교수: ______________________ 날짜: __________

**하나를 체크하시오:** □ 중간 평가 □ 최종 평가

**지침:** 다음 항목들을 기준으로 실습생을 평가해 주시오.

| 해당 없음 | 매우 미흡함 | 평균 이하 | 평균 | 평균 이상 | 매우 뛰어남 |
|---|---|---|---|---|---|
| 0점 | 1점 | 2점 | 3점 | 4점 | 5점 |

### I. 초기 세션

A. 라포 형성 □ 0 □ 1 □ 2 □ 3 □ 4 □ 5

내담자의 초기 불편함에 반응함; 적절하게 소소한 대화를 사용하여 내담자를 편안하게 함

B. 전문적으로 자신을 표현함 □ 0 □ 1 □ 2 □ 3 □ 4 □ 5

준비됨; 유능한 전문가로 자신을 표현함; 시간 엄수

C. 상담 관계 구조화 □ 0 □ 1 □ 2 □ 3 □ 4 □ 5

상담사와 내담자의 역할과 기능을 언어화함; 상담사의 지위와 수퍼비전 관계를 설명함; 비밀 보장의 한계를 설명함; 정보 제공 동의서 및 동의서를 설명하고 받음

D. 초기 구조화 작업 수행 □ 0 □ 1 □ 2 □ 3 □ 4 □ 5

내담자를 과정에 안내함; 서식/자료와 일정 정보를 사용함; 내담자의 질문에 답변함; 오디오/비디오 녹화 허가를 받음

## II. 촉진 조건

A. 공감적 이해를 전달함 □ 0 □ 1 □ 2 □ 3 □ 4 □ 5

내담자의 감정을 반영함; 내담자의 내용을 반영함; 내담자의 말 이상으로 반응함; 내담자를 안내함

B. 진정성을 전달함 □ 0 □ 1 □ 2 □ 3 □ 4 □ 5

자발적으로 상호 작용함; 내담자의 감정에 반응함; 일치된 말/감정을 표현함; 자기 공개를 적절히 사용함

C. 무조건적인 긍정적 존중을 전달함 □ 0 □ 1 □ 2 □ 3 □ 4 □ 5

표정/말이 비판적이지 않음; 내담자의 문제를 적절히 정상화함

D. 효과적인 경청을 전달함 □ 0 □ 1 □ 2 □ 3 □ 4 □ 5

주의 깊게 경청함; 적절한 자세와 눈 맞춤을 사용함; 신체 접촉을 적절히 사용함; 이해를 위해 경청함

E. 치료사의 직면 기술 사용 □ 0 □ 1 □ 2 □ 3 □ 4 □ 5

내담자의 내용/감정 간의 불일치 또는 언어적/비언어적 행동 간의 왜곡을 식별함; 적절한 관찰을 제공함; 목적을 가지고 지지적인 방식으로 대면함; 내담자가 대면한 내용/감정을 다룰 수 있도록 안내함; 대면 후 적극적인 경청/공감을 사용함; 무시하거나 비난하지 않음

F. 상담 관계에 초점 맞춤 □ 0 □ 1 □ 2 □ 3 □ 4 □ 5

필요할 때 관계 문제를 다룸; 상담 과정에 대한 내담자의 우려에 반응함; 내담자의 복지를 최우선으로 둠; 존중하고 안전한 환경을 조성함

## Ⅲ. 치료 과정의 단계별 적절한 진행

A. 1단계: 문제 명확화 □0 □1 □2 □3 □4 □5

현재의 행동, 감정, 문제와 관련된 증상을 확인함; 관련 배경 정보를 수집함; 내담자 개념화를 견고하게 수행함

B. 2단계: 이해 및 목표 설정 □0 □1 □2 □3 □4 □5

과거 사건과 현재 문제를 연결하여 내담자의 문제를 파악함; 내담자의 필요에 맞춰 치료 전략을 재구성함; 내담자와 함께 이해하려고 경청함; 적절하게 해석을 사용함; 유용하고 객관적인 피드백을 제공함; 정보와 피드백을 제공함; 구체적인 목표를 설정함

C. 3단계: 행동 촉진 □0 □1 □2 □3 □4 □5

치료자와 내담자의 역할과 기능을 언어화함; 치료자의 지위와 수퍼비전 관계를 설명함; 기밀성의 한계를 설명함; 정보 제공 동의서 및 동의서를 설명하고 받음

## Ⅳ. 세션 종료

A. 적절하게 구조화 □0 □1 □2 □3 □4 □5

시간을 알림; 세션 종료 시 요약 발언을 사용함; 내담자에게 마무리할 기회를 제공함; "숙제" 과제를 검토함; 종료 시 기분을 평가함

## V. 상담 관계 종료

A. 적절하게 구조화 □0 □1 □2 □3 □4 □5

관계 전반에 걸쳐 내담자에게 종료를 알림; 독립성을 장려함; 목표와 결과를 요약함; 미래 계획을 세움; 상담 관계의 마무리를 다룸; 적절한 향후 미래 접촉의 성격을 설명함; 활용 가능한 자원을 제공함

## VI. 일반 역량

A. 시간 관리 □0 □1 □2 □3 □4 □5

B. 적절하게 침묵을 사용함 □0 □1 □2 □3 □4 □5

C. 사례 개념화를 개발함 □0 □1 □2 □3 □4 □5

D. 자기 인식을 보여 줌 □0 □1 □2 □3 □4 □5

E. 긍정적인 작업 환경을 조성함 □0 □1 □2 □3 □4 □5

F. 동료와 효과적으로 상호 작용함 □0 □1 □2 □3 □4 □5

G. 수퍼바이저와 효과적으로 상호 작용함 □0 □1 □2 □3 □4 □5

H. 전문적인 글쓰기 기술을 보여 줌 □0 □1 □2 □3 □4 □5

I. 사례 관리 기술을 보여 줌 □0 □1 □2 □3 □4 □5

J. 전문적인 행동을 보여 줌 □0 □1 □2 □3 □4 □5

K. 윤리적인 행동을 보여 줌 □0 □1 □2 □3 □4 □5

L. 문화적 인식과 민감성을 보여 줌 □0 □1 □2 □3 □4 □5

M. 좋은 판단력을 보여 줌 □0 □1 □2 □3 □4 □5

N. 적절한 의뢰를 제공함 □0 □1 □2 □3 □4 □5

O. 피드백을 받아들이고 학습함 □0 □1 □2 □3 □4 □5

P. 적절한 위기 대처 시범을 보여 줌 □0 □1 □2 □3 □4 □5

Q. 기술 사용을 효과적으로 관리함 □0 □1 □2 □3 □4 □5

R. 응급 계획에 대한 실무 지식을 보여 줌 □ 0 □ 1 □ 2 □ 3 □ 4 □ 5

S. 이론을 실제로 적용하는 데에 대한 지식과 적용 능력을 보여 줌 □ 0 □ 1 □ 2 □ 3 □ 4 □ 5

**요약:** 학생의 성과와 주요 사항에 대한 서면 평가를 제공하고, 개선이 필요한 영역에 대해서 당신이 제안하는 필요 조치를 제시하시오.

전반적인 기술: ______________________________

______________________________

______________________________

전반적인 과정: ______________________________

______________________________

______________________________

취해진 조치: ______________________________

______________________________

______________________________

______________________________ ______________

**상담사** **날짜**

______________________________ ______________

**지도 교수** **날짜**

---

출처: Adapted from Northwestern State University, Natchitoches, LA, Department of Psychology, and designed by Patrice Moulton, 2020. 허가를 받아 재인쇄함.

# 부록 10C

## 수퍼바이지 수행평가 양식

수련생 이름: ______________________ 날짜: __________

수퍼바이저 이름: ____________________ 날짜: __________

**기간:** ______________________________

**지침:** 수퍼바이지의 해당 기간 동안의 성과를 아래에 나와 있는 척도를 사용하여 평가해 주시오. 수퍼바이지를 동일한 훈련 수준의 평균 수퍼바이지와 비교하여 평가해 주시오. "기준 이하" 또는 "매우 기준 이하" 등급을 부여할 때는 아래에 의견을 포함해 주시오. 이 평가를 수퍼바이지와 함께 검토하고, 평가서 하단에 수퍼바이지의 서명을 받으시오.

| 매우 기준 이하 | 기준 이하 | 기준 | 기준 이상 | 매우 기준 이상 | 해당 없음 |
|---|---|---|---|---|---|
| 1 | 2 | 3 | 4 | 5 | NA |

### 실무 전문성

| | | | | | | | |
|---|---|---|---|---|---|---|---|
| A. 출석/시간 엄수 | □ 0 | □ 1 | □ 2 | □ 3 | □ 4 | □ 5 | □ NA |
| B. 수퍼비전에 대한 반응성 | □ 0 | □ 1 | □ 2 | □ 3 | □ 4 | □ 5 | □ NA |
| C. 직원들과의 관계 | □ 0 | □ 1 | □ 2 | □ 3 | □ 4 | □ 5 | □ NA |
| D. 내담자들과의 관계 | □ 0 | □ 1 | □ 2 | □ 3 | □ 4 | □ 5 | □ NA |
| E. 윤리적 실무 | □ 0 | □ 1 | □ 2 | □ 3 | □ 4 | □ 5 | □ NA |
| F. 구두 의사소통 | □ 0 | □ 1 | □ 2 | □ 3 | □ 4 | □ 5 | □ NA |
| G. 서면 의사소통 | □ 0 | □ 1 | □ 2 | □ 3 | □ 4 | □ 5 | □ NA |
| H. 치료 팀 참여 | □ 0 | □ 1 | □ 2 | □ 3 | □ 4 | □ 5 | □ NA |
| I. 다문화 문제/개인 차이에 대한 이해 | □ 0 | □ 1 | □ 2 | □ 3 | □ 4 | □ 5 | □ NA |
| J. 필요할 때 수퍼비전을 구함 | □ 0 | □ 1 | □ 2 | □ 3 | □ 4 | □ 5 | □ NA |
| K. 필요할 때 상담을 구함 | □ 0 | □ 1 | □ 2 | □ 3 | □ 4 | □ 5 | □ NA |

| | | | | | | | |
|---|---|---|---|---|---|---|---|
| L. 주도성/독립성 | □ 0 | □ 1 | □ 2 | □ 3 | □ 4 | □ 5 | □ NA |
| M. 판단력/성숙도 | □ 0 | □ 1 | □ 2 | □ 3 | □ 4 | □ 5 | □ NA |
| N. 개인 발전에 대한 개방성 | □ 0 | □ 1 | □ 2 | □ 3 | □ 4 | □ 5 | □ NA |

## 심리 평가 기술

| | | | | | | | |
|---|---|---|---|---|---|---|---|
| A. 도구 및 방법에 대한 지식 | □ 0 | □ 1 | □ 2 | □ 3 | □ 4 | □ 5 | □ NA |
| B. 의뢰 질문의 공식화 | □ 0 | □ 1 | □ 2 | □ 3 | □ 4 | □ 5 | □ NA |
| C. 검사 시행 | | | | | | | |
| 지능 검사 | □ 0 | □ 1 | □ 2 | □ 3 | □ 4 | □ 5 | □ NA |
| 신경 심리 검사 | □ 0 | □ 1 | □ 2 | □ 3 | □ 4 | □ 5 | □ NA |
| 성격 검사 | □ 0 | □ 1 | □ 2 | □ 3 | □ 4 | □ 5 | □ NA |
| 투사적 검사 | □ 0 | □ 1 | □ 2 | □ 3 | □ 4 | □ 5 | □ NA |
| D. 검사 해석 | | | | | | | |
| 지능 검사 | □ 0 | □ 1 | □ 2 | □ 3 | □ 4 | □ 5 | □ NA |
| 신경 심리 검사 | □ 0 | □ 1 | □ 2 | □ 3 | □ 4 | □ 5 | □ NA |
| 성격 검사 | □ 0 | □ 1 | □ 2 | □ 3 | □ 4 | □ 5 | □ NA |
| 투사적 검사 | □ 0 | □ 1 | □ 2 | □ 3 | □ 4 | □ 5 | □ NA |
| E. 내담자와의 라포 형성 | □ 0 | □ 1 | □ 2 | □ 3 | □ 4 | □ 5 | □ NA |
| F. 보고서 작성 | □ 0 | □ 1 | □ 2 | □ 3 | □ 4 | □ 5 | □ NA |
| G. 내담자에게 피드백 제공 | □ 0 | □ 1 | □ 2 | □ 3 | □ 4 | □ 5 | □ NA |

## 중재 기술

| | | | | | | | |
|---|---|---|---|---|---|---|---|
| A. 개인 상담 기술 | □ 0 | □ 1 | □ 2 | □ 3 | □ 4 | □ 5 | □ NA |
| B. 그룹 상담 기술 | □ 0 | □ 1 | □ 2 | □ 3 | □ 4 | □ 5 | □ NA |
| C. 상담에서의 라포/공감 | □ 0 | □ 1 | □ 2 | □ 3 | □ 4 | □ 5 | □ NA |
| D. 명확한 상담 계획 수립 | □ 0 | □ 1 | □ 2 | □ 3 | □ 4 | □ 5 | □ NA |

| | | | | | | | |
|---|---|---|---|---|---|---|---|
| E. 이론/연구에 기반한 중재 | □ 0 | □ 1 | □ 2 | □ 3 | □ 4 | □ 5 | □ NA |
| F. 내담자 요구에 기반한 중재 | □ 0 | □ 1 | □ 2 | □ 3 | □ 4 | □ 5 | □ NA |
| G. 진행 상황을 정기적으로 평가 | □ 0 | □ 1 | □ 2 | □ 3 | □ 4 | □ 5 | □ NA |
| H. 상담 종결 문제를 다룸 | □ 0 | □ 1 | □ 2 | □ 3 | □ 4 | □ 5 | □ NA |

**기타**

| | | | | | | | |
|---|---|---|---|---|---|---|---|
| A. 기술 사용 | □ 0 | □ 1 | □ 2 | □ 3 | □ 4 | □ 5 | □ NA |
| B. 파일 기밀성/관리 | □ 0 | □ 1 | □ 2 | □ 3 | □ 4 | □ 5 | □ NA |
| C. 응급 계획에 대한 지식 | □ 0 | □ 1 | □ 2 | □ 3 | □ 4 | □ 5 | □ NA |
| **전반적인 수행** | □ 0 | □ 1 | □ 2 | □ 3 | □ 4 | □ 5 | □ NA |

의견: ______________________________________________

______________________________________________

______________________________________________

______________________________ ______________

**수퍼바이저 서명** **날짜**

이 평가는 저와 함께 검토되었습니다.

나는 이 평가에 □ 동의합니다. □ 동의하지 않습니다.

______________________________ ______________

**수퍼바이지 서명** **날짜**

출처: Adapted from Northwestern State University, Natchitoches, LA, Department of Psychology, and designed by Cynthia Lindsey and Patrice Moulton, 2020. 허가를 받아 재인쇄함.

chapter

# 11

# 효과적인 수퍼바이저가 되기

chapter 11

# 효과적인 수퍼바이저가 되기

### 핵심 질문

1 당신이 경험한 수퍼바이저 중 효과적이었다고 묘사할 수 있는 사람은 누구인가? 그들의 주요 특성은 무엇인가?

2 수퍼바이저의 지식과 기술이 그들의 대인 관계 능력에 비해 어느 정도 중요한가?

3 처음 수퍼비전을 시작할 때 어떤 어려움을 예상하게 되는가? 이러한 문제를 해결하기 위해 어떤 자원을 활용할 것인가?

4 유능한 수퍼바이저가 되기 위해 당신이 취할 다섯 가지 실천 단계는 무엇인가?

이제 수퍼비전에 대해 명확하게 이해하고 그 작동 방식을 알게 되었으니, 수퍼비전의 여러 책임을 다하기 위해 당신은 어떤 접근 방식을 취하게 될 것 같은가? 어떤 행동이 당신을 이 방향으로 나아가게 할 것 같은가? 스스로에게 인내심을 가져야 한다. 유능하고 자신감 있는 수퍼바이저가 되는 데는 시간, 경험, 그리고 의도적인 연습이 필요하다. 이 과정은 역동적이고, 전문적으로 자극적이며, 의미 있는 경험이 될 수 있다.

이 장에서는 효과적인 수퍼바이저의 특성을 강조하고, 몇몇 기고자들에게 "이상적인" 수퍼바이저와 효과적인 수퍼바이저에 대한 그들의 관점을 공유하도록 요청한다. 우리는 모두 **효과적인** 수퍼바이저가 되기 위한 여정에서 **이상적인** 모습을 추구한다. 또한, 새로운 수퍼바이저들이 겪는 어려움에 대해 논의한다. 마지막으로, 수퍼바이저로서 자신의 스타일을 찾고 이 책 이후에도 효과적인 수퍼바이저가 되기 위한 계획을 세우는 방법에 대한 몇 가지 생각을 제시하며 이 장을 마무리하게 될 것이다.

## 효과적인 수퍼바이저의 특성

우리는 실습 및 인턴십 배치를 담당하는 한 임상 훈련 감독자에게 효과적인 수퍼바이저를 선택할 때 어떤 특성을 중점적으로 보는지 물었다. 현장의 목소리에서 Mary Read는 효과적인 상담 수퍼바이저의 특성에 대해 기술하고 있다.

### 현장의 목소리

#### 효과적인 상담 수퍼바이저의 조건은 무엇인가?

*Mary M. Read, PhD*

캘리포니아 주립대학교 풀러턴에서 30년 넘게 상담 대학원생들을 가르쳐 온 경험을 바탕으로, 나는 효과적인 임상 수퍼바이저의 특성에 대해 몇 가지 생각을 정리하게 되었다. 학과의 임상 훈련 디렉터로서 기관과 협력할 때, 나는 실습 학생들과 함께 일할 임상 수퍼바이저들과 대화하는 것을 좋아한다. 그들의 수퍼비전 이론을 찾고 있는데, 나는 발달적 관점을 선호한다. 상담 경험이 전혀 없는 초보 수련생을 멘토링하는 것은 3,000시간 이상의 경력을 쌓고 자격을 준비하는 사람과 수퍼비전을 마무리하는 것과는 필연적으로 다르기 때문이다. 초보자들은 임상 기술, 서류 작업, 정책 및 절차에 대해 더 많은 코칭이 필요하고, 경험 많은 사람들은 자격을 취득한 전문가로서 자신의 경력 다음 단계에 대한 상담과 멘토링이 필요하다.

나는 또한 수퍼바이저가 대인 관계 및 임상적으로 적절한 경계를 유지하는 능력과 치료 및 수퍼비전 과정에 대한 자신감을 중시한다. 우리는 상호 작용하면서 그들이 수퍼비전에서 좋아하는 것과 두려워할 수 있는 것이 무엇인지 대화한다. 사람들이 상담 수퍼비전의 임무를 맡게 될 때, 나는 그들이 신입 전문가를 멘토링, 훈련, 모니터링하는 것이 무엇을 의미하는지 명확하게 이해하고 있는지 확인하려고 한다. 나는 도움이 되었던 수퍼바이저들의 행동을 기반으로 하고, 그 반대로 덜 도움이 되었던 수퍼바이저들이 제공한 것들도 평가에 참고한다. 수퍼바이저 훈련 및 멘토링 경험을 활용하여 그들과 협력하며 우리의 공동 학생들의 성공을 보장하는 데 함께할 때, 수퍼바이저들이 더 편안하고 유능하게 느낄 수 있도록 돕는다. 수퍼바이저들이 그들의 역할에서 전문적으로 성장하도록 돕는 것은 우리 상담 프로그램과 직업에 큰 도움이 된다.

수퍼비전의 많은 과정은 치료의 흐름을 반영하며, 관계가 주요 요소가 된다. 그렇기 때문에 효과적인 수퍼바이저는 수퍼바이지와의 관계를 여러 수준 즉, 치료 과정, 수퍼비전 과정, 그리고 각 수퍼바이지의 개인적인 세계 속에서 동시에 분석할 수 있는 능력을 가지고 있다. 탄탄한 수퍼비전 이론은 이 과정을 안내하는 데 도움을 줄 수 있으며, 이는 마치 임상 이론이 수퍼바이지가 내담자와 함께 일하는 것을 안내하는 것과 같다. 물론, 수퍼비전과 치료에서 모두 좋은, 안전한, 그리고 윤리적인 경계가 가장 중요하다. 수퍼비전의 일부 측면은 수퍼바이지에게 치료처럼 느껴질 수 있는데, 이는 수퍼비전 관계가 수퍼바이지의 개인적 및 전문적 성장을 위한 일종의 "인간 가꾸기"를 포함하기 때문이다.

수퍼바이저는 수퍼바이지가 자신의 전문적 발달 과정에서 어디에 있는지를 인식하도록 돕고, 전문적 정체성을 키우도록 지원한다. 또한, 수퍼바이지의 문제가 임상 작업에 방해가 될 때 더 많은 지원을 제안한다. 역전이에서 발생할 수 있는 문제를 구분하고, 수퍼바이지의 특정 촉발인이 내담자와의 상담 과정에 영향을 미치는지를 모니터링하며, 심지어 수퍼바이지의 결함을 관련 기관에 보고하는 것도 수퍼바이저의 책임이다. 이는 수퍼바이지의 내담자, 그리고 상담 분야 전체를 보호하기 위한 것으로, 수퍼바이지가 의도치 않게 해를 끼칠 가능성이 있는 경우를 대비한 것이다. 이것은 수퍼비전에서 "즐거운 일" 영역은 아니지만, 필요한 때에 이러한 어려운 일을 해낼 수 있는 능력은 내가 임상 수퍼바이저와 협력할 때 확인하는 중요한 요소이다.

## 효과적인 수퍼비전에서 중심이 되는 수퍼비전 관계

"효과적인 수퍼비전의 요소에는 신뢰와 협력적인 과정을 통해 성찰적인 자기 평가를 촉진하는 수퍼비전 관계 또는 동맹의 발전이 포함된다"(Falender, 2018, p. 1243). Ramos-Sánchez와 동료들(2002)은 무작위로 선정된 심리학 인턴십 디렉터와 심리학 박사 프로그램 훈련 디렉터를 대상으로 한 전국 조사를 통해 수퍼바이지의 발달 수준, 작업 동맹, 애착, 그리고 수퍼비전에서의 부정적인 경험 간의 관계를 조사했다. Ramos-Sánchez와 동료들은 수퍼비전 관계가 효과적인 수퍼비전에서 중심적이라는 것을 확인했다. 수퍼비전 관계 안에서 수퍼바이저는 수퍼바이지가 숙련된 치료사로 발전할 수 있도록 훈련하고 안내한다. 그들은 견고한 수퍼비전 관계 없이는 효과적인 수퍼비전이 이루어질 수 없다는 결론을 내렸으며, 이는 우리가 앞서 논의한 수퍼비전 관계(3장에서 논의함)와 일치한다.

상담 기술 및 사례 개념화 기술이 발전함에 따라, 수피바이지와 수퍼바이저는 수퍼비전의 과업과 목표에 대해 더 잘 동의하게 되며, 수퍼비전 관계는 훈육적이기보다는 동료 관계에 가깝게 더욱 발전한다. 더 상위 단계의 수퍼바이지들은 수퍼바이저와 더 나은 작업 관계를 보고하고, 더 높은 수준의 신뢰를 가지게 되어 수퍼바이저-수퍼바이지 관계의 발전에 더 큰 기회를 제공하는 방향으로 나아가게 된다. Ramos-Sánchez와 동료들(2002)의 설문 조사 결과는 효과적인 수퍼비전을 위한 여러 권장 사항을 제시했다:

- 수퍼바이저의 가혹한 비판과 판단적인 태도는 수퍼바이지의 발달에 심각한 결과를 초래할 수 있음을 인식해야 한다.
- 수퍼바이저는 수퍼바이지에 대한 신뢰를 구축하고, 그들을 지지하며 옹호하고, 수퍼바이지로부터의 피드백에 개방적이어야 한다.
- 수퍼바이저의 성과를 개선하기 위해 수퍼바이지가 수퍼바이저를 평가하는 절차가 도입되어야 한다.
- 수퍼바이저는 수퍼비전에 대한 수퍼바이지의 목표를 탐색하고, 수퍼바이지의 성과에 대한 자신의 기대를 명확히 하는 것이 좋다.

또 다른 효과적인 수퍼비전에 대한 연구에서 Martino(2001)는 대학원생들이 효과적이거나 비효과적인 수퍼비전에 대한 경험을 통해 얻은 정보를 기술했다. 이 연구는 "최고의" 수퍼바이저가 되는 것에 기여하는 상위 10가지 요인을 (내림차순으로) 평가했다."

- 임상 지식과 전문성을 보여 줌
- 새로운 아이디어와 사례 접근법에 유연하고 개방적임
- 따뜻함을 발산하고 지지적임
- 유용한 피드백과 건설적인 비판을 제공함
- 학생의 훈련에 헌신적임
- 뛰어난 임상적 통찰력을 가짐
- 공감 능력이 있음
- 역전이를 검토함
- 윤리적인 실무를 준수함
- 도전 과제를 제공함

"최악의" 수퍼바이저로 기여하는 상위 10가지 요인 (내림차순):

- 수련생의 훈련과 전문적 발전에 관심이 없음
- 접촉/접근하기 어려움
- 새로운 아이디어와 사례 접근법에 유연하지 않음
- 임상 지식과 경험이 제한적임
- 신뢰할 수 없음
- 도움이 되지 않고 일관성 없는 피드백을 제공함
- 벌을 주는 듯하고 비판적으로 보임
- 공감 능력이 없음
- 구조화가 부족함
- 윤리 의식이 부족함

당신이 수퍼바이저에게 원하는 특성에 대해 생각해 보라. 효과적인 수퍼바이저에 대한 당신의 견해가 이 두 목록에서 제시된 특성과 유사하거나 혹은 차이가 있는가? 뒤이은 현장의 목소리에서 기고자들의 설명을 읽으면서 어떤 주제가 가장 눈에 띄는가? 각 개인이 설명하는 효과적인 수퍼바이저의 특성을 생각하고, 자신의 이상적인 수퍼바이저의 모습과 맞아떨어지는 특성을 찾아보라.

### 신입 전문가의 효과적인 수퍼비전에 대한 견해

현장의 목소리에서 Amanda Connell은 면허를 신청하는 과정에 있는 비교적 초보 전문가로서, 수련생으로 일하면서 만난 뛰어난 수퍼바이저들의 몇 가지 특성에 대해 설명한다. 우리는 수퍼바이저와 수퍼바이지 간의 질 높은 수퍼비전이 양방향의 상호 교환임을 엿볼 수 있다. 그녀는 수퍼바이지가 효과적인 수퍼비전을 받기 위해 수퍼비전 관계에서 적극적인 역할을 해야 한다는 메시지를 전달한다.

### 현장의 목소리

#### 효과적인 수퍼비전에 대한 나의 경험

*Amanda Connell, MS*

나의 수퍼비전 경험은 훌륭했다. 몇몇 뛰어난 수퍼바이저들이 내 상담사로서의 성장과 발전에 크게 기여했다. 놀라운 수퍼비전 경험을 만들어 내는 여러 요인이 있는데, 그것은 수퍼바이저와 그들이 속한 기관의 높은 품질, 다양한 내담자, 그리고 내 자신의 참여이다.

양질의 효과적인 수퍼비전에는 여러 요소가 있으며, 이는 수퍼바이저의 특성에서 시작된다. 훌륭한 수퍼바이저는 공감 능력이 있고, 지적이며, 균형 잡히고, 직관적이며, 지지적이고, 창의적이고, 윤리적이며, 격려적이고 헌신적이다. 그들은 뛰어난 의사소통 및 문제해결 능력을 가지고 있으며, 유연성, 개방성, 일치성, 그리고 자신감도 중요한 특성이다. 이 수퍼바이저들은 협력적인 자세를 취하면서도 동시에 가이드, 멘토, 촉진자의 역할을 한다. 훌륭한 수퍼바이저는 강력한 경계를 실천하고 가르치며, 좋은 자기 돌봄을 실천한다. 이는 건강한 상호 작용을 촉진하고, 수퍼바이지에게 이러한 행동을 모델링해 준다.

다양한 경험을 가진 수퍼바이저는 수퍼비전 과정에서 매우 유익하다. 개인적으로, 나는 다양한 기법, 이론, 그리고 치료 방식을 탐구할 수 있는 충분한 기회를 제공하는 수퍼바이저를 선호한다. 성공과 실패의 순간 모두에서 수퍼바이저에게 존중받는 느낌을 받는 것도 중요하다. 성장 과정의 일부는 내담자의 문제를 다루는 더 효과적인 방법을 배우는 것이기 때문에, 실수, 의심, 막힘, 그리고 우려를 자유롭게 표현할 수 있는 안전한 환경이 필수적이다. 또한, 나에게 적절한 위험을 감수하도록 도전하고, 경험을 확장하고 기술을 향상시키도록 격려하는 수퍼바이저를 선호한다. 다양한 관점을 제공하고 상자 밖에서 생각하도록 독려하는 능력은 훌륭한 수퍼비전의 활력소가 된다.

양질의 수퍼비전을 받는 것은 연구와 적극적인 행동을 통한 유목적적인 과정이었다. 나는 동료들에게 그들의 수퍼비전 경험을 물어보며 나의 미래를 스스로 계획했다. 또한, 수퍼바이저로서 갖춰야 할 것에 대한 명확한 목표를 설정했다. 또 다른 방법으로는 현장 실습 사무실에서 인턴십 참고 도서들을 조사하는 것이었다. 내가 원하는 수퍼바이저와 함께 일할 수 있는 기관에 고용되었을 때, 나는 수동적으로 수퍼바이저 배정을 기다리지 않고, 내 선택에 따라 수퍼바이저와 함께 일할 수 있도록 요청했다. 이러한 단계를 밟은 이유는 수퍼비전의 질이 전문적 발전과 전반적인 직무 만족도에 큰 차이를 만든다는 것을 일찍이 깨달았기 때문이다.

효과적인 수퍼비전은 일방적인 관계가 아니다. 수퍼바이지가 자신의 역할을 다할 때 가장 많은 혜택을 얻는다. 내가 훌륭한 수퍼비전을 받기 위해 책임감을 지녔던 부분 중 하나는 강력한 의사소통 기술을 발휘하는 것이었다. 나는 건설적인 피드백을 환영했고, 심지어 요청하기도 했다. 나는 도움과 지도를 요청하려고 스스로를 독려했으며, 완벽주의적인 경향을 억제하려고 노력하여 필요한 지원을 받을 수 있었다. 또한, 나는 그룹 수퍼비전에서 기술을 연습하고 중요한 피드백을 받을 수 있도록 자주 역할극에 자원했다.

수퍼비전 관계는 상호 신뢰와 존중에 기반할 때 가장 잘 작동한다. 나는 수퍼바이저에게 존경을 표하고 신뢰를 쌓았다. 내 수퍼바이저들이 나를 신뢰한 이유 중 하나는 내담자 위기와 위험한 상황에 직면했을 때 상담을 청했고, 이것은 나의 수행이 나의 회원 등록뿐만 아니라 수퍼바이저의 자격에도 영향을 미친다는 것을 명심했기 때문이다.

나는 수년간 함께 일할 수 있었던 수퍼바이저들에게 매우 감사하게 생각한다. 그들은 모두 나에게 나만의 스타일을 개발하도록 격려해 주었지만, 나는 또한 그들 각자의 특성을 내 실무에 통합했다. 가끔 내가 이전 수퍼바이저 중 한 명이 자주 사용하던 문구나 제스처를 사용하는 나 자신을 보며 미소 짓기도 한다. 내 수퍼바이저 중 한 명은 수퍼바이저-수퍼바이지 관계를 내담자-상담사 관계와 비교하면서 "에너지가 교환되었고, 나는 이제 너의 일부가 되었으며, 너도 나의 일부가 되었다"고 말했다. 이 말은 효과적인 수퍼비전의 핵심인 수퍼비전 관계의 힘과 중요성을 보여 준다.

### 최근 졸업생의 효과적인 수퍼비전에 대한 관점

현장의 목소리에서 사회복지학을 전공한 최근 졸업생은, 그녀의 수퍼바이저가 신뢰와 도전적인 분위기를 어떻게 조성했는지 설명하며, 이로 인해 그녀가 성장할 수 있었다고 이야기한다.

### 현장의 목소리

#### 나의 가치와 수퍼비전

*Manpreet Mann, MSW*

나는 최근 네바다 대학교 리노에서 사회복지학 석사 학위를 취득했다. 나는 커뮤니티 내에서 삶의 질을 향상시키고 건강한 노화를 촉진하는 것을 중점으로 5년 동안 노인 복지 분야에서 일해 왔다. 실습 배치 과정에서 효과적인 수퍼바이저를 만나는 것은 이 경험이 최대한의 잠재력을 발휘할 수 있도록 하는 데 매우 중요했다. 나의 첫해 실습 지도 교수는 학기 중 내 필요에 따라 다양한 기법을 사용해 이를 이루어 냈다. 지도교수는 신뢰와 비판하지 않는 관계를 구축하며, 첫 회기에서 내가 이진에 했던 과제들을 탐구하고, 이 실습 배치에서 내가 진정으로 성취하고자 하는 것이 무엇인지 이해하려 노력했다. 그가 자신의 경험을 기꺼이 공유해 주었고, 나는 스스로 개발하고 싶은 과제와 기술 목록을 작성할 기회를 얻었다. 실습 초기 단계에서 나와 시간을 내어 함께 작업한 것이, 학생으로서 내가 확신이 서지 않거나 불안할 때 솔직하게 말할 수 있는 기초를 마련해 주었다.

개방적이고 정직한 관계를 효과적으로 형성한 덕분에, 나는 내 편견이 있는 영역을 파악할 수 있었고, 이러한 편견이 내담자와의 작업에 미치는 영향을 이해할 수 있었다. 한 번은 내가 내담자들이 병원 진료, 개인 용무, 사회적 활동을 위해 교통편을 제공하는 프로그램에 등록할 수 있도록 집에서 평가를 하고 있었다. 나는 프로그램의 사회복지 실습생으로서, 다양한 내담자들의 생활 측면이 그들의 프로그램 자격에 어떻게 영향을 미칠 수 있는지 더 잘 이해하기 위해 모든 가정 평가를 완료했다. 그런데 마을 외곽의 이동 주택 공원에서 평가를 하는 것에 대해 불편함을 느꼈다. 나는 이 감정에 대해 불편함을 느끼고 있었고, 그로 인해 죄책감까지 있었다. 내 지도 교수는 적절한 질문을 통해 "죄책감"과 "불편함"이 나에게 무엇을 의미하는지 분석하여, 내가 이 평가에 대해 느끼고 있는 감정이 나의 부모님이 이동 주택 공원에 사는 사람들에 대해 가르쳐 준 편견과 연결되어 있음을 이해하도록 도와주었다. 나는 지도 교수에게 나의 이러한 생각이 어떻게 시작되었고, 그것이 지금의 경험에 어떻게 기여했는지 솔직하게 이야기할 수 있었다. 내 이민자 부모님은 우리가 성공하는 길에서 벗어나지 않도록 누구에게든 가까이 다가가지 말라고 했다. 형제들과 나는 이동 주택 공원과 그곳에 사는 사람들을 멀리하라는 말을 듣고 자랐다. 무의식적으로 나는 부모님이 가지고 있던 편견을 제 자신의 삶에 가져왔던 것이다. 많은 사람들이 이러한 편견을 인식하는 것만으로도 이 경험에서 중요한 것을 배웠다고 생각할 것이다. 하지만 제 지도 교수는 좋은 사회복지사가 되기 위해서는 그 편견을 효과적으로 다루는 방법을 배워야 한다고 생각했고, 그는 저에게 그 다음 단계를 배우도록 도와주기 시작했다.

다음 수퍼비전 회기에서는 과정 기록 작업을 함께 진행했다. 과정 기록은 간접 수퍼비전의 한 형태로, 지도 교수와 수퍼바이지가 상황을 반영하고 무엇이 옳았는지, 잘못되었는지를 이해할 수 있도록 도와준다. 과정 기록은 평가 중에 나눈 대화 내용, 내가 사용한 사회복지 기술, 내면의 직관적 반응, 경험 분석과 무엇이 효과적이었고 무엇이 그렇지 않았는지, 그리고 지도 교수의 피드백을 포함한다. 이러한 과정 기록 세션은 내가 평가를 성찰하고, 내 편견이 평가 과정에서 내담자의 경험을 바꾸었을 수 있다는 사실을 깨닫게 해주었다. 과정 기록은 또한 제 지도교수가 평가를 따라가면서(shadow) 내 편견이 평가에 영향을 미쳤는지 여부를 확인하는 데 도움이 되었다. 우리는 내 편견을 효과적으로 극복하는 방법을 탐구했고, 편견을 가지는 것이 괜찮지만 그것이 내담자와의 작업 방식을 바꾸지 않도록 해야 한다는 것을 받아들일 수 있었다. 실습 배치에서 안전하고 신뢰할 수 있는 학습 환경을 조성한 덕분에, 나는 더 나은 전문가로 성장할 수 있었다.

### 이상적인 수퍼바이저에 대한 수퍼바이저의 관점

현장의 목소리에서 Mark Stebnicki는 공감이 내담자들이 만성 질환, 장애, 트라우마, 상실, 그리고 일상적으로 그들을 괴롭히는 주요한 삶의 스트레스 요인들 속에서 의미를 찾는 과정을 돕는 데 중요한 역할을 한다는 메시지를 전달한다. 그는 또한 공감이 효과적인 수퍼비전의 중심 요소이며, 공감 실험실이 그의 이론적 방향에 어떻게 영향을 미쳤는지 설명한다.

### 현장의 목소리

#### 재활 상담에서의 상담 수퍼비전

*Mark A. Stebnicki, PhD*

나는 석사 및 박사 과정 동안, 상담 직업에서 내가 만난 가장 뛰어나고 공감적이며 통찰력 있는 사람 중 한 명이었던 고(故) Dr. Harry Allen, 남부 일리노이 대학교(SIU) 명예 교수님의 멘토링을 받을 기회를 가졌다. "Harry"라고 불리길 선호했던 Allen 교수님은 매우 창의적이고 비전 있는 상담 교육자이자, 임상 수퍼바이저, 뛰어난 심리치료사, 그리고 활발한 연구자였다. Harry는 SIU에서 "공감 실험실(Empathy Lab)"이라는 이름의 대학원 수준 상담 과정을 개발했다. 이 과정에서는 공감의 기초 기술과 더불어 다른 사람의 개인적인 세계에 깊은 존경과 경외심을 가지고 들어가는 방법이 다뤄졌다. Harry는 학생들이 실습과 인턴십 경험 동안 실제 내담자 문제에 대응할 준비를 할 수 있도록 여러 독창적이고 창의적인 경험 활동을 진행했다.

Harry는 매 학기 첫 수업에서 학생들에게 "나는 이 수업에서 세 가지만 배우길 바란다: 참여하기, 주의를 기울이기, 결과에 개방적이기"라고 말씀하셨다. 이 의도에 대한 설명은 거의 없었지만, 학기가 진행되면서 나는 이 만트라의 우아함, 복잡성, 그리고 단순성을 탐구하고 이해하기 시작했다. Harry의 사명, 비전, 그리고 의도를 진정으로 이해하려면, 우리는 그 과정에 몰입해야 했다(**참여하기**). Harry와 함께 걸으며 그가 가르치는 것에 주의를 기울여야 했다(**주의를 기울이기**). 그리고 우리 자신과 우리가 섬기는 사람들의 정신 건강과 웰빙을 최적화할 수 있도록, 우리의 감정, 인지, 행동, 그리고 경험을 발견하고 변화시키는 일에 열려야 했다(**결과에 개방적이기**).

공감 실험실은 내 상담 수퍼비전의 이론적 방향, 스타일, 역할, 전략, 그리고 기법을 형성하는 데 중요한 역할을 했다. 재활 상담에서의 상담 수퍼비전은 수퍼바이지가 참여하고, 주의를 기울이며, 결과에 개방적일 것을 요구한다. **참여하는 것**은 역동적인 과정으로, 수퍼바이지가 만성 질환, 장애, 그리고 동반되는 정신 건강 상태를 가진 사람들과 일할 때 필요한 인식, 지식, 그리고 기술을 키우는 것을 의미한다. 이는 개인과 환경 간의 복잡한 상호작용을 인식하는 것을 필요로 한다. 예를 들어, 많은 장애인들은 부정적인 사회적 태도, 인식, 접근성 부족, 그리고 건축적 장애물이 장애 자체보다 더 큰 장애라고 말한다.

**주의를 기울이는 과정**은 수퍼바이지가 만성 질환과 장애에 대한 심리 사회적 적응 모델과 관련된 주요 개념들을 확인하고 이해할 것을 요구한다. 이는 수퍼바이지가 장애가 있는 사람들과 없는 사람들 사이의 독특한 문화적 차이를 인식하는 데 도움을 준다. 수퍼바이지가 주의를 기울일 때, 신뢰의 영역을 형성하고, 강력한 작업 동맹을 개발하며, 치료적 전략을 도움 과정에 통합할 수 있는 기회가 증가한다.

**결과에 개방적이 되는 과정**은 수퍼바이지가 자신의 내담자-상담사 세션에 대한 피드백을 진심으로 구하고, 솔직하게 받아들이는 것을 요구한다. 수퍼바이지-수퍼바이저 관계에서 지속적이며, 적시에, 구체적이고, 상담 과정에 적용할 가치가 있는 피드백이 이루어지는 것은 상담사의 역량을 함양한다.

결론적으로, 효과적인 상담 수퍼바이저는 수퍼바이지가 내담자들이 만성 질환, 장애, 트라우마, 상실, 그리고 일상적인 주요 삶의 스트레스 요인들 속에서 의미를 찾을 수 있도록 돕는다. 공감은 도움 직업의 기초에 있으며, 이는 상담사의 역량과 윤리적 실무에 큰 영향을 미친다.

### 현장의 목소리

#### 협력적 관계로서의 수퍼비전

*Elie Axelroth, PsyD*

이상적인 수퍼바이저는 새로운 인턴들이 불안정한 상태로 인턴십 환경에 도착하며, 확신, 방향, 그리고 연민이 필요하다는 것을 이해한다. 이러한 불안정함은 초기의 오리엔테이션과 관계 구축 작업의 많은 부분에서 중요하게 고려되어야 한다. 인턴들은 도전적인 작업에 참여하기를 기대하며 오고, 그들은 자신이 수행할 능력에 대한 커다란 불안을 가지고 있다. 이상적인 수퍼바이저는 인턴의 훈련 요구를 평가하고, 그들의 발달 단계에 주의를 기울이며, 인턴의 기술과 필요에 맞춰 훈련 프로그램을 기꺼이 조정할 수 있어야 한다.

인턴십 첫 주 동안, 이상적인 수퍼바이저는 새로운 인턴들에게 환경을 둘러보게 하고, 직원과 참조 자원을 소개하며, 위기 절차, 기밀 유지 문제 및 보고 지침을 검토하고, 서류 작성 및 기록 작성 지침을 안내하고, 폭력과 치명성 평가와 같은 위기관리 문제를 검토하는 시간을 보낸다. 이러한 오리엔테이션은 견고한 임상 작업의 기초를 제공할 뿐만 아니라 명확한 기대를 설정함으로써 인턴의 불안을 완화하는 데 도움을 준다. 인턴들은 환경의 비공식적인 규범뿐만 아니라 공식적인 정책에 대한 오리엔테이션도 필요하다. 종종 비공식적인 규범이 가장 큰 불안과 불확실성을 유발한다.

이상적인 수퍼바이저는 윤리 및 법률에 대해 잘 알고 있으며, 어려운 윤리적 결정을 내릴 때 사용할 수 있는 체계를 명확히 설명할 수 있다. 그들은 인턴이 이해할 수 있는 용어로 이론적 틀을 전달할 수 있다. 이상적인 수퍼바이저는 인턴의 이야기를 경청하고, 내담자에 대해 성급하게 판단하지 않으며, 인턴이 동의하지 않을 권리를 존중한다.

뛰어난 상담사는 반드시 이상적인 수퍼바이저가 아닐 수 있다. 이상적인 수퍼바이저는 인턴의 강점을 강조하는 반면, 자신의 눈부신 성취를 드러내지는 않는다. 이 사람은 노련한 상담사이자 경험 많은 수퍼바이저로서, 인턴의 필요와 내담자의 치료 목표에 맞춘 다양한 중재를 제공할 수 있다. 인턴이 자신의 지식 범위를 넘어설 수 있도록 교육적 지도가 필요할 때가 있다. 인턴이 성숙해지고 자신감과 기술을 쌓아감에 따라, 이상적인 수퍼바이저는 해석과 통찰을 통해 더 추상적인 중재를 개발할 수 있도록 돕는다. 수퍼바이저는 숙련된 상담사처럼 이러한 전략을 의도적으로 사용할 수 있다.

수퍼비전은 상호 소통이다. 이상적인 수퍼바이저는 좋은 수퍼비전이 수퍼바이저와 인턴 모두에게 새로운 통찰, 새로운 학습, 그리고 일에 대한 흥미를 열어 준다는 것을 인식한다. 학생들에게 민감한 좋은 교사나 멘토처럼, 수퍼바이저도 다른 사람을 가르치면서 새로운 것을 배운다. 최고의 수퍼비전은 호기심, 흥분, 그리고 새로운 통찰을 수퍼바이저와 인턴 모두에게 열어 주는 상호 협력적인 관계이다.

현장의 목소리에서 Marianne Schneider Corey는 수퍼바이저가 훈련생들이 자신만의 스타일을 개발할 수 있도록 돕는 것이 중요하다는 점을 상기시킨다. 그녀는 효과적인 수퍼바이저와 함께 일했던 자신의 경험을 회고하고 있다.

### 현장의 목소리

#### 나의 효과적인 수퍼바이저들이 공통적으로 가진 것

*Marianne Schneider Corey, MA*

나는 훈련 중에 세 명의 다른 수퍼바이저를 만났다. 각자 고유한 수퍼비전 스타일을 가지고 있었지만, 모두 따뜻하고 인간적인 면모를 가진 사람들이었으며, 나에게 관심을 보여주면서도 도전을 제공하는 균형을 잘 맞췄다. 내가 낙담했을 때, 그들은 나를 격려해 주었다. 그들은 나에게 두려움에 굴복하기보다는 한계를 확장하도록 격려했다. 내가 내 자신에 대한 의심이 있을 때, 그들은 내가 효과적인 상담사가 될 잠재력이 있다는 믿음을 보여 주었다. 내가 도전에 맞서지 못할 것 같다고 생각할 때, 그들은 내가 생각했던 것보다 더 많은 것을 해낼 수 있다는 믿음을 심어 주었다. 그들은 상담을 받을 수 있도록 언제나 상담할 수 있는 기회를 제공하며 안전망을 마련해 주었다.

그들이 모두 가르쳐 준 중요한 교훈 중 하나는 상담사로서의 개인적인 역할이 상담의 결과에 얼마나 중요한지에 대한 것이었으며, 그들은 내가 상담사가 되기 위해 공부를 시작하게 만든 내면의 부분을 인식하도록 격려해 주었다. 나는 내담자들이 표현한 많은 고통에 의해 촉발되어 상담사로서의 일을 계속할 수 있을지 의문을 가졌던 때가 있었다. 한 수퍼바이저는 내가 이 부분에서 걱정하지 않는다면 오히려 그것이 문제일 것이라고 말해 주었고, 동시에 내가 내담자에게 도움이 되지 않을 때 내 개인적인 문제를 인식하고 탐구하는 것의 가치를 깨닫도록 도와주었다. 내가 내담자에게 해를 끼칠 실수를 할까 걱정했을 때, 또 다른 수퍼바이저는 나에게 내가 그렇게 큰 힘을 가지고 있지 않다고, 그리고 내담자들이 나에게 그런 힘을 줄 가능성도 적다고 일깨워 주었다. 이 모든 수퍼바이저들은 적절한 경계를 가지고 있었고, 치료적 작업과 수퍼비전을 잘 조화시켰지만, 그들은 내 치료사 역할을 맡지 않았다. 그들은 내 개인적인 문제가 내담자와의 개입에 어떤 영향을 미칠 수 있는지에 중점을 두었다.

내가 처음 내담자를 상담하기 시작했을 때, 나는 내 수퍼바이저들의 상담 스타일을 모방하려는 유혹을 느꼈다. 하지만 그들 모두는 내가 그들로부터 배울 수 있도록 격려해 주었으나, 그들과 똑같은 사람이 되는 것이 아니라 상담 실무자로서 나만의 방식을 찾는 것이 중요하다는 점을 강조했다.

수퍼바이지가 "두려움에 굴복하지 않고 한계를 확장할 수 있도록" 어떻게 격려할 수 있겠는가? 내담자들이 표현하는 고통에 영향을 받는다면, 수퍼바이지가 내담자들의 고통을 다룰 수 있도록 어떻게 도울 수 있겠는가? 수퍼바이지가 "실수를 해서 내담자에게 영구적인 해를 끼칠까 두렵다"라고 말한다면, 당신은 그들에게 무엇을 말할 수 있겠는가? 이제 잠시 시간을 내어 이상적인 수퍼바이저에 대한 당신만의 설명을 작성해 보라. 이렇게 하는 것이 수퍼비전 과정을 어떻게 보는지 이해하는 데 도움이 될 것이다.

### 효과적인 수퍼바이저의 특성

이상적인 수퍼바이저에 대한 설명을 바탕으로, 우리가 되고 싶은 수퍼바이저나 만나고 싶은 수퍼바이저의 종합적인 모습을 만들 수 있다. 우리 동료들과 이 책의 기고자들은 효과적인 수퍼바이저의 속성을 설명했으며, 공통된 주제를 다음 목록에 요약했다. 효과적인 수퍼바이저는:

- 임상적, 행정적, 법적, 윤리적 문제를 이해함
- 강력한 임상 기술을 보유함
- 공감, 존중, 진정성, 경청을 보여 줌
- 수용적인 수퍼비전 환경을 조성함
- 신뢰와 존중이 특징인 수퍼비전 관계를 만듦
- 수퍼바이지의 발달 수준을 파악하고, 그들의 훈련 요구에 가장 적합한 방법을 사용함
- 유머 감각을 가짐
- 명확한 경계를 설정함
- 수퍼바이지가 적절한 위험을 감수하도록 격려함

- 협력적인 수퍼비전 과정을 지지함
- 수퍼비전 관계에서 수퍼바이지가 가지고 있는 지식을 존중함
- 수퍼바이지가 가지고 오는 개인 차이와 이론적 관점의 차이를 존중함
- 개방적이고, 접근하기 쉬우며, 지지적임
- 수퍼바이지를 개인으로서 관심을 가짐
- 훈련과 수퍼비전에 깊은 관심을 가짐
- 수퍼바이지의 불안과 취약성에 민감함
- 수퍼비전 세션을 "보호된" 시간으로 소중히 여김
- 솔직하고 건설적인 피드백을 제공함
- 유연하고, 침착하며, 이해심이 있음
- 관계 기술을 모델링하여 경험, 지혜, 기술을 공유함
- 수퍼바이지가 동의하지 않을 권리를 존중함
- 방향 제시와 수퍼바이지가 독립적으로 성장할 수 있는 균형을 제공함

## 초보 수퍼바이저의 어려움

수퍼바이저로서 일을 시작할 때, 자신의 역할과 수퍼비전의 목표에 대해 두려움, 의심, 불확실성을 경험하게 될 것이다. 이는 수퍼바이지에서 수퍼바이저로 처음 전환하는 임상가들이 공통적으로 겪는 경험이다. 경험과 지식, 그리고 수퍼비전 주제에 대한 독서, 강의, 워크숍 등을 통해, 당신은 자신이 되고 싶은 수퍼바이저로 성장할 수 있다. 여기서는 초보 수퍼바이저들이 흔히 겪는 걱정과 어려움을 정리했으며, 효과적인 수퍼바이저가 되기 위한 노력에 용기를 드리고자 한다.

- 수퍼바이저로서 자신의 정체성을 개발하기
- 수퍼비전에서 중요한 것이 무엇인지 우선순위를 설정하기
- 자기 의심을 다루기
- 적절한 경계를 설정하고 객관성을 유지하기
- 답을 제시하기보다는 수퍼바이저가 해야 할 일을 배우기
- 수퍼비전의 다양한 목표와 역할을 균형 있게 조율하기
- 수퍼바이지에게 건설적인 방식으로 피드백 제공하기

- 수퍼바이지가 스스로 답을 찾도록 돕기
- 수퍼비전에는 정답이 하나만 있는 것이 아님을 깨닫기
- 수퍼바이지가 수퍼비전 과정에 대한 책임을 받아들이고 신뢰하도록 돕기
- 안전하고 수용적인 분위기를 조성하기
- 수퍼바이지의 치료사가 되지 않기
- 수퍼바이저로의 전환을 하고, 수퍼바이지와 지나치게 동일시하지 않기
- 수퍼바이저로서 무엇을 해야 할지에 대한 자신감 부족
- 수퍼바이지의 심각한 임상적 실수를 다루는 방법 알기
- 전문가의 역할을 맡는 것에 대한 주저함
- 수퍼바이지의 직업적 발달 단계에 맞춘 수퍼비전 제공하기
- 자신의 기술과 성격에 가장 잘 맞는 수퍼비전 스타일 결정하기

## 효과적인 수퍼바이저가 되는 것에 대한 우리의 생각

우리는 수퍼바이저가 치료적 인격을 갖춘 사람이 되어야 한다고 믿는다. 이는 특히 수퍼바이지와 작업 관계를 형성하는 데 중요하다. 효과적인 수퍼바이저는 건강한 개인적 및 직업적 경계를 유지하며, 이를 수퍼바이지에게 모델링해 준다. 그들은 타인의 복지에 진심으로 관심을 가지고 있으며, 그들의 관심은 존중, 돌봄, 그리고 신뢰를 기반으로 한다. 그들은 신중하고 목적이 있으며, 타인과 함께 있는 순간에 진정으로 존재한다.

효과적인 수퍼바이저는 자신이 내린 선택에 확신을 가지고 있으며, 그 선택들이 인생의 방향에 영향을 미쳤음을 인지한다. 그들은 자신, 타인, 그리고 세상에 대해 일찍 내린 결정을 알고 있으며, 필요할 때 이를 기꺼이 수정할 준비가 되어 있다. 그들은 생동감을 느끼며, 그들의 선택은 삶을 지향한다. 그들은 단순한 존재가 아닌, 충만한 삶을 사는 데 헌신한다. 그들은 진실하고, 성실하며, 정직하고, 가면이나 방어, 역할, 또는 허울 뒤에 숨지 않는다.

효과적인 수퍼바이저는 유머 감각을 가지고 있다. 그들은 인생의 사건들을 시야에 맞게 조정할 수 있다. 특히 자신의 실수와 모순에 대해 웃는 법을 잊지 않았다. 그들은 실수를 하고, 이를 기꺼이 인정하며, 심지어 실수에서 배우기도 한다.

효과적인 수퍼바이저는 문화의 영향을 인식한다. 그들은 자신의 문화가 자신에게 미치는 영향을 알고 있으며, 다른 문화에서 추구하는 다양한 가치를 존중한다. 또한, 그들은 사

회적 계층, 인종, 성적 지향, 성별에서 발생하는 독특한 차이에 민감하다.

이러한 효과적인 수퍼바이저의 특성들이 비현실적이고 도달할 수 없는 것처럼 보일 수 있지만, 이들을 연속선상에 존재하는 것으로 생각해 보라. 어떤 특성은 한쪽 끝에서는 매우 특징적일 수 있지만, 다른 한쪽에서는 매우 비특징적일 수 있다. 이러한 특성과 특징들은 특정한 행동으로 변환되어 수퍼바이저의 발달을 평가하는 데 사용될 수 있다. 이러한 특성들을 많이 가진 수퍼바이저는 효과적인 자신만의 수퍼비전 스타일을 개발하기에 좋은 위치에 있는 것이다.

## 수퍼바이저로서 자신만의 스타일 찾기

일부 훈련생들은 수퍼바이저나 교사의 스타일을 지나치게 모방하려고 노력함으로써 자신의 발전을 제한한다. 존경하는 수퍼바이저를 관찰할 때, 그들의 방법을 모방하려고 할 수 있지만, 동료와 수퍼바이저, 그리고 부정적인 경험으로부터 배우는 데 마음을 열면 수퍼비전에서 더 많은 것을 얻을 수 있다. 다양한 스타일을 시도해 보되, 무엇이 자신에게 맞는지, 무엇이 맞지 않는지 지속적으로 평가해 보라. 스스로에게 자문하라: "내 성격과 신념 체계에 맞는 것은 무엇인가? 내 수퍼바이저의 이론적 방법이나 실제 적용 방식과 나의 방식 사이에 어떤 갈등이 있는가?" 다른 사람에게 너무 많은 주의를 기울이면 자신의 독특함을 발견하지 못할 수 있다. 수퍼바이저와 교사의 장점을 인정하되, 그들의 복제품이 되지 않도록 하라. 자신의 내면의 목소리를 듣고 내적 신호를 존중하는 법을 배우면, 결국 외부 권위에 덜 의존하게 될 것이다.

"타고난" 상담사, 수퍼바이저, 수퍼바이지가 따로 있는 것은 아니다. 이러한 역할과 관련된 기술은 학습되고, 연습되며, 다듬어지는 것이다. 효과적인 수퍼바이저가 되는 가장 좋은 방법 중 하나는 수퍼바이지로서 배우고 있는 교훈을 실무에 반영하는 것이다. 우리는 이 장이 여러분이 되고자 하는 수퍼바이저의 유형에 대한 더 나은 아이디어를 제공했기를 바란다. 수련 중에 주의해야 할 많은 변수들로 인해 약간 위축될 수도 있지만, 새로운 기술이나 공예를 배우는 것과 마찬가지로, 능숙해지기 위해서는 시간과 연습이 필요하다.

상담사 훈련 프로그램을 처음 시작했을 때, 내담자가 말하고 하는 모든 것에 집중하느라 자신의 반응을 주의하는 것을 잊는 실수를 했을 수 있다. 모든 제스처를 포착하고 모든 문장을 이해하려고 너무 애쓰면, 내담자와 함께 있는 순간을 놓칠 수 있다. 어떤 한 수퍼바이저는 학생에게 이렇게 조언했다: “내담자와의 대화에서 무언가를 놓치더라도, 그 사람은 아마도 나중에 다시 그것을 꺼내게 될 것이다.” 마찬가지로, 수퍼바이저로서 편안하게 느끼는 법을 배우는 데에도 시간과 연습이 필요하다.

다른 사람을 수퍼비전하기 시작할 때, 모든 상황에서 항상 올바른 말을 할 필요는 없다. 모든 역할을 배우는 것은 지속적인 과정이지, 한 번에 완성되는 상태가 아니다. 완벽할 필요는 없으며, 실수에서 배울 수 있는 여유를 자신에게 허락하는 것이 중요하다. 완벽하지 않아도 괜찮다는 것을 스스로 허락하는 것은 상담사, 수퍼바이지, 그리고 수퍼바이저가 되는 과정 모두에 적용된다.

## 이제 우리는 어디로 나아갈 수 있는가?

우리는 수퍼바이저로서의 역할에서 중요한 것은 수퍼바이저 개인의 인격이라고 믿고 있음을 강조해 왔다. 따라서 자신의 개인적 성장을 촉진하는 모든 행동은 전문적 역할에서 큰 성과를 낼 수 있다. 다음은 수퍼바이저로서의 발전을 촉진하는 몇 가지 방법이다.

전문 학술지에서 수퍼비전의 이론과 실무에 관한 글을 읽고, 수퍼비전 관련 서적을 읽어 보라. 수퍼비전과 연계된 전문 기관에 가입하는 것도 좋다. 예를 들어, 미국 상담학회에 가입하면, 수퍼바이저와 상담 교육자를 위한 주요 전문 기관인 상담사 교육 및 수퍼비전 협회에도 가입할 수 있다. 다른 수퍼바이저들과, 대면 또는 온라인을 통해 네트워킹하면서 비슷한 도전 과제를 겪고 있는 사람들과 소통하는 것도 많은 것을 배울 수 있는 기회이다.

경력 중 여러 시점에서 임상 수퍼비전에 관한 과정이나 계속 교육 워크숍을 수강해 새로운 아이디어를 탐구하고 이를 수퍼비전 실무에 적용해 보라. 동료와 함께 수퍼비전을 진행할 방법을 찾아보라. 예를 들어, 대학 프로그램에서 학위 과정의 일환으로 그룹 수퍼비전을 하는 경우, 동료를 몇몇 회기에 초대하여 두 사람이 수퍼바이지에게 피드백을 제공할 수 있도록 할 수 있다. 또한, 학습 도구로서 동료 수퍼비전을 고려해 보라. 어떤 방식으로든 수퍼비전의 수퍼비전을 받고, 수퍼비전 실무에 대해 경험이 많은 동료들과 상의하는 것도 좋다.

가능하다면, 경험이 풍부한 동료나 전문가에게 자신의 수퍼비전을 감독해 달라고 요청해 보라. 이러한 수퍼비전은 수퍼바이지가 수퍼비전에서 어떤 경험을 하는지에 대한 인식을 높이는 데 큰 도움이 된다. 수퍼바이저로서 자신의 한계에 대한 감정을 포함하여 취약성에 대한 감정을 기꺼이 공유하라. 수퍼바이저 역할을 시작하기 전에 모든 것을 완벽히 갖출 필요는 없다. 이 작업에 참여하면서 수퍼비전에 대해 많은 것을 배우게 될 것이다.

수퍼바이지에게 피드백을 요청해 보라. 교수들이 학기 말에 학생 평가에서 익명의 피드백을 받는 것처럼, 수퍼바이지가 수퍼비전의 가치에 대해 의견을 제시할 수 있는 경로를 만들 수 있다. 메모나 개인 일기를 기록하고, 수퍼바이저로서의 생각을 적어 보라. 겪고 있는 어려움과 수퍼바이저로서의 전문적인 일이 개인적으로 어떤 영향을 미치는지 기록해 보라. 일기는 자신이 발전시키거나 변화시킬 수 있는 패턴을 추적하는 훌륭한 방법이다.

우리는 수년간 효과적인 수퍼바이저가 되는 것은 지속적으로 자기 성찰을 하려는 의지와 관련이 있음을 배웠다. 유능함의 최종 목표에 도달하는 것보다는, 숙련된 치료사나 유능한 교사와 마찬가지로, 효과적인 수퍼바이저는 자신이 무엇을 하고 있는지, 그리고 더 창의적으로 할 수 있는 방법에 대해 끊임없이 숙고한다. 효과적인 수퍼바이저는 정체된 상태에 머무르기보다는, 계속해서 변화하고 성장하는 과정에 기꺼이 참여한다.

## 요약

수퍼비전에 대해 더 많이 배우고, 수퍼바이지와 수퍼바이저로서 경험을 쌓다 보면, 효과적인 수퍼바이저에 대한 당신의 관점이 변화할 가능성이 크다. 우리 모두는 수퍼바이저가 되는 과정에서 회의감과 어려움을 경험했다. 이는 새로운 역할과 관련된 새로운 기술을 배우는 정상적인 과정이다. 유능한 수퍼바이저가 되기 위해 필요한 지식을 습득하고, 그 역할에 적응할 시간을 자신에게 허락하는 것이 중요하다. 지속적인 학습에 마음을 열고, 필요할 때 추가적인 수퍼비전과 상담을 요청하는 것을 두려워해서는 안 된다.

효과적인 수퍼바이저가 되는 한 가지 방법은 효과적인 수퍼바이지가 되는 것이다. 자기 성찰을 통해 학습하고 자신의 상담 기술을 점검하는 데 개방적이 되어라. 효과적인 수퍼바이저뿐만 아니라 비효율적인 수퍼바이저에게서도 수퍼비전에 대해 최대한 배우라. 현재 수퍼바이저로 활동 중이라면, 동료들에게 자신의 수퍼비전 작업에 대한 수퍼비전을 요청하라. 효과적인 수퍼바이저는 새로운 기술과 역할을 지속적으로 배우고, 각 수퍼비전 경험을 통해 성장한다. 우리는 이 책의 자료와 다양한 수퍼바이저와 수퍼바이지의 관점이, 여러분이 효과적인 수퍼바이저가 되기 위해 자아 탐구와 연구를 이어나가는 데 하나의 길을 제공했기를 바란다.

## 학습 활동

1. 곧 수퍼비전을 시작할 예정이라고 상상해 보라. 무엇을 준비하고 있으며, 목표를 달성하기 위해 무엇이 필요할 것 같은가? 효과적인 수퍼비전 과정을 위해 필요한 과제와 지원 자료 목록을 작성해 보라.
2. 짝을 지어 수업 참여자들이 서로에게 효과적인 수퍼바이저에 가까운 사람에게 수퍼비전을 받은 경험이 있는지, 그 경험이 어땠는지 공유해 보라. 그 수퍼바이저의 가장 뛰어난 특성은 무엇이었는가? 그 경험이 당신이 수퍼바이저로 일하고 싶은 방식에 어떤 영향을 미쳤는가?
3. 현재 수퍼바이저로 활동 중인 사람 두세 명을 인터뷰해 보라. 그들이 처음 수퍼바이저가 되었을 때 겪었던 어려움은 무엇이었고, 그 문제를 어떻게 해결했는지 물어보라. 결과를 수업이나 소그룹에서 토론해 보라.
4. 소그룹으로 나누어 수퍼바이저가 되는 과정에서 당신이 겪을 가능성이 있는 주요 어려움에 대해 논의해 보라. 그런 다음, 그 어려움들을 어떻게 해결할 수 있을지 방법을 논의해 보라. 소그룹은 그들의 주요 발견을 큰 그룹과 공유하고, 그 어려움을 해결하는 방법에 대한 최종 목록(master list)을 작성할 수 있다.

# 참고문헌

Abassary, C., & Goodrich, K. M. (2014). Attending to crisis-based supervision for counselors:The CARE model of crisis-based supervision. *The Clinical Supervisor, 33*(1), 63-81. https://doi.org/10.1080/07325223.2014.918006

Acuff, C., Bennett, B. E., Bricklin, P. M., Canter, M. B., Knapp, S. J., Moldawsky, S., & Phelps, R. (1999). Considerations for ethical practice of managed care. *Professional Psychology: Research and Practice, 30*(6), 563-575.

American Association for Marriage and Family Therapy. (2015). *Code of ethics*.

American Counseling Association. (2014). ACA *code of ethics*.

American Counseling Association Knowledge Center. (2020). *Racism Statments*. https://www.counseling.org/knowledge-center/mental-health-resources/racism

American Mental Health Counselors Association. (2015). *Code of ethics of the American Mental Health Counselors Association*.

American Mental Health Counselors Association. (2016). AMHCA *standards for the practice of clinical mental health counseling.*

American Psychological Association. (2015). Guidelines for clinical supervision in health service psychology. *American Psychologist, 70*(1), 33-46.

American Psychological Association. (2017). *Ethical principles of psychologists and code of conduct*. http://www.apa.org/ethics/code/ethics-code-2017.pdf

American School Counselor Association. (2016). *Ethical standards for school counselors*.

American School Counselor Association. (2018a). *After a suicide: A toolkit for schools* (2nd ed.). *https://www.sprc.org/sites/default/files/resource-program/AfteraSuicideToolkitforSchools.pdf*

American School Counselor Association (2018b). *Ethical standards for school counselor education faculty*. https://www.schoolcounselor.org/asca/media/asca/Ethics/SCEEthicalStandards.pdf

Ancis, J. R., & Ladany, N. (2010). A multicultural framework for counselor supervision. In N. Ladany & L. J. Bradley (Eds.), *Counselor supervision* (4th ed., pp. 53-96). Routledge.

Association for Counselor Education and Supervision. (2011). *Best practices in clinical supervision*. www.acesonline.net/wp-content/uploads/2011/10/ACES-Best-Practices-in-clinicalsupervision-document-FINAL.pdf

Association for Spiritual, Ethical, and Religious Values in Counseling. (2009). *Competencies for addressing spiritual and religious issues in counseling*. https://www.counseling.org/docs/default-source/competencies/competencies-for-addressing-spiritual-andreligious-issues-in-counseling.pdf?sfvrsn=aad7c2c_8

Austin, J. A., & Austin, J. T. (2020). *Surviving and thriving in your counseling program*. American Counseling Association.

Austin, J., Austin, J., Muratori, M., & Corey, G. (2017). Multiple relationships and multiple roles in higher education: Maintaining multiple roles and relationships in counselor education. In O. Zur (Ed.), *Multiple relationships in psychotherapy and counseling: Unavoidable, common, and mandatory dual relations in therapy* (pp. 165-173). Routledge, Taylor & Francis.

Avent, J. R., Wahesh, E., Purgason, L. L., Borders, L. D., & Mobley, A. K. (2015). A content analysis of peer feedback in triadic supervision. *Counselor Education and Supervision*, 54(1), 68-80. https://doi.org/10.1002/j.1556-6978.2015.00071.x

Bacon, J. (2018, November 30). Suicide, overdoses rise in US. *Reno Gazette Journal*, p. B2.

Baldwin, K. D. (2018). Faculty and supervisor roles in gatekeeping. In A. M. Homrich & K. L. Henderson (Eds.). *Gatekeeping in the mental health professions* (pp. 99-125). American Counseling Association.

Barnett, J. E., Cornish, J. A. E., Goodyear, R. K., & Lichtenberg, J. W. (2007). Commentaries on the ethical and effective practice of clinical supervision. *Professional Psychology: Research and Practice*, 38(3), 268-275.

Barnett, J. E., & Johnson, W. B. (2008). *Ethics desk reference for psychologists*. American Psychological Association.

Barnett, J. E., & Johnson, W. B. (2010). *Ethics desk reference for counselors*. American Counseling

Association.

Barnett, J. E., Lazarus, A. A., Vasquez, M. J. T., Moorehead-Slaughter, O., & Johnson, W. B. (2007). Boundary issues and multiple relationships: Fantasy and reality. *Professional Psychology: Research and Practice, 38*(4), 401-410. https://doi. org/10.1037/0735-7028.38.4.401

Barnett, J. E., & Molzon, C. H. (2014). Clinical supervision of psychotherapy: Essential ethics issues for supervisors and supervisees. *Journal of Clinical Psychology: In Session, 70*(11), 1051-1061. https://doi.org/ 10.1002/jclp.22126

Belšak, K., & Simonicˇ, A. (2019). Ethical issues in the use of technology in clinical supervision. *Psihoterapija*, 33(2), 233-246.

Bernard, J. M. (1979). Supervisor training: A discrimination model. *Counselor Education and Supervision, 19*(1), 60-68.

Bernard, J. (2014). The use of supervision notes as a targeted training strategy. *American Journal of Psychotherapy, 68*(2), 195-212. https://doi.org/10.1176/appi. psychotherapy. 2014.68.2.195

Bernard, J. M., & Goodyear, R. K. (2019). *Fundamentals of clinical supervision* (6th ed.). Pearson.

Bitter, J. R. (2021). *Theory and practice of couples and family counseling* (3rd ed.). American Counseling Association.

Boie, I., & Lopez, A. (2011). Supervision of counselors working with eating disorders: Utilizing the integrated developmental model. *The Clinical Supervisor, 30*(2), 215-234. https://doi.org/10 .1080/07325223.2011.607744

Borders, L. D. (2005). Snapshot of clinical supervision in counseling and counselor education: A five-year review. *The Clinical Supervisor, 24*(1-2), 69-113.

Borders, L. D., & Brown, L. L. (2005). *The new handbook of counseling supervision*. Erlbaum.

Borders, L. D., Glosoff, H. L., Welfare, L. E., Hays, D. G., DeKruyf, L., Fernando, D. M., & Page, B. (2014) Best practices in clinical supervision: Evolution of a counseling specialty, *The Clinical Supervisor*, 33(1), 26-44. https://doi.org/ 10.1080/07325223.2014.905225

Brown, L. (2016). *Supervision essentials for the feminist psychotherapy model of supervision*. American Psychological Association. https://doi.org/ 10.1037/14878-000

Bryan, C. J., & Rudd, M. D. (2018) *Brief cognitive-behavioral therapy for suicide prevention*. Guilford Press.

Brymer, M., Jacobs, A., Layne, C., Pynoos, R., Ruzek, J., Steinberg, A., Vernberg, E., & Watson, P. (2006). *Psychological first aid: Field operations guide* (2nd ed.). National Child Traumatic Stress Network and National Center for PTSD. SAMSHA.

Campbell, J. M. (2006). *Essentials of clinical supervision*. Wiley.

Cashwell, C. S., & Young, J. S. (Eds.). (2020). *Integrating spirituality and religion into counseling: A guide to competent practice* (3rd ed.). American Counseling Association.

Chang, C. Y., Hays, D. G., & Milliken, T. F. (2009). Addressing social justice issues in supervision: A call for client and professional advocacy. *The Clinical Supervisor*, 28(1), 20-35.

Clark, P., Hinton, W. J., & Grames, H. A. (2016). Therapists' perspectives of the cotherapy experience in a training setting. *Contemporary Family Therapy, 38*, 159-171. https://doi.org/ 10.1007/s10591-015-9358-2

Clemens, N. A. (2015). A video-conferencing peer consultation group for psychotherapy by early-career psychiatrists. *Journal of Psychiatric Practice, 21*(4), 304-305. https://doi.org/10.1097/PRA.0000000000000088

Clevinger, K., Albert, E., & Raiche, E. (2019). Supervisor self-disclosure: Supervisees' perceptions of positive supervision experiences. *Training and Education in Professional Psychology, 13*(3), 222-226. https://doi.org/10.1037/tep0000236

CNN. (2019). *10 years. 180 school shootings. 356 victims*. https://www.cnn.com/interactive/2019/07/us/ten-years-of-school-shootings-trnd/

Cooper, C. C., & Gottlieb, M. C. (2000). Ethical issues with managed care: Challenges facing counseling psychology. *The Counseling Psychologist, 28*(2), 179-236.

Corey, G. (2019). *The art of integrative counseling.* American Counseling Association.

Corey, G. (2020). *Personal reflections on counseling*. American Counseling Association.

Corey, G., Corey, M., & Corey, C. (2019). *Issues and ethics in the helping professions* (10th ed.). Cengage Learning.

Corey, G., Muratori, M., Austin, J., & Austin, J. (2018). *Counselor self-care*. American

Counseling Association.

Corey, M., & Corey, G. (2021). *Becoming a helper* (8th ed.). Cengage Learning.

Corey, M., Corey, G., & Corey, C. (2018). *Groups: Process and practice* (10th ed.). Cengage Learning.

Council for Accreditation of Counseling Related Educational Programs. (2016). *CACREP standards*.

Crockett, S., & Hays, D. G. (2015). The influence of supervisor multicultural competence on the supervisory working alliance, supervisee counseling self-efficacy, and supervisee satisfaction with supervision: A mediation model. *Counselor Education and Supervision, 54*(4), 258-273. https://doi.org/ 10.1002/ceas.12025

Crunk, A. E., & Barden, S. M. (2017). The common factors discrimination model: An integrated approach to counselor supervision. *The Professional Counselor, 7*(1), 62-75.

Cummings, J. A., Ballantyne, E. C., & Scallion, L. M. (2015). Essential processes for cognitive behavioral clinical supervision: Agenda setting, problem-solving, and formative feedback. *Psychotherapy, 52*(2), 158-163. https://doi.org//10.1037/a0038712

David, E. (2019, October 9). *Rising suicide rates at college campuses prompt concerns over mental health care*. ABC News. https://abcnews.go.com/Health/rising-suicide-rates-college-campuses-prompt-concerns-mental/story?id=66126446&cid=clicksource_26_null_bsq_hed

Davis, S. R., & Meier, S. T. (2001). *The elements of managed care: A guide for helping professionals*. Brooks/Cole, Cengage Learning.

Day-Vines, N. L., Booker Ammah, B., Steen, S., & Arnold, K. M. (2018). Getting comfortable with discomfort: Preparing counselor trainees to broach racial, ethnic, and cultural factors with clients during counseling. *International Journal for the Advancement of Counselling, 40,* 89-104. https://doi.org/10.1007/s10447- 017-9308-9

Day-Vines, N. L., Cluxton-Keller, F., Agorsor, C., Gubara, S., & Otabil, N. A. A. (2020). The multidimensional model of broaching behavior. *Journal of Counseling & Development, 98*(1), 107-118. https://doi.org/10.1002/jcad.12304

Day-Vines, N. L., Wood, S., Grothaus, T., Craigen, L., Holman, A., Dotson-Blake, K., &

Douglass, M. (2007). Broaching the subjects of race, ethnicity, and culture during the counseling process. *Journal of Counseling & Development, 85*(4), 401-409.

DeLorenzi, L. D. (2018a). Challenges and strategies in addressing problematic trainees. In A. M. Homrich & K. L. Henderson (Eds.), *Gatekeeping in the mental health professions*(pp. 53-65). American Counseling Association.

DeLorenzi, L. D. (2018b). Evaluating trainee professional performance. In A. M. Homrich & K. L. Henderson (Eds.), *Gatekeeping in the mental health professions* (pp. 193-220). American Counseling Association.

Del Vecchio-Scully, D., & Glaser, M. (2018). Disaster recovery in Newtown: The intermediate phase. In J. Webber & J. B. Mascari (Eds.), *Disaster mental health counseling: A guide to preparing and responding* (4th ed., pp. 233-248). American Counseling Association.

de Shazer, S. (1991). *Putting difference to work.* Norton.

Disney, M. J., & Stephens, A. J. (1994). Legal issues in clinical supervision. In T. P. Remley Jr. (Ed.), *The ACA legal series* (Vol. 10). American Counseling Association.

Drinane, J. M., Owen, J., & Tao, K. W. (2018). Cultural concealment and therapy outcomes. *Journal of Counseling Psychology*, 65, 239-246. https://doi.org/10.1037/cou0000246

Duffey, T., & Haberstroh, S. (Eds.). (2020). *Introduction to crisis and trauma counseling*. American Counseling Association.

Dufrene, R. L. (2018). Collaboration during gatekeeping. In A. M Homrich& K. L. Henderson (Eds.),. *Gatekeeping in the mental health professions* (pp. 127-146). American Counseling Association.

Dupre, M., Echterling, L. G., Meixner, C., Anderson, R., & Kielty, M. (2014). Supervision experiences of professional counselors providing crisis counseling. *Counselor Education and Supervision, 53*(2), 82-96. https://doi.org/10.1002/j.1556-6978.2014.00050.x

Ericsson, K. A., & Pool, R. (2016). *Peak: Secrets from the new science of expertise*. Houghton Mifflin Harcourt.

Estrada, D., Singh, A. A., & Harper, A. J. (2017). Becoming an ally: Personal, clinical, and school-based social justice interventions. In M. M. Ginicola, C. Smith, & J. M. Filmore(Eds.),

*Affirmative counseling with LGBTQI+ people* (pp. 343-358). American Counseling Association. https://doi.org/10.1002/9781119375517.ch25

Falender, C. A. (2017). Multiple relationships and clinical supervision. In O. Zur (Ed.), *Multiple relationships in psychotherapy and counseling: Unavoidable, common, and mandatory dual relations in therapy* (pp. 209-220). Routledge, Taylor & Francis.

Falender, C. (2018). Clinical supervision—The missing ingredient. *American Psychologist*, 73(9), 1240-1250. https://doi.org//10.1037/amp0000385

Falender, C., & Shafranske, E. (2017). *Supervision essentials for the practice of competency-based supervision*. American Psychological Association.

Falvey, J. E. (2002). *Managing clinical supervision: Ethical practice and legal risk management*. Brooks/Cole, Cengage Learning.

Falvo, D. R., & Holland, B. E. (2018). *Medical and psychosocial aspects of chronic illness and disability* (6th ed.). Jones & Bartlett Learning.

Finnerty, P., Kocet, M. M., Lutes, J., & Yates, C. (2017). Affirmative strengths-based counseling with LGBTQI+ people. In M. M. Ginicola, C. Smith, & J. M. Filmore(Eds.), *Affirmative counseling with LGBTQI+ people* (pp. 109-125). American Counseling Association.

Forrest, L., Elman, N., Gizara, S., & Vacha-Haase, T. (1999). Trainee impairment: A review of identification, remediation, dismissal, and legal issues. *The Counseling Psychologist*, 27(5), 627-686.

Francis, P. C. (2016). Religion and spirituality in counseling. In I. Marini & M. A. Stebnicki (Eds.), *The professional counselor's desk reference* (2nd ed., pp. 559-564). Springer.

Gallo, L. L. (2013). The need for developmental models in supervising school counselors. *Journal of School Counseling, 11*(19), 1-15. https://eric.ed.gov/contentdelivery/servlet/ERICServlet?accno=EJ1034741

Garner, B. A. (Ed.). (1999). *Black's law dictionary* (7th ed.). The West Group.

Garner, C. M., Webb, L. K., Chaffin, C., & Byars, A. (2017). The soul of supervision: Counselor spirituality. *Counseling and Values*, 62(1), 24-26.

Gaubatz, M. D., & Vera, E. M. (2002). Do formalized gatekeeping procedures increase programs' follow-up with deficient trainees? *Counselor Education and Supervision*, 41(4), 294-305.

Gaubatz, M. D., & Vera, E. M. (2006). Trainee competence in master's level counseling programs: A comparison of counselor educators' and students' views. *Counselor Education and Supervision,* 46(1), 32-43.

Ginicola, M. M., Smith, C., & Filmore, J. M. (Eds.). (2017). *Affirmative counseling with LGBTQI+ people*. American Counseling Association.

Goodrich, K. M., & Ginicola, M. M. (2017). Evidence-based practice for counseling the LGBTQI+ population. In M. M. Ginicola, C. Smith, & J. M. Filmore (Eds.), *Affirmative counseling with LGBTQI+ people* (pp. 97-107). American Counseling Association.

Gutierrez, D. (2018). The role of intersectionality in marriage and family therapy multicultural supervision. *American Journal of Family Therapy*, 46(1), 14-26. https://doi.org/10.1080/01926187.2018.1437573

Hanna, F. J., Talley, W. B., & Guindon, M. H. (2000). The power of perception: Toward a model of cultural oppression and liberation. *Journal of Counseling & Development, 78*(4), 430-441.

Harris, K. A., Randolph, B. E., & Gordon, E. (2016). What do clients want? Assessing spiritual needs in counseling: A literature review. *Spirituality in Clinical Practice, 3*, 250-275.

Hayes, J. A., Gelso, C. J., Kivlighan, D. M., & Goldberg, S. B. (2019). Managing countertransference. In J. C. Norcross & M. J. Lambert (Eds.), *Psychotherapy relationships that work* (3rd ed., pp. 532-548). Oxford University Press.

Hays, D. G. (2008). Assessing multicultural competence in counselor trainees: A review of instrumentation and future directions. *Journal of Counseling & Development*, 86(1), 95-101.

Hedegaard, H., Curtin, S. C., & Warner, M. (2018, November). *Suicide mortality in the United States, 1999-2017* (Data Brief No. 330). National Center for Health Statistics. https://www.cdc.gov/nchs/products/databriefs/db330.htm

Hein, S., & Lawson, G. (2008). Triadic supervision and its impact on the role of the supervisor: A qualitative examination of supervisors' perspectives. *Counselor Education and Supervision, 48*(1), 16-31.

Hein, S. F., Lawson, G., & Rodriguez, C. P. (2011). Supervisee incompatibility and its influence on triadic supervision: An examination of doctoral student supervisors' perspectives. *Counselor Education and Supervision, 50*(6), 422-436. https://doi.org/10.1002/j.1556-6978.2011.tb01925.x

Herlihy, B., & Corey, G. (2015a). *ACA ethical standards casebook* (7th ed.). American Counseling Association.

Herlihy, B., & Corey, G. (2015b). *Boundary issues in counseling: Multiple roles and responsibilities* (3rd ed.). American Counseling Association.

Hill, C. E., Knox, S., & Pinto-Coelho, K. G. (2019). Self-disclosure and immediacy. In J. C. Norcross & M. J. Lambert (Eds.), *Psychotherapy relationships that work: Evidence-based therapist contributions* (3rd ed., Vol. 1, pp. 379-420). Oxford University Press.

Holloway, E. L. (1995). *Clinical supervision: A systems approach*. Sage.

Holloway, E. L. (1999). A framework for supervision training. In E. Holloway & M. Carroll (Eds.), *Training counseling supervisors* (pp. 8-43). Sage.

Holt, H., Beutler, L. E., Kimpara, S., Macias, S., Haug, N. A., Shiloff, N., Goldblum, P., Temkin, R. S., & Stein, M. (2015). Evidence-based supervision: Tracking outcome and teaching principles of change in clinical supervision to bring science to integrative practice. *Psychotherapy, 52*(2), 185-189. https://doi.org/10.1037/a0038732

Homrich, A. M. (2018). Introduction to gatekeeping. In A. M. Homrich & K. L. Henderson (Eds.), *Gatekeeping in the mental health professions* (pp. 1-24). American Counseling Association.

Homrich, A. M., & Henderson, K. L. (Eds.). (2018). *Gatekeeping in the mental health professions*. American Counseling Association.

Hook, J. N., Captari, L. E., Hoyt, W., Davis, D. E., McElroy, S. E., & Worthington, E. L. (2019). Religion and spirituality. In J. C. Norcross, & B. E. Wampold (Eds.), *Psychotherapy relationships that work: Evidence-based therapist responsiveness* (3rd ed., Vol. 2, pp. 212-263). Oxford University Press.

Hutman, H., & Ellis, M. V. (2019, September 19). Supervisee nondisclosure in clinical supervision: Cultural and relational considerations. *Training and Education in Professional Psychology.* APA PsycNet. Advance online publication. https://doi.org/10.1037/tep0000290

Ivers, N. N., Rogers, J. L., Borders, L. D., & Turner, A. (2017). Using interpersonal process recall in clinical supervision to enhance supervisees' multicultural awareness. *The Clinical Supervisor, 36*(2), 282-303. https://doi.org/10.1080/07325223.2017.1320253

Jackson-Cherry, L., & Erford, B. T. (Eds.). (2018). *Crisis assessment, intervention, and prevention* (3rd ed.). Pearson Education.

*Jaffee v. Redmond,* WL 315 841(U.S. 1996).

James, R. K., & Gilliland, B. E. (2017). *Crisis intervention strategies* (8th ed.). Cengage Learning.

James, I. A., Milne, D., & Morse, R. (2008). Microskills of clinical supervision: Scaffolding skills. *Journal of Cognitive Psychotherapy: An International Quarterly*, 22(1), 29-36.

Jencius, M., & Baltrinic, E. R. (2016). Training counselors to provide online supervision. In T. Rousmaniere & E. Renfro-Michel (Eds.), *Using technology to enhance clinical supervision* (pp. 251-268). American Counseling Association.

Johnson, E. A. (2019). Recommendations to enhance psychotherapy supervision in psychology. *Canadian Psychology, 60*(4), 290-301. https://doi.org/10.1037/cap0000188

Johnson, W. B., Elman, N. S., Forrest, L., Robiner, W. N., Rodolfa, E., & Schaffer, J. B. (2008). Addressing professional competence problems in trainees: Some ethical considerations. *Professional Psychology: Research and Practice, 39*(6), 589-599.

Johnson, W. B., & Ridley, C. R. (2018). *The elements of mentoring* (3rd ed.). St. Martin's Press.

Kagan, N., Krathwohl, D. R., & Miller, R. (1963). Stimulated recall in therapy using videotape—A case study. *Journal of Counseling Psychology, 10,* 237-243.

Kanel, K. (2018). *A guide to crisis intervention* (6th ed.). Cengage Learning.

Kar Ray, M.., Wyder, M., Crompton, D., Kousoulis, A. A., Arensman, E., Hafizi, S., Van Bortel, T., & Lombardo, C. (2019). PROTECT: Relational safety-based suicide prevention training frameworks. *International Journal of Mental Health Nursing, 29*(3), 533-543. https://doi.org/10.1111/inm.12685

Kaslow, N. J., Rubin, N. J., Bebeau, M. J., Leigh, I. W., Lichtenberg, J. W., Nelson, P. D., et al. (2007). Guiding principles and recommendations for the assessment of competence. *Professional Psychology: Research and Practice*, 38(5), 441-451.

Kaslow, N. J., Rubin, N. J., Forrest, L., Elman, N. S., Van Horne, B. A., Jacobs, S. C., et al. (2007). Recognizing, assessing, and intervening with problems of professional competence. *Professional Psychology: Research and Practice, 38*(5), 479-492.

Kerl, S. B., Garcia, J. L., McCullough, C. S., & Maxwell, M. E. (2002). Systemic evaluation of professional performance: Legally supported procedure and process. *Counselor Education and Supervision*, 41(4), 321-332.

Kitchener, K. S. (1984). Intuition, critical evaluation and ethical principles: The foundation for ethical decisions in counseling psychology. *The Counseling Psychologist*, 12(3), 43-55.

Kocet, M. M., & Herlihy, B. J. (2014). Addressing values-based conflicts within the counseling relationship: A decision-making model. *Journal of Counseling & Development, 92*(2), 180-186.

Koocher, G. P., & Keith-Spiegel, P. (2016). *Ethics in psychology and the mental health professions: Standards and cases* (4th ed). Oxford University Press.

Kozlowski, J. M., Pruitt, N. T., DeWalt, T. A., & Knox, S. (2014) Can boundary crossings in clinical supervision be beneficial? *Counselling Psychology Quarterly, 27*(2), 109-126. https://doi.org/10.1080/09515070.2013.870123

Lee, C. C. (Ed.). (2018). *Counseling for social justice* (3rd ed.). American Counseling Association Foundation.

Lee, C. C. (2019a). Multicultural competency: A conceptual framework for counseling across cultures. In C. C. Lee (Ed.), *Multicultural issues in counseling: New approaches to diversity* (5th ed., pp. 3-13). American Counseling Association.

Lee, C. C. (Ed.). (2019b). *Multicultural issues in counseling: New approaches to diversity* (5th ed.). American Counseling Association.

Lee, C. C., Baldwin, R., Mamara, S. M., & Quesenberry, L. (2018). Counselors as agents of social justice. In C. C. Lee (Ed.), *Counseling for social justice* (3rd ed., pp. 3-20). American Counseling Association Foundation.

Lee, C. C., & Zalkalne, E. (2019). The culturally competent counselor as an agent of social justice. In C. C. Lee (Ed.), *Multicultural issues in counseling: New approaches to diversity* (5th ed., pp.

273-276). American Counseling Association.

Lewis, C. C., Scott, K. E., & Hendricks, K. E. (2014). A model and guide for evaluating supervision outcomes in cognitive behavioral therapy-focused training programs. *Training and Education in Professional Psychology, 8*(3), 165-173. https://doi.org/10.1037/ tep0000029

Li, C., & Vasquez-Nuttal, E. (2009). School consultants as agents of social justice for multicultural children and families. *Journal of Educational and Psychological Consultation, 19*(1), 26-44.

Liese, B. S., & Beck, J. S. (1997). Cognitive therapy supervision. In C. E. Watkins Jr. (Ed.), *Handbook of psychotherapy supervision* (pp. 114-133). Wiley.

Lonn, M. R., & Juhnke, G. (2017). Nondisclosure in triadic supervision: A phenomenological study of counseling students. *Counselor Education and Supervision, 56*(2), 82-97. https://doi.org/10.1002/ceas.12064

Lowry, J. L. (2001, August). Successful supervision: Supervisor and supervisee characteristics. In J. Barnett (Chair), *The secrets of successful supervision* (Symposium). American Psychological Association, San Francisco, CA.

MacKay, L., & Brown, J. (2014). Collaborative approaches to family systems supervision: Differentiation of self. *Australian and New Zealand Journal of Family Therapy, 34*, 325- 337. https://doi.org/10.1002/anzf.1036

Marini, I., & Stebnicki, M.A. (Eds.). (2018). *The psychological and social impact of illness and disability* (7th ed.). Springer Publishing.

Martin P., Lizarondo L., & Kumar S. (2018). A systematic review of the factors that influence the quality and effectiveness of telesupervision for health professionals. *Journal of Telemedicine Telecare, 24*(4), 271-281. https://doi.org/10.1177/1357633X17698868

Martinez, L. J., Davis, K. C., & Dahl, B. (1999). Feminist ethical challenges in supervision: A trainee perspective. *Women and Therapy, 22*(4), 35-54.

Martino, C. (2001). *Secrets of successful supervision: Graduate student's preferences and experiences with effective and ineffective supervision* (Symposium). American Psychological Association, San Francisco, CA.

McAdams, C. R., III, & Keener, H. J. (2008). Preparation, action, recovery: A conceptual framework for counselor preparation and response in client crises. *Journal of Counseling & Development, 86*(4), 388-398.

McKinley, M. T. (2019). Supervising the sojourner: Multicultural supervision of international students. *Training and Education in Professional Psychology, 13*(3), 174-179. https:// doi.org/10.1037/tep0000269

McNeill, B. W., & Stoltenberg, C. D. (2016). *Supervision essentials for the integrative developmental model*. American Psychological Association.

Metzl, J. M., & Hansen, H. (2014). Structural competency: Theorizing a new medical engagement with stigma and inequality. *Social Science & Medicine*, 103, 126-133.

Mosher, P. W., & Swire, P. P. (2002). The ethical and legal implications of *Jafee v Redmond* and the HIPAA medical privacy rule for psychotherapy and general psychiatry. *Psychiatric Clinics of North America, 25*, 575-584.

Moulton, P. (2019a). *Helping others*. Ekta Publishing.

Moulton, P. (2019b). *Team-based supervision: A process model* [Unpublished manuscript]. Department of Psychology, Northwestern State University.

Muratori, M. C. (2001, September). Examining supervisor impairment from the counselor trainee's perspective. *Counselor Education and Supervision, 41*(1), 41-56.

Muratori, M., & Haynes, R. (2020). *Coping skills for a stressful world: A workbook for counselors and clients*. American Counseling Association.

Murphy, J. J. (2015). *Solution-focused counseling in schools* (3rd ed.). American Counseling Association.

Myer, R. A., James, R. K., & Moulton P. (2011). *This is not a fire drill: Crisis intervention and prevention on college campuses*. John Wiley & Sons.

National Aeronautics and Space Administration. (2020, January 15). *NASA, NOAA analyses reveal 2019 second warmest year on record.* https://climate.nasa.gov/news/2945/nasanoaa-analyses-reveal-2019-second-warmest-year-on-record/

National Association of Social Workers. (1994). *Guidelines for clinical social work supervision.*

National Association of Social Workers. (2017). *Code of ethics.*

National Board for Certified Counselors. (1999). *Standards for the ethical practice of supervision*.

National Board for Certified Counselors. (2016). *National Board for Certified Counselors(NBCC) code of ethics*. http://www.nbcc.org/assets/ethics,/nbcc-codeofethics.pdf

National Center for Education Statistics. (2019, April 17). New report on crime and safety in schools and college campuses (Blog). https://nces.ed.gov/blogs/nces/post/New-Report-on-Crime-and-Safety-in-Schools-and-College-Campuses

National Child Traumatic Stress Network. (2006). *Psychological first aid operations guide* (2nd ed.). https://www.nctsn.org/sites/default/files/resources//pfa_field_operations_guide.pdf

National Organization for Human Services. (2015). *Ethical standards for human services professionals.*

Nelson, J. A., Nichter, M., & Henriksen, R. (2010). *On-line supervision and face-to-face supervision in the counseling internship: An exploratory study of similarities and differences*. http://counselingoutfitters.com/ vistas/vistas10/Article_46.pdf.

Norberg, J., Axelsson, H., Barkman, N., Hamrin, M., & Carlsson, J. (2016) What psychodynamic supervisors say about supervision: Freedom within limits, *The Clinical Supervisor, 35*(2), 268-286. https://doi.org/10.1080/07325223.2016.1219896

Norcross, J. C., & Beutler, L. E. (2019). Integrative psychotherapies. In D. Wedding, & R. J. Corsini (Eds.), *Current psychotherapies* (11th ed., pp. 527-560). Cengage Learning.

Norcross, J. C., & Lambert, M. J. (2014). Relationship science and practice in psychotherapy: Closing commentary. *Psychotherapy, 51*, 398-403. doi:10.1037/a0037418

Norcross, J. C., & Lambert, M. J. (Eds.). (2019). *Psychotherapy relationships that work: Evidence-based therapist contributions* (3rd ed., Vol. 1). Oxford University Press.

Norcross, J. C., & Popple, L. M. (2017). *Supervision essentials for integrative psychotherapy.* American Psychological Association.

Norcross, J. C., & VandenBos, G. R. (2018). *Leaving it at the office: A guide to psychotherapist self-care* (2nd ed.). Guilford Press.

Norcross, J. C., & Wampold, B. E. (Eds.). (2019). *Psychotherapy relationships that work: Evidence-based responsiveness* (3rd ed., Vol. 2). Oxford University Press.

Orlinsky, D. E., Geller, J. D., & Norcross, J. C. (2005). Epilogue: The patient psychotherapist, the psychotherapist's psychotherapist, and the therapist as a person. In J. D. Geller, J. C. Norcross, & D. E. Orlinsky (Eds.), *The psychotherapist's own psychotherapy: Patient and clinician perspectives* (pp. 405-415). Oxford University Press.

Polychronis, P. D., & Brown, S. G. (2016). The strict liability standard and clinical supervision. *Professional Psychology: Research and Practice, 47*(2), 139-146.

Purswell, K. E., Willis, B. T., & Lara, A. C. (2019). Counselor development across the lifespan: A Q methodology study. *Journal of Counselor Leadership and Advocacy, 6*(2), 129-143. https://doi.org/10.1080/2326716X.2019.1628674

Qi, W., Wang, Z., Wu, L. Z., & Luo, X. (2019). Multicultural supervision with Chinese international trainees. *Training and Education in Professional Psychology, 13*(3), 185-193. https://doi.org/10.1037/tep0000254

Radis, B. (2020). Reflections on facilitating a trauma-informed clinical supervision group with housing first staff. *Social Work with Groups, 43*(1-2), 46-51. https://doi.org/10.1080/01609513.2019.1638654

Ramos-Sánchez, L., Esnil, G., Goodwin, A., Riggs, S., Touster, L. O., Wright, L. K., et al.(2002). Negative supervisory events: Effects on supervision satisfaction and supervisory alliance. *Professional Psychology: Research and Practice, 33*(2), 197-202.

Ratts, M. J., Singh, A. A., Nassar-McMillan, S., Butler, S. K., & McCullough, J. R. (2015). *Multicultural and social justice counseling competencies*. American Counseling Association. http://www.counseling.org/docs/default-source/competencies/multicultural-and-socialjustice-counseling-competencies.pdf?sfvrsn=20

Ratts, M. J., Singh, A. A., Nassar-McMillan, S., Butler, S. K., & McCullough, J. R. (2016). Multicultural and social justice counseling competencies: Guidance for the counseling profession. *Journal of Multicultural Counseling and Development*, 44(1), 28-48. https://doi.org/10.1002/jmcd.12035

Remley, T. P. (2009). Legal challenges in counseling suicidal students. In D. Capuzzi (Ed.), *Suicide prevention in the schools: Guidelines for middle and high school settings* (2nd ed., pp. 71-83).

American Counseling Association.

Remley, T. P., & Herlihy, B. (2020). *Ethical, legal, and professional issues in counseling* (6th ed.). Pearson.

Ross, D. (2014). *Spirituality in supervision: A phenomenological study* [Doctoral dissertation, Georgia State University]. ScholarWorks@Georgia State University. http://scholarworks. gsu. edu/cps_diss/96

Rousmaniere, T. G. (2017). *Deliberate practice for psychotherapists: A guide to improving clinical effectiveness*. Routledge.

Rousmaniere, T. G. (2019). *Mastering the inner skills of psychotherapy: A deliberate practice handbook.* Gold Lantern Press.

Rousmaniere, T., Goodyear, R. K., Miller, S. D., & Wampold, B. E. (Eds.). (2017). *The cycle of excellence: Using deliberate practice to improve supervision and training.* Wiley.

Rousmaniere, T., & Renfro-Michel, E. (Eds.). (2016). *Using technology to enhance clinical supervision.* American Counseling Association. https://doi.org/10.1002/9781119268499.ch02

Rudd, M. D., Cukrowicz, K. C., & Bryan, C. J. (2008). Core competencies in suicide risk assessment and management: Implications for supervision. *Training and Education in Professional Psychology, 2*(4), 219-228.

Russell-Chapin, L. A. (2016). Integrating neurocounseling into the counseling profession: An introduction. *Journal of Mental Health Counseling, 38*(2), 93-102. https://doi. org/:10.17744/mehc.38.2.01

Russell-Chapin, L. A., & Chapin T. J. (2020). *Integrating neurocounseling in clinical supervision: Strategies for success.* Routledge.

Saccuzzo, D. (1997). Law and psychology. *California Law Review, 34*(115), 1-37.

Sahker, E. (2016). Therapy with the nonreligious: Ethical and clinical considerations. *Professional Psychology: Research and Practice, 47*(4), 295-302.

Sampson, J. M., Kelly-Trombley, H. M., Zubatsky, J. M., & Harris, S. M. (2013). Breaking up is hard to do: Dismissing students from MFT training programs. *The American Journal of Family Therapy, 41*, 26-33. https://doi.org/10.1080/01926187.2011.628205

Scarborough, J. L., Bernard, J. M., & Morse, R. M. (2006). Boundary considerations between doctoral students and master's students. *Counseling and Values,* 51(1), 53-65.

Seponski, D. M., & Jordan, L. S. (2018). Cross-cultural supervision in international settings: Experiences of foreign supervisors and native supervisees in Cambodia. *Journal of Family Therapy, 40*(2), 247-264. https://doi.org/10.1111/1467-6427.12157

Shilkret, C. J. (2012). A control-mastery view of case consultation. *Smith College Studies in Social Work, 82*(2-3), 161-170. https://doi.org/10.1080/00377317.2012.693014

Skovholt, T. M., & Rønnestad, M. H. (1992). Themes in therapist and counselor development. *Journal of Counseling & Development, 70*(4), 505-515. https://doi.org/10.1002/j.1556-6676.1992.tb01646.x

Skovholt, T. M., & Rønnestad, M. H. (1995). The evolving professional self: Stages and themes in therapist and counselor development. *Journal of Career Development, 30*(1), 5-44.

Skovholt, T. M., & Rønnestad, M. H. (2012). Path toward mastery: Phases and themes of development. In T. M. Skovholt (Ed.), *Becoming a therapist: On the path to mastery* (pp. 181-202). Wiley.

Sofronoff, K., Helmes, E., & Pachana, N. (2011). Fitness to practice in the profession of psychology: Should we assess this during clinical training? *Australian Psychologist, 46*, 126-132.

Sommers-Flanagan, J., & Sommers-Flanagan, R. (2021). *Suicide assessment and treatment planning for counselors: A strengths-based approach.* American Counseling Association.

Stebnicki, M. A. (2008). *Empathy fatigue: Healing the mind, body, and spirit of professional counselors.* Springer.

Stebnicki, M. A. (2016). From empathy fatigue to empathy resiliency. In I. Marini & M. A. Stebnicki (Eds.), *The professional counselor's desk reference* (2nd ed., pp. 533-545). Springer.

Stebnicki, M. A. (2017). *Disaster mental health counseling: Responding to trauma in a multicultural context.* Springer.

Stebnicki, M. A. (2021). *Clinical military counseling: Guidelines for practice.* American Counseling Association.

Stinchfield, T. A., Hill, N. R., & Bowers, R. (2019). Integrative reflective model of group supervision: Practicum students' experiences. *Counselor Education and Supervision, 58*(2), 141-157. https://doi.org/10.1002/ceas.12137

Stoltenberg, C. D., & McNeill, B. W. (2010). IDM supervision: *An integrative developmental model for supervising counselors and therapists* (3rd ed.). Routledge.

Stoltenberg, C. D., McNeill, B., & Delworth, U. (1998). *IDM supervision: An integrated developmental model for supervising counselors and therapists.* Jossey-Bass.

Sue, D. W., Arredondo, P., & McDavis, R. J. (1992). Multicultural counseling competencies and standards: A call to the profession. *Journal of Counseling & Development, 70,* 477-486.

Sue, D. W., & Sue, D. (2016). *Counseling the culturally diverse: Theory and practice* (7th ed.). Wiley.

Sue, D. W., Sue, D., Neville, H. A., & Smith, L. (2019). *Counseling the culturally diverse: Theory and practice* (8th ed.). Wiley.

Tanner, M. A., Gray, J. J., & Haaga, D. A. F. (2012). Association of cotherapy supervision with client outcomes, attrition, and trainee effectiveness in a psychotherapy training clinic. *Journal of Clinical Psychology, 68*(12), 1241-1252. https://doi.org/10.1002/jclp.21902

Tarvydas, V. M., Levers, L. L., & Teahen, P. R. (2017). Ethical guidelines for mass trauma and complex humanitarian emergencies. *Journal of Counseling & Development, 95*(3), 260-268. https://doi.org/10.1002/jcad.12140

Taylor, R. J., & Gonzales, F. (2005). Communication flow and change theory within a family therapy supervision model. *Contemporary Family Therapy, 27*(2), 163-176.

Thanasia, P. I. (2018). Informing trainees about gatekeeping policies. In A. M. Homrich & K. L. Henderson (Eds.), *Gatekeeping in the mental health professions* (pp. 147-170). American Counseling Association.

Thomas, F. C., Bowie, J-A., Hill, L., & Taknint, J. T. (2019). Growth-promoting supervision: Reflections from women of color psychology trainees. *Training and Education in Professional Psychology, 13*(3), 167-173. https://doi.org/10.1037/tep0000244

Thomas, F. N. (1994). Solution-oriented supervision: The coaxing of expertise. *The Family*

*Journal: Counseling and Therapy for Couples and Families,* 2(1), 11-18.

Thomas, J. T. (2007). Informed consent through contracting for supervision: Minimizing risks, enhancing benefits. *Professional Psychology: Research and Practice, 38*(3), 221-231.

Thomas, J. T. (2014). Disciplinary supervision following ethics complaints: Goals, tasks, and ethical dimensions. *Journal of Clinical Psychology, 70*(11), 1104-1114. https://doi.org/10.1002/jclp.22131

Thompson, B. L., Luoma, J. B., Terry, C. M., LeJeune, J. T., Guinther, P. M., & Robb, H. (2015). Creating a peer-led acceptance and commitment therapy consultation group: The Portland model. *Journal of Contextual Behavioral Science, 4*(3), 144-150.

Tohidian, N. B., & Quek, K. M.-T. (2017). Processes that inform multicultural supervision: A qualitative meta-analysis. *Journal of Marital and Family Therapy, 43*(4), 573-590. https://doi.org/10.1111/jmft.12219

Tromski-Klingshirn, D. M., & Davis, T. E. (2007). Supervisees' perceptions of their clinical supervision: A study of the dual role of clinical and administrative supervisor. *Counselor Education and Supervision, 46*(4), 294-304.

Valentino, A. L., LeBlanc, L. A., & Sellers, T. P. (2016). The benefits of group supervision and a recommended structure for implementation. *Behavior Analysis in Practice, 9*(4), 320-328. https://doi.org/10.1007/s40617-016-0138-8

Waalkes, P. L., DeCino, D. A., & Borders, L. D. (2018). The found poet: A new role for the structured peer group supervision model. *Journal of Poetry Therapy, 31*(1), 15-25. https://doi.org/10.1080/08893675.2018.1396727

Wahesh, E. (2016). Utilizing motivational interviewing to address resistant behaviors in clinical supervision. *Counselor Education and Supervision, 55*(1), 46-59. https://doi.org/10.1002/ceas.12032

Watson Institute. (2020). *Cost of war: U.S. veterans & military families.* https://watson. brown.edu/costsofwar/costs/human/veterans

Webber, J. M., & Mascari, J. B. (Eds.). (2018). *Disaster mental health counseling: A guide to preparing and responding* (4th ed.). American Counseling Association Foundation.

Weck, F., Jakob, M., Neng, J. M. B., Höfling, V., Grikscheit, F., & Bohus, M. (2016). The effects of bug-in-the-eye supervision on therapeutic alliance and therapist competence in cognitive-behavioural therapy: A randomized controlled trial. *Clinical Psychology and Psychotherapy, 23*, 386-396. https://doi.org/10.1002/cpp.1968

Welfel, E. R., Werth, J. L., Jr., & Benjamin, G. A. H. (2009). Introduction to the duty to protect. In J. L. Werth Jr., E. R. Welfel, & G. A. H. Benjamin (Eds.), *The duty to protect: Ethical, legal, and professional considerations for mental health professionals* (pp. 3-8). American Psychological Association.

Westefeld, J. S. (2009). Supervision in psychotherapy: Models, issues, and recommendations. *The Counseling Psychologist, 37*(2), 296-316.

Wheeler, A. M., & Bertram, B. (2019). *The counselor and the law: A guide to legal and ethical practice* (8th ed.). American Counseling Association.

Whisenhunt, J. L., DuFresne, R. M., Stargell, N. A., Rovnak, A., Zoldan, C. A., & Kress, V. E. (2017). Supporting counselors after a client suicide: Creative supervision techniques. *Journal of Creativity in Mental Health, 12*(4), 451-467. https://doi.org/10.1080/15401383.2017.1281184

Williamson, J., & Williamson, D. (Eds.). (2021). *Distance counseling and supervision: A guide for mental health clinicians.* American Counseling Association.

World Health Organization. (2016). *Injury-related disability and rehabilitation.* http://www.who.int/violence_injury_prevention/disability/en/

Wubbolding, R. E. (2017). *Reality therapy and self-evaluation: The key to client change.* American Counseling Association.

Yee, T. (2018). Supervising East Asian international students: Incorporating culturally responsive supervision into the integrated developmental model. *The Clinical Supervisor, 37*(2), 298-312. https://doi.org/10.1080/07325223.2018.1449156

Young, J. S., & Cashwell, C. S. (2020). Integrating spirituality and religion into counseling: An introduction. In C. S. Cashwell & J. S. Young (Eds.), *Integrating spirituality and religion into counseling* (3rd ed., pp. 3-29). American Counseling Association.

Younggren, J. N. (2000). Is managed care really just another unethical Model T? *The Counseling Psychologist, 28*(2), 253-262. https://doi.org/10.1177/0011000000282004

Zhou, X., Zhu, P., & Miao, I. Y. (2019). Incorporating an acculturation perspective into the integrative developmental model (IDM) in supervising international trainees. *Training and Education in Professional Psychology*. Advance online publication. https://doi.org/10.1037/tep0000278

Zur, O. (2007). *Boundaries in psychotherapy: Ethical and clinical explorations.* American Psychological Association.

Zur, O. (Ed.). (2017). *Multiple relationships in psychotherapy and counseling: Unavoidable, common, and mandatory dual relations in therapy.* Routledge, Taylor & Francis.

# 색인

**ㅇ**

## 역자 약력

**김창대**는 서울대학교 교육학과 교육상담 전공 교수이다. 콜럼비아대학교 교육대학원에서 상담심리학 전공 박사 학위를 받았다. 주요 연구 관심 분야는 상담 과정, 상담의 효과성, 상담사 교육, 내담자 변화의 신경과학적 기초 등이며, 저·역서로는 『상담학 개론』, 『상담 및 심리교육 프로그램 개발(2판)』 등이 있다. 기타 활동으로는 서울대학교 대학생활문화원 원장, (사)한국상담학회 회장을 역임했다. (사)한국상담학회 전문상담사 1급, (사)한국상담심리학회 상담심리사 1급 자격증을 소지하고 있다.

**김형수**는 단국대학교 교육대학원 상담심리 전공 교수이다. 서울대학교 교육학과에서 교육상담 전공 박사 학위를 받았다. 주요 연구 관심 분야는 상담사 교육, 프로그램 개발, 심리검사 등이며, 저·역서로는 『성격의 이해와 상담』, 『상담 및 심리교육 프로그램 개발(2판)』, 『상담연구방법론』 등이 있다. 기타 활동으로는 (사)한국상담학회 총무이사, (사)한국상담심리학회 노인상담연구회장을 역임했다. (사)한국상담학회 전문상담사 1급, (사)한국상담심리학회 상담심리사 1급 자격증을 소지하고 있다.

**유성경**은 이화여자대학교 심리학과 상담 전공 교수이다. 미네소타대학교 교육심리학과에서 상담 전공 박사 학위를 받았다. 주요 연구 관심 분야는 상담사 교육과 수퍼비전, 정서와 애착이며, 최근에는 테크놀로지를 활용한 상담사 훈련을 위한 연구 프로젝트를 진행하고 있다. 저서로는 『상담 및 심리치료의 핵심 원리』, 역서로는 『성격장애의 정신역동 치료』, 『감정공포 치료』 등이 있다. (사)한국상담심리학회 상담심리사 1급, (사)한국상담학회 전문상담사 1급 자격증을 소지하고 있다.

**이상민**은 고려대학교 교육학과 상담 전공 교수이다. 플로리다대학교 상담학과에서 학교 상담 전공 박사 학위를 받았다. 주요 연구 관심 분야는 학교 상담과 번아웃 신드롬이며, 최근에는 메타버스 상담과 AI 상담사 훈련 등으로 연구 관심사를 확장하고 있다. 저서로는 『International Handbook for Policy Research on School-Based Counseling』, 『생활지도와 상담』 등이 있다. (사)한국상담심리학회 상담심리사 1급 자격증을 소지하고 있다.

**최한나**는 숙명여자대학교 교육학부 상담교육 전공 교수이다. 서울대학교 교육학과에서 교육상담 전공 박사 학위를 받았다. 주요 연구 관심 분야는 상담 관계와 상담 성과, 상담사 교육 및 수퍼비전, 정서 조절이며, 최근에는 뇌파와 AI를 활용한 심리평가 및 상담성과 연구 프로젝트를 진행하고 있다. 저서로는 『상담 및 심리교육 프로그램 개발과 평가』, 역서로는 『상담의 시작: 시작부터 종결까지』, 『얄롬을 읽는다』 등이 있다. (사)한국상담학회 전문상담사 1급, (사)한국상담심리학회 상담심리사 1급 자격증을 소지하고 있다.

제3판
상담 수퍼비전: 조력 전문가들을 위한 실용적 지침

제3판발행 2025년 6월 30일

지은이 Gerald Corey, Robert Haynes, Patrice Moulton, Michelle Muratori
옮긴이 김창대·김형수·유성경·이상민·최한나
펴낸이 노 현

편 집 김용순
표지디자인 BEN STORY
제 작 고철민·김원표

펴낸곳 ㈜피와이메이트
서울특별시 금천구 가산디지털2로 53, 210호(가산동, 한라시그마밸리)
등록 2014. 2. 12. 제2018-000080호
전 화 02)733-6771
f a x 02)736-4818
e-mail pys@pybook.co.kr
homepage www.pybook.co.kr
ISBN 979-11-7279-080-6 93180

*파본은 구입하신 곳에서 교환해 드립니다. 본서의 무단복제행위를 금합니다.

정 가 33,000원

박영스토리는 박영사와 함께하는 브랜드입니다.